Integrierte Finanzdienstleistungsaufsicht

Schriftenreihe der Forschungsstelle für Finanzdienstleistungsrecht der Philipps-Universität Marburg

Herausgegeben von Gilbert Gornig und Hans-Detlef Horn

Band 5

Zur Qualitätssicherung und Peer Review der vorliegenden Publikation

Die Qualität der in dieser Reihe erscheinenden Arbeiten wird vor der Publikation durch den Herausgeber der Reihe geprüft.

Notes on the quality assurance and peer review of this publication

Prior to publication, the quality of the work published in this series is reviewed by the editor of the series.

Volker Lemmer

Integrierte Finanzdienstleistungsaufsicht

Eine verwaltungsrechtliche Strukturanalyse der Aufsicht über Banken und Versicherungen

PL ACADEMIC RESEARCH

Bibliografische Information der Deutschen Nationalbibliothek
Die Deutsche Nationalbibliothek verzeichnet diese Publikation in der Deutschen Nationalbibliografie; detaillierte bibliografische Daten sind im Internet über http://dnb.d-nb.de abrufbar.

Zugl.: Marburg, Univ., Diss., 2013

Abbildung auf dem Umschlag:
Siegel der Philipps-Universität Marburg.
Abgedruckt mit freundlicher Genehmigung des
Präsidiums der Philipps-Universität Marburg.

Gedruckt auf alterungsbeständigem,
säurefreiem Papier.

D 4
ISSN 1619-439X
ISBN 978-3-631-65099-8 (Print)
E-ISBN 978-3-653-04159-0 (E-Book)
DOI 10.3726/978-3-653-04159-0

PL Academic Research ist ein Imprint der Peter Lang GmbH.

Peter Lang – Frankfurt am Main · Bern · Bruxelles · New York ·
Oxford · Warszawa · Wien

Diese Publikation wurde begutachtet.

www.peterlang.com

Vorwort

Die vorliegende Arbeit ist im Sommersemester 2013 vom Fachbereich Rechtswissenschaften der Philipps-Universität Marburg als Doktorarbeit angenommen worden. Mein herzlicher Dank gilt zuvorderst meinem verehrten Doktorvater, Herrn Prof. Dr. Hans-Detlef Horn. Mit seinem Vorschlag, sich der integrierten Finanzdienstleistungsaufsicht aus verwaltungsrechtlicher Perspektive zu nähern, hat er den Grundstein nicht nur für diese Arbeit, sondern auch für meinen weiteren beruflichen Werdegang gelegt. Zudem hat er mir an seinem Lehrstuhl für Öffentliches Recht und an der Forschungsstelle für Finanzdienstleistungsrecht einen vertieften Einblick in Lehre und Forschung eines wissenschaftlichen Mitarbeiters gewährt und damit mein juristisches Denken und Arbeiten nachhaltig geprägt. Dem Sprecher der Forschungsstelle, Herrn Prof. Dr. Dr. h.c. mult. Gilbert Gornig, danke ich nicht nur für die zügige Erstellung des Zweitgutachtens, sondern auch für die Aufnahme der Arbeit in diese Schriftenreihe.

Die Lehrstuhl- und Promotionszeit wäre wie auch schon die vorangegangene Studienzeit nur halb so schön gewesen, wenn sie nicht von vielen lieben Freunden begleitet worden wäre. Ein besonderer Dank gilt Thomas Kröger, Christoph Döll, Tobias Rummeleit und Benjamin Krause. Viele Stunden haben wir manch Fachliches, vor allem aber so einiges Privates diskutiert und immer wieder die „Welt gerettet“. Auch meiner Doktorschwester Silvia Heckmann werde ich weit über die gemeinsame Zeit am Lehrstuhl hinaus verbunden sein.

Bedanken möchte ich mich zudem bei meinen langjährigen Freunden Philipp Hartje und Jan Peter Schmidt, die mir seit der Schulzeit immer und überall mit Rat und Tat zur Seite stehen. Von Herzen danke ich nicht zuletzt der Frau an meiner Seite Franziska Kwiatkowski; insbesondere für die entbehrungsreichen Zeiten während der Examina und Endphasen der Promotion.

Ein besonders herzlicher Dank gilt schließlich meinen lieben Eltern. Ohne ihre Fürsorge, Orientierung und Unterstützung wäre vieles sicherlich nicht möglich gewesen, was manches Mal vielleicht so selbstverständlich schien. Ihnen ist diese Arbeit gewidmet.

Inhaltsverzeichnis

Einleitung

Die Finanzdienstleistungsaufsicht befindet sich mehr denn je in einer strukturtiefen Umbruchphase.[1] So wie allgemein die stetige Veränderung der Marktgegebenheiten einen permanenten Wandel der Wirtschaftsaufsicht[2] bedingt,[3] üben speziell die von einem hohen Maß an Dynamik und Komplexität geprägten Finanzmärkte fortwährend einen enormen Anpassungsdruck auf die Finanzdienstleistungsaufsicht aus.[4] In Reaktion auf die weitreichenden Auswirkungen der systemischen Finanzkrise sind aktuell sogar grundlegende Reformen der Finanzmarktarchitektur nicht nur tatsächlich notwendig und politisch möglich, sondern auch rechtlich bereits in Teilen umgesetzt.[5]

So soll auf der Ebene der Europäischen Union mit der Errichtung originär europäischer Aufsichtsbehörden, denen nicht nur eine eigene Rechtspersönlichkeit,

---

1 So schon separiert für das Bankwesen: *Artopoeus*, Bankenaufsicht, in: Pitschas (Hrsg.), Integrierte Finanzdienstleistungsaufsicht, 265 (265), und *Stober*, Wirtschaftsaufsicht und Bankenaufsicht, in: Pitschas (Hrsg.), Integrierte Finanzdienstleistungsaufsicht, 21 (21), bzw. für das Versicherungswesen: *Bürkle*, Die rechtliche Dimension von Solvency II, VersR 2007, 1595 (1601), und *Fehling*, Versicherungsaufsicht, in: Bergeest/Labes (Hrsg.), Liber amicorum für Winter, 171 (171).

2 Zum Begriff der Wirtschaftsaufsicht vgl. ausführlich unten Teil 1.

3 Allgemein (auf das Recht der staatlichen Regulierung abhebend) *Hoffmann-Riem*, Verwaltungsrechtsentwicklung, DÖV 1997, 433 (440).

4 So schon *Sanio*, Rede anlässlich der Eröffnung der BaFin, NVersZ 2002, 350 (351), sowie zuvor *Horsch/Paul*, Finanzaufsicht, ZfgK 1998, 328 (336).

5 Zu dieser krisenbedingt besonderen Herausforderung einer kritisch-systematischen Analyse *Höfling*, Finanzmarktregulierung – Gutachten, in: Ständige Deputation des Deutschen Juristentages (Hrsg.), Verhandlungen des 68. Deutschen Juristentages, Bd. I, F 1 (7). *Ohler*, Finanzkrisen als Herausforderung der Rechtssetzung, DVBl. 2011 1061 ff., spricht von einer „politischen und juristischen Zereißprobe“ für die Europäische Union im Zusammenhang mit der Finanzmarkt- und Staatsschuldenkrise, *Müller-Graff*, Finanzmarktkrise und Wirtschaftsordnungsrecht, EWS 2009, 201 (202), von einer „Bewährungsprobe unerprobten Ausmaßes“ für „das geltende deutsche, europäische und internationale Wirtschaftsordnungsrecht“. Zum Potential so genannter „transformatorischer Krisen, den geltenden Ordnungsrahmen als solchen in Frage zu stellen und Neugestaltungskräfte zu mobiliesieren“, siehe auch *Schorkopf*, Finanzkrisen als Herausforderung der Rechtssetzung, VVDStRL 71 (2012), 183 (189).

sondern auch eigene Verwaltungs(vollzugs)befugnisse zugewiesen worden sind,[6] bereits der organisatorische „Grundstein einer neuen europäischen Finanzmarktaufsicht“ gelegt worden sein.[7] Die europäischen Behörden für Bankenaufsicht, Versicherungsaufsicht sowie für Wertpapier- und Marktaufsicht werden ergänzt durch den Europäischen Ausschuss für Systemrisiken.[8] Gemeinsam bilden sie das „Europäische System für Finanzaufsicht“.[9] Daneben hatte die Europäische Kommission längst Vorschläge zur Umsetzung der Vorgaben des Baseler Ausschusses für Bankenaufsicht für eine in Teilen „fundamentale Reform“[10] des globalen Regulierungsrahmens („Basel III“)[11] in Form eines mehrteiligen Maßnahmenpakets vorgelegt, das mittlerweile ebenfalls bereits in Kraft getreten ist.[12] Insbesondere

---

6 Siehe die Verordnungen (EU) 1093/2010, 1094/2010 und Nr.1095/2010 jeweils des Europäischen Parlaments und des Rates vom 24. November 2010 zur Errichtung einer Europäischen Aufsichtsbehörde (Europäische Bankenaufsichtsbehörde), zur Änderung des Beschlusses Nr. 716/2009/EG und zur Aufhebung des Beschlusses Nr. 2009/78/EG der Kommission, ABl. EU v. 15.12.2010, L 331/12, zur Errichtung einer Europäischen Aufsichtsbehörde (Europäische Aufsichtsbehörde für das Versicherungswesen und die betriebliche Altersversorgung), zur Änderung des Beschlusses Nr. 716/2009/EG und zur Aufhebung des Beschlusses 2009/79/EG der Kommission, ABl. EU v. 15.12.2010, L 331/48, und zur Errichtung einer Europäischen Aufsichtsbehörde (Europäische Wertpapier- und Marktaufsichtsbehörde), zur Änderung des Beschlusses Nr.716/2009/EG und zur Aufhebung des Beschlusses Nr. 2009/77/EG der Kommission, ABl. EU v 15.12.2010, L 331/84ff.

7 So *Baur/Boegl*, Die neue europäische Finanzmarktaufsicht, BKR 2011, 177 ff. – Zu der Aufgabe der europäischen Aufsichtsbehörden innerhalb des europäischen Verwaltungsverbundes der Finanzaufsicht siehe Teil 4 C.II.2.

8 Englisch: „European Systemic Risc Board (ESRB)“.

9 Englisch: „European System of Financial Supervision (ESFS)“.

10 *Deutsche Bundesbank*, Basel III – Leitfaden, S. 5.

11 Vgl. *Baseler Ausschuss für Bankenaufsicht*, Basel III: Ein globaler Regulierungsrahmen für widerstandsfähigere Banken und Bankensysteme (Basel III, Teil 1), Dezember 2010, Rz. 1 ff., abrufbar unter: www.bis.org (Stand: Dezember 2013).

12 Vgl. bereits den Vorschlag der *Europäischen Kommission* für eine Verordnung des Europäischen Parlaments und des Rates über die aufsichtsrechtlichen Anforderungen an Kreditinstitute und Wertpapierfirmen, KOM(2011) 452 endgültig; sowie den Vorschlag der *Europäischen Kommission* für eine Richtlinie des Europäischen Parlaments und des Rates über den Zugang zur Tätigkeit von Kreditinstituten und die Beaufsichtigung von Kreditinstituten und Wertpapierfirmen und zur Änderung der Richtlinie 2002/87/EG des Europäischen Parlaments und des Rates über die zusätzliche Beaufsichtigung der Kreditinstitute, Versicherungsunternehmen und Wertpapierfirmen eines Finanzkonglomerats vom 20. Juli 2011, KOM(2011) 453 endgültig. Siehe nun auch die Verordnung (EU) Nr. 575/2013 des Europäischen Parlaments und des Rates

in Form der unmittelbar geltenden Verordnung über die Aufsichtsanforderungen für Kreditinstitute und Wertpapierfirmen wird das europäische Recht der Finanz (markt)aufsicht auf einen neuen Harmonisierungsstand gehoben.[13] Auf dieser Grundlage sollen zudem wesentliche Aufgaben im Zusammenhang mit der Aufsicht über Kreditinstitute auf die Europäische Zentralbank übertragen werden.[14] Die Hochzonung und Konzentration der Bankenaufsicht auf der Ebene der Europäischen Union gilt insoweit als weiterer Schritt hin zur Errichtung einer „europäischen Bankenunion".[15]

Ein wenig im Schatten dieses infolge der Finanzmarktkrise gezündeten „Feuerwerks"[16] im Wesentlichen bankenaufsichtsrechtlicher Reformvorhaben erfolgt die Umsetzung der versicherungsaufsichtsrechtlichen Richtlinie zu Solvency II[17] in der öffentlichen Wahrnehmung (mittlerweile) vergleichsweise geräuschlos und unbemerkt. Gleichwohl haben auch deren Vorgaben als „wichtiger Meilenstein" einer „umfassenden Reform" und damit als Grundlage „für eine neue Architektur des Versicherungsaufsichtsrechts" zu gelten.[18]

---

vom 26. Juni 2013 über Aufsichtsanforderungen an Kreditinstitute und Wertpapierfirmen und zur Änderung der Verordnung (EU) Nr. 646/2012, ABl. EU Nr. L176 vom 27.6.2013, S. 1 ff, sowie die Richtlinie 2013/36/EU des Europäischen Parlaments und des Rates vom 26. Juni 2013 über den Zugang zur Tätigkeit von Kreditinstituten und die Beaufsichtigung von Kreditinstituten und Wertpapierfirmen, zur Änderung der Richtlinie 2002/87/EG und zur Aufhebung der Richtlinien 2006/48/EG und 2006/49/EG, ABl. EU Nr. L176 vom 27.6.2013, S. 338 ff.

13 Zu den Prinzipien der Mindest- bzw. Vollharmonisierung als tragende Elemente des europäischen Binnenraums für Finanzdienstleistungen siehe Teil 4 A.III.

14 Vorschlag der *Europäischen Kommission* für eine Verordnung zur Übertragung besonderer Aufgaben im Zusammenhang mit der Aufsicht über Kreditinstitute auf die Europäische Zentralbank vom 12. September 2012, KOM(2012) 511 endgültig.

15 Mitteilung der *Europäischen Kommission* an das Europäische Parlament und den Rat vom 12. September 2012, KOM(2012) 510, S. 2.

16 *Manns/Schulte-Mattler*, Aufsichtsfeuerwerk Basel III und CRD IV, WM 2010, 1577.

17 Siehe dazu die Richtlinie 2009/138/EG des Europäischen Parlaments und des Rates vom 25. November 2009 betreffend die Aufnahme und Ausübung der Versicherungs- und Rückversicherungstätigkeit (Solvabilität II), ABl. EU vom 17.12.2009, L 335/1, sowie deren Umsetzung nach dem Entwurf der *Bundesregierung* für ein Zehntes Gesetzes zur Änderung des Versicherungsaufsichtsgesetzes vom 17. Februar 2012, BR-Drs. 90/12.

18 *Lüttringhaus*, Solvency II, EuZW 2011, 822. Auch *Präve*, Aufsicht auf neuem Fundament, VW 2007, 1380 sowie auf diesen Bezug nehmend *Bürkle*, Aufsichtsrechtliche Eingriffsbefugnisse nach Solvency II, in: Dreher/Wandt (Hrsg.), Solvency II in

Die krisenbedingte Gemengelage der Reformansätze wurde noch einmal dadurch erhöht, dass auch der nationale Gesetzgeber, ohne den „laufenden Reformvorhaben auf europäischer und internationaler Ebene [...] vorgreifen" zu wollen,[19] zum Teil gleichwohl noch vor deren Abschluss seinerseits die durch die Finanzkrise sichtbar gewordenen Lücken im Finanzaufsichtsrecht jedenfalls teilweise zu schließen versucht hat.[20] Die „grundlegenden Neuerungen der Richtlinie" zu Solvency II, die „fast alle Gebiete der Aufsicht" betreffen, hat der deutsche Gesetzgeber mittlerweile zum Anlass genommen, das Versicherungsaufsichtsgesetz insgesamt in eine neue Fassung zu bringen.[21] Im Bereich der Bankenaufsicht hatte der nationale Gesetzgeber – obwohl das Maßnahmenpaket zur Umsetzung von Basel III selbst auf europäischer Ebene noch nicht verabschiedet war – sogar bereits den Entwurf der Bundesregierung für ein Gesetz zur Umsetzung der zukünftigen Richtlinie über den Zugang zur Tätigkeit von Kreditinstituten und die Beaufsichtigung von Kreditinstituten und Wertpapierfirmen und zur Anpassung des Aufsichtsrechts an die zukünftige Verordnung über die Aufsichtsanforderungen an Kreditinstitute und Wertpapierfirmen angenommen.[22] Das so genannte CRD

---

der Rechtsanwendung, 191 (192), sprechen von einer „Neujustierung des Aufsichtsrechts" infolge von Solvency II.

19 So jedenfalls ausdrücklich die Begründung der *Bundesregierung* zu dem Entwurf eines Gesetzes zur Stärkung der Finanzmarkt- und Versicherungsaufsicht, BT-Drs. 16/12783, S. 1.

20 Hervorzuheben sind insoweit vor allem die Gesetze zur Stärkung der Finanzmarkt- und Versicherungsaufsicht (Art. 1 des Gesetzes zur Stärkung der Finanzmarkt- und Versicherungsaufsicht vom 29. Juli 2009, BGBl. I, S. 2305) und zur Reorganisation von Kreditinstituten (Kreditinstitute-Reorganisationsgesetz – KredReorgG, Art. 1 des Gesetzes zur Restrukturierung und geordneten Abwicklung von Kreditinstituten, zur Errichtung eines Restrukturierungsfonds für Kreditinstitute und zur Verlängerung der Verjährungsfrist der aktienrechtlichen Organhaftung (Restrukturierungsgesetz) vom 9. Dezember 2010, BGBl. I, 1900), sowie das Zweite Gesetzes zur Umsetzung des Maßnahmenpakets zur Stabilisierung des Finanzmarktes (Zweites Finanzmarktstabilisierungsgesetz – 2. FMStG) vom 24. Februar 2012, BGBl. I, S. 206 ff.

21 Vgl. die Begründung der *Bundesregierung* zu dem Entwurf eines Zehnten Gesetzes zur Änderung des Versicherungsaufsichtsgesetzes, BR-Drs. 90/12, S. 255.

22 Vgl. zur Annahme des Regierungsentwurfs in der Fassung der Beschussempfehlung des Finanzausschusses durch den *Deutschen Bundestag* am 16. Mai 2013 das BT-Plenarprotokoll 17/240, 30212 (D) sowie vorangehend den Entwurf der *Bundesregierung* für ein Gesetz zur Umsetzung der Richtlinie 2013/.../EU über den Zugang zur Tätigkeit von Kreditinstituten und die Beaufsichtigung von Kreditinstituten und Wertpapierfirmen und zur Anpassung des Aufsichtsrechts an die Verordnung (EU)

IV-Umsetzungsgesetz wird mit Wirkung zum 1. Januar 2014 in Kraft treten[23] und nicht zuletzt mit Blick auf die Hochzonung wesentlicher Regelungen der Bankenaufsicht auf die Ebene der europarechtlichen Verordnung zu grundlegenden Änderungen des nationalen Kreditwesengesetzes führen.[24]

Neben aller gebotenen Konzentration auf die (anders oder neu zu regelnden) Details ist der Gesetzgeber national wie supranational – trotz oder gerade wegen des krisenbedingt nochmals erhöhten Reformdrucks – vor die besondere Herausforderung gestellt, auch die systematischen Strukturen des jeweils zu reformierenden Aufsichtsregimes im Auge zu behalten. In Anbetracht der aufsichtsrechtlichen „Kasuistik zahlloser und funktionsdifferenzierter Einzelnormen“[25], verstreut über das Kreditwesen-, Versicherungsaufsichts-, Wertpapierhandels- und Finanzdienstleistungsaufsichtsgesetz einschließlich ihrer Vorgaben auf supranationaler Unions- und Konkretisierungen auf nationaler Behördenebene, droht gerade die Neujustierung des finanzaufsichtsrechtlichen Ordnungsrahmens andernfalls zu sehr von pragmatischen Einzelerwägungen denn von konzeptionellen Systemzusammenhängen gekennzeichnet zu sein.[26] Vornehmliche Aufgabe des Rechts ist es aber, der zunehmend ausdifferenzierten Wirklichkeit im Allgemeinen wie der

---

Nr. …/2013 über die Aufsichtsanforderungen an Kreditinstitute und Wertpapierfirmen vom 15. Oktober 2012 (CRD IV-Umsetzungsgesetz), BT-Drs. 17/10974.

23 Vgl. Art. 10 des Gesetzes zur Umsetzung der Richtlinie 2013/…/EU über den Zugang zur Tätigkeit von Kreditinstituten und die Beaufsichtigung von Kreditinstituten und Wertpapierfirmen und zur Anpassung des Aufsichtsrechts an die Verordnung (EU) Nr. …/2013 über die Aufsichtsanforderungen an Kreditinstitute und Wertpapierfirmen (CRD IV-Umsetzungsgesetz) vom 28. August 2013, BGBl. I, S. 3395.
In der Fassung der Beschlussempfehlung des Finanzausschusses, BT-Drs. Drucksache 17/13524, S. 249.

24 Siehe nur die Begründung der *Bundesregierung* zu ihrem Entwurf eines Gesetzes zur Umsetzung der Richtlinie 2013/…/EU über den Zugang zur Tätigkeit von Kreditinstituten und die Beaufsichtigung von Kreditinstituten und Wertpapierfirmen und zur Anpassung des Aufsichtsrechts an die Verordnung (EU) Nr. …/2013 über die Aufsichtsanforderungen an Kreditinstitute und Wertpapierfirmen (CRD IV-Umsetzungsgesetz), BT-Drs. 17/10974, S. 81 f.

25 *Mösbauer*, Staatsaufsicht über die Wirtschaft, S. 27.

26 Zu dem Problem zunehmend von Pragmatismus statt Konzeptionalismus geprägter Änderungen des Aufsichtsrechts mit der Folge eines überfrachteten Vorschriftenwusts im Finanzsektor, den es aus Gründen der Rechtssicherheit und Transparenz zu ordnen gilt, vgl. *Caspari*, Allfinanzaufsicht, S. 10, *Geschwandtner*, Staatliche Aufsicht über das Kreditwesen, S. 492, sowie *Präve*, Aufsichtsrecht im Dilemma, VW 2004, 1800 f. Ähnlich *Winter*, Versicherungsaufsichtsrecht, S. 4 f.

in höchstem Maße auf Rechtssicherheit angelegten Finanzbranche im Besonderen einen verlässlichen Rahmen zu setzen.[27] Verlässlichkeit wiederum bedeutet ihrerseits strukturelle Kontinuität und systematische Konsistenz.

Dementsprechend erscheint die Aufgabe der Rechtswissenschaft dringlicher denn je, übergreifende Ordnungszusammenhänge des normenpluralistischen Aufsichtsrechts herauszuarbeiten.[28] Nur auf diese Weise kann der gesetzgeberischen Fort- bzw. Umbildung des Finanzdienstleistungsaufsichtsrechts wie auch bereits seiner aktuellen Anwendung ein Orientierung stiftendes Dogmengerüst beiseite gestellt werden. Dabei ergibt sich die erhöhte Perspektive einer aufsichtsstrukturellen Systembildung, aus der das sektorspezifische Recht der Aufsicht über das Kredit- und Versicherungswesen wie auch den Wertpapierhandel in einen sektorübergreifenden Ordnungszusammenhang der *integrierten* Finanzdienstleistungsaufsicht überführt werden soll, nicht zuletzt aus der „organisationsrechtlichen Bündelung der Handlungszuständigkeiten"[29] in der Bundesanstalt für Finanzdienstleistungsaufsicht (*organisatorische Integration*).[30]

---

27 Zu dieser allgemeingültigen und vor allem zeitlosen Aufgabe des (Finanzaufsichts-) Rechts siehe auch *Präve*, Aufsichtsrecht im Dilemma, VW 2004, 1800 (1800 f.).

28 Zu dieser praktisch-juristische Funktion der konstruktiv-systematischen Analyse des positiven Rechts siehe auch *Horn*, Regulierung im Ordnungswerk des Wirtschaftsverwaltungsrechts, in: Gornig/Kramer/Volkmann (Hrsg.), Festschr. für Frotscher, 379 (392), sowie *Masing*, Das Recht der Regulierungsverwaltung – Gutachten, in: Ständige Deputation des Deutschen Juristentages (Hrsg.), Verhandlungen des sechsundsechzigsten Deutschen Juristentages, Bd. I, D 1 (11). Die Aufgabe der Rechtswissenschaft, „übergreifende Zusammenhänge und längerfristige Entwicklungstendenzen auf[zu]zeigen, um die Vielfalt der Einzelvorgänge transparent zu machen" betont auch *Schmidt-Aßmann*, Strukturen des Europäischen Verwaltungsrechts, in: Schmidt-Aßmann/Hoffmann-Riem (Hrsg.), Strukturen des Europäischen Verwaltungsrechts, 9 (31 f.).

29 Kritisch gegenüber der zunächst damals ausschließlich bzw. vornehmlich organisatorischen Integration der Finanzmarktaufsicht ohne eine entsprechende Änderung der materiellrechtlichen Vorschriften *Reiter/Geerlings*, Die Reform der Bankenaufsicht, DÖV 2002, 562 (566 f.), *Hagemeister*, Die neue Bundesanstalt für Finanzdienstleistungsaufsicht, WM 2002, 1773 (1774), *Mittler*, Reform der Finanzaufsicht, ZfgK 2001, 283 (283 f.), *v. Rosen*, Allfinanzaufsicht, ZfgK 2002, 634 (634). Für eine Notwendigkeit der Methodenänderung in der Bankaufsicht *Artopoeus*, Bankenaufsicht, in: Pitschas (Hrsg.) Integrierte Finanzdienstleitungsaufsicht, 265 (269 f.).

30 Vgl. § 1 des Gesetzes über die Bundesanstalt für Finanzdienstleistungsaufsicht (Finanzdienstleistungsaufsichtsgesetz – FinDAG), Art. 1 des Gesetzes über die integrierte Finanzdienstleistungsaufsicht vom 22. April 2002, BGBl. I, S. 1310 f., sowie in Bezug auf die vergleichbare Errichtung der sektorübergreifenden Regulierungsbehörde

Wenngleich sich die institutionellen Unternehmensverbindungen sektorübergreifender Finanzkonglomerate zur institutionellen Verwirklichung so genannter „Allfinanzkonzepte“[31] zunehmend wieder aufgelöst und in gleichem Maße an aufsichtspraktischer Bedeutung verloren haben,[32] bleiben deutliche Ansätze eines auch materiellrechtlich kohärenten Aufsichtssystems der integrierten Finanzdienstleistungsaufsicht weiterhin sichtbar. Vorangetrieben durch die europarechtlichen Harmonisierungsvorgaben zur Verwirklichung eines gemeinsamen Binnenmarktes für Finanzdienstleistungen[33] ist spätestens mit der Umsetzung der nicht ohne Grund begrifflich an die bankenaufsichtsrechtliche Eigenkapitalvereinbarung von Basel II[34] angelehnten Richtlinienvorgaben zu Solvency II ein (weiterer) Schritt

---

der Bundesnetzagentur für Elektrizität, Gas, Telekommunikation, Post und Eisenbahn (BNetzA) durch § 1 des Gesetzes über die Bundesnetzagentur für Elektrizität, Gas, Telekommunikation, Post und Eisenbahn (BNetzAG), Art. 2 des Zweiten Gesetzes zur Neuregelung des Energiewirtschaftsrechts vom 7. Juli 2005, BGBl. I, S. 1970 (2009 ff.), *Horn*, Regulierung im Ordnungswerk des Wirtschaftsverwaltungsrechts, in: Gornig/Kramer/Volkmann (Hrsg.), Staat – Wirtschaft – Gemeinde, Festschr. für Fortscher, 379 (387 f.), *Masing*, Das Recht der Regulierungsverwaltung – Gutachten, in: Ständige Deputation des Deutschen Juristentages (Hrsg.), Verhandlungen des 66. Deutschen Juristentages, Bd. I, D 1 (38 ff.), *Ruffert*, Begriff, in: Fehling/Ruffert (Hrsg.), Regulierungsrecht, § 7 Rn. 48.

31 Auch spezifischer als „Bankassurance“ für bankdominierte Finanzgruppen oder „Assurbanking“ für versicherungsdominierte Finanzgruppen bezeichnet. – Allgemein zu den Ursachen so genannter Allfinanzkonzepte siehe *Corsten/Klose*, Integrative Wirkung monetärer Dienstleistungen, in: Corsten/Hilke (Hrsg.), Integration von Finanzdienstleistungen, 1 ff., *Deutsche Bundesbank*, Finanzkonglomerate, Monatsbericht April 1994, 49 ff., *Gaddum*, Allfinanz, ZfgK 1989, 710 ff., *Hahn*, Allfinanz, ZfgK 1989, 712 ff., *Neumann*, Aufsicht über Finanzkonglomerate, S. 11 ff., *Remsperger*, Allfinanz, Die Bank 1989, 299 ff., *Schieber*, Aufsicht über Finanzkonglomerate, S. 44 ff.

32 So ist auch die *Dresdner Bank AG* als das aus deutscher Sicht prominenteste Beispiel bereits wieder aus der Konzernstruktur der *Allianz AG* herausgelöst und an die *Commerzbank AG* verkauft worden.

33 Mitteilung der *Kommission* vom 11 Mai 1999, Finanzdienstleistungen: Umsetzung des Finanzmarktrahmens: Aktionsplan KOM(1999) 232 endgültig, S. 29, abrufbar unter: www.ec.euroa.eu (Stand: Dezember 2013). Ende 2005 waren 41 der 42 geplanten Maßnahmen abgeschlossen. Vgl. den 10. Fortschrittsbericht vom 2. Juni 2004 und die Ende 2005 eingeleitete Evaluationsphase, abrufbar unter: www.ec.europa.eu (Stand: Dezember 2013).

34 *Baseler Ausschuss für Bankenaufsicht*, Internationale Konvergenz der Eigenkapitalmessung und der Eigenkapitalanforderungen, Überarbeitete Rahmenvereinbarung (Basel II), Juni 2004, abrufbar unter: www.bis.org (Stand: Dezember 2013).

zur Annäherung der banken- und versicherungsaufsichtsrechtlichen Solvabilitätsanforderungen einschließlich deren organisatorischer Erreichungsoptionen getan (*instrumentelle Integration*).

Die Umsetzung der europarechtlich mediatisierten Vorschläge zu Basel II als auch die Richtlinienvorgaben zu Solvabilität II lassen dabei bereits strukturtiefe Veränderungen des Aufsichtsrechts und infolgedessen auch der Aufsichtspraxis von einem zuvor vornehmlich quantitativ-regelbasierten zu einem vermehrt qualitativ-prinzipienorientierten Ansatz erkennen bzw. erwarten. Daneben ist mit der Errichtung des Europäischen Ausschusses für Systemrisiken sowie insbesondere mit dessen Aufgabenstellung bereits ein weiterer Paradigmenwechsel[35] von der Instituts- zur Systemaufsicht eingeleitet worden. Allerdings wird die makroprudentielle Systemaufsicht die mikroprudentielle Finanzaufsicht nicht ersetzen, sondern lediglich ergänzen (*systematische Integration*).

Sowohl die Finanz- als auch die Systemaufsicht gründet sich in weiten Teilen auf europarechtliche Harmonisierungsvorgaben, deren Vollzug bereits mit der Errichtung des Europäischen Systems der Finanzaufsicht in zunehmendem Maße auf die supranationale Ebene der Europäischen Union übertragen worden ist. Ungeachtet des aktuellen Beschlusses zur Errichtung einer Bankenunion sind mikroprudentielle Finanz- und makroprudentielle Systemaufsicht schon lange keine allein nationalen Aufgaben mehr. Sie sind bereits eingebettet in einen europäischen Verwaltungsverbund nationaler Aufsichtsbehörden (*supranationale Integration*).

Da die integrierte Finanzdienstleistungsaufsicht wie die Aufsicht über die Privatwirtschaft insgesamt in ihrem Wesenskern dem Verwaltungsrecht zuzuordnen ist, entbindet ihre aufsichtsstrukturelle Analyse eine genuin verwaltungsrechtliche Problemstellung und bedingt eine entsprechende Problemlösung.[36] Das Anliegen dieser Arbeit ist es demnach, den sachspezifischen Bereich der integrierten Finanzdienstleistungsaufsicht – in seiner organisatorischen, instrumentellen, systematischen und auch supranationalen Dimension – für die allgemeine Lehre von der hoheitlichen Wirtschaftsaufsicht anschlussfähig zu halten, indem sie das Recht

---

35 Zum Paradigmenwechsel infolge der Umsetzung von Basel und Solvabilität II vgl. *Cluse/Cremer*, Die Umsetzung von Basel II in deutsches Recht, ZfgK 2006, 329 (309), sowie bereits *Knauth/Schubert*, Versicherungsaufsicht vor Paradigmenwechsel, VW 2003, 902 (902, 907). Ähnlich *Wandt*, Solvency II, VW 2007 473 (477). *Bürkle*, Die rechtliche Dimension von Solvency II, VersR 2007, 1595 (1601), schreibt dem Begriff des Paradigmenwechsels sogar eine nur unzureichende Aussagekraft im Verhältnis zur Qualität der bevorstehenden konzeptionellen und methodischen Änderungen des Versicherungsaufsichtsrechts infolge der Richtlinie zu Solvency II.

36 Siehe nur *Mösbauer*, Staatsaufsicht über die Wirtschaft, S. 13.

der integrierten Finanzdienstleistungsaufsicht anhand des hergebrachten (Koordinaten-)Systems der hoheitlichen Wirtschaftsaufsicht zunächst typisiert und sodann positioniert.

In vergleichbarer Weise hatte sich die Verwaltungsrechtswissenschaft in den vergangenen Jahren mit der Aufgabe der Regulierung zu befassen, die dem Staat infolge der Liberalisierung der Märkte und Privatisierung der ehemals staatlichen bzw. staatlich geschützten Monopolbetriebe in den Bereichen der so genannten „Netzwirtschaften" Telekommunikation, Post, Eisenbahn und Energie (Strom, Gas) erwachsen ist. Zwar ist die Diskussion um die ordnungsbildende Typisierung und Positionierung der Regulierungsaufgabe noch nicht abgeschlossen, dennoch lassen sich bereits Strukturen eines sich sektorübergreifend herausbildenden Regulierungsverwaltungsrechts erkennen.

Ob und inwieweit sich das Recht der integrierten Finanzdienstleistungsaufsicht als ein weiteres Referenzgebiet des Regulierungsverwaltungsrechts ausweisen lässt, ist demnach die eine Fragestellung, von der sich die Arbeit leiten lässt.[37] Zum anderen sucht sie der infolge der Finanzmarktkrise zunehmend konkreter werdenden Diskussion über eine tatsächliche Neujustierung des finanzaufsichtsrechtlichen Ordnungsrahmens bzw. dessen bereits beginnender Etablierung eine konzeptionell wie auch systematisch konsistente Basis zu geben.[38]

---

37 Einen umfangreichen Beitrag zu dieser Diskussion hat insbesondere das Sammelwerk von *Fehling/Ruffert* (Hrsg.), Regulierungsrecht, 2010, geliefert, in dem neben den traditionellen Bereichen der Telekommunikation, Energie und Post, auch der Öffentliche Personennahverkehr, die Abfallent- und Wasserversorgung, das Gesundheits- und Hochschulwesen, die Medienwirtschaft sowie nicht zuletzt auch die Finanzmarktaufsicht als mögliche Referenzgebiete der Regulierung zumindest überblicksartig analysiert worden sind. – Zum „Referenzgebiet" als methodischem Ausgangspunkt der verwaltungssystematischen Modellbildung siehe *Schmidt-Aßmann*, Das allgemeine Verwaltungsrecht als Ordnungsidee, S. 8 ff., sowie *Möllers*, Verwaltungsrechtswissenschaft, VerwArch 93 (2002), 22 (55 f.).

38 Ähnlich *Fehling*, Instrumente und Verfahren, in: Fehling/Ruffert (Hrsg.), Regulierung, § 20 Rn. 161.

Erster Teil. Grundlegende Strukturen der Wirtschaftsaufsicht

Unter dem Ziel der systematischen Konsistenz orientieren sich sowohl die rechtspolitische Reform der Finanzdienstleistungsaufsicht als auch die rechtswissenschaftliche Analyse des bestehenden Regelwerks an den wesentlichen Koordinaten des Rechtsinstituts der Wirtschaftsaufsicht. Umso ratsamer erscheint es insoweit, sich zuvor deren grundlegender Strukturparameter zu vergewissern.[1]

A. Wirtschaftsaufsicht als Begriff

Will man sich – wie bei rechtwissenschaftlichen Abhandlungen üblich – den grundlegenden Strukturen der Wirtschaftsaufsicht im Wege einer ersten Begriffsbestimmung nähern, führt dies sogleich zu einer nicht unwesentlichen Schwierigkeit im Zusammenhang mit diesem Rechtsinstitut.[2]

I. Die terminologische Gemengelage

Der Begriff der Aufsicht findet in den sektorspezifischen Vorschriften keine einheitliche Anwendung. Infolgedessen haben sich bisher auch die Bemühungen der Rechtswissenschaft als vergeblich erwiesen, der Wirtschaftsaufsicht einen eindeutigen Bedeutungsgehalt zuzuordnen.[3] Einerseits wird in dem Bestreben

---

1 So auch *Höfling*, Finanzmarktregulierung – Gutachten, in: Ständige Deputation des Deutschen Juristentages (Hrsg.), Verhandlungen des 68. Deutschen Juristentages, Bd. I, F 1 (13).

2 Vgl. dazu nur *Stober*, Wirtschaftsaufsicht und Bankenaufsicht, in: Pitschas (Hrsg.), Integrierte Finanzdienstleistungsaufsicht, 21 (23), sowie *Hecker*, Marktoptimierende Wirtschaftsaufsicht, S. 10 f., und *Pieper*, Aufsicht, S. 135. – Zur Bildung von Rechtsinstituten als objektiv-rechtlich geordnete Lebensverhältnistypen vgl. bereits *Savigny*, System des heutigen Römischen Rechts, S. 9 ff.

3 So auch *Hecker*, Marktoptimierende Wirtschaftsaufsicht, S. 10 f., und *Stober*, Allgemeines Wirtschaftsverwaltungsrecht, § 29 I 4. *Kahl*, Die Staatsaufsicht, S. 362,

um terminologische Klarheit die synonyme Verwendung verschiedener Begriffe wie Wirtschaftsaufsicht[4] oder Staatsaufsicht[5] kritisiert und zumal in Abgrenzung gegenüber der staatsinternen Aufsicht über (verselbstständigte) Verwaltungseinheiten für eine Beschränkung auf den Begriff der Wirtschaftsüberwachung plädiert.[6] Andererseits wird der Begriff der Aufsicht über die möglichen Grundtypen der klassischen Staats- und Wirtschaftsaufsicht hinaus in weitere Formen der Steuerungs- sowie der Gewährleistungsaufsicht ausdifferenziert.[7] Diese werden jedoch wiederum nicht als jeweils über- bzw. untergeordnete, sondern als eigenständige Kategorien der Aufsicht neben der Staats- und Wirtschaftsaufsicht verstanden,[8] wodurch entgegen dem grundsätzlich begrüßenswerten Anliegen einer Systematisierung die begriffliche Vielfalt und Gemengelage nochmals erhöht wird.[9]

---

hingegen stuft den Begriff der Wirtschaftsaufsicht im Vergleich zur Staatsaufsicht als relativ unstreitig ein.

4 Siehe u.a. *Schmidt*, Wirtschaftspolitik, Wirtschaftsverwaltungsorganisation, Wirtschaftsförderung, in: Achterberg/Püttner/Würtenberger (Hrsg.), Besonderes Verwaltungsrecht I, § 1 Rn. 142 ff., *Badura*, Wirtschaftsverfassung und Wirtschaftsverwaltung, S. 194, *Ehlers*, Ziele der Wirtschaftsaufsicht, S. 43 ff, 67 ff., und *Kahl*, Die Staatsaufsicht, S. 362.

5 Siehe nur *Mösbauer*, Staatsaufsicht über die Wirtschaft, S. 3, und *Lühmann*, Staatsaufsicht, DVBl. 1999, 752 (754 f.).

6 *Braun*, Offene Kompetenznormen, VerwArch 86 (1995), 24 (30 ff.); *Gröschner*, Das Überwachungsrechtsverhältnis, S. 46 ff.; *Stober*, Allgemeines Wirtschaftsverwaltungsrecht, § 29 I 4. Kritisch gegenüber dieser konzeptionellen Beschränkung *Berringer*, Regulierung, S. 6.

7 So *Edelbluth*, Gewährleistungsaufsicht, S. 26 ff., *Schuppert*, Staatsaufsicht im Wandel, DÖV 1998, 831 ff., *ders.*, Verwaltungswissenschaft, S. 900, *ders.*, Zur notwendigen Neubestimmung der Staatsaufsicht im verantwortungsteilenden Staat, in: Schuppert (Hrsg.), Jenseits von Privatisierung und „schlankem Staat", 299 (326 ff.), sowie *Voßkuhle*, Beteiligung Privater an öffentlichen Aufgaben, VVDStRL 62 (2003), 266 (321).

8 Vgl. dazu *Edelbluth*, Gewährleistungsaufsicht, S. 31 ff., *Schuppert*, Staatsaufsicht im Wandel, DÖV 1998, 831 (838), sowie *Voßkuhle*, Beteiligung Privater an öffentlichen Aufgaben, VVDStRL 62 (2003), 266 (321), der seiner Betrachtung einen sehr engen Begriff der Wirtschaftsaufsicht zugrunde legt.

9 Kritisch gegenüber der Ausdifferenzierung der Aufsichtsformen ebenfalls *Hecker*, Marktoptimierende Wirtshaftsaufsicht, S. 25 f., sowie *Junker*, Gewährleistungsaufsicht über Wertpapierunternehmen, S. 56, mit Verweis auf *Kahl*, Die Staatsaufsicht, S. 382 ff. Ähnlich *Schmidt*, Reform von Verwaltung und Verwaltungsrecht, VerwArch 91 (2000), 149 (167). „Zum Wirrwarr der Überwachungsbegriffe" vgl. aus

Als eine weitere „Variante staatlicher Wirtschaftsaufsicht“ wird schließlich auch die zunehmend ins Blickfeld der (Verwaltungs-)Rechtswissenschaft geratene Kategorie der Regulierung verstanden,[10] ohne dass sich aber mit dieser selbst eine eindeutige Begrifflichkeit verbinden ließe.[11] Als Rechtsbegriff fand die Regulierung erstmals mit dem Gesetz über die Regulierung der Telekommunikation und des Postwesens[12] Eingang in die deutsche

---

betriebswirtschaftlicher Sicht auch den gleichnamigen Aufsatz von *Küting/Busch*, Der Betrieb 2009, 1361 ff.

10 *Horn*, Regulierung im Ordnungswerk des Wirtschaftsverwaltungsrechts, in: Gornig/Kramer/Volkmann (Hrsg.), Staat – Wirtschaft – Gemeinde, Festschr. für Frotscher, 379 (379). Vgl. auch *Berringer*: Regulierung als Erscheinungsform der Wirtschaftsaufsicht, *Badura*, Wirtschaftsverfassung und Wirtschaftsverwaltung, S. 203, *Ruffert*, Begriff, in: Fehling/Ruffert (Hrsg.), Regulierungsrecht, § 7 Rn. 41, *v. Danwitz*, Regulierung, DÖV 2004, 977 (977).

11 Vgl. allgemein zur Aufgabe der Regulierung: *Hermes*, Staatliche Infrastrukturverantwortung; *Berringer*, Regulierung als Erscheinungsform der Wirtschaftsaufsicht; *Kühling*, Sektorspezische Regulierung in den Netzwirtschaften; *Ruffert*, Regulierung im System des Verwaltungsrechts, AöR 124 (1999), 237 ff.; *Bullinger*, Regulierung, DVBl. 2003, 1355 ff.; *Masing*, Grundstrukturen eines Regulierungsverwaltungsrechts, Die Verwaltung 36 (2003), 1 ff.; *ders.*, Das Recht der Regulierungsverwaltung – Gutachten, in: Ständige Deputation des Deutschen Juristentages (Hrsg.), Verhandlungen des 66. Deutschen Juristentages, Bd. I, D 1 ff.; *v. Danwitz*, Regulierung, DÖV 2004, 977 ff.; *Säcker*, Regulierungsrecht, AöR 130 (2005), 180 ff. Siehe auch die Abschnitte, die mittlerweile in (wirtschafts-)verwaltungsrechtlichen Lehrbüchern bzw. Grundlagenwerken ausdrücklich dem Bereich der Regulierung gewidmet werden, wie z.B. bei *Badura* Wirtschaftsverfassung und Wirtschaftsverwaltung, S.268 ff., *Frotscher/Kramer*, Wirtschaftsverfassungs- und Wirtschaftsverwaltungsrecht, Rn. 500 ff., *Ruthig/Storr*, Öffentliches Wirtschaftsrecht, Rn. 503 ff., *Eifert*, Regulierungsstrategien, in: Hoffmann-Riem/Schmidt-Aßmann/Voßkuhle (Hrsg.), Grundlagen des Verwaltungsrechts, Bd. I, § 19, sowie schließlich die Beiträge in dem umfangreichen Sammelband von *Fehling/Ruffert* (Hrsg.), Regulierungsrecht. Vgl. dort zur Begriffsfindung *Ruffert*, Begriff, in: Fehling/Ruffert (Hrsg.), Regulierungsrecht, § 7, aber auch bei *Müller-Graff*, Finanzmarktkrise und Wirtschaftsordnungsrecht, EWS 2009, 201 (204 ff.).

12 Art. 7 des Gesetzes über die Neuordnung des Postwesens und der Telekommunikation (PTNeuOG) vom 14. September 1994, BGBl. I, S. 2325; mittlerweile Telekommunikationsgesetz (TKG) vom 22. Juni 2004, BGBl. I, S. 1190, zuletzt geändert durch Art. 1 des Gesetzes vom 3. Mai 2012, BGBl. I, S. 958, und Postgesetz (PostG) vom 22. Dezember 1997, BGBl. I, S. 3294, zuletzt geändert durch Art. 272 der Verordnung vom 31. Oktober 2006, BGBl. I, S. 2407.

Rechtsordnung und breitete sich innerhalb derer zunächst auf alle anderen so genannten Netzwirtschaftssektoren aus.[13] Mittlerweile wird der Begriff der Regulierung zunehmend auch im Zusammenhang mit dem Recht der Finanzdienstleistungsaufsicht gebraucht – nicht zuletzt wegen dessen voranschreitender „internationale[r] Durchwirkung".[14]

---

13 Zu nennen sind neben dem TKG und dem PostG insoweit insbesondere das Gesetz über die Elektrizitäts- und Gasversorgung – Energiewirtschaftsgesetz (EnWG) ursprünglich vom 24. April 1998, BGBl. I, S. 730; nunmehr in der Fassung vom 7. Juli 2005, BGBl. I, S. 1970, 3621, zuletzt geändert durch Art. 1 und 2 des Gesetzes vom 20. Dezember 2012, BGBl. I, S. 2730. Auch im Allgemeinen Eisenbahngesetz (AEG) vom 27. Dezember 1993, BGBl. I, S. 2378, 2396; 1994 I, S. 2439, zuletzt geändert durch Art. 1 des Gesetzes vom 12. September 2012, BGBl. I, S. 1884, finden sich die Begriffe der „*Regulierungs*behörde" und der „*Regulierungs*stellen".

14 *Röhl*, Finanzmarktaufsicht, in: Fehling/Ruffert (Hrsg.), Regulierungsrecht, § 18 Rn. 42. Vgl. nur *Bumke*, Kapitalmarktregulierung, Die Verwaltung 41 (2008), 227 ff., sowie die Gutachten von *Hellwig*, Finanzmarktregulierung – Gutachten, in: Ständige Deputation des Deutschen Juristentages (Hrsg.), Verhandlungen des 68. Deutschen Juristentages, Bd. I, E 1 ff., *Höfling*, Finanzmarktregulierung – Gutachten, in: Ständige Deputation des Deutschen Juristentages (Hrsg.), Verhandlungen des 68. Deutschen Juristentages, Bd. I, F 1 ff., und *Zimmer*, Finanzmarktregulierung – Gutachten, in: Ständige Deputation des Deutschen Juristentages (Hrsg.), Verhandlungen des 68. Deutschen Juristentages, Bd. I, G 1 ff. Siehe auch den Rückgriff auf den Begriff der *Regulierung* in den Überschriften im Rahmen der Einführungen von *Neus*, in: Luz/Neus/Scharpf/Schneider/Weber (Hrsg.), Kommentar zum KWG, Einf. 1 ff. Auch das *BVerfG* spricht in seinem Beschluss vom 24. November 2009 – 2 BvR 1387/04, ZIP 2010, 168 (170, Rz. 59) von „gesetzlicher Finanzmarkt*regulierung*". *Kohtamäki*, Reform der Bankenaufsicht in der Europäischen Union, S. 7 ff., differenziert hingegen zwischen Banken*regulierung* und Banken*aufsicht*.

II. Die terminologische Zweckmäßigkeit

Gleichwohl knüpfen sowohl die nationalen Vorschriften des Kreditwesen-[15], Versicherungsaufsichts-[16] und Wertpapierhandelsgesetzes[17] einschließlich deren organisationsrechtlicher Verklammerung durch das Finanzdienstleistungsaufsichtsgesetz[18] als auch deren europarechtliche Vorgaben[19] im Wesentlichen

---

15 So ist der Dritte Abschnitt des Gesetzes über das Kreditwesen (§§ 32 ff. KWG), in der Fassung der Bekanntmachung vom 9. September 1998, BGBl. I, S. 2776, zuletzt geändert durch Art. 3a des Gesetzes vom 20. Dezember 2012, BGBl. I, S. 2777, mit „Vorschriften über die *Beaufsichtigung* der Institute" überschrieben. Nach § 6 Abs. 1 KWG übt die Bundesanstalt für Finanzdienstleistungsaufsicht die *Aufsicht* über die Institute nach den Vorschriften KWG aus.

16 Auch im Versicherungs*aufsichts*gesetz (VAG), in der Fassung der Bekanntmachung vom 17. Dezember 1992, BGBl. 1993 I, S. 2, zuletzt geändert durch Art. 16 des Gesetzes vom 5. Dezember 2012, BGBl. I, S. 2418, das den Begriff der Aufsicht schon im Gesetzesnamen führt, ist Abschnitt V. (§§ 81 ff. VAG) mit „*Beaufsichtigung* der Versicherungsunternehmen" überschrieben. Ungeachtet dessen, dass in § 81 Abs. 1 S. 1 VAG auch der Begriff der Überwachung Verwendung gefunden hat, ist die Vorschrift mit Rechts- und Finanz*aufsicht* überschrieben, die jeweils in § 81 Abs. 1 S. 3 und 4 VAG näher konkretisiert werden. Zur Unterscheidung zwischen der Finanzaufsicht und der Rechtsaufsicht (im Übrigen) vgl. die Ausführungen in Teil 2 unter A.III.

17 Anders als Kreditwesen- bzw. Versicherungsaufsichtsgesetz trägt das Gesetz über den Wertpapierhandel (WpHG), in der Fassung der Bekanntmachung vom 9. September 1998, BGBl. I, S. 2708, zuletzt geändert durch Art. 3 des Gesetzes vom 5. Dezember 2012, BGBl. I, S. 2415, den Begriff der Aufsicht weder im Namen, noch findet er sich in einer Abschnittsüberschrift. Der kreditwesengesetzlichen Aufgabenbestimmung des § 6 Abs. 1 KAG entsprechend übt die Bundesanstalt für Finanzdienstleistungsaufsicht aber auch gemäß § 4 Abs. 1 S. 1 WpHG die *Aufsicht* nach den Vorschriften dieses Gesetzes (WpHG) aus.

18 Vgl. insoweit bereits nur den Namen: Gesetz über die Bundesanstalt für Finanzdienstleistungs*aufsicht* – Finanzdienstleistungs*aufsichts*gesetz (FinDAG) vom 22. April 2002, BGBl. I, S. 1310, zuletzt geändert durch Art. 2a des Gesetzes vom 28. November 2012, BGBl. I, S. 2369.

19 Siehe insoweit die Überschriften von Kapitel 1 in Titel V der Richtlinie 2006/48/EG „Grundsätze der Banken*aufsicht*" einerseits und von Abschnitt 2 in Kapitel VI der Richtlinie 2006/48/EG „*Beaufsichtigung*". Auch Art. 27 der Richtlinie 2009/138/EG zu Solvabilität II formuliert innerhalb des Kapitels III „*Aufsichts*behörden und allgemeine Vorschriften" das „Hauptziel der *Beaufsichtigung*". Auch das Maßnahmenpaket der *Europäischen Kommission* zur „Stärkung der *Regulierung* des Bankensektors" trägt den Begriff der *Aufsicht* im Namen des jeweiligen Rechtssetzungsaktes: Siehe jeweils die Vorschläge der *Europäischen Kommission* für eine Verordnung des

weiterhin an den Begriff der Aufsicht an. Schon aus Gründen „terminologischer Zweckmäßigkeit“[20] wird daher auch im weiteren Verlauf dieser Untersuchung an dem Begriff der Wirtschaftsaufsicht als begrifflichem Ausgangspunkt der Strukturanalyse der integrierten Finanzdienstleistungsaufsicht festgehalten.[21]

III. Die phänomenologische Begriffsdeutung

Begriffsnotwendig setzt die Aufsicht dabei im Sinne von „auf etwas herab sehen“ ein Verhältnis der Über- und Unterordnung voraus, innerhalb dessen nach hergebrachtem Begriffsverständnis das übergeordnete Aufsichtssubjekt das untergeordnete Aufsichtsobjekt mit einem bestimmten Maßstab in Übereinstimmung bringt oder hält.[22] Genau in dieser über die bloße Beobachtung hinausgehenden

---

Europäischen Parlaments und des Rates über *Aufsichts*anforderungen an Kreditinstitute und Wertpapierfirmen, KOM(2011) 452 endgültig, und für eine Richtlinie des Europäischen Parlaments und des Rates über den Zugang zur Tätigkeit von Kreditinstituten und die *Beaufsichtigung* von Kreditinstituten und Wertpapierfirmen und zur Änderung der Richtlinie 2002/87/EG des Europäischen Parlaments und des Rates über die zusätzliche *Beaufsichtigung* der Kreditinstitute, Versicherungsunternehmen und Wertpapierfirmen eines Finanzkonglomerats vom 20. Juli 2011, KOM(2011) 453 endgültig. Daran hat sich mit der Verabschiedung der Rechtsakte der Verordnung (EU) 575/2013 über die *Aufsichts*anforderungen an Kreditinstitute und Wertpapierfirmen sowie der Richtlinie 2013/36/EU über die *Beaufsichtigung* von Kreditinstituten und Wertpapierfirmen nichts geändert.

20 Nach *Ehlers*, Ziele der Wirtschaftsaufsicht, S. 4, kommt es für die Begriffsbildung insbesondere auf die Frage der terminologischen Zweckmäßigkeit an. Ebenso *Hecker*, Marktoptimierende Wirtschaftsaufsicht, S. 12.

21 So auch allgemein für den gesamten Bereich der staatlichen Aufsicht über die Wirtschaft die überwiegende Ansicht der Literatur. Siehe nur z. B. *Ehlers*, Ziele der Wirtschaftsaufsicht, S. 3 f., *Schmidt*, Wirtschaftspolitik, Wirtschaftsverwaltungsorganisation, Wirtschaftsförderung, in: Achterberg/Püttner/Würtenberger (Hrsg.), Besonderes Verwaltungsrecht I, § 1 Rn. 142, *Badura*, Wirtschaftsverfassung und Wirtschaftsverwaltung, S 194 ff.

22 So schon *Triepel*, Reichsaufsicht, S. 110 f. Ebenso *Hecker*, Marktoptimierende Wirtschaftsaufsicht, S. 10 und 16. Vgl. auch *Ehlers*, Ziele der Wirtschaftsaufsicht, S. 4, 77, *Mösbauer*, Staatsaufsicht über die Wirtschaft, S. 5 f., *Pieper*, Aufsicht, S. 2, 151, *Schmidt*, Öffentliches Wirtschaftsrecht, S. 338 f., *Scholz*, Wirtschaftsaufsicht, S. 16. Entgegen des von *Ehlers* erweckten Eindrucks kann den Ausführungen *Bullingers*, Staatsaufsicht in der Wirtschaft, VVDStRL 22 (1965), 264 ff. (324), keine Begrenzung des Aufsichtsobjekts auf private Wirtschaftstreibende entnommen werden.

„Berichtigungsfunktion“[23] unterscheidet sich die Wirtschaftsaufsicht auch von der bloßen Kontrolle.[24] Auch wenn der wirtschaftsverwaltungsrechtliche Gesetzgeber in verschiedenen Vorschriften auf den Begriff der Kontrolle zurückgegriffen hat, beschränkt sich deren formal-begriffliches Verständnis auf einen kritischen Vergleich des Ist- mit dem Soll-Zustand ohne die Möglichkeit der Korrektur des gefundenen Ergebnisses.[25] Die Kontrolle bietet sich daher weder als Parallel-[26] noch als Oberbegriff[27] im Verhältnis zur Wirtschaftsaufsicht an. Obwohl die Kontrolle damit ebenso wie die Beobachtung, die sich durch ihre planvolle Beständigkeit von der bloß zufälligen Wahrnehmung gesellschaftlicher bzw. wirtschaftlicher Vorgänge unterscheidet,[28] zwar ein Weniger gegenüber der Aufsicht ist, ist die Kontrolle als „Bindeglied“[29] zwischen Beobachtung und Berichtigung wie diese ein (notwendiges) Element der Aufsicht.[30]

---

23 Der Begriff geht ebenfalls zurück auf *Triepel*, Reichsaufsicht, S. 120.

24 Zwar misst *Hecker*, Marktoptimierende Wirtschaftsaufsicht, S. 15, der Unterscheidung zwischen Beobachtung und Berichtigung nur ein geringes systematisches Gewicht bei, spricht aber gleichwohl dem imperativen Element die Qualität eines typischen Merkmals der Aufsicht zu, das dem Aufsichtsbegriff Abgrenzungsschärfe vermittelt.

25 Ebenso *Geschwandtner*, Staatliche Aufsicht über das Kreditwesen, S. 11. *Pitschas*, Struktur- und Funktionswandel der Aufsicht, DÖV 1998, 907 (908), räumt der Kontrolle die Funktion ein, die Initiative zur Einleitung von Gegenmaßnahmen zu ergreifen, nicht hingegen die Gegenmaßnahmen selbst. Anders *Kahl*, Die Staatsaufsicht, S. 404 f., Fn. 392, der einer solchen phänomenologischen Betrachtungsweise mangelnden Realitätsbezug vorwirft.

26 So aber *Triepel*, Reichsaufsicht, S. 109 ff., sowie *Kirchhof*, Mittel staatlichen Handelns, in: Isensee/Kirchhof (Hrsg.), HStR III (1996), § 59 Rn. 188 ff., insbes. 202 f.

27 So aber *Stober*, Wirtschaftsaufsicht und Bankenaufsicht, in: Pitschas (Hrsg.), Integrierte Finanzdienstleistungsaufsicht, 21 (25), sowie *Pieper*, Aufsicht, S. 2 und *Kaufhold*, Systemaufsicht, Die Verwaltung 46 (2013), 21 (23). Letztere schreibt allerdings der Aufsicht im Unterschied zur Kontrolle auch die „Möglichkeit des korrigierenden Eingreifens“ als notwendiges Element zu, während die Kontrolle dieses Element umfassen kann aber begrifflich nicht muss.

28 *Pieper*, Aufsicht, S. 148 f.

29 *Kahl*, Die Staatsaufsicht, S. 355, der allerdings die „Kontrolle“ nicht auf ihre formal-begriffliche Bedeutung beschränkt und an ihrer Stelle von „Prüfung“ spricht.

30 *Hecker*, Marktoptimierende Wirtschaftsaufsicht, S. 15, spricht von „typischen Etappenfolgen der Aufsichtstätigkeit“.

B. Wirtschaftsaufsicht zwischen individueller Freiheit und sozialem Gemeinwohl

Diese rein phänomenologische Begriffsdeutung der Aufsicht als ein Verhältnis der Subordination ist indes keineswegs gleichbedeutend mit einer überpositiven Vermutung für das absolute Recht des Aufsichtssubjekts gegenüber der relativen Pflicht des entsprechend untergeordneten Aufsichtsobjekts.[31] Anders als noch in der (Neu-)Zeit des Absolutismus lässt eine Gesellschaftsordnung, die auf verfassungsstaatlichen Maximen wie dem Grundgesetz basiert, keinen Raum für eine vor- bzw. überrechtliche Souveränitätsvermutung;[32] weder zugunsten eines Einzelnen bzw. einiger Weniger noch zugunsten des staatlichen geschweige denn supranationalen Gemeinwesens. Selbst von der Verpflichtung des Staates auf das überindividuelle Gemeinwohl, zu dessen Sicherung sich das staatsbildende Volk nach der Lehre vom Gesellschaftsvertrag verbunden hat,[33] kann weder auf eine vorrechtliche (Hoheits-)Stellung noch auf eine überrechtliche (Hoheits-)Befugnis des Staates geschlossen werden.[34] Sowohl die (Handlungs-)Befugnis des Aufsichtssubjekts als auch die (Handlungs-)Pflicht des Aufsichtsobjekts müssen sich aus den rechtsverbindlichen Vorgaben der Staatsverfassung ableiten bzw. auf diese zurückführen lassen.[35]

---

31 Zum Etatismus des Aufsichtsbegriffs vgl. aber *Gröschner*, Das Überwachungsrechtsverhältnis, S. 46 ff.

32 So auch *Hecker*, Marktoptimierende Wirtschaftsaufsicht, S. 16. Zur Souveränität vgl. auch *Randelzhofer*, Staatsgewalt und Souveränität, in: Isensee/Kirchhof (Hrsg.), HStR II (2004), § 17 Rn. 1 ff.

33 Vgl. dazu *Isensee*, Gemeinwohl im Verfassungsstaat, in: Isensee/Kirchhof (Hrsg.), HdStR IV (2006), § 71 Rn. 20 ff.

34 Vgl. *BVerwG*, Urteil vom 24. Juni 1954 – V C 78.54, BVerwGE 1, 159 (161): „Der Einzelne ist zwar der öffentlichen Gewalt unterworfen, aber nicht Untertan, sondern Bürger."

35 Allgemein *Huber*, Wirtschaftsverwaltungsrecht, S. 23. Diese Verfassungsbindung ist nicht zu verwechseln mit einem Verfassungsvorbehalt. Kritisch dazu *Isensee*, Staatsaufgaben, in: Isensee/Kirchhof (Hrsg.), HStR IV (2006), § 73 Rn. 44 m.w.Nachw. Zur Verfassungsbindung der Staatsgewalt vgl. Art. 20 Abs. 3 GG, die Ausführungen von *Herzog/Grzeszick*, in: Maunz/Dürig, Kommentar zum GG, Art. 20 Rn. 17 ff., sowie dezidiert zur unmittelbaren Grundrechtsbindung der Verwaltung *Horn*, Die grundrechtsunmittelbare Verwaltung, S. 93 ff.

I. Der Bezugspunkt der individuellen Freiheit

Den grundlegenden Bezugspunkt des wirtschaftsaufsichtlichen Subordinationsverhältnisses markieren zweifelsohne die Grundrechte als Garanten der privaten (Wirtschafts-)Frei-heit.[36] In ihrer „abwehrrechtlichen Funktion"[37] gewährleisten sie die Freiheit des Einzelnen prinzipiell unbegrenzt und begrenzen demgegenüber die wirtschaftsaufsichtliche und mithin hoheitliche Zugriffsbefugnis. Den grundgesetzlichen Vorgaben des demokratischen Rechtsstaats entsprechend ist diese als Ausübung von Staatsgewalt vom Volkswillen abzuleiten sowie auf diesen zurückzuführen und nach dem Grundsatz der Gewaltenteilung durch besondere Organe der Gesetzgebung, der vollziehenden Gewalt und der Rechtsprechung auszuüben.[38]

Das erste Zugriffsrecht auf die freiheitliche Gesellschaftssphäre kommt nach der gewaltengegliederten Funktionsordnung des Grundgesetzes dem parlamentarischen Gesetzgeber zu. Als einziges vom Volk unmittelbar legitimiertes Organ hat dieser dem demokratie- bzw. rechtsstaatlichen wie auch grundrechtlichen Gesetzesvorbehalt entsprechend in Übereinstimmung mit den zielkompatiblen Verfassungsgrundsätzen der normativen Ermächtigung sowie der hinreichenden Bestimmtheit die grundlegenden Entscheidungen für das Gemeinwesen und damit sowohl für die

---

36 *Jarass*, in: Jarass (Hrsg.), Wirtschaftsverwaltungsrecht, S. 21. – Die grundgesetzlichen Wirtschaftsfreiheiten umfassen die Berufs- und Ausbildungsfreiheit des Art. 12 Abs. 1 GG, die Eigentumsgarantie nach 14 GG, die das Eigentum an Produktionsmitteln umschließt und damit die Investitionsautonomie gewährleistet. Zentrale Elemente der Wirtschaftsfreiheit bilden auch die Vereinigungs- und Koalitionsfreiheit i.S.d. Art. 9 GG, sich in (Handels-)Gesellschaften zu vereinen oder in Ausübung der Tarifautonomie Tarifverträge auszuhandeln. Über Art. 19 Abs. 3 GG werden die juristischen Personen selbst in den Grundrechtschutz des Grundgesetztes einbezogen. Grundlage jeder wirtschaftlichen Betätigung ist die allgemein durch Art. 2 Abs. 1 GG gewährte Freiheit, Verträge mit privatautonomer Inhaltsgestaltung abzuschließen. Im Verhältnis zu anderen Grundrechtsberechtigten gewährt Art. 3 Abs. 1 GG überdies das Recht auf Gleichbehandlung in Bezug auf die jeweilige Grundrechtsausübung. – Vgl. zu den einzelnen Schutzbereichen der wirtschaftlichen Unternehmungsfreiheit *Ossenbühl*, Die Freiheiten des Unternehmers nach dem Grundgesetz, AöR 115 (1990), 1 (12 ff.). Kritisch gegenüber der „Bündelung" der einzelnen Freiheiten *Schmidt*, Öffentliches Wirtschaftsrecht, S. 72.

37 Zur Grundrechtskategorie der Abwehrrechte vgl. ausführlich *Sachs*, Abwehrrechte, in: Merten/Papier (Hrsg.), HGR II, § 39.

38 Vgl. zu den Voraussetzungen der Ausübung von Staatsgewalt Art. 20 Abs. 2 GG. Danach geht alle Staatsgewalt vom Volke aus (Satz 1). Konkret wird sie von diesem unmittelbar in Wahlen und Abstimmungen und dadurch vermittelt (mittelbar) durch besondere Organe der Gesetzgebung, der vollziehenden Gewalt und der Rechtsprechung ausgeübt (Satz 2).

hoheitlichen Handlungsbefugnisse des Aufsichtssubjekts als auch für die kehrseitigen Handlungspflichten des Aufsichtsobjekts zu treffen.[39] Hat sich der Gesetzgeber einmal ganz grundsätzlich für eine staatliche Einflussnahme auf die freiheitsrechtlich geschützte Gesellschaftssphäre entschieden, ist es je nach parlamentsgesetzlicher Vorgabe Aufgabe der vollziehenden Gewalt, diese Entscheidung den gesetzlichen Vorgaben entsprechend konkret um- und durchzusetzen. Über den Grundsatz der Gesetzmäßigkeit wird die Exekutive dabei nicht nur an die Vorgaben des Gesetzgebers gebunden, sondern auch der Jurisdiktionsgewalt der Verwaltungsgerichtsbarkeit unterworfen, die im gewaltengegliederten Rechtsstaat dazu berufen ist, die Einhaltung der Gesetze durch die Verwaltung zu überprüfen.[40]

Soweit der Gesetzgeber Hoheitsbefugnisse in Übereinstimmung mit den grundgesetzlichen Vorgaben[41] an die Europäische Union abgegeben hat, richtet sich das (Aufsichts-)Verhältnis von gesellschaftlicher Freiheit und hoheitlichem Zugriff auch nach den rechtsverbindlichen Vorschriften auf europäischer Ebene. Die Grundlage der aus Gründen des Rangverhältnisses auf den engeren Bereich des Primärrechts zu beschränkenden „Wirtschaftsverfassung“ der Europäischen Union[42] bilden die

---

39 Zur Aufgabe des parlamentarischen Gesetzgebers, nach den Regeln des Gesetzes- bzw. Parlamentsvorbehalts die wesentlichen (grundrechtsrelevanten) Entscheidungen selbst zu treffen, vgl. aus der Rspr. grundlegend *BVerfG*, Urteil vom 6. Dezember 1972 – 1 BvR 230/70, BVerfGE 34, 165 (192 f.), BVerfG, Beschluss vom 8. August 1978 – 2 BvL 8/77, BVerfGE 49, 89 (129 f.); aus der Lit.: *Ossenbühl*, Vorrang und Vorbehalt des Gesetzes, in: Isensee/Kirchhof (Hrsg.), HStR V (2007), § 101; analytisch *Horn*, Die grundrechtsunmittelbare Verwaltung, S. 21 ff, 43 ff. Zur Kritik gegenüber der Wesentlichkeitslehre des Bundesverfassungsgerichts siehe nur *Schmidt-Aßmann*, Rechtsstaat, in: Isensee/Kirchhof (Hrsg.), HStR II (2004), § 26 Rn. 64 f. m.w.Nachw. Zum „Primat des Gesetzes“ im demokratischen Rechtsstaat siehe vor allem *Stern*, Staatsrecht II, S. 560 ff., und *Ossenbühl*, Gesetz und Recht, in: Isensee/Kirchhof (Hrsg.), HStR V (2007), § 100 Rn. 19 ff.

40 Vgl. nur *Maurer*, Allgemeines Verwaltungsrecht, § 6 Rn. 1, sowie *Schmidt-Aßmann*, Rechtsstaat, in: Isensee/Kirchhof (Hrsg.), HdStR II (2004), § 26 Rn. 59.

41 Art. 23 Abs. 1 S. 1 GG stellt die Mitwirkung der Bundesrepublik Deutschland an der Entwicklung der Europäischen Union unter die Bedingung, dass diese den demokratischen, rechtsstaatlichen, sozialen und föderativen Grundsätzen und dem Grundsatz der Subsidiarität verpflichtet ist und einen dem Grundgesetz im Wesentlichen vergleichbaren Grundrechtsschutz gewährleistet. Diese so genannte „Struktursicherungsklausel“ bindet ebenso den parlamentarischen Gesetzgeber im Rahmen der Ratifizierung wie die übrigen Verfassungsorgane bei Abschluss oder Änderung der Verträge über die Europäische Union. Vgl. dazu *Scholz*, in: Maunz/Dürig, Kommentar zum GG, Art. 23 Rn. 71.

42 *Müller-Graff*, Verfassungsordnung der EG/EU, in: Dauses (Hrsg.), Handbuch des EU-Wirtschaftsrechts, A.I. Rn. 80 ff.; *Schmidt*, Öffentliches Wirtschaftsrecht, S. 82.

Binnenmarktfreiheiten,[43] die infolge der Ausformung als allgemeine Beschränkungsverbote zunehmend den „Charakter wirtschaftlicher Grundrechte" angenommen haben.[44] Wesentliche Bedeutung haben daneben die im Wege der wertenden Rechtvergleichung durch den Europäischen Gerichtshof entwickelten Unionsgrundrechte.[45] Auch die Grundrechte der Charta der Europäischen Union nehmen den gleichen („Verfassungs-")Rang ein.[46] Ebenso wie die Grundfreiheiten gewährleisten auch die Grundrechte der Europäischen Union eine gesellschaftliche Freiheitssphäre gegenüber hoheitlicher Einflussnahme;[47] sei es der nationalen Mitgliedsstaaten oder aber auch der Europäischen Union selbst.[48]

– Zur Vorrangfrage im Kollisionsfall zwischen nationaler und unionaler (Verfassungs-)Rechtsordnung siehe nur *EuGH*, Rs. 6/64, Costa/ENEL, Slg. 1964, 1251, 1269 f.; *BVerfG*, Beschluss vom 29. Mai 1974 – 2 BvL 52/71, BVerfGE 37, 271 ff.; *BVerfG*, Beschluss vom 22. Oktober 1986 – 2 BvR 197/83, BVerfGE 73, 339 ff.; *BVerfG*, Urteil vom 12. Oktober 1993 – 2 BvR 2134/92, NJW 1993, 3047 ff.; *BVerfG*, Beschluss vom 7. Juni 2000 – 2 BvL 1/97, BVerfGE 102, 147 ff.

43 *Huber*, Öffentliches Wirtschaftsrecht, in: Schmidt-Aßmann/Schoch (Hrsg.), Besonderes Verwaltungsrecht, Kap. 3 Rn. 94; *Stober*, Allgemeines Wirtschaftsverwaltungsrecht, § 5 II 2; *Frotscher/Kramer*, Wirtschaftsverfassungs- und Wirtschaftsverwaltungsrecht, Rn. 38. – Gemäß Art. 26 Abs. 2 AEUV umfasst der Binnenmarkt einen Raum ohne Binnengrenzen, in dem der freie Verkehr von Waren [Warenverkehrsfreiheit gemäß Art. 28 ff., 34 ff. AEUV], Personen [Arbeitnehmerfreizügigkeit gemäß Art. 45 ff. AEUV sowie Niederlassungsfreiheit gemäß Art. 49 ff. AEUV], Dienstleistungen [Dienstleistungsfreiheit gemäß Art. 56 ff. AEUV und Kapital [Kapitalverkehrsfreiheit gemäß Art. 63 ff. AEUV] gewährleistet wird.

44 *Walter*, Geschichte und Entwicklung der Europäischen Grundrechte und Grundfreiheiten, in: Ehlers (Hrsg.), Europäische Grundrechte und Grundfreiheiten, § 1 Rn. 58.

45 Vgl. dazu ausführlich *Ehlers*, Allgemeine Lehren, in: Ehlers (Hrsg.), Europäische Grundrechte und Grundfreiheiten, § 14 Rn. 1 ff., *Frenz*, HEuR IV, Europäische Grundrechte, Rn. 1 ff., und *Streinz*, Grundrechte und Grundfreiheiten, in: Merten/Papier (Hrsg.), HGR VI/1 (2010), § 151 Rn. 3 ff.

46 Art. 6 Abs. 1 UA 1 EUV weist nunmehr ausdrücklich auf die Charta der Grundrechte und dieser unionsrechtlich dieselbe Hierarchiestufe der Verträge zu.

47 Die Qualifizierung auch der Grundfreiheiten als Freiheitsrechte ist infolge der Ausformung der Grundfreiheiten als allgemeine Beschränkungsverbote konsequent, wenn auch nicht unumstritten. Vgl. dazu *Ehlers*, Allgemeine Lehren, in: Ehlers (Hrsg.), Europäische Grundrechte und Grundfreiheiten, § 7 Rn. 29, sowie *Frenz*, HEuR I, Europäische Grundfreiheiten, Rn. 141 ff., jeweils m.w.Nachw. auch zur anderen Auffassung.

48 Zur Bindung der Mitgliedstaaten sowie der Europäischen Union an die Europäischen Grundrechte wie auch Grundfreiheiten vgl. *Ehlers*, Allgemeine Lehren, in: Ehlers (Hrsg.), Europäische Grundrechte und Grundfreiheiten, § 14 Rn. 47 ff. (Grundrechte)

II. Der Zielpunkt des überindividuellen Gemeinwohls

Als Kernelemente der grundgesetzlichen wie auch unionsrechtlichen Gesellschaftsordnung stellen damit sowohl die Grundrechte als auch die Grundfreiheiten den hoheitlichen Zugriff auf die gesellschaftliche Freiheit ganz allgemein unter den materiellen Vorbehalt der Rechtfertigung in Form legitimer Allgemeinwohlbelange[49] sowie einer hinreichenden Verhältnismäßigkeit.[50] Bezogen auf die

---

und § 7 Rn. 48 f. (Grundfreiheiten), sowie *Frenz*, HEuR I, Europäische Grundfreiheiten, Rn. 292 ff., 309 ff. und *dens.*, HEuR IV, Europäische Grundrechte, Rn. 222 ff., 211 ff.

49 Der so genannten „Stufenlehre" des *Bundesverfassungsgerichts* entlehnt, unterscheiden sich die Rechtfertigungsanforderungen je nach Eingriffsintensität zwischen vernünftigen Erwägungen des Gemeinwohls sowie besonders respektive überragend wichtigen Gemeinschaftsgütern. Vgl. zu den gestuften Anforderungen des Grundsatzes der Verhältnismäßigkeit einer Grundrechtsbeeinträchtigung in Bezug auf die Berufsfreiheit des Art. 12 Abs. 1 GG erstmals, *BVerfG*, Urteil vom 11. Juni 1958 – 1 BvR 596/56, BVerfGE 7, 377 (400 ff.). – Zur Ausweitung der Rechtfertigungsmöglichkeiten mitgliedsstaatlicher Verstöße gegen die unionsrechtlichen Grundfreiheiten aus „zwingenden Gründen des Allgemeinwohls" infolge der Ausweitung der Grundfreiheiten von besonderen Diskriminierungs- zu allgemeinen Beschränkungsverboten in stRspr. des *EuGH* seit Rs. 33/74, Van Binsbergen, Slg. 1974, 1299, Rs. 120/78, siehe ausführlich statt vieler *Ehlers*, Allgemeine Lehren, in: Ehlers (Hrsg.), Europäische Grundrechte und Grundfreiheiten, § 7 Rn. 88 ff.; *Frenz*, HEuR I, Europäische Grundfreiheiten, Rn. 428 ff. und 478 ff.

50 Zum „rechtsstaatlichen Verteilungsprinzip" siehe insbes. *Schmitt*, Verfassungslehre, S.126, sowie ferner *Isensee*, Staat und Verfassung, in: Isensee/Kirchhof (Hrsg.), HStR II (2004), § 15 Rn. 174, *dens.*, Das Grundrecht als Abwehrrecht und staatliche Schutzpflicht, in: Isensee/Kirchhof (Hrsg.), HStR IX (2011), § 191 Rn. 9, *Schmidt*, Wirtschaftspolitik, Wirtschaftsverwaltungsorganisation, Wirtschaftsförderung, in: Achterberg/Püttner/Würtenberger (Hrsg.), Besonderes Verwaltungsrecht I, § 1 Rn. 15, *Schmidt-Aßmann*, Das allgemeine Verwaltungsrecht als Ordnungsidee, S. 12 ff. – Das grundfreiheitliche Rechtfertigungsregime differenziert zwischen den geschriebenen Gründen zur Rechtfertigung eines Verstoßes gegen die verkehrsfreiheitlichen Diskriminierungsverbote [vgl. Art. 36 AEUV (Warenverkehrsfreiheit); Art. 45 Abs. 3, HS. 1 AEUV (Arbeitnehmerfreizügigkeit); Art. 51 f. AEUV (Niederlassungsfreiheit); Art. 62 i.V.m. Art. 51 f. AEUV (Dienstleistungsfreiheit) und Art. 65 AEUV (Kapital- und Zahlungsverkehrsfreiheit)] und ungeschriebenen, richterrechtlich entwickelten Gründen zur Rechtfertigung eines Verstoßes gegen die verkehrsfreiheitlichen Beschränkungsverbote. Vgl. zu den grundfreiheitlichen und grundrechtlichen Rechtfertigungsregimen auf europäischer Ebene *Ehlers*, Allgemeine Lehren, in: Ehlers (Hrsg.), Europäische Grundrechte und Grundfreiheiten, § 7 Rn. 50 ff. (Grundfreiheiten)

Wirtschaftsaufsicht führt dies unweigerlich zu der Frage, aus welchem Grund bzw. zu welchem Ziel Aufsicht über das wirtschaftsfreiheitliche Geschehen geführt wird bzw. anders gewendet: welcher Allgemeinwohlbelang hinter der Wirtschaftsaufsicht steht.

Dabei markiert das Gemeinwohl nicht nur einen vor- oder überverfassungsrechtlichen Zielpunkt eines jeden hoheitlichen Handelns.[51] Als verfassungsrechtliche Vorgabe findet es sich auch in verschiedenen Vorschriften des Grundgesetzes und des europäischen Vertragsrechts niedergelegt. Ein besonderes Gewicht wird insoweit dem Sozialstaatsprinzip des Grundgesetzes beigemessen.[52] Auf das Ziel einer gerechten Sozialordnung verpflichtet, hat der Staat danach ein Mindestmaß an sozialer Sicherheit und Gerechtigkeit zu gewährleisten. Soziale Schieflagen, die auch bzw. gerade durch das freie Spiel der in eigenrationale Bahnen des privaten Gewinnstrebens gelenkten Wirtschaftskräfte entstehen können, gilt es im Wege der Umverteilung auszugleichen.[53] Die Vorgaben des Ausgleichs und der Umverteilung gründen sich dabei auf das ethisch-moralische Prinzip der Solidarität, das nicht nur als Teilaspekt des Sozialstaatsprinzips (verfassungs-)rechtliche Wirkkraft entfaltet.[54] Auch über das Staatsstrukturprinzip der Republik – versteht man dieses nicht allein als Monarchieverbot, sondern auch als Gemeinwohlpostulat der Freiheit, Gleichheit und Brüderlichkeit[55] – wird der Staat über die

und § 14 Rn. 65 ff. (Grundrechte), *Frenz*, HEuR I, Europäische Grundfreiheiten, Rn. 464 ff., sowie *dens.*, HEuR IV, Europäische Grundrechte, Rn. 601 ff.

51 *Isensee*, Gemeinwohl und Staatsaufgaben im Verfassungsstaat, in: Isensee/Kirchhof (Hrsg.), HStR III (1996), § 57 Rn. 2, spricht insoweit vom Allgemeinwohl als „Grundlagenbegriff zur Legitimation staatlichen Handelns“.

52 Vgl. Art. 20 Abs. 1, 23 Abs. 1 S. 1, 28 Abs. 1 S. 1 GG, sowie *Huber*, Öffentliches Wirtschaftsrecht, in: Schmidt-Aßmann/Schoch (Hrsg.), Besonderes Verwaltungsrecht, Kap. 3 Rn. 23, und *Jarass*, in: Jarass (Hrsg.), Wirtschaftsverwaltungsrecht, S. 21, 42. Kritisch insoweit *Stern*, Staatsrecht I, S. 880 ff., sowie *Gröschner*, Überwachungsrechtsverhältnis, S. 61.

53 *BVerfG*, Urteil vom 18. Juli 1967 – 2 BvF 3/62, BVerfGE 22, 180 (204).

54 *Stober*, Allgemeines Wirtschaftsverwaltungsrecht, § 6 I 2; *Rauscher*, Solidarität, in: Görres-Gesellschaft (Hrsg.), Staatslexikon, Bd. 4, Sp. 1191 (1193).

55 Zur Ver(fassungs-)rechtlichung der staatstheoretischen Verbundenheit der Bürger zu dem Zweck der staatlichen Gemeinwohlsicherung durch das Staatsstrukturprinzip der Republik vgl. *Volkmann*, Solidarität, S. 299 f., 362 ff., 369, 382 ff., sowie *Anderheiden*, Gemeinwohl in Republik und Union, S. 218 ff., insbes. 225 f. 232 f. m.w.Nachw. in Fn. 54., und *Horn*, Legitimation und Legitimität von Republik, in: Gröschner/Lembcke (Hrsg.), Freistaatlichkeit. Prinzipien eines europäischen Republikanismus, 109 ff. Angedeutet auch schon bei *Horn*, Grundstrukturen der staatlichen

individuelle Freiheit des Einzelnen hinaus auf das überindividuelle Gemeinwohl der Solidargemeinschaft verpflichtet.[56] Selbst die Verträge der Europäischen Union heben ausdrücklich den gesellschaftlichen Wert der Solidarität hervor.[57] Um das Wohlergehen ihrer Völker zu fördern,[58] unterstützt die Europäische Union soziale Gerechtigkeit und sozialen Schutz.[59]

Freilich lässt der hohe Abstraktionsgrad der genannten Gemeinwohlvorgaben ihren jeweils konkreten Aussagegehalt für sich genommen äußerst unklar erscheinen. Dennoch oder gerade deshalb kommt der (republikanischen) Sozialstaatsklausel bzw. des ihr zugrunde liegenden Prinzips der Solidarität unter den grundgesetzlichen Normen zur gemeinwohlsichernden Ordnung des gesellschaftlichen Zusammenlebens eine herausragende Stellung zu.[60] Noch auf Verfassungsebene erfahren Sozialstaats- und Solidaritätsprinzip eine gewisse Verdichtung aus ihrem jeweiligen Zusammenhang zu anderen grundgesetzlichen Bestimmungen.[61] Zu nennen sind insoweit nicht zuletzt die Freiheitsgrundrechte selbst.[62] Diese sind wie auch die Grundrechte und Grundfreiheiten der Europäischen Union nicht nur auf den Freiheitsschutz vor dem Hoheitsträger angelegt, sondern auch auf die Ausgestaltung und den Schutz durch denselben angewiesen.[63] In der zuletzt angedeuteten

---

Wirtschafts- und Finanzdienstleistungsaufsicht, in: Gornig (Hrsg.), Rechtliche Aspekte der Vermögensberatung, 65 (69, Fn. 12: „republikanische Gemeinwohlidee").

56 *Stober*, Allgemeines Wirtschaftsverwaltungsrecht, § 6 I 2 m.w.Nachw. in Fn. 1 u. 2; *Rauscher*, Solidarität, in: Görres-Gesellschaft (Hrsg.), Staatslexikon, Bd. 4, Sp. 1191 ff.

57 Vgl. Art. 2 Satz 2 EUV und die Präambel der Charta der Grundrechte der Europäischen Union.

58 Vgl. Art. 3 Abs. 1 EUV.

59 Vgl. Art. 3 Abs. 3 UA 2 EUV.

60 Vgl. *Huber*, Öffentliches Wirtschaftsrecht, in: Schmidt-Aßmann/Schoch (Hrsg.), Besonderes Verwaltungsrecht, Kap. 3 Rn. 23, *Jarass*, in: Jarass (Hrsg.), Wirtschaftsverwaltungsrecht, S. 21, 42. Kritisch insoweit *Stern*, Staatsrecht I, S. 880 ff., sowie *Gröschner*, Überwachungsrechtsverhältnis, S. 61.

61 Zu dem so genannten „Prinzip der Einheit der Verfassung" vgl. *Hesse*, Grundzüge des Verfassungsrechts, Rn. 75.

62 Vgl. dazu *Sodan*, Vorrang der Privatheit, DÖV 2000, 361 (366), sowie *Jarass,* in: Jarass (Hrsg.), Wirtschaftsverwaltungsrecht, S. 43.

63 Zur Funktion der Grundrechtsvoraussetzung als grundrechtstheoretischer Komplementärkategorie des Grundrechtseingriffs sowie deren Erscheinungsformen der grundrechtsprägenden Konstitutierung und Konkretisierung bzw. der grundrechtsfördernden Effektuierung vgl. *Isensee*, Grundrechtsvoraussetzungen und Verfassungserwartungen, in: Isensee/Kirchhof (Hrsg.), HStR IX (2011), § 190, insbes. Rn. 49 ff., sowie *Lerche*, Grundrechtlicher Schutzbereich, Grundrechtsprägung und

Dimension begründen sie schließlich die hoheitliche Pflicht, die grundrechtlichen bzw. grundfreiheitlichen Schutzgüter vor rechtswidrigen Übergriffen privater Dritter zu schützen.[64] Damit überschneiden sie sich in Teilen mit der staatlichen, grundgesetzlich verschiedentlich fundierten Aufgabe, die öffentliche Sicherheit und Ordnung im Sinne eines grundlegenden Rechtsgüter- und Rechtsordnungsschutzes zu gewährleisten.[65] Deren Wahrnehmung wird auch europarechtlich ausdrücklich als Rechtfertigungsgrund für die Beeinträchtigung von Grundfreiheiten und Grundrechten anerkannt.[66]

III. Die Ausgleichsfunktion der Wirtschaftsaufsicht

Trotz einer gewissen Substantiierung aus ihrem wechselseitigen Zusammenspiel geben die vorbenannten Gemeinwohlvorgaben des Grundgesetzes kein konsistentes Gesellschafts- bzw. Wirtschaftssystem vor. Auch liefern sie nicht allein aus sich heraus eine hinreichende Rechtfertigung für die Wirtschaftsaufsicht an sich. Entlang der mehrdimensionalen verfassungsrechtlichen Faktoren bleibt es – mit Ausnahme der ausschließlichen Zuständigkeiten der Europäischen Union[67] – primär der Gestaltungsfreiheit des nationalen Gesetzgebers überlassen bzw. überantwortet, innerhalb der verfassungsrechtlichen Eckwerte der individuellen Freiheit und des überindividuellen Gemeinwohls die hoheitliche Ordnung der Gesellschaft im Allgemeinen und damit auch das Subordinationsverhältnis der

Grundrechtseingriff, in: Isensee/Kirchhof (Hrsg.), HStR V (2000), § 121 Rn. 4 ff., insbes. 10 bzw. 37 ff. (jeweils m.w.Nachw.). – Kritisch gegenüber der Lehre von der Ausgestaltungs- bzw. Konkretisierungsfunktion des Gesetzgebers *Hillgruber*, Schutzbereich, Ausgestaltung und Eingriff, in: Isensee/Kirchhof (Hrsg.), HStR IX (2011), § 200 Rn. 62 ff. – Zu dem Gestaltungsauftrag insbesondere der Grundfreiheiten des europäischen Unionsrechts siehe nur die Ausführungen bei *Frenz*, HEuR I, Europäische Grundfreiheiten, Rn. 77 ff.

64 Vgl. nur *Isensee*, Grundrecht als Abwehrrecht und staatliche Schutzpflicht, in: Isensee/Kirchhof (Hrsg.), HStR V (2000), § 111 Rn. 77, m.w.Nachw.

65 Zur „vielgestaltigen Fundierung“ der staatlichen Garantie für die öffentliche Sicherheit und Ordnung im Grundgesetz vgl. dezidiert *Möstl*, Die staatliche Garantie für die öffentliche Sicherheit und Ordnung, S. 42 ff.

66 Vgl. Art. 36 S. 1 AEUV, Art. 52 Abs. 1 i.V.m. Art. 62 AEUV.

67 Vgl. die abschließende Aufzählung in Art. 3 AEUV. In diesem Zusammenhang von wesentlicher Bedeutung ist insbesondere die ausschließliche Zuständigkeit der Europäischen Union zur Festlegung der für das Funktionieren des Binnenmarktes erforderlichen Wettbewerbsregeln.

Wirtschaftsaufsicht im Besonderen konkret auszugestalten.[68] Soweit das Grundgesetz selbst einen Ausgleich zwischen „individualrechtlichen Freiheitsverbürgungen“ und „sozialrechtlichen Freiheitsbindungen“ sucht, kann allenfalls von einem institutionellen Rahmen einer „gemischten Wirtschaftsverfassung“ gesprochen werden,[69] in den sich eine Wirtschaftsordnung der „sozialen Marktwirtschaft“ besonders gut einpasst.[70] Ausdrücklich normiert findet sich die Zielvorgabe einer „in hohem Maße wettbewerbsfähigen sozialen Marktwirtschaft“ nunmehr auf der „Verfassungsebene“ der Europäischen Union.[71] Eine konkrete Vorgabe für den

---

68 So auch *Lepsius*, Verfassungsrechtlicher Rahmen der Regulierung, in: Fehling/Ruffert (Hrsg.), Regulierungsrecht, § 4 Rn. 43.

69 So *Huber*, Wirtschaftsverwaltungsrecht, S. 30 f. – An dieser Interpretation der einschlägigen Verfassungsnormen [zur Verfassungsinterpretation insgesamt *Hesse*, Grundzüge des Verfassungsrechts, S. 19 ff.] konnten weder die Stabilitätsgesetzgebung des Jahres 1967 [15. Gesetz zur Änderung des Grundgesetzes vom 8.6.1967, BGBl. I, 581] noch der Vertrag über die Schaffung einer Währungs-, Wirtschafts- und Sozialunion zwischen der Bundesrepublik Deutschland und der Deutschen Demokratischen Republik vom 18. Mai 1990 etwas ändern. Weder lässt sich aus dem Erfordernis des „gesamtwirtschaftlichen Gleichgewichts“ in Art. 109 Abs. 2 GG [vgl. die Konkretisierung des gesamtwirtschaftlichen Gleichgewichts durch die Koordinaten des sog. „magischen Vierecks“ in § 1 StabG: Stabilität des Preisniveaus, hoher Beschäftigungsstand, außenwirtschaftliches Gleichgewicht, stetiges und angemessenes Wirtschaftswachstum] ein Verfassungsgebot der global gesteuerten Marktwirtschaft ableiten [ebenso *Frotscher/Kramer*, Wirtschaftsverfassungs- und Wirtschaftsverwaltungsrecht, Rn. 35; anders hingegen *Zuck*, Wirtschaftsverfassung und StabG, 1975, S. 85 ff., 102 ff.], noch kommt der Verankerung der sozialen Marktwirtschaft als gemeinsamer Wirtschaftsordnung in dem völkerrechtlichen (Staats-)Vertrag zur Währungs-, Wirtschafts- und Sozialunion eine, über einfaches Bundesrecht hinaus gehende Normqualität zu. Der Vertrag zur Währungs-, Wirtschafts- und Sozialunion ist insofern lediglich ein Abbild der wirtschafts*politischen* „Symbiose von freiheitlicher Demokratie und sozialer Marktwirtschaft“ [so *Isensee*, Grundrechtsvoraussetzungen und Verfassungserwartungen, in: Isensee/Kirchhof (Hrsg.) HStR IX (2011), § 190 Rn. 179 f., sowie *Schmidt-Preuß*, Soziale Marktwirtschaft und Grundgesetz, DVBl. 1993, 236 (238)]. Eine Interpretation als ein „in Worte gefasstes“ Abbild der grund*gesetzlichen* Wirtschaftsordnung setzte aber gerade eine solche voraus, die sich auch nach einer Gesamtschau der Verfassungsnormen – wie gesehen – nicht erkennen lässt [so aber *Rupp*, Soziale Marktwirtschaft, in: Isensee/Kirchhof (Hrsg.), HStR IX (1997), § 203 Rn. 29, und diesem folgend *Sodan*, Vorrang der Privatheit, DÖV 2000, 361 (366)].

70 *Schmidt-Preuß*, Soziale Marktwirtschaft und Grundgesetz, DVBl. 1993, 236 (240); *Berringer*, Regulierung, S. 23.

71 Vgl. Art. 3 Abs. 3 UA 1 S. 2 EUV.

(aufsichtlichen) Ausgleich zwischen Freiheit und Gemeinwohl verbindet sich gleichwohl auch damit noch nicht.

Fest steht lediglich, dass es dem jeweiligen Hoheitsträger eingedenk der prinzipiellen Entscheidung des Grundgesetzes wie auch des europäischen Vertragswerks für die Freiheit der Privatperson verwehrt ist, den Inhalt der einzelnen Freiheitsgewährleistungen und damit auch der Wirtschaftsfreiheit von vornherein gemeinwohlorientiert zu bestimmen.[72] Nur soweit der Gesetzgeber im Rahmen seiner Einschätzungsprärogative typische Gemeinwohldefizite des Freiheitsgebrauchs identifiziert bzw. prognostiziert und ausgleichende Gemeinwohlmaßstäbe bzw. -ziele definiert, erstreckt sich die Bindungswirkung der entsprechenden Verfassungsvorgaben auch auf die wirtschaftsfreiheitliche Betätigung des Einzelnen. Obgleich solchermaßen mediatisiert bzw. konkretisiert, bildet das Wohl der Gemeinschaft auch aufsicht(srecht)lich nur die (hoheitliche) Zielvorgabe, deren Erreichung zunächst der wirtschaftsfreiheitlichen Eigenverantwortung des Aufsichtsunterworfenen überlassen bleibt.[73] Erst wenn das gesetzlich vorgegebene (Gemeinwohl-)Ziel (im Einzelfall) nicht ausreichend auf der Ebene der Privatperson erreicht wird bzw. zu werden droht, ist der (letzt-)verbindliche Zugriff des Staates auf die gesellschaftliche Sphäre gerechtfertigt.[74]

---

72 Eine vorgängige Sozialisierung der Freiheit kann nur insofern erfolgen, als die tatsächlichen Voraussetzungen der Grundrechtsausübung in der sozialen Wirklichkeit gewährleistet werden. Der freiheitliche Sozialstaat steht mithin im Dienst der Grundrechte. Siehe dazu *Isensee*, Grundrechtsvoraussetzungen und Verfassungserwartungen, in: Isensee/Kirchhof (Hrsg.) HStR IX (2011), § 190 Rn. 184, sowie *Jarass,* in: Jarass (Hrsg.), Wirtschaftsverwaltungsrecht, S. 43.

73 So genannter „Vorrang der Privatheit". Dazu *Sodan*, Vorrang der Privatheit, DÖV 2000, 361 (368 f.). Das *BVerfG* spricht in diesem Zusammenhang von einem „angemessenen [unantastbaren] Spielraum zur Entfaltung der Unternehmerinitiative" [vgl. *BVerfG*, Beschluss vom 14. Oktober 1970 – 1 BvR 306/68, BVerfGE 29, 260 (267)] bzw. von einem „Vorrang der wirtschaftlichen Betätigungsfreiheit" [vgl. *BVerfG*, Urteil vom 1. März 1979 – 1 BvR 532/77, BVerfGE 50, 290 (366)].

74 So genanntes „Prinzip der (staatlichen) Subsidiarität". *Rauscher*, Solidarität, in: Görres-Gesellschaft (Hrsg.), Staatslexikon, Bd. 4, Sp. 1191 (1193), spricht von Solidarität und Subsidiarität nicht sachgerecht als „zwei Seiten derselben Medaille", da Subsidiarität nicht die Kehrseite von Solidarität ist, sondern beide in einer „Wechselbeziehung" zueinander stehen. So wie hier *Stober*, Allgemeines Wirtschaftsverwaltungsrecht, § 6 I 2. – Zu der Subsidiarität als (bundes-)republikanischem Ordnungsprinzip zwischen sozialer Marktwirtschaft und sozialem Rechtsstaat sowie liberalem Verteilungsprinzip im Verhältnis von Staat und Gesellschaft allgemein *Isensee*, Subsidiaritätsprinzip und Verfassungsrecht, insbes. S. 137 ff., sowie *dens.*, Grundrechtsvoraussetzungen

C. Wirtschaftsaufsicht in einfachgesetzlicher Ausgestaltung

Damit weist die vorstehende verfassungsrechtliche Grundlegung des Aufsichtsverhältnisses der zuvor rein phänomenologischen Begriffsbestimmung der Wirtschaftsaufsicht einen „greifbaren Bedeutungsgehalt“[75] zu. Wirtschaftsaufsicht im Sinne von „auf etwas herab sehen“ setzt danach neben der parlamentsgesetzlichen Ermächtigungsgrundlage ganz allgemein einen einfachgesetzlichen „Maßstab“ voraus,[76] der jeweils die soziale (Ausgleichs-)Größe vorgibt, nach der der einzelne Unternehmer sein wirtschaftsfreiheitliches, grundsätzlich eigenverantwortliches Verhalten auszurichten hat.[77] Erst wenn die Beobachtung in Verbindung mit der Kontrolle zu dem Ergebnis einer Gefahr oder auch nur eines Verdachts der Schlecht- bzw. Nichterfüllung der definierten Maßstäbe führt, darf die hoheitliche Korrektur der wirtschafts(freiheit)lichen Tätigkeit dem Gemeinwohlmaßstab zur Durchsetzung verhelfen.[78]

---

und Verfassungserwartungen, in: Isensee/Kirchhof (Hrsg.) HStR IX (2011), § 190 Rn. 185, nach dem der grundrechtliche Rechtfertigungszwang den Vorrang des privaten vor dem staatlichen Handeln sichert. – Zum kumulativen bzw. alternativen Verhältnis von Subsidiaritätsprinzip und Verhältnismäßigkeitsgrundsatz vgl. *Isensee*, Subsidiaritätsprinzip und Verfassungsrecht, S. 366 f., 376 ff., bzw. *Schmidt-Aßmann*, Regulierte Selbstregulierung, Die Verwaltung 2001 (Beiheft 4), 253 (266), der grundrechtlich auch keinen Vorrang der Selbstregulierung vor staatlicher Regulierung abzuleiten vermag, sondern den Vorrang privatinitiativer Selbstregulierung nur dort durch das Verhältnismäßigkeitsprinzip gesichert sieht, wo eine entsprechende staatliche Maßnahme eindeutig nicht erforderlich ist. Ebenso *Schmidt*, Öffentliches Wirtschaftsrecht, S. 72. – Zum Subsidiaritätsprinzip als maßgebliche Interpretationsdirektive aufsichtsrechtlicher Vorschriften („multipolarer Ordnungsnormen“) siehe *Bähr*, Generalklausel- und Aufsichtssystem des VAG im Strukturwandel, S. 327 f.

75 *Kahl*, Die Staatsaufsicht, S. 364.

76 Oder auch „Richtmaß“ oder „Richtschnur“. Vgl. *Triepel*, Reichsaufsicht, S. 111.

77 Zur grundsätzlichen Eigenverantwortlichkeit der Maßstabserreichung des Aufsichtsunterworfenen vgl. auch *Horn*, Grundstrukturen der staatlichen Wirtschafts- und Finanzdienstleistungsaufsicht, in: Gornig (Hrsg.), Rechtliche Aspekte der Vermögensberatung, 65 (66), sowie *Ehlers*, Ziele der Wirtschaftsaufsicht, S. 5.

78 Grundlegend *Triepel*, Reichsaufsicht, S. 121, sowie *Bullinger*, Staatsaufsicht in der Wirtschaft, VVDStRL 22 (1965), 264 (268). Aus der neueren Literatur vgl. nur *Ehlers*, Ziele der Wirtschaftsaufsicht, S. 4, *Horn*, Grundstrukturen der staatlichen Wirtschafts- und Finanzdienstleistungsaufsicht, in: Gornig (Hrsg.), Rechtliche Aspekte der Vermögensberatung, 65 (66), wie auch auf den allgemeinen Aufsichtsbegriff abstellend *Kahl*, Die Staatsaufsicht, S. 354, und *Pieper*, Aufsicht, S. 149.

I. Die freiheitsoptimierende Marktwirtschaft

Dementsprechend basieren die einfachgesetzliche Wirtschaftsordnung und infolgedessen auch die Wirtschaftsaufsicht sowohl auf der Gewährleistung des Privateigentums als (Investitions-)Voraussetzung als auch auf der grundsätzlich unbegrenzten Vertrags- und Wettbewerbsfreiheit als (Investitions-)Folge wirtschaftlicher Betätigungsfreiheit. Sowohl innerhalb des bipolaren Verhältnisses zweier Vertragsparteien als auch in dem multipolaren Beziehungsgeflecht des Marktes, auf dem eine Vielzahl von Produzenten und Konsumenten (zuvor) um den konkreten Vertragsabschluss konkurrieren, belässt es der Gesetzgeber soweit wie möglich bei dem privatautonomen Interessenausgleich von Angebot und Nachfrage bzw. Preisvorstellung und Zahlungsbereitschaft.

Dies erfüllt nicht nur eine wesentliche Voraussetzung der grundrechtlichen Wirtschaftsfreiheit bzw. des wirtschaftsfreiheitlichen Binnenmarktes.[79] Es

79 Zu den unterschiedlichen Ansatzpunkten des Wettbewerbs im deutschen und europäischen „Verfassungsrecht" siehe *Kersten*, Wettbewerb als Verwaltungsaufgabe, VVD-StRL 69 (2010), 288 (290). Zu den gesellschaftlichen und einfachrechtlichen Rahmenbedingungen der Marktwirtschaft als Aktionsfeld, auf dem die grundrechtlich verbürgte Privatautonomie ihre tatsächliche Geltung entfalten kann, vgl. *Isensee*, Grundrechtsvoraussetzungen und Verfassungserwartungen, in: Isensee/Kirchhof (Hrsg.), HStR IX (2011), § 190 Rn. 182, sowie *Schmidt*, Staatliche Verantwortung für die Wirtschaft, in: Isensee/Kirchhof (Hrsg.), HStR IV (2006), § 92 Rn. 23. Nach *BVerfG*, Beschluss vom 17. November 1992 – 1 BvR 168/89, BVerfGE 87, 363 (388), führt die Freiheit der Berufsausübung [als wertentscheidende Grundsatznorm der Wirtschaftsfreiheit] notwendig zu Wettbewerb (Rz. 87). Siehe auch *BVerfG*, Beschluss vom 8. Februar 1972 – 1 BvR 170/71, BVerfGE 32, 311 (317 f.). – Das Bekenntnis zum wirtschaftsfreiheitlichen Wettbewerb kam bereits in dem Namen der alten Fassung des Vertrages zur Gründung der Europäischen Wirtschaftsgemeinschaft (EWG) [nicht im Amtsblatt veröffentlicht] zum Ausdruck [vgl. dazu auch *Frotscher/Kramer*, Wirtschaftsverfassungs- und Wirtschaftsverwaltungsrecht, Rn. 38]. Auch nach dem Entschluss der Mitgliedsstaaten, den mit der Gründung der Europäischen Gemeinschaften eingeleiteten Prozess der europäischen Integration auf eine neue Stufe zu heben [vgl. die Präambel des Vertrages über die Europäische Union, ABl. EU vom 30.3.2010, C 83/13], bleibt eine der zuvorderst genannten Aufgaben der Europäischen Union die bereits in der Einheitlichen Europäischen Akte (EEA) [ABl. EU vom 29.6.1987, L 169/1] beschlossene Errichtung eines Gemeinsamen (Binnen-)Marktes und einer Wirtschafts- und Währungsunion; vgl. Art. 3 Abs. 3 UA 1 S. 2, Abs. 4 EUV. Ebenfalls ausdrücklich als Ziel der Europäischen Union benannt ist die nachhaltige Entwicklung einer in hohem Maße wettbewerbsfähigen sozialen Marktwirtschaft. Anders als noch in Art. 3 Abs. 1 lit. g) des Vertrages über die Europäische Gemeinschaft (EG) sowie in Art. I-3 Abs. 2 des Entwurfs des

entspricht auch der wirtschaftspolitischen Überzeugung, dass das Gesellschaftssystem der freien Vertrags- und Marktwirtschaft über die Sicherstellung relativ optimaler Freiheitsbedingungen hinaus im Wege wettbewerbsbedingter Qualitätssteigerungen des Waren- bzw. Dienstleistungsangebots weitere Gemeinwohlziele wie qualitative Innovation, soziale Dynamik und gesellschaftlichen Wohlstand erreichen kann.[80] Die erwartete Verknüpfung von individuellem und gesellschaftlichem Nutzen kann allerdings tatsächlich nur gelingen, wenn alle an dem Vertrags- bzw. Wettbewerbsverhältnis Beteiligten grundsätzlich frei und selbstbestimmt über das Ob bzw. Wie ihrer vertraglichen Bindung bzw. ihrer wettbewerblichen Positionierung entscheiden können.[81] Um zu verhindern, dass die grundsätzliche Selbstbestimmung der Vertragsparteien und Wettbewerbsteilnehmer in eine tatsächliche Fremdbestimmung und damit die selbstbestimmte Ertragssteigerung möglichst vieler in eine fremdbestimmte Ertragssteigerung nur weniger umschlägt, gibt die Wirtschaftsordnung in typischen Bereichen struktureller Vertrags- oder Wettbewerbsstörungen ein Mindestmaß an vertraglicher Ausgeglichenheit bzw. wettbewerblicher Chancengleichheit und Lauterbarkeit vor.

Sowohl der Vertrags- als auch der Wettbewerbsordnung geht es insoweit darum, die chancengleiche Handlungsfreiheit der Vertragsparteien bzw. Wettbewerbsteilnehmer zu erhalten und damit Vertrag und Markt als privatautonome Ausgleichsmechanismen individueller Freiheit vor ihrer jeweiligen Selbstzerstörung zu bewahren.[82] Dementsprechend hält die Vertragsordnung die nach Einschätzung des Gesetzgebers erforderlichen Maßstäbe der vertraglichen Ausgeglichenheit in Form besonderer Pflichten oder Rechte der strukturell

---

Verfassungsvertrages ergibt sich das Ziel eines Systems des unverfälschten Wettbewerbs nicht direkt aus Art. 3 EUV. Normative Verbindlichkeit erlangt das Wettbewerbsprinzip jedoch durch die Konkretisierung des Binnenmarktbegriffs in dem gleichrangigen Protokoll (Nr. 27) über den Binnenmarkt und den Wettbewerb. Danach umfasst der Binnenmarkt i.S.d. Art. 3 EUV ein System, das den Wettbewerb vor Verfälschungen schützt. Vgl. dazu auch *Khan*, in: Geiger/Khan/Kotzur (Hrsg.), Kommentar zum EUV und AEUV, Art. 101 AEUV Rn. 1.

80 Für den Wettbewerb *Kersten*, Wettbewerb als Verwaltungsaufgabe, VVDStRL 69 (2010), 288 (291 f.); *Schliesky*, Öffentliches Wirtschaftsrecht, S. 167 f.

81 Vgl. *BVerfG*, Beschluss vom 7. Februar 1990 – 1 BvR 26/84, BVerfGE 81, 242 (254 f., 260).

82 *Di Fabio*, Wettbewerbsprinzip und Verfassung, ZWeR 2007, 266 (269); *Kersten*, Wettbewerb als Verwaltungsaufgabe, VVDStRL 69 (2010), 288 (290). Angedeutet auch bei *Engel*, Institutionen zwischen Staat und Markt, Die Verwaltung 34 (2001), 1 (6 f.).

überlegenen bzw. unterlegenen Partei vor,[83] überlässt deren Durchsetzung aber – ganz im Einklang mit der Privatautonomie – allein der jeweils beeinträchtigten Wettbewerbsteilnehmer.[84] Da sich mit dem Wettbewerb aber mehr als mit dem Vertrag nicht nur eine unmittelbar freiheitssichernde Funktion, sondern auch die gesellschaftssystematische Erwartung einer weitergehenden Gemeinwohlentdeckung verbindet,[85] die Wettbewerbsordnung daher nicht nur auf die Funktionsoptimierung der individuellen, sondern auch einer systematischen Freiheit gerichtet ist, sieht sie im Falle der Gefährdung des Wettbewerbs auch nicht nur zivilrechtliche Beseitigungs-, Unterlassungs-, Schadensersatz- oder auch Gewinnabschöpfungsansprüche der durch den Wettbewerbsverstoß beeinträchtigten Marktteilnehmer oder auch Interessenverbände vor.[86] Obigem Begriffsverständnis von Wirtschaftsaufsicht entsprechend hält die Wettbewerbsordnung darüber hinaus auch die behördliche Befugnis bereit, im Falle wettbewerbsbeschränkender Kartellvereinbarungen[87] oder einseitiger

---

83 Inwieweit der gesetzliche Ausgleich der gestörten Vertragsparität einer grundrechtlichen, auf das rechtsgeschäftliche Handeln erweiterten Schutzpflicht entspricht [so insbesondere *Canaris*, Grundrechte und Privatrecht, AcP 184 (1984), 201 (225 ff., 232 ff.), aber auch *Hillgruber*, Grundrechtsschutz im Vertragsrecht, AcP 191 (1991), 69 (73 f., 75 ff.), und *Klein*, Grundrechtliche Schutzpflicht, NJW 1989, 1633 (1636 ff.), sowie *Stern*, Staatsrecht, Bd. III/1, S. 931 ff., 1572 ff.], durch das soziale Staatsziel gerechtfertigt ist [so insbesondere *Isensee*, Grundrecht als Abwehrrecht und staatliche Schutzpflicht, in: Isensee/Kirchhof (Hrsg.), HStR IX (2011), § 111 Rn. 199], oder durch eine Kombination aus beidem [so insbesondere *BVerfG,* Beschluss vom 7. Februar 1990 – 1 BvR 26/84, BVerfGE 81, 242 (254 f., 260), *BVerfG*, Beschluss vom 19. Oktober 1993 – 1 BvR 567/89, BVerfGE 89, 214 (232)] begründet werden kann, kann hier dahinstehen.

84 Voraussetzung ist lediglich die Gewährleistung eines effektiven (Zivil-)Rechtsschutzes.

85 *Kersten*, Wettbewerb als Verwaltungsaufgabe, VVDStRL 69 (2010), 288 (291 f.).

86 Vgl. dazu §§ 33 Abs. 1 und 3 sowie 34a des Gesetzes gegen Wettbewerbsbeschränkungen (GWB) in der Fassung der Bekanntmachung vom 15. Juli 2005, BGBl. I, S. 2114, zuletzt geändert durch Art. 1 und Art. 4 Abs. 2 des Gesetzes vom 5. Dezember 2012, BGBl. I, S. 2403, sowie §§ 8 ff. des Gesetzes gegen den unlauteren Wettbewerb (UWG) in der Fassung der Bekanntmachung vom 3. März 2010, BGBl. I, S. 254.

87 §§ 1 ff. GWB. Unterschieden werden so genannte „horizontale Kartellvereinbarungen" zwischen Wettbewerbern in Form von Preisabsprachen, Quotenabsprachen und der Aufteilung von Märkten sowie so genannte „vertikale Kartellvereinbarungen" zwischen Unternehmen unterschiedlicher Wirtschafts- bzw. Produktionsstufen.

Wettbewerbsbeschränkungen[88] vornehmlich marktmächtiger Unternehmen, die das Ob des Wettbewerbs gefährden,[89] die wettbewerbsrechtliche Chancengleichheit mit hoheitlichen Mitteln durchzusetzen bzw. wiederherzustellen.[90] Wettbewerbsrelevante Unternehmenszusammenschlüsse unterliegen ohnehin der präventiven Fusionskontrolle der Kartellbehörde.[91] Soweit die Kartellrechtsverstöße dazu führen (können), den Handel zwischen den Mitgliedsstaaten der Europäischen Union zu beeinträchtigen,[92] haben die nationalen Wettbewerbsbehörden auch die europarechtlichen Wettbewerbsvorgaben zu beachten.[93] Gelangt der Verstoß gegen europarechtliche Kartellrechtsvorschriften zur Kenntnis der Europäischen Kommission, kann auch diese jederzeit dagegen vorgehen.[94]

---

88 §§ 19 ff. GWB. Unterschieden wird zwischen dem Missbrauch der marktbeherrschenden Stellung, der Diskriminierung bzw. unbilligen Behinderung von Wettbewerbern und dem Boykott bzw. sonstigen wettbewerbsbeschränkenden Verhalten.

89 Demgegenüber verbietet das UWG unlautere geschäftliche Handlungen, die das Wie des Wettbewerbs betreffen. Zum Begriff des „unverfälschten Wettbewerbs" i.S.d. § 1 S. 2 UWG siehe *Köhler*, in: Köhler/Bornkamm, Kommentar zum UWG, § 1 Rn. 43.

90 § 32 Abs. 1 und 2 GWB. Erwachsen die kartellbehördlichen Feststellungen eines Wettbewerbsverstoßes in Bestandskraft, entfalten sie im Hinblick auf die zivilgerichtlich geltend zu machenden Beseitigungs-, Unterlassungs-, und Schadensersatzersatzansprüche gemäß § 33 Abs. 4 GWB tatbestandliche Bindungswirkung. Dem europarechtlichen Effektivitätsgrundsatz entsprechend gilt dies auch im Fall eines Verstoßes gegen europäisches Kartellrecht.

91 Vgl. §§ 35 ff. GWB.

92 So genannte „Zwischenstaatlichkeitsklausel".

93 Vgl. Art. 3 Abs. 1, Art. 5 und 6 der Verordnung (EG) Nr. 1/2003 des Rates vom 16. Dezember 2002 zur Durchführung der in den Artikeln 81 und 82 des Vertrages niedergelegten Wettbewerbsregeln [VO (EG) 1/2003], ABl. EG vom 4.1.2003, L 1/1.

94 Art. 105 Abs. 1 S. 1 AEUV i.V.m. Art. 7 VO (EG) 1/2003. – Zur Gewährleistung einer effizienten Arbeitsteilung sowie einer kohärenten Anwendung des europäischen Wettbewerbsrechts ist europarechtlich eine materiellrechtliche Kooperationsstruktur rechtsverbindlicher Pflichten zur wechselseitigen Unterrichtung und Zusammenarbeit vorgegeben, die durch eine organisationsrechtliche Zuständigkeitsverteilung innerhalb des Netzes der europäischen Wettbewerbsbehörden ergänzt wird. Vgl. Art. 11 ff. VO (EG) 1/2003 sowie die Bekanntmachung der *Kommission* über die Zusammenarbeit innerhalb des Netzes der Wettbewerbsbehörden (2004/C 101/03), ABl. EU vom 27.4.2004, C 101, S. 43.

II. Die sichere und ordentliche Marktwirtschaft

Zu den Rahmenbedingungen einer funktionierenden, das heißt Freiheit, Innovation, Dynamik und Wohlstand ermöglichenden Marktwirtschaft zählte indes bereits die Rechtsordnung des liberalen Rechtsstaats nicht allein die Gewährleistung eines ausgeglichenen Vertragsverhältnisses und eines chancengleichen Wettbewerbs, sondern auch die Garantie der öffentlichen Sicherheit und Ordnung in Form eines Gefahren abwehrenden Polizeirechts.[95] Nichts anderes gilt für die Rechtsordnung des sozialen Rechtsstaates auf der (wirtschafts-)verfassungsrechtlichen Grundlagen des Grundgesetzes und der Verträge der Europäischen Union. Abhängig von Art und Schwere möglicher Gefahren, die von einer wirtschaftlichen Betätigung für andere (verfassungsrechtlich geschützte) Rechte und Güter wie insbesondere Leib, Leben, Gesundheit, Eigentum oder Umwelt ausgehen, wird die wirtschaftsfreiheitliche Betätigung der Marktteilnehmer, deren Betrieb, Anlage oder Produkt zum Schutz besonders sowie überragend wichtiger Gemeinschaftsgüter[96] oder auch nur aus vernünftigen Erwägungen des Gemeinwohls[97] nach Maßgabe jeweils aktueller wirtschafts-, sozial- und gesellschaftspolitischer Vorstellungen des parlamentarischen Gesetzgebers entweder bereits einer präventiven Anzeige- oder Genehmigungspflicht unterworfen, zumindest aber an Sicherheits- und Ordnungsmaßstäbe gebunden und erforderlichenfalls der exekutiven Kontroll- und Korrekturbefugnis unterstellt.[98]

---

95 *Frotscher/Kramer*, Wirtschaftsverfassungs- und Wirtschaftsverwaltungsrecht, Rn. 17; *Schliesky*, Öffentliches Wirtschaftsrecht, S. 15.

96 Wie der Volksgesundheit [vgl. dazu nur *BVerfG*, Urteil vom 11. Juni 1958 – 1 BvR 596/56, BVerfGE 7, 377 (414); *BVerfG*, Urteil von 4. März 1964 – 1 BvR 371/61, BVerfGE 17, 269 (276); *BVerfG*, Beschluss vom 25. Februar 1969 – 1 BvR 224/67, BVerfGE 25, 236 (247); *BVerfG*, Beschluss vom 10. Mai 1988 – 1 BvR 482/84, BVerfGE 78, 179 (192); *BVerwG*, Urteil vom 18. Mai 1982 – 7 C 24.81, BVerwGE 65, 323 (339)], der menschenwürdigen Umwelt [vgl. dazu *BVerwG*, Urteil vom 27. Mai 1981 – 7 C 34.77, BVerwGE 62, 224 (230)], oder der Sicherheit der Energieversorgung [vgl. dazu *BVerfG*, Beschluss vom 16. März 1971 – 1 BvR 52/66, BVerfGE 30, 292 (323 f.)].

97 Wie der Leistungsfähigkeit des Handwerks [vgl. dazu nur *BVerfG*, Beschluss vom 17. Juli 1961 – 1 BvL 44/55, BVerfGE 13, 97 (107)].

98 Zu den Instrumenten des Wirtschaftspolizeirechts *Stober*, Allgemeines Wirtschaftsverwaltungsrecht, § 29 III. Die Schrankentrias der überragend und besonders wichtigen Gemeinschaftsgüter sowie der vernünftigen Erwägungen des Allgemeinwohls ist der so genannten „Stufenlehre" des *Bundesverfassungsgerichts* entlehnt, mit deren Hilfe die Anforderungen des Grundsatzes der Verhältnismäßigkeit einer Grundrechtsbeeinträchtigung in Bezug auf die Berufsfreiheit des Art. 12 Abs. 1 GG konkretisiert

Das Wirtschaftspolizeirecht zielt mithin primär auf den erforderlichen Schutz der von der wirtschaftsfreiheitlichen Betätigung betroffenen Rechtsgüter im Sinne einer sicheren und ordentlichen Marktwirtschaft. Im Rahmen des verhältnismäßigen Interessenausgleichs zwischen Wirtschaftsfreiheit einerseits und Wirtschaftssicherheit andererseits bleibt zu berücksichtigen, dass die Wahrung der öffentlichen Sicherheit und Ordnung der wirtschaftsfreiheitlichen Betätigung eines jeden Einzelnen auch von erheblicher Relevanz für die Funktionsfähigkeit des marktwirtschaftlichen Wettbewerbs als gesellschaftssystematisches Verfahren der Gemeinwohlverwirklichung ist.[99]

III. Die daseinsvorsorgende Marktwirtschaft

Gleichwohl lehrt bereits der Blick auf die Geschichte, dass selbst innerhalb der Rahmenbedingungen einer sicheren und ordentlichen Marktwirtschaft allein ein chancengleicher Wettbewerb – entgegen der liberal-theoretischen Idee[100] – bestenfalls die Güterproduktion, keinesfalls aber deren (Um-)Verteilung im Sinne einer gesellschaftlichen Grundbedürfnissicherung organisiert.[101] Sofern sich der Sozialstaat ein solches Marktversagen[102] in seiner gesellschaftsvertraglichen Funktion als Diener des außerhalb seiner selbst liegenden Gemeinwohls nicht

---

worden sind. Vgl. dazu erstmals *BVerfG*, Urteil vom 11. Juni 1958 – 1 BvR 596/56, BVerfGE 7, 377 (397 ff.). Zum Verhältnis von Gemeinwohl und Grundrechtsvoraussetzung vgl. *Anderheiden*, Gemeinwohl in Republik und Union, S. 67 ff., insbes. 96 f. und 109 f.

99 *Tettinger/Ennuschat*, in: Tettinger/Wank/Ennuschat, Kommentar zur GewO, Einleitung Rn. 4.

100 Zu dem auch als „Modell der vollkommenen Konkurrenz" bezeichneten Idealfall des volkswirtschaftlich so genannten „vollkommenen Marktes" größtmöglicher Allokationseffizienz vgl. statt vieler Vgl. nur *Hanusch/Kuhn/Cantner*, Volkswirtschaftslehre, S. 95; sowie *Köhler*, Köhler/Bornkamp, Kommentar zum UWG, Einl. Rn. 1.12.

101 Zum Übergang vom Liberalismus der freiheitlichen Gesellschaft zum Interventionismus des spätkapitalistischen Wohlfahrtsstaates vgl. auch *Schliesky*, Öffentliches Wirtschaftsrecht, S. 16, sowie *Jarass*, in: Jarass (Hrsg.), Wirtschaftsverwaltungsrecht, S. 5.

102 Zum Unterschied des sozialen (politischen) gegenüber dem ökonomischen (natürlichen) Marktversagen insbesondere der Wettbewerbsstörung vgl. dezidiert *Berringer*, Regulierung, S. 26 ff. und 37 ff. Genau genommen stellt das soziale Marktversagen gar kein Versagen des Marktes, sondern der politisch-sozialen Einflussnahme auf das Geschehen, das den Regeln des wohlfunktionierenden Marktes unterliegt, dar. So auch *Barbier*, Markt an Staat, FAZ v. 28.3.2008, S. 13, in Bezug auf die Folgen der US-amerikanischen Hypothekenkrise.

leisten kann,[103] konkretisiert sich die entsprechende (Global-)Verantwortung des Staates für „seine" (Volks-)Wirtschaft[104] darin, die freiheitliche Teilnahme am allgemeinen Wirtschaftsverkehr konkret mit den Zielvorgaben des solidarischen Gemeinwohls in einem erforderlichen Maße in Einklang zu bringen und zu halten.[105] Neben den Freiheitsschutz der Einzelwirtschaft tritt insoweit der Gemeinwohldienst der Volkswirtschaft. Ob das Verhältnis von „individualrechtlicher Freiheitsverbürgung" und „sozialrechtlicher Gemeinwohlbindung" sogar zu einer Umkehrung des Rechtfertigungsbedarfs führen kann, wonach sich der Primat der freien Marktwirtschaft seinerseits nur soweit rechtfertigt, wie die Wettbewerbsordnung „sozialen Nutzen stiftet",[106] erscheint fraglich, kann aber hier dahinstehen. In jedem Fall ist es die Aufgabe des Staates, die institutionellen Rahmenbedingungen einer gemeinwohlorientierten Marktwirtschaft bereit- bzw. sicherzustellen. Gelingt ihm dies nicht, versagt im Ergebnis nicht der Markt, sondern der Staat.[107]

Dies gilt umso mehr, soweit die zuvor unmittelbar wohlfahrtstaatliche Leistungserbringung vermehrt privaten Unternehmen in der Erwartung übertragen bzw. überlassen wird, dass ein staatlich regulierter Wettbewerb privatwirtschaftlich tätiger Unternehmen[108] sowohl geeignet als auch ausreichend ist, die erforderlichen Leistungen auch der Daseinsvorsorge zu erbringen.[109] Selbst in deren traditionellen

---

103 *Heller*, Staatslehre, S. 110 ff.

104 *Horn*, Grundstrukturen der staatlichen Wirtschafts- und Finanzdienstleistungsaufsicht, in: Gornig (Hrsg.), Rechtliche Aspekte der Vermögensberatung, 65 (68 f.); *Schuppert*, Die öffentliche Aufgabe, VerwArch 71 (1980), 309 (328 f.).

105 Zur „Verquickung ökonomischer und ökologischer Zielvorstellungen" als wesentlichem Gedanken der sozialen Marktwirtschaft siehe auch *Berringer*, Regulierung, S. 25.

106 Siehe *Lepsius*, Verfassungsrechtlicher Rahmen der Regulierung, in: Fehling/Ruffert (Hrsg.), Regulierungsrecht, § 4 Rn. 7, mit Verweis auf *Zacher*, Grundlagen der Sozialpolitik in der Bundesrepublik Deutschland, in: Bundesminister für Arbeit und Sozialordnung/Bundesarchiv (Hrsg.), Grundlagen der Sozialpolitik, Bd. 1, S. 333, 363 f., 373 ff. Angedeutet auch bei *Säcker*, Regulierungsrecht, AöR 130 (2005), 180 (208).

107 Zum Staats- und Marktversagen im Zusammenhang mit der Finanzkrise siehe *Heun*, Der Staat und die Finanzkrise, JZ 2010, 53 (54 ff.), sowie *Horn*, Finanzmarktstabilisierungsgesetz, BKR 2008, 452 (456 f.).

108 Die privatwirtschaftliche Tätigkeit eines Unternehmens ist unabhängig von seiner Rechtsform, so dass dem Begriff privatwirtschaftliche Unternehmen sowohl privatals auch öffentlichrechtlicher Rechtsform unterfallen können.

109 Zurückgehend auf *Forsthoff*, Lehrbuch des Verwaltungsrechts, Allgemeiner Teil, S. 370, umschrieb der Begriff der Daseinsvorsorge nach hergebrachtem Verständnis gerade ausschließlich die staatliche Verwaltungstätigkeit, mit deren Hilfe die Allgemeinheit oder ein nach objektiven Merkmalen bestimmter Personenkreis mit

Kernbereichen[110] hat sich der Staat – entsprechend der gewandelten Staatlichkeit vom Leistungs- zum Gewährleistungsstaat[111] im Kontext unionsrechtlicher Liberalisierungsvorgaben – zunehmend aus seiner Leistungs- bzw. Erfüllungsverantwortung zurückgezogen und stattdessen die ihm verbliebene Gewährleistungs- bzw. Regulierungsverantwortung für die privatwirtschaftliche Gemeinwohlvorsorge primär in Form gesetzlicher Gemeinwohlvorgaben und subsidiär im Wege behördlicher Durchsetzungsbefugnisse wahrgenommen.[112] An die Stelle der grundgesetzlichen Verpflichtungen zur konkreten Leistungserbringung in Form der bundeseigenen Verwaltung traten infolge der Aufgabenprivatisierung in den Post-, Fernmelde- und Eisenbahnsektoren die grundgesetzlichen Gewährleistungsaufträge, staatlicherseits weiterhin die Grundversorgung der Allgemeinheit durch eine leistungsfähige Infrastruktur und ein angemessenes Dienstleistungsangebot sicherzustellen.[113] Auch im

---

lebensnotwendigen oder zumindest -nützlichen Leistungen bzw. Gütern versorgt wurde.

110 Nach der äußerst vorsichtigen Schlussfolgerung *Krajewskis*, Rechtsbegriff Daseinsvorsorge, VerwArch 99 (2008), 174 (188), sind auf der Grundlage einer fächerübergreifenden Gesamtschau der Verwendung des Begriffs der Daseinsvorsorge in der Rechtsprechung wohl unstreitig die Versorgungs- und Entsorgungswirtschaft sowie die Verkehrsinfrastruktur bzw. der öffentliche Personennahverkehr zu diesen Kernbereichen zu zählen.

111 Hinzu kam die tatsächliche Erkenntnis des zunehmend überforderten Staates, die daseinsnotwendigen Netzwirtschaftsleistungen nicht mehr allumfänglich in eigener Regie erbringen zu können.

112 Allgemein in Bezug auf die Aufgabe der Daseinsvorsorge *Badura*, Gewährleistung der Daseinsvorsorge, in: Schwarze (Hrsg.), Daseinsvorsorge im Lichte des Wettbewerbsrechts, 25 (27), und *Krajewski*, Rechtsbegriff der Daseinsvorsorge, VerwArch 99 (2008), 174 (175, 178 f.). Speziell in Bezug auf die Aufgabe der Regulierung *Bullinger*, Regulierung, DVBl. 2003, 1355 (1357), *Kühling*, Sektorspezifische Regulierung in den Netzwirtschaften, S. 353, und *Ruffert*, Regulierung im System des Verwaltungsrechts, AöR 124 (1999), 237 (247). – Zur Regulierung als Staatsaufgabe im Gewährleistungsstaat vgl. auch *Wieland*, Wandel von Verwaltungsaufgaben, Die Verwaltung 28 (1995), 315 (332), sowie *Hermes*, Staatliche Infrastrukturverantwortung, S. 6.

113 Vgl. insoweit Art. 87 Abs. 1 GG in der Fassung bis zum 22. Dezember 1993. Danach wurden in bundeseigener Verwaltung mit eigenem Verwaltungsunterbau neben dem Auswärtigen Dienst, der Bundesfinanzverwaltung und der Verwaltung der Bundeswasserstraßen und der Schifffahrt auch die Bundeseisenbahnen und die Bundespost geführt. Im Zuge der Bahnreform wurde zum 23. Dezember 1993 mit Art. 87e GG die verfassungsrechtliche Grundlage geschaffen, auf der die Privatisierung der vormaligen Staatsbahnen zumindest in Form der Trennung von unternehmerischer Dienstleistung und hoheitlicher Verwaltung erfolgen konnte. Neben der vollständigen Organisationsprivatisierung (formelle Privatisierung) ermöglicht Art. 87e GG auch eine partielle

Bereich der leitungsgebundenen Energiewirtschaft, deren Ausgangslage aufgrund der „gemischtwirtschaftlich gewachsenen Struktur“ staatlich geschützter bzw. gelenkter Unternehmen eine andere gewesen ist,[114] hat sich der Staat auch nach der Entprivilegierung dieser (Regional-)Monopole seiner sozialstaatlichen Versorgungsverantwortung nicht entledigt.[115]

Demzufolge war und ist es dem Gesetzgeber verwehrt, die genannten Sektoren dem allein zivilrechtlich geregelten Spiel der Marktkräfte zu überlassen und lediglich einer reaktiven Gewerbe- und Wettbewerbsaufsicht zu unterstellen. Schon der erste Schritt, die ehemals monopolgeprägten Marktstrukturen soweit wie möglich aufzubrechen, um diese (schrittweise) überhaupt erst in einen funktionsfähigen (gemeinwohlorientierten) Wettbewerb überführen zu können,[116] erfordert ein Instrumentarium, dessen Wirkkraft über das der kartellrechtlichen

---

Kapitalprivatisierung (materielle Privatisierung). Als verfassungsrechtliche Grundlage der so genannten „Postreform II“ wurde zum 3. September 1994 Art. 87f GG in das Grundgesetz eingefügt, um auch das Post- und Fernmeldewesen in einen privatwirtschaftlichen Wettbewerb zu überführen, der weiterhin der staatlichen Gewährleistungsverantwortung für eine sozialpflichtige, das heißt flächendeckend angemessene und ausreichende Dienstleistungserbringung untersteht. Zu dem nachgezeichneten Paradigmenwechsel im Regulierungsverwaltungsrecht vgl. nur *Bullinger*, Regulierung, DVBl. 2003, 1355 (1357), *Kühling*, Sektorspezifische Regulierung in den Netzwirtschaften, S. 353, sowie *Ruffert*, Regulierung im System des Verwaltungsrechts, AöR 124 (1999), 237 (247 f.), der die Gewährleistungsverantwortung des Staates durch die infolge der Aufgabenprivatisierung ebenfalls (wieder) auflebende und damit „privatisierungsfolgenspezifische Gefahrenabwehrverantwortung“ des Staates ergänzt. Richtig daran ist, dass die Regulierung auch der Gefahrenabwehr dient. Die Gefahrenabwehr ist aber kein Spezifikum der Regulierung. – Zur Regulierung als Staatsaufgabe im Gewährleistungsstaat vgl. auch *Wieland*, Wandel von Verwaltungsaufgaben, Die Verwaltung 28 (1995), 315 (332), sowie *Hermes*, Staatliche Infrastrukturverantwortung, S. 6.

114 Die Energieversorgungsunternehmen waren im Interesse einer gemeinwohlsichernden Energieversorgung „durch die Anerkennung von Demarkations- und Konzessionsverträgen [...] vom Wettbewerb freigestellt“. Vgl. §§ 103, 103a GWB a.F. sowie *Masing*, Grundstrukturen eines Regulierungsverwaltungsrechts, Die Verwaltung 36 (2003), 1 (4 f.).

115 *Horn*, Regulierung im Ordnungswerk des Wirtschaftsverwaltungsrechts, in: Gornig/Kramer/Volkmann (Hrsg.), Staat – Wirtschaft – Gemeinde, Festschr. für Frotscher, 379 (382); *Kersten*, Wettbewerb als Verwaltungsaufgabe, VVDStRL 69 (2010), 288 (320).

116 Zum natürlichen Monopol („natural monopoly“) als die vermeintlich wohlfahrtsoptimale Lösung der Versorgung der gesamten Marktnachfrage mit Netzwirtschaftsleistungen so genannter Einproduktunternehmen („economies of scale“) vgl. nur *Berringer*, Regulierung, S. 30 ff., *Kühling*, Sektorspezifische Regulierung in den Netzwirtschaften, S. 37, sowie *Säcker*, Regulierungsrecht, AöR 130 (2005), 180 (185).

Wettbewerbsaufsicht bei Weitem hinausgeht.[117] Allein um den natürlichen (Verbund-)Vorteil von Infrastrukturmonopol und Dienstleistungsbedingung zu durchbrechen und einen diskriminierungsfreien, allein kompetitiven Zugang der Wettbewerber zu den (infrastrukturellen) Möglichkeitsbedingungen der Netzdienste zu gewährleisten, werden marktmächtige Infrastrukturinhaber nicht nur unmittelbar gesetzlich bzw. mittelbar behördlich dazu verpflichtet, ihren Netzbetrieb von dem der Leistungserbringung weitestgehend zu entflechten[118] sowie möglichen Dienstleistungswettbewerbern – vorrangig auf der Grundlage freiwilliger Vereinbarung, subsidiär infolge behördlicher Anordnung – Zugang zu ihren Netzen zu gewähren.[119] Auch die für die Zugangsgewährung geforderten Entgelte bedürfen der behördlichen Genehmigung bzw. unterliegen zumindest deren Aufsicht.[120]

Neben dem Ziel, einen chancengleichen, nachhaltig wirksamen Wettbewerb sicherzustellen,[121] formulieren sämtliche Netzwirtschaftsgesetze auch die Vorgabe, langfristig eine sichere und effektive Grundversorgung der Verbraucher mit preisgünstigen Netzdienstleistungen zu gewährleisten.[122] Die Zielvorgaben der Wettbewerbsförderung und der Gemeinwohlsicherung stehen konzeptionell dabei nicht unverknüpft nebeneinander. Ihr Verhältnis zueinander bestimmt sich vielmehr wie das Mittel, die marktwirtschaftlichen Kräfte zu aktivieren, zu dem Zweck, die Gemeinwohlsicherung

---

117 *Horn*, Regulierung im Ordnungswerk des Verwaltungsrechts, in: Gornig/Kramer/Volkmann (Hrsg.), Staat – Wirtschaft – Gemeinde, Festschr. für Frotscher, 379 (383, 394); *Kühling*, Sektorspezifische Regulierung in den Netzwirtschaften, S. 39.

118 Vgl. §§ 7, 24 TKG; §§ 6 ff. EnWG; §§ 9 Abs. 1a ff., 9a AEG; § 10 PostG.

119 Vgl. insbes. §§ 21 ff. TKG; §§ 17 f., 20 ff. EnWG; §§ 14 ff. AEG. Besonderheiten ergeben sich im Postsektor zum Teil aus den §§ 28 ff. PostG.

120 Vgl. §§ 30 f. TKG; §§ 21 ff. EnWG; § 14 PostG.

121 Zuvorderst auf dem Markt der Netzinfrastrukturen selbst, für den Fall keiner wirtschaftlich effizienten Duplizität der Netze zumindest auf dem nachfolgenden Markt der in den Infrastrukturen zu erbringenden Dienstleistungen. Soweit die mit der Errichtung der Infrastruktur verbundenen Fixkosten nicht nur besonders hoch sind, sondern auch im Falle des Marktaustrittes kaum wieder eingenommen werden können, führte ein ungehinderter Infrastrukturwettbewerb nahezu zwangsläufig zu einem „ruinösen Wettbewerb". Vgl. *Berringer*, Regulierung, S. 31 f. Zu den unterschiedlichen sachlichen Herausforderungen der Regulierungsaufgabe siehe auch *Masing*, Das Recht der Regulierungsverwaltung – Gutachten, in: Ständige Deputation des Deutschen Juristentages (Hrsg.), Verhandlungen des 66. Deutschen Juristentages, Bd. I, D 1 (17 f.).

122 Vgl. §§ 1 und 2 Abs. 2 Nr. 2 und 5 TKG; §§ 1 und 2 Abs. 2 Nr. 2 und 3 PostG; § 1 Abs. 1 und 2 EnWG; § 1 Abs. 1 AEG. – Zu deren, im Verhältnis zu den konkreten Handlungsermächtigungen jedoch nur nachrangiger Bedeutung zur normativen Erfassung der Verwaltungsaufgabe Regulierung vgl. *v. Danwitz*, Regulierung, DÖV 2004, 977 (981 f.).

zu rationalisieren.[123] Das Konzept der Netzwirtschaftsregulierung ist daher in besonderem Maße wettbewerbsorientiert, wenngleich es letztlich unter dem Vorbehalt des verfassungsrechtlichen Gewährleistungsauftrages steht.[124] Ein festgestelltes Marktversagen (re-)aktiviert die so genannte „Auffangverantwortung“[125] des Staates in Form bereichsdifferenzierter Regulierungsverfahren[126] der Gemeinwohlsicherung.[127] Modellcharakter kommt dabei den ihrerseits in besonderem Maße wettbewerbsbasierten

---

123 Zur „Doppelfunktionalität“ der Regulierung vgl. nur *Horn*, Regulierung im Ordnungswerk des Verwaltungsrechts, in: Gornig/Kramer/Volkmann (Hrsg.), Staat – Wirtschaft – Gemeinde, Festschr. für Frotscher, 379 (382). Ebenso *Lepsius*, Ziele der Regulierung, in: Fehling/Ruffert (Hrsg.) Regulierungsrecht, § 19 Rn. 1, 29, der das Regulierungsrecht als „dualen Prozess“ der Institutionalisierung eines sozialpflichtigen Wettbewerbs auch im Sinne einer Zweck-Mittel-Relation interpretiert. – Zur instrumentellen Funktion des Wettbewerbs vgl. auch *Masing*, Grundstrukturen eines Regulierungsverwaltungsrechts, Die Verwaltung 26 (2003), 1 (5, 31), *Eifert*, Regulierungsstrategien, in: Hoffmann-Riem/Schmidt-Aßmann/Voßkuhle (Hrsg.), Grundlagen des Verwaltungsrechts, Bd. I, § 19 Rn. 127, sowie *Kersten*, Wettbewerb als Verwaltungsaufgabe, VVDStRL 69 (2010), 288 (318 f.), der allerdings schon dem Wettbewerb eine „spezifische[...] Doppelfunktion [...] als Regulierungsziel und als Regulierungsmittel“ zuweist.

124 *BVerfG*, Beschluss vom 7. Oktober 2003 – 1 BvR 1712/01, BVerfGE 108, 370 (392 f.).

125 Vgl. zum Begriff der Auffangverantwortung *Hermes*, Staatliche Infrastrukturverantwortung, S. 337 f., und *Hoffmann-Riem*, Verwaltungsrechtsentwicklung, DÖV 1997, 433 (442).

126 Vgl. §§ 78 ff. TKG und §§ 11 ff. PostG. So auch *Bullinger*, Regulierung, DVBl. 2003, 1355 (1357), in Bezug auf die alte Fassung des TKG von 1996, sowie *Fehling*, Instrumente und Verfahren, in: Fehling/Ruffert (Hrsg.), Regulierungsrecht, § 20 Rn. 45. Vgl. ausführlich zu diesen sog. „echten Universaldienstleistungsregimen“ *Holznagel/Enaux/Nienhaus*, Telekommunikationsrecht, S. 236 ff.; *Cornils*, in: Geppert/Piepenbrock/Schütz/Schuster (Hrsg.), Kommentar zum TKG, Teil 6: Universaldienst (Vor § 78 TKG); *v. Danwitz*, in: Badura/v. Danwitz/Herdegen/Sedemund/Stern (Hrsg.), Kommentar zum PostG, Abschnitt 3. Universaldienst (§§ 11 ff. PostG). – Hinter den Anforderungen wettbewerbsorientierter Regulierung der Gemeinwohlsicherung bleibt das Energiewirtschaftsgesetz hingegen auch nach dessen Novellierung 2005 (Zweites Gesetz zur Neuregelung des Energiewirtschaftsrechts v. 7.7.2005, BGBl. I, 1970) zurück. Dort bleibt es (vorerst) bei den gesetzlichen Netzanschluss- und Grundversorgungspflichten der §§ 18 Abs. 1 und 36 Abs. 1 EnWG gegenüber Netzbetreibern und Versorgungsunternehmen. Darüber hinaus wird der energiewirtschaftlichen Daseinsvorsoge durch die Vorgabe entsprechender Verpflichtungen als Voraussetzung zur Genehmigung des Netzbetriebes Rechnung getragen. Auch im Eisenbahnsektor gibt es (noch) kein dem Telekommunikations- und Postmarkt vergleichbares Universaldienstregime.

127 Zum Vorrang der objektiven Gewährleistung der Daseinsvorsorge vor den subjektiven Interessen der Marktteilnehmer im Falle des allein mit wettbewerbsrechtlichen

Regulierungskonzepten der universellen Gemeinwohlsicherung des Telekommunikations- und Postgesetzes zu. Danach wird den marktmächtigen Unternehmen infolge der behördlicherseits festgestellten Unterversorgung zunächst eine Frist von einem Monat gewährt, innerhalb derer die defizitäre Grundversorgungsleistung „freiwillig“ erbracht werden kann, bevor die Aufsichtsbehörde eines oder mehrere dieser Unternehmen konkret dazu verpflichtet bzw. die Dienstleistung nach bestimmten Kriterien innerhalb des relevanten Marktes ausschreibt.[128] Aufgrund dieses (verfassungsrechtlichen) Daseinsvorsorgeauftrages erschöpft sich das Netzwirtschaftsregulierungsverwaltungsrecht gerade nicht in einer „(vorsorgend) bewirkte[n] Ergänzung der (nachsorgenden) Wettbewerbsaufsicht des Kartellrechts“, sondern nimmt darauf aufbauend eine (inhaltlich und zeitlich) darüber hinausgehende (Dauer-)Aufgabe der Grundversorgung mit den daseinsnotwendigen Netzwirtschaftsleistungen wahr.[129]

Die Netzwirtschaftsregulierung zielt darauf ab, die sich in ihren Grundtendenzen relativierenden Prinzipien der chancengleichen Wettbewerbsfreiheit und der flächendeckenden Daseinsvorsorge möglichst zu synthetisieren.[130] In der

---

Mitteln nicht zu verhindernden Zielkonfliktes vgl. auch *Lepsius*, Ziele der Regulierung, in: Fehling/Ruffert (Hrsg.), Regulierungsrecht, § 19 Rn. 3.

128 Vgl. dazu insbes. §§ 80 f. TKG und §§ 12 ff. PostG.

129 Vgl. auch *Säcker*, Regulierungsrecht, AöR 130 (2005), 181 (188), sowie *Horn*, Regulierung im Ordnungswerk des Verwaltungsrechts, in: Gornig/Kramer/Volkmann (Hrsg.), Staat – Wirtschaft – Gemeinde, Festschr. für Frotscher, 379 (384). Ebenso *Masing*, Grundstrukturen eines Regulierungsverwaltungsrechts, Die Verwaltung 36 (2003), 1 (5), *Burgi*, Regulierungsverwaltungsrecht, DVBl. 2006, 269 (271), *Röger*, Neue Regulierungsansätze im Telekommunikationsrecht, DVBl. 2005, 143 (147), sowie letztlich auch *Ruffert*, Begriff, in: Fehling/Ruffert (Hrsg.), Regulierungsrecht, § 7 Rn. 42 f. Anders, nämlich allein das Ziel der Wettbewerbsschaffung bzw. -förderung in den Blick nehmend *Storr*, Recht der Regulierungsverwaltung, DVBl. 2006, 1017 (1021), sowie insbesondere das Sondergutachten der *Monopolkommission* zur Wettbewerbsentwicklung bei der Telekommunikation 2005, insbes. die Zusammenfassung auf S. 133 ff. Nach *Burgi*, Das Recht der Regulierungsverwaltung, NJW 2006, 2439 (2442), ist der Telekommunikationssektor in Teilbereichen bereits mit der Gesetzesnovelle 2004 in die „‚bloße‘ Kartellaufsicht entlassen worden“ [Hervorhebung im Original].

130 Vgl. *Storr*, Recht der Regulierungsverwaltung, DVBl. 2006, 1017. Auch *Säcker*, Regulierungsrecht, AöR 130 (2005), 180 (188), spricht von einer „bipolaren“ Funktion und bringt damit bereits eine gewisse Gegensätzlichkeit beider Regulierungsziele zum Ausdruck. Ähnlich *Bullinger*, Regulierung, DVBl. 2003, 1355 (1358), der zutreffend einen grundsätzlichen Widerstreit zwischen den beiden Zielen der Regulierung ausmacht, allerdings das Verhältnis von Wettbewerb und Gemeinwohlsicherung im Sinne von (liberalem) Mittel zu (sozialem) Zweck verkennt, indem er erst der

Erwartung bzw. „Überzeugung“, dass ein marktwirtschaftlicher Ordnungsrahmen anderen Organisationsformen der Leistungserbringung „überlegen“ ist und idealerweise gleichermaßen den Vorgaben wirtschaftsspezifischer Rationalität wie daseinsnotwendiger Universalität Rechnung tragen kann,[131] verfolgt das netzwirtschaftsspezifische Regulierungsprogramm den Zweck, die Grundversorgung der Allgemeinheit mit daseinsnotwendigen Netzwirtschaftsleistungen möglichst durch die produktiv- und allokativrationale Systemlogik des Marktes zu gewährleisten, die über das (Mindest-)Niveau der abgelösten Monopolstruktur staatlicher bzw. staatlich geschützter Gemeinwirtschaftlichkeit hinaus deren Vorsorgeeffizienz und -effektivität übertrifft. Zur Erreichung dieses Ziels nutzt der Staat nicht die Leistungspotentiale eines bereits funktionierenden Wettbewerbs aus, sondern stellt die Funktionsfähigkeit eines (möglichst gemeinwohlorientierten) Wettbewerbs zielgerichtet sogar erst (wieder) her.[132] Bis zur letzten Stufe der ordnungsrechtlich-administrativen Inpflichtnahme eines Netzdienstleistungsunternehmens zur Erbringung der defizitären Grundversorgungsleistung erfolgt die Gemeinwohlkonkretisierung als gemeinsame „Verbundproduktion von öffentlicher Verwaltung und gesellschaftlichen Kräften“[133] in Umsetzung der regulierungskonzeptionellen Grundentscheidung zum (wiederhergestellten) selbstregulativen Wettbewerb.[134] Die (dauerhafte) Verknüpfung von Wettbewerb und Gemeinwohl ist daher konstitutives Merkmal dieser dem Staat aus der Liberalisierung der Märkte und Privatisierung[135] der ehemals staatlichen bzw. staatlich geschützten Monopolbetriebe

---

Regulierungsbehörde den Ausgleich beider Zielsetzungen im Sinne so genannter „best-practice-Lösungen“ aufgibt, obwohl der Ausgleich bereits gesetzeskonzeptionell vorgesehen bzw. vorgegeben ist. Wie hier auch *Lepsius*, Ziele der Regulierung, in: Fehling/Ruffert (Hrsg.), Regulierungsrecht, § 19 Rn. 8.

131 *Lepsius*, Ziele der Regulierung, in: Fehling/Ruffert (Hrsg.), Regulierungsrecht, § 19 Rn. 3.

132 Vgl. dazu *Britz*, Organisation und Organisationsrecht, in: Fehling/Ruffert (Hrsg.), Regulierungsrecht, § 21 Rn. 24.

133 *Horn*, Regulierung im Ordnungswerk des Verwaltungsrechts, in: Gornig/Kramer/Volkmann (Hrsg.), Staat – Wirtschaft – Gemeinde, Festschr. für Frotscher, 379 (386).

134 Dazu *Masing*, Grundstrukturen eines Regulierungsverwaltungsrechts, Die Verwaltung 36 (2003), 1 (5); ähnlich *Fehling*, Instrumente und Verfahren, in: Fehling/Ruffert (Hrsg.), Regulierungsrecht, § 20 Rn. 44.

135 Gemeint ist eine „echte“ Privatisierung in Form der materiellen Aufgabenprivatisierung im Unterschied zum Gegenstück der sog. „unechten“ Privatisierung in Form der formellen Organisationsprivatisierung. Vgl. insoweit die besondere Vorgabe des Grundgesetzes hinsichtlich der Privatisierung der Eisenbahninfrastruktur gemäß Art. 87e Abs. 3 S. 2 und 3 GG. Zur Privatisierung von Verwaltungsaufgaben vgl. statt

in den Bereichen der so genannten „Netzwirtschaften“ Telekommunikation, Post, Eisenbahn und Energie (Strom, Gas) erwachsenen Regulierungsaufgabe.[136]

Obschon der Wettbewerb selbst in den Netzwirtschaften (daseins-)notwendig einer entsprechenden Gemeinwohlvorgabe unterstellt wird,[137] fügt sich ein solches Daseinsvorsorgekonzept, das die Grundversorgung in Abkehr von staatlichen bzw. staatlich geschützten Monopol- bzw. Privilegstrukturen,[138] innerhalb derer Daseinsvorsorgeleistungen von jeglichem Wettbewerb weitestgehend freigestellt werden, nunmehr gerade unter den chancengleichen Bedingungen desselben sicherzustellen sucht, auch in die Vorgaben der europäischen Wirtschaftsordnung ein.[139] Soweit die europarechtlichen (Wettbewerbs-)Vorschriften zugunsten mitgliedstaatlicher Kompetenzen zurücktreten, die öffentliche Grundversorgung in

---

vieler die Beiträge von *Osterloh* und *Bauer*, Privatisierung von Verwaltungsaufgaben, VVDStRL 54 (1995), 204 ff., 243 ff.

136 So auch *Lepsius*, Ziele der Regulierung, in: Fehling/Ruffert (Hrsg.), Regulierungsrecht, § 19 Rn. 10, 27 f., der diese Doppelfunktionalität so interpretiert, dass die Schaffung und Förderung des Wettbewerbs bereits final auf bestimmte gemeinwohlverträgliche Zustände ausgerichtet ist. *Britz*, Organisation und Organisationsrecht, in: Fehling/Ruffert (Hrsg.), Regulierungsrecht, § 21 Rn. 7, bezeichnet die Gemeinwohlsicherung als „regulatorische Hauptaufgabe“ und weist der Wettbewerbsförderungen qualitativ lediglich einen „Hilfscharakter“ zu. Dies wird verkannt, wenn zwischen Marktöffnungs- und Universaldienstregime differenziert und das eine dem Regulierungs- und das andere dem Gewährleistungsverwaltungsrecht zugeordnet wird. So aber *Röhl*, Das Recht der Regulierungsverwaltung, JZ 2006, 831 (833).

137 So genannter „gemeinwohlpflichtiger Wettbewerb“. Vgl. dazu *Masing*, Das Recht der Regulierungsverwaltung – Gutachten, in: Ständige Deputation des Deutschen Juristentages (Hrsg.), Verhandlungen des 66. Deutschen Juristentages, Bd. I, D 1 (44).

138 Monopolprivilegien bedeutender Wirtschaftszweige oder auch eine eigene wirtschaftliche Betätigung des Staates kennzeichneten bereits das Wirtschaftssystem des Merkantilismus – abgeleitet aus *mercantia* (lat. für Handel). Dem Merkantilismus entsprach im deutschsprachigen Raum der Kameralismus (*camera*: lat. für Schatzkammer). Zu dem Wirtschaftssystem des Merkantilismus vgl. *Frotscher/Kramer*, Wirtschaftsverfassungs- und Wirtschaftsverwaltungsrecht, Rn. 16, *Jarass,* in: Jarass (Hrsg.), Wirtschaftsverwaltungsrecht, S. 2, *E. R. Huber*, Wirtschaftsverwaltungsrecht, S. 113, *P. M. Huber*, Öffentliches Wirtschaftsrecht, in: Schmidt-Aßmann/ Schoch (Hrsg.), Besonderes Verwaltungsrecht, Kap. 3 Rn. 6, *Ruthig/Storr*, Öffentliches Wirtschaftsrecht, Rn. 9 f., *Schliesky*, Öffentliches Wirtschaftsrecht, S. 14, jeweils m.w.Nachw.

139 Vgl. dazu *Storr*, Daseinsvorsorge und Dienste von allgemeinem wirtschaftlichem Interesse, DÖV 2002, 357 (361), *Ruffert*, Europäisches Verfassungsrecht, in: Fehling/ Ruffert (Hrsg.), Regulierungsrecht, § 3 Rn. 69 ff., sowie *Kersten*, Wettbewerb als Verwaltungsaufgabe, VVDStRL 69 (2010), 288 (299 f.).

dem erforderlichen Maß auszugestalten, nehmen Unternehmen, die mit solchen Dienstleistungen betraut sind, eine binnenmarkt- und wettbewerbsrechtliche Sonderstellung ein.[140] Damit bildet die europarechtliche Kategorie der Dienstleistung von allgemeinem (wirtschaftlichem) Interesse eine Art „Scharnier" zwischen unionsrechtlichem Wettbewerbsschutz und mitgliedstaatlicher Daseinsvorsorge.[141] Da mit zunehmender Markt- sowie Wettbewerbsfähigkeit entwicklungskongruent ein entsprechendes Interesse der Wirtschaft an Dienstleistungen und Gütern auch und gerade in den Bereichen der überkommenen Daseinsvorsorge geweckt worden ist,[142] bilden Dienstleistungen von allgemeinem wirtschaftlichem Interesse und solche der Daseinsvorsorge in immer mehr Bereichen bedeutsame Schnittmengen aus.[143]

---

140 Zu Art. 106 Abs. 2 AEUV bzw. dessen Vorgängervorschrift in Art. 86 Abs. 2 EG als „Dreh- und Angelpunkt" des Ausgleichs zwischen dem Interesse eines Mitgliedstaates an einer bestimmten Daseinsvorsorge und dem Interesse der Gemeinschaft an der Einhaltung der Wettbewerbsregeln vgl. ausführlich *Möschel*, Service public und europäischer Binnenmarkt, JZ 2003, 1021 (1022 ff. m.w.Nachw. in Fn. 13), sowie *Storr*, Daseinsvorsorge und Dienste von allgemeinem wirtschaftlichem Interesse, DÖV 2002, 357 (359 ff.).

141 *Jung*, in: Callies/Ruffert (Hrsg.), Kommentar zum EUV/AEUV, Art. 106 AEUV Rn. 3; *Stober*, Allgemeines Wirtschaftsverwaltungsrecht, § 5 II 2; *Kämmerer*, Daseinsvorsorge als Gemeinschaftsziel, NVwZ 2002, 1041 (1042 f.); *Schwarze*, Daseinsvorsorge im Lichte des europäischen Wettbewerbsrechts, EuZW 2001, 334 (336 f.); *Storr*, Daseinsvorsorge und Dienste von allgemeinem wirtschaftlichem Interesse, DÖV 2002, 357 (358); Mitteilung der *Kommission* vom 11. September 1996, Leistungen der Daseinsvorsorge in Europa, KOM(1996) 443 endgültig, ABl. EG v. 26.9.1996, Nr. C 281/3, S. 3; Mitteilung der *Kommission* vom 20. September 2000, Leistungen der Daseinsvorsorge in Europa, KOM(2000) 580 endgültig, ABl. EG v. 19. 1. 2001, Nr. C 17. Siehe auch *Kommission*, Weißbuch zu Dienstleistungen von allgemeinem Interesse, KOM (2004), 374.

142 *Storr*, Daseinsvorsorge und Dienste von allgemeinem wirtschaftlichem Interesse, DÖV 2002, 357 (359 m.w.Nachw. in Fn. 24).

143 Ähnlich *Berringer*, Regulierung, S. 80. – Der Eindruck der inhaltlichen Kongruenz zwischen beiden Kategorien wird durch die deutsche Fassung der Mitteilungen und des Berichts der *Europäischen Kommission* zu „Leistungen der 'Daseinsvorsorge' in Europa" nochmals verstärkt. Vgl. Mitteilung der *Kommission* vom 11. September 1996, Leistungen der Daseinsvorsorge in Europa, KOM(1996) 443 endgültig, ABl. EG v. 26.9.1996, Nr. C 281/3, S. 3; Mitteilung der Kommission v. 20. 9. 2000, Leistungen der Daseinsvorsorge in Europa, KOM(2000) 580 endgültig, ABl. EG v. 19. 1. 2001, Nr. C 17 und KOM(2001) 598 endgültig, ABl. EG v. 17.10.2001. – Zu deren Hintergrund vgl. *Dohms*, Die Vorstellungen der Kommission zur Daseinsvorsorge, in: Schwarze (Hrsg.), Daseinsvorsorge im Lichte des Wettbewerbsrechts, 41 ff. Im

Innerhalb dieser gilt es, in Anlehnung an das im nationalen Verfassungsrecht etablierte Integrationsprinzip der so genannten „praktischen Konkordanz“[144] einen „möglichst schonenden Ausgleich“[145] zwischen dem Interesse der Europäischen Union wie auch der einzelnen Marktteilnehmer an einem (grundrechts- bzw. grundfreiheits-)optimal funktionierenden Binnenmarkt und dem Interesse der Mitgliedstaaten bzw. der jeweiligen innerstaatlichen Gemeinschaft an einer entsprechenden Grundversorgung herzustellen.[146] Dabei gilt es nach dem unionsrechtlichen Wettbewerbs- wie auch dem grundgesetzlichen Privatheitsvorrang auch auf den Märkten, auf denen (in Teilbereichen) eine Grundversorgung mit Dienstleistungen der Daseinsvorsorge bzw. von allgemeinem wirtschaftlichem Interesse sichergestellt werden soll, nach Möglichkeit die wirtschaftsfreiheitliche Voraussetzung eines unverfälschten Wettbewerbs zu gewährleisten. Erst im Falle einer festgestellten Unterversorgung sind einzelne (marktmächtige) Unternehmen zur Gewährleistung eines (universellen) Mindestangebots an Daseinsvorsorgeleistungen und -gütern zu verpflichten.[147] Insofern gilt das Konzept einer „möglichst im Wettbewerb zu erbringenden Grundversorgung“ nicht nur als ein denkbares, sondern als das zumindest unions-, wohl aber auch verfassungsrechtlich vorgegebene „Nachfolgeinstitut der überkommenen Daseinsvorsorge“.[148]

Gegensatz zu den deutschen ist in den englischen und französischen Fassungen von „services of general interest“ bzw. „services d'intérêt général“ die Rede.

144 Zurückgehend auf *Hesse,* Grundzüge des Verfassungsrechts.

145 Zurückgehend auf *Lerche*, Übermaß und Verfassungsrecht.

146 *Schwarze*, Daseinsvorsorge im Lichte des europäischen Wettbewerbsrechts, EuZW 2001, 334 (339).

147 *Storr*, Daseinsvorsorge und Dienste von allgemeinem wirtschaftlichem Interesse, DÖV 2002, 357 (364). Ebenfalls mit den europarechtlichen Wettbewerbs- und Beihilferegelungen vereinbar ist ein an die Erbringung der Daseinsvorsorgeleistung geknüpfter mehraufwandadäquater (Finanz-)Ausgleich. Vgl. *EuGH*, Rs. C-280/00, Altmark Trans, Slg. 2003, I-7747 (7839 ff.)

148 Vgl. begrenzt auf den Anwendungsbereich des europäischen Wettbewerbsrechts *Storr*, Daseinsvorsorge und Dienste von allgemeinem wirtschaftlichem Interesse, DÖV 2002, 357 (364); sowie grundlegend die Mitteilung der *Kommission* vom 20. September 2000, Leistungen der Daseinsvorsorge in Europa, KOM (2000), 580 endgültig, ABl. EG 2001, Nr. C 17 S. 4. Siehe auch *Kommission*, Weißbuch zu Dienstleistungen von allgemeinem Interesse, KOM (2004), 374.

D. Wirtschaftsaufsicht als Zielerreichungsmechanismus

Aber auch jenseits der besonderen Bereiche der Daseinsvorsorge lässt sich die Aufgabenstellung der Aufsicht innerhalb des nachgezeichneten verfassungs- wie auch europarechtlichen Rahmens im Allgemeinen wie folgt kennzeichnen: Die Aufsicht hat die individuelle Betätigungsfreiheit des grundsätzlich allein selbstverantwortlichen Teilnehmers am allgemeinen Wirtschaftsverkehr soweit wie möglich zu erhalten, aber auch soweit wie nötig mit den rechtsverbindlichen Maßstäben sozialer Gegeninteressen von unterschiedlicher Bedeutung in Ausgleich bzw. Übereinstimmung zu bringen; ohne dass es auf dieser Abstraktionsebene einen Unterschied macht, ob die jeweilige Zielgröße auf die Kategorie des freiheitlichen Wettbewerbs, der gewerblichen Sicherheit und Ordnung oder der Daseinsvorsorge ausgerichtet ist.

I. Die Zielbindung der Wirtschaftsaufsicht

Ohnehin ist den verschiedenen Aufsichtsetappen der Beobachtung, Kontrolle und Korrektur die ihnen je eigene so genannte „Zielerreichungsfunktion" gemeinsam.[149] Jedweder konkreten Maßnahme auf einer der genannten Aufsichtsstufen geht eine (rechtliche) Zielvorgabe voraus, die es zu erreichen gilt. Die Aufsicht ist mithin insgesamt „zielgebunden".[150] Abhängig von der konkreten Zielrichtung kann das Aufsichtsinstrumentarium dabei sowohl dazu eingesetzt werden, einen unerwünschten Zustand zu verhindern bzw. zu beseitigen (negative Aufsicht), als auch einen erwünschten Zustand zu erreichen bzw. zu erhalten (positive Aufsicht). Die Wirtschaftsaufsicht in diesem Zusammenhang auf eine reaktive Zielverwirklichung zu begrenzen, aufgrund ihrer gegensätzlichen Stoßrichtung von der aktiven Zielvorgabe (kategorisch) zu unterscheiden[151] und zur begrifflichen Kenntlichmachung dieses Unterschieds durch den Begriff der Wirtschaftsüberwachung zu

149 Zum Begriff *Kahl*, Die Staatsaufsicht, S. 358.

150 *Kahl*, Die Staatsaufsicht, S. 358, der jedoch die Aufsicht auf die „nachgängig-defensive und punktuelle Überprüfung der Verwirklichung präfixierter Maßstäbe" begrenzt.

151 *Stober*, Allgemeines Wirtschaftsverwaltungsrecht, § 29 im Unterschied zu § 30; *Kahl*, Die Staatsaufsicht, S. 358 ff. sowie 378 ff., der neben dem Hauptzweck der reaktiven Zustandsabwehr oder -verhinderung die Aufgabe der Wirtschaftsaufsicht auch in der aktiven Realisierung funktionaler Aspekte sieht und dennoch die Wirtschaftsaufsicht kategorisch als negative Aufsicht einstuft.

ersetzen,[152] wird bereits den bisher nachgezeichneten Erscheinungsformen der Wirtschaftsaufsicht nicht gerecht. Diese ist nicht (mehr) allein darauf ausgerichtet, den einzelnen Unternehmer bzw. dessen Betrieb als Missstands- oder Gefahrträger im Wege der nachgängig-reaktiven Einflussnahme in Einklang mit den gesetzlichen Vorgaben zu bringen. Die Wirtschaftsaufsicht nach dem oben skizzierten Begriffsverständnis umfasst auch positive Maßstäbe gesetzlich begründeter Sozialpflichten der Wirtschaftsteilnehmer,[153] die es im Wege der vorgängig-aktiven Einflussnahme auf ihr Verhalten zu gewährleisten gilt.

Die sozialverträgliche Ordnung der Wirtschaft dabei an das Kriterium des Marktversagens zu knüpfen, bedeutet gerade nicht, den Staat im Verhältnis zur Wirtschaft auf eine punktuelle Reservefunktion staatlicher Einflussnahme zu begrenzen.[154] Abhängig von der volkswirtschaftlichen bzw. wohlfahrtstaatlichen Bedeutung eines Wirtschaftszweiges sowie der daraus resultierenden Folgenbewertung eines Marktversagens entscheidet sich der parlamentarische Gesetzgeber dafür, in dem betreffenden Wirtschaftssektor ein Instrumentarium der rein punktuell-nachgängigen Wiederherstellung oder aber der umfassend-vorgängigen Sicherstellung der Funktionsfähigkeit der Wirtschaft zu etablieren. Ausgangspunkt dieser Entscheidung, die der Staat als „Garant der Marktwirtschaft" trifft, bleibt das Kriterium des Marktversagens in Verbindung mit einer entsprechenden Folgenprognose.[155]

---

152 So *Gröschner*, Das Überwachungsrechtsverhältnis, S. 46 ff., *Stober*, Allgemeines Wirtschaftsverwaltungsrecht, § 29 I 4, *Braun*, Offene Kompetenznormen, VerwArch 76 (1985), 24 (29 ff.), sowie *Henke*, System und Institute des öffentlichen Rechts der Wirtschaft, DVBl. 1983, 982 (983 f.).

153 So auch schon *Bullinger*, Staatsaufsicht in der Wirtschaft, VVDStRL 22 (1965), 264 (289, insbes. Fn. 110), sowie *Berringer*, Regulierung, S. 6. – Zu bedenken ist in diesem Zusammenhang auch, dass selbst die Gefahrenabwehr und Gefahrenvorsorge, insbesondere aber die Risikovorsorge in die Kategorie der positiven Wirtschaftsaufsicht vordringen, falls diese so intensiv auf die Wirtschaftstreibenden einwirken, dass sich weder Gefahr noch Risiko realisieren können. Ähnlich *Ehlers*, Ziele der Wirtschaftsaufsicht, S. 48, 63, 67, (Wirtschaftslenkung), sowie *Stober*, Allgemeines Wirtschaftsverwaltungsrecht, § 29 I 5, (Wirtschaftsüberwachung).

154 So aber *Schuppert*, Die öffentliche Aufgabe, VerwArch 71 (1980), 309 (328 f.).

155 *Schuppert*, Die öffentliche Aufgabe, VerwArch 71 (1980), 309 (328 f.), hingegen grenzt die Bedeutung des Marktversagens erheblich ein und schließt aus der gesamtverantwortlichen Garantenstellung des Staates gegenüber der Wirtschaft auf die Notwendigkeit einer Globalsteuerung.

II. Die Maßstabsdurchsetzung der Wirtschaftsaufsicht

Im Falle der umfassend-vorgängigen Sicherstellung der Funktionsfähigkeit der Wirtschaft ist zweifelsohne die Nähe zur Wirtschaftslenkung erreicht.[156] Mit dem positiven Maßstab gesetzlicher (Sozial-)Pflichtigkeit der Wirtschaftsteilnehmer ist aber bereits das Kriterium benannt, das die Wirtschaftsaufsicht nicht nur gegenüber der Wirtschaftsüberwachung, sondern auch von der Wirtschaftslenkung abgrenzt. Die Wirtschaftsaufsicht ist auf gesetzte Maßstäbe (negative wie positive) angewiesen, anhand derer sie das grundsätzlich selbstverantwortliche Verhalten der Aufsichtsunterworfenen beurteilen kann.[157] Werden dagegen erstmals neue Maßstäbe (rechtsverbindlich) gesetzt, fehlt der Aufsicht zuvor das Richtmaß, mit dem das privatwirtschaftliche Verhalten in Einklang zu bringen bzw. zu halten ist. Erst durch die Maßstabssetzung werden die Wirtschaftstreibenden (zumeist) dazu veranlasst, ihr eigenverantwortliches Verhalten an den verbindlichen Vorgaben auszurichten. Die Maßstabssetzung ist demnach ein Element der zielgebenden Wirtschaftslenkung, die Maßstabsdurchsetzung der zielgebunden Wirtschaftsaufsicht.[158]

---

156 Vgl. zum Begriff der Wirtschaftslenkung aus der Rspr. nur *BVerwG*, Urteil vom 18. April 1985 – 3 C 34.84, BVerwGE 71, 183 (190), sowie aus der Lit. *Schmidt*, Öffentliches Wirtschaftsrecht, S. 300, 339, *Stober*, Allgemeines Wirtschaftsverwaltungsrecht, § 30, *ders.*, Wirtschaftsaufsicht und Bankenaufsicht, in: Pitschas (Hrsg.), Integrierte Finanzdienstleistungsaufsicht, 21 (26). Zu den verschiedenen Formen der staatlichen Beeinflussung der Wirtschaft vgl. nur *Stober*, Allgemeines Wirtschaftsverwaltungsrecht, § 28 I. Teilweise wird der Begriff der Wirtschaftslenkung auch anstelle der Wirtschaftspolitik verwendet. So bspw. von *Bullinger*, Staatsaufsicht in der Wirtschaft, VVDStRL 22 (1965), 264 (287 ff.), und *Jarass*, in: Jarass (Hrsg.) Wirtschaftsverwaltungsrecht, S. 12 f. Das *BVerfG*, Beschluss vom 22. Mai 1979 – 1 BvL 9/75, *BVerfGE* 51, 193 (208), kombiniert sogar beide Begriffe („wirtschaftspolitische Lenkungsmaßnahmen").

157 Vgl. dazu vor allem *Bullinger*, Staatsaufsicht in der Wirtschaft, VVDStRL 22 (1965), 264 (285 ff.), sowie *Triepel*, Reichsaufsicht, S. 111 ff., aber auch *Hecker*, Marktoptimierende Wirtschaftsaufsicht, S. 17 f.

158 *Bullinger*, Staatsaufsicht in der Wirtschaft, VVDStRL 22 (1965), 264 (286 f.). – Typischerweise wird die Maßstabssetzung der Gesetzgebung sowie dessen Durchsetzung der Verwaltung zugeordnet. Vgl. dazu *Hecker*, Marktoptimierende Wirtschaftsaufsicht, S. 21 ff., *Kahl*, Die Staatsaufsicht, S. 358 ff., 361, sowie *Pieper*, Aufsicht, S. 145. – Von der Wirtschaftslenkung im Sinne der rechtsverbindlichen Maßstabssetzung ist wiederum die Wirtschaftsplanung zu unterscheiden, im Wege derer der Staat übergreifende ordnungs- und strukturpolitische Ziele formuliert, die zumeist

E. Wirtschaftsaufsicht als Element staatlicher Wirtschaftssteuerung

Damit ist die Wirtschaftsaufsicht zumindest theoretisch von der Wirtschaftslenkung abzugrenzen, ohne beide Begriffe als echte Gegensätze zu begreifen. Trotz ihrer unterschiedlichen Funktionen der Zielerreichung bzw. -formulierung ist beiden Kategorien der staatlichen Einflussnahme auf die (wirtschafts-) freiheitliche Gesellschaftssphäre die Verpflichtung auf ein Ziel gemeinsam – unabhängig davon, ob vorgegeben oder selbst gesetzt. Wirtschaftsaufsicht und Wirtschaftslenkung lassen sich mithin als Untergliederungen eines gemeinsamen Oberbegriffs verstehen, nämlich dem der hoheitlichen Steuerung.[159] Gerade gesellschaftlich komplexe Lebenssachverhalte können ein Zusammenwirken mehrerer Steuerungsmechanismen bedingen,[160] deren Grenzbereiche der faktischen Verschränkung das rechtsdogmatische Bedürfnis hervortreten lassen, mittels einer begrifflichen Abschichtung die jeweilige Struktur der Wirtschaftsaufsicht bzw. -lenkung sichtbar zu machen,[161] um die notwendige methodisch-systematische Klarheit über die jeweiligen Bestimmungsgrößen zu erhalten.[162] Das gilt nicht nur für das Verhältnis von Wirtschaftsaufsicht und Wirtschaftslenkung, sondern auch für das Verhältnis von Wirtschaftsaufsicht und Wirtschaftsüberwachung. Auch wenn die Wirtschaftsüberwachung nicht den Begriff der Wirtschaftsaufsicht

---

allerdings keine unmittelbare Verbindlichkeit gegenüber der Wirtschaft entfalten. Vgl. auch dazu nur *Stober*, Allgemeines Wirtschaftsverwaltungsrecht, § 28 I.

159 *Kahl*, Die Staatsaufsicht, S. 355. In der Tendenz ähnlich *Ehlers*, Ziele der Wirtschaftsaufsicht, S. 5, 43 ff. (Wirtschaftsüberwachung), 67 ff. (Wirtschaftslenkung), und *Horn*, Grundstrukturen der staatlichen Wirtschafts- und Finanzdienstleistungsaufsicht, in: Gornig (Hrsg.), Rechtliche Aspekte der Vermögensberatung, 65 (74). *Lühmann*, Staatsaufsicht, DVBl. 1999, 752 (755), hingegen versteht Wirtschaftsaufsicht als Oberbegriff der Elemente Wirtschaftsüberwachung und Wirtschaftslenkung. *Pieper*, Aufsicht, S. 2 f., verwendet den Begriff der Steuerung anstelle der Lenkung, sieht diesen aber ebenfalls mit der Aufsicht über das Kriterium der Zielkonformität verbunden. *Berringer*, Regulierung, S. 3 f., versteht zwar Wirtschaftsaufsicht und Wirtschaftslenkung als zwei sich teilweise überschneidende Kreise, denen jedoch kein einheitliches Kriterium zugrunde liegt.

160 *Schmidt-Aßmann*, Das allgemeine Verwaltungsrecht als Ordnungsidee, S. 19.

161 So auch *Kahl*, Die Staatsaufsicht, S. 359 ff.; *Scholz*, Strukturfragen der Versicherungsaufsicht, ZVersWiss 1984, 1 (6 f.).

162 So in Bezug auf die faktischen Verschränkungsprozesse von „Staatlichkeit“ und „Gesellschaftlichkeit“ *Horn*, Staat und Gesellschaft, Die Verwaltung 26 (1993), 545 (555).

ersetzen kann, bildet sie dennoch – begrenzt auf den Bereich der Abwehr von oder Vorsorge vor Gefahren und Risiken – eine Subkategorie der Wirtschaftsaufsicht.[163]

In Anbetracht der relativen Offenheit des Grundgesetzes wie auch des Vertragswerks der Europäischen Union ist die gesetzliche Etablierung einer bestimmten Wirtschaftsordnung und damit eines bestimmten Steuerungsmodells – trotz der unionsrechtlichen Zielvorgabe einer „in hohem Maße wettbewerbsfähigen sozialen Marktwirtschaft" – mehr eine politische, denn eine (verfassungs-)rechtliche Entscheidung.[164] Dem Gesetzgeber kommt damit ein erhebliches Steuerungspotential zu.[165] Die Verwaltungsrechtswissenschaft kann nur einen Schritt zuvor ansetzen, indem sie die Struktur des bestehenden Regelwerks freilegt, um dessen rechtspolitische Fort- und Umbildung aufsichtssystematisch bzw. -konzeptionell möglichst anschlussfähig zu halten (dazu Teil 3).[166] Die Struktur des Regelwerks ergibt sich ihrerseits nur aus einer vorherigen Gesamtschau seiner jeweils recht(sverbind)lichen Grundlagen (dazu nachfolgend Teil 2).[167]

163 So auch bspw. *Ehlers*, Ziele der Wirtschaftsaufsicht, S. 37, sowie auf diesen Bezug nehmend *Horn*, Grundstrukturen der staatlichen Wirtschafts- und Finanzdienstleistungsaufsicht, in: Gornig (Hrsg.), Rechtliche Aspekte der Vermögensberatung, 65 (74), und *Berringer*, Regulierung, S. 6.

164 *Britz*, Organisation und Organisationsrecht, in: Fehling/Ruffert (Hrsg.), Regulierungsrecht, § 21 Rn. 6; *Heun*, Der Staat und die Finanzkrise, JZ 2010, 53 (53, 59).

165 *Lepsius*, Verfassungsrechtlicher Rahmen der Regulierung, in: Fehling/Ruffert (Hrs.), Regulierungsrecht, § 4 Rn. 9; *Stober*, Wirtschaftsaufsicht und Bankenaufsicht, in: Pitschas (Hrsg.), Integrierte Finanzdienstleistungsaufsicht, 21 (33); *Voßkuhle*, Schlüsselbegriffe, VerwArch 92 (2001), 185 (194).

166 Sowohl die Sozialstaatsklausel als auch der Kernbereich eines jeden (Wirtschafts-) Grundrechts nehmen an der Ewigkeitsgarantie des Grundgesetzes teil. Vgl. Art. 79 Abs. 3 i.V.m. Art. 20 Abs. 1 [Sozialstaatsprinzip] und Art. 1 Abs. 1 GG [Grundrechtskernberich der Menschenwürde] GG.

167 Vgl. in Bezug auf das (neue) wirtschaftsverwaltungsrechtliche Steuerungsmodell der Regulierung *Horn*, Regulierung im Ordnungswerk des Verwaltungsrechts, in: Gornig/Kramer/Volkmann (Hrsg.), Staat – Wirtschaft – Gemeinde, Festschr. für Frotscher, 379 (381), sowie allgemein *Schmidt-Aßmann*, Das allgemeine Verwaltungsrecht als Ordnungsidee, S. 13, und *Pieper*, Aufsicht, S. 209.

Zweiter Teil. Maßstäbe und Instrumente der integrierten Finanzdienstleistungsaufsicht

Wesentliche Voraussetzung der rechtswissenschaftlichen Analyse wie auch der (möglichst nachfolgenden) rechtspraktischen Fortentwicklung der integrierten Finanzdienstleistungsaufsicht ist eine auf die Zusammenfassung und Komprimierung des bestehenden Regelwerks ausgerichtete Strukturierung ihrer normenpluralistischen und bereichsspezifischen Rechtsgrundlagen. Dass der Aufsicht über die verschiedenen Sektoren der Finanzwirtschaft aufsichtskonzeptionell überhaupt ein gemeinsamer Wesenskern zugrunde liegen kann, lässt die „organisationsrechtliche[…] Bündelung der [sektorspezifischen] Handlungszuständigkeiten“ auf nationaler Ebene in der Bundesanstalt für Finanzdienstleistungsaufsicht (BaFin) zumindest vermuten.[1] In ihr sind die vormals getrennten Bundesaufsichtsämter für das Kreditwesen (BAKred), das Versicherungswesen (BAV) und den Wertpapierhandel (BAW) mit dem Gesetz über die integrierte

1 Vgl. in Bezug auf die vergleichbare Errichtung der sektorübergreifenden Regulierungsbehörde der Bundesnetzagentür für Elektrizität, Gas, Telekommunikation, Post und Eisenbahn (BNetzA) durch § 1 des Gesetzes über die Bundesnetzagentur für Elektrizität, Gas, Telekommunikation, Post und Eisenbahn (BNetzAG), Art. 2 des Zweiten Gesetzes zur Neuregelung des Energiewirtschaftsrechts vom 7. Juli 2005, BGBl. I, S. 1970 (2009 ff.), *Horn*, Regulierung im Ordnungswerk des Wirtschaftsverwaltungsrechts, in: Gornig/Kramer/Volkmann (Hrsg.), Staat – Wirtschaft – Gemeinde, Festschr. für Fortscher, 379 (387 f.), *Masing*, Das Recht der Regulierungsverwaltung – Gutachten, in: Ständige Deputation des Deutschen Juristentages (Hrsg.), Verhandlungen des 66. Deutschen Juristentages, Bd. I, D 1 (38 ff.), *Ruffert*, Begriff, in: Fehling/Ruffert (Hrsg.), Regulierungsrecht, § 7 Rn. 48. – Kritisch gegenüber der zunächst ausschließlich bzw. vornehmlich organisatorischen Integration der Finanzmarktaufsicht ohne eine entsprechende Änderung der materiellrechtlichen Vorschriften *Reiter/Geerlings*, Die Reform der Bankenaufsicht, DÖV 2002, 562 (566 f.), *Hagemeister*, Die neue Bundesanstalt für Finanzdienstleistungsaufsicht, WM 2002, 1773 (1774), *Mittler*, Reform der Finanzaufsicht, ZfgK 2001, 283 (283 f.), sowie *v. Rosen*, Allfinanzaufsicht, ZfgK 2002, 634 (634). Für eine Notwendigkeit der Methodenänderung in der Bankaufsicht *Artopoeus*, Bankenaufsicht, in: Pitschas (Hrsg.) Integrierte Finanzdienstleitungsaufsicht, 265 (269 f.).

Finanzdienstleistungsaufsicht[2] organisatorisch zusammengeführt worden.[3] Materiellrechtlich wird die Aufsichtstätigkeit der Bundesanstalt weiterhin noch grundlegend durch die bereichsspezifischen Gesetze über das Kreditwesen[4], über die Beaufsichtigung von Versicherungsunternehmen[5] und über den Wertpapierhandel[6] bestimmt. Allerdings wird deren Regelungsinhalt in zunehmendem Maße bereits auf supranationaler Unionsebene vorgegeben wie auch noch in weiten Teilen erst auf nationaler Behördenebene konkretisiert.

Vorrangige Aufgabe der Rechtswissenschaft ist es daher, die aufsichtsrechtliche „Kasuistik zahlloser [und zum Teil] funktionsdifferenzierter Einzelnormen“[7] verschiedener Rechtssetzungsebenen in eine systematische Ordnung zu bringen. Daraus resultiert idealerweise eine systemimmanente Rechtsklarheit und Rechtssicherheit, die nicht nur die aktuelle Rechtsanwendung vereinfachen, sondern auch die zukünftige Rechtssetzung anleiten kann.[8] Kehrseitig

2 Gesetz über die integrierte Finanzdienstleistungsaufsicht vom 22. April 2002, BGBl. I, S. 1310 ff.

3 § 1 FinDAG, Art. 1 des Gesetzes über die integrierte Finanzdienstleistungsaufsicht vom 22. April 2002, BGBl. I, S. 1310 f. – Kritisch gegenüber der Namensgebung *Geschwandtner*, Staatsaufsicht über das Kreditwesen, S. 48 f., sowie *Hagemeister*, Die neue Bundesanstalt für Finanzdienstleistungsaufsicht, WM 2002, 1773 (1773), der jedoch gleichzeitig den Vorteil der leichten Übersetzbarkeit ins Englische („Federal Financial Services Authority“) angesichts der Bedeutung internationaler Zusammenarbeit hervorhebt.

4 Kreditwesengesetz (KWG) in der Fassung der Bekanntmachung vom 9. September 1998, BGBl. I, S. 2776, zuletzt geändert durch Art. 3a des Gesetzes vom 20. Dezember 2012, BGBl. I, S. 2777.

5 Versicherungsaufsichtsgesetz (VAG) in der Fassung der Bekanntmachung vom 17. Dezember 1992, BGBl. 1993 I, S. 2), zuletzt geändert durch Art. 16 des Gesetzes vom 5. Dezember 2012, BGBl. I, S. 2418.

6 Wertpapierhandelsgesetz (WpHG) in der Fassung der Bekanntmachung vom 9. September 1998, BGBl. I, S. 2708, zuletzt geändert durch Art. 2 des Gesetzes vom 26. Juni 2012, BGBl. I. S. 1375.

7 *Mösbauer*, Staatsaufsicht über die Wirtschaft, S. 27.

8 *Horn*, Regulierung im Ordnungswerk des Wirtschaftsverwaltungsrechts, in: Gornig/Kramer/Volkmann (Hrsg.), Festschr. für Frotscher, 379 (392) weist der „konstruktiv-systematische[n] Analyse des positiven Rechts die praktisch-juristische Funktion [...zu...], dem erkennenden Verstehen des Rechts und seiner Wandlungen wie seiner kritischen Begleitung und Fortbildung Mittel und Maßstäbe bereitzustellen.“ Bzgl. der Aufgabe einer auf dieser Systematisierung aufbauenden, übergreifenden gesetzlichen Regelung des Regulierungsverwaltungsrechts vgl. *Storr*, Recht der Regulierungsverwaltung, DVBl. 2006, 1017 (1019).

birgt die mit der Strukturierung einhergehende, systemstiftende Vereinfachung die Gefahr einer Nivellierung wohlbegründeter Unterschiede sowie einer Verfestigung (vermeintlich) harmonischer Strukturmuster.[9] Eine übergreifende Systematisierung und damit verbundene „Angleichung" der finanzwirtschaftlichen Aufsichtsvorschriften muss mithin die Balance zwischen der Bewahrung bereichsspezifisch gewachsener Strukturen einerseits und deren Vernachlässigung andererseits finden, um eine Fortentwicklung des Rechts innerhalb einer offenen oder zumindest geöffneten Struktur zu ermöglichen.[10] Die nachfolgende Untersuchung steht mithin keinesfalls unter dem Fernziel eines einheitlichen, allumfassenden Finanzdienstleistungsaufsichtsrechts. Zuvorderst verfolgt sie eine behutsame Systematisierung und damit Integrierung der bestehenden Regelwerke der in weiten Teilen noch separierten Aufsicht über die verschiedenen Finanzwirtschaftssektoren.

A. Abschichtung des (finanz-)aufsichtsrechtlichen Normenpluralismus

Das Ziel der Systembildung rechtfertigt den methodischen Ansatz, das Rechtsgebiet der Finanzdienstleistungsaufsicht von seiner im Regelungsgegenstand wurzelnden Finanzwirtschaftlichkeit und -mathematik weitestmöglich zu lösen,[11] um so den analytischen Blick auf die aufsichtsrechtlichen Regelungsstrukturen frei und der Diskussion über den wirtschaftsaufsichtlichen Konzeptwandel im Allgemeinen sowie über die Neuausrichtung der Finanzdienstleistungsaufsicht im Besonderen zugrunde legen zu können. Vor diesem Hintergrund erfolgt bereits die Darstellung der bereichsspezifischen Aufsichtsvorschriften aus einer

9 *Burgi*, Recht der Regulierungsverwaltung, NJW 2006, 2439 (2442).

10 Dem Recht kommt dabei die Aufgabe zu, die Entwicklung der (Rechts-)Dogmatik nicht nur zu transportieren, sondern auch seinerseits zu stabilisieren. Zu der dem Recht eigenen Steuerungsqualität (wenn auch in Bezug auf die Entwicklung der Verwaltungsorganisation) siehe *Schmidt-Aßmann*, Verwaltungsorganisationsrecht als Steuerungsressource, in: Schmidt-Aßmann/Hoffmann-Riem (Hrsg.), Verwaltungsorganisationsrecht als Steuerungsressource, 9 (27).

11 Ebenso *Ruffert*, Regulierung im System des Verwaltungsrechts, AöR 124 (1999), 237 (240), in Bezug auf Technizität des Post- und Telekommunikationsrechts als neue Referenzgebiete der privatisierungsfolgenrechtlichen Regulierung.

übergeordneten Perspektive anhand entsprechend allgemein gehaltener, systemstiftender Gliederungsparameter.[12]

I. Die Institutsaufsicht über Banken und Versicherungen im Unterschied zur Marktaufsicht über den Wertpapierhandel

Nimmt man dieser Maßgabe folgend zunächst allein die bereichsspezifischen Aufgabenbestimmungen der Aufsicht nach dem Kreditwesen- und Versicherungsaufsichtsgesetz sowie nach dem Gesetz über den Wertpapierhandel in den Blick, werden bereits derart bedeutsame Unterschiede zwischen der Aufsicht über Banken und Versicherungen einerseits und der Aufsicht über den Wertpapierhandel andererseits sichtbar, dass sie von vornherein einer Festlegung sektorübergreifend vergleichbarer und damit systemstiftender Regelungsmuster entgegenstehen. Zwar kommt der Bundesanstalt für Finanzdienstleistungsaufsicht sektorübergreifend die gemeinsame Aufgabe zu, im Rahmen der ihr gesetzlich zugewiesenen Befugnisse Missständen entgegenzuwirken, die eine ordnungsgemäße Durchführung der Bank-, Versicherungs-, Wertpapier- sowie anderen Finanzdienstleistungsgeschäfte[13] beeinträchtigen

---

12 Vgl. zur Typisierung als Methode zur Analyse der sektoralen Regulierungsvorschriften *Horn*, Regulierung im Ordnungswerk des Wirtschaftsverwaltungsrechts, in: Gornig/Kramer/Volkmann (Hrsg.), Staat – Wirtschaft – Gemeinde, Festschr. für Frotscher, 379 (396 f.).

13 Obwohl Versicherungsunternehmen dem Begriff nach Bankgeschäfte i.S.d. § 1 Abs. 1 S. 2 KWG – insbesondere in Form des Garantiegeschäfts (Nr. 8) – gewerbsmäßig und in einem Umfang betreiben, der einen in kaufmännischer Weise eingerichteten Gewerbebetrieb erforderlich macht, und damit grundsätzlich als Kreditinstitute i.S.d. § 1 Abs. 1 S. 1 KWG den Vorschriften des Kreditwesengesetzes unterfallen müssten, werden sie nach § 2 Abs. 1 Nr. 4 KWG ausdrücklich aus deren Anwendungsbereich ausgenommen, da Unternehmen, die den Betrieb von Versicherungsgeschäften zum Gegenstand haben, bereits den Vorschriften des Versicherungsaufsichtsgesetzes unterliegen (§ 1 Abs. 1 VAG). Versicherungsunternehmen haben lediglich die Anzeigepflicht von Millionenkrediten nach § 14 KWG zu beachten (§ 2 Abs. 2 KWG). Obwohl Kreditinstitute ihrerseits neben den Bankgeschäften i.S.d. § 1 Abs. 1 S. 2 KWG auch Finanzdienstleistungen i.S.d. § 1 Abs. 1a S. 2 KWG erbringen können, sind sie nach der Legaldefinition des § 1 Abs. 1a S. 1 KWG keine Finanzdienstleistungsinstitute, da sie aufgrund ihres Bankgeschäftsbetriebs ohnehin den ursprünglichen Anknüpfungspunkt der Vorschriften des Kreditwesengesetzes bilden, während deren Anwendungsbereich über die Definition der Finanzdienstleistungsinstitute bzw. der Finanzdienstleistungen erst im Nachhinein

(können).[14] Dabei handelt es sich aber nach allen Aufgabenzuweisungsnormen jeweils nur um eine von mehreren Aufgabenstellungen der Bundesanstalt. Nach dem Versicherungsaufsichtsgesetz macht sie nur einen Teilbereich der so genannten „rechtlichen Aufsicht“ aus.[15] Neben dieser kommt der Aufsichtsbehörde die so genannte „Finanzaufsicht“ zu. Danach hat sie auf die dauernde Erfüllbarkeit der Verpflichtungen aus den Versicherungen zu achten.[16] Sowohl im Rahmen der besonderen Finanzaufsicht als auch im Rahmen der rechtlichen Aufsicht überwacht die Bundesanstalt nach dem Versicherungsaufsichtsgesetz den gesamten Geschäftsbetrieb eines Versicherungsunternehmens.[17] Und auch nach dem Wortlaut des Kreditwesengesetzes übt sie die Aufsicht über die Institute aus.[18] Gegenüber ihnen und ihren Geschäftsleitern hat die Bundesanstalt Missstände zu verhindern oder zu beseitigen, die nicht nur die ordnungsgemäße Durchführung der Bankgeschäfte oder Finanzdienstleistungen beeinträchtigen, sondern auch die Sicherheit der dem Institut anvertrauten Vermögenswerte gefährden oder erhebliche Nachteile für die Gesamtwirtschaft herbeiführen können.[19] Schließlich hat sie auch nach dem Wertpapierhandelsgesetz nicht nur Misständen entgegenzuwirken, die eine ordnungsgemäße Durchführung des Handels mit Finanzinstrumenten oder von

---

(zunehmend) erweitert worden ist. Sowohl Kredit- als auch Finanzdienstleistungsinstitute unterliegen als Institute i.S.d. § 1 Abs. 1b KWG grundsätzlich gleichermaßen dem Gros der Vorschriften des Kreditwesengesetzes. Zu den Ausnahmen siehe § 2 Abs. 1 bis 5 bzw. Abs. 6 bis 12 KWG. Ist im weiteren Verlauf der Ausarbeitung von Kredit- bzw. (anderen) Finanzdienstleistungsinstituten die Rede, sind stets nur die gemeint, die nicht von den Ausnahmen des § 2 KWG erfasst sind.

14 Siehe § 6 Abs. 1 und Abs. 3 S. 1 KWG, § 81 Abs. 1 S. 4 und 5 VAG und § 4 Abs. 1 S. 2 WpHG sowie *Schäfer*, in: Boos/Fischer/Schulte-Mattler (Hrsg.), Kommentar zum KWG, § 6 Rn. 63 ff., sowie *Bähr*, in: Fahr/Kaulbach/Bähr/Pohlmann, Kommentar zum VAG, § 81 Rn. 29 ff., *Kollhosser*, in: Prölss, Kommentar zum VAG, § 81 Rn. 31 ff. – Von der grundsätzlich institutsbezogenen Aufsicht zu unterscheiden ist die allgemeine Aufsicht über Kredit- und Finanzdienstleistungsgewerbe nach § 6 Abs. 2 KWG, die im Fall von Missständen im gesamten Kredit- und Finanzdienstleistungswesen (einer Vielzahl von Instituten, str.) jedoch lediglich ein informelles, rechtlich unverbindliches Entgegenwirken vorsieht. Vgl. dazu ausführlich *Schäfer*, in: Boos/Fischer/Schulte-Mattler (Hrsg.), Kommentar zum KWG, § 6 Rn. 32 ff., sowie *Reischhauer/Kleinhans*, Kommentar zum KWG, § 6 Rn. 7.

15 Vgl. § 81 Abs. 1 S. 1 und 4 VAG.

16 Vgl. § 81 Abs. 1 S. 1 und 5 VAG.

17 Vgl. § 81 Abs. 1 S. 1 VAG.

18 Vgl. § 6 Abs. 1 KWG.

19 Vgl. § 6 Abs. 3 S. 1 KWG.

Wertpapierdienstleistungen oder Wertpapiernebendienstleistungen beeinträchtigen, sondern auch solche, die erhebliche Nachteile für den Finanzmarkt bewirken können.[20]

Wenn auch diese Aufgabenstellung des Wertpapierhandelsgesetzes der zuvorgenannten des Kreditwesengesetzes nachempfunden worden ist, weist sie im Zusammenhang mit den übrigen Aufgabenbestimmungen bereits aus der erhöhten Perspektive der Festlegung systemstiftender Gliederungsparameter auf den wesentlichen Unterschied der Wertpapierhandelsaufsicht im Verhältnis zur Aufsicht nach dem Kreditwesen- und Versicherungsaufsichtsgesetz hin. Bezugspunkt der Aufsicht nach dem Wertpapierhandelsgesetz ist der Markt für Wertpapierdienstleistungen und Wertpapiernebendienstleistungen bzw. die Vorgänge und das Verhalten der Teilnehmer auf dem Markt.[21] Bezugspunkt der Aufsicht nach dem Kreditwesen- und Versicherungsaufsichtsgesetz ist hingegen das jeweilige Kredit- bzw. Finanzdienstleistungsinstitut oder Versicherungsunternehmen bzw. deren finanzielle und organisatorische Solidität.[22]

Wie noch näher zu zeigen sein wird, suchen die kreditwesen- und versicherungsaufsichtsgesetzlichen Vorschriften speziell die Sicherheit der dem Institut anvertrauten Vermögenswerte und die Erfüllbarkeit der Verpflichtungen aus den Versicherungen, aber auch allgemein die ordnungsgemäße Durchführung der Finanzgeschäfte möglichst durch quantitative wie auch (vermehrt) qualitative Anforderungen an die risikoadäquate Finanz- und Organisationsstruktur der jeweiligen Institute sicherzustellen.[23] Zwar knüpfen auch die Vorschriften des Wertpapierhandelsgesetzes an den institutionellen Anwendungsbereich des Kreditwesengesetzes an. Sie unterstellen die Tätigkeit der Kredit- bzw. Finanzdienstleistungsinstitute jedoch insoweit einer zusätzlichen Aufsicht, wie diese

20 Vgl. § 4 Abs. 1 S. 2 WpHG.

21 Siehe auch *Assmann*, in: Assmann/Schneider (Hrsg.), Kommentar zum WpHG, § 1 Rn. 9.

22 Siehe auch *Schäfer*, in: Boos/Fischer/Schulte-Mattler (Hrsg.), Kommentar zum KWG), § 6 Rn. 2. Mit Blick auf die organisatorische Institutssolidität rückt auch vermehrt die fachliche Eignung und persönliche Zuverlässigkeit der Geschäftsleitung als das für die Einhaltung der organisatorischen Anforderungen verantwortliche Organ in den Fokus der laufenden Aufsicht. Dazu *Bähr*, in: Fahr/Kaulbach/Bähr/Pohlmann, Kommentar zum VAG, § 81 Rn. 44 ff.

23 Zum Steuerungsmodell der integrierten Finanzdienstleistungsaufsicht vgl. allgemein unten Teil 3 bereits unter A. sowie insbesondere zur Indienstnahme der ökonomischern Rationalitätsvorteile der Effizienz und Effektivität Teil 3 unter A.I.4.c).

gewerbsmäßig Wertpapierdienst-leistungen[24] – gegebenenfalls in Verbindung mit Wertpapiernebendienstleistungen[25] – am Kapitalmarkt erbringen.[26] Mit dem Ziel, die Transparenz und Integrität des Kapitalmarktes zu gewährleisten sowie ein entsprechendes Vertrauen der Anleger zu schützen bzw. zu stärken, überwacht die Aufsichtsbehörde in diesem Bereich insbesondere die gesetzlichen Verhaltens-, Organisations- und Transparenzpflichten,[27] um kapitalmarktrelevante Interessenkonflikte und Informationsdefizite speziell bei der Anbahnung und Abwicklung von Wertpapiergeschäften zu vermeiden sowie allgemein deren ordnungsgemäße Durchführung durch eine entsprechende Unternehmensorganisation sicherzustellen.[28] Der spezifische Marktbezug der Aufsicht über den Wertpapierhandel zeigt sich besonders darin, dass die aufsichtsbehördlichen Aufgaben nicht nur Kredit- oder Finanzdienstleistungsinstitute betreffen, sondern auch gegenüber anderen Marktteilnehmern wahrgenommen werden. Zu nennen sind insoweit vor allem die Bekämpfung von Insidergeschäften und von Kurs- und Marktpreismanipulationen,[29] die flankierende Kontrolle der Ad-hoc-Publizität kursbeeinflussender Tatsachen[30] sowie die Überwachung von Mitteilungs- und Veröffentlichungspflichten bei Transaktionen über bedeutende Beteiligungen an börsennotierten Gesellschaften[31].

Dieser besondere Marktbezug der Wertpapieraufsicht macht bereits aus der erhöhten Perspektive, aus der die sektorübergreifende Entdeckung systemstiftender, weil gemeinsamer sowie wiederkehrender Regelungsmuster erfolgt, einen solch bedeutsamen Systemunterschied gegenüber dem institutsorientierten Ansatz der Aufsicht über Kredit-, Finanzdienstleistungs- sowie Versicherungsunternehmen nach dem Kreditwesen- bzw. Versicherungsaufsichtsgesetz deutlich,[32] dass

24 Zum Begriff der Wertpapierdienstleistung vgl. die Legaldefinition in § 2 Abs. 3 WpHG.

25 Zum Begriff der Wertpapiernebendienstleistung vgl. die Legaldefinition in § 2 Abs. 3a WpHG.

26 Vgl. § 1 Abs. 1 und § 2 Abs. 4 WpHG.

27 Vgl. §§ 31 ff. WpHG.

28 Zum Zweck der Verhaltensregeln und Organisationspflichten der §§ 31 ff. WpHG siehe nur die überblicksartige Einleitung bei *Koller*, in: Assmann/Schneider (Hrsg.), Kommentar zum WpHG, § 31 Rn. 1 f., m.w.Nachw.

29 Vgl. §§ 12 ff. WpHG, § 20a WpHG.

30 Vgl. § 15 WpHG.

31 Vgl. §§ 21 ff. WpHG.

32 Vgl. zum Komplementärverhältnis zwischen operationeller Aufsicht über den (Wertpapier-)Markt und institutioneller Aufsicht über das Kreditwesen *Assmann*, in: Assmann/Schneider (Hrsg.), Kommentar zum WpHG, § 1 Rn. 9 f. Angedeutet auch bei

es zumindest gerechtfertigt, wenn nicht sogar geboten ist, die Aufsicht über den Wertpapierhandel als spezifisches Segment der Finanzdienstleistungsaufsicht aus einer sektorübergreifenden Strukturanalyse auszunehmen. Andernfalls drohte deren Zielsetzung, die aktuelle Rechtsanwendung wie auch zukünftige Rechtssetzung durch die systemgestiftete Rechtsklarheit und Rechtssicherheit anzuleiten und zu vereinfachen, durch eine überhöhte Abstrahierung und damit verbundene Komplexitätssteigerung des dogmatischen Systems konterkarriert zu werden.

II. Die makroprudentielle Systemaufsicht in Ergänzung der mikroprudentiellen Insitutsaufsicht

Dies scheint auf den ersten Blick auch für die Aufsicht über das gesamte Finanzsystem gelten zu müssen, die unlängst infolge der Erfahrungen aus der Finanzkrise der letzten Jahre auf europäischer Ebene mit der Einrichtung des Europäischen Ausschusses für Systemrisiken[33] etabliert und auf nationaler Ebene durch das Gesetz zur Überwachung der Finanzstabilität[34] umgesetzt worden ist. Auch die Systemaufsicht nimmt nicht das einzelne Institut bzw. die von diesem ausgehenden Gefahren oder verursachten Misstände ins Visier, sondern das Finanzsystem insgesamt.[35] Um dessen Risiken für die Finanzstabilität abwehren bzw. eindämmen zu können, werden sowohl auf europäischer als auch auf nationaler Ebene alle erforderlichen Informationen zusammengetragen, ausgewertet und auf mögliche systemische Risiken hin analysiert.[36] Soweit erforderlich, werden frühzeitige

Döhmel, in: Assmann/Schneider (Hrsg.), Kommentar zum WpHG, § 4 Rn. 3, und *Röhl*, Finanzmarktaufsicht in: Fehling/Ruffert (Hrsg.), Regulierungsrecht, § 18 Rn. 2 f. und 6.

33 Englisch: „European Systemic Risk Board (ESRB)", errichtet durch Art. 1 Abs. 1 der Verordnung (EU) Nr. 1092/2010 des *Europäischen Parlaments* und des *Rates* vom 24. November 2010 über die Finanzaufsicht in der Europäischen Union auf Makroebene und zur Errichtung eines Europäischen Ausschusses für Systemrisiken, ABl. EU v.15.12.2010, L 331/1.

34 Gesetz zur Überwachnung der Finanzstabilität (Finanzstabilitätsgesetz – FinStabG), vom 28. November 2012, BGBl. I, S. 2369, zuletzt geändert durch Art. 21 des Gesetzes vom 4. Juli 2013, BGBl. I, S. 1981.

35 Als Systemrisiken werden gemäß Art. 2 lit. c) S. 1 der Verordnung (EU) Nr. 1092/2010 Risiken einer Beeinträchtigung des Finanzsystems definiert, die das Potential schwerwiegender negativer Folgen für den Binnenmarkt und die Realwirtschaft beinhalten.

36 Vgl. Art. 3 Abs. 2 lit. a) und b) sowie Art. 15 der Verordnung (EU) Nr. 1092/2010 und § 1 Abs. 1 Nr. 1 FinStabG.

Risikowarnungen und entsprechende Empfehlungen für Abhilfemaßnahmen (heraus-)gegeben.[37]

Ungeachtet dessen, dass die Europäisierung von Verwaltungsorganisation und Verwaltungsvollzug gerade im Bereich der makroprudentiellen Systemaufsicht[38] besonders weit vorangeschritten ist,[39] werden die genannten Befugnisse der Informationsgewinnung, Risikowarnung oder Abhilfeempfehlung selbst auf nationaler Ebene nicht der Bundesanstalt für Finanzdienstleistungsaufsicht übertragen. Parallel zum Europäischen Ausschuss für Systemrisiken wird die Systemaufsicht im Wesentlichen von einem eigens dafür beim Bundesfinanzministerium eingerichteten Ausschuss für Finanzstabilität wahrgenommen, unterstützt durch die Deutsche Bundesbank.[40] Außerdem richten sich die genannten Maßnahmen mit Ausnahme der vorbereitenden Erhebung der systemisch erforderlichen Informationen nicht an die Finanzinstitute selbst. Adressat einer Warnung oder Empfehlung können je nach Aufsichtssubjekt (Europäischen Ausschusses für Systemrisiken oder nationaler Ausschuss für Finanzstabilität) entweder die Europäische Union, ein bzw. mehrere Mitgliedsstaat(en), mehrere europäische bzw. nationale Aufsichtsbehörden oder aber eine öffentliche Stelle im Inland sein.

All dies scheint auf den ersten Blick auf derart erhebliche Strukturunterschiede hinzudeuten, dass auch die Systemaufsicht nach dem Finanzstabilitätsgesetz (bzw. der parallelen Verordnung auf europäischer Ebene) – wie die Marktaufsicht nach dem Wertpapierhandelsgesetz – aus einer systemstiftenden Strukturanalyse der integrierten Finanzdienstleistungsaufsicht auszuscheiden hat. Geht man jedoch einen kleinen Schritt weiter der Frage nach, wie die Warnungen vor systemischen Risiken bzw. die Empfehlungen möglicher Abhilfemaßnahmen konkret umgesetzt werden (sollen), zeigt sich ein systematischer Zusammenhang auch zu der mikroprudentiellen Institutsaufsicht. So richten sich die Maßnahmen der Warnung oder Empfehlung denknotwendig letzten Endes an diejenige Stelle, die über das Instrumentarium verfügt, mit dessen Hilfe die identifizierten Systemgefahren oder -risiken konkret abgewendet werden können.[41] Dies wäre auf nationaler Ebene entweder die Bundesregierung mit ihrem gesetzgeberischen Initiativrecht für

---

37 Vgl. Art. 3 Abs. 2 lit. c) und d) sowie Art. 16 der Verordnung (EU) Nr. 1092/2010 und § 1 Abs. 1 Nr. 3 FinStabG.

38 Englisch: „prudential", vorausschauend.

39 Siehe dazu dezidierter die Ausführungen in Teil 4 insbesondere unter C.II.3.

40 Vgl. § 2 Abs. 1 und 2, § 3 und § 1 Abs. 1 FinStabG.

41 Vgl. nur die Begründung der *Bundesregierung* zum Entwurf eines Gesetzes zur Stärkung der Finanzaufsicht, BT-Drs. 17/10040, S. 14.

die Festsetzung neuer (Aufsichts-)Maßstäbe und Befugnisse oder aber eben die Bundesanstalt für Finanzdienstleistungsaufsicht mit dem ihr zugewiesenen Instrumentarium der mikroprudentiellen Institutsaufsicht.[42]

Sofern also die Systemaufsicht Risiken systemischen Ausmaßes endeckt, denen mit Hilfe der Aufsicht begegnet werden kann bzw. soll, wird die mikroprudentielle Institutsaufsicht über Banken- und Versicherungen um Maßstäbe von makroprudentieller Systemrelevanz ergänzt. Die Verknüpfung von makroprudentieller Systemaufsicht und mikroprudentieller Institutsaufsicht ist eine andere als die Anknüpfung der Marktaufsicht über den Wertpapierhandel an den institutionellen Anwendungsbereich der Aufsicht nach dem Kreditwesengesetz. Soweit der Anwendungsbereich der Wertpapierhandelsaufsicht eröffnet ist, hat sie nicht nur einen anderen Bezugspunkt als die Institutsaufsicht nach dem Kreditwesengesetz. Auch ihr Instrumentarium ist ein anderes. Insbesondere bleibt sie in ihrem weiteren Verlauf ohne jede Auswirkungen auf die Institutsaufsicht. Demgegenüber wirkt sich die Systemaufsicht auf die Institutsaufsicht nach dem Kreditwesengesetz insofern aus, als deren mikroprudentielles Instrumentarium entweder von sich aus bereits zur Abwendung der Systemgefahr eingesetzt oder aber zu diesem Zweck erweitert wird. Die makroprudentiolle Systemaufsicht dient insoweit der Entdeckung von systemischen Risiken, die mikroprudentielle Institutsaufsicht (in einem begrenzten Bereich) ihrer konkreten Abwendung.[43] Insoweit wird die Systemaufsicht zu einem Element des institutsbezogenen Steuerungsmodells der integrierten Finanzdienstleistungsaufsicht. Sie führt sogar zu einem nicht unbedeutenden Paradigmenwechsel, sofern eine konkrete Korrekturmaßnahme an ein Unternehmen der Finanzwirtschaft gerichtet wird, dessen Geschäftsbetrieb das die Aufsichtsmaßnahme letztlich auslösende Systemrisiko nicht einmal ausgelöst hat.[44] Die rechtlichen Grundlagen der Systemaufsicht sind daher nicht allein aufgrund ihrer tagespolitischen Aktualität, sondern auch aus systematischen Erwägungen in die nachfolgende Vorauswahl der zunächst zu strukturierenden sowie darauf aufbauend zu analysierenden Vorschriften der Finanzdienstleistungsaufsicht einzubeziehen.

---

42 Begründung der *Bundesregierung* zum Entwurf eines Gesetzes zur Stärkung der Finanzaufsicht, BT-Drs. 17/10040, S. 14.

43 Vgl. zu Ursprung und instituts- sowie systembezogener Dimension der (mikro- bzw. makro-)prudentiellen Bankenaufsicht siehe *Kohtamäki*, Reform der Bankenaufsicht in der Europäischen Union, S. 10 ff.

44 Zu diesem Strukturmerkmal der Systemaufsicht siehe auch *Kaufhold*, Systemaufsicht, Die Verwaltung 46 (2013), 21 (52 f.).

III. Die Finanzaufsicht als Kernelement der laufenden Aufsicht über Kredit- bzw. Finanzdienstleistungsinstitute und Versicherungsunternehmen

Da die Strukturanalyse der integrierten Finanzdienstleistungsaufsicht nicht nur auf systematische Konsitenz, sondern auch auf methodische Praktikabilität ausgerichtet ist, hat sich die der Analyse vorangehende Auswahl ihrer Rechtsgrundlagen auf die Vorschriften der Banken- und Versicherungsaufsicht zu konzentrieren, die das Rechtsverhältnis von Aufsichtsbehörde und beaufsichtigten Unternehmen wesentlich bestimmen. Spätestens mit der Umsetzung der europarechtlich vermittelten Eigenkapitalübereinkunft des Baseler Ausschusses für Bankenaufsicht (Basel II)[45] sowie der versicherungsaufsichtrechtlichen Richtlinie über die Aufnahme und Ausübung der Versicherungs- und Rückversicherungstätigkeit (Solvency II)[46] rückt insoweit zunehmend die so genannte Finanzaufsicht in den Vordergrund der

---

45 Vgl. die überarbeitete Rahmenvereinbarung des *Baseler Ausschusses für Bankenaufsicht*, Basel II, sowie dazu die Ausführungen (Auswahl) von *Buchmüller*, Basel II, S. 49 ff, und 57 ff., *Cluse/Cremer*, Die Umsetzung von Basel II in deutsches Recht, ZfgK 2006, 329 ff., *Deutsche Bundesbank*, Umsetzung der neuen Eigenkapitalvereinbarungen, Monatsbericht Dezember 2006, S. 60 ff., *Fischer*, in: Boos/Fischer/Schulte-Mattler (Hrsg.), Kommentar zum KWG, Einf. Rn. 60b ff., und *Lellmann,* Zeitplan der Umsetzung, in: Deloitte (Hrsg.), Basel II, S. 45 ff.

46 Richtlinie 2009/138/EG des Europäischen Parlaments und des Rates vom 25. November 2009 betreffend die Aufnahme und Ausübung der Versicherungs- und Rückversicherungstätigkeit (Solvabilität II), ABl. EU vom 17.12.2009, L 335/1. Vgl. auch bereits den von der *Kommission*, KOM(2008) 119 endgültig/2, 2007/0143 (COD), neu gefassten Vorschlag für eine Richtlinie des Europäischen Parlaments und des Rates betreffend die Aufnahme und Ausübung der Versicherungs- und Rückversicherungstätigkeit – Solvabilität II (Neufassung), sowie mittlerweile den Entwurf der *Bundesregierung* zu einem Zehnten Gesetz Änderung des Versicherungsaufsichtsgesetzes vom 17. Februar 2012, BR-Drs. 90/12, mit dem die Richtlinie 2009/138/EG in deutsches Recht umgesetzt werden soll. – Siehe auch die Ausführungen (Auswahl) von *Berkhoff/Bölscher*, Versicherungsaufsicht in den Zeiten von Solvency II, ZfV 2007, 284 ff., *Bürkle*, in: Fahr/Kaulbach/Bähr/Pohlmann (Hrsg.), Kommentar zum VAG, Solvabilität II Rn. 1 ff., *Knauth/Schubert*, Versicherungsaufsicht vor Paradigmenwechsel, VW 2003, 902 ff., *Lipowsky*, in: Prölss, Kommentar zum VAG, Vor § 53c Rn. 15, sowie den Tagungsband von *Dreher/Wandt* (Hrsg.), Solvency II in der Rechtsanwendung.

Aufsicht über Banken, Versicherungen und andere Finanzdienstleistungsinstitute.[47] Formell fand sich der Begriff der Finanzaufsicht ursprünglich nur im Versicherungsaufsichtsgesetz. Danach wurde die laufende Aufsicht über Versicherungsunternehmen entsprechend der Vorgabe europarechtlicher Richtlinienbestimmungen[48] in die „besondere Finanzaufsicht" und eine „allgemeine Rechtsaufsicht" unterteilt. Die Unterscheidung dient dazu, die Zuständigkeit zwischen Herkunfts- und Tätigkeitslandbehörde im Rahmen der Aufsicht über grenzüberschreitend tätige Versicherungsunternehmen gegenständlich voneinander abzugrenzen.[49]

---

47 Siehe bereits, wenn auch noch begrenzt auf die versicherungsaufsichtliche Rechtslage nach der so genannten Dritten Richtliniengeneration *Büchner*, Abgrenzung der Finanzaufsicht von der sonstigen Rechtsaufsicht, S. 102, und *Neumann*, Aufsicht über Finanzkonglomerate, S. 33, sowie hernach unter Einbeziehung der konsolidierten Bankenrichtlinie [Richtlinie 2000/12/EG des Europäischen Parlaments und des Rates vom 20. März 2000 über die Aufnahme und Ausübung der Tätigkeit der Kreditinstitute, ABl. EG vom 26. Mai. 2000, Nr. L 126, S. 1 ff.] *Schnyder*, Europäisches Banken- und Versicherungsrecht, § 5 Rn. 145. Siehe schließlich im Hinblick auf Basel und Solvency II *Winter*, Versicherungsaufsichtsrecht, S. 3 f., sowie angedeutet in der Begründung der *Bundesregierung* zum Entwurf eines zehnten Gesetzes zur Änderung des Versicherungsaufsichtsgesetzes vom 17. Februar 2012, BR-Drs. 90/12, S. 256 f. und 288 f., mit dem u.a. die Richtlinienvorgaben von Solvency II in deutsches Recht umgesetzt werden sollen.

48 Art. 13 Erste Richtlinie Schadensversicherung, Richtlinie 73/239/EWG des Rates vom 24. Juli 1973 zur Koordinierung der Rechts- und Verwaltungsvorschriften betreffend die Ausübung der Tätigkeit der Direktversicherung (mit Ausnahme der Lebensversicherung) i.d.F. des Art. 9 Dritte Richtlinie Schadensversicherung, Richtlinie 92/49/EWG des Rates vom 10. November 1992 zur Koordinierung der Rechts- und Verwaltungsvorschriften der Direktversicherung (mit Ausnahme der Lebensversicherung) sowie zur Änderung der Richtlinien 73/239/EWG und 88/357/EWG, ABl. EG Nr. L 228 vom 11. August 1992, S. 1 ff., Art. 10 Gesamtrichtlinie Lebensversicherung, Richtlinie 2002/83/EG des Europäischen Parlaments und des Rates vom 5. November 2002 über Lebensversicherungen, ABl. EG L 345 vom 19. Dezember 2002, S. 1 ff.

49 Vgl. § 81 Abs. 1 S. 1 bzw. S. 4 und 5 VAG. In Übereinstimmung mit den europarechtlichen Vorgaben des so genannten Sitz- bzw. Herkunftslandprinzips obliegt die „Finanzaufsicht" grundsätzlich allein der Sitz- bzw. Herkunftslandbehörde. Vgl. Art. 13 Abs. 1 Erste Richtlinie Schadensversicherung i.d.F. des Art. 9 Dritte Richtlinie Schadensversicherung einerseits sowie Art. 10 Abs.1 S. 1 Gesamtrichtlinie Lebensversicherung andererseits bzw. deren konsolidierende Überführung in Art. 30 Abs. 1 des Richtlinie 2009/138/EG zu Solvabilität II. Demgegenüber begründet die „Rechtsaufsicht im Übrigen" eine komplizierte Doppelzuständigkeit der Sitz- und Tätigkeitslandbehörde. Vgl. §§ 85 S. 2, 110a Abs. 3 S. 1 VAG. Dementsprechend wirkt sich die Unterscheidung zwischen „Finanz-" und „allgemeiner Aufsicht im Übrigen" auf die

Die im Verhältnis zur Rechtsaufsicht speziellere[50] Finanzaufsicht, die selbstredend auch auf der Grundlage gesetzlicher Vorschriften zu erfolgen hat und mithin ebenso als Rechtsaufsicht zu qualifizieren ist,[51] umfasst wie jene bereits die gesamte Geschäftstätigkeit des Versicherungsunternehmens.[52] Im Hinblick auf die dauernde Erfüllbarkeit der Versicherungsverpflichtungen achtet sie dabei insbesondere auf die Bildung ausreichender versicherungstechnischer Rückstellungen, die Anlegung in entsprechenden geeigneten Vermögenswerten, die Unternehmenssolvabilität sowie auf die Einhaltung angemessener interner Kontrollverfahren.[53] Ihr ähnelt insofern die Aufsicht über die angemessene Eigenmittelausstattung und ausreichende Zahlungsbereitschaft der Kredit- und Finanzdienstleistungsinstitute einschließlich deren organisatorischer Sicherungsbedingungen nach dem Kreditwesengesetz.[54] Just diesen Anforderungen widmet sich infolge der Erfahrungen aus der Finanzkrise der letzten Jahre auch das neue Regelwerk auf europäischer Ebene zur Stärkung der Regulierung des Bankensektors. Mit diesem Maßnahmenpaket wird nicht nur

---

Aufsicht über die inländische Tätigkeit inländischer Versicherungsunternehmen nicht aus. – Zum Kooperationsverhältnis zwischen Sitz- und Tätigkeitslandbehörde im unionsrechtlich harmonisierten Versicherungs- und Bankenaufsichtsrecht siehe auch in Grundzügen unten TEIL 4: B. insbes. II.

50 Aufsichtsgegenstand der allgemeinen (Rechts-)Aufsicht im Übrigen ist zwar der gesamte Geschäftsbetrieb, allerdings nur soweit er nicht der Finanzaufsicht unterliegt. Vgl. die Begründung der *Bundesregierung* zum Entwurf des Dritten Durchführungsgesetzes/EWG, BT-Drs. 12/6959, S. 82.

51 Siehe nur die Begründung der *Bundesregierung* zum Gesetzesentwurf des Dritten Durchführungsgesetzes/EWG, BT-Drs. 12/6959, S. 82 f., sowie *Bähr*, in: Fahr/Kaulbach/Bähr/Pohlmann, Kommentar zum VAG, § 81 Rn. 19, und *Kollhosser*, in: Prölss, Kommentar zum VAG, § 81 Rn. 18, jeweils m.w.Nachw., oder auch *Röhl*, Finanzmarktaufsicht, in: Fehling/Ruffert (Hrsg.), Regulierungsrecht, § 18 Rn. 90.

52 Vgl. § 81 Abs. 1 S. 5 VAG i.V.m. Art. 13 Abs. 2 Erste Richtlinie Schadensversicherung i.d.F. des Art. 9 Dritte Richtlinie Schadensversicherung einerseits sowie Art. 10 Abs. 2 Gesamtrichtlinie Lebensversicherung andererseits bzw. deren konsolidierende Überführung in Art. 30 Abs. 2 des Richtlinie 2009/138/EG zu Solvabilität II. So auch *Büchner*, Abgrenzung der Finanzaufsicht von der sonstigen Rechtsaufsicht, insbes. S. 103. – Im Kontext der übergreifenden Zielsetzungen der Finanzdienstleistungsaufsicht vgl. auch die Ausführungen unten in TEIL 3 unter A.III.

53 Vgl. § 81 Abs. 1 S. 5 VAG. Zu dieser Schwerpunktsetzung der Finanaufsicht siehe auch *Gause*, Langheid/Wandt (Hrsg.), Kommentar zum VVG, Aufsichtsrecht, Rn. 315.

54 Ähnlich *Röhl*, Finanzmarktaufsicht, in: Fehlig/Ruffert (Hrsg.), Regulierungsrecht, § 18 Rn. 19 ff. und 30. Auch demnach ähnelt die versicherunsgaufsichtsrechtliche Finanzaufsicht der bankenaufsichtsrechtlichen „Solvabilitätsaufsicht“ [gemeint ist die Solvenzaufsicht über die Solvabilität und Liquidität insgesamt].

der Vorschlag des Baseler Ausschusses für Bankenaufsicht für einen globalen Regulierungsrahmen für widerstandsfähigere Banken und Bankensysteme (Basel III)[55] in verbindliches Recht umgesetzt werden,[56] sondern auch die aufsichtsrechtliche Bedeutung einer angemessenen Solvabilität und hinrechenden Liquidität noch einmal mehr betont. So überrascht es nicht, dass die genannten Vorgaben der Finanzaufsicht auch nach dem eigenen Aufgabenverständnis der Bundesanstalt für Finanzdienstleistungsaufsicht sektorübergreifend die Kernelemente der laufenden Aufsicht über Kredit- bzw. Finanzdienstleistungsinstitute und Versicherungsunternehmen bilden.[57] Sie geben mithin dem Verhältnis zwischen Aufsichtsbehörde und beaufsichtigten Unternehmen sein spezifisches Gepräge.[58]

---

55 Vgl. *Baseler Ausschuss für Bankenaufsicht*, Basel III: Ein globaler Regulierungsrahmen für widerstandsfähigere Banken und Bankensysteme (Basel III, Teil 1), Dezember 2010, Rz. 1 ff., abrufbar unter: www.bis.org (Stand: Dezember 2013).

56 Vgl. insoweit bereits die Vorschläge der *Europäischen Kommission* für eine Richtlinie des Europäischen Parlaments und des Rates über den Zugang zur Tätigkeit von Kreditinstituten und die Beaufsichtigung von Kreditinstituten und Wertpapierfirmen und zur Änderung der Richtlinie 2002/87/EG des Europäischen Parlaments und des Rates über die zusätzliche Beaufsichtigung der Kreditinstitute, Versicherungsunternehmen und Wertpapierfirmen eines Finanzkonglomerats vom 20. Juli 2011, KOM(2011) 453 endgültig, sowie für eine Verordnung des Europäischen Parlaments und des Europäischen Rates über die aufsichtsrechtlichen Vorschriften für Kreditinstitute und Wertpapierfirmen vom 20. Juli 2011, KOM(2011) 452 endgültig. Siehe nun auch die Verordnung (EU) Nr. 575/2013 des Europäischen Parlaments und des Rates vom 26. Juni 2013 über Aufsichtsanforderungen an Kreditinstitute und Wertpapierfirmen und zur Änderung der Verordnung (EU) Nr. 646/2012, ABl. EU Nr. L176 vom 27.6.2013, S. 1 ff, sowie die Richtlinie 2013/36/EU des Europäischen Parlaments und des Rates vom 26. Juni 2013 über den Zugang zur Tätigkeit von Kreditinstituten und die Beaufsichtigung von Kreditinstituten und Wertpapierfirmen, zur Änderung der Richtlinie 2002/87/EG und zur Aufhebung der Richtlinien 2006/48/EG und 2006/49/EG, ABl. EU Nr. L176 vom 27.6.2013, S. 338 ff.

57 Siehe *BaFin*, Bankenaufsicht, abrufbar unter www.bafin.de »» Die BaFin »» Aufgaben »» Bankenaufsicht, sowie *dies*., Versicherungsaufsicht, abrufbar unter www.bafin.de »» Die BaFin »» Aufgaben »» Versicherungsaufsicht (jeweils Stand: Dezember 2013), sowie im Übrigen vom Umfang her den Anteil an Vorschriften über die finanzielle und organisatorische Solidität im Rahmen des Überblicks über Struktur- und Aufsichtsvorschriften bei *Fischer*, in: Boss/Fischer/Schulte-Mattler (Hrsg.), Kommentar zum KWG, Einführung, Rn. 71 ff., und *Schmidt*, Umsetzung der Dritten Versicherungsrichtlinien, in: Albrecht/Lorenz (Hrsg.), Mannheimer Vorträge zur Versicherungswissenschaft, Bd. 54, S. 35.

58 Vgl. für den Bereich der Versicherungsaufsicht nur *Bähr*, Generalklausel- und Aufsichtssystem des VAG, S. 325. – Damit soll nicht in Abrede gestellt werden, die

IV. Das Einzelinstitut als Ausgangs- bzw. Bezugspunkt der Finanzaufsicht auch über über Instituts- und Finanzholdinggruppen oder Finanzkonglomerate

Neben den einzelnen Kredit-, Versicherungs- und anderen Finanzdienstleistungsinstituten rücken der wirtschaftstatsächlichen Entwicklung entsprechend vermehrt auch Institutsverflechtungen sowie Konzernverbindungen in den Fokus der Finanzaufsicht.[59] Zwar berschänkt sich namentlich die Versicherungsaufsicht aktuell noch weitestgehend darauf, die aufsichtsrechtlichen Anforderungen allein auf der Einzelinstitutsebene zu überprüfen und dabei entweder lediglich die besondere Gruppenstruktur zu berücksichtigen oder aber auf Holdingebene allein die persönliche Zuverlässigkeit und fachliche Eignung der Geschäftsführung zu fordern.[60]

Aufsicht über Banken und Versicherungen sowohl aus den Elementen der Finanz- als auch der Rechtsaufsicht besteht. Entgegen der Ansicht von *Präve*, Aufsicht auf neuem Fundament, VW 2007, 1380 (1382), lassen sich beide Bereiche aber auch je für sich analysieren.

59 Bankenaufsichtsrechtlich gehen die Vorschriften über die Einbeziehung von Instituts- und Finanzholdinggruppen angehördenen Unternehmen in die Anforderungen einer ausreichenden Eigenmittelausstattung zurück auf das Dritte Gesetz zur Änderung des Gesetzes über das Kreditwesen vom 20. Dezember 1984, BGBl. I S. 1693, mit dem die Richtlinie des Rates über die Beaufsichtigung der Kreditinstitute auf konsolidierter Basis vom 13. Juni 1983, ABl. EG Nr. L 193 vom 18. Juli 1983, S. 18, umsetzt wurde. Vgl. insoweit auch die Vorgaben in Art. 10 ff. des Vorschlags der *Europäischen Kommission* für eine Verordnung des Europäischen Parlaments und des Rates über Aufsichtsanforderungen an Kreditinstitute und Wertpapierfirmen, KOM(2011) 452 endgültig. Versicherungsaufsichtsrechtlich erfolgte die Einführung einer zusätzlichen Beaufsichtigung der einer Gruppe angehörenden Versicherungsunternehmen auf nationaler Ebene in Umsetzung der Richtlinie 98/78/EG vom 27. Oktober 1998 über die zusätzliche Beaufsichtigung der einer Versicherungsgruppe angehörenden Versicherungsunternehmen, ABl. EG, L 330/1, durch das Gesetz zur Änderung des Versicherungsaufsichtsgesetzes vom 21. Dezember 2000, BGBl. I, S. 1857. Vgl. insoweit auch die Vorgaben der Art. 212 ff. der Richtlinie 2009/138/EG des Europäischen Parlaments und des Rates vom 25. November 2009 betreffend die Aufnahme und Ausübung der Versicherungs- und Rückversicherungstätigkeit (Solvabilität II), ABl. EU vom 17.12.2009, L 335/1, sowohl in Bezug auf Versicherungsgruppen als auch Versicherungsholdinggesellschaften.

60 Klassischer so genannter „Solo-Plus-Ansatz" der Versicherungsgruppenaufsicht gemäß §§ 104a ff. VAG. Vgl. dazu *Guse*, in: Langheid/Wandt (Hrsg.), Kommentar zum VVG, Aufsichtsrecht Rn. 322, *Krämer*, Versicherungsgruppen- und Finanzkonglomerate-Aufsicht, in: Bähr (Hrsg.), Hdb Versicherungsaufsichtsrecht, § 15 Rn. 11, *Laars*,

Dies wird sich aber mit Umsetzung der Richtlinienvorgaben zu Solvabilität II in nationales Recht ändern.[61] Danach werden die Vorgaben der Gruppen- bzw. Holdingaufsicht die Einzelinstitutsaufsicht zumindest beeinflussen.[62]

Gleichwohl erfolgt auch die Gruppenaufsicht systematisch weiterhin grundsätzlich neben der Einzelaufsicht.[63] Deren versicherungs- und bankenaufsichtsrechtliche Kriterien und Maßstäbe werden auch weiterhin den wesentlichen Orientierungspunkt der Aufsicht über Institutsgruppen und Finanzholdinggesellschaften markieren. Der eigenständige Regelungsgehalt der gruppen- bzw. holdingspezifischen Aufsichtsvorschriften beschränkt sich nicht nur banken-, sondern auch versicherungsaufsichtsrechtlich selbst infolge der Umsetzung von Solvabilität II und Basel III letztlich darauf, neben dem Umfang des Konsolidierungskreises der Instituts- bzw. Finanzholdinggruppe die Besonderheiten zur aufsichtsrechtlichen Bestimmung der Gruppensolvenzanforderungen sowie der entsprechenden Organisationsvorgaben zu regeln, um zu einer im Vergleich zu den aufsichtsrechtlichen Anforderungen an die Einzelinstitute adäquaten Guppen- bzw. Holdingsolidität zu gelangen.[64] Dies erfolgt zum Teil sogar durch den schlichten Verweis oder die entsprechende Bezugnahme auf die Vorgaben der Aufsicht auf Einzelinstitutsebene.[65]

Kommentar zum VAG, Vor § 104a bis i Rn. 2, *Lipowsky*, in: Prölss, Kommentar zum VAG, Vor § 53c Rn. 10. Zu dem auf die Geschäftsführungsebene weitestgehend beschränkten Ansatz der Versicherungsholdingsaufsicht vgl. § 1b Abs. 2 i.V.m. § 7a Abs. 1 Satz 1, § 7a Abs. 3 VAG.

61 Vgl. insofern das eigenständige Regelungsregime der Art. 212 ff. der Richtlinie 2009/138/EG zu Solvabilität II bzw. dessen Umsetzung in den §§ 231 ff. VAG-E.

62 Vgl. die Begründung der *Bundesregierung* zum Entwurf eines Zehnten Gesetzes zur Änderung des Versicherungsaufsichtsgesetzes vom 17. Februar 2012, BR.Drs. 90/12, S. 257. – Unter bestimmten Voraussetzungen innerhalb der Gruppe besteht für Institute, die der Instituts- oder Finanzholdinggruppe angehören, nach der so genannten „Waiver-Regelung" des § 2a KWG die Möglichkeit, wesentliche Regelungen des Kreditwesengesetzes auf Einzelinstitutsebene unangewendet zu lassen. Vgl. dazu *Auerbach*, in: Schwennicke/Auerbach (Hrsg.), Kommentar zum KWG, § 2a Rn. 1 ff.

63 Vgl. Art. 213 Abs. 1 UA 1 der Richtlinie 2009/138/EG zu Solvabilität II und § 231 Abs. 1 S. 1 VAG-E einerseits sowie § 10 KWG in der Fassung des CRD IV-Umsetzungsgesetzes und Art. 6 Abs. 1 der Verordnung (EU) 575/2013 über die aufsichtsrechtlichen Anforderungen an Kreditinstitute und Wertpapierfirmen andererseits.

64 Vgl. *Boos*, in: Boos/Fischer/Schulte-Mattler (Hrsg.), Kommentar zum KWG, § 10a Rn. 5, *Auerbach/Kempers/Klotzbach*, in: Schwennicke/Auerbach (Hrsg.), Kommentar zum KWG, § 10 Rn. 11 sowie § 10a Rn. 1.

65 Verweise und Bezugnahmen finden sich bspw. in § 13b Abs. 1 KWG. Andere Maßstabsvorgaben wie insbes. § 10 Abs. 1 S. 1 KWG gelten von vornherein grundsätzlich gleichermaßen für Einzelinstitute wie auch für Instituts- und Finanzholding-Gruppen.

Daher erscheint es gerechtfertigt, auch die nachfolgende Vorauswahl der zunächst zu systematisierenden sowie darauf aufbauend zu analysierenden Vorschriften der Finanzdienstleistungsaufsicht auf diejenigen der Einzelinstitutsebene zu konzentrieren (unter B.).

Dem Verhältnis von grundlegender Aufsicht über Einzelinstitute und erweiternder Aufsicht über (homogene) Institutsgruppen und Finanzholdlinggesellschaften vergleichbar, ergänzt auch die Aufsicht über (heterogene) Finanzkonglomerate[66] lediglich die Aufsicht über die zu einem Finanzkonglomerat zusammengeschlossenen Einzelinstitute. Die wirtschaftstatsächlichen Allfinanzstrategien der Finanzkonglomerate[67] haben zwar den Bedarf einer aufsichts(recht)lichen Erfassung der damit verbundenen Risiken ausgelöst und infolgedessen die organisatorische

---

Versicherungsaufsichtsrechtlich verweist Art. 230 Abs. 1 UA 3 der Richtlinie 2009/138/EG zu Solvabilität II bzw. § 247 Abs. 1 S. 3 VAG-E im Rahmen der Standardmethode zur Ermittlung der Gruppensolvenzkapitalanforderungen (Konsolidierungsmethode) auf die qualitativen Anforderungen für die Soloebene. Im Rahmen der Alternativmethode, nach der sich die Guppensolvabilität aus der Differenz zwischen den aggregierten anrechungsfähigen Eigenmittelbestandteilen auf Soloebene und den zusammengefassten Solvenzkapitalanforderungen der Einzelunternehmen ergibt, folgt die Solvenz- und Eigenkapitalermittlung den Grundsätzen für Einzelunternehmen. Vgl. dazu *Lüttringhaus*, Neue Governance- und Aufsichtsregeln für die europäische Versicherungswirtschaft nach Solvency II, EuZW 2011, 856 (859).

66 Als Finanzkonglomerat galt nach den gleichlautenden Legaldefinitionen in § 1 Abs. 20 S. 1 Nr. 3 KWG a.F. sowie § 104k Nr. 4 c) VAG a.F. eine vertikal bzw. horizontal zusammengeschlossene Gruppen aus jeweils mindestens einem Unternehmen der Versicherungs- sowie der Banken- und Wertpapierbranche. Vgl. insoweit auch die Begründung der *Bundesregierung* zum Entwurf eines Gesetzes zur Umsetzung der Richtlinie 2002/87/EG des Europäischen Parlaments und des Rates vom 16. Dezember 2002 (Finanzkonglomerate-Umsetzungsgesetz), BT-Drs. 15/3641, S. 37 f, S. 57 f. Zur aktuellen Begriffdsdefinition eines Finanzkonglomerats vgl. nun § 1 Abs. 2 des Gesetzes zur zusätzlichen Aufsicht über beaufsichtigte Unternehmen eines Finanzkonglomerats (Finanzkonglomerate-Aufsichtsgesetz – FKAG) vom 27. Juni 2013, BGBl. I S. 1862, zuletzt geändert durch Art. 6 Abs. 16 des Gesetzes vom 28. August 2013, BGBl. I, S. 3395. – Zu dem tatsächlichen Erfordernis der integrierten Aufsicht über Banken und Versicherungen siehe oben in der Einleitung.

67 Auch spezifischer als „Bankassurance" für bankdominierte Finanzgruppen oder „Assurbanking" für versicherungsdominierte Finanzgruppen bezeichnet. – Allgemein zu den Ursachen so genannter Allfinanzkonzepte siehe *Corsten/Klose*, Integrative Wirkung monetärer Dienstleistungen, in: Corsten/Hilke (Hrsg.), Integration von Finanzdienstleistungen, 1 ff., *Deutsche Bundesbank*, Finanzkonglomerate, Monatsbericht April 1994, 49 ff., *Gaddum*, Allfinanz, ZfgK 1989, 710 ff., *Hahn*, Allfinanz, ZfgK 1989, 712 ff., *Neumann*, Aufsicht über Finanzkonglomerate, S. 11 ff., *Remsperger*,

wie auch instrumentelle Integration der Finanzdienstleistungsaufsicht angestoßen bzw. vorangetrieben.[68] Schon die noch in das Kreditwesen- und Versicherungsaufsichtsgesetz integrierten Vorschriften sowohl zur Beurteilung der angemessenen Eigenkapitalausstattung auf Konglomeratsebene[69] als auch zur Erfassung gruppeninterner Transaktionen und Risikokonzentrationen[70] galten allerdings nur in Ergänzung der aufsichtsrechtlichen Vorschriften auf der Ebene des Einzelinstituts. Sie nahmen ausschließlich die mit dem institutionellen Zusammenschluss der sektorverschiedenen Kredit- und Versicherungsunternehmen verbundene Kumulation der Einzelrisiken in den Blick.[71] Die konglomeratsspezifischen Vorschriften, die

---

Allfinanz, Die Bank 1989, 299 ff., sowie *Schieber*, Aufsicht über Finanzkonglomerate, S. 44 ff.

68 Zu den Gründen und Ursachen der sektorübergreifenden Allfinanzaufsicht siehe obige Einleitung.

69 Vgl. § 10b KWG a.F. und § 104q VAG a.F. Einzelheiten zur Angemessenheit der Eigenmittelausstattung, insbesondere zur Berechnungsmethode des zusätzlichen über die Einzelinstitutsebene hinausgehenden Eigenmittelbedarfs auf Konglomeratsebene, finden sich allerdings erst auf der Ebene der Finanzkonglomeratesolvabilitätsverordnung vom 2. September 2005 (FkSolV), BGBl. I, 2688, zuletzt geändert durch Art. 1 der Verordnung vom 21. Juli 2008, BGBl. I, S. 1377. Letztlich bilden die branchenspezifischen Eigenmittelanforderungen auf der Einzelinstitutsebene, bereinigt um die mit dem gruppeninternen Kooperationsverhältnis verbundenen Risiken der Mehrfachbelegung von Eigenmittelbestandteilen, auch den Ausgangspunkt der zusätzlichen Eigenmittelanforderungen auf der Ebene des Finanzkonglomerats.

70 Zu den Begriffen vgl. die Legaldefinitionen in § 1 Abs. 22 und 23 KWG bzw. § 104k Nr. 8 und 9 VAG. Nähere Bestimmungen insbesondere über die Art und das Ausmaß aufsichtsrechtlich relevanter Risikokonzentrationen und Transaktionen werden in Anbetracht der Vielzahl möglicher Fallgestalten sowie des Erfordernisses entsprechender Aufsichtsflexibilität ebenfalls auf der Ebene einer Rechtsverordnung getroffen. Bis zu deren Erlass (nach der unionsweiten Koordinierung der aufsichtsrechtlichen Erfassung bedeutender Risikokonzentrationen und gruppeninterner Transaktionen) werden in den §§ 64g Abs. 1 KWG und 123c VAG nationale Übergangsregelungen getroffen. Allerdings ist bisher eine aufsichtsrechtlich zulässige Grenze weder der Höhe nach für konglomeratsweite Risikokonzentrationen noch der Art nach für konglomeratsinterne Transaktionen festgelegt worden. Dementsprechend können die bereits vorgesehenen Aufsichtsinstrumente, in Höhe des Überschreitungsbetrages die Unterlegung mit zusätzlichen Eigenmitteln zu verlangen bzw. geeignete und erforderliche Maßnahmen zu ergreifen, um einen Verstoß gegen die konglomeratsspezifischen Transaktionsbeschränkungen zu unterbinden, noch keine Anwendung finden.

71 Gerade an der mangelnden Differenzierung zwischen Kumulation und Diversifikation innerhalb des Risikoportefeuilles auf der Ebene des heterogenen Finanzkonglomerates entzündet sich die Kritik an der aufsichtsrechtlichen Begrenzung der tatsächlich

nach Vorgabe europarechtlicher Richtlinienbestimmungen[72] gleichlautend Eingang in das Kreditwesen- und Versicherungsaufsichtsgesetz gefunden hatten,[73] um auf der Ebene des Finanzkonglomerates die Lücken in den branchenspezifischen Vorschriften der Solvenzaufsicht zu schließen, galten mithin nicht an der Stelle, sondern an der Seite der sektoralen Solvenzvorschriften zur Begrenzung der bank-, versicherungs- oder sonstigen finanzdienstleistungsgeschäftlichen Risiken auf Einzelinstitutsebene.[74] Diese markieren auch im Verhältnis zu den neuen Vorschriften der Aufsicht über Finanzkonglomerate in dem eigenen Finanzkonglomerateaufsichtsgesetz den grundlegenden Ausgangs- bzw. Bezugspunkt der Finanzaufsicht über Banken und Versicherungen. Die ergänzende Wirkung der Aufsicht über Finanzkonglomerate ist vom Gesetzgeber durch die Ausgliederung ihrer Vorschriften aus den Regelwerken des Kreditwesen- und Versicherungsaufsichtsgesetzes und duch die Zusammenfassung in einem eigenständigen Gesetz zur „zusätzlichen" Aufsicht über beaufsichtigte Unternehmen eines Finanzkonglomerats noch einmal ausdrücklich hervorgehoben worden.[75] Dessen ungeachtet haben sich tatsächlich die institutionellen Unternehmensverbindungen von Banken und

---

unbestrittenen Möglichkeit einer Mehrfachnutzung von Eigenmitteln sowie einer gruppeninternen Transaktion bzw. Risikokonzentration bei *Häusele*, Aufsicht über Finanzkonglomerate, ZVersWiss 1994, 563 (597 ff.), sowie bei *Knauth/Welzel*, Finanzkonglomerate, ZfgK 1993, 30 (30 f.). Nach *Hölscher*, Risiken und Aufsichtsnormen in Banken und Versicherungsunternehmen, in: Corsten/Hilke (Hrsg.), Integration von Finanzdienstleistungen, 185 (212 f.), können gruppenübergreifend keine Korrelationseffekte berücksichtigt werden, solange die sektorspezifischen Geschäftsrisiken weiterhin kumulativ unabhängig von ihrer Korrelation mit Eigenmitteln zu bedecken sind.

72 Richtlinie 2002/87/EG des Europäischen Parlaments und des Rates vom 16. Dezember 2002 über die zusätzliche Beaufsichtigung der Kreditinstitute, Versicherungsunternehmen und Wertpapierfirmen eines Finanzkonglomerates, ABl. EU vom 11.2.2003, Nr. L 35/1.

73 Vgl. §§ 10b und 13d KWG bzw. §§ 104q und 104r VAG.

74 So genannter „Solo-Plus-Ansatz". Sowohl die Erwägungsgründe der Richtlinie 2002/87/EG des Europäischen Parlaments und des Rates vom 16. Dezember 2002, ABl. EU vom 11.2.2203, Nr. L 35/1, als auch die fast wortgleiche Begründung des Regierungsentwurfs eines Gesetzes zu deren Umsetzung, BT-Drs. 15/3641, S. 1 sprechen von einer „zusätzlichen" Beaufsichtigung von Kreditinstituten, Versicherungen und Wertpapierfirmen eines Finanzkonglomerates.

75 Vgl. das Gesetz zur zusätzlichen Aufsicht über beaufsichtigte Unternehmen eines Finazkonglomrats (Finanzkonglomerate-Aufsichtsgesetz – FKAG), BGBl. I, S. 1862, zuletzt geändert durch Art. 6 Abs. 16 des Gesetzes vom 28. August 2013, BGBl. I, S. 3395.

Versicherungen zu sektorübergreifenden Finanzkonglomeraten ohnehin wieder zunehmend aufgelöst und in gleichem Maße an aufsichtspraktischer Bedeutung verloren.[76] Sowohl rechtlich als auch praktisch prägen mithin auch die konglomeratsspezifischen Aufsichtsvorschriften nicht das Verhältnis von Aufsichtsbehörde und beaufsichtigten Unternehmen.

V. Die Exklusivität der kurzfristigen Finanzmarktstabilisierung

Aus der weiteren Strukturanalyse der integrierten Finazdienstleistungsaufsicht auszuscheiden hat schließlich auch das organisations- sowie (vor allem) materiellrechtlich besondere Instrumentarium, das, nachdem sich auch die zins- und geldpolitischen Maßnahmen der Notenbanken als Liquiditätsversorger letzter Instanz[77] als nicht hinreichend erwiesen hatten, eigens zur „kurzfristigen" Stabilisierung der spätestens seit Herbst 2008 erschütterten Finanzmärkte[78] geschaffen worden

---

76 So ist auch die *Dresdner Bank AG* als das aus deutscher Sicht prominenteste Beispiel bereits wieder aus der Konzernstruktur der *Allianz AG* herausgelöst und an die *Commerzbank AG* verkauft worden. – Vgl. allgemein zu dem Trend auch *Krämer*, Versicherungsgruppen- und Finanzkonglomerate-Aufsicht, in: Bähr (Hrsg.), Hdb Versicherungsaufsichtsrecht, § 15 Rn. 3.

77 So genannte „lender of last resort". Kritisch dazu *Höfling*, Finanzmarktregulierung – Gutachten, in: Ständige Deputation des Deutschen Juristentages (Hrsg.), Verhandlungen des 68. Deutschen Juristentages, Bd. I, F 1 (20 ff.).

78 Aufgrund des Zusammenbruchs der Investmentbank Lehman Brothers erlitten anfangs nur einige wenige Banken auch in Deutschland massive Verluste. Infolge weitergehender Eigenkapitalreduzierungen und zunehmender Solvabilitätsprobleme führte dies jedoch zu einem allgemeinen Vertrauensverlust gegenüber der Kreditwürdigkeit nahezu sämtlicher Banken und damit zum Erliegen des liquiditätssichernden Kreditgeschäfts auf dem Interbankenmarkt. Das so genannte „Austrocknen" des Interbankenmarktes führte insbesondere zu Schwierigkeiten bei solchen Instituten, die wie die *Hypo Real Estate* als Großhandelsbanken über keine eigene Einlegerbasis verfügen und demzufolge auf Kredite eben solcher Finanzunternehmen angewiesen sind, die über ein stark ausgeprägtes Einlagengeschäft oder ein breites Netz an Kleinanlegern verfügen. – Zur Entstehungsgeschichte der Krise auf den internationalen Finanzmärkten sowie des darauf reagierenden Finanzmarktstabilisierungsgesetzes siehe *Becker/Mock*, Kommentar zum FMStG, Einl. Rn. 1 ff., *Jaletzke*, in: Jaletzke/Veranneman (Hrsg.), Kommentar zum FMStG, Einf. Rn. 1 ff., sowie *Horn*, Rechtliche Aspekte der Finanzkrise, KSzW 2010, 67 (67 f.) m.w.Nachw. Aus (national-)öknomoischer Perspektive *Hellwig*, Finanzmarktregulierung – Gutachten, in: Ständige Deputation

war.[79] Mit dem Ziel, die Handhabung der Instrumente des Finanzmarktstabilisierungsgesetzes in Form von Garantieübernahmen und Rekapitalisierungsmaßnahmen[80] flexibler bzw. effektiver zu gestalten sowie insbesondere die Möglichkeit einer staatlichen Übernahme finanzsystemrelevanter Institute zu schaffen, sind die

---

des Deutschen Juristentages (Hrsg.), Verhandlungen des 68. Deutschen Juristentages, Bd. I, E 1 (12 ff. und 24 ff.).

79 Gesetz zur Umsetzung eines Maßnahmenpaketes zur Stabilisierung des Finanzmarktes (Finanzmarktstabilisierungsgesetz – FMStG) vom 17. Oktober 2008, BGBl. I, S. 1982 ff. Zum Zweck des Gesetzes vgl. § 2 Gesetz zur Errichtung eines Finanzmarktstabilisierungsfonds (Finanzmarktstabilisierungsfondgesetz – FMStFG), Art. 1 des Finanzmarktstabilisierungsgesetzes vom 17. Oktober 2008, BGBl. I, S. 1982 ff., sowie die Begründung der *Fraktionen der CDU/CSU und SPD* zum Entwurf eines Gesetzes zur Umsetzung eines Maßnahmenpaketes zur Stabilisierung des Finanzmarktes (Finanzmarktstabilisierungsgesetz – FMStG), BT-Drs. 16/10600, S. 9. Deskriptiv auch *Horn*, Finanzmarktstabilisierungsgesetz, BKR 2008, 452 ff.

80 Zu dem Zweck, die Liquiditätsengpässe auf dem Interbankenmarkt zu beheben und die Refinanzierung der Unternehmen am Kapitalmarkt zu unterstützen, ist das Bundesministerium der Finanzen in einem ersten Schritt ermächtigt worden, über den Finanzmarktstabilisierungsfonds (so genannter „Sonderfonds Finanzmarktstabilisierung – SoFFin"), der durch die Finanzmarktsstabilisierungsanstalt als rechtlich unselbstständige Anstalt des öffentlichen Rechts bei der Deutschen Bundesbank geleitet und verwaltet wurde (vgl. § 3a des Gesetzes zur Errichtung eines Finanzmarktstabilisierungsfonds (Finanzmarktstabilisierungsfondsgesetz – FMStFG vom 17. Oktober 2008, BGBl. I, S. 1982, zuletzt geändert durch Art. 4 des Gesetzes vom 9. Dezember 2010, BGBl. I, S. 1900), Garantien für bis zum 31. Dezember 2009 begebene Schuldtitel und begründete Verbindlichkeiten zu übernehmen. Vgl. § 6 Abs. 1 S. 1 FMStFG. Danach ist der Umfang der Garantieübernahme dem Betrage nach auf 400 Mrd. Euro und der Laufzeit nach auf 36 Monate begrenzt. Zu den Einzelheiten siehe *Becker/Mock*, Kommentar zum FMStG, § 6 FMStFG Rn. 12 ff., *Kremer/Laier*, in: Jaletzke/Veranneman (Hrsg.), Kommentar zum FMStG, §. 6 FMStFG Rn. 2 ff. Darüber hinaus kann der Fonds bis vor dem 13. Oktober 2008 erworbene Risikopositionen nebst zugehörigen Sicherheiten erwerben bzw. absichern sowie sich schließlich insbesondere in Form von Anteilen oder stillen Beteiligungen an der Rekapitalisierung von Unternehmen des Finanzsektors beteiligen. Vgl. §§ 8 Abs. 1 und § 7 Abs. 1 FMStFG. Die Obergrenze für ein einzelnes sowie dessen verbundene Unternehmen liegt im Regelfall bei 5 Mrd. bzw. 10 Mrd. Euro. Zu den Einzelheiten der Voraussetzungen und Durchführung der Risikoübernahme siehe *Becker/Mock*, Kommentar zum FMStG, § 8 FMStFG Rn. 24 ff., *Kremer/Beck*, in: Jaletzke/Veranneman (Hrsg.), Kommentar zum FMStG, § 8 FMStFG Rn. 4 ff., einerseits, sowie hinsichtlich der Rekapitalisierung *Becker/Mock*, Kommentar zum FMStG, § 7 FMStFG Rn. 22 ff., *Veranneman*, in: Jaletzke/Veranneman (Hrsg.), Kommentar zum FMStG, § 7 FMStFG Rn. 2 ff., andererseits.

Rahmenbedingungen des Finanzmarktstabilisierungsfondsgesetzes einschließlich der zivil- und gesellschaftsrechtlichen Begleitbestimmungen durch das Gesetz zur weiteren Stabilisierung des Finanzmarktes[81] an die zunehmend verschärfte Lage auf den Finanzmärkten angepasst worden.[82] Um die Kreditinstitute weiter zu entlasten und die Liquiditätsversorgung der deutschen Wirtschaft wirksamer zu verbessern, ist Finanzholdinggesellschaften, Kreditinstituten oder deren Tochterunternehmen zudem die Möglichkeit eröffnet worden, ihre Bilanzen kurzfristig von strukturierten Wertpapieren bereinigen zu können.[83] Im Gegenzug sieht das Gesetz zur Fortentwicklung der Finanzmarktstabilisierung[84] vor, dass die Unternehmen,

---

81 Gesetz zur weiteren Stabilisierung des Finanzmarktes (Finanzmarktstabilisierungsergänzungsgesetz – FMStErgG) vom 7. April 2009, BGBl. I, S. 725 ff.

82 Neben der Laufzeitverlängerung von Garantieübernahmen (vgl. Art. 1 Nr. 4 a) FMStErgG) ist die Möglichkeit eröffnet worden, Enteignungen nach Maßgabe des Gesetz zur Rettung von Unternehmen zur Stabilisierung des Finanzmarktes (Rettungsübernahmegesetz – RettungsG), Art. 3 des Gesetzes zur weiteren Stabilisierung des Finanzmarktes (Finanzmarktstabilisierungsergänzungsgesetz – FMStErgG) vom 7. April 2009, BGBl. I, S. 725 ff., vornehmen zu können (vgl. § 1 Abs. 1 RettungsG). Die Bundesregierung konnte den zur Einleitung eines entsprechenden Enteignungsverfahrens erforderlichen Eröffnungsbeschluss (vgl. § 3 Abs. 2 RettungsG) von Beginn an nur bis zum 30. Juni 2009 fassen (vgl. § 6 Abs. 1 RettungsG). Daher sollte die ordnungsrechtliche Option einer Verstaatlichung ohnehin nicht auf Dauer zur Verfügung stehen. Vgl. auch die Begründung der *Bundesregierung* zum Entwurf eines Gesetzes zur weiteren Stabilisierung des Finanzmarktes (Finanzmarktstabilisierungsergänzungsgesetz – FMStErgG), BT-Drs. 16/12100, S. 10, sowie *Horn*, Rechtliche Aspekte der Finanzmarktkrise, KSzW 2010, 67 (71). Zudem sollte die Enteignung nur als letztes Mittel zulässig sein, wenn sämtliche andere, rechtlich mögliche und wirtschaftlich zumutbare Lösungen ausgeschöpft worden sind, das Ziel der Finanzmarktstabilität in dem für deren Sicherung erforderlichen Zeitraum auf eine ebenso effektive, aber weniger einschneidende Art und Weise insbesondere nach dem Finanzmarktstabilisierungsbeschleunigungsgesetz zu erreichen (vgl. § 1 Abs. 4 RettungsG). Sobald schließlich der Zweck der Enteignung, die nachhaltige Stabilisierung des Unternehmens, erreicht worden ist, soll das Unternehmen wieder privatisiert und den zuvor enteigneten Anteilsinhabern ein Vorkaufsrecht eingeräumt werden. §§ 1 Abs. 4, 6 Abs. 2 RettungsG. – Aus der Gesamtschau dieser Vorgaben ergibt sich, dass der Gesetzgeber insbesondere die Verstaatlichung der *Hypo Real Estate* vor Augen hatte, um die Enteignung ihrer Aktionäre erforderlichenfalls auf eine belastbare Ermächtigungsgrundlage stellen zu können.

83 So die Begründung der *Bundesregierung* zu dem Entwurf eines Gesetzes zur Fortentwicklung der Finanzmarktstabilisierung vom 4. Juni 2009, BT-Drs. 16/13297, S. 1.

84 Gesetz zur Fortentwicklung der Finanzmarktstabilisierung vom 17. Juli 2009, BGBl. I, S. 1980 ff. Durch dieses ist die mit dem FMStFG vom 17. Oktober 2008

die ihre strukturierten Wertpapiere mit einem Abschlag vom Buchwert an Zweckgesellschaften übertragen, ihrerseits garantierte Anleihen von den Zweckgesellschaften übernehmen.[85]

Nachdem die Staatsverschuldung verschiedener Länder bzw. die daraus resultierende Last für den Finanzsektor erneut zu Problemen der Refinanzierung geführt hatte, können die ursprünglich auf den 31. Oktober 2010 zeitlich begrenzten Stabilisierungsmaßnahmen von den Instiuten seit dem Inkrafttreten des Zweiten Finanzmarktstabilisierungsgesetzes im Frühjahr 2012 erneut in Anspruch genommen werden.[86] Die mit den Stabilisierungsmaßnahmen verbundenen Auflagen und Bedingungen[87] haben – anders als die Regeln der zusätzlichen Aufsicht über homogene wie auch heterogene Gruppen-, Holding- bzw. Konglomeratsstrukturen – weder systematisch Eingang in das Kreditwesen- bzw. Versicherungsaufsichtsgesetz gefunden noch konzeptionell eine direkte Verbindung zu deren

---

errichtete Finanzmarktsstabilisierungsanstalt mit Wirkung zum 23. Juli 2009 in eine bundesunmittelbare rechtsfähige Anstalt des öffentlichen Rechts im Geschäftsbereich des Bundesministeriums der Finanzen umgewandelt worden.

85 Nach dem neu geschaffenen § 6a FMStFG kann der Fonds Garantien nach § 6 Abs. 1 FMStFG für Schuldtitel übernehmen, welche von Zweckgesellschaften nach dem 23. Juli 2009 nachweislich ausschließlich als Gegenleistung für die Übernahme von strukturierten Wertpapieren und damit verbundenen Absicherungsgeschäften an Kreditinstitute, Finanzholdinggesellschaften oder deren in- und ausländischen Tochterunternehmen (übertragende Unternehmen) begeben werden.

86 Vgl. Art. 1 des Zweiten Gesetzes zur Umsetzung des Maßnahmenpakets zur Stabilisierung des Finanzmarktes (Zweites Finanzmarktstabilisierungsgesetz – 2. FMStG) vom 24. Februar 2012, BGBl. I, S. 206 ff. Danach ist das bereits 2010 zur Verfügung gestellte Instrumentarium bspw. mit Blick auf das so genannte „Zweckgesellschaftsmodell" der Übernahme von Garantien für auf Zweckgesellschaften ausgelagerte Wertpapiere sogar noch einmal erweitert worden.

87 Die Bedingungen für die Inanspruchnahme der jeweiligen Stabilisierungsmaßnahme (Verpflichtung zur nachhaltigen Geschäftspolitik des begünstigten Unternehmens, Begrenzung der unternehmensinternen Vergütungssystemen sowie Verbot von Dividendenzahlungen und Gewinnausschüttungen, besondere Berücksichtigung des Kreditbedarfs insbesondere kleiner und mittlerer Unternehmen) hängen von der Art der beantragten Unterstützung ab und werden in der Verordnung der *Bundesregierung* zur Durchführung des Finanzmarktstabilisierungsfondsgesetzes (Finanzmarktstabilisierungsfonds-Verordnung – FMStFV) vom 20. Oktober 2008, eBAnz. 2008, AT123 V1, zuletzt geändert durch Art. 1 der Verordnung vom 4. Februar 2011, BGBl. I S. 221, konkretisiert, mit der die Entscheidungsbefugnis über die Stabilisierungsmaßnahmen der Finanzmarktstabilisierungsanstalt übertragen worden ist (vgl. § 1 Abs. 1 S. 1 FMStFV).

grundlegenden, denknotwendig auch während der Krise fortgeltenden Maßstäben und Instrumenten der Finanzaufsicht hergestellt.[88] Dass der ordnungspolitische Gesetzgeber dem eigenständigen Rettungsprogramm der Finanzmarktstabilisierungsgesetze von Beginn an einen aufsichtskonzeptionellen Ausnahmecharakter beigemessen hat, wird bereits darin deutlich, dass die jeweiligen Maßnahmen der Finanzmarktstabilisierungsanstalt grundsätzlich nur in einem bzw. sogar teilweise nur für einen begrenzten Zeitraum ergriffen werden können.[89] Schließlich steht

---

88 Allein mittelbar bestand tatsächlich insofern die Möglichkeit einer Verknüpfung, als ein Institut gerade im Fall einer finanziellen Krise neben dem privatwirtschaftlichen Anreiz der finanziellen Unterstützung auch dem aufsichtsbehördlichen Druck ausgesetzt sein konnte, die Stabilisierungsmaßnahmen in Anspruch nehmen zu müssen, um die aufsichtsrechtlichen Anforderungen insbesondere einer angemessenen Eigenmittelausstattung zu erfüllen. Zu denken ist in diesem Zusammenhang neben der (sonst drohenden) Abberufungsmöglichkeit von Geschäftsleitern und deren Ersetzung durch einen Sonderbeauftragten nach § 36 KWG insbesondere an die Einflussmöglichkeiten auf die Geschäftspolitik im Rahmen der §§ 45 und 46 KWG sowie die Feststellung erhöhter Eigenmittelanforderungen nach § 10 Abs. 1b lit. b) KWG. Die bankenaufsichtsrechtlichen Sicherungsmaßnahmen hätten, wenn nicht sogar zur Schließung des Instituts, so doch wenigstens zur Unterbrechung dessen finanzwirtschaftlicher Austauschbeziehungen führen können, verbunden mit der Gefahr, den Vertrauensverlust der Kunden und Konkurrenten einschließlich des damit einhergehenden Ansteckungseffekts innerhalb des gesamten Bankensektors nochmals zu erhöhen. Vgl. dazu auch *Binder*, Krisenbewältigung im Spannungsfeld, WM 2008, 2340 (2340, 2342 f.).

89 Ganz allgemein normiert § 5 Abs. 9 FMStFV, zuletzt geändert durch Art. 4 des Gesetzes vom 24. Februar 2012, BGBl. I, S. 206, dass Laufzeit, Art und Umfang der konkret ergriffenen Stabilisierungsmaßnahme unter Berücksichtigung des Andauerns der Finanzmarktkrise gestaltet werden sollen. Eine klassische Übergangslösung stellen die staatlichen Garantien für Schuldtitel und andere Verbindlichkeiten dar, mit deren Hilfe Liquiditätsengpässe auf dem Interbankenmarkt überwunden werden sollen. Selbst nach § 6 Abs. 1 S. 1 FMStFG i.d.F. des Art. 1 Nr. 7 des Zweiten Finanzmarktstabilisierungsgesetzes ist der Fonds nur ermächtigt, für den Fonds Garantien bis zur Höhe von 400 Milliarden Euro für ab Inkrafttreten dieses Gesetzes und bis zum 31. Dezember 2012 [i.d.F. des Dritten Gesetzes zur Umsetzung eines Maßnahmenpakets zur Stabilisierung des Finanzmarktes (Drittes Finanzmarktstabilisierungsgesetz – 3. FMStG) vom 23. November 2012: bis zum 31. Dezember 2014] begebene Schuldtitel und begründete Verbindlichkeiten von Unternehmen des Finanzsektors zu übernehmen, um Liquiditätsengpässe zu beheben und die Refinanzierung am Kapitalmarkt zu unterstützen, die Laufzeit der Garantien und der abzusichernden Verbindlichkeiten darf 84 Monate für gedeckte Schuldverschreibungen und 60 Monate für andere Verbindlichkeiten nicht übersteigen. Insgesamt sind die Stabilisierungsmaßnahmen gemäß § 13 Abs. 1 S. 1 FMStFG nach dem Dritten Finanzmarktstabilisierungsgesetz bis zum

die Entscheidung über eine beantragte Stabilisierungsmaßnahme mit Inkrafttreten des Dritten Finanzmarktstabilisierungsgesetzes sogar ausdrücklich unter dem Prüfungsvorbehalt, ob das Ziel der Sicherung der Finanzmarktstabilität nicht vorrangig durch bankaufsichtsrechtliche Maßnahmen erreicht werden kann.[90]

Dieser instrumentellen Separation und Subsidiarität entsprechend ist auch die Verwaltung und Leitung des Fonds organisationsrechtlich nicht in das aufsichtsrechtliche Steuerungssystem integriert, sondern einer von der Bundesanstalt für Finanzdienstleistungsaufsicht verschiedenen, zunächst gegenüber dem Bundesfinanzministerium rechtlich unselbstständigen, mittlerweile bundesunmittelbaren rechtsfähigen Anstalt öffentlichen Rechts übertragen worden.[91] Bei dieser ist zwar nicht nur der Finanzmarktstabilisierungsfonds, der im Anschluss an die nur bis zum 31. Dezember 2014 möglichen Stabilisierungsmaßnahmen abzuwickeln und aufzulösen ist, sondern auch der Restrukturierungsfonds für Kreditinstitute errichtet worden.[92] Nach Maßgabe des Dritten Finanzmarktstabilisierungsgesetzes sollen die Systeme der Finanzmarktstabilisierung und der Restrukturierung der Kreditinstitute sogar enger miteinander verzahnt werden.[93] Insbesondere soll die dem Restrukturierungsfonds auf Dauer auferlegte Aufgabe, die für zukünftige Sanierungsmaßnahmen erforderlichen, in Form einer Bankenabgabe aufgebrachten Finanzmittel zu verwalten, auf die für den Verlustausgleich im Zusammenhang mit den Stabilisierungsmaßnahmen erforderlichen Finanzmittel ausgeweitet werden.[94] Im Unterschied zu den kurzfristig angelegten

---

31. Dezember 2014 möglich. Im Anschluss daran ist der Fonds nach § 13 Abs. 1 S. 2 FMStFG abzuwickeln und aufzulösen.

90 Vgl. § 4 Abs. 1a, Art. 1 Nr. 4 des Finanzmarktstabilisierungsgesetz. Siehe dazu auch den Entwurf der *Fraktionen der CDU/CSU und FDP* eines Dritten Gesetzes zur Umsetzung eines Maßnahmenpakets zur Stabilisierung des Finanzmarktes (Drittes Finanzmarktstabilisierungsgesetz – 3. FMStG), BT-Drs. 17/11138, S. 5.

91 Vgl. § 3a FMStFG i.d.F. des Gesetzes zur Fortentwicklung der Finanzmarktstabilisierung vom 17. Juli 2009.

92 Vgl. §§ 1 und 3 des Gesetzes zur Errichtung eines Restrukturierungsfonds für Kreditinstitute (Restrukturierungsfondsgesetz – RestruktFG), Art. 3 des Restrukturierungsgesetzes vom 9. Dezember 2010, BGBl. I, S. 1900, 1921, zuletzt geändert durch Art. 6 des Gesetzes vom 26. Juni 2012, BGBl. I, S. 1375.

93 Vgl. die Begründung der *Fraktionen der CDU/CSU und FDP* zu dem Entwurf eines Dritten Gesetzes zur Umsetzung eines Maßnahmenpakets zur Stabilisierung des Finanzmarktes (Drittes Finanzmarktstabilisierungsgesetz – 3. FMStG), BT-Drs. 17/11138, S. 2.

94 Nach § 13 Abs. 2a des FMStFG i.d.f. des Dritten Finanzmarktstabilisierungsgesetzes vom 24. November 2012 ist ein negatives Schlussergebnis des

Finanzmarktstabilisierungsmaßnahmen sind jedoch die Sanierungsmaßnahmen selbst nach den Vorgaben des Restrukturierungsgesetzes konzeptionell wie systematisch in das Recht der Finanzaufsicht insbesondere gegenüber systemrelevanten Kreditinstituten eingefügt worden, um möglichst frühzeitig auch zukünftige Krisen vermeiden zu können.[95] Demgegenüber rechtfertigt es gerade die materiellrechtliche Exklusivität der provisorischen Rettungsprogramme der Finanzmarktstabilisierungsgesetze, mit deren Hilfe jeweils „das Schlimmste"[96] einer bereits gegenwärtigen Krise „in der gebotenen Eile" verhindert werden soll, auch deren Vorschriften von der weiteren Strukturierung des Regelungskomplexes der integrierten Finanzdienstleistungsaufsicht auszunehmen.

B. Systematisierung des (finanz-) aufsichtsrechtlichen Normenpluralismus

Aus den vorstehenden, das positivrechtliche Gesetzesmaterial gleichsam vorab abschichtenden Erkenntnissen folgt, dass die aufsichtsrechtliche Strukturanalyse materiellrechtlich auf die grundlegenden Vorschriften der Finanzaufsicht über einzelne Kredit-, Versicherungs- oder andere Finanzdienstleistungsinstitute zu beziehen ist.[97] Nach den geltenden Vorgaben sowohl des Kreditwesen- als auch des

---

Finanzmarktstabilisierungsfonds nach dessen Abwicklung und Auflösung vom Restrukturierungsfonds auszugleichen. Dementsprechend wird dieser nach § 3 Abs. 2a i.d.F. des Dritten Finanzmarktstabilisierungsgesetzes vom 24. November 2012 nach Maßgabe des § 13 Abs. 2a des FMStFG zum Ausgleich eines negativen Schlussergebnisses des Finanzmarktstabilisierungsfonds herangezogen.

95 Vgl. die Begründung der *Bundesregierung* zu dem Entwurf eines Gesetzes zur Restrukturierung und geordneten Abwicklung von Kreditinstituten, zur Errichtung eines Restrukturierungsfonds für Kreditinstitute und zur Verlängerung der Verjährungsfrist der aktienrechtlichen Organhaftung (Restrukturierungsgesetz) S. 65, sowie ausführlich die Ausführungen unter B.II.2.a)aa)(1).

96 *Hellwig*, Finanzmarktregulierung – Gutachten, in: Ständige Deputation des Deutschen Juristentages (Hrsg.), Verhandlungen des 68. Deutschen Juristentages, Bd. I, E 1 (9).

97 Zwar sind auch die aufsichtsrechtlichen Regelungsstrukturen sowohl der Versicherungsaufsicht als auch der Aufsicht über Kredit- und Finanzdienstleistungsinstitute grundsätzlich historisch separiert gewachsen und demzufolge von ihrer je eigenen geschichtlichen Entwicklung geprägt, so dass einer (zusammenfassenden) Systematisierung der jeweiligen Aufsichtsvorschriften – wie des Rechts insgesamt – ohne oder gar gegen die Geschichte Hindernisse entgegenwirken. Siehe dazu allgemein

Versicherungsaufsichtsgesetzes erstreckt sich die aufsichtsbehördliche Tätigkeit grundsätzlich von der Aufnahme (I.), über die Ausübung (II.) bis hin zur Beendigung (III.) der wirtschaftlichen Betätigung von Banken, Versicherungen und anderen Finanzdienstleistungsinstituten.

I. Die Zulassungsaufsicht

Wer gewerbsmäßig oder in einem Umfang, der einen in kaufmännischer Weise eingerichteten Geschäftsbetrieb erfordert, sowohl Bank- als auch Versicherungsgeschäfte betreiben oder Finanzdienstleistungen erbringen will, bedarf der entsprechenden Erlaubnis durch die Bundesanstalt.[98] Mit dem Antrag auf Zulassung

---

Gröschner, Wirtschaftsüberwachung, in: Makswit/Schoch (Hrsg.), Vom Gewerbepolizeirecht zum Wirtschaftsverwaltungsrecht, 177 (177 f.), sowie speziell für den Bereich der Versicherungs- und Bankenaufsicht *Schmidt/Präve*, in: Prölss, Kommentar zum VAG, Vorbem. Rn. 67. Doch ist das Hindernis weniger hoch als es scheint. Denn im Folgenden soll es darum gehen, das Recht der Aufsicht über Versicherungen, Banken und andere Finanzdienstleistungsinstitute in seiner aktuellen Ausprägung mit Blick auf seine zukünftige Entwicklung – zumal vor dem Hintergrund der aktuellen Debatte um die Neuausrichtung der Finanzmarktarchitektur – zu analysieren, so dass Tradition und Wandel der (teil-)integrierten Finanzdienstleistungsaufsicht in diesem Zusammenhang weniger von rein historischem als vielmehr von vorwiegend systematischem Interesse sind. Aus diesem Grund wird von einem zusammenfassenden Überblick über die geschichtliche Entwicklung abgesehen und an dieser Stelle nur auf die reichhaltige Literatur zu diesem Themenkomplex verwiesen: Zur Geschichte der Versicherungsaufsicht siehe *Kaulbach/Pöhlmann*, in: Fahr/Kaulbach/Bähr/Pohlmann, Kommentar zum VAG, Vor § 1 Rn. 18 ff., *Schmidt/Präve*, in: Prölss, VAG, Vorbem. Rn. 1 ff., sowie das gesamte erste Kapitel des ersten Jubiläumsbandes zum hundertjährigen Bestehen des Bundesaufsichtsamtes für das Versicherungswesen, in: Müller/Golz/Walshausen-Richter/Trommeshauser (Hrsg.), 100 Jahre materielle Versicherungsaufsicht in Deutschland. Zur Geschichte der Bankenaufsicht siehe nur *Fischer*, in: Boos/Fischer/Schulte-Mattler (Hrsg.), Kommentar zum KWG, Einf. Rn. 1 ff., bzw. *dens.*, Grundlagen, in: Schimansky/Bunte/Lwowski (Hrsg.), Bankrechtshandbuch, Band II, § 125 Rn. 29 ff.

98 Vgl. § 32 Abs. 1 S. 1 KWG sowie § 5 Abs. 1 VAG. Entgegen der grundrechtlich geschützten und einfachgesetzlich in § 1 Gewerbeordnung (GewO) in der Fassung der Bekanntmachung vom 22. Februar 1999, BGBl. I, S. 202, zuletzt geändert durch Art. 4 Abs. 14 des Gesetzes vom 29. Juli 2009, BGBl. I, S. 2258, ausgewiesenen Gewerbefreiheit untersteht die Aufnahme eines kredit-, versicherungs- oder anderen finanzdienstleistungsinstitutionellen Geschäftsbetriebs einem präventiven Verbot mit Erlaubnisvorbehalt. Vgl. § 32 Abs. 1 S. 1 i.V.m. § 33 Abs. 1 und 3 KWG und § 5

zum Geschäftsbetrieb, der formell das Aufsichtsrechtverhältnis zwischen Unternehmen und Behörde begründet,[99] haben die jeweiligen Unternehmen nicht nur den wirtschaftsaufsichtsrechtlich geläufigen Nachweis einer besonderen fachlichen Eignung und allgemeinen persönlichen Zuverlässigkeit[100] der Geschäftsleiter[101], der Inhaber bedeutender Beteiligungen[102] sowie nunmehr zum Teil auch

---

Abs. 1 i.V.m. § 8 Abs. 1 und 1a VAG sowie deren europarechtlichen Richtlinienvorgaben in Art. 6 S. 1 Bankenrichtlinie 2006/48/EG bzw. Art. 8 Abs. 1 S. 1 der Richtlinie 2013/36/EU über die Beaufsichtigung von Kreditinstituten und Wertpapierfirmen und Art. 14 Abs. 1 der Richtlinie 2009/138/EG zu Solvency II. – Zur Folge der Nichtigkeit der vertraglichen Einlagengeschäfte infolge eines Verstoßes gegen § 32 Abs. 1 KWG vgl. *VG Frankfurt*, Urteil vom 21. Februar 2008, 1 E 5085/06, abrufbar unter www.juris.de (Stand: Dezember 2013). – Zu dem wirtschaftsaufsichtlichen Instrument des präventiven Verbots mit Erlaubnisvorbehalt vgl. auch *Stober*, Allgemeines Wirtschaftsverwaltungsrecht, § 29 III 1.

99 In materieller Hinsicht wird das besondere Verwaltungsrechtsverhältnis bereits durch die Erfüllung der tatbestandlichen Voraussetzungen bspw. des gewerbsmäßig betriebenen Bankgeschäfts bzw. der entsprechend erbrachten Finanzdienstleistung (vgl. § 1 Abs. 1 und 1a KWG) sowie des unternehmerisch betriebenen Versicherungsgeschäfts (vgl. § 1 Abs. 1 VAG) begründet. Zur Rechtsverhältnisdogmatik des Aufsichtsverhältnisses allgemein vgl. die Ausführungen *Gröschners*, Das Überwachungsrechtsverhältnis, S. 142 ff.

100 Vgl. zu den Voraussetzungen „fit and proper“ allgemein *Frotscher/Kramer*, Wirtschaftsverfassungs- und Wirtschaftsverwaltungsrecht, Rn. 277 ff., sowie speziell *Fischer*, in: Boos/Fischer/Schulte-Mattler (Hrsg.), Kommentar zum KWG, § 33 Rn. 34 und 44 ff., *Präve*, in: Prölss, Kommentar zum VAG, § 7a Rn. 9 ff.

101 Sowohl banken- bzw. finanzdienstleistungsinstituts- als auch versicherungsaufsichtsrechtlich stellt der nicht erbrachte Nachweis der persönlichen Zuverlässigkeit und fachlichen Eignung des Geschäftsleiters einen zwingenden Grund der Erlaubnisversagung dar [vgl. § 33 Abs. 1 S. 1 Nr. 2 und 4 KWG und § 8 Abs. 1 S. 1 Nr. 1 i.V.m. § 7a Abs. 1 VAG, sowie deren europarechtliche Richtlinienvorgaben der Art. 11 Abs. 1 UA 2 der Bankenrichtlinie 2006/48/EG bzw. Art. 13 Abs. 1 UA 2 der Richtlinie 2013/36/EU über die Beaufsichtigung von Kreditinstituten und Wertpapierfirmen und Art. 8 der Ersten Richtlinie Schadensversicherung i.d.F. des Art. 6 der Dritten Richtlinie Schadensversicherung bzw. Art. 6 Abs. 1 lit. e) der Gesamtrichtlinie Lebensversicherung]. – Zur Geschäftsleiterkontrolle im Rahmen der Zulassungsaufsicht siehe auch *Bähr*, Überwachung von Geschäftsleitern durch die Aufsichtsbehörde, in: Bähr (Hrsg.), Hdb Versicherungsaufsichtsrecht, § 12 Rn. 11 ff.

102 Vgl. die §§ 32 Abs. 1 S. 2 Nr. 6 c), 33 Abs. 1 S. 1 Nr. 3 KWG und §§ 5 Abs. 5 Nr. 6 b), 8 Abs. 1 S. 1 Nr. 2 VAG sowie deren europarechtliche Richtlinienvorgaben in Art. 12 Abs. 2 der Bankenrichtlinie 2006/48/EG bzw. Art. 14 Abs. 2 sowie Art. 22 ff. der Richtlinie 2013/36/EU über die Beaufsichtigung von Kreditinstituten

der Mitglieder der Aufsichts- bzw. Verwaltungsräte[103] zu erbringen. Nach den besonderen finanzaufsichtsrechtlichen Vorgaben haben sie auch einen (tragfähigen) Geschäftsplan einzureichen,[104] der die aufsichtsrechtlich jeweils für notwendig erachteten Bedingungen des zukünftigen Geschäftsbetriebs ausweisen soll. Neben den betriebsorganisatorischen Anforderungen an einen ordnungsgemäßen Geschäftsbetrieb muss der Geschäftsplan zumindest versicherungsaufsichtsrechtlich auch den Nachweis darüber führen, dass dem Versicherungsunternehmen bereits im Zeitpunkt des Zulassungsantrags Eigenmittel, deren Zusammensetzung darzulegen ist, in Höhe einer vom Geschäftsvolumen abhängigen Sollgröße[105] zur Verfügung stehen.[106] Kredit- und andere Finanzdienstleistungsinstitute hingegen haben die erforderliche Kapitalausstattung gesondert vom Geschäftsplan nachzuweisen; insbesondere muss deren Erlaubnisantrag ein ausreichendes Anfangskapital in der Qualität des so genannten Kernkapitals ausweisen können.[107]

---

und Wertpapierfirmen und Art. 8 Abs. 2 Dritte Richtlinie Schadensversicherung sowie Art. 8 Abs. 2 Gesamtrichtlinie Lebensversicherung bzw. konsolidiert in Art. 24 Abs. 1 der Richtlinie 2009/138/EG zu Solvency II.

103 Allerdings ist dies nur versicherungsaufsichtsrechtlich auch schon ein Kriterium der Erlaubniserteilung (vgl. § 7a Abs. 4 i.V.m. § 8 Abs. 1 S. 1 Nr. 5 VAG). Nach den Vorschriften des Kreditwesengesetzes hingegen nur eines der nachgängigen Kontrolle und Abberufungsmöglichkeit. (vgl. § 87 Abs. 8 VAG und § 36 Abs. 3 S. 1 bis 3 KWG). Zur Aufsicht über Aufsichtsratsmitglieder von Versicherungsunternehmen siehe *Bürkle/Scheel*, Der Aufsichtsrat von Versicherungsunternehmen, in: Bähr (Hrsg.), Hdb Versicherungsaufsichtsrecht, § 13 Rn. 1 ff.

104 Vgl. § 32 Abs. 1 S. 2 Nr. 5 KWG und § 5 Abs. 2 VAG, sowie deren europarechtliche Richtlinienvorgaben in Art. 7 der Bankenrichtlinie 2006/48/EG bzw. Art. 10 der Richtlinie 2013/36/EU über die Beaufsichtigung von Kreditinstituten und Wertpapierfirmen und Art. 6 Abs. 1 lit. c) i.V.m. Art. 7 Gesamtrichtlinie Lebensversicherung bzw. Art. 8 Abs. 1 lit. c) i.V.m. Art. 9 der Ersten Richtlinie Schadensversicherung i.d.F. der Art. 6 i.V.m. Art. 7 der Dritten Richtlinie Schadensversicherung bzw. konsolidiert in Art. 18 Abs. lit. c) i.V.m. Art. 23 der Richtlinie 2009/138/EG (Solvency II).

105 Des Mindestbetrages des Garantiefonds. Siehe dazu unten II.1.a)aa)(2).

106 Siehe § 5 Abs. 4 S. 1 und 2 VAG sowie dessen europarechtlichen Richtlinienvorgaben in Art. 7 lit. c) i.V.m. Art. 29 Gesamtrichtlinie Schadensversicherung bzw. konsolidiert in Art. 23 Abs. 1 lit. d) i.V.m. Art. 128 ff. der Richtlinie 2009/138/EG zu Solvency II. Andernfalls ist die Erlaubnis nach § 8 Abs. 1 S. 1 Nr. 3 VAG zwingend zu versagen. Zu dem versicherungsaufsichtsrechtlichen Erlaubnisverfahren grundlegend *Kaulbach*, Erlaubnisverfahren, in: Bähr (Hrsg.), Hdb Versicherungsaufsichtsrecht, § 2.

107 Andernfalls ist die Erlaubnis nach § 33 Abs. 1 S. 1 Nr. 1 KWG zwingend zu versagen. Siehe auch dessen europarechtliche Richtlinienvorgabe in Art. 9 und 10 der

Angesichts der gesamtwirtschaftlichen Funktion, die insbesondere Banken und Versicherungen, aber auch anderen Finanzdienstleistungsinstituten als so genannte „Finanzintermediäre" in einer ausdifferenzierten Volkswirtschaft zukommt,[108] ist es vornehmlichstes Ziel der vorbeugenden Zulassungsprüfung, bereits im Stadium der Betriebsaufnahme ausschließlich funktionsadäquat (personell wie auch finanziell) ausgestatteten und (formell wie auch materiell) organisierten Unternehmen Zutritt zu dem (europäischen)[109] Markt für Bank-, Versicherungs- und anderen Finanzdienstleistungen zu gewähren.[110] Liegt keiner der zwingenden oder ins

---

Bankenrichtlinie 2006/48/EG bzw. Art. 12 der Richtlinie 2013/36/EU über die Beaufsichtigung von Kreditinstituten und Wertpapierfirmen.

108 Vgl. insoweit zunächst einmal nur *Büschgen*, Bankbetriebslehre, S. 34 f., *Farny*, Versicherungsbetriebslehre, S. 95 f., *Sinn*, Volkswirtschaftliche Bedeutung des Versicherungswesens, ZVersWiss 1988, 1 ff., *Steinmüller*, Volkswirtschaftliche Bedeutung der Versicherung, in: Farny/Helten/Koch/Schmidt (Hrsg.), HdV, 49 (51), sowie die Ausführungen in Teil 3: unter A.III.3.b).

109 Den europarechtlich zugrundeliegenden Prinzipien der Mindestharmonisierung, gegenseitigen Anerkennung und Herkunftslandkontrolle mitgliedsstaatlicher Aufsichtsvorschriften folgend erstreckt sich der Geltungsanspruch der durch die BaFin als Sitzlandbehörde erteilten Erlaubnis im Falle des grenzüberschreitenden Betriebs des Niederlassungs- oder Dienstleistungsgeschäfts ohne einen administrativen Akt der besonderen Annerkennung auf das Hoheitsgebiet jedes anderen Tätigkeitslandes, soweit dieses der Europäischen Union bzw. dem Europäischen Wirtschaftsraum angehört. – Zur intgrierten Finanzdienstleistungsaufsicht im europäischen Verwaltungsverbund siehe ausführlich unten Teil 4.

110 Diesem Ziel genügend beschränkt sich die Funktion des einzureichenden Geschäftsplans banken- und finanzdienstleistungsaufsichtsrechtlich darauf, der Aufsichtsbehörde die Überprüfung der organisatorischen Anforderungen an einen ordnungsgemäßen Geschäftsbetrieb im Zeitpunkt des Zulassungsantrags zu ermöglichen. Vgl. nur *Fischer*, in: Boos/Fischer/Schulte-Mattler (Hrsg.), Kommentar zum KWG, § 32 Rn. 44 ff., *Reischhauer/Kleinhans*, Kommentar zum KWG, § 32 Rn. 12d. Einzelheiten der geschäftsplanmäßigen Anforderungen ergeben sich aus § 14 Abs. 7 der Anzeigeverordnung – Verordnung über die Anzeigen und die Vorlagen von Unterlagen nach dem Kreditwesengesetz (AnzV), vom 19. Dezember 2006, BGBl. I, S. 3245, zuletzt geändert durch Art. 2 der Verordnung vom 20. März 2009, BGBl. I, S. 562. Versicherungsbetriebliche Abweichungen von dem gemeinsam mit dem Zulassungsantrag genehmigten Geschäftsplan können hingegen auch noch im Stadium der Betriebsausübung aufsichtsrechtliche Maßnahmen nach sich ziehen. Siehe nur § 81 Abs. 2 S. 1 i.V.m. Abs. 1 S. 4 sowie § 87 Abs. 1 Nr. 2 VAG. Dementsprechend ist es nur konsequent, dass auch Änderungen des im Zeitpunkt der Zulassung versicherungsaufsichtsbehördlich genehmigten Geschäftsplans nach § 13 VAG der aufsichtsbehördlichen Genehmigung bedürfen.

Ermessen der Aufsichtsbehörde gestellten Versagungsgründe vor,[111] hat das versicherungs- und kredit- bzw. finanzdienstleistungsbetriebliche Unternehmen ein die grundrechtlich geschützte Unternehmensfreiheit konkretisierendes Recht auf Erteilung der Erlaubnis zur Ausübung des Geschäftsbetriebs.[112]

II. Die laufende Aufsicht

Auch nach der erteilten Erlaubnis zum Geschäftsbetrieb sind weder Versicherungen noch Kredit- bzw. andere Finanzdienstleistungsinstitute aus dem Aufsichts(rechts-)verhältnis entlassen. Viele Gefahren bzw. Risiken für gesetzlich schützenswert erachtete Rechtsgüter aktualisieren sich bzw. entstehen überhaupt erst im Verlauf der jeweiligen Betriebsausübung. Um die Kredit-, Versicherungs- sowie anderen Finanzdienstleistungsinstitute während des aufgenommenen und ausgeübten Geschäftsbetriebs zur Einhaltung der aufsichtsrechtlichen Anforderungen anzuhalten, schließt sich die Ausübungsaufsicht „notwendig und unabdingbar" an die Aufnahmeaufsicht an.[113] Angesichts der fortlaufenden „Kontrolle" und notfalls erforderlichen „Berichtigung" des Geschäftsbetriebs bildet die Ausübungsaufsicht sogar den Schwerpunkt der aufsichtsbehördlichen Tätigkeit.[114]

1. Anforderungen an den laufenden Geschäftsbetrieb

Die zielgerichtete Auswahl und zusammenfassende Systematisierung der Vorschriften über die laufende Ausübungsaufsicht orientiert sich im Folgenden an dem Gliederungsmuster des so genannten „Drei-Säulen-Modells", das nicht nur der Baseler Ausschuss für Bankenaufsicht der Eigenkapitalübereinkunft zu Basel II[115] zugrunde gelegt hat, sondern auch von der Europäischen Union in den

---

111 Vgl. § 8 Abs. 1 und 1a VAG bzw. § 33 Abs.1 und 3 KWG.

112 Zu dem subjektiven öffentlichen Recht auf Erlaubniserteilung siehe auch *Ehlers*, Versicherungsaufsichtsrecht, in: Achterberg/Püttner (Hrsg.), Besonderes Verwaltungsrecht, Bd. I, 1/2, Rn. 439, *Mösbauer*, Staatsaufsicht über die Wirtschaft, S. 379.

113 So allgemein in Bezug auf die laufende Aufsicht über Wirtschaftstreibende *Horn*, Grundstrukturen der staatlichen Wirtschafts- und Finanzdienstleistungsaufsicht, in: Gornig (Hrsg.), Rechtliche Aspekte der Vermögensberatung, 65 (88).

114 *Röhl*, Finanzmarktaufsicht, in: Fehling/Ruffert, Regulierungsrecht, § 18 Rn. 49, 53. Zur Kontrolle und Berichtigung als wesentliche Bestandteile des Aufsichtsbegriffs siehe TEIL 1 unter A.III.

115 Zum Entstehungs- bzw. Umsetzungsprozess der neuen Eigenkapitalvereinbarung von *Basel II* in nationales Recht siehe die Rahmenvereinbarung des *Baseler Ausschusses*

entsprechenden Neufassungen der Banken- und Kapitaladäquanzrichtlinien[116] übernommen sowie auf das Konzept der neuen Solvenzkapitalanforderungen der Versicherungsaufsicht (Solvency II)[117] übertragen worden ist.[118] Daran angelehnt lassen sich die Maßstäbe und Instrumente der laufenden (Finanz-)Aufsicht in materielle Anforderungen eines risikoorientierten Solvenzsystems (a) und ein darauf bezogenes, zunehmend qualitativ ausgestaltetes Aufsichtsverfahren (b) unterteilen sowie um besondere marktdisziplinierende Publizitätspflichten der Institute gegenüber der Öffentlichkeit (c) ergänzen.[119] Wie auch die drei Säulen von Basel

---

für Bankenaufsicht, Basel II, sowie dazu die Ausführungen (Auswahl) von *Buchmüller*, Basel II, S. 49 ff, und 57 ff., *Cluse/Cremer*, Die Umsetzung von Basel II in deutsches Recht, ZfgK 2006, 329 ff., *Deutsche Bundesbank*, Umsetzung der neuen Eigenkapitalvereinbarungen, Monatsbericht Dezember 2006, S. 60 ff., *Fischer*, in: Boos/Fischer/Schulte-Mattler (Hrsg.), Kommentar zum KWG, Einf. Rn. 60b ff., und *Lellmann*, Zeitplan der Umsetzung, in: Deloitte (Hrsg.), Basel II, S. 45 ff.

116 Vgl. die neu gefassten Bankenrichtlinie 2006/48/EG des Europäischen Parlaments und des Rates vom 14. Juni 2006 über die Aufnahme und Ausübung der Tätigkeit der Kreditinstitute, sowie die neu gefasste Kapitaladäquanzrichtlinie 2006/49/EG des Europäischen Parlaments und des Rates vom 14. Juni 2006 über die angemessene Eigenkapitalausstattung von Wertpapierfirmen und Kreditinstituten, ABl. EU Nr. L 177 vom 30. Juni 2006, S. 1 bzw. 201.

117 Vgl. dazu die Richtlinie 2009/138/EG zu Solvabnilität II bzw. auch den von der *Kommission*, KOM(2008) 119 endgültig/2, 2007/0143 (COD), neu gefassten Vorschlag für eine Richtlinie des Europäischen Parlaments und des Rates betreffend die Aufnahme und Ausübung der Versicherungs- und Rückversicherungstätigkeit – Solvabilität II (Neufassung).

118 Vgl. *Bürkle*, in: Fahr/Kaulbach/Bähr/Pohlmann (Hrsg.), Kommentar zum VAG, Solvabilität II Rn. 32 ff. *Knauth/Schubert*, Versicherungsaufsicht vor Paradigmenwechsel, VW 2003, 902 (905), machen zutreffend darauf aufmerksam, dass sich innerhalb der drei aufsichtsrechtlichen Säulen eine rein schematische Übernahme der speziellen Vorschriften von Basel II ohne Analyse der Systemadäquanz selbstredend verbietet.

119 Erkennbar ist eine Kombination aus inhaltlichen und methodischen Klassifizierungsmerkmalen. Ein anderes Differenzierungsmuster wählen *Hölscher*, Risiken und Aufsichtsnormen in Banken und Versicherungsunternehmen, in: Corsten/Hilke (Hrsg.), Integration von Finanzdienstleistungen, 185 (196), sowie *Schierenbeck/Hölscher*, BankAssurance, S. 117 ff., indem die Instrumente der laufenden Aufsicht in Anzeige- und Vorlagepflichten sowie Normativbestimmungen, die (Mindest-)Anforderungen an einen einzelnen Geschäftsvorfall oder an die Bilanzstruktur der Unternehmen stellen, unterteilt werden.

bzw. Solvency II sind die Gliederungspunkte nicht isoliert voneinander, sondern in einem engen Zusammenhang zueinander zu verstehen.[120]

a) Materielle Anforderungen an die finanzielle Solidität

Die banken- und versicherungsaufsichtsrechtlichen Anforderungen an die angemessene Eigenmittelausstattung (Solvabilität) und ausreichende Zahlungsbereitschaft (Liquidität) bilden die bedeutendsten Maßstäbe im Rahmen eines sektorübergreifenden Konzeptes der Solvenz- bzw. Finanzaufsicht.[121]

aa) Solvabilität – angemessene Eigenmittelausstattung

(1) Eigenmittelanforderungen im Kredit- und Finanzdienstleistungswesen

Unter den materiellen Mindestanforderungen, die das Bankenaufsichtsrecht an den laufenden Geschäftsbetrieb der Kredit- bzw. Finanzdienstleistungsinstitute stellt, machen die Bestimmungen über eine angemessene Eigenmittelausstattung den wichtigsten, aber auch zugleich sensibelsten Teilbereich aus.[122] Nach § 10 Abs. 1 S. 1 KWG, der (jedenfalls noch) das „Herzstück" der finanziellen

---

120 Vgl. insoweit die Einleitung des *Baseler Ausschusses für Bankenaufsicht*, Basel II, Rz 11. Ebenso *Bürkle*, in: Fahr/Kaulbach/Bähr/Pohlmann (Hrsg.), Kommentar zum VAG, Solvabilität II Rn. 32 m.w.Nachw.

121 Siehe auch die Darstellungen der banken- und versicherungsaufsichtsrechtlichen Grundzüge bei *Neumann*, Aufsicht über Finanzkonglomerate, S. 33 ff., sowie mit Abstrichen *Hölscher*, Risiken und Aufsichtsnormen in Banken und Versicherungsunternehmen, in: Corsten/Hilke (Hrsg.), Integration von Finanzdienstleistungen, 185 (195 ff. bzw. 201 ff.). – Der europarechtliche Begriff der Solvenzaufsicht ist dem deutschen (Versicherungs-)Aufsichtsrecht fremd, entspricht aber dem der Finanzaufsicht und umfasst die Aufsicht über die finanzielle Solidität der (Versicherungs-)Unternehmen [vgl. 7. Erwägungsgrund Dritte Richtlinie Schadensversicherung 92/49/EWG, 18. Erwägungsgrund Gesamtrichtlinie Lebensversicherung 2002/83/EG]. Der Begriff der Solvenz wird hier als Oberbegriff von Solvabilität und Liquidität verwendet, die ihrerseits Teilelemente der finanziellen Solidität darstellen. Ähnlich *Schradin*, Versicherungsaufsicht, ZVersWiss 2003, 611 (617 f.).

122 *Gramlich*, Recht der Bankwirtschaft, in: Schmidt (Hrsg.), Öffentliches Wirtschaftsrecht. Besonderer Teil 1, § 5 II 5, Rn. 69 ff. bezeichnete das haftende Eigenkapital schon vor der Integration des operationellen Risikos in die Berechnung der Eigenkapitalanforderungen als „wichtigste Schlüsselgröße für erlaubte Bankgeschäfte und Bezugspunkt fast aller aufsichtsrechtlichen Normen". Ebenso *Auerbach/Fischer*, in: Schwennicke/Auerbach (Hrsg.), Kommentar zum KWG, § 10 Rn. 1, sowie *Waschbusch*, Bankenaufsicht, S. 179. Ähnlich *Kokemoor*, in: Beck/Samm/Kokemoor, Kommentar zum KWG, § 10 Rn. 4.

Soliditätsanforderungen bildet,[123] müssen Institute im Interesse der Erfüllung ihrer Verpflichtungen gegenüber ihren Gläubigern, insbesondere zur Sicherheit der ihnen anvertrauten Vermögenswerte, Eigenmittel in angemessener Höhe ausweisen. Die aufsichtsrechtlich geforderten Eigenmittel sollen nicht nur die Ansprüche im Insolvenzfall befriedigen. Sie sollen möglichst auch die Verluste im laufenden Geschäftsbetrieb ausgleichen können. Die materiellen Mindestanforderungen an die Eigenmittelausstattung dienen insbesondere der Begrenzung der liquiditätsmäßig-finanziellen (Adressen-)Ausfall- und (Markt-)Preisrisiken[124], die zu einer Belastung der Ertragslage einer Bank führen können.[125] Infolge der innerstaatlichen Umsetzung der europarechtlichen Richtlinienvorgaben in Bezug auf Basel II[126] sollen sie auch die operationellen Risiken des technisch-organisatorischen Bereichs[127]

---

123 Der „herausgehobene[n] Bedeutung dieses Paragraphen für die Normadressaten des KWG" stand bereits nach *Mielk*, Neufassung des § 10 KWG, WM 2007, 52 (52), eine inhaltliche Komplexität gegenüber, die Normverständnis und -anwendung selbst Fachleuten erschwert. Dies wird sich auch mit Inkrafttreten der Verordnung über die aufsichtsrechtlichen Anforderungen an Kreditinstitute und Wertpapierfirmen nicht ändern, wenngleich sich die Anrechnung der verschiedenen Eigenmittelbestandteile nicht mehr allein aus einer Vorschrift ergibt. Nach der Verordnung (EU) 575/2013 über Aufsichtsanforderungen an Kreditinstitute und Wertpapierfirmen wird den „Bestandteilen der Eigenmittel" nun ein ganzer Titel [Art. 25 bis 88] gewidmet.

124 (Markt-)Preisrisiken beinhalten die Gefahr, dass sich Zinssätze, Aktienkurse und Wechselkurse, aber auch Werte von Rohware und Sachvermögen zu Lasten der Bank bzw. auch zu ihren Gunsten verändern. Vgl. dazu *Hartmann-Wendels/Pfingsten/Weber*, Bankbetriebslehre, S. 595.

125 So genannte „Erfolgsrisiken".

126 Vgl. dazu die erste Säule der neuen Eigenkapitalvereinbarungen zu Basel II in *Baseler Ausschuss*, Basel II, Rz. 644 ff., die neu gefasste Bankenrichtlinie 2006/48/EG des Europäischen Parlaments und des Rates vom 14. Juni 2006 über die Aufnahme und Ausübung der Tätigkeit der Kreditinstitute, die neu gefasste Kapitaladäquanzrichtlinie 2006/49/EG des Europäischen Parlaments und des Rates vom 14. Juni 2006 über die angemessene Eigenkapitalausstattung von Wertpapierfirmen und Kreditinstituten, ABl. EU Nr. L 177 vom 30. Juni 2006, S. 1 bzw. 201, sowie das Gesetz zur Umsetzung der neu gefassten Bankenrichtlinie und der neu gefassten Kapitaladäquanzrichtlinie vom 17. November 2006, BGBl. I, S. 2606 ff. – Zum Prozess der Umsetzung von Basel II über die neu gefassten Banken- und Kapitaladäquanzrichtlinien in nationales Recht siehe Nachw. in Fn. 45.

127 Die so genannten „operationellen Risiken" beinhalten die Gefahr von Verlusten, die infolge der Unangemessenheit oder des Versagens von internen Verfahren, Menschen und Systemen oder infolge externer Risiken eintreten und von den Banken – im Unterschied zu den Risiken des liquiditätsmäßig-finanziellen Bereichs – gerade nicht

abdecken.[128] Insoweit stellen sie den Anknüpfungspunkt für den überwiegenden Teil der bankrechtlichen Aufsichtsvorschriften und -praxis dar.

Als parlamentsgesetzliche Grundlage beschränkt sich § 10 KWG allerdings darauf, lediglich die Referenzgröße der Aufsicht über Kredit- bzw. Finanzdienstleistungsinstitute zu bestimmen: die aufsichtsrechtlich anerkannten Eigenmittelbestandteile. Diese werden in Abhängigkeit von ihrer Verlustausgleichsfähigkeit in verschiedene Werthaltigkeitsklassen eingeteilt. Die jeweilige Klasse bestimmt den im Verhältnis zu einander abgestuften Umfang, in dem die die jeweils zugeordneten Eigenmittelbestandteile aufsichtsrechtlich anerkannt werden.[129] Höchste Werthaltigkeit wird insoweit dem „haftenden Eigenkapital" beigemessen. Dieses wird seinerseits in das dem Institut zeitlich unbefristet und dem Umfange nach uneingeschränkt zur Verfügung stehende „Kernkapital"[130] sowie das „Ergänzungskapital" geringerer Haftungsqualität unterteilt. Schließlich treten noch so genannte „Drittrangmittel" hinzu.[131] Als eine der ersten Lehren aus der Finanzmarktkrise der vergangenen Jahre sind europaweit bereits einheitliche Prinzipien festgelegt worden, nach denen Kapitalbestandteile[132] nur dann noch unbegrenzt

---

bewusst eingegangen werden, um kehrseitig eine Risikoprämie zu vereinnahmen. Vgl. dazu *Hartmann-Wendels/Pfingsten/Weber*, Bankbetriebslehre, S. 664 ff.

128 Zu der umfassenden Risikobegrenzungsfunktion der Eigenmittelausstattung *Deutsche Bundesbank*, Basel III – Leitfaden, S. 7.

129 Nach Maßgabe einer relativen Limitierung werden bankenaufsichtsrechtlich die Eigenmittelkomponenten geringerer Werthaltigkeitsklassen nur in einem bestimmten Verhältnis zu denjenigen höherer Werthaltigkeitsklassen anerkannt.

130 Das Kernkapital i.S.d. § 10 Abs. 2a S. 1 KWG ist die höchstrangige Eigenmittelkomponente, deren Mittel dem Kreditinstitut uneingeschränkt und zur Abdeckung laufender Verluste zur Verfügung stehen. Vgl. dazu allgemein *Boos*, in: Boos/Fischer/Schulte-Mattler (Hrsg.), KWG, § 10 Rn. 51 ff.

131 Die Anrechnungsfähigkeit als Kernkapital (so genanntes „Tier 1"), als Ergänzungskapital (so genanntes „Tier 2") sowie als Drittrangmittel (so genanntes „Tier 3") ergibt sich jeweils aus § 10 Abs. 2a, Abs. 2b sowie Abs. 2c KWG. Der Begriff der Eigenmittel ist damit zwar weiter als der des Eigenkapitals, aber auf dessen Verlustausgleichsfunktion bezogen. Weitere Vorgaben hinsichtlich der Anrechnungsfähigkeit verschiedener Eigenmittelkomponenten enthält § 10 KWG in den nachfolgenden Absätzen 2d bis 11. *Mielk*, Neufassung des § 10 KWG, WM 2007, 52 (52), kritisierte insoweit bereits die zunehmende Unübersichtlichkeit dieser Vorschrift. – Vgl. ausführlich zu den bankenaufsichtsrechtlichen Eigenmittelkomponenten *Boos*, in: Boos/Fischer/Schulte-Mattler (Hrsg.), Kommentar zum KWG, § 10 Rn. 40 ff. sowie zu deren europarechtlichen Richtlinienvorgaben die Art. 56 ff. der Bankenrichtlinie 2006/48/EG.

132 Wie insbesondere die so genannten „hybriden Kapitalbestandteile". Zu deren Anerkennung infolge der Umsetzung des neu eingefügten Art. 63a der neu gefassten

als Eigenmittel anerkannt werden können, wenn sie dem Institut dauerhaft zur Verfügung stehen und in vollem Umfang am Verlust teilnehmen.[133] Mit dem Ziel, die Qualität der Verlustausgleichsfähigkeit weiter zu verbessern, werden sich die aufsichtsrechtlich relevanten Eigenmittel infolge der Umsetzung der neuen Vorgaben des Baseler Ausschusses für Bankenaufsicht für einen globalen Regulierungsrahmen für widerstandsfähigere Banken und Bankensysteme (Basel III)[134] durch eine Verordnung über die Aufsichtsanforderungen für Kreditinstitute und Wertpapierfirmen[135] zukünftig ohnehin nur noch aus einem je neu definierten Kern- und Ergänzungskapital zusammensetzen.[136]

Bankenrichtlinie *Deutsche Bundesbank*, Änderung der neu gefassten EU-Bankenrichtlinie und der EU-Kapitaladäquanzrichtlinie sowie Anpassung der Mindestanforderungen an das Risikomanagement, Monatsbericht September 2009, 67 (70 ff.).

133 Vgl. Erwägungsgründe 3 und 4 der Richtlinie 2009/111/EG des Europäischen Parlaments und des Rates vom 16. September 2009 zur Änderung der Richtlinien 2006/48/EG, 2006/49/EG und 2007/64/EG hinsichtlich Zentralorganisationen zugeordneter Banken, bestimmter Eigenmittelbestandteile, Großkredite, Aufsichtsregelungen und Krisenmanagement, ABl. EU vom 17.11.2009, L 302/97. Ergänzt wurde die Richtlinie 2009/111/EG um die Richtlinien 2009/27/EG und 2009/83/EG, jeweils der Kommission vom 7. April bzw. 27. Juli 2009 zur Änderung bestimmter Anhänge der Richtlinie 2006/49/EG bzw. 2006/48/EG des Europäischen Parlaments und des Rates hinsichtlich technischer Vorschriften für das Risikomanagement, ABl. EU vom 8.4.2009 bzw. 28.7.2009, L 94/97 bzw. L 194/17. Innerstaatlich umgesetzt wurden die als „Capital Requirement Directive II" (CRD II) zusammengefassten Richtlinien durch das Gesetz zur Umsetzung der geänderten Bankenrichtlinie und der geänderten Kapitaladäquanzrichtlinie vom 19. November 2010, BGBl. I, S. 1592. – „Hybridkapital" lässt sich bilanziell weder eindeutig dem Eigen- noch dem Fremdkapital zuordnen. Darüber hinaus sollen Kreditinstitute nur in Verbriefungen investieren dürfen, bei denen der Originator, Sponsor oder ursprüngliche Kreditgeber einen Nettoanteil von fünf Prozent der Transaktion zurückbehält. Außerdem werden die Großkreditbestimmungen geändert, damit ein Institut nicht durch den Ausfall eines Kreditnehmers oder einer Kreditnehmereinheit selbst in Gefahr gerät. Vgl. dazu den Überblick in der Begründung der *Bundesregierung* zum Entwurf eines Gesetzes zur Umsetzung der geänderten Bankenrichtlinie und der geänderten Kapitaladäquanzrichtlinie, BT-Drs. 17/1720, S. 27 ff.

134 Vgl. *Baseler Ausschuss für Bankenaufsicht*, Basel III, Teil 1, Rz. 1 ff.

135 Vgl. bereits den Vorschlag der *Europäischen Kommission* für eine Verordnung des Europäischen Parlaments und des Rates über die aufsichtsrechtlichen Anforderungen an Kreditinstitute und Wertpapierfirmen, KOM(2011) endgültig 452. Mittlerweile ist die Verordnung (EU) 575/2013 über Aufsichtsanforderungen an Kreditinstitute und Wertpapierfirmen in Kraft getreten.

136 Vgl. Art. 72 der Verordnung (EU) 575/2013 über Aufsichtsanforderungen an Kreditinstitute und Wertpapierfirmen. Sowohl nach den Vorschlägen des *Baseler Ausschusses*

Bis zum Inkrafttreten der Verordnung ergeben sich die konkreten Anforderungen an die angemessene Eigenmittelausstattung, wie insbesondere an deren konkrete Höhe, national grundsätzlich noch aus der untergesetzlichen Solvabilitätsverordnung.[137] Mit Wirkung zum 1. Januar 2007 hat diese den ehemaligen Grundsatz I der Bundesanstalt für Finanzdienstleistungsaufsicht[138] über das Eigenkapital der (Kredit- bzw. Finanzdienstleistungs-)Institute[139] als zentrale Regelung

---

als auch der *Europäischen Kommission* bilden die (harten und zusätzlichen) Kernkapitalbestandteile zusammen das Eigenkapital, das in vollem Umfang Verluste während der Unternehmensfortführung auffangen und damit eine Insolvenz verhindern soll (so genanntes „going concern capital"). Das Ergänzungskapital dient der Befriedigung der Gläubiger im Liquidations- bzw. Insolvenzfall (so genanntes „gone concern capital"). Anhand eines 14 Punkte umfassenden Kriterienkatalogs sollen zukünftig die Bestandteile bestimmt werden, die dem „harten Kernkapital" zugeordnet werden können. Dabei müssen nicht sämtliche Kriterien eins zu eins erfüllt werden. Nicht zur Disposition stehen allerdings die zentralen Anforderungen an die Verlustabsorptionsfähigkeit und Dauerhaftigkeit. Anhand eines weiteren, ebenfalls 14 Punkte umfassenden Kriterienkatalogs gilt es zusätzliche Kernkapitalinstrumente zu bestimmen. Die bisher den Eigenmitteln zurechenbaren Drittrangmittel werden aus dem Katalog der aufsichtsrechtlich anerkannten Eigenmittelbestandteile gestrichen werden. Der Bestandsschutz künftig nicht mehr anrechenbarer Eigenmittelbestandteile wird „ratierlich abnehmen". Die zukünftigen Eigenkapitalregeln erfahren auch dadurch eine erhebliche Verschärfung, dass die Abzugs- und Korrekturposten (so genannte „prudential filter") nicht nur inhaltlich ausgeweitet worden sind, sondern auch nahezu ausschließlich mit dem harten Kernkapital verrechnet werden müssen. Vgl. dazu wie zu den Änderungen infolge von Basel III insgesamt *Baseler Ausschuss für Bankenaufsicht*, Basel III, Teil 1, Rz. 48 ff., *Manns/Schulte-Mattler*, Aufsichtsfeuerwerk Basel III und CRD IV, WM 2010, 1577 (1578 f.), sowie *Deutsche Bundesbank*, Basel III – Leitfaden, S. 9 ff. – Dies gilt in weiten Teilen nahezu in gleichem Maße auch nach dem Verordnungsvorschlag der *Europäischen Kommission*. Auch danach sollen nur die Kapitalinstrumente höchster Qualität als höchste Qualitätsform des regulatorischen Eigenkapitals anerkannt werden. Vgl. die Begründung der *Europäischen Kommission* zu ihrem Vorschlag für eine Verordnung des Europäischen Parlaments und des Rates über die aufsichtsrechtlichen Anforderungen an Kreditinstitute und Wertpapierfirmen, KOM(2011) endgültig 452, S. 13.

137 Solvabilitätsverordnung – Verordnung über die angemessene Eigenmittelausstattung von Instituten, Institutsgruppen und Finanzholding-Gruppen vom 14. Dezember 2006 (SolvV), BGBl. I, S. 2926, zuletzt geändert durch Art. 1 der Verordnung vom 5. Oktober 2010, BGBl. I, S. 1330).

138 Ehemals Bundesaufsichtsamt für das Kreditwesen.

139 Grundsätze über die Eigenmittel und Liquidität der Institute (Grds I) i.d.F. der Bekanntmachung vom 29. Oktober 1997 (BAnz. Nr. 210), zuletzt geändert durch Bekanntmachung vom 20. Juli 2000 (BAnz. Nr. 160).

der materiellen Mindesteigenkapitalanforderungen infolge der innerstaatlichen Umsetzung der europarechtlich vermittelten Vorgaben von Basel II abgelöst.[140] Nach dem Inkrafttreten der neuen Verordnung über die aufsichtsrechtlichen Anforderungen an Kreditinstitute und Wertpapierfirmen wird sich allerdings die Mindesthöhe der Eigenmittelanforderungen bis auf weiteres aus den unmittelbar verbindlichen Vorgaben auf europäischer Ebene ergeben.[141] Dabei wird das Erfordernis der Eigenmittelunterlegung unverändert sowohl geschäftsrisikospezifisch als auch auf konsolidierter Basis der Höhe nach prinzipiell durch eine (Gesamt-) Gewichtung der risikobehafteten Bilanzpositionen des Unternehmens im Verhältnis zu dem aufsichtsrechtlich jeweils anrechenbaren Betrag der haftenden Eigenmittel bestimmt werden.[142] Dementsprechend müssen Institute auch zukünftig anrechenbare Eigenmittel in Höhe von grundsätzlich mindestens acht Prozent des risikogewichteten Gesamtforderungsbetrages ausweisen können.[143]

---

140 *BaFin*, Jahresbericht 2006, S. 114, *Cluse/Cremer*, Die Umsetzung von Basel II in deutsches Recht, ZfgK 2006, 329 (332). Siehe auch die BaFin-Auslegungssammlung zur SolvV, abrufbar unter www.bafin.de »» Aufsichtspraxis »» Auslegungsentscheidungen »» Bankenaufsicht »» Solvabilitätsverordnung (SolvV).

141 Vgl. Art. 92 ff. der Verordnung (EU) 575/2013 über Aufsichtsanforderungen an Kreditinstitute und Wertpapierfirmen. § 10 KWG wird mit Inkrafttreten des CRD IV-Umsetzungsgesetzes nur noch ergänzende Anforderungen an die Eigenmittelausstattung der Institute aufstellen. Vgl. dazu den Entwurf der *Bundesregierung* zum Umsetzungsgesetz, BT-Drs. 17/10974, S. 19 ff.

142 Zur Angemessenheit der Eigenmittel eines Instituts siehe aktuell § 2 SolvV. Deren Beurteilung erfolgt auf der Grundlage des so genannten „modifiziert verfügbaren Eigenkapitals“ i.S.d. § 10 Abs. 1d KWG. Siehe dazu *Schulte-Mattler*, KWG – die Basis der Bankenaufsicht, Die Bank 6/2007, 60 (61, 64), sowie die Übersicht bei *Auerbach/Fischer*, in: Schwennicke/Auerbach (Hrsg.), Kommentar zum KWG, § 10 Rn. 61. Zur zukünftigen Bestimmung der Mindesthöhe der Eigenmittel sowie deren Berechnung siehe Art. 92 der Verordnung (EU) 575/2013 über Aufsichtsanforderungen an Kreditinstitute und Wertpapierfirmen.

143 Zur Ermittlung der dargestellten Gesamtkennziffer nach § 2 Abs. 2 und Abs. 6 SolvV siehe *Auerbach/Fischer*, in: Schwennicke/Auerbach (Hrsg.), Kommentar zum KWG, § 10 Rn. 1. – Vgl. zur alten Rechtslage des Grundsatzes I über die Eigenmittel der Kreditinstitute ausführlich *Schulte-Mattler*, in: Boos/Fischer/Schulte-Mattler (Hrsg.), Kommentar zum KWG (2004), Grds. I § 2, sowie zum Aufbau der Risikoerfassungsnorm nach den Vorgaben der Solvabilitätsverordnung in Gegenüberstellung zur alten Rechtslage *Hartmann-Wendels/Pfingsten/Weber*, Bankbetriebslehre, S. 539 f. – Auch zur hinreichenden Bedeckung der volumenmäßig bedeutendsten Risikoart, des (Kredit-)Ausfallrisikos, muss ein Institut anrechenbare Eigenmittel in Höhe von acht Prozent der Risikoaktiva ausweisen können. Siehe insoweit auch die europarechtliche

Allerdings wird die verbindliche Umsetzung des veränderten Regulierungsrahmens von Basel III aller Voraussicht nach zu einer neuen Kalibrierung der Werthaltigkeitsklassen und damit der Eigenmittelbestandteile innerhalb der jeweiligen Solvabilitätskoeffizienten führen. Insbesondere der Anteil an hartem Kernkapital wird von derzeit zwei schrittweise auf bis zu viereinhalb Prozent der risikogewichteten Aktiva angehoben werden.[144] Zudem werden die Institute infolge von Basel III[145] und der Vorgaben der entsprechenden europäischen Richtlinie[146] verpflichtet (werden), über die Mindestkapitalanforderungen hinaus einen so genannten „Kapitalerhaltungspuffer" in Höhe von (weiteren) zweieinhalb Prozent der risikogewichteten Aktiva aufzubauen, der ebenfalls mit hartem Kernkapital zu unterlegen ist.[147] Im Verlustfall soll das Institut zunächst auf diese zusätzlichen

---

Richtlinienvorgabe in Art. 75 lit. a) der Bankenrichtlinie 2006/48/EG. Neben diesen so genannten Risikoaktiva unterteilt die SolvV die Adressenausfallrisiken noch in derivative und außerbilanzielle Adressenausfallrisiken sowie in Vorleistungsrisikopositionen aus Geschäften des Handelsbuches. Das Erfordernis eines solchen, der Höhe nach an der historisch durchschnittlichen Ausfallhöhe der Kreditkunden ausgerichteten, so genannten „Solvabilitätskoeffizienten" soll sicherstellen, dass auseichend Eigenmittel vorhanden sind, um erwartete und unerwartete Verluste ausgleichen zu können. Auch innerhalb des neuen Ansatzes zur Berechnung des Gesamtanrechnungsbetrages für Adressrisiken findet der Solvabilitätskoeffizient formal Anwendung (siehe § 8 Abs. 2 S. 1 SolvV), wird allerdings durch andere Multiplikatoren weitestgehend neutralisiert. Vgl. dazu *Hartmann-Wendels/Pfingsten/Weber*, Bankbetriebslehre, S. 537 ff. – Zur neuen Rechtslage siehe Art. 92 der Verordnung (EU) 575/2013 über Aufsichtsanforderungen an Kreditinstitute und Wertpapierfirmen.

144 Ergänzt um eineinhalb Prozent zusätzlichen Kernkapitals, sowie zwei Prozent Ergänzungskapital. Vgl. zu diesen Untergrenzen der Eigenkapitalkomponenten *Baseler Ausschuss für Bankenaufsicht*, Basel III, Teil 1, Rz. 50, sowie Art. 92 Abs. 1 lit. a), b) und c) der Verordnung (EU) 575/2013 über Aufsichtsanforderungen an Kreditinstitute und Wertpapierfirmen.

145 Siehe *Baseler Ausschuss für Bankenaufsicht*, Basel III, Teil 1, Rz. 122 ff.

146 Vgl. Art. 129 Abs. 1 der Richtlinie 2013/36/EU über die Beaufsichtigung von Kreditinstituten und Wertpapierfirmen sowie die Begründung des Vorschlags der *Europäischen Kommission* für eine konsolidierte Richtlinie über die Beaufsichtigung von Kreditinstituten und Wertpapierfirmen [KOM(2011) 453], S. 14.

147 Gemäß Art. 160 Abs. 1 der Richtlinie 2013/36/EU über die Beaufsichtigung von Kreditinstituten und Wertpapierfirmen gelten für den Zeitraum vom 1. Januar 2016 bis zum 31. Dezember 2018 die in den Absätzen 2 bis 6 derselben Vorschrift aufgeführten Übergangsbestimmungen. Zum Kapitalerhaltungspuffer siehe auch § 10c KWG in der Fassung des CRD IV-Umsetzungsgesetzes sowie die Entwurfsbegründung der *Bundesregierung*, BT-Drs. 17/10974, S. 100.

Eigenkapitalbestandteile zurückgreifen. Es wird um so strengeren Kapitalerhaltungsvorgaben unterliegen, je weiter die Eigenkapitalausstattung unter die Maximalgröße des Eigenkapitalaufschlags fällt und an die eigentliche Mindestanforderung der aufsichtsrechtlichen Solvabilitätsvorgaben heranrückt.[148]

Unverändert gegenüber der aktuellen Rechtslage, allerdings anders als noch nach dem ehemaligen Grundsatz I, erfolgt die der Eigenmittelausstattung zugrunde liegende Risikogewichtung auch nach der Umsetzung von Basel III nicht (mehr) ausschließlich im Wege einer pauschalierten Zuordnung verschiedener Risikopositionen zu festgelegten Risikoklassen, innerhalb derer unterschiedliche Risikorealisierungswahrscheinlichkeiten nur unzureichend berücksichtigt werden können. Während noch nach Maßgabe des Grundsatzes I im Rahmen der volumenmäßig bedeutendsten Risikoart, dem (Kredit-)Ausfallrisiko,[149] bestimmte Kreditnehmergruppen allein pauschal festgelegten Schuldnerrisikoklassen mit einer festen Bonitätsgewichtung zugeordnet wurden,[150] kann der Bonitätsgewichtungsfaktor der Ausfallwahrscheinlichkeit eines Kreditnehmers sowohl nach Vorgabe der aktuell noch geltenden Solvabilitätsverordnung auf nationaler Ebene als

148 Droht ein Intitut bspw. infolge einer mit Kernkapital verbundenen Ausschüttung die kombinierte Kapitalpuffer-Anforderung nicht länger erfüllen zu können, soll zumindest die Ausschüttung untersagt werden. Erfüllt ein Institut die kombinierte Kapitalpuffer-Anforderung nicht, so hat es einen Kapitalerhaltungsplan zu erstellen und der zuständigen Behörde vorzulegen, aus dem sich insbesondere eine Einnahmen- und Ausgabenschätzung und eine Bilanzprognose, Maßnahmen zur Erhöhung der Kapitalquoten des Instituts und ein (Zeit-)Plan für die Erhöhung der Eigenmittel ergeben müssen, um die kombinierte Kapitalpuffer-Anforderung vollständig zu erfüllen. Zu diesem Rahmenkonzept vgl. *Baseler Ausschuss für Bankenaufsicht*, Basel III, Teil 1, Rz. 129 f., sowie Art. 129 Abs. 6 i.V.m. Art. 141 Abs. 2 und 3 der Richtlinie 2013/36/EU über die Beaufsichtigung von Kreditinstituten und Wertpapierfirmen.

149 Die (volumenmäßig) bedeutendste Risikoart korreliert mit dem Kerngeschäft von Banken, d.h., mit dem Kreditgeschäft. Siehe nur *Erne*, Recht der Kreditgeschäfte, in: Claussen (Hrsg.), Bank- und Börsenrecht, § 5 Rn. 1, *Hartmann-Wendels/Pfingsten/Weber*, Bankbetriebslehre, S. 437. Das (Kredit-)Ausfallrisiko beinhaltet insoweit typischerweise die Gefahr der in Vorleistung getretenen Bank, dass ein Vertragspartner seinen Verpflichtungen nicht nachkommt, d.h., die Tilgungsraten und die vereinbarten Zinsen überhaupt nicht oder nur zum Teil erbringt. Vgl. dazu *Hölscher*, Risiken und Aufsichtsnormen in Banken und Versicherungsunternehmen, in: Corsten/Hilke (Hrsg.), Integration von Finanzdienstleistungen, 185 (189).

150 § 13 Grds I setzte für jede aufgeführte Schuldnerklasse eine bestimmte Bonitätsgewichtung im Sinne einer normalerweise zu erwartenden Ausfallwahrscheinlichkeit von 0 über 10, 20, 50, 70 bis 100 Prozent fest.

auch nach Maßgabe der zukünftigen Verordnung auf europäischer Ebene mithilfe unterschiedlicher so genannter „Ratingverfahren“ bestimmt werden.[151]

Der spezielle, allein auf institutsinternen Ratings basierende Ansatz ermöglicht dabei eine an dem bankbetrieblich tatsächlich eingegangenen Risiko orientierte Ermittlung der Bonität der Kreditnehmer, indem die Kreditinstitute unternehmenseigene, aber bankenaufsichtsbehördlich zustimmungsbedürftige Ratingverfahren der unternehmensspezifischen Bewertung von Kreditrisiken zugrunde legen dürfen.[152] Alternativ sieht der subsidiär anwendbare Standardansatz zur Berechnung der Kreditrisiken[153] die Verwendung auch externer Bonitätsbeurteilungen bankenaufsichtsrechtlich anerkannter Exportversicherungs- oder Ratingagenturen[154] vor. Zudem bleibt schließlich der Rückgriff auf pauschale Risikogewichte

151 Vgl. auch die parlamentsgesetzliche „Ermächtigungsgrundlage“ des § 10 Abs. 1 S. 2 KWG. Zukünftig wird die Möglichkeit der Verwendung unternehmenseigener Methoden zur Berechnung der risikogewicheten Forderungsbeträge risikospezifisch vorgesehen. Vgl. bspw. Art. 107 [Kreditausfallrisikos] und Art. 312 [operationelles Risiko] der Verordnung (EU) 575/2013 über Aufsichtsanforderungen an Kreditinstitute und Wertpapierfirmen.

152 Dieser auf „internen Ratings basierende Ansatz – IRBA (internal rating based aproach)“ sieht nach den §§ 55 ff. SolvV neben einer Basisvariante noch einen fortgeschrittenen Berechnungsansatz vor. Vgl. auch insoweit die europarechtlichen Richtlinienvorgaben in Art. 84 ff. der Bankenrichtlinie 2006/48/EG. Zum IRB-Ansatz nach der Solvabilitätsverordnung siehe ausführlich *Schulte-Mattler*, IRB-Ansatz, Die Bank 8/2007, 59 ff. Zu dem IRB-Ansatz nach den zukünftig unmittelbar verbindlichen Vorgaben auf europäischer Ebene siehe Art. 142 ff. der Verordnung (EU) 575/2013 über Aufsichtsanforderungen an Kreditinstitute und Wertpapierfirmen.

153 Zum so genannten „Kreditrisiko-Standardansatz – KSA“ der aktuell geltenden §§ 24 ff. SolvV siehe auch deren europarechtliche Richtlinienvorgaben in Art. 78 ff. der Bankenrichtlinie 2006/48/EG, sowie ausführlich *Schulte-Mattler*, Kreditrisiko-Standardansatz, Die Bank 7/2007, 54 ff. Zum Standardansatz zur Ermittlung des Kreditrisikos auf der Grundlage der zukünftigen unmittelbar geltenden Vorschriften auf europäischer Ebene siehe die allgemeinen Grundsätze in Art. 111 ff. der Verordnung (EU) 575/2013 über Aufsichtsanforderungen an Kreditinstitute und Wertpapierfirmen.

154 Kritisch zur machtvollen Praxis der Ratingagenturen äußerte sich nicht erst der *Sachverständigenrat zur Begutachtung der gesamtwirtschaftlichen Entwicklung*, Das Erreichte nicht verspielen, Jahresgutachten 2007/08, S. 159 ff., sondern auch (bereits) der ehemalige Präsident der Bundesanstalt für Finanzdienstleistungsaufsicht *Sanio*, Keine Macht ohne Kontrolle, FAZ v. 2.3.2004, S. 27, sowie *Krimphove/Kruse*, Regulierung und Haftung von Ratingagenturen, ZfgK 2005, 413 (416). Vgl. dazu auch den differenzierten Standpunkt von *Inderst/Krahnen*, Rating-Agenturen: Regulierer im Dilemma, FAZ v. 13.8.2008, S. 20. Aufgrund ihrer Schlüsselstellung in der weltweiten

möglich, die nur die Art der Risikoposition berücksichtigen.[155] Lediglich Institute mit bedeutendem Risikoprofil sollen nach Vorgabe der Richtlinie über die Beaufsichtigung von Kreditinstituten und Wertpapierfirmen verpflichtet werden, in jedem Fall angemessene Schritte einzuleiten, um interne Ansätze zur Berechnung der Eigenmittelanforderungen zu entwickeln.[156] Dahinter steht die Befürchtung, dass ein übermäßiges Vertrauen auf externe Ratings ganz allgemein nicht nur institutsintern zu einer Vernachlässigung der eigenen Sorgfalts- und Risikomanagementpflichten, sondern auch zu einem die Stabilität des Finanzsystems insgesamt gefährdenden „Herdenverhalten“ einer Vielzahl von Instituten wie z.B. dem gleichzeitigen Verkauf herabgestufter Schuldtitel führen könnte.[157]

Die aufsichtsrechtliche Anerkennung eines institutsinternen Ansatzes zur Messung der eigenmittelunterlegungsbedürftigen Bankbetriebsrisiken setzt in jedem Fall eine Genehmigung der Aufsichtsbehörde voraus. Genehmigungsfähig sind unternehmenseigene Berechnungsmethoden risikoübergreifend[158] insoweit nur, wenn

---

Bankenkrise sind mit Wirkung zum 2. Dezember 2009 die wesentlichen Vorschriften der Verordnung (EG) Nr. 1060/2009 des Europäischen Parlaments und des Rates vom 16. September 2009 über Ratingagenturen (EU-Ratingverordnung), ABl. EU vom 17.11.2009, L 302/1, in Kraft getreten. Die Verordnung enthält insbesondere klare Regeln für mehr Transparenz (Registrierungspflicht), zur Vermeidung von Interessenkonflikten (Trennung von Beratung und Bewertung), zur internen Überprüfung der eigenen Ratings und Methoden sowie Sonderregeln für strukturierte Finanzinstrumente. Mit dem Ausführungsgesetz zur Verordnung (EG) Nr. 1060/2009 des Europäischen Parlaments und des Rates vom 16. September 2009 über Ratingagenturen (Ausführungsgesetz zur EU-Ratingverordnung) vom 14. Juni 2010, BGBl. I, S. 786, sind die rechtlichen Voraussetzungen zur Umsetzung der Verordnung, insbesondere die nationale Zuständigkeit der Bundesanstalt für Finanzdienstleistungsaufsicht, geschaffen worden.

155 Einen Überblick über Risikomessverfahren der Solvabilitätsverordnung vermittelt *BaFin*, Jahresbericht 2006, S. 114 f. Zur grundsätzlichen Berechnung der risikogewichteten Forderungsbeträge nach dem Standardansatz der Verordnung (EU) 575/2013 über Aufsichtsanforderungen an Kreditinstitute und Wertpapierfirmen, siehe deren Art. 113.

156 Art. 77 Abs. 1 der Richtlinie 2013/36/EU über die Beaufsichtigung von Kreditinstituten und Wertpapierfirmen.

157 So die Begründung der *Europäischen Kommission* zu ihrem Vorschlag für eine konsolidierte Richtlinie über die Beaufsichtigung von Kreditinstituten und Wertpapierfirmen [KOM(2011) 453]. S. 3.

158 Zur Messung der Marktpreisrisiken sehen die §§ 294–312 SolvV ein Standardverfahren vor, während für die Nutzung interner Modelle in §§ 313–318 SolvV qualitative und quantitative Anforderungen aufgestellt werden. Vgl. auch die europarechtlichen

sie in ein konsitentes Risikomanagement- und Unternehmenssteuerungssystem des Intituts eingebunden sind,[159] das eine wirksame Identifizierung, Beurteilung, Überwachung und Steuerung der bankbetrieblichen Risiken durch unabhängige Unternehmenseinheiten[160] unter regelmäßiger Einbeziehung so genannter „Stresstests“ bzw. „Szenarioanalysen“[161] gewährleistet.[162] Dem mit der Einführung eines

---

Richtlinienvorgaben in Art. 75 lit. b) und c) der Bankenrichtlinie 2006/48/EG i.V.m. Art. 18 ff. der Kapitaladäquanzrichtlinie 2006/49/EG. Das Gleiche gilt grundsätzlich nach Art. 315 ff. [Standardverfahren] und Art. 351 ff. [internes Modell] des Verordnungsvorschlags KOM(2011) 452 endgültig. – Hinsichtlich der operationellen Risiken sieht die SolvV vier verschiedene Möglichkeiten vor, das Risiko zur Ermittlung des Eigenmittelanrechnungsbetrages zu gewichten: den Basisindikatorenansatz (BIA, §§ 270 f. SolvV), dessen geschäftsfeldbezogene Variante des Standardansatzes (STA, §§ 272 ff. SolvV) und den um alternative Indikatoren zu ergänzenden Standardansatz (ASA, § 275 SolvV) sowie den ambitionierten (fortgeschrittenen) Messansatz (AMA: Advanced Measurement Approach, § 278 SolvV), der unter der Vorgabe qualitativer und quantitativer Anforderungen (§§ 279 ff. bzw. §§ 284 ff. SolvV) die Nutzung eigener Risikomesssysteme ermöglicht. Vgl. dazu auch die europarechtlichen Richtlinienvorgaben in Art. 75 lit. d) i.V.m. Art. 102 ff. der Bankenrichtlinie 2006/48/EG, sowie die Ausführungen *Schulte-Mattlers*, Messansätze für operationelle Risiken, Die Bank 9/2007, 58 ff. Auch diese Unterteilung findet sich grundsätzlich in den Art. 304 ff. [BIA], Art. 306 ff. [STA], Art. 308 [ASA] und Art. 310 ff. [AMA] des Verordnungsvorschlags KOM(2011) 452 endgültig wieder.

159 Vgl. § 106 S. 2 Nr. 2 [(Kredit-)Ausfallrisiko], § 281 Abs. 1 [operationelles Risiko] und § 313 Abs. 3 S. 1 i.V.m.§ 317 Abs. 1 S. 1 [(Markt-)Preisrisiko] SolvV. – Auch nach der der Verordnung (EU) 575/2013 über Aufsichtsanforderungen an Kreditinstitute und Wertpapierfirmen ist die institutsinterne Risikomessmethode nur genehmigungsfähig, wenn sie im Rahmen des Risikomanagements und der Entscheidungsprozesse auf der Ebene der Unternehmensführung von wesentlicher Bedeutung ist. Vgl. Art. 144 Abs. 1 UA 1 lit. b) [Kreditausfallrisiko], Art. 286 Abs. 3 [Gegenparteiausfallrisiko], Art. 312 Abs. 2 UA 1 i.V.m. Art. 321 [operationelles Risiko], Art. 368 Abs. 1 lit. a) [Marktrisiko].

160 Siehe zumindest §§ 153, 280 Abs. 1, 317 Abs. 2 SolvV hinsichtlich der bankenaufsichtlich bedeutenden Erfolgsrisiken.

161 Siehe §§ 123, 284 Abs. 1 S. 1 i.V.m. 290, 317 Abs. 5 SolvV. Zu Stresstests in Banken als Bestandteil des Risikomanagementsystems siehe *Kaminsky/Kuzmenkova/Kuklok*, Stresstests in Banken, Die Bank 11/2007, 49 ff. – Das Erfordernis eines risikoadäquaten Einsatzes so genannter Stresstests bzw. Szenarioanalysen im Sinne eines Frühwarnsystems zeigte nicht zuletzt die Bankenkrise infolge überbewerteter Immobilienmärkte in den Vereinigten Staaten.

162 Zu den Anforderungen an ein angemessenes und wirksames Risikomanagement vgl. allgemein § 25a Abs. 1 S. 3 KWG sowie ausführlicher nachfolgende Ausführungen unter B.II.1.b)aa)(1).

solchen Risikomanagements für ein jedes Institut verbundenen Aufwand steht ein nicht unerheblicher Ertrag gegenüber. Über ein gut funktionierendes Risikomanagement können Faktoren einer institutsspezifischen Risikominderung in die Berechnung der bankenaufsichtsrechtlichen Eigenkapitalanforderungen einbezogen werden. Tendenziell geht daher von der Anwendung möglichst fortschrittlicher Risikomessverfahren auch nach den Vorgaben des neuen Ordnungsrahmens auf europäischer Ebene der bankwirtschaftliche Anreiz aus, infolge einer individuell vorgenommenen Risikoschätzung anhand interner Ratings zu einer präziseren Beurteilung der tatsächlichen Risikolage und damit letztlich zu geringeren Eigenmittelanforderungen gelangen zu können, als es infolge der Anwendung generell vorgegebener Berechnungsparameter im Rahmen der Standardmessmethode bzw. der Anwendung externer Ratings möglich ist.[163]

Trotz der eigentlichen Zielsetzung dieser komplexen Steuerungsvorgaben, eine möglichst risikosensitive und damit letzten Endes verhältnismäßige Eigenmittelausstattung zu gewährleisten, offenbarte die Finanzmarktkrise der vergangenen Jahre erhebliche Defizite in Bezug auf eine ausreichende Eigenmittelvorsorge der Kredit- bzw. Finanzdienstleistungsinstitute.[164] Insbesondere schien in diesem Zusammenhang die Notwendigkeit auf, in wirtschaftlich „guten Zeiten" über die Mindesteigenmittelausstattung hinaus so genannte Eigenkapitalpuffer zu bilden, um auch in Zeiten des „wirtschaftlichen Abschwungs" eine ausreichende Eigenkapitalausstattung sicherstellen zu können. Gerade auch zu diesem Zweck wurde die bereits zuvor der Bundesanstalt gesetzlich eingeräumte Befugnis, gegenüber den Mindestanforderungen erhöhte Eigenmittelvorgaben machen zu können,[165]

---

163 Siehe bereits Erwägungsgründe 38 und 45 der Bankenrichtlinie 2006/48/EG, sowie zukünftig Erwägungsgründe 42 und 52 der Verordnung (EU) 575/2013 über Aufsichtsanforderungen an Kreditinstitute und Wertpapierfirmen bzw. die Begründung zum Vorschlag der *Europäischen Kommission* für eine konsolidierte Richtlinie über die Beaufsichtigung von Kreditinstituten und Wertpapierfirmen, KOM(2011) 453, S. 13. Zu dem (aufsichtsrechtlichen) Anreizsystem siehe auch *Hartmann-Wendels/Pfingsten/Weber*, Bankbetriebslehre, S. 544 f., sowie *Kolassa*, Fortlaufende Aufsicht, in: Schimansky/Bunte/Lwowski (Hrsg.), Bankrechts-Handbuch, § 137 Rn. 23, und *Jakob*, Das bankenaufsichtliche Überprüfungsverfahren, in: Becker/Gruber/Wohlert (Hrsg.), Handbuch Bankenaufsichtliche Entwicklungen, 3 (6).

164 Insbesondere die unzureichende Eigenmittelvorsorge der Kreditinstitute war eine der wesentlichen Erkenntnisse der Finanzkrise, die die damalige *Bundesregierung* dazu veranlasste, am 27. April 2009 den Entwurf für ein Gesetz zur Stärkung der Finanzmarkt- und der Versicherungsaufsicht, BT-Drs. 16/12783, S. 13, vorzulegen.

165 Nach § 10 Abs. 1b lit. a) KWG a.F. konnte die Bundesanstalt bei der Beurteilung der Angemessenheit der Eigenmittel im Einzelfall gegenüber Instituten, die nach der

durch das Gesetz zur Stärkung der Finanzmarkt- und Versicherungsaufsicht[166] mit Wirkung zum 1. August 2009 um eine entsprechende Variante erweitert.[167] Darüber hinaus ist es der Bundesanstalt seitdem erlaubt, erhöhte Eigenmittelanforderungen auch dann festzusetzen, wenn ein Institut Risiken eingeht, die von der Solvabilitätsverordnung nicht oder nicht ausreichend berücksichtigt werden, wenn die Risikotragfähigkeit eines Instituts nicht gewährleistet ist, oder um einer besonderen Geschäftssituation des Instituts, etwa bei Aufnahme der Geschäftstätigkeit, Rechnung zu tragen.[168] Idealerweise soll insoweit allein die Möglichkeit bzw. Androhung einer entsprechenden Festsetzung das beaufsichtigte Institut dazu veranlassen, Geschäfte tatsächlich (nur) in einem ausgewogenen Risikoverhältnis zu dem aufsichtsrechtlich anrechenbaren Kapital einzugehen.[169]

Mit der Befugnis, über den Aufbau eines zusätzlichen Eigenmittelpuffers eine erhöhte Eigenmittelausstattung anordnen zu können, hat der nationale Gesetzgeber

---

Zusammensetzung ihrer Vermögenswerte oder Geschäfte eine Risikostruktur aufwiesen, die sie nachteilig von der großen Mehrheit der anderen Institute mit vergleichbaren Geschäftsfeldern absetzte, über die Solvabilitätsgrundsätze hinausgehende Eigenmittelanforderungen festsetzen, die der außerordenlichen Risikostruktur des Instituts Rechnung trugen (Sonderverhältnisse).

166 Art. 1 des Gesetzes zur Stärkung der Finanzmarkt- und Versicherungsaufsicht vom 29. Juli 2009, BGBl. I, S. 2305.

167 Vgl. § 10 Abs. 1b Nr. 3 KWG n.F.

168 Vgl. § 10 Abs. 1b Nr. 1, 2 und 4 KWG n.F. Während letztgenannte Festsetzungsbefugnis lediglich die bisherige Behördenpraxis zur alten Rechtslage nunmehr explizit in einer eigenständigen Ermächtigungsgrundlage aufgenommen hat, erweitern die beiden anderen Möglichkeiten der erhöhten Eigenmittelanforderungen den aufsichtsbehördlichen Gestaltungs- bzw. Steuerungsspielraum in erheblichem Maße. So kann die Bundesanstalt durch die Festsetzung erhöhter Eigenmittelanforderungen im Falle einer nicht gewährleisteten Risikotragfähigkeit erreichen, dass sämtliche, durch das institutseigene Risikomanagementsystem identifizierte und der Behörde gemeldete Risiken, die (noch) nicht von den (Eigenmittel-)Vorgaben der Solvabilitätsverordnung erfasst sind, in die Beurteilung der Angemessenheit der Eigenmittelausstattung einbezogen werden. Vgl. insoweit die Begründung der *Bundesregierung* zu dem Entwurf eines Gesetzes zur Stärkung der Finanzmarkt- und der Versicherungsaufsicht vom 27. April 2009, BT-Drs. 16/12783, S. 15.

169 Genau in dieser aktiven Einflussnahme auf eine hinreichende Risikotragfähigkeit der beaufsichtigten Institute wird der eigentliche Gewinn im Verhältnis zur bereits zuvor möglichen Reaktion auf eine unzureichende Risikotragfähigkeit gesehen. Vgl. die Begründung der *Bundesregierung* zu dem Entwurf eines Gesetzes zur Stärkung der Finanzmarkt- und der Versicherungsaufsicht vom 27. April 2009, BT-Drs. 16/12783, S. 15.

sowohl dem Vorschlag des Baseler Ausschusses für Bankenaufsicht zu Basel III als auch dessen Umsetzung in europäisches Richtlinienrecht zumindest im Ansatz vorgegriffen. Beide Regelwerke sehen die Einhaltung eines weiteren antizyklischen Eigenkapitalpuffers vor, der über den oben bereits beschriebenen Kapitalerhaltungspuffer hinausgeht.[170] Demnach gilt es für das Institut, das Kapitalerhaltungspolster noch einmal zu erhöhen, wenn die Gefahr besteht, dass ein exzessives Kreditwachstum in Zeiten des wirtschaftlichen Aufschwungs innerhalb eines Marktumfeldes, in dem das Kreditportfolio des betreffenden Instituts belegen ist, zu einem Anstieg systemweiter Risiken infolge einer in Zeiten des Abschwungs rückgängigen Kreditvergabe führt.[171] Abhängig davon, wie hoch das jeweilige Systemrisiko eingeschätzt wird, kann das zusätzliche Polster auf bis zu zweieinhalb Prozent der risikogewichteten Aktiva festgelegt werden.[172] Mit der Vorgabe des antizyklischen Kapitalpuffers wird das makroprudenzielle Ziel verfolgt, den Bankensektor gleichermaßen wie die Realwirtschaft vor systemweiten Risiken für die Finanzstabilität zu schützen.[173] Das jeweilige Institut unterliegt – ähnlich wie im Falle der Unterschreitung des

---

170 So genannter „countercyclical buffer". Vgl. dazu *Baseler Ausschusses für Bankenaufsicht*, Basel III: Internationale Rahmenvereinbarung über Messung, Standards und Überwachung in Bezug auf das Liquiditätsrisiko (Basel III, Teil 2), Dezember 2010, Rz. 136 ff., abrufbar unter www.bis.org, sowie Art. 128 ff. der Richtlinie 2013/36/EU über die Beaufsichtigung von Kreditinstituten und Wertpapierfirmen. Zu dem „antizyklischen Kapitalpuffer" siehe auch § 10d KWG in der Fassung des CRD IV-Umsetzungsgesetzes sowie die Entwurfsbegründung der *Bundesregierung*, BT-Drs. 17/10974, S. 100.

171 Gemäß Art. 140 Abs. 1 UA 1 der Richtlinie 2013/36/EU über die Beaufsichtigung von Kreditinstituten und Wertpapierfirmen wird der institutsspezifische antizyklische Kapitalpuffer durch den gewichteten Durchschnitt der Quoten gebildet, die von den jeweils national zuständigen Behörden quartalsweise in den Rechtsräumen festgelegt werden, in denen sich die wesentlichen Kreditengagements des Instituts befinden. Die Quoten bestimmen jeweils die Abweichung des Verhältnisses des an den Privatsektor gewährten Kreditvolumens zum Bruttoinlandsprodukt vom langjährigen Trend dieser Relation (so genanntes „Credit to GDP Gap"). Siehe dazu auch *Deutsche Bundesbank*, Regelwerk zur Eindämmung systemischer Risiken, Finanzstabilitätsbericht 2011, (67) 83.

172 Zu dem konkreten Berechnungsverfahren vgl. Art. 136 f. und 140 der Richtlinie 2013/36/EU über die Beaufsichtigung von Kreditinstituten und Wertpapierfirmen. Gemäß Art. 160 Abs. 1 der Richtlinie gelten für den Zeitraum vom 1. Januar 2016 bis zum 31. Dezember 2018 die in den Absätzen 2 bis 6 derselben Vorschrift aufgeführten Übergangsbestimmungen.

173 Begründung der *Europäischen Kommission* zu ihrem Vorschlag für eine konsolidierte Richtlinie über die Beaufsichtigung von Kreditinstituten und Wertpapierfirmen [KOM(2011) 453], S. 14.

Kapitalerhaltungspuffers – wiederum umso höheren Kapitalerhaltungsvorgaben, je weniger es gelingt, auch dieses zusätzliche Polster mit harten oder sonstigen Kapitalbestandteilen zu unterlegen.[174]

Unter Einrechnung des Kapitalerhaltungspuffers werden Kredit- bzw. Finanzdienstleistungsinstitute künftig Eigenmittel in Höhe von mindestens acht, grundsätzlich zehneinhalb und im Falle systemvirulenter Kreditvergabeexzesse in Höhe von dreizehn Prozent der risikogewichteten Aktiva vorhalten müssen. Ergänzt werden können diese Vorgaben durch mögliche Kapitalpuffer für systemische Risiken und für global und anderweitig systemrelevante Institute, die gemeinsam mit den vorgenannten Kapital(puffer)anforderungen in die kombinierte Kapitalpufferanforderung einberechnet werden.[175] Ein Institut, das die (kombinierten) Kapitalpufferanforderungen nicht erfüllt, wird Ausschüttungsrestriktionen unterliegen und der zuständigen Behörde einen Kapitalerhaltungsplan vorlegen.[176] Der Plan muss eine Schätzung der Einnahmen und Ausgaben sowie eine Bilanzprognose umfassen, zudem Maßnahmen zur Erhöhung der Kapitalquoten und einen (Zeit-) Plan für die Erhöhung der Eigenmittel, um die kombinierte Kapitalpufferanforderung zu erfüllen.[177] Auch die dem Kapitalerhaltungsplan zugrunde liegende Berechnung der (erhöhten) Eigenmittelanforderungen beruht letztlich wiederum auf einer Risikogewichtung, bei der das jeweilige Institut auf bankinterne Risikomodelle zurückgreifen kann. Insoweit passen sich selbst die kombinierten Kapitalpufferanforderungen in den vermehrt risikosensitiven Ansatz der Aufsicht über Kredit- und andere Finanzdienstleistungsinstitute ein.

Dies gilt demgegenüber weniger für die vom Baseler Ausschuss wie auch der Europäischen Kommission in Reaktion auf die Ursachen und Auswirkungen der

174 Vgl. dazu die Übersichten des *Baseler Ausschusses für Bankenaufsicht*, Basel III, Teil 1, Rz. 147 f., sowie Art. 130 Abs. 6 i.V.m. Art. 141 Abs. 2 und 3 der Richtlinie 2013/36/EU über die Beaufsichtigung von Kreditinstituten und Wertpapierfirmen.

175 Vgl. §§ 10e, 10f, 10g und 10h KWG in der Fassung des CRD IV-Umsetzungsgesetzes sowie die Entwurfsbegründung der *Bundesregierung*, BT-Drs. 17/10974, S.100 ff.

176 Vgl. Art. 142 Abs. 1 der Richtlinie 2013/36/EU über die Beaufsichtigung von Kreditinstituten und Wertpapierfirmen. Danach ist der Kapitalerhaltungsplan innerhalb von fünf Arbeitstagen, nachdem das Institut festgestellt hat, dass es die Pufferanforderungen nicht erfüllt, der Behörde vorzulegen. Siehe dazu auch § 10i KWG in der Fassung des CRD IV-Umsetzungsgesetzes sowie die Entwurfsbegründung der *Bundesregierung*, BT-Drs. 17/10974, S. 27 f.

177 Art. 142 Abs. 2 der Richtlinie 2013/36/EU über die Beaufsichtigung von Kreditinstituten und Wertpapierfirmen. Vgl. auch § 10i Abs. 6 KWG in der Fassung des CRD IV-Umsetzungsgesetzes sowie die Entwurfsbegründung der *Bundesregierung*, BT-Drs. 17/10974, S. 27 f.

Finanzkrise ebenfalls in Erwägung gezogene Ergänzung der risikogewichteten Mindestkapitalquote um eine risikounabhängige Höchstverschuldungsquote.[178] Um den Grad der Institutsverschuldung insgesamt zu begrenzen, aber auch um möglichen Defiziten der risikobasierten Eigenmittelunterlegung der Institute zu begegnen, soll der Aufsichtsbehörde mit der Höchstverschuldensquote quartalsweise eine zusätzliche Kennziffer gemeldet werden, die das Verhältnis des neuen Kernkapitals zu den nicht risikogewichteten Aktiva und außerbilanziellen Geschäften bestimmt.[179] Die Quote soll für alle Risikoklassen bei drei Prozent liegen.[180] Die fehlende Risikosensibilität steht im Gegensatz zu dem infolge von Basel II etablierten Anreizsystem, nach dem Institute bei einem nur geringen Risikoanteil (infolge eines entsprechenden Mess- und Managementsystems) auch nur entsprechend niedrigen Kapitalanforderungen zu unterliegen.[181]

---

178 So genannte „leverage ratio".

179 So *Baseler Ausschuss für Bankenaufsicht*, Basel III, Teil 1, Rz. 151 ff., *Deutsche Bundesbank*, Basel III – Leitfaden, S. 28, sowie im Ansatz die Erwägungsgründe 91 ff. der Verordnung (EU) 575/2013 über Aufsichtsanforderungen an Kreditinstitute und Wertpapierfirmen.

180 *Baseler Ausschuss für Bankenaufsicht*, Basel III, Teil 1, Rz. 153. Demgegenüber bestimmt der Verordnungsvorschlag der *Europäischen Kommission* [KOM(2011) 452 endgültig] in Teil 7 „Verschuldung" (noch) keinen verbindlichen Quotienten. In Übereinstimmung mit Basel III zielt aber auch der Verordnungsvorschlag [siehe Begründung auf S. 17 und Erwägungsgrund 67] darauf ab, die Verschuldensquote auf der Grundlage einer angemessenen Prüfung und Kalibrierung 2018 zu einer verbindlichen Anforderung (Säule 1) zu machen.

181 Kritisch auch *Deutsche Bundesbank*, Basel III – Leitfaden, S. 28 f. Danach sei zu befürchten, dass die Höchstverschuldensquote gerade für „risikoarme, aber volumenintensive Geschäftsmodelle" zur eigentlich bestimmenden Kapitalanforderung werden könne. – Nicht zuletzt aufgrund dieser systematischen Spannung ist bisher noch kein Termin vorgesehen, zu dem die Verschuldungsquote verbindlich eingeführt werden soll. Zunächst einmal soll die Entwicklung der wesentlichen Elemente der Verschuldungsquote und ihr Verhalten im Verhältnis zu den risikoabhängigen Kapitalanforderungen beobachtet werden. Auf der Grundlage der aus der Beobachtung gewonnenen Daten erfolgt eine Überprüfung und soweit erforderlich bzw. möglich eine Kalibrierung der Verschuldungsquote. Erst im Anschluss daran soll entschieden werden, ob die Verschuldungsquote – möglicherweise in modifizierter Form – in die verbindlichen Mindestanforderungen der Säule 1 aufgenommen wird. Nach Ansicht der *Deutschen Bundesbank*, Basel III – Leitfaden, S. 28 f., entspricht der Funktion der Verschuldungsquote als ergänzende Auffanglinie für die Aufnahme in die ergänzenden Aufsichtsinstrumente der Säule 2. Nach Ansicht von *Hellwig*, Finanzmarktregulierung – Gutachten, in: Ständige Deputation des Deutschen Juristentages (Hrsg.),

Dies gilt ansatzweise auch für die seit den krisenbedingten Bestrebungen zur Stärkung der Finanzmarkt- und Versicherungsaufsicht[182] bereits national geltende Pflicht zur Anzeige der „modifizierten bilanziellen Eigenkapitalquote", die das Verhältnis von bilanziellem Eigenkapital zur Summe aus der Bilanzsumme und den außerbilanziellen Verpflichtungen und des Wiedereindeckungsaufwands für Ansprüche aus außerbilanziellen Geschäften ausweist.[183] Diese jährlich auf der Grundlage des festgestellten Jahresabschlusses zu ermittelnde Kennziffer[184] soll die Aufsicht – der Höchstverschuldensgrenze nach Basel III vergleichbar – über das Niveau des Verschuldungsgrades eines Instituts informieren.[185] Die zudem unterjährige Meldepflicht von Veränderungen dieser Quote[186] zielt darauf ab, ein „Frühwarnsystem" einzuführen, das auch dann eingreift, wenn Risiken z.B. aus der Inanspruchnahme von Kreditzusagen[187] oder der kurzfristigen Refinanzierung langfristiger Aktiva[188] aufgrund unzureichender Risikomodelle massiv unterschätzt werden.[189] Zwar wird über die Meldepflicht hinaus keine unmittelbare Verpflichtung eingeführt, die Kennziffer der „modifizierten bilanziellen Eigenkapitalquote" künftig einzuhalten. Damit soll grundsätzlich keine Änderung des

---

Verhandlungen des 68. Deutschen Juristentages, Bd. I, E 1 (49 ff.), sollte Höchstverschuldensquote im Sinne einer Untergrenze für das Verhältnis von Eigenkapital und Bilanzsumme nicht nur subsidiär zur risikogewichteten Eigenkapitalregulierung, sondern in Substitution derselben eingesetzt werden.

182 Art. 1 des Gesetzes zur Stärkung der Finanzmarkt- und Versicherungsaufsicht vom 29. Juli 2009, BGBl. I, S. 2305.

183 Kritisch auch die Stellungnahme des *Zentralen Kreditausschusses* zum Regierungsentwurf des Gesetzes zur Stärkung der Finanzmarkt- und Versicherungsaufsicht vom 9. April 2009, S. 6, abrufbar unter: www.zka-online.de (Stand: Dezember 2013).

184 Vgl. § 24 Abs. 1a Nr. 5 KWG.

185 Rundschreiben 3/2010 (BA) – Meldungen zur modifizierten bilanziellen Eigenkapitalquote gemäß § 24 Abs. 1 Nr. 16, Abs. 1a Nr. 5 KWG, abrufbar unter: www.bafin.de »» Veröffentlichungssuche »» Rundschreiben »» Bankenaufsicht.

186 Vgl. § 24 Abs. 1 Nr. 16 KWG.

187 Liquiditätslinien dienen nicht der Absicherung von Kreditrisiken, sondern nur zur Überbrückung der Zeitspanne, in der die zur Bedienung fälliger Ansprüche aus bereits emittierten Geldmarktpapieren erforderlichen liquiden Finanzmittel nicht durch die Emission neuer Geldmarktpapiere beschafft werden können. Die Inanspruchnahme aus solchen Liquiditätslinien war wohl wesentlich für die existenzbedrohende Schieflage der *IKB Deutsche Industriebank AG* im Zuge der US-Subprimekrise verantwortlich.

188 So führten Refinanzierungsschwierigkeiten der *Deutschen Pfandbriefbank AG* (DEPFA) zu einer übermäßigen Bilanzausweitung der *Hypo Real Estate AG*.

189 *Bartsch*, Finanzmarktkrise: Die Stunde der Rechtssetzer?, ZRP 2009, 97 (100).

Aufsichtsregimes herbeigeführt werden.[190] Gleichwohl wird eine (ad hoc) meldepflichtige Veränderung dieser Quote Anlass zu weitergehenden Auskunftsverlangen bzw. (Sonder-)Prüfungen der Aufsichtsbehörde geben.[191]

(2) Kapitalausstattungsvorgaben im Versicherungswesen

Auch im Versicherungsaufsichtsrecht sind die Solvabilitätsvorschriften Bestandteil der „wichtigsten Sicherheitsvorkehrungen"[192] und mithin ein „bedeutendes Glied in der Kette [...aufsichtsrechtlicher...] Sicherungsmaßnahmen"[193] zur Begrenzung der versicherungsbetrieblichen Risiken.[194] Im Unterschied zur Aufsicht über Kredit- und Finanzdienstleistungsinstitute kommt ihnen allerdings (nur) die ergänzende Sicherungsfunktion zu, den Fehlbetrag des Erwartungswertes versicherungstechnischer Verbindlichkeiten abzudecken.[195] Der Erwartungswert selbst soll grundsätzlich bereits durch die bilanzielle (Ab-)Bildung versicherungstechnischer Rückstellungen, aus Versicherungsverhältnissen entstandener Verbindlichkeiten und Rechnungsabgrenzungsposten abgedeckt werden.[196] Der Bestand dieses Fremdvermögens dient bereits der Absicherung der feststehenden und folgerichtig voraussehbaren Risiken in der Zeit und im Kollektiv (versicherungstechnische Verbindlichkeiten).[197]

Um auch eine mögliche Überschreitung des erwarteten Wertes versicherungstechnischer Verbindlichkeiten ausgleichen und auf diese Weise die dauernde

---

190 Vgl. insoweit die Begründung der *Bundesregierung* zum Entwurf eines Gesetzes zur Stärkung der Finanzmarkt- und Versicherungsaufsicht, BT-Drs. 16/12783, S. 15.

191 Zu den Auskunfts- und Prüfungsbefugnissen nach § 44 KWG vgl. die Ausführungen unter B.II.1.b)bb).

192 *Kaulbach*, in: Fahr/Kaulbach/Bähr/Pohlmann, Kommentar zum VAG, § 8 Rn. 41.

193 *Neumann*, Aufsicht über Finanzkonglomerate, S. 112 m.w.Nachw. in Fn. 52.

194 Die versicherungsbetrieblichen Risiken lassen sich in die versicherungstechnischen, infolge des Risikogeschäfts als Kerngeschäft des Versicherungsunternehmens entstehenden und die nicht-versicherungstechnischen, allgemeinen Unternehmens-, Betriebskosten- und Kapitalanlagerisiken einteilen. Siehe den Überblick bei *Hölscher*, Risiken und Aufsichtsnormen in Banken und Versicherungsunternehmen, in: Corsten/Hilke (Hrsg.), Integration von Finanzdienstleistungen, 185 (190 ff.).

195 *Winter*, Versicherungsaufsichtsrecht, S. 727.

196 So genanntes „gebundenes Vermögen". – Für versicherungstechnische Rückstellungen gelten bspw. neben den allgemeinen Bewertungs- und Ansatzvorschriften der §§ 246 ff. HGB die besonderen handelsrechtlichen Vorschriften der §§ 341e bis 341h HGB.

197 *Schwebler*, Vermögensanlage, in: Schwebler (Hrsg.), Vermögensanlagepraxis in der Versicherungswirtschaft, 15 (25 f.).

Erfüllbarkeit der Versicherungsverträge in jeder Situation sicherstellen zu können, müssen Versicherungsunternehmen gemäß § 53c Abs. 1 S. 1 VAG über ein zusätzliches Sicherheitskapital von freien unbelasteten Eigenmitteln in Höhe der geforderten Solvabilitätsspanne[198] verfügen.[199] Neben der vom Geschäftsvolumen abhängigen Solvabilitätsspanne nennt § 53c VAG noch zwei weitere Sollgrößen, in deren Höhe das Versicherungsunternehmen Eigenmittel auszuweisen hat: den Garantiefonds, der ein Drittel der Solvabilitätsspanne ausmacht, sowie den durch einen absoluten Betrag (unabhängig von dem Geschäftsvolumen) festgelegten Mindestgarantiefonds.[200] Unterschreiten die anrechnungsfähigen Eigenmittel diese aufsichtsrechtlichen Mindestanforderungen, „werden [in Abhängigkeit von der unterdeckten Solvabilitätsgröße: Solvabilitätsspanne, Garantiefonds oder Mindestgarantiefonds] stufenweise aufsichtsrechtliche Sanktionen ausgelöst", die zur „Wiederherstellung gesunder Finanzverhältnisse" führen sollen.[201] Die anrechnungsfähigen Eigenmittel im Sinne des § 53c Abs. 3 VAG beziehen sich dabei teilweise auf bestimmte, in der Bilanz ausgewiesene Passivpositionen[202], die dem Versicherungsunternehmen generell als Sicherungsmittel zur Verfügung stehen,

198 Die Übersetzung des englischen Begriffs der „solvency margin" mit dem deutschen Begriff der „Solvabilitätsspanne" in Art. 16 Abs. 1 S. 1, Abs. 2 Erste Richtlinie Schadensversicherung i.d.F. von Art. 24 Dritte Richtlinie Schadensversicherung sowie Art. 27 Abs.1 Gesamtrichtlinie Lebensversicherung erscheint in Anbetracht des deutschen Sprachgebrauchs zumindest unglücklich. Das Wort Spanne bedeutet an sich Abstand oder Zwischenraum. Die Solvabilitätsspanne meint aber eine feste Größe, die jeweils aus variablen Daten ermittelt wird.

199 Zur versicherungsaufsichtsrechtlichen Funktion der Solvabilität vgl. nur *Farny*, Solvabilität, ZVersWiss 1984, 35 (37 ff.), *Müller*, Neuordnung der europäischen Solvabilitätsanforderungen, VW 1996, 358 (358), *dens.*, Sinn der Solvabilitätsvorschriften, ZfV 2004, 723 (725), und *Kaulbach*, in: Fahr/Kaulbach/Bähr/Pohlmann (Hrsg.), Kommentar zum VAG, § 53c Rn. 29.

200 § 53c Abs. 1 S. 2 und Abs. 2 Nr. 2 VAG. Siehe auch die europarechtlichen Richtlinienvorgaben in Art. 16. ff. sowie insbes. Art. 17 Abs. 1 und 2 Erste Richtlinie Schadensversicherung i.d.F. des Art. 16 Dritte Richtlinie Schadensversicherung und Art. 27 ff. sowie insbes. Art. 29 Abs. 1 und 2 Gesamtrichtlinie Lebensversicherung. – Weder Garantie- noch Mindestgarantiefonds bezeichnen als Sollgrößen der Eigenmittelausstattung kein einer besonderen Verwaltung unterstelltes Sondervermögen, so dass auch die Bezeichnungen als Fonds missverständlich sind. Vgl. dazu *Lipowsky*, in: Prölss, Kommentar zum VAG, § 53c Rn. 14, 16.

201 *Farny*, Versicherungsbetriebslehre, S. 779. – Einzelheiten zu den Instrumenten der speziellen Misstandsaufsicht nach § 81b VAG siehe unter B.II.2.a).

202 So genannte „explizite Mittel".

sowie auf bilanziell nicht ausweisbare Größen[203], die als Anrechnungsposten gegenüber der Aufsichtsbehörde beantragt und nachgewiesen werden müssen.[204] Einzelheiten der Berechnung bzw. der Höhe der Eigenmittelanforderungen ergeben sich nicht direkt aus dem Gesetz, sondern aus der auf der Grundlage des § 53c Abs. 2 VAG erlassenen Kapitalausstattungsverordnung[205], und variieren zwischen den Versicherungssparten der Lebens- und der Nichtlebensversicherung.[206]

Versicherungsspartenübergreifend sehen die derzeit geltenden Vorschriften des Versicherungsaufsichtsgesetzes sowie der Kapitalausstattungsverordnung zumindest weitestgehend einen pauschalen Gesamtrisikoansatz der Solvabilitätsermittlung mit festen quantitativen Sollgrößen vor.[207] Danach muss die Ist-Solvabilität (die Summe der freien unbelasteten Eigenmittel) mindestens der Soll-Solvabilität (grundsätzlich in Form der Solvabilitätsspanne) entsprechen.[208] Auch diesem

---

203 So genannte „implizite Mittel".

204 Die Unterteilung der Eigenmittel in explizite und implizite Mittel folgt zunächst einmal ausschließlich einer Differenzierung nach der Art der Eigenmittel, und bildet nur ansatzweise deren verlustausgleichende (Haftungs-)Qualität ab. – Zu den Eigenmitteln im Sinne des § 53 Abs. 1 S. 1 VAG vgl. ausführlich *Lipowsky*, in: Prölss, Kommentar zum VAG, § 53c Rn. 19 ff.

205 Kapitalausstattungsverordnung (KapAusstV) vom 13. Dezember 1983, BGBl. I, S. 1261, zuletzt geändert durch Art. 4 des Gesetzes vom 29. Juli 2009, BGBl. I, S. 2305.

206 Zur divergierenden Berechnung der Soll-Solvabilität eines Lebenserstversicherers (Zweiter Abschnitt: §§ 4 ff. KapAustV) im Unterschied zu einem Schadenerstversicherer als Beispiel eines Nichtlebensversicherungsunternehmens (Erster Abschnitt: §§ 1 ff. KapAustV) vgl. ausführlich *Farny*, Versicherungsbetriebslehre, S. 787 ff. bzw. S. 783 ff. – Während in die Berechnung der Solvabilitätsspanne neben den Betriebskostenrisiken für den Bereich der Lebensversicherungsunternehmen das versicherungstechnische wie auch das Kapitalanlagerisiko einbezogen werden, bildet die Solvabilitätsspanne der Nichtlebensversicherungen neben dem Betriebskostenrisiko ausschließlich das versicherungstechnische Risiko ab. Vgl. *Hölscher*, Risiken und Aufsichtsnormen in Banken und Versicherungsunternehmen, in: Corsten/Hilke (Hrsg.), Integration von Finanzdienstleistungen, 185 (207).

207 Vgl. *Farny*, Versicherungsbetriebslehre, S. 780, der einen Überblick über mögliche Solvabilitäts- und Aufsichtsmodelle nach den Kriterien der „(risiko-)theoretischen Angemessenheit und Operationalität" zusammengestellt hat.

208 Vgl. § 53c Abs. 1 S. 1 VAG, sowie die europarechtlichen Richtlinienvorgaben in Art. 16 Abs. 1 UA 2 S. 1 Erste Richtlinie Schadensversicherung i.d.F. des Art. 24 Dritte Richtinie Schadensversicherung und Art. 27 Abs. 2 1. HS Gesamtrichtlinie Lebensversicherung. – Mit den §§ 55c und 64a VAG sind zwar bereits im Vorgriff auf die zu erwartenden Vorgaben auf Gemeinschaftsebene in Bezug zu Solvency II mit Wirkung zum 1.1.2008 auf nationaler Ebene aufsichtsrechtliche Anforderungen

Modell wurde – dem ehemaligen bankenaufsichtrechtlichen Grundsatz I über die Eigenmittel der Kreditinstitute vergleichbar – vorgeworfen, die von den Unternehmen tatsächlich eingegangenen Risiken nur unzureichend in die Berechnung der Eigenmittelanforderungen einzubeziehen.[209]

Längst ist jedoch die auf der Ebene der Europäischen Union bereits vor einem guten Jahrzehnt in Gang gesetzte Neuausrichtung des geltenden Systems versicherungsaufsichtsrechtlicher Solvabilitätsanforderungen[210] mit der Veröffentlichung einer umfassenden „Richtlinie betreffend die Aufnahme und Ausübung der Versicherungs- und Rückversicherungstätigkeit (Solvabilität II)"[211] auch konkret vorangetrieben worden.[212] Zur Umsetzung der Richtlinienvorgaben hat die

---

insbesondere an ein unternehmensinternes Risikomanagementsystem in das Versicherungsaufsichtsgesetz aufgenommen worden. Aufsichtssystematisch sind diese aber (noch) ausschließlich Bestandteile der zweiten Säule des zunehmend qualitativ ausgestalteten Aufsichtsverfahrens ohne Verknüpfung zu den quantitativen Mindestsolvenzanforderungen. Vgl. auch die Ausführungen unter B.II.1.b)aa)(2).

209 Vgl. die allgemein gegenüber den mitgliedstaatlichen Vorschriften der Solvabilitätsaufsicht geäußerte Kritik in den Erwägungsgründen 14 und 15 der Richtlinie 2009/138/EG zu Solvabilität II, sowie speziell gegenüber dem Solo-Solvabilitätssystem des deutschen Versicherungsaufsichtsrechts *Farny*, Versicherungsbetriebslehre, S. 794 ff.

210 Unter dem nicht ohne Grund an die bankenaufsichtsrechtliche Eigenkapitalvereinbarung von „Basel II" angelehnten Arbeitstitel „Solvency bzw. Solvabilität II" hatte die Europäische Kommission bereits in ihrem Aktionsplan für Finanzdienstleistungen (1995–2005) vom 11. Mai 1999 das Ziel einer risikoorientierten Aufsicht über Versicherungen ausgegeben. Vgl. Mitteilung der *Kommission* vom 11.5.1999, Finanzdienstleistungen: Umsetzung des Finanzmarktrahmens: Aktionsplan KOM(1999) 232 endgültig, S. 29, abrufbar unter: http://ec.europa.eu/internal_market/finances/docs/actionplan/index/action_de.pdf (Stand: Dezember 2013).

211 ABl. EU vom 17.12.2009, L 335/1.

212 Gemäß Art. 311 Abs. 1 sollte die Richtlinie 2009/138/EG zu Solvabilität II grundsätzlich am zwanzigsten Tag nach ihrer Veröffentlichung im Amtsblatt der Europäischen Union und demzufolge am 6. Januar 2010 in Kraft treten. Davon ausgenommen sind allerdings wesentliche Vorschriften und Anhänge der Richtlinie. Diese sollten gemäß Art. 311 Abs. 2 der Richtlinie 2009/138/EG in seiner urspünglichen Fassung erst ab dem 1. November 2012 gelten. Infolge der Änderung durch Art. 2 Ziff. 135 des Vorschlags für eine Richtlinie des Europöischen Parlaments und des Rates zur Änderung der Richtlinien 2003/71/EG und 2009/138/EG im Hinblick auf die Befugnisse der Europäischen Aufsichtsbehörde für das Versicherungswesen und die betriebliche Atersvorsorge und der Europäischen Wertpapieraufsichtsbehörde (Omnibus II), KOM(2011) 8 endgültig, 2011/0006 (COD), war das Inkrafttreten der wesentlichen Vorschriften von Solvency II auf den 1. Januar 2013 verschoben worden. Auch dieses

Bundesregierung bereits einen Entwurf zu einer Neufassung des Versicherungsaufsichtsgesetzes vorgelegt.[213] Kern der Richtlinie und des Umsetzungsgesetzes sind die neuen Solvabilitätsvorschriften.[214] Diese verpflichten Versicherungsunternehmen auch weiterhin dazu, anrechnungsfähige Eigenmittel in Höhe der Solvenz- bzw. Solvabilitätskapitalanforderungen auszuweisen.[215] Die Anrechenbarkeit der Eigenmittel soll sich nach einem Kategorisierungs- und Limitierungssystem bestimmen, das die versicherungsaufsichtsrechtlich anerkannten Eigenmittelkomponenten der Basiseigenmittel[216] und ergänzenden Eigenmittel[217] entsprechend ihrer Verlustausgleichsqualität in drei Werthaltigkeitsklassen[218] einteilt und deren Anerkennung zur Bedeckung der Solvabilitätsanforderungen korrelativ abstuft.[219]

Datum ist nicht eingehalten worden. Aktuell sind selbst die Verhandlungen zur Omnibus II-Richtlinie zwischen dem europäischen Parlament, der Europäischen Kommission und dem europäischen Rat unterbrochen, werden aber zur zweiten Jahreshältfe 2013 wieder aufgenommen. Trotz dieser Verzögerungen sind die mit Solvency II grundsätzlich verbundenen und unstrittigen Neuerungen bereits in eine zukunfts- und entwicklungsoffene Strukturanalyse der (integrierten) Finanzdienstleistungsaufsicht einzubeziehen. Siehe dazu bereits *Bürkle*, Die rechtliche Dimension von Solvency II, VersR 2007, 1595 (1597), *Dreher*, Risikomanagement nach § 64a VAG und Solvency II, VersR 2008, 998 (999 f.), *Präve*, Aufsicht auf neuem Fundament, VW 2007, 1380 (1380).

213 Siehe Entwurf eines Zehnten Gesetzes zur Änderung des Versicherungsaufsichtsgesetzes vom 17. Februar 2012, BR-Drs. 90/12.

214 *Bürkle*, Die rechtliche Dimension von Solvency II, VersR 2007, 1595 (1596), *Präve*, Aufsicht auf neuem Fundament, VW 2007, 1380 (1380), der diese Schwerpunktsetzung gleichsam kritisch betrachtet. Kritisch gegenüber einer Überbewertung des Eigenkapitals im Rahmen der Versicherunsgaufsicht allgemein *Müller*, Sinn der Solvabilitätsvorschriften, ZfV 2004, 764 (767).

215 Vgl. Art. 100 Abs. 1 der Richtlinie 2009/138/EG [Allgemeine Bestimmungen für die Solvenzkapitalanforderung] und § 80 Abs. 1 S. 1 VAG-E [Eigenmittel].

216 Vgl. Art. 88 der Richtlinie 2009/138/EG und § 80 Abs. 3 VAG-E.

217 Vgl. Art. 89 der Richtlinie 2009/138/EG und § 80 Abs. 4 VAG-E.

218 So genannte „Tiers“.

219 Basiseigenmittel, d.h. nachrangige Verbindlichkeiten und der Überschuss der Vermögenswerte (ohne eigene Aktien) nach Abzug der Verbindlichkeiten, können allen drei Klassen unterfallen; ergänzende Eigenmittel, d.h. außerbilanzielle Kapitalinstrumente, die nicht zu den Basiseigenmitteln zählen, demgegenüber nur den Tier 2 oder Tier 3. Vgl. dazu die Begründung des von der *Kommission* neu gefassten Richtlinienvorschlags, KOM(2008) 119 endgültig/2, 2007/0143 (COD), S. 12 f., sowie *Lüttringhaus*, Solvency II, EuZW 2011, 822 (827 f.), und noch zu dem alten Vorschlag *Wehling/Winter*, Transparenter Markt stärkt Vertrauen, VW 2007, 1386 (1386 f.). Siehe dazu auch die §§ 82 ff. VAG-E.

In dem Anliegen, die Versicherungsaufsicht auf einen vermehrt risikoorientierten und prospektiven Ansatz zu gründen,[220] sollen die Solvenzkapitalanforderungen zudem möglichst unter Berücksichtigung des individuellen Risikopotenzials berechnet werden. Dementsprechend sehen die materiellen Solvabilitätsvorschriften zukünftig neben einer an Marktdaten orientierten Standardformel[221] auch die Möglichkeit der Verwendung unternehmensinterner Modelle[222] vor, mit deren Hilfe das eigenmittelunterlegungsbedürftige, unternehmensindividuelle Risikogewicht (insbesondere der Schadenswahrscheinlichkeitsverteilung) und die darauf aufbauenden Solvabilitätsanforderungen bestimmt werden kann.

Schon im Rahmen der so genannten „Standardformel" können einzelne Berechnungsparameter nicht nur entweder durch vorgegebene, insbesondere für kleinere und mittlere Unternehmen einfach gehaltene Standardmodule, sondern auch durch unternehmensspezifische Module institutseigener Berechnungsmethoden bestimmt werden.[223] Die unternehmensspezifischen Berechnungsparameter müssen sich dabei sowohl in die Modulstruktur der Standardformel einpassen als auch denknotwendig zu einer im Verhältnis zum Standardmodul risikosensitiveren und damit wirklichkeitsgetreueren Solvenzkapitalanforderung führen.[224] Letzteres gilt selbstverständlich erst recht für einen vollständig auf internen Berechnungsmethoden basierenden Ansatz. Sowohl die vollständige Umstellung der Risikogewichtung auf ein institutsinternes Berechnungsmodell (so genanntes „Vollmodell") als auch die risiko- bzw. geschäftsfeldspezifisch begrenzte Verwendung so genannter „Partialmodelle" bedürfen der aufsichtsbehördlichen Genehmigung.[225] Diese wird jeweils wiederum nur erteilt, wenn das Partial- bzw. das Vollmodell jeweils

---

220 Vgl. Art. 29 Abs. 1 S. 1 der Richtlinie 2009/138/EG [Allgemeine Grundsätze der Beaufsichtigung] sowie die Begründung der *Bundesregierung* zu § 80 des Entwurfs eines Gesetzse zur Neufassung des VAG, BR-Drs. 90/12, S. 289.

221 Art. 103 bis 111 der Richtlinie 2009/138/EG. Siehe auch §§ 90 bis 101 VAG-E.

222 Art. 112 bis 127 der Richtlinie 2009/138/EG. Siehe auch §§ 102 bis 112 VAG-E.

223 Vgl. Art. 109 und Art. 104 Abs. 7 der Richtlinie 2009/138/EG sowie deren Begründung der *Kommission*, KOM(2008) 119 endgültig/2, 2007/0143 (COD), S. 13 (Art. 109 der Richtlinie entspricht Art. 108 des Vorschlags). Siehe auch § 100 Abs. 2 VAG-E.

224 Vgl. Art. 113 Abs. 1 lit. b) und c) (Besondere Bestimmungen für die Genehmigung interner Modelle in Form von Partialmodellen) der Richtlinie 2009/138/EG. Siehe auch § 100 Abs. 2 S. 3 sowie § 103 Abs. 2 VAG-E.

225 Art. 112 f. der Richtlinie 2009/138/EG. Siehe auch § 100 Abs. 2 S. 1 sowie § 102 Abs. 3 S. 1 VAG-E.

(integraler) Bestandteil eines unternehmensinternen Governance- bzw. Risikomanagementsystems ist.[226]

Trotz der komplexen Anforderungen an ein institutsinternes Modell zur Bestimmung der betriebsspezifischen Risikolage geht von einem solchen der versicherungswirtschaftliche Implementationsanreiz aus, aufgrund der im Verhältnis zu dem Standardmodell präziseren Bestimmung des individuellen Risikogewichts letztlich geringeren Eigenmittelanforderungen zu unterliegen.[227] Die (absolute) Untergrenze der versicherungsaufsichtsrechtlichen Eigenmittelvorgaben ziehen allerdings die so genannten Mindestkapitalanforderungen,[228] in deren Höhe Versicherungsunternehmen Basiseigenmittel einer bestimmten Werthaltigkeit in der Bilanz auszuweisen haben.[229] Die absolute Untergrenze der Mindestkapitalanforderungen und die relative Zielvorgabe der Solvenzkapitalanforderungen[230] bilden zukünftig die maßgeblichen Steuerungsgrößen des versicherungsaufsichtsrechtlichen Konzepts einer angemessenen Eigenmittelausstattung.[231] Sie markieren

---

226 Vgl. Art. 112 Abs. 3 und 5 i.V.m. Art. 120 Abs. 1 der Richtlinie 2009/138/EG. Siehe auch § 106 Abs. 1 VAG-E. – Andererseits können die mitgliedstaatlichen Aufsichtsbehörden Versicherungsunternehmen, die ihr Risikoprofil mithilfe der Standardformel berechnen, dazu auffordern, ein internes (Partial-)Modell zur Berechnung der Solvenzkapitalanforderung zu verwenden, falls das Risikoprofil der Unternehmen wesentlich von den Annahmen der standardisierten Solvabilitätsanforderungen abweicht. Vgl. Art. 119 der Richtlinie 2009/138/EG und § 101 VAG-E.

227 Unternehmensinterne Risikominderungen werden ohne besondere Beschränkung vollständig angerechnet, wenn die Solvenzkapitalanforderung anhand eines genehmigten internen Modells berechnet wird (Art. 121 Abs. 6 der Richtlinie 2009/138/EG). Vgl. zu dem Anreizsystem *Lüttringhaus*, Solvency II, EuZW 2011, 822 (825 f.), sowie bereits zum Richtlinienentwurf *BaFin*, Jahresbericht 2005, S. 53, *Schubert/Grießmann*, Solvency II = Basel II + X, VW 2004, 1399 (1402). – Genau diese (anreiz-)systematische Verknüpfung von quantitativer Mindestsolvenzanforderung und qualitativer Steuerungsvorgabe stellen die bereits im Vorgriff auf Solvency II in Kraft getretenen §§ 55c und 64a VAG (noch) nicht her. Vgl. dazu unten B.II.1.b)aa)(2).

228 Englisch „Minimum Capital Requirements (MCR)“.

229 Zur Anrechnungsfähigkeit der Basiseigenmittel in Bezug auf die Mindestkapitalanforderungen siehe Art. 98 Abs. 2 der Richtlinie 2009/138/EG sowie dessen Begründung in dem Richtlinienvorschlag der *Kommission*, KOM(2008) 119 endgültig/2, 2007/0143 (COD), S. 13. Siehe dazu auch § 113 VAG-E. – Kritisch insbesondere gegenüber dem künstlichen Limitierungssystem *Wehling/Winter*, Transparenter Markt stärkt Vertrauen, VW 2007, 1386 (1387).

230 Englisch „Solvency Capital Requirements (SCR)“.

231 Auch „target capital“ bzw. „minimum capital“ der „solvency control levels“ genannt. Vgl. *Knauth/Schubert*, Versicherungsaufsicht vor Paradigmenwechsel, VW 2003, 902

(auch) die Eckpunkte eines abgestuften, auf die „Wiederherstellung gesunder Finanzverhältnisse“ gerichteten Maßnahmekatalogs.[232]

In die jeweilige Berechnung der Solvenzkapitalanforderungen werden versicherungsspartenübergreifend zukünftig sämtliche quantifizierbaren Risiken sowie – zum Teil in Abhängigkeit von dem verwendeten (standardisierten oder individualisierten) Berechungsmodell – Risikominderungstechniken[233] einbezogen werden, um das tatsächliche Risikopotenzial des Versicherungsunternehmens abzubilden.[234] Darüber hinaus gehende Maßstäbe der quantitativen Anlagebeschränkung werden nicht beibehalten. Die Kapitalanlagegrundsätze werden sich nach den europarechtlichen Vorgaben zu Solvency II auf qualitative Vorgaben des Risikomanagements beschränken.[235] Durch die damit verbundene Aufwertung der versicherungsaufsichtsrechtlichen Kapitalausstattungs- gegenüber den Kapitalanlagevorgaben wird ein (weiterer) Schritt der Annäherung zwischen banken- und versicherungsaufsichtsrechtlichen Eigenmittelanforderungen getan. Gleichwohl erfüllen sie nach geltendem wie auch zukünftigem Recht zweifelsohne unterschiedliche Funktionen.[236] Bankenaufsichtsrechtlich sollen die Eigenmittelanforderungen die originäre Haftung der Kredit- und Finanzdienstleistungsinstitute sicherstellen. Versicherungsaufsichtsrechtlich soll dies bereits durch die ausreichende Bildung versicherungstechnischer Rückstellungen gewährleistet werden.

(904 f), *Schradin*, Versicherungsaufsicht, ZVersWiss 2003, 611 (653), *Winter*, Versicherungsaufsichtsrecht, S. 731.

232 Vgl. Art. 138 ff. der Richtlinie 2009/138/EG sowie §§ 125 ff. VAG-E. So schon *Knauth/Schubert*, Versicherungsaufsicht vor Paradigmenwechsel, VW 2003, 902 (905).

233 Wie etwa Rückversicherung und Hedging.

234 Begründung des von der *Kommission* neu gefassten Richtlinienvorschlags, KOM(2008) 119 endgültig/2, 2007/0143 (COD), S. 13, siehe auch *Lüttringhaus*, Solvency II, EuZW 2011, 822 (825), sowie *Winter*, Versicherungsaufsichtsrecht, S. 730.

235 Vgl. Art. 132 Abs. 1, 2 und 4 der Richtlinie 2009/138/EG zu Solvabilität II und § 115 Abs. 1 VAG-E. Siehe auch die Begründung des von der *Kommission* neu gefassten Richtlinienvorschlags, KOM(2008) 119 endgültig/2, 2007/0143 (COD), S. 14, sowie bereits *BaFin*, Jahresbericht 2005, S. 52. – Zu den quantitativen Mindestanforderungen einer ausreichenden Zahlungsbereitschaft siehe unten B.II.1.a)bb)(2).

236 So auch *Hohlfeld*, Versicherungsaufsicht – Allfinanzaufsicht, in: Bork/Hoeren/Pohlmann (Hrsg.), Recht und Risiko, Festschr. für Kollhosser, Bd. I, 151 (159), der in besonderem Maße auf die auch weiterhin bestehenden Unterschiede zwischen Bank- und Versicherungsgeschäft und damit zwischen den jeweiligen Risikosituationen hinweist. Ebenfalls kritisch *Schmidt/Präve*, in: Prölss, Kommentar zum VAG, Vorbem. Rn. 69.

Die Kapitalaustattungsvorgaben nehmen insoweit eine darüber hinaus gehende „Pufferfunktion“[237] wahr.

bb) Liquidität – ausreichende Zahlungsbereitschaft

Neben den Kriterien der angemessenen Eigenmittelausstattung (Solvabilität), die der Begrenzung aktivseitiger Risiken aus den jeweiligen Versicherungs- oder Bankgeschäften dienen, bilden die aufsichtsrechtlichen Vorschriften über die ausreichende Zahlungsbereitschaft (Liquidität) „ein weiteres Kernstück“ der laufenden Solvenz- bzw. Finanzaufsicht.[238] Um die auf der Passivseite der Bilanz abzulesende Einlagen- bzw. Prämiensicherheit der Bank- bzw. Versicherungskunden auch tatsächlich zu gewährleisten, müssen die den Unternehmen zur (freien) Verfügung stehenden Liquiditätsmittel mindestens den (jederzeit) abrufbaren Zahlungsverpflichtungen entsprechen.[239]

(1) Liquiditätsgrundsätze im Kredit- und Finanzdienstleistungswesen

Gerade die den Banken als so genannte Finanzintermediäre zwischen Gläubigern und Schuldnern gestellte Aufgabe, die Fristen zwischen langfristig gebundenen Aktiva und kurzfristig fälligen Verbindlichkeiten zu transformieren, birgt auch ein besonderes Liquiditätsrisiko.[240] Um dieses zu begrenzen, verpflichtet § 11 Abs. 1 S. 1 KWG die Institute bereits seit Inkrafttreten des Kreditwesengesetzes[241] dazu, ihre

237 Zum Begriff vgl. *Neumann*, Aufsicht über Finanzkonglomerate, S. 35 f.

238 So in Bezug auf die Kapitalanlagevorschriften des Versicherungsaufsichtsrechts *Lipowsky*, in: Prölss, Kommentar zum VAG, Vor § 53c Rn. 16. Ähnlich in Bezug auf die Liquiditätsgrundsätze des Bankenaufsichtsrechts Albert, in: Reischauer/Kleinhans, Kommentar zum KWG, § 11 Rn. 1, und *Kokemoor*, in: Beck/Samm/Kokemoor, Kommentar zum KWG, § 11 Rn. 4.

239 Vgl. *Büschgen*, Bankbetriebslehre, S. 895 ff., *Hartmann-Wendels/Pfingsten/Weber*, Bankbetriebslehre, S. 428, *Farny*, Versicherungsbetriebslehre, S. 847. Angedeutet auch bei *Boos*, in: Boos/Fischer/Schulte-Mattler (Hrsg.), Kommentar zum KWG, § 11 Rn. 1 ff., sowie *Lipowsky*, in: Prölss, Kommentar zum VAG, Vor § 53c Rn. 16.

240 *Boos*, in: Boos/Fischer/Schulte-Mattler (Hrsg.), Kommentar zum KWG, § 11 Rn. 1; *Neus*, in: Luz/Neus/Scharpf/Schneider/Weber (Hrsg.), Kommentar zum KWG, Einf. Rn. 28. *Hartmann-Wendels/Pfingsten/Weber*, Bankbetriebslehre, S. 426 ff., machen (nochmals) deutlich, dass nicht allein die Fristentransformation, sondern nur in Verbindung mit der Unvollkommenheit des (Finanz-)Marktes – ohnehin grundlegender Ausgangspunkt und mithin Rechfertigungsgrund der Wirtschaftsaufsicht – zu Problemen der Fristenkongruenz und mithin zu Liquiditätsrisiken führen kann.

241 10. Juli 1961.

Mittel im Allgemeinen so anzulegen, dass jederzeit nicht nur eine notwendige Zahlungsfähigkeit, sondern auch eine ausreichende Zahlungsbereitschaft gewährleistet ist.[242] Obwohl Banken zur (Re-)Finanzierung ihrer langfristig gebundenen Aktiva insbesondere in Krediten schon längst nicht mehr allein auf Spareinlagen zurückgreifen, sondern auch die Finanzmärkte als weitere Liquiditätsquelle erschlossen haben,[243] ist die damit zunehmende Bedeutung des Liquiditätsrisikos aufsichtlich lange Zeit verkannt bzw. vernachlässigt worden.[244] Da die marktmäßige Refinanzierung grundsätzlich nicht nur über innovative Finanzprodukte wie Repogeschäfte, Verbriefungen und Kreditderivate, sondern auch über subsidiäre Liquiditätslinien zwischen den Banken erfolgt, unterlagen die Behörden der Fehlvorstellung, dass, wenn schon nicht das einzelne Institut, so doch jedenfalls der gesamte Markt ausreichend Liquidität vorhalte, dass sich Banken jedenfalls untereinander Finanzmittel in hinreichendem Maße zur Verfügung stellen würden.[245] Spätestens infolge der Erkenntnis, dass die auf dem US-amerikanischen Subprimemarkt ausgelöste Finanzmarktkrise im Herbst 2008 auch den Liquiditätsfluss auf dem europäischen bzw. deutschen Interbankenmarkt zum Erliegen gebracht hatte, rückten „die Rückkopplungseffekte zwischen den individuellen Liquiditäts- bzw. Refinanzierungsprofilen der Banken einerseits sowie der Systemstabilität andererseits“ und damit das Liquiditätsrisiko insgesamt (wieder) vermehrt in den Fokus der Finanzaufsicht.[246] Nicht nur der nationale Gesetzgeber, sondern auch der Baseler Ausschuss für Bankenaufsicht sowie die Europäische Kommission haben die Dringlichkeit erkannt, verbesserte Standards zur Begrenzung der Liquiditätsrisiken verbindlich einzuführen.[247]

---

242 Zum Unterschied zwischen insolvenzrechtlicher Zahlungsfähigkeit und aufsichtsrechtlicher Zahlungsbereitschaft siehe *Zeranski*, in: Boos/Fischer/Schulte-Mattler (Hrsg.), Kommentar zum KWG, Vor LiqV Rn. 2.

243 Vgl. insoweit *Deutsche Bundesbank*, Steuerung von Liquiditätsrisiken, Monatsbericht September 2008, 59 (60).

244 Die aufsichtliche Vernachlässigung des Liquiditätsrisikos mahnte bereits der *Sachverständigenrat zur Begutachtung der gesamtwirtschaftlichen Entwicklung*, Das Erreichte nicht verspielen, Jahresgutachten 2007/08, S. 145, an.

245 *Braun/Wolfgarten*, in: Boos/Fischer/Schulte-Mattler (Hrsg.), Kommentar zum KWG, § 25a Rn. 324.

246 Vgl. *Deutsche Bundesbank*, Basel III – Leitfaden, S. 30. Gerade die mangelnde Liquiditätsausstattung verschiedener Kreditinstitute war eine wesentliche Erkenntnis der Finanzkrise, die die damalige *Bundesregierung* dazu veranlasste, am 27. April 2009 den Entwurf für ein Gesetz zur Stärkung der Finanzmarkt- und der Versicherungsaufsicht, BT-Drs. 16/12783, S. 13, vorzulegen.

247 Vgl. *Baseler Ausschuss für Bankenaufsicht*, Basel III, Teil 2, sowie Vorschlag der *Europäischen Kommission* für eine Verordnung des Europäischen Parlaments und

Vor der Finanzmarktkrise galten die Liquiditätsregeln der auf der Grundlage von § 11 Abs. 1 S. 2 KWG erlassenen Liquiditätsverordnung[248] noch als Modell für eine Harmonisierung auf der Ebene der Europäischen Union.[249] Die im Jahre 2006 zeitgleich mit der nationalen Umsetzung der europarechtlich vermittelten Vorgaben von Basel II in Kraft getretene Verordnung hatte den zuvor geltenden Grundsatz II der Bundesanstalt für Finanzdienstleistungsaufsicht[250] über die Liquidität der (Kredit- bzw. Finanzdienstleistungs-)Institute[251] abgelöst.[252] Nach der Liquiditätsverordnung wird die Liquiditätslage eines Unternehmens, seither und bis heute, anhand einer so genannten Liquiditätskennziffer bestimmt, die das Verhältnis von anrechnungsfähigen (verfügbaren) Liquiditätsmitteln zu ansatzpflichtigen (abrufbaren) Zahlungsverpflichtungen für den auf den Meldestichtag folgenden Monat angibt.[253] Die Liquidität eines Instituts gilt als ausreichend, wenn die Liquiditätskennzahl den Wert eins nicht unterschreitet.[254] Um der Aufsichtsbehörde einen Gesamteindruck von der Liquiditätslage des jeweiligen Kreditinstituts über den Zeitraum des ersten Monats hinaus zu vermitteln, haben Banken gleichzeitig so genannte Beobachtungskennziffern zu berechnen und der Aufsichtsbehörde zu melden. Diese sollen Auskunft über die Zahlungsbereitschaft des Instituts in

---

des Rates über Aufsichtsanforderungen an Kreditinstitute und Wertpapierfirmen, KOM(2011), 452, Teil 6.

248 Liquiditätsverordnung vom 14. Dezember 2006 (LiqV), BGBl. I, S. 3117, zuletzt geändert durch Art. 13 des Gesetzes vom 1. März 2011, BGBl. I, S. 288.

249 So zumindest (noch) *BaFin*, Jahresbericht 2006, S. 118. Ähnlich *Meister*, Liquiditätsverordnung, ZfgK 2007, 39 (39 f.), *Zeranksi*, in: *Boos*, in: Boos/Fischer/Schulte-Mattler (Hrsg.), Kommentar zum KWG, Vor LiqV Rn. 27.

250 Ehemals Bundesaufsichtsamt für das Kreditwesen.

251 Grundsätze über die Eigenmittel und Liquidität der Institute (Grds II) in der Fassung der Bekanntmachung vom 25. November 1998 (BAnz. Nr. 232).

252 Die Liquiditätsverordnung selbst basiert auch in ihrer aktuellen Fassung noch ausschließlich auf einem rein nationalen Konzept. Gleichwohl sind die aktuellen Liqiditätsstandards des *Baseler Ausschusses für Bankenaufsicht*, Basel III, Teil 2, bereits in eine diese vermittelnde der Verordnung (EU) 575/2013 über Aufsichtsanforderungen an Kreditinstitute und Wertpapierfirmen umgesetzt worden. Siehe dazu noch die nachfolgenden Ausführungen. Zuvor hat der *Baseler Ausschuss* in dem Papier „Sachgerechte Methoden für die Steuerung der Liquidität in Bankinstituten" 14 Grundsätze für das Liquiditätsmanagement formuliert. Vgl. dazu *Zeranksi*, in: Boos/Fischer/Schulte-Mattler (Hrsg.), Kommentar zum KWG, Vor LiqV Rn. 18 ff.

253 § 2 Abs. 1 S. 2 LiqV. Ebenso noch § 2 Abs. 2 S. 2 Grds II. – Der Zeitraum des ersten auf den Meldestichtag folgenden Monats wird als Laufzeitband 1 bezeichnet.

254 Vgl. § 2 Abs. 1 S. 1 LiqV.

unterschiedlich gestaffelten Zeiträumen innerhalb des auf den Meldestichtag folgenden Jahres geben, ohne dass sie unmittelbare aufsichtliche Folgen nach sich ziehen.[255] Die im Rahmen der Ermittlung der Liquiditäts- bzw. jeweiligen Beobachtungskennziffer anrechenbaren Liquiditätsmittel werden in Abhängigkeit von ihrer Verfügbarkeit klassifiziert und ins Verhältnis zu den Zahlungsverpflichtungen bzw. deren (rest-)laufzeitspezifisch drohender Abrufbarkeit gesetzt.[256]

Wie der ehemalige Grundsatz II über die Liquidität der (Kredit- bzw. Finanzdienstleistungs-)Institute lässt auch der nachgezeichnete Standardansatz der §§ 2 bis 8 LiqV zur Berechnung der hinreichenden Liquiditätsausstattung institutsindividuelle Faktoren aus Gründen der methodischen Praktikabilität und Komparabilität weitestgehend außer Betracht. Gerade mit Blick auf große Institute mit komplexen Geschäftsbetrieben, deren Zahlungsströme eine hohe Schwankungsbreite aufzeigen und mithilfe des Standardansatzes tatsächlich zumeist nur unzureichend erfasst werden können,[257] sieht die Liquiditätsverordnung aber in Bezug auf die allgemeine Beurteilung der ausreichenden Liquidität eine bedeutsame Öffnungsklausel für institutseigene, risikoorientierte Verfahren der Liquiditätsrisikobewertung und -begrenzung vor.[258] Bevor diese allerdings zur aufsichtsrechtlich anerkannten Risikomessung eingesetzt werden können, unterliegen sie einer aufsichtsbehördlichen Zulassungsprüfung.[259] Die Zulassung einer institutseigenen Liquiditätsbewertung setzt voraus, dass das entsprechende Verfahren in ein

---

255 Zu den unterschiedlichen Laufzeitbändern von über einem bis zu drei Monaten (Laufzeitband 2), von über drei bis zu sechs Monaten (Laufzeitband 3) und von über sechs bis zu zwölf Monaten (Laufzeitband 4) vgl. § 2 Abs. 1 S. 3 LiqV.

256 Nach § 3 Abs. 1 LiqV zählen zu den der Liquiditätskennzahl anrechenbaren Mitteln jedenfalls diejenigen, die unabhängig von ihrer (Rest-)Laufzeit jederzeit liquidierbar sind (Liquidität erster Klasse). Die Liquiditätskomponenten zweiter Klasse (vgl. § 3 Abs. 2 LiqV) sind hingegen abhängig von ihrer Restlaufzeit den jeweiligen Liquiditätszeitbändern zuzuordnen. Korrelativ werden ebenso die Zahlungsverpflichtungen ohne vereinbarte Laufzeit bzw. feststehende Kündigungsfrist gegenüber den Liquiditätsmitteln erster Klasse in Ansatz gebracht (§ 4 Abs. 1 LiqV), wie die restlichen Zahlungsverpflichtungen entsprechend ihrer (Rest-)Laufzeiten den einzelnen Zeitlaufbändern zugeordnet werden (§ 4 Abs. 2 LiqV). Hochliquide Aktiva gelten insoweit als Puffer zum jederzeitigen Ausgleich von Zahlungsverpflichtungen.

257 Vgl. insoweit nur *Deutsche Bundesbank*, Steuerung von Liquiditätsrisiken, Monatsbericht September 2008, 59 (69 f.).

258 Vgl. dazu bereits *BaFin*, Jahresbericht 2006, S. 118.

259 Vgl. § 10 LiqV. Zu dessen Anforderungen an die Liquiditätsmodelle vgl. Auch die Übersicht bei *Deutsche Bundesbank*, Steuerung von Liquiditätsrisiken, Monatsbericht September 2008, 59 (70).

institutsinternes Risikomanagement- und Unternehmenssteuerungssystem eingebettet ist. Die institutseigenen Verfahren müssen dabei insbesondere eine laufende Ermittlung und adäquate Überwachung des Liquiditätsrisikos gewährleisten und die Liquiditätslage des Unternehmens – auch unter Berücksichtigung so genannter „Stressszenarien" – präziser darstellen als das standardisierte Korrelationsverfahren der §§ 2 ff. LiqV.[260] Zudem müssen die Institute auf der Grundlage des eigenen Liquiditätsrisikomess- und -steuerungsverfahrens geeignete, quantitativ zu bemessende Obergrenzen für Liquiditätsrisiken festlegen,[261] innerhalb derer Schwellenwerte für nennenswerte, mittlere und hohe Risiken einer nicht ausreichenden Liquidität wie auch entsprechende Gegenmaßnahmen bestimmt werden müssen.[262] Die an die intern festgelegten Maßstäbe geknüpfte Meldepflicht der Institute[263] soll der Aufsichtsbehörde schließlich die Möglichkeit eröffnen, dem Risikoniveau entsprechend variabel zu reagieren.[264]

Insgesamt orientieren sich die bankenaufsichtsrechtlichen Liquiditätsgrundsätze nach ihrer Weiterentwicklung durch die Liquiditätsverordnung vermehrt an allgemeinen Prinzipien denn an konkreten Regeln. Sie ermöglichen die aufsichtsrechtliche Nutzung institutseigener Modelle der Liquiditätsrisikomessung und -steuerung und richten die Aufsicht über die ausreichende Zahlungsbereitschaft der Kreditinstitute damit an deren individuellen Risikoprofilen aus. Die Parallele zu den Solvabilitätsanforderungen ist erkennbar und – im Sinne einer fortschreitenden Konvergenz der Aufsichtsstandards – auch gewollt.

Diese ausgeprägte Prinzipienorientierung ist auch in den Grundsätzen für eine solide Steuerung und Überwachung des Liquiditätsrisikos des Baseler Ausschusses für Bankenaufsicht weitergeführt worden.[265] Gleichwohl wird das zunehmend qualitative Rahmenkonzept zur Gewährleistung einer hinreichenden Liquidität vor dem Hintergrund der spätestens seit der Finanzmarktkrise der letzten Jahre (wieder-)gewonnenen Erkenntnis der aufsichtsrechtlichen Bedeutung des Liquiditätsrisikos durch zwei quantitative Mindeststandards der Liquiditätsausstattung

---

260 § 10 Abs. 3 Nr. 1 LiqV.

261 So genannte „Limite".

262 § 10 Abs. 3 Nr. 2 LiqV.

263 §10 Abs. 3 Nr. 3 LiqV.

264 So die Begründung zur Verordnung über die Liquidität der Institute, S. 4, abrufbar unter www.bafin.de »» Aufsichtsrecht »» Bankenaufsicht (Stand: Dezember 2013).

265 Vgl. dazu *Baseler Ausschuss für Bankenkaufsicht*, Principles for Sound Liquidity Risk Management and Supervision, September 2008, abrufbar unter: http://www.bis.org (Stand: Dezember 2013), sowie *Deutsche Bundesbank*, Steuerung von Liquiditätsrisiken, Monatsbericht September 2008, 59 (73 f.).

ergänzt werden.[266] Nach Maßgabe der kurzfristigen Mindestliquiditätsquote[267] müssen Institute über einen angemessenen Bestand an lastenfreien, erstklassigen liquiden Aktiva verfügen, um Nettoliquiditätsabflüsse in einem von der Aufsicht definierten, erheblichen Liquiditäts-Stressszenario während eines Zeitraums von 30 Tagen ausgleichen und mithin die jederzeitige Zahlungsfähigkeit auch unter besonderen Stressbedingungen gewährleisten zu können.[268] Das Szenario soll dabei sowohl institutsspezifische als auch systemische Liquiditätsrisiken widerspiegeln, wie sie sich nicht zuletzt infolge der Finanzkrise der letzten Jahre realisiert haben.[269] Um das Liquiditätsprofil einer Bank auch über einen längeren Zeitraum widerstandsfähiger zu machen, sehen die Reformvorschläge des Baseler Ausschusses und auch der Europäischen Kommission die Einführung die strukturelle Liquiditätsquote[270] vor. Danach muss die Summe der nach ihrer dauerhaften Verfügbarkeit gewichteten Passiva[271] über den Zeitraum von einem Jahr mindestens der Summe der nach ihrer kurzfristigen Fälligkeit gewichteten Aktiva zuzüglich des mittelfristigen Finanzierungsbedarfs der außerbilanziellen Positionen[272] entsprechen.[273] Über die strukturelle Liquiditätsquote soll den Instituten ein Anreiz

---

266 Siehe dazu insbes. *Baseler Ausschuss für Bankenaufsicht*, Basel III, Teil 2, Rz. 1 ff., insbes. 4 f., wie auch die Begründung der *Europäischen Kommission* zu ihrem Vorschlag für eine Verordnung des Europäischen Parlaments und des Rates über Aufsichtsanforderungen an Kreditinstitute und Wertpapierfirmen, KOM(2011), 452, S 6 f.

267 So genannte „Liquidity Coverage Ratio (LCR)".

268 *Baseler Ausschuss für Bankenaufsicht*, Basel III, Teil 2, Rz. 15 ff.; Begründung der *Europäischen Kommission* zu ihrem Vorschlag für eine Verordnung des Europäischen Parlaments und des Rates über Aufsichtsanforderungen an Kreditinstitute und Wertpapierfirmen, KOM(2011), 452, S 7; *Deutsche Bundesbank*, Regelwerk zur Eindämmung systemischer Risiken, Finanzstabilitätsbericht 2011, 67 (70).

269 Begründung der *Europäischen Kommission* zu ihrem Vorschlag für eine Verordnung des Europäischen Parlaments und des Rates über Aufsichtsanforderungen an Kreditinstitute und Wertpapierfirmen, KOM(2011), 452, S 7.

270 So genannte „Net Stable Funding Ratio (NSFR)".

271 So genannte „tatsächlich stabile Refinanzierung".

272 So genannte „erforderlich stabile Refinanzierung".

273 Zu Ziel und Definition der strukturellen Liquiditätsquote vgl. ausführlich *Baseler Ausschuss für Bankenaufsicht*, Basel III, Teil 2, Rz. 119 ff., sowie zusammengefasst *Baseler Ausschuss für Bankenaufsicht*, Basel III, Teil 1, Rz. 42, und *Deutsche Bundesbank*, Basel III – Leitfaden, S. 32. Siehe dazu auch die Begründung der *Europäischen Kommission* zu ihrem Vorschlag für eine Verordnung des Europäischen Parlaments und des Rates über Aufsichtsanforderungen an Kreditinstitute und Wertpapierfirmen, KOM(2011), 452, S 7.

gegeben werden, ihre Geschäfte auf der Basis stabiler Refinanzierungsquellen zu tätigen, um mittel- bis langfristige Zahlungsschwierigkeiten infolge einer zu extensiven Fristentransformation entgegenzuwirken.[274] Gemeinsam mit der Mindestliquiditätsquote wird die strukturelle Liquiditätsquote die „Grundpfeiler der quantitativen Liquiditätsaufsicht" bilden.[275] Daneben sind der Aufsichtsinstanz auch nach den neuen Rahmenvereinbarungen von Basel III bzw. nach der Verordnung auf europäischer Ebene eine Vielzahl von Beobachtungskennziffern[276] zu melden, um die quantitative Liquiditätsanalyse zu vervollständigen.[277]

Nicht zuletzt aufgrund systematisch und ordnungspolitisch noch offener Fragen im Zusammenhang mit der Mindestliquiditäts- wie auch der Liquiditätsstrukturquote[278] sollen deren Vorgaben erst nach einer umfassenden Beobachtungs- und Überprüfungsphase verbindlich umgesetzt werden.[279] Bis dahin werden die Institute auch nach der europarechtlichen Verordnung erst einmal nur der Liquiditätskennziffer vergleichbar einen Gesamtwert an liquiden Aktiva nachweisen müssen, der mindestens den Liquiditätsabflüssen abzüglich der Liquiditätszuflüsse zu entsprechen hat.[280] Es bleibt abzuwarten, was in der Zwischenzeit aus der

---

274 *Deutsche Bundesbank*, Regelwerk zur Eindämmung systemischer Risiken, Finanzstabilitätsbericht 2011, 67 (70).

275 *BaFin*, Jahresbericht 2010, S. 56.

276 So genannte „monitoring tools" wie beispielsweise im Zusammenhang mit vertraglichen Laufzeitkongruenzen, Finanzierungskonzentrationen, verfügbaren lastenfreien Aktiva, sowie bestimmten Marktindikatoren.

277 Vgl. *Baseler Ausschuss für Bankenaufsicht*, Basel III, Teil 2, Rz. 137 ff., sowie Art. 415 ff. und 427 ff. der Verordnung (EU) 575/2013 über Aufsichtsanforderungen an Kreditinstitute und Wertpapierfirmen.

278 Vgl. insoweit die Mahnung der *Deutschen Bundesbank*, Regelwerk zur Eindämmung systemischer Risiken, Finanzstabilitätsbericht 2011, 67 (71). Danach kann die Forderung, beide Kennziffern jeder Zeit und damit auch in Stresssituationen einhalten zu müssen, „zur Hortung von Liquidität" und damit zu „unbeabsichtigten Wirkungen auf das Finanzsystem [sowie infolgedessen] auf die Realwirtschaft" führen.

279 Dabei divergieren die Zeiträume zwischen Mindestliquiditäts- und Liquiditätsstrukturquote. Während erstere bereits zum 1. Januar 2015 in verbindliches Recht umgesetzt sein soll, ist mit Blick auf letztere eine drei Jahre längere Beboachtungsphase vorgesehen. Verbindlich in Kraft treten soll diese erst am 1. Januar 2018. Vgl. *Baseler Ausschuss für Bankenaufsicht*, Basel III, Teil 2, Rz. 9 und 197, sowie die Begründung der *Europäischen Kommission* zu ihrem Vorschlag für eine Verordnung des Europäischen Parlaments und des Rates über Aufsichtsanforderungen an Kreditinstitute und Wertpapierfirmen, KOM(2011), 452, S. 7.

280 Art. 412 Abs. 1 der Verordnung (EU) 575/2013 über Aufsichtsanforderungen an Kreditinstitute und Wertpapierfirmen.

durch das Gesetz zur Stärkung der Finanzmarkt- und Versicherungsaufsicht auf nationaler Ebene der Bundesanstalt für Finanzdienstleistungsaufsicht bereits eingeräumten Befugnis wird, gegenüber einzelnen Instituten – der Erweiterung der aufsichtsbehördlichen Befugnis zur Festsetzung erhöhter Eigenmittelanforderungen[281] vergleichbar – auch erhöhte Liquiditätsanforderungen festlegen zu können, wenn ohne eine solche Maßnahme die nachhaltige Liquidität eines Instituts nicht gesichert ist.[282]

(2) Kapitalanlagegrundsätze im Versicherungswesen

Anders als die Liquiditätsgrundsätze, die bankenaufsichtsrechtlich die Solvabilitätsvorschriften lediglich ergänzen, bilden die geltenden Vorschriften über die Kapitalanlage (zumindest noch) den Schwerpunkt der versicherungsrechtlichen Finanzaufsicht.[283] Versicherungsverträge sind (im Gegensatz zu Bankverträgen) durch eine lange Laufzeit gekennzeichnet, während der dem Versicherungsunternehmen regelmäßig Versicherungsprämien zufließen.[284] Der zu Beginn einer jeden Versicherungsperiode entrichtete Versicherungsbeitrag, der grundsätzlich kein anderes Risiko als das eines zukünftigen Versicherungsfalles durch einen Ausgleich des Risikos im Kollektiv und in der Zeit abdecken soll,[285] ermöglicht dem Versicherungsunternehmen den Aufbau eines (Fremd-)Kapitalvorrates. Dieser wird versicherungsbetrieblich nicht nur zur Auszahlung zukünftiger Versicherungsleistungen, sondern auch zur ertragbringenden Kapitalanlage genutzt. Neben dem Zweck der versicherungseigenen Gewinnerzielung dient die Kapitalanlage im Rahmen versicherungsvertraglich vereinbarter Spar- bzw. Entsparvorgänge

281 Vgl. § 10 Abs. 1b KWG n.F.

282 § 11 Abs. 2 KWG n.F.

283 Siehe nur *Lipowsky*, in: Prölss, Kommentar zum VAG, Vor § 53c Rn. 16, *Neumann*, Aufsicht über Finanzkonglomerate, S. 46. Ausführlich zu den Kapitalanlagevorschriften *Heitmann*, Kapitalanlagevorschriften, in: Bähr (Hrsg.), Hdb Versicherungsaufsichtsrecht, § 17 Rn. 1 ff. – Zu der Schwerpunktverschiebung infolge der Umsetzung der Richtlinie 2009/138/EG zu Solvabilität II siehe oben B.II.1.a)bb)(1).

284 *Hübner*, Versicherungsvertrag, in: Koch/Weiss (Hrsg.), Gabler Versicherungslexikon, S. 955 ff. Zur Gestaltung des Versicherungsvertrages siehe ausführlich *Farny*, Versicherungsbetriebslehre, S. 396 ff.

285 Das auf den Kern des Versicherungsgeschäftes bezogene versicherungstechnische Risiko besteht folglich darin, dass sowohl der Eintritt des Versicherungsfalls als auch die Höhe der zu leistenden Entschädigung vom Zufall abhängig sind. Eine Ausnahme bildet insoweit bspw. die fondsgebundene Lebensversicherung, bei der der Versicherungsnehmer ganz oder teilweise das Kapitalanlagerisiko trägt.

auch der Bildung eines ausreichend verzinsten Sparkapitals und bildet insofern einen bedeutenden Faktor im Wettbewerb der Versicherungen untereinander sowie gegenüber den Banken.[286]

Wegen dieses Verbundkonzepts von Versicherungs- und Kapitalanlagegeschäft unterliegt die Kapitalanlage der Versicherungsunternehmen besonderen Anforderungen des Versicherungsaufsichtsrechts.[287] Um die dauerhafte Erfüllung der Versicherungsverträge zu gewährleisten,[288] werden die Versicherungsunternehmen daher nicht nur zur ausreichenden Bildung versicherungstechnischer Rückstellungen im (Erwartungs-)Wert zukünftiger Verbindlichkeiten verpflichtet und in ihrer Kapitalanlage beschränkt, sondern (jedenfalls noch) durch § 54 Abs. 1 VAG zunächst einmal zur Kapitalanlage im Betrage des versicherungstechnischen Fremdkapitals[289] verpflichtet; freilich unter Beachtung der (Vorsichts-)Prinzipien größtmöglicher Sicherheit und Rentabilität bei jederzeitiger Liquidität des Versicherungsunternehmens sowie unter Wahrung einer angemessenen Mischung und Streuung.[290]

Auch in Bezug auf die Vorgaben der ausreichenden Zahlungsbereitschaft beschränkt sich die parlamentsgesetzliche Vorgabe in § 54 Abs. 1 VAG

286 Zu diesen (insbesondere finanzwirtschaftlichen) Gründen des Verbundes aus Versicherungs- und Kapitalanlagegeschäft siehe nur *Farny*, Versicherungsbetriebslehre, S. 621 ff. sowie S. 761 ff.

287 *Winter*, Versicherungsaufsichtsrecht, S. 725.

288 Vgl. die versicherungsaufsichtsgesetzliche Konkretisierung der finanzaufsichtsrechtlichen Zielsetzung in § 81 Abs. 1 S. 5 VAG.

289 So genanntes „gebundenes Vermögen". Das an die Bedeckung des versicherungstechnischen Fremdkapitals gebundene Vermögen setzt sich aus dem so genannten Sicherungsvermögen i.S.d. § 66 VAG und dem so genannten sonstigen Vermögen i.S.d. § 54 Abs. 5 VAG zusammen. Das Sicherungsvermögen besteht seinerseits aus dem Teil der Kapitalanlage, der die Verpflichtungen aus den Versicherungsgeschäften bedeckt und in ein spezielles Vermögensverzeichnis einzutragen sowie getrennt vom sonstigen (gebundenen und freien) Vermögen aufzubewahren und zu verwalten ist (§ 66 Abs. 5 S. 1 VAG), um im Insolvenzfall vorrangig die Ansprüche der Versicherungsnehmer befriedigen zu können (vgl. § 77 VAG).

290 Zu den Anlagegrundsätzen ausführlich Heitmann, Kapitalanlagevorschriften, § 17 Rn. 27 ff. – Das nicht an die Deckung des versicherungstechnischen Fremdkapitals gebundene, sog. freie Vermögen, das jedoch nur einen kleineren Teil des Gesamtvermögens von Versicherungsunternehmen ausmacht, unterliegt konsequenterweise nicht den versicherungsaufsichtsrechtlichen Anlagevorschriften. Im Wert der Eigenkapitalpositionen wird die versicherungsbetriebliche Verwendung des so genannten freien Vermögens jedoch durch die Solvabilitätsvorschriften beschränkt.

ausschließlich darauf, die allgemeinen Anlagegrundsätze aufzustellen, während sowohl die Anlageformen als auch die Grund-sätze ihrer angemessenen Mischung und Streuung (durch quantitative Anlagebeschränkungen einzelner Anlageformen und -schuldner) erst auf der Ebene der Anlageverordnung[291] konkretisiert werden.[292] Die Herauslösung der konkretisierenden Kapitalanlagevorschriften aus dem parlamentsgesetzlichen Rahmen des ehemaligen § 54a VAG, dessen inhaltliche Vorgaben durch die Anlageverordnung weitestgehend übernommen, teilweise aber auch weiterentwickelt worden sind,[293] zielte im Wesentlichen darauf, die (notwendige) Flexibilität der aufsichtsrechtlichen Normsetzung auch im Bereich der versicherungsbetrieblichen Kapitalanlage zu gewährleisten.[294]

Versicherungs(aufsichts)praktisch von hervorgehobener Bedeutung sind dabei neben den Anlagegrundsätzen insbesondere die Vorgaben für ein adäquates Anlagemanagement. Gemäß § 1 AnlV n.F. sind die (konkretisierten) Anlagegrundsätze des § 54 Abs. 1 VAG in einem unternehmensinternen Steuerungsprozess sicherzustellen, der ein qualitatives Anlagemanagement insbesondere in Form geeigneter interner Kapitalanlagegrundsätze und entsprechender Kontrollverfahren auf der Grundlage einer strategischen und taktischen Anlagepolitik gewährleisten muss.[295] Auf Einzelheiten des Anlagemanagements sowie des internen Kontrollverfahrens weist die Bundesanstalt für Finanzdienstleistungsaufsicht in

---

291 Verordnung der *Bundesregierung* über die Anlage des gebundenen Vermögens von Versicherungsunternehmen vom 20. Dezember 2001 (Anlageverordnung – AnlV), BGBl. I S. 3913, zuletzt geändert durch Art. 1 der Verordnung vom 11. Februar 2011, BGBl. I, S. 250.

292 Vgl. insofern die §§ 2 bis 4 AnlV. – § 5 AnlV fordert zudem die Entsprechung zwischen der Währung des versicherungstechnischen Fremdkapitals und der Bedeckungswerte des gebundenen Vermögens (Kongruenz), nicht mehr hingegen zwischen der Belegenheit der mit dem versicherungstechnischen Fremdkapital verbundenen Risiken und der entsprechenden Bedeckungswerte. Da die „neue" Anlageverordnung den „Anlagehorizont […] auch geographisch" erweitert hat, ist der überholte Belegenheitsgrundsatz ersatzlos gestrichen worden. Vgl. dazu *Goretzky/Sijanski*, Die neue Anlageverordnung, VW 2007, 2054 (2058) [Hervorhebung im Original].

293 Vgl. zu den aus versicherungswirtschaftlicher Sicht bedeutenden Änderungen *Krüger/Wehling*, Die Verordnung über die Anlage des gebundenen Vermögens, VW 2002, 139 ff.

294 *Lipowsky*, in: Prölss, Kommentar zum VAG, Nach § 54a Vor § 1 AnlV (a.F.) Rn. 3.

295 § 1 Abs. 2 S. 2 AnlV. Auch hierin wird der versicherungsaufsichtsrechtliche Ansatz der obligatorischen Vorgabe statt fakultativer Zulässigkeit sichtbar. – Zu den einzelnen, weiterhin geltenden Vorgaben für eine umfassende Anlagestrategie vgl. *Lipowsky*, in: Prölss, Kommentar zum VAG, Nach § 54a § 6 AnlV (a.F.) Rn. 1 f.

einem Rundschreiben hin, in dem sie außerdem entsprechende Darlegungs- und Anzeigepflichten der Versicherungsunternehmen anordnet.[296] Eine konsistente Anlagepolitik basiert danach nicht nur auf einer getrennten Analyse der aktiv- und passivseitigen Risiken, sondern auch auf einer integrierten Gesamtbetrachtung aktivseitiger Vermögenswerte („assets") und passivseitiger Verbindlichkeiten („liabilities").[297] In die Risikoanalyse sind Elastizitätstests des Anlagebestandes in einer Reihe von Kapitalmarktszenarien mit verschiedenen Investitionsbedingungen einschließlich deren Auswirkungen auf die Bedeckung des gebundenen Vermögens[298] einzubeziehen.[299] Auch hierzu können die Versicherungsunternehmen standardisierte Ansätze und eigene Berechnungsmethoden verwenden.[300] Ungeachtet dessen soll bereits die Pflicht, überhaupt ein institutsinternes Anlagerisikomanagement zu etablieren, allgemein eine präzisere, aber auch flexiblere Betrachtung des tatsächlich eingegangenen Anlagerisikos ermöglichen.[301]

Insoweit die neue Anlageverordnung einerseits quantitative Anlagegrenzen zugunsten eines qualitativen Anlagemanagements abgebaut, andererseits aber die uneingeschränkte Geltung der allgemeinen Anlagegrundsätze und Vorsichtsprinzipien betont hat,[302] entspricht die geltende Rechtslage bereits in weiten Teilen

---

296 Vgl. Rundschreiben 4/2011 (VA), abrufbar unter www.bafin.de »» Veröffentlichungssuche »» Rundschreiben »» Versicherungsaufsicht. – Im Verhältnis zu dem Rundschreiben 3/2009, mit dem die aufsichtsrechtlichen Mindestanforderungen an das Risikomanagement (MaRisk VA) den Vorgaben des § 64a VAG (risikoübergreifend) entsprechend konkretisiert worden sind, sind Anforderungen des Rundschreibens 4/2011 (VA) spezieller. Vgl. Rundschreiben 4/2011 (VA), Abschnitt B.2.1 Allgemeines a).

297 Zusammengezogen als so genannes „Asset-Liability-Management" bezeichnet.

298 So genannte „Stresstests" oder „Szenarioanalysen".

299 Vgl. § 1 Abs. 2 S. 3 AnlV sowie Rundschreiben 4/2011 (VA), Abschnitt B.2.4 Asset-Liability-Management b). – Versicherungsbetriebliche Mindestanforderungen der versicherungsinternen Anlagepolitik hat daneben auch der Gesamtverband der Deutschen Versicherungswirtschaft (GDV) in einer mit der BaFin abgestimmten Kapitalanlagerichtlinie aufgestellt [vgl. insoweit *Lipowsky*, in: Prölss, Kommentar zum VAG, Nach § 54a § 6 AnlV (a.F.) Rn. 3].

300 Rundschreiben 4/2011 (VA), Abschnitt B.2.4 Asset-Liability-Management b).

301 Vgl. in Bezug auf die AnlV a.F. *Krüger/Wehling*, Die Verordnung über die Anlage des gebundenen Vermögens, VW 2002, 139 (142), sowie insbesondere im Hinblick auf § 1 Abs. 3 AnlV n.F. *Goretzky/Sijanski*, Die neue Anlageverordnung, VW 2007, 2054 (2054).

302 *Goretzky/Sijanski*, Die neue Anlageverordnung, VW 2007, 2054 (2054).

den Richtlinienbestimmungen zu Solvabilität II.[303] Danach werden (weitergehende) quantitative Anlagebeschränkungen und Zulässigkeitskriterien für Vermögenswerte nicht mehr beibehalten. Vielmehr werden sämtliche quantifizierbaren Risken in die jeweilige Berechnung der Solvenzkapitalanforderungen einbezogen und mithin finanzaufsichtsrechtlich bereits durch die Kapitalausstattungsvorgaben begrenzt werden.[304] Die Solvenzkapitalanforderungen werden auch nach den Richtlinienvorgaben zu Solvabilität II ihrerseits wiederum den allgemeinen Anlagegrundsätzen unterstellt, so dass sich diese nicht mehr nur auf das gebundene Vermögen im Wert der versicherungstechnischen Passiva beschränken werden.[305] Die mit einem solchen Solvabilitätsmodell verbundene Verrechnung verschiedener Risiken des Versicherungsbetriebes führt dazu, dass nicht mehr das einzelne Risiko den Anknüpfungspunkt der aufsichtsrechtlichen Anforderungen an die angemessene Eigenmittelausstattung oder ausreichende Zahlungsbereitschaft bildet. Stattdessen wird das Gesamtrisikoprofil des Unternehmens zum aufsichtsrechtlichen Maßstab.[306]

b) Prozedurale Steuerung der risikoorientierten Geschäftsführung

Insgesamt ist bereits deutlich geworden, dass nicht zuletzt die versicherungsaufsichtsrechtliche Umsetzung der neuen Solvenzvorschriften von Solvabilität II zu einer konzeptionellen Annäherung an die bankenaufsichtsrechtlichen, seit der Umsetzung von Basel II vermehrt bzw. weiterhin risikoorientierten Mindestanforderungen an die finanzielle Solidität der Institute geführt hat. Damit soll freilich

303 Siehe nur Art. 132 (Grundsatz der unternehmerischen Vorsicht) der Richtlinie 2009/138/EG. Zu den Auswirkungen der Vorgaben von Solvabilität II auf die Kapitalanlage deutscher Versicherer vgl. bereits *Weidenfeld*, Aufsicht über Kapitalanlagen im Umbruch, VW 2002, 1230 ff.

304 So die Begründung des von der *Kommission* neu gefassten Richtlinienvorschlags, KOM(2008) 119 endgültig/2, 2007/0143 (COD), S. 14, sowie bereits *BaFin*, Jahresbericht 2005, S. 53. – Zur Neubestimmung der Solvenzkapitalanforderungen nach der Richtlinie 2009/138/EG des Europäischen Parlaments und des Rates betreffend die Aufnahme und Ausübung der Versicherungs- und Rückversicherungstätigkeit (Solvabilität II) siehe oben B.II.1.a)aa)(2).

305 Bestimmte Positionen der versicherungstechnischen Passiva werden im weiteren Verlauf der Harmonisierung internationaler Rechnungslegungsstandards ohnehin als Eigenkapital ausgewiesen und mithin den Solvenzkapitalanforderungen genügen müssen. Als Beispiel nennt *Schradin*, Versicherungsaufsicht, ZVerWiss 2003, 611 (652), die von den Nichtlebensversicherungsunternehmen zu bildenden Schwankungsrückstellungen.

306 So schon *Schradin*, Versicherungsaufsicht, ZVersWiss 2003, 611 (652, Fn. 86).

keinesfalls einer unkritischen Adaption kredit- bzw. finanzdienstleistungsinstitutsaufsichtrechtlicher Regelungen das Wort geredet werden.[307] Festzuhalten bleibt aber, dass sektorübergreifend die quantitativ-generellen Mindeststandards der finanziellen Solidität um Maßstabsvariabeln der qualitativ-individuellen Risikotragfähigkeit ergänzt worden sind und weiterhin ergänzt werden.[308] Obgleich infolge der Erfahrungen aus der Finanzmarktkrise der letzten Jahre die Neujustierung der quantitativen Mindeststandards im Mittelpunkt der Reformbemühungen stand, wird den beaufsichtigten Unternehmen weiterhin die Verwendung institutsinterner Verfahren der Risikomessung und -steuerung ermöglicht bzw. – in Anbetracht des Anreizes (letztlich) geringerer Anforderungen an die angemessene Eigenmittelausstattung und ausreichende Zahlungsbereitschaft – sogar nahegelegt.[309] Die aufsichtsrechtliche Zulässigkeit respektive Indienstnahme solcher unternehmensinterner Berechnungsmethoden der Risikomessung und -gewichtung erhöht unweigerlich den Bedarf an entsprechenden, institutsinternen Informationen auf Seiten der letzt(verbind)lich Aufsicht führenden Behörde. Um die Richtigkeit bzw. Wahrhaftigkeit dieser Informationen zu gewährleisten, bedarf es besonderer Organisations- und Verfahrensvorgaben, innerhalb derer die Institute das Wissen generieren sollen, das die Aufsicht über ihre Tätigkeit benötigt.[310]

aa) Informations- und Organisationspflichten der Institute

Schon vor der Neuausrichtung der (Finanz-)Aufsicht auf einen risikosensitiveren Steuerungsansatz oblagen den der Aufsicht nach dem Kredit- und

307 Kritisch insofern schon *Knauth/Schubert*, Versicherungsaufsicht vor Paradigmenwechsel, VW 2003, 902 (905), sowie *Müller*, Sinn der Solvabilitätsvorschriften, ZfV 2004, 764 (767), *Schubert/Grießmann*, Solvency II = Basel II + X, VW 2004, 1399 (1402 f.), und *Gräwert*, Solvency II – Ausrichtung an Basel II, ZfV 2006, 326 (327 ff.).

308 Zu der Neuausrichtung der Kapitalausstattungsvorgaben im Versicherungswesen im Zuge der Umsetzung von Solvency bzw. Solvabilität II siehe oben B.II.1.a)aa)(2).

309 So ausdrücklich die Begründung zum Vorschlag der *Europäischen Kommission* für eine konsolidierte Richtlinie über die Beaufsichtigung von Kreditinstituten und Wertpapierfirmen [KOM(2011) 453], S. 13. Ähnlich die Erwägungsgründe 42 und 52 der Verordnung (EU) 575/2013 über Aufsichtsanforderungen an Kreditinstitute und Wertpapierfirmen.

310 Für die aufsichtsrechtlichen Vorgaben der prozeduralen Steuerung der risikoorientierten Geschäftsführung scheint sich mittlerweile sowohl versicherungsaufsichtsrechtlich als auch bankenaufsichtsrechtlich der Begriff „Governance" durchgesetzt zu haben. Jedenfalls im Bereich der Bankenaufsicht findet sich gleichwohl auch noch der Begriff „Compliance".

Versicherungsaufsichtsgesetz unterliegenden Instituten bereits umfassende Informations- und Berichtspflichten gegenüber den Aufsichtsbehörden. Wichtigste Informationsquelle im allgemeinen System der (Früh-)Erkennung und Bewertung kredit-, versicherungs- oder anderer finanzdienstleistungsbetrieblicher Risiken waren und sind die jeweils jährlich, monatlich bzw. quartalsweise von den Unternehmen vorzulegenden Berichte über deren Vermögens-, Finanz- bzw. Ertragslage.[311] Hinzu gekommen sind die regelmäßigen Verpflichtungen, auch die aufsichtsrechtlich für die spezielle Überprüfung der angemessenen Eigenmittelausstattung[312] und der ausreichenden Zahlungsbereitschaft[313] erforderlichen Angaben einzureichen. Als weitere Informationsquellen dienen Presseberichte wie auch nicht zuletzt Kundenbeschwerden.[314]

(1) Organisations- und Informationspflichten im Kredit- und Finanzdienstleistungswesen

Basieren die für die Sovabilitäts- und Liquiditätsüberprüfung erforderlichen Angaben auf der Grundlage institutsinterner Risikoberechnungsmodelle, setzt deren bankenaufsichtsrechtliche Zulassungsfähigkeit – unter dem Aspekt der Richtigkeitsgewähr der institutsintern gewonnenen Informationen – voraus, dass sie integraler Bestandteil institutsdimensionaler Risikomanagement- und Kontrollverfahren sind, die nicht nur dem Gebot der unternehmensinternen, sondern auch

---

311 Siehe §§ 25, 26 KWG bzw. §§ 55, 55a, 59 VAG. Vgl. auch *BaFin*, Jahresbericht 2006, S. 65, sowie *Platt*, Rechnungslegung und Berichtspflicht gegenüber der Aufsicht, in: Bähr (Hrsg.), Hdb Versicherungsaufsichtsrecht, § 18 Rn. 2 – Zu den Einzelheiten der bankenaufsichtsrechtlich vorlegungsbedürftigen Monatsausweise und Jahresabschlussberichte vgl. *Braun*, in: Boos/Fischer/Schulte-Mattler (Hrsg.), Kommentar zum KWG, § 25 Rn. 1 ff. sowie *Wolfgarten*, in: Boos/Fischer/Schulte-Mattler (Hrsg.), Kommentar zum KWG, § 26 Rn. 1 ff. Zur versicherungsaufsichtsrechtlichen Pflicht, der Aufsichtsbehörde (viertel-)jährlich Bericht über den Jahresabschluss und die interne Rechnungslegung zu erstatten vgl. *Kölschbach*, in: Prölss, Kommentar zum VAG, § 55 Rn. 6 f. und § 55a Rn. 17 ff.

312 Vgl. bankenaufsichtsrechtlich § 10 Abs. 1e S. 1 KWG i.V.m. § 6 f. SolvV bzw. Art. 99 Abs. 1 der Verordnung (EU) 575/2013 über Aufsichtsanforderungen an Kreditinstitute und Wertpapierfirmen; versicherungsaufsichtsrechtlich § 53c Abs. 4 VAG.

313 Vgl. bankenaufsichtsrechtlich: § 11 Abs. 1 S. 2 Nr. 3 KWG i.V.m. § 11 LiqV bzw. Art. 415 Abs. 1 der Verordnung (EU) 575/2013 über Aufsichtsanforderungen an Kreditinstitute und Wertpapierfirmen; versicherungsaufsichtsrechtlich: §§ 54 Abs. 4, 54d VAG.

314 Siehe auch die Aufzählung bei *Kaulbach*, Die laufende Rechts- und Finanzaufsicht nach § 81 VAG, in: Bähr (Hrsg.), Hdb Versicherungsaufsichtsrecht, § 8 Rn. 4.

der unternehmensexternen, namentlich aufsichts(recht)lichen Effizienz unterliegen.[315] Ein angemessenes und wirksames Risikomanagement ist bereits wesentlicher Bestandteil einer ordnungsgemäßen Geschäftorganisation, zu der Kredit- und Finanzdienstleistungsinstitute schon vor der europarechtlich mediatisierten Umsetzung der Eigenkapitalvereinbarungen von Basel II[316] aufsichtsrechtlich verpflichtet waren; ganz unabhängig davon, ob unternehmensintern der Berechnung des bankbetrieblichen Risikogehalts und infolgedessen aufsichtsrechtlich den quantitativen Mindestanforderungen an die finanzielle Solidität ein standardisiertes bzw. individualisiertes Modell zugrunde gelegt wurde.[317] Im Rahmen eines solchen Managementsystems hat ein Unternehmen auf der Grundlage eines Konzepts zur Sicherstellung der Risikotragfähigkeit Strategien festzulegen, um jederzeit das unternehmensspezifische Deckungspotential im Verhältnis zu den unternehmenswesentlichen Risiken bestimmen zu können.[318] Zudem sind Kontrollverfahren einzurichten, die sich in ein internes Kontrollsystem[319] und eine interne

315 Vgl. zu den Zulassungsvoraussetzungen institutsinterner Modelle zur Berechung der bankbetrieblichen Erfolgsrisiken nach aktueller Rechtslage: § 10 Abs. 1 S. 2 KWG i.V.m. § 106 S. 2 Nr. 2 [(Kredit-)Ausfallrisiko], § 281 Abs. 1 [operationelles Risiko] und § 313 Abs. 3 S. 1 i.V.m.§ 317 Abs. 1 S. 1 [(Markt-)Preisrisiko] SolvV sowie der Liquiditätsrisiken: § 11 Abs. 1 S. 2 KWG i.V.m. § 10 Abs. 3 Nr. 4 LiqV, sowie zukünftig: Art. 144 Abs. 1 UA 1 lit. b) [Kreditausfallrisiko], Art. 286 Abs. 3 [Gegenparteiausfallrisiko], Art. 312 Abs. 2 UA 1 i.V.m. Art. 321 [operationelles Risiko], Art. 368 Abs. 1 lit. a) [Marktrisiko] der Verordnung (EU) 575/2013 über Aufsichtsanforderungen an Kreditinstitute und Wertpapierfirmen. Siehe dazu auch bereits obige Ausführungen unter B.II.1.a)aa)(1) und B.II.1.a)bb)(1).

316 Zur sechsten Novelle des Kreditwesengesetzes vgl. Art. 1 des Gesetzes zur Umsetzung von EG-Richtlinien zur Harmonisierung bank- und wertpapieraufsichtlicher Vorschriften vom 22. Oktober 1997, BGBl. I, S. 2518.

317 Vgl. § 25a Abs. 1 S. 1 und 3 KWG. Hinsichtlich seiner rechtlichen Bedeutung entspricht § 25a KWG der aktienrechtlichen Vorschrift des § 91 Abs. 2 AktG, deren Regelungsgehalt sich ihrerseits aus der allgemeinen Leitungs- und Organisationspflicht des Vorstandes aus § 76 AktG ableiten lässt. Aufgrund des im Verhältnis zu den aktienrechtlichen Vorschriften begrenzten Anwendungsbereichs sowie der spezielleren Anforderungen geht § 25a KWG jenen als lex specialis vor. Vgl. dazu *Braun/Wolfgarten*, in: Boos/Fischer/Schulte-Mattler (Hrsg.), Kommentar zum KWG, § 25a Rn. 4.

318 So genannter „Internal Capital Adequacy Assessment Process – ICAAP". Vgl. dazu die europarechtliche Vorgabe des Art. 123 der neu gefassten Bankenrichtlinie 2006/48/EG.

319 Bestandteil eines solchen internen Kontrollsystems ist auch das sog. Compliance-Programm, demgemäß die ordnungsgemäße Geschäftsorganisation nicht nur ein System der Risikobewertung und -begrenzung, sondern insgesamt die Einhaltung aller

Revision aufteilen.[320] Deutlicher als bisher hat der aufsichtsrechtliche Gesetzgeber mit der Neufassung des § 25a Abs. 1 S. 3 KWG durch das Gesetz zur Stärkung der Finanzmarkt- und Versicherungsaufsicht[321] zum Ausdruck gebracht, dass die (laufende) Sicherstellung der Risikotragfähigkeit das Hauptanliegen eines angemessenen und wirksamen Risikomanagements sein soll.[322] Im Unterschied zu den Solvabilitäts- und Liquiditätsanforderungen beziffert das Risikodeckungspotential zuvorderst eine unternehmensendogene Steuerungsgröße,[323] die aufsichtsrechtlich idealerweise mit den exogenen Anforderungen an eine angemessene Eigenmittelausstattung bzw. ausreichende Liquidität übereinstimmt. Das unternehmensinterne Kontrollsystem[324] soll risikoübergreifend aufbau- und ablauforganisatorische Regelungen vorhalten, mit denen die einzelnen Verantwortungsbereiche in Form von unabhängigen Unternehmenseinheiten klar voneinander abgegrenzt werden. Zudem soll es Prozesse zur „Identifizierung, Beurteilung, Steuerung sowie Überwachung und Kommunikation der [jeweiligen bankbetrieblichen] Risiken" etablieren. Die Risikobeurteilung soll regelmäßig so genannte „Stresstests" bzw. „Szenarioanalysen" einbeziehen.[325]

---

einschlägigen Gesetze und Bestimmungen unternehmensintern durch eine disziplinarisch, organisatorisch und finanziell (möglichst) unabhängige Compliance-Abteilung sicherstellen soll. Vgl. zu dem wertpapiergeschäftlichen Ursprung und der finanzmarktrechtlichen Ausweitung von Compliance (engl. für Wohlverhalten) *Lösler*, Compliance, NZG 2005, 104 ff.

320 § 25a Abs. 1 S. 3 Nr. 1 KWG.

321 Art. 1 des Gesetzes zur Stärkung der Finanzmarkt- und Versicherungsaufsicht vom 29. Juli 2009, BGBl. I, S. 2305.

322 Begründung der *Bundesregierung* zu dem Entwurf eines Gesetzes zur Stärkung der Finanzmarkt- und der Versicherungsaufsicht vom 27. April 2009, BT-Drs. 16/12783, S. 16. – Sie markiert außerdem den Anknüpfungspunkt der neu gefassten Instrumentarien des § 10 Abs. 1b KWG.

323 Vgl. die Begründung der *Bundesregierung* zum Entwurf eines Gesetzes zur Umsetzung der neu gefassten Banken- und Kapitaladäquanzrichtlinie, BT-Drs. 16/1335, S. 62.

324 So genannte „Robust Governance Arrangements". Vgl. dazu die europarechtliche Vorgabe des Art. 22 der neu gefassten Bankenrichtlinie 2006/48/EG.

325 Siehe allgemein § 25a Abs. 1 S. 3 Nr. 1 a) und b) KWG, sowie nach den speziellen Solvabilitäts- und Liquiditätsvorgaben der §§ 153, 280 Abs. 1, 317 Abs. 2 SolvV hinsichtlich der bankenaufsichtlich bedeutenden Erfolgsrisiken und der §§ 123, 284 Abs. 1 S. 1 i.V.m. 290, 317 Abs. 5 SolvV sowie § 10 Abs. 3 Nr. 1 LiqV. Zu den Prüfungen auf Widerstandsfähigkeit der Banken in extremen Szenarien als Bestandteil des institutsinternen Risikomanagementsystems siehe *Kaminsky/Kuzmenkova/Kuklok*, Stresstests in Banken, Die Bank 11/2007, 49 ff.

§ 25a Abs. 1 S. 3 KWG gibt damit den maßgeblichen Rahmen der qualitativen Unternehmensanforderungen innerhalb der zweiten Säule des seit der Umsetzung von Basel II etablierten Aufsichtsmodells vor,[326] in den sich auch die risikospezifischen Vorgaben in Bezug auf die unternehmensindividuellen Methoden zur Risikogewichtung respektive Eigenmittelberechnung ein(zu)passen (haben). Dies wird auch für die Anforderungen infolge der Umsetzung der krisenbedingten Vorschläge des Baseler Ausschusses für Bankenaufsicht bzw. deren nahezu vollständiger Übernahme durch die Europäische Kommission gelten. Anders als die materiellen (Mindest-)Anforderungen insbesondere an eine hinreichende Eigenmittelausstattung, aber auch an eine ausreichende Zahlungsbereitschaft, werden die krisenbedingten Neuerungen im Hinblick auf die prozeduralen Steuerungsvorgaben auf europäischer Ebene nicht in Form einer unmittelbar geltenden Verordnung, sondern einer umzusetzenden Richtlinie ergehen.[327] Die Anpassungen bzw. Ergänzungen des nationalen Rechtsrahmens für ein angemessenes und wirksamens Risikomanagement werden sich dabei – abgesehen von der Erfassung bzw. Einbeziehung neuer Risikoarten wie der Liquiditäts- und Reputationsrisiken[328] – weitestgehend auf einzelne Parameter einer risikoadäquaten Organisationsstruktur konzentrieren.[329] Noch im

---

326 Vgl. die Begründung der *Bundesregierung* zum Entwurf eines Gesetzes zur Umsetzung der neu gefassten Banken- und Kapitaladäquanzrichtlinie, BT-Drs. 16/1335, S. 62. – Europarechtlich erfolgte die Umsetzung durch die „Capital Requirement Directive“. Unter diesem Begriff wurden ursprünglich die zwischenzeitlich neu gefassten Banken- und Kapitaladäquanzrichtlinien 2006/48/EG bzw. 2006/49/EG des Europäischen Parlaments und des Rates vom 14. Juni 2006, ABl. EU Nr. L 177 vom 30. Juni 2006, S. 1 bzw. 201, zusammengefasst.

327 Vgl. Art. 74 ff. der Richtlinie 2013/36/EU über die Beaufsichtigung von Kreditinstituten und Wertpapierfirmen.

328 Vgl. *Baseler Ausschuss für Bankenaufsicht*, Ergänzungen des Basel II-Rahmenwerks, Juli 2009, Rz. 47 ff. bzw. Rz. 66 ff., sowie *dens.*, Grundsätze für eine solide Steuerung und Überwachung des Liquiditätsrisikos, September 2008, jeweils abrufbar unter: www.bis.org (Stand: Dezember 2013).

329 Dementsprechend sieht auch die Neufassung des § 25a KWG durch das CRD IV-Umsetzungsgesetz nur verhältnismäßig wenige Änderungen im Vergleich zur aktuellen Fassung vor. Nach dessen der Entwurfsbegründung der Bundesregierung, BT-Drs. 17/10975, S. 38 f., soll die zukünftige Aufteilung des § 25a Abs. 1 und 2 KWG aktueller Fassung in die §§ 25a und 25b KWG n.F. im Wesentlichen der Übersichtlichkeit dienen und auch die Änderung des § 25a Abs. 1 KWG selbst schwerpunktmäßig lediglich redaktioneller Natur sein. In den §§ 25c und 25d KWG werden durch das CRD IV-Umsetzungsgesetz erstmals die Anforderungen an Geschäftsleiter und Kontrollorgan positiv und nicht mehr nur als Voraussetzungen einer Erlaubnisversagung normiert.

Vorgriff auf Basel III hatte der Baseler Ausschuss bereits veränderte Regelungen zur Behandlung von Risikokonzentrationen in den Instituten sowie zur aktiven Einbindung der Geschäftsleitung in die Risikomanagementprozesse vorgeschlagen[330] und entsprechende Vorgaben an die Ausgestaltung der Stresstests[331] und Vergütungspraktiken gemacht.[332] Inzwischen sind die Empfehlungen in Bezug auf die vermehrt zukunftsgerichtete Ausgestaltung der Stresstests und Szenarioanalsysen bereits in die Leitlinien des Ausschusses der europäischen Bankaufsichtsbehörden für Stresstests[333] und in den behördlichen Mindestanforderungen der Bundesanstalt für Finanzdienstleistungsaufsicht an das bankenaufsichtsrechtliche Risikomanagement[334] eingegangen. Auch das Liquiditätsrisiko wird in diesem auf der Grundlage des § 25a Abs. 1 KWG verfassten Rundschreiben als wesentliche Risikoart identifiziert und von den Anforderungen an ein adäquates Risikomanagement erfasst.[335] Selbst das Reputationsrisiko ist in das demnach erforderliche Verfahren der Liquditätsrisikosteuerung einzubeziehen.[336]

---

330 Dazu zählt unter anderem die Betrachtung von Risikokonzentrationen nicht nur auf Einzelinstituts-, sondern auch auf Konzernebene, die Zusammenfassung aller Positionen, die von gemeinsamen Risikotreibern abhängen sowie die Bestimmung der verantwortlichen Rolle der Geschäftsleitung bei der Entwicklung von Strategien zum Management von Risikokonzentrationen.

331 Vgl. *Baseler Ausschuss für Bankenaufsicht*, Ergänzungen des Basel II-Rahmenwerks, Rz. 75 ff. Danach soll zukünftig der eher rückblickende Ansatz der so genannten „Value-at-Risk-Betrachtung" durch Stresstests ergänzt werden, die auf mögliche künftige Risiken ausgerichtet sind. Vgl. insoweit auch bereits *Baseler Ausschuss für Bankenaufsicht*, Grundsätze für einheitliche Stresstestpraktiken und Überwachung, Mai 2009, abrufbar unter: www.bis.org (Stand: Dezember 2013).

332 Vgl. insoweit den Überblick bei *Deutsche Bundesbank*, Basel III – Leitfaden, S. 34.

333 Vgl. *Ausschuss der europäischen Bankaufsichtsbehörden*, Leitlinien für Stresstests (GL32) vom 26. August 2010, abrufbar unter: http://www.eba.europa.eu »» documents »» Publications »» Standards »» Guidelines (Stand: Dezember 2013, nur auf englisch).

334 So genannte „MaRisk". Rundschreiben 10/2012 (BA) – Mindestanforderungen an das Risikomanagement (MaRisk BA), abrufbar unter: www.bafin.de »» Veröffentlichungssuche »» Rundschreiben »» Bankenaufsicht (Stand: Dezember 2013).

335 Vgl. schon Rundschreiben 15/2009 – MaRisk, AT 2.2 und BTR 3, sowie nunmehr Rundschreiben 10/2012 (BA) – MaRisk BA, AT 2.2 Rz. 1 und BTR 3, jeweils abrufbar unter: www.bafin.de »» Veröffentlichungssuche »» Rundschreiben »» Bankenaufsicht.

336 Vgl. schon Rundschreiben 15/2009 – MaRisk, BTR 3 Rz. 3, sowie nunmehr Rundschreiben 10/2012 (BA) – MaRisk BA, BTR 3 Rz. 2, jeweils abrufbar unter: www.bafin.de »» Veröffentlichungssuche »» Rundschreiben »» Bankenaufsicht.

Das Rundschreiben präzisiert risikoübergreifend die Mindestanforderungen an die einzelnen Risikosteuerungs- und -kontrollprozesse. Die unternehmensinternen Risikomanagementsysteme haben danach grundsätzlich die jeweiligen finanzgeschäft- und -betrieblich wesentlichen Risiken frühzeitig zu erkennen, vollständig zu erfassen, angemessen zu steuern sowie zu überwachen und zu kommunizieren. Um zwischen spezieller Risiko- und allgemeiner Geschäftsstrategie einen konsistenten Zusammenhang herzustellen, sind die speziellen Risikosteuerungs- und -kontrollprozesse in ein integriertes Gesamtkonzept der Ertrags- und Risikosteuerung („Gesamtbanksteuerung“) einzubinden.[337] Sowohl die Risiko- als auch die Geschäftsstrategie soll der parlamentsgesetzlichen Vorgabe entsprechend[338] auf einem so genannten „Risikotragfähigkeitskonzept“ basieren, in dem den wesentlichen Risiken deren Deckungspotential gegenüberzustellen ist.[339] Der institutsinternen Berechnung der Risikotragfähigkeit haben die (Kredit-)Institute regelmäßige Szenarioanalysen zugrunde zu legen.[340] Das interne Kontrollsystem muss ferner umfassend dokumentiert und seinerseits von anderen, unabhängigen Funktionseinheiten (innerhalb oder außerhalb) des Unternehmens überprüft werden.[341]

Angesichts der enormen Komplexität der Anforderungen an die institutsinternen Risikomanagement- und Kontrollsysteme drängt sich das Erfordernis einer angemessenen und nachhaltigen Qualifizierung der Mitglieder der institutionellen Leitungs- und Kontrollgremien geradezu auf. In Reaktion auf die im Zuge der Finanzkrise der letzten Jahre erkannten Schwächen im Bereich der Corporate Governance der Finanzinstitute[342] gilt es nun auch nach den neuen Richtlinienvorgaben, die Strategien und Grundsätze für die Übernahme, Steuerung, Überwachung

337 Rundschreiben 10/2012 (BA) – MaRisk BA, AT 4.3.2 Rz. 1, abrufbar unter: www.bafin.de »» Veröffentlichungssuche »» Rundschreiben »» Bankenaufsicht.

338 § 25a Abs. 1 S. 3KWG.

339 Rundschreiben 10/2012 (BA) – MaRisk BA, AT 4.1 Rz. 1 und 2, abrufbar unter: www.bafin.de »» Veröffentlichungssuche »» Rundschreiben »» Bankenaufsicht.

340 Zu den Anforderungen an Stresstests vgl. Rundschreiben 10/2012 (BA) – MaRisk BA, AT 4.3.3, abrufbar unter: www.bafin.de »» Veröffentlichungssuche »» Rundschreiben »» Bankenaufsicht.

341 Siehe allgemein Vgl. Rundschreiben 10/2012 (BA) – MaRisk BA. AT 6 sowie 4.4 Rz. 4, abrufbar unter: www.bafin.de »» Veröffentlichungssuche »» Rundschreiben »» Bankenaufsicht, sowie die besonderen Solvabilitätsvorgaben der §§ 119, 282, 317 Abs. 1 S. 2 SolvV, §§ 153, 283 SolvV sowie auf die Validierung des Risikomodells beschränkt § 317 Abs. 5 SolvV.

342 Zu den Schwächen der Corporate Governance als eine der wesentlichen Ursachen für die übermäßige Risikoballung im Finanzsystem und damit für die Finanzkrise der letzten Jahre insgesamt vgl. auch die Begründung der *Europäischen Kommission* zu

und Minderung der Risiken, denen das Institut mit Blick auf seinen Geschäftsbetrieb ausgesetzt ist oder sein könnte (einschließlich solcher, die dem Institut aus seinem makroökonomischen Umfeld erwachsen),[343] von einem persönlich zuverlässigen, fachlich sachkundigen und organisatorisch unabhängigen Leitungsorgan genehmigen und regelmäßig überprüfen zu lassen.[344] Diese Vorgaben gehen in weiten Teilen auf die überarbeitete Fassung des bereits zuvor bestehenden Regelwerks des Corporate-Governance-Leitfadens des Baseler Ausschusses zurück.[345] Schon jetzt haben die Institute bzw. Institutsgruppen im Interesse einer adäquaten Kontrolle durch die Bankenaufsichtsbehörde regelmäßig die risikospezifischen Ziele und Grundsätze ihrer internen Risikomanagement- und Kontrollsysteme,

---

ihrem Vorschlag für eine konsolidierte Richtlinie über die Beaufsichtigung von Kreditinstituten und Wertpapierfirmen, KOM(2011) 453, S. 3.

343 Ausdrückliche Vorgaben enthält die Richtlinie nur zur Ermittlung, Überwachung und Steuerung der Kredit- und Kontrahentenrisiken einschließlich eines verbleibenden Rest- bzw. Konzentrationsrisikos, der Verbriefungs-, Markt- und Zinsrisiken, des operationellen und Liquiditätsrisikos sowie (neuerdings) des Risikos einer übermäßigen Verschuldung. Vgl. insoweit die Art. 79 ff. der Richtlinie 2013/36/EU über die Beaufsichtigung von Kreditinstituten und Wertpapierfirmen.

344 Vgl. dazu Art. 74 Abs. 1, 76 Abs. 1 und 88 Abs. 1 S. 1 der Richtlinie 2013/36/EU über die Beaufsichtigung von Kreditinstituten und Wertpapierfirmen sowie die Begründung zu dem Vorschlag der *Europäischen Kommission* für eine konsolidierte Richtlinie über die Beaufsichtigung von Kreditinstituten und Wertpapierfirmen [KOM(2011) 453], S. 12, einerseits, sowie Anhang V Nr. 2 der Bankenrichtlinie 2006/48/EG andererseits. Gemäß Art. 88 Abs. 1 UA 3 des Richtlinienvorschlags sollte das Leitungsorgan die Wirksamkeit der Unternehmensführungsregelungen (Governance-Regelungen) des Instituts überwachen und regelmäßig bewerten und angemessene Schritte zur Behebung etwaiger Defizite einleiten. Es sollte nach der Begründung der *Europäischen Kommission* zu dem Richtlineinvorschlag [KOM(2011) 453, S. 13] zudem für die allgemeine Risikostrategie des Kreditinstituts (bzw. der Wertpapierfirma) und für die Angemessenheit der Risikomanagementsysteme verantwortlich und rechenschaftspflichtig sein. Der Vorsitzende des Leitungsorgans eines Instituts darf gemäß Art. 88 Abs. 1 UA 2 lit. e) der Richtlinie 2013/36/EU über die Beaufsichtigung von Kreditinstituten und Wertpapierfirmen grundsätzlich in diesem Institut nicht gleichzeitig die Funktion eines Chief Executive Officers wahrnehmen. Die mit der Aufgabe des Risikomanagements konkret betraute Abteilung sollte gemäß Art. 76 Abs. 5 des Richtlinienvorschlags institutsintern vom operativen Geschäft und von der Geschäftsleitung unabhängig und mit ausreichendern Ressourcen ausgestattet sein sowie (gleichzeitig) über eine hinreichende Autorität wie auch Verbindung gegenüber bzw. zu dem Leitungsorgan verfügen.

345 Vgl. *Baseler Ausschuss für Bankenaufsicht*, Grundsätze zur Ergänzung des Corporate Governance, Oktober 2010, abrufbar unter: www.bis.org (Stand: Dezember 2013).

einschließlich der zur Risikogewichtung verwendeten Modelle, nach intern aufgestellten Regeln offen zu legen.[346]

(2) Organisations- und Informationspflichten im Versicherungswesen

Auch versicherungsaufsichtsrechtlich wird ein institutsinternes Risikomanagement nach geltender Rechtslage nicht mehr ausschließlich in Bezug auf die Kapitalanlagetätigkeit des Versicherungsunternehmens verlangt,[347] dessen konkrete Anforderungen sich erst aus dem von der Bundesanstalt für Finanzdienstleistungsaufsicht verfassten Rundschreiben ergeben.[348] Ein Versicherungsunternehmen hat bereits danach die laufende Kontrolle zumindest der versicherungsbetrieblichen Anlagetätigkeit durch umfassende, akkurate und flexible Systeme für die Feststellung, Messung und Bewertung der Anlagerisiken im Rahmen eines gut strukturierten, disziplinierten und transparenten Anlageprozesses auf der Grundlage einer umfassenden Risikoanalyse der aktivseitigen Vermögenswerte und passivseitigen Verbindlichkeiten[349] sowie einer darauf basierenden, die Ergebnisse so genannter Stresstests einbeziehenden, konsistenten Anlagepolitik zu gewährleisten.[350] Auch versicherungsaufsichtsrechtlich unterliegt das Anlage(risiko)management einer umfassenden Dokumentationspflicht wie auch der Kontrolle der internen Revision. Zudem haben die Versicherungsunternehmen ihre intern erlangten Informationen der Aufsichtsbehörde zur Verfügung zu stellen.[351] Eine

346 Vgl. § 26a Abs. 1 S. 1 KWG. Danach sind noch weitere quantitative und qualitative Informationen wie beispielsweise über die Eigenmittelstruktur zu veröffentlichen. Von der Offenlegungspflicht ausgenommen sind nach § 26a Abs. 2 S. 1 und 2 KWG allerdings wesentliche, rechtlich geschützte oder auch vertrauliche Informationen des Unternehmens.

347 Vgl. insoweit § 54 Abs. 3 VAG i.V.m. § 6 AnlV.

348 Vgl. § 1 Abs. 4 AnlV i.V.m. Rundschreiben 4/2011 (VA), abrufbar unter www.bafin.de »» Veröffentlichungssuche »» Rundschreiben »» Versicherungsaufsicht. – Im Verhältnis zu dem Rundschreiben 3/2009, mit dem die aufsichtsrechtlichen Mindestanforderungen an das Risikomanagement (MaRisk VA) den Vorgaben des § 64a VAG (risikoübergreifend) entsprechend konkretisiert worden sind, sind die Anforderungen des Rundschreibens 4/2011 (VA) spezieller. Vgl. Rundschreiben 4/2011 (VA), Abschnitt B.2.1 Allgemeines a).

349 So genanntes Asset-Liability-Management.

350 Vgl. hierzu insgesamt Abschnitt B.2. des aufsichtsbehördlichen Rundschreibens 4/2011 (VA), abrufbar unter www.bafin.de »» Veröffentlichungssuche »» Rundschreiben »» Versicherungsaufsicht.

351 Siehe die Sammelverfügung der BaFin vom 15. April 2011 zur Anordnung der Darlegungspflichten nach § 1 Abs. 4 AnlV in Ergänzung des Rundschreibens 4/2011 (VA) i.V.m. §§ 54 Abs. 3, 54d VAG.

aufsichtskonzeptionelle Verknüpfung zwischen unternehmensinterner Bewertung des Kapitalanlagerisikos und der aufsicht(srecht)lichen Maßstabsbildung ist hingegen noch ausgeblieben.[352]

Dies hat sich auch mit den (neuen) versicherungsaufsichtsrechtlichen Vorgaben eines geschäftsbereichsübergreifenden Risikomanagements nach § 64a VAG nicht wesentlich verändert: Unabhängig von einem institutsintern verwendeten Modell der Solvenzanforderungsberechnung[353] verlangt § 64a VAG seit der neunten Novelle des Versicherungsaufsichtsgesetzes[354] bereits im Vorgriff auf die europarechtlich initiierte Neuausrichtung der (Finanz-)Aufsicht durch Solvabilität II[355] ein angemessenes Risikomanagement im Rahmen einer ordnungsgemäßen Geschäftsorganisation.[356] Mit dem Ziel, einen effizienten und „effektiven Umgang mit den unternehmensindividuellen Risiken zu gewährleisten", sind die einzelnen Faktoren einer auf die Geschäftsstrategie abgestimmten Risikostrategie, der aufbau- und ablauforganisatorischen Regelungen zur Überwachung und Kontrolle risikorelevanter Abläufe, eines geeigneten internen Steuerungs- und Kontrollsystems sowie einer internen Revision aufeinander abzustimmen.[357]

---

352 Siehe oben B.II.1.a)bb)(2).

353 Kritisch gegenüber der generellen Pflicht zur Implementierung unternehmensinterner Risiko- und Solvabilitätsbewertungssysteme unabhängig von dem verwendeten Modell zur Berechnung der quantitativen Solvenzkapitalanforderungen bereits *Wehling/Winter*, Transparenter Markt stärkt Vertrauen, VW 2007, 1386 (1388).

354 Art. 1 des neunten Gesetzes zur Änderung des Versicherungsaufsichtsgesetzes vom 23. Dezember 2007, BGBl. I, S. 3248 ff.

355 Vgl. die Richtlinie 2009/138/EG zu Solvabilität II sowie den dazu von der *Kommission*, KOM(2008) 119 endgültig/2, 2007/0143 (COD), ergangenen Vorschlag.

356 Ausweislich der Begründung zum Entwurf eines Neunten Gesetzes zur Änderung des Versicherungsaufsichtsgesetzes der *Bundesregierung,* BT-Drs. 16/6518, S. 15, hat der Gesetzgeber damit „in weiten Teilen die entsprechenden Regelungen des Kreditwesengesetzes" übernommen und „damit ein kohärentes Vorgehen der Aufsichtsbehörde" im Rahmen der zunehmend an Bedeutung gewinnenden qualitativen Banken- und Versicherungsaufsicht ermöglicht.

357 Vgl. Begründung der *Bundesregierung* zum Entwurf eines Neunten Gesetzes zur Änderung des Versicherungsaufsichtsgesetzes, BT-Drs. 16/6518, S. 16. – Zu den „vier Pfeilern" des Risikomanagementsystems des § 64a Abs. 1 S. 4 Nr. 1 bis 4 VAG siehe ausführlich *Dreher*, Risikomanagement nach § 64a VAG und Solvency II, VersR 2008, 998 (1002 ff.), und *Krämer*, Risikomanagement, in: Bähr (Hrsg.), Hdb Versicherungsaufsichtsrecht, § 10 Rn. 31 ff., sowie überblicksartig *Bürkle*, Geschäftsorganisation und Compliance, in: Bähr (Hrsg.), Hdb Versicherungsaufsichtsrecht, § 9 Rn. 31 ff.

Wie im Rahmen der Governancevorgaben der Richtlinie zu Solvabilität II[358] beschreiben die Elemente eines solch umfassenden Risikomanagementkonzeptes zunächst lediglich einen unternehmensinternen Prozess, der in die unternehmensstrategischen Entscheidungen einfließen soll, um (auch) versicherungsaufsicht(srecht)lich einen konsistenten Zusammenhang zwischen spezieller Risiko- und allgemeiner Unternehmensstrategie herzustellen.[359] Die Grundlage einer angemessenen Risikostrategie bilden die Identifikation und Bewertung wesentlicher Risiken aus einzelnen Geschäftsbereichen sowie deren Zusammenfassung.[360] Im Unterschied zu den Richtlinienvorgaben auf Unionsebene[361] enthält § 64a VAG selbst allerdings weder konkrete Bestimmungen des Begriffs noch der Art versicherungsaufsichtsrechtlich wesentlicher Risiken. Wie im Rahmen der bankaufsichtsrechtlichen Mindestanforderungen an ein angemessenes und wirksames Risikomanagement ergeben sich auch versicherungsaufsichtsrechtlich die Einzelheiten aktuell erst aus einem die Anforderungen des § 64a VAG konkretisierenden Rundschreiben der Bundesanstalt.[362] Danach bildet das Risikotragfähigkeitskonzept, das die verfügbaren Eigenmittel dem aus den wesentlichen Risiken resultierenden Kapitalbedarf gegenüberstellt,[363] in Übereinstimmung mit der institutsspezifisch entwickelten Risikostrategie die Grundlage des internen Steuerungs- und Kontrollsystems einer umfassenden Risikoidentifikation, -analyse, -bewertung und vor allem -steuerung

358 Zu den zwingenden Vorgaben eines Governancesystems siehe Art. 41 ff. der Richtlinie 2009/138/EG, deren Detaillierungsgrad mit Erlass der in Art. 50 explizit vorgesehenen Durchführungsbestimmungen nochmals erhöht wird. Siehe dazu auch die §§ 24 ff. VAG-E.

359 Siehe Art. 45 Abs. 1 und 4 i.V.m. Art. 44 Abs. 1 i.V.m. Art. 41 Abs. 1 der Richtlinie 2009/138/EG wie auch § 64a Abs. 1 S. 4 Nr. 1 VAG bzw. die Begründung der *Bundesregierung* zu ihrem Entwurf eines Neunten Gesetzes zur Änderung des Versicherungsaufsichtsgesetzes vom 24. September 2007, S. 16. Siehe auch § 27 Abs. 1 S. 2 VAG-E.

360 Zu weiteren Einzelheiten vgl. *Dreher*, Risikomanagement nach § 64a VAG und Solvency II, VersR 2008, 998 (1003).

361 Vgl. Art. 13 Abs. 30 bis 35 i.V.m. Art. 44 Abs. 1 und 2 der Richtlinie 2009/138/EG. Siehe auch § 27 Abs. 3 VAG-E.

362 Rundschreiben 3/2009 (VA) – Mindestanforderungen an das Risikomanagement (MaRisk VA), abrufbar unter: www.bafin.de »» Veröffentlichungssuche »» Rundschreiben »» Versicherungsaufsicht. – Zu Begriff und Wesentlichkeit versicherungsaufsichtsrechtlich relevanter Risiken vgl. dessen Ziff. 5.

363 Vgl. § 64a Abs. 1 S. 4 Nr. 3a) VAG sowie MaRisk VA Ziff. 7.3.1, abrufbar unter: www.bafin.de »» Veröffentlichungssuche »» Rundschreiben »» Versicherungsaufsicht.

sowie -überwachung.[364] Mit dem Ziel einer „gelebten Risikokultur" bedarf es im Rahmen der allgemeinen aufbau- und ablauforganisatorischen Vorgaben für alle risikorelevanten Geschäftsabläufe[365] zudem nicht nur einer adäquaten Risikokommunikation[366] zwischen den aufgabenspezifisch grundsätzlich zu trennenden Geschäftsbereichen. Auch gilt es die gesamte Geschäftsorganisation in die Kontroll- und Überwachungstätigkeit der internen Revision einzubeziehen,[367] um die Konformität der Unternehmenstätigkeit sowohl in Bezug auf die internen Strategien, Prozesse und Meldeverfahren als auch auf externe Vorgaben[368] gewährleisten zu können.[369]

Die Richtlinienvorgaben zu Solvabilität II werten die Solvenzkapitalanforderungen nicht nur im Rahmen der quantitativen Mindestsolvenzanforderungen aufsichtssystematisch auf, sondern verknüpfen diese auch mit der Verpflichtung, entsprechende Risiko- und Solvabilitätsbewertungssysteme in die institutsinterne

---

364 Vgl. § 64a Abs. 1 S. 4 Nr. 3b) VAG sowie MaRisk VA Ziff. 7.3.2, abrufbar unter: www.bafin.de »» Veröffentlichungssuche »» Rundschreiben »» Versicherungsaufsicht. Zur hervorgehobenen Bedeutung des Risikotragfähigkeitskonzeptes innerhalb des internen Steuerungs- und Kontrollsystems und damit innerhalb des Risikomanagements siehe die Begründung der *Bundesregierung* zu ihrem Entwurf eines Neunten Gesetzes zur Änderung des Versicherungsaufsichtsgesetzes vom 24. September 2007, S. 16, sowie *Bürkle*, Geschäftsorganisation und Compliance, in: Bähr (Hrsg.) Hdb Versicherungsaufsichtsrecht, § 9 Rn. 33.

365 Vgl. § 64a Abs. 1 S. 4 Nr. 2 VAG sowie MaRisk VA Ziff. 7.2, abrufbar unter: www.bafin.de »» Veröffentlichungssuche »» Rundschreiben »» Versicherungsaufsicht.

366 Vgl. § 64a Abs. 1 S. 4 Nr. 3c) VAG sowie MaRisk VA Ziff. 7.3.3, abrufbar unter: www.bafin.de »» Veröffentlichungssuche »» Rundschreiben »» Versicherungsaufsicht.

367 Vgl. § 64a Abs. 1 S. 4 Nr. 4 VAG sowie MaRisk VA Ziff. 7.4, abrufbar unter: www.bafin.de »» Veröffentlichungssuche »» Rundschreiben »» Versicherungsaufsicht.

368 Das interne Kontrollsystem umfasst ausweislich des Richtlinienentwurfs auch ein so genanntes „Compliance-Programm", das sich damit auf den Bereich des Versicherungswesens ausdehnen wird.

369 Vgl. auch die europarechtlichen Grundlagen interner Kontroll- und Revisionssysteme in den Art. 46 und 47 der Richtlinie 2009/138/EG. Zu dem mit dem Prinzip der Funktionstrennung kollidierenden Problem, dass sich die Interne Revision nach den Vorgaben des § 64a Abs. 1 S. 4 Nr. 4 VAG mit der Geschäftsorganisation insbesondere das Risikomanagment und damit auch sich selbst überwachen soll, siehe *Bürkle*, Geschäftsorganisation und Compliance, in: Bähr (Hrsg.), Hdb Versicherungsaufsichtsrecht, § 9 Rn. 35, mit Verweis insbesondere auf *Küting/Busch*, Wirrwarr der Überwachungsbegriffe, DB 2009, 1361 ff.

Geschäftsorganisation zu implementieren.[370] Verwendet ein Versicherungsunternehmen ein aufsichtsbehördlich genehmigtes (Teil- oder Voll-)Modell zur unternehmensinternen Berechnung des finanzaufsichtlichen Risikogehalts im Rahmen der materiellen Mindestanforderungen an die finanziellen Solidität, sollte der Ertrag dieses Modells idealerweise gleichermaßen für die interne Bewertung des Risikos und der Solvabilität verwendet werden.[371] Demnach ist es (auch) nach den Richtlinienbestimmungen zu Solvabilität II möglich bzw. erwünscht, dass ein Unternehmen die Instrumentarien der betriebsinternen Risikosteuerung auch zur aufsichtsrechtlich vorgegebenen Risikobegrenzung nutzt.[372]

Um auch eine externe Kontrolle der aufsichts(recht)lichen Vorgaben durch die Versicherungsaufsichtsbehörde zu ermöglichen, haben die (Rück-)Versicherungsunternehmen die internen, an die Geschäftsleiter gerichteten Risiko- und Revisionsberichte der Aufsichtsbehörde vorzulegen, um eine Bewertung der

---

370 Vgl. Art. 45 Abs. 1 UA. 2 lit. b) und c) der Richtlinie 2009/138/EG. Siehe auch § 28 VAG-E.

371 Siehe die Begründung des von der *Kommission*, KOM(2009) 119 endgültig, 2007/0143 (COD), vorgelegten Vorschlags für eine Richtlinie des Europäischen Parlaments und des Rates betreffend die Aufnahme und Ausübung der Versicherungs- und Rückversicherungstätigkeit – Solvabilität II (Neufassung)s, S. 9.

372 Die jeweiligen Governancefunktionen des Risikomanagements, der internen Kontrolle und der internen Revision stehen nach den Richtlinienvorgaben organisatorisch jedoch in einem Verhältnis der Unabhängigkeit und Gleichwertigkeit nebeneinander, so dass eine „ressourcenschonende" Realisierung der im Governancesystem angelegten „Kontroll- und Beratungssynergien" nur auf der Grundlage einer „effektiven und effizienten unternehmensinternen Koordination" der Kooperation möglich ist [vgl. noch zum Richtlinienvorschlag *Bürkle*, Die rechtliche Dimension von Solvency II, VersR 2007, 1595 (1600)]. In diesem Nebeneinander der Risikomanagement-, Kontroll- und Auditfunktionen als gleichwertige Elemente des übergeordneten Governancesystems sieht *Bürkle*, a.a.O., einen wesentlichen (System-)Unterschied zur kreditwirtschaftsgesetzlichen Regelung des § 25a Abs. 1 S. 3 KWG, der die Funktionen des internen Kontrollsystems und der internen Revision als untergeordnete Bestandteile des unternehmensinternen Risikomanagementsystems bestimmt. Im Interesse einer sektor-übergreifenden Konsistenz der unternehmensinternen Organisationsanforderungen sei der deutsche Gesetzgeber demnach besser beraten (gewesen), die Vorschrift des § 25a KWG an das zukünftige versicherungsaufsichtsrechtliche Governancesystem anzugleichen, als umgekehrt den nach dem Regierungsentwurf zum neunten Gesetz zur Änderung des Versicherungsaufsichtsgesetzes (vom 31. August 2007, BR-Drs. 599/07, S. 26) neu eingefügten § 64a VAG an dem von den Vorgaben des Richtlinienentwurfs zu Solvabilität II abweichenden § 25a KWG auszurichten.

ordnungsgemäßen Geschäftsorganisation zu ermöglichen.[373] Mit Umsetzung der Richtlinienvorgaben zu Solvabilität II müssen auch diejenigen Informationen beigebracht werden, die eine Überprüfung der den Solvabilitätsberechnungen (zukünftig) zugrunde gelegten Bewertungsprinzipien und Risikomanagementsysteme ermöglichen.[374]

bb) Auskunfts- und Prüfungsbefugnisse der Aufsichtsbehörden

Aus der Gesamtschau sämtlicher versicherungs- und bankenaufsichtsrelevanter, zum Teil in einem unternehmens- bzw. gruppeninternen Risikomanagement- und Kontrollprozess gewonnener Informationen bestimmt die Bundesanstalt für Finanzdienstleistungsaufsicht schon nach geltender Rechtslage mindestens einmal jährlich die Qualität des jeweiligen Unternehmens und setzt diese ins Verhältnis zu dessen Systemrelevanz.[375] Das Ergebnis wird in einer so genannten „Zwölf-Felder-Risikomatrix“ abgebildet (werden), die ein schematisiertes Verfahren der aufsichtsbehördlichen Unternehmensbewertung ermöglicht,[376] an der die Bundesanstalt fortan Priorität und Intensität ihrer Aufsichtstätigkeit ausrichten kann, um nicht nur weiterführende Steuerungsinstrumente gegenüber den Unternehmen, sondern auch bestehende Steuerungsressourcen innerhalb der Behörde risikosensitiver einzusetzen.[377] Die Erstellung eines solchen Aufsichtsprogramms sieht auch die Richtlinie zur Stärkung der Regulierung des Bankensektors in Reaktion auf die Finanzkrise der letzten Jahre vor.[378]

---

373 Vgl. § 55c Abs. 1 Nr. 1 i.V.m. Abs. 3 und 5 sowie § 64a Abs. 1 S. 4 Nr. 3 d) VAG.

374 Art. 35 Abs. 1 der Richtlinie 2009/138/EG.

375 Vgl. insoweit auch die europarechtliche Richtlinienvorgabe in Art. 124 Abs. 4 der Bankenrichtlinie 2006/48/EG. – Die Systemrelevanz bemisst sich bankenaufsichtlich anhand der relativen Größe bzw. des entsprechenden Marktanteils des jeweiligen Instituts. Versicherungsaufsichtlich wird das Kriterium der Systemrelevanz bei Lebensversicherern, Sterbe- und Pensionskassen, Krankenversicherern sowie Pensionsfonds anhand der Summe der Kapitalanlagen, bei Schaden-, Unfall- und Rückversicherern anhand der Bruttoeinnahmen bestimmt. Vgl. dazu *BaFin*, Jahresbericht 2006, S. 73.

376 Die Qualität des Unternehmens wird horizontal in die vier Stufen A bis D, die Systemrelevanz vertikal in die drei Kategorien hoch, mittel und niedrig eingeteilt. Zum Stand der automatisierten Risikoklassifizierung in den Sektoren der Banken- und Versicherungsaufsicht siehe *BaFin*, Jahresbericht 2006, S. 67 ff., insbes. S. 68 (Banken) und S. 73 ff., insbes. S. 74 (Versicherungen).

377 *BaFin*, Jahresbericht 2006, S. 66 f.

378 Siehe Art. 97 Abs. 4 i.V.m. Art. 99 der Richtlinie 2013/36/EU über die Beaufsichtigung von Kreditinstituten und Wertpapierfirmen.

Als wesentliche Grundlage der behördlichen Prüfungspraxis bestimmt die Risikoklassifizierung folglich auch den Einsatz der weitergehenden Auskunfts- und Prüfungsrechte nach § 44 KWG bzw. § 83 VAG gegenüber den einzelnen Kredit- bzw. Finanzdienstleistungsinstituten und Versicherungsunternehmen. Die anlass-ab- wie auch die anlassunabhängigen Sachverhaltsermittlungsrechte[379] reichen von dem Auskunftserteilungs- und Unterlagenvorlageverlangen[380] über die örtlichen Betriebsprüfungen in den Geschäftsräumen der Unternehmen[381] bis hin zur (eingeschränkt aktiven) Teilnahme an bzw. Einberufung von Organversammlungen[382], die mit entsprechenden Duldungspflichten[383] auf Seiten der Unternehmen korrespondieren.[384] Den Maßstab dieser den gesamten Geschäftsbetrieb umfassenden[385] Sonder- wie auch Routineprüfungen bilden grundsätzlich sämtliche quantitativen wie auch qualitativen Aufsichtsstandards,[386] die allerdings nur punktuell einer aufsichtsbehördlichen Zusatzkontrolle unterzogen werden dürfen, soweit dies zu aufsichtlichen Zwecken erforderlich ist.[387]

Infolge der zunehmenden Risikoorientierung des kredit- bzw. finanzdienstleistungsinstituts- wie auch versicherungsaufsichtsrechtlichen Solvenzsystems wird speziell die Qualität institutsinterner Risikobewertungs- und -begrenzungsprozesse vermehrt ins Visier der aufsichtsbehördlichen Sonder- bzw. Routineprüfungen rücken – zum Teil sogar auf Antrag eines Instituts oder aus Anlass einer unternehmensseitigen Information.[388] Die Sachverhaltsermittlungsrechte nach

379 Zu der Unterscheidung siehe auch *Geyer*, Routine- und Anlassprüfungen gemäß § 44 KWG, in: Blümler (Hrsg. u.a.), § 44 KWG-Prüfungen im Kreditgeschäft, § 1 B.

380 § 44 Abs. 1 S. 1 KWG; § 83 Abs. 1 S. 1 Nr. 1 VAG.

381 § 44 Abs. 1 S. 2 und 3 KWG; § 83 Abs. 1 S. 1 Nr. 2 bis 4 VAG.

382 § 44 Abs. 4 und 5 KWG; § 83 Abs. 1 S. 1 Nr. 5 und 6 VAG.

383 §§ 44 Abs. 1 S. 4 KWG und 83 Abs. 1 S. 2 VAG kommt insofern nur eine klarstellende Funktion zu. Zur Duldungspflicht nach § 44 Abs. 1 S. 4 KWG vgl. auch *VGH Kassel*, Urteil vom 31. Mai 2006 – 6 UE 3256/05, WM 2007, 392 ff.

384 Siehe dazu die Ausführungen von *Kaulbach*, in: Bähr (Hrsg.), Hdb Versicherungsaufsichtsrecht, § 8 Rn. 8 ff.

385 *Braun*, in: Boos/Fischer/Schulte-Mattler (Hrsg.), Kommentar zum KWG, § 44 Rn. 58; *Kollhosser*, in: Prölss, Kommentar zum VAG, § 83 Rn. 2.

386 Vgl. zumindest für den Bereich der Bankenaufsicht *BaFin*, Jahresbericht 2005, S. 116.

387 Zu Einzelheiten der anlass(un)abhängigen Sachverhaltsermittlungsrechte nach § 44 KWG bzw. § 83 VAG siehe *Braun*, in: Boos/Fischer/Schulte-Mattler (Hrsg.), Kommentar zum KWG, § 44 Rn. 1 ff., sowie *Kollhosser*, in: Prölss, Kommentar zum VAG, § 83 Rn. 1 ff.

388 Die Risikomodellprüfungen, die auf Antrag bei Instituten durchzuführen sind, deren Eigenmittelanforderungen interne Risikomodelle zugrunde legen sollen, bilden den

§ 44 KWG bilden damit eine wesentliche Grundlage des (banken-)aufsichtlichen Überprüfungsprozesses[389], die allerdings schon vor der innerstaatlichen Umsetzung der europarechtlich vermittelten Eigenkapitalvereinbarung von Basel II gelegt war.[390] Die Intensität der aufsichtsbehördlichen Überprüfung der Regelungen, Strategien, Verfahren und Mechanismen, die die Institute zur Einhaltung der aufsichtsrechtlichen Anforderungen geschaffen haben, wird sich zukünftig infolge der Erfahrungen aus der Finanzkrise der letzten Jahre zukünftig weiter erhöhen.[391] Dies beinhaltet auch die laufende Überprüfung der Erlaubnis zur Verwendung interner Risikobemessungs- und Steuerungsansätze.[392] Neben den Risiken, denen die Institute ausgesetzt sind oder sein könnten, werden von der Aufsichtsbehörde in diesem Zusammenhang auch die Risiken bewertet, die von einem Institut seinerseits für die Stabilität des Finanzsystems ausgehen.[393] Nicht zuletzt aufgrund seiner Ähnlichkeit zu § 44 KWG[394] enthält auch das Versicherungsaufsichtsgesetz mit § 83 VAG bereits eine taugliche Ermächtigungsgrundlage der aufsichtsbehördlichen Auskunfts- und Prüfungsbefugnisse im Rahmen des wechselseitigen Überprüfungsverfahrens von Solvency II.[395]

Sonderfall so genannter „Antragsprüfungen“ i.S.d. § 44 KWG, auf die mit Abnahme der internen Berechnungsmethode im weiteren Verlauf der Geschäftstätigkeit so genannte „Nachschauprüfungen“ folgen, um die Einhaltung der aufsichtlichen Anforderungen fortlaufend beaufsichtigen zu können. Vgl. dazu *BaFin*, Jahresbericht 2005, S. 117.

389 So genannter „Supervisory Review Process – SRP“.

390 So auch *Braun*, in: Boos/Fischer/Schulte-Mattler (Hrsg.), Kommentar zum KWG, § 44 Rn. 11.

391 Vgl. insoweit bereits die Vorgaben der Art. 97 und 98 der Richtlinie 2013/36/EU über die Beaufsichtigung von Kreditinstituten und Wertpapierfirmen.

392 Siehe Art. 101 der Richtlinie 2013/36/EU über die Beaufsichtigung von Kreditinstituten und Wertpapierfirmen.

393 Vgl. Art. 97 und 98 der Richtlinie 2013/36/EU über die Beaufsichtigung von Kreditinstituten und Wertpapierfirmen.

394 *Kollhosser*, in: Prölss, Kommentar zum VAG, § 83 Rn. 1, spricht von einer „teilweise[n sowie defizitären] Anlehnung [des § 83 VAG] an die Parallelbestimmung des § 44 KWG“, ausschließlich positiv hingegen die Begründung der *Bundesregierung* zum Entwurf eines Dritten Gesetzes zur Durchführung versicherungsaufsichtsrechtlicher Richtlinien des Rates der Europäischen Gemeinschaften (Drittes Durchführungsgesetz/EWG zum VAG), BT-Drs. 12/6959, S. 86.

395 Vgl. die Art. 34 ff. der Richtlinie 2009/138/EG zu Solvabilität II. Nach *Kollhosser*, in: Prölss, Kommentar zum VAG, § 83 Rn. 1, könnten die im Vergleich zu § 44 KWG bestehenden Defizite (insbesondere redaktioneller Art) ohne Probleme behoben werden.

c) Offenlegungspflichten

Neben diesem dialogischen Steuerungsprozesses unternehmerischer Mitteilungspflichten[396] und behördlicher Ermittlungsbefugnisse[397] gewinnen zunehmend die banken- und versicherungsaufsichtsrechtlichen Veröffentlichungspflichten wesentlicher Unternehmensdaten gegenüber den Marktteilnehmern (Konkurrenten und Verbrauchern)[398] aufsichtssystematisch an Bedeutung. Diese verfolgen ebenso wie die Informationspflichten gegenüber der Aufsichtsbehörde das Ziel der marktdisziplinierenden Transparenz. In Ergänzung dazu suchen sie aber die (selbstregulativen) Steuerungskräfte der informierten Marktteilnehmer (Wettbewerber und Kunden) als ein weiteres, aufsichtliches Korrektiv einzusetzen,[399] indem institutsspezifisch sowohl die materiellen und prozeduralen Steuerungsvorgaben als auch die entsprechenden Steuerungsansätze für den Markt sichtbar gemacht werden.

Während (Kredit-)Institute ihre solvabilitätsaufsichtsrechtlich wesentlichen Daten auch infolge der Umsetzung von Basel III gleichermaßen gegenüber der Aufsichtsbehörde wie auch der Öffentlichkeit offen zu legen haben,[400] differenzieren die Richtlinienvorgaben zu Solvabilität II zwischen den der Behörde zu Aufsichtszwecken beizubringenden Informationen[401] sowie den adressatenunabhängig zu veröffentlichenden Berichten über Solvabilität und Finanzlage[402]. Damit stellt die versicherungsaufsichtsrechtliche Richtlinie bereits normsystematisch klarsichtiger als das Recht der Aufsicht über Banken und Finanzdienstleitungsinstitute heraus, dass die Informationspflichten gegenüber der Aufsichtsbehörde integrativer Bestandteil des wechselseitigen Steuerungsprozesses sind, während die Offenlegungspflichten gegenüber den übrigen Marktteilnehmern die quantitativen

396 So genanntes „Supervisory Reporting“.

397 So genanntes „Supervisory Review“.

398 So genanntes „Public Disclosure“.

399 *Deutsche Bundesbank*, Neue Eigenkapitalanforderungen für Kreditinstitute, Monatsbericht September 2004, 75 (90 f.); *Knauth/Schubert*, Versicherungsaufsicht vor dem Paradigmenwechsel, VW 2003, 902 (905); *Schubert/Grießmann*, Solvency II = Basel II + X, VW 2004, 1399 (1402).

400 Vgl. § 26a Abs. 1 KWG i.V.m. §§ 319 ff. SolvV wie auch die europarechtlichen Vorgaben der Art. 145 ff. der neu gefassten Bankenrichtlinie 2006/48/EG bzw. der Art. 431 ff. der Verordnung (EU) 575/2013 über Aufsichtsanforderungen an Kreditinstitute und Wertpapierfirmen.

401 Vgl. Art. 35 der Richtlinie 2009/138/EG, systematisch verortet innerhalb des dritten Kapitels und die „Aufsichtsbehörden und allgemeine Vorschriften“.

402 Vgl. Art. 51 ff. der Richtlinie 2009/138/EG, systematisch verortet innerhalb des vierten Kapitels über die „Bedingungen für die Geschäftstätigkeit“.

Mindestanforderungen und das darauf bezogene Aufsichtsverfahren über die risikoorientierte Geschäftsführung lediglich ergänzen.[403]

In ihrer aufsichtsrelevanten Ergänzungsfunktion sind die (übrigen) Marktteilnehmer auf die informationsgestützte Beobachtung des Marktgeschehens beschränkt, dabei aber – im Gegensatz zur informierten Aufsichtsbehörde – nicht an objektiv vorgegebene Maßstäbe gebunden. Für den Fall einer (aus der je eigenen Perspektive) beobachteten Schieflage erschöpfen sich ihre Sanktionsmöglichkeiten in zivilrechtlichen Reaktionen gegenüber den betreffenden Unternehmen; eine einseitige (hoheitliche) Berichtigungsbefugnis bleibt ausschließlich der staatlichen Aufsichtsinstanz vorbehalten.

2. Maßnahmen der Missstandsaufsicht

Die hoheitlichen Berichtigungsbefugnisse zur Durchsetzung der zuvor (teilweise) im Rahmen des wechselseitigen Steuerungsprozesses unternehmerischer Information und aufsichtsbehördlicher Prüfung arbeitsteilig herausgearbeiteten und konkretisierten Maßstäbe lassen sich in Maßnahmen der besonderen (a) und der allgemeinen (b) Missstandsabwehr unterteilen.[404]

a) Maßnahmen in besonderen Fällen

Besondere Fälle eines versicherungs- oder bankenaufsichtsrechtlichen Missstandes ergeben sich den Parametern der laufenden (Finanz-)Aufsicht entsprechend insbesondere aufgrund materieller Solvabilitäts- bzw. Liquiditätsdefizite sowie organisatorischer Strukturmängel in den Instituten. Um die Risikolage des jeweiligen Unternehmens in solchen Fällen nicht (noch) weiter zu verschlechtern, gleichzeitig aber auch das Vertrauen der Öffentlichkeit in die Finanzbranche insgesamt

---

403 Vgl. zu den Veröffentlichungspflichten gegenüber der Allgemeinheit *Dreher/Schaaf*, Veröffentlichungspflichten von Versicherungsunternehmen, in: Dreher/Wandt (Hrsg.), Solvency II in der Rechtsanwendung, 129 ff. – Noch einmal erweitert werden die aufsichtsrechtlichen Offenlegungsanforderungen hinsichtlich der Eigenmittelausstattung der Kredit- und Finanzdienstleistungsinstitute im Zuge der Umsetzung des Reformvorhabens von Basel III. Ziel der damit verbundenen Vereinheitlichung der Offenlegungsvorgaben ist auch eine gesteigerte Vergleichbarkeit der von den Banken veröffentlichen Daten. Vgl. dazu *Baseler Ausschusses für Bankenaufsicht*, Basel III, Teil 1, Rz. 91 ff., sowie *Deutsche Bundesbank*, Basel III – Leitfaden, S. 17.

404 Zur aufsichtssystematischen Abfolge der Maßstabssetzung, Maßstabskontrolle und Maßstabsdurchsetzung siehe bereits oben TEIL 1 A.III. und D.II.

nicht (noch) tiefgründiger zu erschüttern, sind aufsichtlich grundsätzlich ebenso wirksame wie umsichtige (Korrektur-)Maßnahmen erforderlich.[405]

aa) Missstände der finanziellen Solidität

(1) Solvenzmissstand im Kredit- und Finanzdienstleistungswesen

Zur Korrektur von Missständen der finanziellen Solidität sieht das kreditwesengesetzliche Aufsichtsregime ein nach der Gefahr- und Schutzgutqualität abgestuftes Instrumentarium vor.

(a) Aktive Sanierungsmaßnahmen der Institute

Vor dem Hintergrund der Erfahrungen aus der Finanzkrise der letzten Jahre sind die Eingriffsschwellen innerhalb des Maßnahmenkataloges der §§ 45 ff. KWG, dessen Instrumente der Bundesanstalt vormals erst im Falle eines konkreten Verstoßes gegen die finanzaufsichtsrechtlichen Vorgaben der angemessenen Eigenmittelausstattung oder ausreichenden Zahlungsbereitschaft, also einer Gefahr für die finanzielle Institutssolidität, zur Verfügung standen,[406] durch das Gesetz zur Stärkung der Finanzmarkt- und Versicherungsaufsicht[407] herabgesetzt worden.

---

405 So auch schon *Träm*, Neue Entwicklungen der staatlichen Bankenaufsicht, S. 207.

406 Zu den Voraussetzungen der §§ 10 und 11 KWG vgl. obige Ausführungen unter B.II.1.a)aa)(1) und B.II.1.a)bb)(1) – Den ehemaligen Grundsätzen I und II der Bundesanstalt für Finanzdienstleistungsrecht (vormals Bundesaufsichtsamt für das Kreditwesen) über die Eigenmittel und Liquidität der Kreditinstitute wurde noch die Qualität normkonkretisierender bzw. -komplettierender Verwaltungsvorschriften beigemessen [siehe die Begründung der *Bundesregierung* zum Entwurf eines Gesetzes zur weiteren Fortentwicklung des Finanzplatzes Deutschland (Viertes Finanzmarktförderungsgesetz), BT-Drs. 14/8017, S. 62 ff.]. Ein Verstoß gegen die Grundsätze hatte lediglich die Indizwirkung einer abstrakten Gefährdung der bankenaufsichtsrechtlichen Solvabilitäts- bzw. Liquiditätsanforderungen [siehe nur *Lindemann*, in: Boos/Fischer/Schulte-Mattler (Hrsg.), Kommentar zum KWG (2004), § 45 Rn. 7 bzw. 11]. Zwar weisen die Vorgaben der Solvabilitäts- bzw. Liquiditätsverordnung des Bundesministeriums für Finanzen eine andere Rechtsqualität auf und entfalten – damit einhergehend – eine andere, nämlich externe Bindungswirkung. Dessen ungeachtet soll nach *Lehnhoff*, in: Reischauer/Kleinhans, Kommentar zum KWG, § 46 Rn. 2, und *Nirk*, Kreditwesengesetz, S. 51, auch ein Verstoß gegen die Rechtsverordnungsvorgaben zu einer nur abstakten Gefährdung des Schutzgutes der finanziellen Solidität führen.

407 Art. 1 des Gesetzes zur Stärkung der Finanzmarkt- und Versicherungsaufsicht vom 29. Juli 2009, BGBl. I, S. 2305.

Um der Aufsichtsbehörde ein möglichst frühzeitiges Eingreifen zu ermöglichen,[408] kann sie die (erforderlichen) Maßnahmen zur Verbesserung der Eigenmittelausstattung und Liquidität nunmehr bereits dann ergreifen, wenn die Vermögens-, Finanz- oder Ertragsentwicklung eines Instituts die Annahme rechtfertigt, das heißt (nur) der Gefahrenverdacht besteht, dass es die Solvabilitäts- oder Liquiditätsanforderungen nicht dauerhaft wird erfüllen können.[409]

Dabei ist sie nach den zum Zweck der Anleitung und Erleichterung der Normanwendung aufgeführten Regelbeispielen dazu angehalten, die Institute insbesondere über die Anordnung von Vorlage- und Berichtspflichten zu eigenen Maßnahmen bzw. Konzepten zu veranlassen, mit denen sie ihren Geschäftsbetrieb eigenständig – wenn auch unter Beobachtung von Bundesanstalt und Bundesbank – (wieder) in Übereinstimmung mit den Aufsichtsmaßstäben bringen bzw. halten sollen.[410] Unter denselben Voraussetzungen, unter denen die Bundesanstalt

---

408 Vgl. die Begründung der *Bundesregierung* zum Entwurf eines Gesetzes zur Stärkung der Finanzmarkt- und Versicherungsaufsicht, BT-Drs. 16/12783, S. 17.

409 Vgl. § 45 Abs. 1 S. 1 KWG n.F. Die Annahme wird regelmäßig gerechtfertigt sein, wenn sich die Gesamtsolvabilitätskennziffer i.S.d. § 2 Abs. 2 und 6 der SolvV oder die Liquiditätskennziffer i.S.d. § 2 Abs. 1 S. 1 der LiqV jeweils von einem Meldestichtag zum nächsten um mindestens 10 bzw. 25 Prozent verringert hat und aufgrund dieser Entwicklung mit einem Unterschreiten der Mindestanforderungen innerhalb der nächsten zwölf Monate zu rechnen ist. Das Gleiche gilt in dem Fall, dass sich die Gesamtsolvabilitäts- bzw. Liqudititätskennziffer an mindestens drei aufeinanderfolgenden Meldestichtagen um jeweils mehr als 3 bzw. 10 Prozent verringert hat und aufgrund dieser Entwicklung mit einem Unterschreiten der Mindestanforderungen innerhalb der nächsten 18 Monate zu rechnen ist. Vgl. insoweit § 45 Abs. 1 S. 2 Nr. 1 und 2 KWG, sowie *Auerbach/Donner*, Restrukturierungsgesetz, Der Betrieb 2011 (Beilage 4), 17. Zudem werden nunmehr die gegenüber dem betroffenen Institut zuvor nach § 10 Abs. 1b KWG und § 45b Abs. 1 KWG verhängten Kapitalaufschläge (zumindest für die Dauer der erhöhten Festsetzung) in die einzuhaltenden Eigenmittelanforderungen einbezogen.

410 Gemäß § 45 Abs. 1 S. 1 KWG n.F. kann die Bundesanstalt insbesondere verlangen, eine begründete Darstellung der Entwicklung der wesentlichen Geschäftsaktivitäten über einen Zeitraum von mindestens drei Jahren, einschließlich Planbilanzen, Plangewinn- und -verlustrechnungen sowie der Entwicklung der bankaufsichtlichen Kennzahlen anzufertigen und der Bundesanstalt und der Deutschen Bundesbank vorzulegen (Nr. 1), Maßnahmen zur besseren Abschirmung oder Reduzierung der vom Institut als wesentlich identifizierten Risiken und damit verbundener Risikokonzentrationen zu prüfen und gegenüber der Bundesanstalt und der Deutschen Bundesbank zu berichten, wobei auch Konzepte für den Ausstieg aus einzelnen Geschäftsbereichen oder die Abtrennung von Instituts- oder Gruppenteilen erwogen werden sollen

diese Maßnahmen zur Verbesserung der Eigenmittel- und Liquiditätsausstattung verlangen kann, kann auch das jeweilige Institut selbst, das seine Sanierungsbedürftigkeit erkennt, mit Hilfe der Bundesanstalt ein Sanierungsverfahren nach den Vorgaben des Kreditinstitute-Reorganisationsgesetzes[411] in Gang setzen.[412] In diesem Fall zeigt das Kreditinstitut der Bundesanstalt seine Sanierungsbedürftigkeit an,[413] legt einen Sanierungsplan vor und schlägt einsen geeigneten Sanierungsberater vor, der den Sanierungsplan umzusetzen hat.[414] Da der Sanierungsplan grundsätzlich alle Maßnahmen vorsehen kann, die geeignet sind, eine Sanierung des Kreditinstituts ohne einen Eingriff in Drittrechte und „unter freiwilliger Mitwirkung der Anteilseigner und Gläubiger" zu erreichen,[415] ist dem Institut insofern „ein weiter Spielraum für geschäftspolitische und organisatorische Veränderungen eröffnet".[416]

(Nr. 2), über geeignete Maßnahmen zur Erhöhung des Kernkapitals, der Eigenmittel und der Liquidität des Instituts gegenüber der Bundesanstalt und der Deutschen Bundesbank zu berichten (Nr. 3) und/oder ein Konzept zur Abwendung einer möglichen Gefahrenlage im Sinne des § 35 Abs. 2 Nr. 4 zu entwickeln und der Bundesanstalt und der Deutschen Bundesbank vorzulegen (Nr. 4). Vgl. insoweit auch die Übersicht über diesen Maßnahmenkatalog bei *Auerbach/Donner*, Restrukturierungsgesetz, Der Betrieb 2011 (Beilage 4), 17 (18).

411 Gesetz zur Reorganisation von Kreditinstituten (Kreditinstitute-Reorganisationsgesetz – KredReorgG), Art. 1 des Gesetzes zur Restrukturierung und geordneten Abwicklung von Kreditinstituten, zur Errichtung eines Restrukturierungsfonds für Kreditinstitute und zur Verlängerung der Verjährungsfrist der aktienrechtlichen Organhaftung (Restrukturierungsgesetz) vom 9. Dezember 2010, BGBl. I, S. 1900, zuletzt geändert durch Art. 2 Abs. 75 des Gesetzes vom 22. Dezember 2011, BGBl. I, S. 3044.

412 Vgl. § 2 Abs. 1 S. 2 KredReorgG. Dazu wie auch zum Nachfolgenden ausführlich *Obermüller*, Bankenrestrukturierungsgesetz, NZI 2011, 81 (84 f.).

413 § 2 Abs. 1 S. 1 KredReorgG.

414 § 2 Abs. 2 S. 1 KredReorgG.

415 Vgl. § 2 Abs. 2 S. 2 KredReorgG sowie *Stengel*, Kreditinstitute-Reorganisationsgesetz, Der Betrieb 2011 (Beilage 4), 11. In dem Sanierungsplan kann (insbesondere) die Aufnahme neuer Kredite in einem bestimmten Rahmen vorgesehen werden, deren Gläubiger für den Fall einer anschließenden Insolvenz einen Vorrang gegenüber den Insolvenzgläubigern erhalten (§ 2 Abs. 2 S. 2 KredReorgG). Daneben gehören zu den in Betracht kommenden Sanierungsmaßnahmen nach *Stengel*, Kreditinstitute-Reorganisationsgesetz, Der Betrieb 2011 (Beilage 4), 11, die Zuführung von neuem Eigen- oder Fremdkapital, die Aufgabe defizitärer Geschäftsbereiche sowie die Stundung oder der Verzicht von Gläubigern auf ihre Forderngen.

416 *Obermüller*, Bankenrestrukturierungsgesetz, NZI 2011, 81 (84). Gerade angesichts dessen, dass im Rahmen des Sanierungsverfahrens keine Eingriffe vorgenommen

Die Befugnisse der Bundesanstalt, insbesondere der §§ 45 ff. KWG, bleiben von diesen Veränderungsmaßnahmen indes unberührt.[417] Letztlich entscheidet die Bundesanstalt allein nach pflichtgemäßem Ermessen darüber, ob sie das Sanierungsverfahren nach den Vorgaben des Kreditinstitute-Reorganisationsgesetzes überhaupt für zweckmäßig erachtet[418] oder aber eigene Anordnungen nach Maßgabe der §§ 45 ff. KWG, wie insbesondere die Einsetzung eines Sonderbeauftragten i.S.d. § 45c KWG,[419] anstelle oder auch zur Unterstützung des institutseigenen Sanierungsverfahrens für erforderlich hält.[420] Unbenommen bleibt es der Aufsichtsbehörde zudem, erforderlichenfalls auch einen Insolvenzantrag zu stellen.[421] Hält die Bundesanstalt den eingereichten Sanierungsplan (demgegenüber) für schlüssig und den vorgeschlagenen Sanierungsberater für geeignet, stellt sie einen Antrag auf Durchführung des Sanierungsverfahrens, über den das für Klagen gegen die Bundesanstalt zuständige Oberlandesgericht[422] unter Berücksichtigung der besonderen Eilbedürftigkeit zu entscheiden hat.[423] Im Zuge dieser Entscheidung bestellt das Gericht auch den Sanierungsberater, dem nicht nur „umfangreiche Nachforschungs- und Prüfungsbefugnisse“ zukommen.[424] Über die

werden können, wird es im Verhältnis zum Reorganisationsverfahren teilweise als überflüssig eingestuft. Vgl. *Stengel*, Kreditinstitute-Reorganisationsgesetz, Der Betrieb 2011 (Beilage 4), 11 (13).

417 § 1 Abs. 5 KredReorgG.

418 § 2 Abs. 3 S. 1 KredReorgG.

419 Vgl. dazu ausführlich *Auerbach/Donner*, Restrukturierungsgesetz, Der Betrieb 2011 (Beilage 4), 17 (18 ff.).

420 Gemäß § 2 Abs. 4 S. 1 KredReorgG gilt der Antrag der *BaFin* grundsätzlich als zurückgenommen, wenn sie eine Maßnahme nach den §§ 45c, 46, 46b oder den §§ 48a bis 48m KWG angeordnet hat. Die Rücknahmefiktion des § 2 Abs. 4 S. 1 ReorgG gilt nicht, wenn die Bundesanstalt dies im Rahmen ihrer Anzeige gegenüber dem zuständigen Gericht ausdrücklich bestimmt.

421 Im Stadium der drohenden Zahlungsunfähigkeit bzw. der eingetretenen Überschuldung ersetzt die Anzeige der Sanierungsbedürftigkeit gemäß § 2 Abs. 1 S. 2 KredReorgG auch die obligatorische Insolvenznachricht nach § 46b Abs. 1 KWG.

422 Dies ist gemäß § 1 Abs. 3 FinDAG das *OLG Frankfurt am Main.*

423 § 2 Abs. 3 S. 2 KredReorgG. Die Bundesanstalt übersendet dem Oberlandesgericht den Sanierungsplan mit einer Stellungnahme, die insbesondere Aussagen zu den Aussichten einer Sanierung auf der Grundlage des Sanierungsplans sowie zur Eignung des vorgeschlagenen Sanierungsberaters enthält. Hält die Bundesanstalt den vom Kreditinstitut vorgeschlagenen Sanierungsberater für ungeeignet, kann sie dem Oberlandesgericht nach Anhörung des Kreditinstituts auch einen anderen Sanierungsberater vorschlagen (§ 2 Abs. 3 S. 3 und 4 KredOrgG).

424 *Obermüller*, Bankenrestrukturierungsgesetz, NZI 2011, 81 (85).

Weisungskompetenz gegenüber der Geschäftsführung des Kreditinstituts kann er auch Einfluss auf das operative Geschäft nehmen.[425]

(b) Reaktive Eingriffsbefugnisse der Aufsichtsbehörde

Sofern die institutseigenen Maßnahmen allerdings keine ausreichende Gewähr dafür bieten, die Einhaltung der Anforderungen der angemessenen Eigenmittelausstattung und ausreichenden Zahlungsbereitschaft nachhaltig zu sichern, kann die Bundesanstalt auch bereits im Stadium des Gefahrenverdachts auf die Mehrzahl der direkten Eingriffsbefugnisse zurückgreifen,[426] die ihr eigentlich erst für den Fall an die Hand gegeben werden, dass die Eigenmittel- und Liquiditätsausstattung der Institute tatsächlich nicht mehr den finanzaufsichtsrechtlichen Anforderungen entspricht.[427] Auch die reaktiven Maßnahmen zur Wiederherstellung der finanziellen Institutssolidität, wie die Untersagung respektive Beschränkung der Eigenkapitalentnahme, Gewinnausschüttung und/oder Kreditgewährung, sind durch das Gesetz zur Stärkung der Finanzmarkt- und Versicherungsaufsicht erweitert worden.[428] Infolge des Restrukturierungsgesetzes kann die Bundesanstalt

425 Zur Rechtsstellung des Sanierungsbeauftragten vgl. § 4 Abs. 1 KredReorgG. Gemäß § 5 Abs. 1 KredReorgG kann das Oberlandesgericht auf Vorschlag der Bundesanstalt auch weitergehende Maßnahmen ergreifen, wie insbesondere den Mitgliedern der Geschäftsleitung und den Inhabern die Ausübung ihrer Tätigkeit untersagen oder diese beschränken (Nr. 1), anordnen, den Sanierungsberater in die Geschäftsleitung aufzunehmen (Nr. 2), Entnahmen durch die Inhaber oder Gesellschafter sowie die Ausschüttung von Gewinnen untersagen oder beschränken (Nr. 3), die bestehenden Vergütungs- und Bonusregelungen der Geschäftsleitung auf ihre Anreizwirkung und ihre Angemessenheit hin überprüfen und gegebenenfalls eine Anpassung für die Zukunft vornehmen sowie Zahlungsverbote bezüglich nicht geschuldeter Leistungen aussprechen (Nr. 4) und die Zustimmung des Aufsichtsorgans ersetzen (Nr. 5).

426 § 45 Abs. 1 S. 3 KWG n.F.

427 § 45 Abs. 2 S. 1 KWG n.F.

428 Die beispielhaft aufgeführten Maßnahmen gemäß § 45 Abs. 2 S. 1 Nr. 1, 4 KWG n.F. entsprechen wie auch die Anordnung gezielter Maßnahmen zur Reduzierung spezifischer Betriebs- oder Organisationsrisiken gemäß § 45 Abs. 2 S. 1 Nr. 5 KWG n.F. den Maßnahmen des § 45 Abs. 1 Nr. 1 bis 3 KWG a.F. vor Inkrafttreten des Gesetzes zur Stärkung der Finanzmarkt- und Versicherungsaufsicht. Auch die Untersagung bzw. Beschränkung der Auszahlung variabler Vergütungsbestandteile gemäß § 45 Abs. 2 S. 1 Nr. 6 KWG n.F., war bereits ind § 45 Abs. 1 S. 3 KWG a.F. vorgesehen. Mit dem Gesetz zur Stärkung der Finanzmarkt- und Versicherungsaufsicht sind die Befugnisse zur Untersagung bzw. Beschränkung bilanzieller Maßnahmen, die dazu dienen, einen entstandenen Jahresfehlbetrag auszugleichen oder einen Bilanzgewinn auszuweisen,

nunmehr auch die Vorlage eines Restrukturierungsplans verlangen, in dem das Institut konkret darzulegen hat, wie und wann die Eigenmittelausstattung oder Liquidität des Instituts nachhaltig wiederhergestellt werden soll.[429]

Sowohl die institutseigenen als auch die behördlicherseits angeordneten Sanierungsmaßnahmen sind möglichst auf eine Maßstabsdurchsetzung der Aufsichtsbehörde in Kooperation mit den jeweils angewiesenen Instituten gerichtet.[430] Die gilt nicht mehr für die einstweiligen Maßnahmen, die von der Bundesanstalt bei einer konkreten Gefahr für die Erfüllung der Verpflichtungen eines Instituts oder eines begründeten Verdachts der Unmöglichkeit seiner wirksamen Beaufsichtigung ergreifen kann. Unter den genannten Voraussetzungen kann sie seit der Ergänzung durch das Gesetz zur Stärkung der Finanzmarkt- und Versicherungsaufsicht[431] nicht mehr nur Anweisungen für die Geschäftsführung des Instituts erlassen, die Annahme von Kundenwertpapieren sowie die Vergabe von Krediten verbieten und Inhabern und Geschäftsleitern die Ausübung ihrer Tätigkeit untersagen oder beschränken.[432] Die Bundesanstalt kann nunmehr auch Zahlungen an konzernangehörige Unternehmen untersagen oder beschränken, wenn diese Geschäfte für das Institut nachteilig sind.[433] Damit soll gerade in Krisenzeiten ein interessenwidriger Kapitalabzug durch konzerninterne Gläubiger (im Ausland) verhindert werden können.[434]

---

in § 45 Abs. 2 S. 1 Nr. 2 KWG n.F. eingefügt worden. Neu wurde auch die Anordnungsbefugnis eingeführt, die Auszahlung jeder Art von Erträgen auf Eigenmittelinstrumente insgesamt oder teilweise ersatzlos entfallen zu lassen, wenn sie nicht vollständig durch einen erzielten Jahresüberschuss gedeckt sind (vgl. § 45 Abs. 2 S. 1 Nr. 3 KWG n.F.). Mit Inkrafttreten des CRD IV-Umsetzungsgesetzes werden in § 45 Abs. 2 S. 1 Nr. 5a KWG weitere Restriktionen in Bezug auf die Auszahlung variabler Vergütungsbestandteile eingefügt werden.

429 § 45 Abs. 2 S. 1 Nr. 7 KWG n.F. Vgl. dazu auch die Begründung der *Bundesregierung* zu dem Entwurf eines Restrukturierungsgesetzes, BT-Drs. 17/3024, S. 59.

430 Vgl. noch zur alten Rechtslage *Träm*, Neue Entwicklungen der staatlichen Bankenaufsicht, S. 208, zum Verhältnis der Eingriffsinstrumentarien nach § 45 KWG n.F. siehe *Lindemann*, in: Boos/Fischer/Schulte-Mattler (Hrsg.), Kommentar zum KWG, § 45 Rn. 15a ff.

431 Art. 1 des Gesetzes zur Stärkung der Finanzmarkt- und Versicherungsaufsicht vom 29. Juli 2009, BGBl. I, S. 2305.

432 Zu den Maßnahmen der Ziffern 1 bis 3 siehe *Lindemann*, in: Boos/Fischer/Schulte-Mattler (Hrsg.), Kommentar zum KWG, § 46 Rn. 56 ff.

433 § 46 Abs. 1 S. 3 KWG n.F.

434 So genanntes „ring fencing". Dazu *Lindemann*, in: Boos/Fischer/Schulte-Mattler (Hrsg.), Kommentar zum KWG, § 46 Rn. 82 f.

Infolge der Umsetzung der europarechtlichen Vorgaben zur Stärkung der Aufsicht über den Bankensektor werden die Befugnisse der zuständigen Aufsichtsbehörde für den Fall, dass ein Institut die Anforderungen der europarechtlichen Vorgaben nicht erfüllt oder auch nur voraussichtlich gegen diese verstoßen wird, weiter harmonisiert werden.[435] Zu einem nicht unerheblichen Teil entsprechen die nationalen Vorschriften bereits den zukünftigen Vorgaben auf europäischer Ebene bzw. greifen diesen vor.[436] Neben den Befugnissen zur Behebung des Missstandes sollen allerdings noch angemessene Verwaltungssanktionen und -maßnahmen verhängt bzw. ergriffen werden können, die wirksam, verhältnismäßig und abschreckend sein müssen.[437] Zu diesen Sanktionen und Maßnahmen zählen unter anderen der Entzug der Zulassung, Unterlassungsanordnungen, die Abberufung des Managements und von den Verwaltungen verhängte Geldstrafen.[438] Zudem werden die Maßnahmen bzw. Sanktionen umgehend öffentlich bekannt zu machen und dabei auch Informationen zu Art und Charakter des Verstoßes und zu

---

435 Vgl. Art. 64 i.V.m. Art. 102 ff. der Richtlinie 2013/36/EU über die Beaufsichtigung von Kreditinstituten und Wertpapierfirmen, sowie die §§ 45 ff. KWG in der Fassung des CRD IV-Umsetzungsgesetzes.

436 Dies galt bspw. für Art. 64 lit. c), e), f), g) und j) des Vorschlags für eine konsolidierte Richtlinie über die Beaufsichtigung von Kreditinstituten und Wertpapierfirmen, KOM(2011) 453. Danach ist die zuständige Behörde dazu befugt, den Instituten als Eigenmittelanforderung bestimmte Rückstellungsgrundsätze oder eine spezielle Behandlung ihrer Aktiva vorzuschreiben (c), eine Absenkung des mit den Tätigkeiten, Produkten und Systemen von Instituten verbundenen Risikos zu verlangen (e), von den Instituten zu verlangen, die variable Vergütung auf einen Prozentsatz der Nettoeinkünfte zu begrenzen, wenn diese nicht mit der Erhaltung einer soliden Eigenkapitalbasis zu vereinbaren ist (f), von den Instituten zu verlangen, Nettogewinne zur Stärkung der Eigenmittel einzusetzen und zu diesem Zweck auch Ausschüttungen des Instituts an Aktionäre oder Gesellschafter einzuschränken oder zu untersagen (g) und Auszahlung oder Ausschüttung von Dividenden oder Zinsen aus Instrumenten des zusätzlichen Kernkapitals zu untersagen (j). Zu diesen Vorgaben siehe mittlerweile Art. 104 Abs. 1 lit. d), f), g), h) und i) der Richtlinie 2013/36/EU über die Beaufsichtigung von Kreditinstituten und Wertpapierfirmen.

437 Vgl. Art. 65 der Richtlinie 2013/36/EU über die Beaufsichtigung von Kreditinstituten und Wertpapierfirmen.

438 Vgl. Art. 66 und 67 der Richtlinie 2013/36/EU über die Beaufsichtigung von Kreditinstituten und Wertpapierfirmen, § 56 KWG in der Fassung des CRD IV-Umsetzungsgesetzes sowie die Entwurfsbegründung der *Bundesregierung*, BT-Drs. 17/10974, S. 119 ff.

den verantwortlichen Personen zu geben sein.[439] Eine wesentliche Ausnahme wird allerdings auch insoweit gelten, wie eine solche Bekanntmachung die Stabilität der Finanzmärkte ernsthaft gefährden würde.

Kaum eine Entsprechung auf europäischer Ebene finden die mit dem Restrukturierungsgesetz weitestgehend in die Vorschrift des § 46 KWG integrierten Regelungen über die vorübergehende Anordnung eines so genannten „Bankenmoratoriums"[440], beispielsweise in Form eines Veräußerungs- und Zahlungsverbotes, der Schließung des Instituts für den Verkehr mit der Kundschaft oder eines Entgegennahmeverbotes nichttilgungsbestimmter Zahlungen im Fall der Insolvenznähe eines Instituts.[441] Da ein solches Moratorium nicht auf den (bedingungslosen) Erhalt des konkreten Instituts zielt, unterliegen die (Kredit-)Institute neben den spezifischen Vorgaben des Bankenaufsichtsrechts grundsätzlich auch weiterhin den allgemeinen Vorschriften des Insolvenzrechts. Um allerdings die in dem Institut vereinigten Gläubigerinteressen im Falle einer nur drohenden Zahlungsunfähigkeit bzw. Überschuldung durch aufsichtsrechtliche Maßnahmen der Sanierung vor möglichen Beeinträchtigungen der andernfalls folgenden Liquidierung schützen zu können,[442] ergibt sich eine aufsichtsrechtliche Modifizierung insoweit, als der

---

439 Vgl. Art. 68 der Richtlinie 2013/36/EU über die Beaufsichtigung von Kreditinstituten und Wertpapierfirmen.

440 Der Begriff des Moratoriums scheint in Anbetracht der gleich lautenden Überschrift zu § 47 KWG zwar verfehlt, hat sich jedoch in der Praxis für die Maßnahmen des § 46 Abs. 1 KWG durchgesetzt. So hatte auch die *BaFin* infolge der weltweit durch den Ausfall so genannter „Suprime-Kredite" auf dem US-amerikanischen Immobilienmarkt ausgelösten Finanzkrise sowohl gegenüber der *Lehman Brothers Bankhaus AG* als auch über die *Kaupthing Bank hf.*, Niederlassung Deutschland, jeweils auf der Grundlage der § 46 Abs. 1 KWG a.F. ein auch als solches bezeichnetes Moratorium angeordnet. Vgl. die Mitteilungen der *BaFin* auf ihrer Internetseite über die „Moratorien" in den Fällen *Lehman Brothers Bankhaus AG* und *Kaupthing Bank hf.*, Niederlassung Deutschland, abrufbar unter www.bafin.de »» Presse.

441 Vgl. § 46 Abs. 1 S. 2 Nr. 4, 5 und 6 KWG n.F. sowie dazu *Lindemann*, in: Boos/Fischer/Schulte-Mattler (Hrsg.), Kommentar zum KWG, § 46a Rn. 73 ff., 115 ff. und 119 ff. Zu den einzelnen Instrumenten auch des § 46a Abs. 1 S. 1 KWG a.F. siehe *Lehnhoff*, in: Reischauer/Kleinhans, Kommentar zum KWG, § 46 Rn. 8 ff., sowie *Träm*, Neue Entwicklungen der staatlichen Bankenaufsicht, S. 213.

442 *Reischauer/Kleinhans*, Kommentar zum KWG, § 46a a.F. Rn. 3. – Nach *Lindemann*, in: Boos/Fischer/Schulte-Mattler (Hrsg.), Kommentar zum KWG (2008), § 46a Rn. 7 f., mussten aufsichtsbehördliche Maßnahmen bei Insolvenzgefahr nach § 46a KWG a.F. auch dann auf die Erfüllung der Verbindlichkeiten zielen, wenn bereits eine Gefahr für die Effektivität der Aufsicht bestand, da das Kriterium „zur

Antrag auf Eröffnung des Insolvenzverfahrens über das Institutsvermögen – abweichend von § 13 der Insolvenzordnung[443] – ausschließlich von der Bundesanstalt gestellt werden kann.[444]

(c) Gesetzliches System der Sicherungseinrichtungen

Auf die vorrangigen Sanierungsbemühungen wird jedoch ein nicht unerheblicher Zeitdruck dadurch ausgeübt, dass die Bundesanstalt spätestens sechs Wochen nach Beginn des Bankenmoratoriums nach den Vorgaben des gesetzlichen Einlagensicherungs- und Anlegerentschädigungssystems[445] den so genannten

Vermeidung des Insolvenzverfahrens" keine Tatbestands-, sondern eine Ermessensregelung sein sollte.

443 Insolvenzordnung (InsO) vom 5. Oktober 1994, BGBl. I, S. 2866, zuletzt geändert durch Art. 19 des Gesetzes vom 20. Dezember 2011, BGBl. I, S. 2854.

444 Vgl. § 46b Abs. 1 S. 4 und 5 KWG. Sofern Institute nach allgemeinen Regeln einer Insolvenzantragspflicht unterliegen, ist diese gemäß § 46b Abs. 1 S. 2 KWG durch die Anzeigepflicht der Zahlungsunfähigkeit oder Überschuldung an die Bundesanstalt für Finanzdienstleistungsrecht ersetzt. *Gramlich*, Recht der Bankwirtschaft, in: Schmidt (Hrsg.), Öffentliches Wirtschaftsrecht. Besonderer Teil 1, § 5 II.5.c)aa), spricht insoweit von einem „Sonder-Insolvenzrecht für Kreditinstitute".

445 Das staatlicherseits eingerichtete und anerkannte Sicherungsystem basiert in Umsetzung der Richtlinien 94/19/EG des Europäischen Parlaments und des Rates vom 30. Mai 1994 über Einlagensicherungssysteme (Einlagensicherungsrichtlinie), ABl. EG vom 31. Mai 1994, Nr. L 135, S. 5, und 97/9/EG des Europäischen Parlaments und des Rates vom 3. März 1997, ABl. EG vom 26. März 1997, Nr. L 84, S. 22, auf den Vorgaben des Einlagensicherungs- und Anlegerentschädigungsgesetzes (EAEG), Art. 1 des Gesetzes zur Umsetzung der EG-Einlagensicherungsrichtlinie und der EG-Anlegerentschädigungsrichtlinie vom 16. Juli 1998, BGBl. I, S 1842, zuletzt geändert durch Art. 13 des Gesetzes vom 9. Dezember 2010, BGBl. I, S. 1900. Zum nationalen Einlagensicherungssystem im Verhältnis zu den europarechtlichen Vorgaben vgl. auch *EuGH*, Rs. C-222/02, Peter Paul, Slg. 2004, I-9425. – Neben dieser Pflichteinrichtung können privatrechtliche Einrichtungen, die schon vor Umsetzung der Einlagensicherungs- und Anlegerentschädigungsrichtlinien über ein gut ausgebautes System der freiwilligen Absicherung verfügten, weiterhin ihre Sicherheit anbieten, die in Form einer (subsidiären) Anschlussdeckung eine umfangreichere als die im Einlagensicherungs- und Anlegerentschädigungsgesetz lediglich vorgesehene Mindest- oder Basisdeckung garantiert. Zu dem System des Nebeneinander aus freiwilliger und gesetzlich vorgeschriebener Einlagensicherung und Anlegerentschädigung im Kreditwesen siehe *Deutsche Bundesbank*, Einlagensicherung und Anlegerentschädigung, Monatsbericht Juli 2000, 29 (41 ff.), *Fischer*, in: Boos/Fischer/Schulte-Mattler (Hrsg.), KWG, § 23a Rn. 16 ff., *Ricke/Rudolph*, Einlagensicherung, BKR 2002, 899 (903), *Sethe*, Einlagensicherung und Anlegerentschädigung, ZBB 1998, 305 (318 f.),

„Entschädigungsfall" feststellen muss, der eine Fortführung der Bankgeschäfte nahezu unmöglich macht.[446] Stellt die Bundesanstalt den Entschädigungsfall eines Instituts fest, das aus Gründen, die mit seiner Finanzlage unmittelbar zusammenhängen, nicht in der Lage ist, Einlagen zurückzuzahlen oder Verbindlichkeiten aus Wertpapiergeschäften zu erfüllen, und dass keine Aussicht auf eine spätere Rückzahlung oder Erfüllung besteht,[447] hat die jeweilige Entschädigungseinrichtung ausschließlich die von den zu unterrichtenden Gläubigern angemeldeten Entschädigungsansprüche zu überprüfen und gegebenenfalls zu erfüllen.[448] Die erforderlichen Entschädigungsmittel sollen der Idee nach durch Beiträge der Kredit- bzw. Finanzdienstleistungsinstitute erbracht werden, die unmittelbar mit der Erteilung der Erlaubnis zum Geschäftsbetrieb gesetzlich der jeweiligen Entschädigungseinrichtung[449] zugeordnet werden, sofern sie nicht einer bereits bestehenden,

---

Steuer, Umsetzung der EG-Einlagensicherungs- und Anlegerentschädigungsrichtlinie, WM 1998, 2449 (2455).

446 Vgl. § 5 Abs. 1 S. 2 EAEG. Demnach musste die *BaFin* im Fall der *Lehman Brothers Bankhaus AG* am 28. Oktober 2008 den Entschädigungsfall feststellen, nachdem sie am 15.09.2008 ein Moratorium verhängt hatte. Gemäß § 5 Abs. 1 S. 1 EAEG hat die Bundesanstalt den Entschädigungsfall grundsätzlich unverzüglich festzustellen. Neben der längstens sechswöchigen Feststellungsfrist im Falle der Anordnung eines Bankenmoratoriums gilt sogar eine Frist von maximal von fünf Arbeitstagen, nachdem sie davon Kenntnis erlangt hat, dass ein Institut nicht in der Lage ist, Einlagen zurückzuzahlen, oder von maximal 21 Tagen, nachdem sie davon Kenntnis erlangt hat, dass ein Institut nicht in der Lage ist, Verbindlichkeiten aus Wertpapiergeschäften zu erfüllen.

447 Zum Begriff des Entschädigungsfalls vgl. die Legaldefinition in § 1 Abs. 5 EAEG.

448 Begrenzt auf den Gegenwert von 100.000 Euro der Einlagen 90 Prozent der Verbindlichkeiten aus Wertpapiergeschäften und einem Gegenwert von jeweils 20.000 Euro. Zu Umfang und Verfahren der Entschädigung siehe §§ 4 und 5 EAEG, sowie *Sethe*, Einlagensicherung und Anlegerentschädigung, ZBB 1998, 305 (324 ff.), *Weber*, Das Einlagensicherungs- und Anlegerentschädigungsgesetz, Die Bank 8/98, 470 ff. – Infolge der, durch die US-amerikanische Subprimekrise ausgelösten Finanzkrise ist die gesetzliche Mindesteinlagensicherung unionsweit in einem ersten Schritt auf 50.000 Euro und in einem zweiten Schritt ab dem 31. Dezember 2011 auf 100.000 Euro angehoben worden. Vgl. dazu die Begründung der *Bundesregierung* zu dem Entwurf eines Gesetzes zur Änderung des Einlagensicherungs- und Anlegerentschädigungsgesetzes und anderer Gesetze, BT-Drs. 16/12266, S. 11 ff.

449 Die privaten Banken sind einer beliehenen Sicherungseinrichtung im Sinne des § 7 Abs. 1 EAEG, der „Entschädigungseinrichtung Deutscher Banken GmbH (EdB)" [Beleihung durch Verordnung über die Zuweisung von Aufgaben und Befugnissen einer Entschädigungseinrichtung an die Entschädigungseinrichtung deutscher Banken

institutssichernden Einrichtung[450] angehören.[451] Zwar erlischt die bankenaufsichtliche Erlaubnis zum Geschäftsbetrieb nicht automatisch mit der aufsichtsbehördlichen Feststellung des Entschädigungsfalls. Nicht zuletzt aufgrund deren vertrauensmindernder Öffentlichkeitswirkung ist aber der Fortbestand des betroffenen Instituts in besonderem Maße tatsächlich gefährdet.

GmbH vom 24. August 1998, (BGBl. I, S. 2389)] zugeordnet. Das Pendant der öffentlichen Banken, die „Entschädigungseinrichtung des Bundesverbandes Öffentlicher Banken Deutschlands GmbH“, wurde durch Verordnung vom 24. August 1998, BGBl. I, S. 2390, mit der Aufgabe und den Befugnissen der Entschädigungseinrichtung beliehen. Die beliehenen Einrichtungen unterliegen ihrerseits der (Missstands-) Aufsicht durch die Bundesanstalt. Die Entschädigungseinrichtung deutscher Wertpapierhandelsunternehmen (EdW) ist weiterhin gemäß § 6 Abs. 1 EAEG als nichtrechtsfähiges Sondervermögen bei der Kreditanstalt für Wiederaufbau eingerichtet.

450 Institutssichernde Einrichtungen i.S.d. § 12 EAEG sind Sicherungseinrichtungen der regionalen Sparkassen- und Giroverbände oder der Sicherungseinrichtung des Bundesverbandes der Deutschen Volksbanken und Raiffeisenbanken, die auf Grund ihrer Satzungen die angeschlossenen Institute selbst schützen, insbesondere deren Liquidität und Solvenz gewährleisten, und über die dazu erforderlichen Mittel verfügen. Zur Institutssicherung nach dem Einlagensicherungs- und Anlegerentschädigungsgesetz siehe auch *Pehla*, Institutssicherung, ZfgK 2006, 298 ff.

451 § 32 Abs. 3a KWG i.V.m. §§ 2 und 8 EAEG. – Zur (Finanz-)Verfassungsmäßigkeit der als Sonderabgaben zu Finanzierungszwecken zu qualifizierenden (Jahres- bzw. Sonder-)Beiträge zur Einlagensicherung und Anlegerentschädigung i.S.d. § 8 EAEG vgl. *BVerwG*, Urteil vom 21.4.2004 – 6 C 20/03, BVerwGE, 120, 311 320 ff. Kritisch demgegenüber u.a. *Rieck*, Sonderabgaben, NVwZ 2005, 523 ff. – Systemwidrig, aber wohl im Interesse einer vertrauenssichernden bzw. -wiederherstellenden Stabilisierung des Finanzdienstleistungssektors zwingend notwendig erschien in diesem Zusammenhang die staatliche Garantieerklärung der *Bundesregierung* für die Gesamtheit der privaten Spar-, Giro- und Termineinlagen bei deutschen Kreditinstituten, die einen liquiditätsmindernden Einlagenabzug verunsicherter Bankkunden infolge der aktuellen Finanzmarktkrise zu verhindern suchte. Die Staatsgarantie verbesserte insbesondere die Einlagensicherung der Kunden privater Banken, da die Finanzverbünde der öffentlich-rechtlichen Sparkassen sowie der genossenschaftlichen Volks- und Raiffeisenbanken den Instituts- und damit den Insolvenzschutz der ihnen angeschlossenen Banken garantieren [vgl. dazu *ham.*, Staatsgarantie verbessert die Position der Kunden der privaten Banken, FAZ v. 7.10.2008, S. 21.]. Diese strikte, den einzelnen Säulen des deutschen Bankensystems folgende Trennung der Einlagensicherungssysteme könnte infolge eines möglichen Reformansatzes durch ein so genanntes „Überlaufsystem“ überwunden werden und für einen stabilisierenden Ausgleich untereinander sorgen [vgl. dazu *Schäfers/Mußler*, Reformideen zur Bankenhaftung, FAZ v. 9.10.2008, S. 14.].

(d) Maßnahmen bei Gefahren für die Stabilität des Finanzsystems

(aa) Gefahr eines Instituts für die Stabilität des Finanzsystems

Kommt dem Fortbestand eines Instituts allerdings eine nicht unerhebliche Bedeutung für die Stabilität des Finanzsystems insgesamt zu,[452] haben die Erfahrungen aus der Finanzmarktkrise der letzten Jahre gezeigt, dass es (ausnahmsweise) erforderlich sein kann, bereits die Gefahr für den Bestand eines systemrelevanten Kredit- bzw. Finanzinstituts[453] abzuwenden,[454] um negative Auswirkungen eines insolvenzbedingten Zusammenbruchs desselben auf andere Unternehmen des Finanzsektors, die Finanzmärkte insgesamt sowie das allgemeine Vertrauen in die Funktionsfähigkeit des Finanzsystems zu vermeiden.[455] Sollte sich die von der Bestandsgefährdung eines einzelnen Instituts ausgehende Gefährdung für das gesamte Finanzsystem nicht auf eine andere Art und Weise beheben lassen, kann die Bundesanstalt die Übertragung der systemrelevanten Vermögensteile

---

452 Gemäß § 48b Abs. 2 S. 2 KWG bemisst sich die Systemrelevanz insbesondere nach Art und Umfang der Verbindlichkeiten gegenüber anderen Unternehmen des Finanzsektors, nach der Vernetzung mit anderen Finanzmarktteilnehmern, sowie nach der Erwartung der Marktteilnehmer im Hinblick auf die Folgen eines Zusammenbruchs des Instituts auf andere Unternehmen des Finanzsektors, auf den Finanzmarkt und das Vertrauen der Einleger und Marktteilnehmer in die Funktionsfähigkeit des Finanzmarktes. Siehe auch die Entscheidung der *Europäischen Kommission* K(2008) 8629 vom 12. Dezember 2008 zur staatlichen Beihilferegelung Nr. N 625/2008 – Rettungspaket für Finanzinstitute in Deutschland. Danach sind die Bilanzsumme, die Einlagenintensität, die Funktion des Unternehmens für den gesamtwirtschaftlichen Zahlungsverkehr und die allgemeine Bedeutung für das Vertrauen in die Stabilität des Finanzmarkts maßgeblich. – Vgl. in diesem Zusammenhang auch *Ohler*, Bankensanierung als staatliche Aufgabe, WiVerw 2010, 47 (56).

453 Englisch: „Systemically Important Financial Institution (SIFI)".

454 Eine Bestandsgefährdung wird gemäß § 48b Abs. 1 S. 2 KWG vermutet, wenn das verfügbare Kernkapital das nach § 10 Absatz 1 erforderliche Kernkapital zu weniger als 90 vom Hundert deckt (Nr. 1), das modifizierte verfügbare Eigenkapital die nach § 10 Absatz 1 erforderlichen Eigenmittel zu weniger als 90 vom Hundert deckt (Nr. 2), die Zahlungsmittel, die dem Institut in einem durch die Rechtsverordnung nach § 11 Absatz 1 Satz 2 definierten Laufzeitband zur Verfügung stehen, die in demselben Laufzeitband abrufbaren Zahlungsverpflichtungen zu weniger als 90 vom Hundert decken (Nr. 3) oder Tatsachen die Annahme rechtfertigen, dass eine Unterdeckung nach den Nummern 1, 2 oder 3 eintreten wird, wenn keine korrigierenden Maßnahmen ergriffen werden. Dies ist insbesondere der Fall, wenn nach der Ertragslage des Instituts mit einem Verlust zu rechnen ist, infolgedessen die Voraussetzungen der Nummern 1, 2 oder 3 eintreten würden (Nr. 4).

455 § 48b Abs. 2 S. 1 KWG.

des im Bestand gefährdeten Kreditinstituts einschließlich der damit verbundenen Verbindlichkeiten auf einen anderen, bereits bestehenden oder aber auf einen zu diesem Zweck erst gegründeten Rechtsträger[456] im Wege der Ausgliederung anordnen.[457] Soweit schützenswerte Gläubigerinteressen nicht entgegenstehen, führt die Aufteilung des Geschäftsbetriebs in systemrelevante und -irrelevante Unternehmensteile dazu, allein die auf einen anderen Rechtsträger ausgelagerten Unternehmensteile von Systemrelevanz gezielt sanieren und erforderlichenfalls mit finanziellen Mitteln ausstatten zu können.[458] Die in dem alten Institut

---

456 So genannte „Brückenbank".

457 Vgl. § 48a Abs. 1 und 2 KWG. Zu den Einzelheiten der aufsichtsbehördlichen Übertragungsanordnung vgl. die §§ 48a ff. KWG insgesamt, die jeweilige Begründung der *Bundesregierung* zu dem Entwurf eines Restrukturierungsgesetzes, BT-Drs. 17/3024, S. 63 ff. sowie bspw. *Auerbach/Donner*, Restrukturierungsgesetz, Der Betrieb 2011 (Beilage 4), 17 (20 ff.), *Lorenz*, Regierungsentwurf eines Restrukturierungsgesetzes, NZG 2010, 1046 (1050 f.), *Obermüller*, Bankenrestrukturierungsgesetz, NZI 2011, 81 (87 f.), *Stengel*, Kreditinstitute-Reorganisationsgesetz, Der Betrieb 2011 (Beilage 4), 11 (15 f.).

458 So genannte „Good Bank" [*Obermüller*, Bankenrestrukturierungsgesetz, NZI 2011, 81 (87)]. Vgl. § 48m KWG. – Nach Erlass einer Übertragungsanordnung gemäß § 48a KWG oder soweit sich die von der Bundesanstalt für Finanzdienstleistungsaufsicht gemäß § 48b KWG festgestellte Bestands- und Systemgefährdung auf anderem Wege in gleich sicherer Weise beseitigen lässt, insbesondere im Wege umwandlungsrechtlicher oder privatrechtlicher Vereinbarungen, kann der Restrukturierungsfonds für Kreditinstitute [Vgl. §§ 1 und 3 des Gesetzes zur Errichtung eines Restrukturierungsfonds für Kreditinstitute (Restrukturierungsfondsgesetz – RestruktFG), Art. 3 des Restrukturierungsgesetzes vom 9. Dezember 2010, BGBl. I, S. 1900, 1921, zuletzt geändert durch Art. 6 des Gesetzes vom 22. Juni 2011, BGBl. I, S. 1126] gemäß § 3 Abs. 2 RestruktFG die ihm zur Verfügung stehenden Mittel für folgende Maßnahmen verwenden: Gründung von Brückeninstituten und Anteilserwerbe (vgl. § 5 RestruktFG), Gewährung von Garantien (vgl. § 6 RestruktFG), Durchführung von Rekapitalisierungen (vgl. § 7 RestruktFG) Erfüllung sonstiger Ansprüche in diesem Zusammenhang (vgl. § 8 RestruktFG). – Zur Mittelerbringung in Form der so genannten „Bankenabgabe" der beitragspflichtigen Kreditinstitute siehe §§ 2 und 12 RestruktFG. Danach sollen auch die für die angestrebten Sanierungsmaßnahmen erforderlichen Finanzmittel des Restrukturierungsfonds – dem Einlagensicherungs- und Anlegerentschädigungsfonds insoweit vergleichbar – möglichst durch Jahresbeiträge, subsidiär durch Sonderbeiträge der Kreditinstitute aufgebracht werden, die über eine Erlaubnis nach dem Kreditwesengesetz verfügen und die Vorgaben der Kreditinstuts-Rechnungslegungsverordnung einhalten müssen. Sofern eine zeitgerechte Deckung des Mittelbedarfs durch Sonderbeiträge nicht möglich ist, kann der Restrukturierungsfonds darüber hinaus gemäß § 12 Abs. 3 S. 3 RestruktFG Kredite aufnehmen. Das Nähere über die Folgen

verbleibenden Unternehmensteile können notfalls im Rahmen eines Insolvenzverfahrens abgewickelt werden.[459]

Angesichts der oftmals unsicheren Tatsachengrundlage und des zumeist erheblichen Zeitdrucks, auf deren Basis bzw. innerhalb dessen die aufsichtsbehördliche Übertragungsanordnung getroffen werden muss, ist auch deren Eingriffsschwelle auf die Tatbestandsvoraussetzung des Gefahrenverdachts herabgesenkt worden.[460] Der aufsichtsbehördlichen Einschätzung einer Bestands- und Systemgefährdung geht allerdings zwingend eine Anhörung der Deutschen Bundesbank voraus.[461] Sofern es (danach) die Gefahrenlage (noch) zulässt, muss die Bundesanstalt vor Erlass der hoheitlichen Übertragungsanordnung dem Kreditinstitut aus Gründen der Verhältnismäßigkeit auch noch eine Frist zur Vorlage und Durchführung eines Wiederherstellungsplanes setzen. Damit eröffnet sie dem Institut, seinen Anteilseignern und gegebenenfalls seinen Gläubigern die Möglichkeit, die Bestandsgefährdung selbst abzuwenden.[462] Ähnliches gilt im Falle eines bereits anhängigen

---

eines Erreichens oder Unterschreitens der Zielgröße, die Jahresbeiträge und die Sonderbeiträge regelt die Bundesregierung gemäß § 12 Abs. 10 S. 2 RestruktFG durch Rechtsverordnung, die der Zustimmung des Bundesrates bedarf.

459 *Obermüller*, Bankenrestrukturierungsgesetz, NZI 2011, 81 (87), sowie *Auerbach/Donner*, Restrukturierungsgesetz, Der Betrieb 2011 (Beilage 4), 17 (20), noch zum Regierungsentwurf *Lorenz*, Regierungsentwurf eines Restrukturierungsgesetzes, NZG 2010, 1046 (1050).

460 *Auerbach/Donner*, Restrukturierungsgesetz, Der Betrieb 2011 (Beilage 4), 17 (20); *Lorenz*, Regierungsentwurf eines Restrukturierungsgesetzes, NZG 2010, 1046 (1050).

461 § 48b Abs. 3 KWG. Danach muss die gemeinsame Einschätzung zudem schriftlich dokumentiert werden. Zur verfassungsrechtlichen Bedeutung dieser prozeduralen Kompensation der grundsätzlich weit gefassten Generalklausel siehe *Höfling*, Finanzmarktregulierung – Gutachten, in: Ständige Deputation des Deutschen Juristentages (Hrsg.), Verhandlungen des 68. Deutschen Juristentages, Bd. I, F 1 (59).

462 Vgl. § 48c Abs. 1 KWG sowie die Begründung der *Bundesregierung* zu dem Entwurf eines Restrukturierungsgesetzes, BT-Drs. 17/3024, S. 64. Zutreffend weisen sowohl *Lorenz*, Regierungsentwurf eines Restrukturierungsgesetzes, NZG 2010, 1046 (1051), als auch *Auerbach/Donner*, Restrukturierungsgesetz, Der Betrieb 2011 (Beilage 4), 17 (20), in dem Zusammenhang der vorrangigen Fristsetzung nach § 48c Abs. 1 KWG darauf hin, dass die Übertragungsanordnung insbesondere im Hinblick auf die damit verbundenen Inhaltsangaben i.S.d. § 48e Abs. 1 KWG ohnehin etwas Zeit benötigen wird. Inwieweit aber diese Zeit über die Fristsetzung zur Vorlage eines Wiederherstellungsplans hinaus zur Gewährung einer weiteren, wenn auch nur kurzen „Gnadenfrist" und vor allem zur Vornahme welcher anderen Maßnahmen genutzt werden kann, scheint nicht ersichtlich. Zumal die BaFin zur Abwendung der aus einer möglichen Bestandsgefahr resultierenden Systemgefahr angesichts des zumeist

Sanierungsverfahrens. Soweit der zu Beginn des Verfahrens eingereichte Sanierungsplan hinreichende Erfolgsaussichten bietet, auch eine Bestandsgefährdung – sollte sie überhaupt bestanden haben – abwenden zu können, muss die Bundesanstalt zunächst auch die Umsetzung des Sanierungsplans abwarten.

Vorrang vor einer aufsichtsbehördlichen Übertragungsanordnung hat schließich auch das von dem bestandsgefährdeten Institut mit Systemrelevanz selbst oder im Falle der vorherigen Durchführung eines Sanierungsverfahrens[463] durch den Sanierungsberater in Gang gesetzte Reorganisationsverfahren; selbst wenn das Sanierungsverfahren scheitern oder von vornherein keine Aussicht auf Erfolg haben sollte. Dies gilt zumindest soweit, wie unter Berücksichtigung der zeitlichen Vorgaben keine Zweifel daran bestehen, dass der übermittelte Reorganisationsplan geeignet ist, die Bestandsgefährdung rechtzeitig abzuwenden und dass der übermittelte Plan rechtzeitig angenommen, bestätigt und umgesetzt werden wird.[464] Anders als das Sanierungsverfahren zielt das Reorganisationsverfahren zumindest auch darauf ab, „ein systemrelevantes Kreditinstitut so aus dem Markt austreten zu lassen“, ohne dass andere Marktteilnehmer mitgerissen werden.[465] Eingeleitet wird das Reorganisationsverfahren durch die Anzeige der Aussichtslosigkeit der Durchführung eines Sanierungsverfahrens und die Vorlage eines Reorganisationsplans.[466] Unter der Voraussetzung, dass die Bestandsgefährdung des Instituts zu einer Systemgefährdung führt, kann die Bundesanstalt bei dem zuständigen Oberlandesgericht den Antrag auf Durchführung des Reorganisationsverfahrens stellen.[467] Im Unterschied zum Sanierungsplan kann der Reorganisationsplan vor dem Hintergrund der Gefahr für das gesamte Finanzsystem auch Eingriffe in Rechte Dritter, wie Forderungsgläubiger, aber auch Anteilsinhaber vorsehen.[468]

---

bestehenden Zeitdrucks stets verpflichtet sein wird, innerhalb der Frist zur Vorlage und Durchführung eines Wiederherstellungsplanes bereits die notfalls erforderliche Übetragungsanordnung vorzubreiten.

463 *Stengel*, Kreditinstitute-Reorganisationsgesetz, Der Betrieb 2011 (Beilage 4), 11 (12).

464 Vgl. § 48 Abs. 2 S. 1 KWG.

465 *Stengel*, Kreditinstitute-Reorganisationsgesetz, Der Betrieb 2011 (Beilage 4), 11 (12).

466 § 7 Abs. 1 KredReorgG.

467 § 7 Abs. 2 KredReorgG.

468 Insbesondere können in seinem gestaltenden Teil nicht nur die Umwandlung von Forderungen in Anteile am Kreditinstitut vorgesehen (so genannter „Debt-Equity-Swap“, vgl. § 9 Abs. 1 S. 1 KredReorgG), sondern auch die Ausgliederung des gesamten oder teiweisen Vermögens eines Kreditinstituts mit allen Rechten und Pflichten, insbesondere mit den entsprechenden Vertragsverhältnissen, und deren Übertragung auf einen bestehenden oder zu gründenden Rechtsträger festgelegt werden (Vgl. § 11 Abs. 1 S. 1 und 2 KredReorgG). Mit der Umwandlung von Forderungen in Unternehmensanteile

Insgesamt hat der Gesetzgeber sowohl mit dem Sanierungs- als auch mit dem Reorganisationsverfahren bereits ein umfangreiches Instrumentarium geschaffen, um die Einhaltung der finanzaufsichtsrechtlichen Anforderungen an eine angemessene Solvabilität und eine ausreichende Liquidität möglichst aus eigener Initiative des betroffenen Instituts und maßgeblicher Mitwirkung der jeweils Beteiligten idealerweise dauerhaft zu gewährleisten, wenigstens aber die Gefährdung des Institutsbestands aus Gründen des Systemschutzes abzuwenden. Erst wenn die Durchführung des Sanierungs- bzw. Reorganisationsverfahrens keine hinreichenden Erfolgsaussichten (mehr) hat, kann die Bundesanstalt auf das einseitige Eingriffsinstrumentarium zurückgreifen; im Fall der von einer Bestandsgefährdung eines einzelnen Instituts ausgehenden Gefährdung des gesamten Finanzsystems sogar auf die Ausgliederung, Übertragung und Sanierung systemrelevanter Unternehmensteile.[469]

Auch insoweit hatte der nationale Gesetzgeber in weiten Teilen bereits den neuen Richtlinienvorgaben zur Festlegung eines Rahmens für die Sanierung und Abwicklung von Kreditinstituten und Wertpapierfirmen vorgegriffen.[470] Danach sollen den zuständigen (Aufsichts-)Behörden die erforderlichen Befugnisse zur Verfügung gestellt werden, um möglichst potentielle Risiken zu minimieren sowie eine sich abzeichnende Verschlechterung der Solvenzlage einer Bank frühzeitig abzuwenden, zumindest aber im Falle einer dem öffentlichen Interesse

wird gleichzeitig der Wert der bestehenden Anteile geschmälert und damit in die Rechte der Anteilseigner eingegriffen. Zum Ablauf des Reorganisationsverfahrens, insbesondere zur Abstimmung der Gläubiger und Gesellschafter des Kreditinstituts über den Reorganisationsplan vgl. im Überblick *Stengel*, Kreditinstitute-Reorganisationsgesetz, Der Betrieb 2011 (Beilage 4), 11 (12 f.).

469 *Obermüller*, Bankenrestrukturierungsgesetz, NZI 2011, 81 (87). Kritisch gegenüber der Vorstufe „weicher" Regulierung *Höfling*, Finanzmarktregulierung – Gutachten, in: Ständige Deputation des Deutschen Juristentages (Hrsg.), Verhandlungen des 68. Deutschen Juristentages, Bd. I, F 1 (60), [Hervorhebung im Original]. Positive Bewertung demgegenüber bei *Zimmer*, Finanzmarktregulierung – Gutachten, in: Ständige Deputation des Deutschen Juristentages (Hrsg.), Verhandlungen des 68. Deutschen Juristentages, Bd. I, G 1 (55 f.).

470 Vgl. insoweit den Vorschlag der *Europäischen Kommission* für eine Richtlinie des Europäischen Parlaments und des Rates zur Festlegung zur Festlegung eines Rahmens für die Sanierung und Abwicklung von Kreditinstituten und Wertpapierfirmen und zur Änderung der Richtlinien 77/91/EWG und 82/891/EG des Rates, der Richtlinien 2001/24/EG, 2002/47/EG, 2004/25/EG, 2005/56/EG, 2007/36/EG und 2011/35/EG sowie der Verordnung (EU) Nr. 1093/2010 (Sanierungs- und Abwicklungsrichtlinie), KOM(2012) 280.

entgegenstehenden Insolvenz eine wirksame Restrukturierung oder geordnete Abwicklung der Bank zu ermöglichen.[471] Noch bevor die Sanierungs- und Abwicklungsrichtlinie auf europäischer Ebene in Kraft getreten ist, ist der Gesetzgeber erneut auf nationaler Ebene tätig geworden und hat – in Ergänzung zu dem Kreditinstitute-Reorganisationsgesetz – bereits den Entwurf der Bundesregierung für ein Gesetz zur Abschirmung von Risiken und zur Planung der Sanierung und Abwicklung von Kreditinstituten und Finanzgruppen angenommen.[472] Danach haben Kreditinstitute einen Sanierungsplan ungeachtet der konkreten Vermögens-, Finanz- oder Ertragsentwicklung bereits dann aufzustellen, wenn sie die Bundesanstalt als potentiell systemgefährdend eingestuft hat.[473] Solche Institute sollen möglichst frühzeitig organisatorische wie auch geschäftspolitische Maßnahmen definieren, um eine mögliche Krise „schnell, effektiv und aus eigener Kraft überwinden zu können".[474] Stuft die Bundesanstalt ein Institut als potentiell systemgefährdend ein, stellt sie für das betreffende Institut auch einen Abwicklungsplan auf.[475] Dieser soll dem Ziel dienen, eine Systemgefährdung möglichst zu vermeiden, zumindest aber deren Beseitigung zu erleichtern.[476] Der Abwicklungsplan soll für den Fall vorsorgen, dass ein Institut nicht mehr in der Lage ist, allein mit Hilfe des Sanierungsplans die Krise zu überwinden.[477]

---

471 Vgl. die Begründung der *Europäischen Kommission* zu ihrem Vorschlag für eine Sanierungs- und Abwicklungsrichtlinie, COM (2012) 280, S. 5.

472 Vgl. zur Annahme des Regierungsentwurfs in der Fassung der Beschussempfehlung des Finanzausschusses durch den *Deutschen Bundestag* am 17. Mai 2013 das BT-Plenarprotokoll 17/241, 30549 (B) sowie vorangehend den Entwurf der *Bundesregierung* für ein Gesetz zur Abschirmung von Risiken undzur Planung der Sanierung und Abwicklung von Kreditinstituten und Finanzgruppen vom 4. März 2013, BT-Drs. 17/12601.

473 § 47f Abs. 2 S. 1 KWG in der Fassung des Gesetzes zur Abschirmung von Risiken und zur Planung der Sanierung und Abwicklung von Kreditinstituten und Finanzgruppen.

474 Vgl. die Begründung der *Bundesregierung* zu dem Entwurf eines Gesetzes zur Abschirmung von Risiken undzur Planung der Sanierung und Abwicklung von Kreditinstituten und Finanzgruppen vom 4. März 2013, BT-Drs. 17/12601, S. 27.

475 Vgl. § 47f Abs. 1 S. 1 KWG in der Fassung des Gesetzes zur Abschirmung von Risiken undzur Planung der Sanierung und Abwicklung von Kreditinstituten und Finanzgruppen.

476 § 47f Abs. 2 S. 1 KWG in der Fassung Gesetzes zur Abschirmung von Risiken und zur Planung der Sanierung und Abwicklung von Kreditinstituten und Finanzgruppen.

477 Vgl. die Begründung der *Bundesregierung* zu dem Entwurf eines Gesetzes zur Abschirmung von Risiken undzur Planung der Sanierung und Abwicklung von Kreditinstituten und Finanzgruppen vom 4. März 2013, BT-Drs. 17/12601, S. 27.

(bb) Institutsunabhängige Gefahr für die Stabilität des Finanzsystems

Die Finanzkrise der letzten Jahre hat aber auch gezeigt, dass selbst die (Eingriffs-) Instrumentarien zu Abwehr einer konkreten oder potentiellen Systemgefahr eines einzelnen (im Bestand gefährdeten) Instituts nicht hinreichen, um die Stabilität des Finanzsystems insgesamt absichern zu können. Dieser Erkenntnis entsprechend hielt es auch der nationale Gesetzgeber für erforderlich, zur vorbeugenden Abwehr einer nur möglichen Gefährdung der Finanzmarktstabilität selbst gegenüber einem Institut, dessen Geschäftsbetrieb weder eine Gefahr bzw. ein Risiko für den eigenen Bestand noch für die Stabilität des Finanzsystems insgesamt darstellt, Maßnahmen zur Stärkung des Vertrauens in die Widerstandsfähigkeit des europäischen Bankensektors ergreifen zu können. Mit Inkrafttreten des Zweiten Finanzmarktstablisierungsgesetzes[478] konnte die Bundesanstalt daher seit Frühjahr 2012 von einzelnen Instituten für einen begrenzten Zeitraum eine im Verhältnis zu den üblichen Anforderungen der Solvabilitätsverordnung erhöhte Eigenmittelausstattung verlangen; vorausgesetzt, eine solche Kapitalstärkung war erforderlich, um einer drohenden Störung der Funktionsfähigkeit des Finanzmarktes oder einer Gefahr für die Finanzmarktstabilität entgegenzuwirken und erhebliche negative Auswirkungen auf andere Unternehmen des Finanzsektors sowie auf das allgemeine Vertrauen der Einleger und anderer Marktteilnehmer in ein funktionsfähiges Finanzsystem zu vermeiden.[479] Das jeweilige Institut hatte in einem Plan nachvollziehbar darlegen, wie und wann es die erhöhten Kapitalanforderungen erreichen werde.[480] Sofern die Bundesanstalt die in dem Plan dargelegten Maßnahmen und Fristsetzungen für unzureichend erachtet oder das Institut diese nicht eingehalten hatte, konnte sie eine kurzfristige Nachbesserung des vorgelegten Plans verlangen.[481] Erfolgte auch die Nachbesserung nicht oder nur unzureichend, konnte die Bundesanstalt einen Sonderbeauftragten bestellen und diesem die eigentlich dem Institut gestellte Aufgabe übertragen, den Kapitalerhöhungsplan zu erstellen.[482] Solange die erhöhte Eigenmittelausstattung nicht erreicht wurde, konnte die Aufsichtsbehörde auch Entnahmen von Inhabern oder Gesellschaftern

478 Zweites Gesetz zur Umsetzung eines Maßnahmenpakets zur Stabilisierung des Finanzmarktes (Zweites Finanzmarktstabilisierungsgesetz – 2. FMStG) vom 24. Februar 2012, BGBl. I, S. 206 ff.

479 § 10 Abs. 1b S. 2 KWG i.d.F. des Zweiten Finanzmarktstabilsierungsgesetzes.

480 § 10 Abs. 1b S. 7 KWG i.d.F. des Zweiten Finanzmarktstabilsierungsgesetzes.

481 § 10 Abs. 1b S. 9 KWG i.d.F. des Zweiten Finanzmarktstabilsierungsgesetzes.

482 § 10 Abs. 1b S. 11 i.V.m. § 45c Abs. 1 und 2 Nr. 7a. KWG i.d.F. des Zweiten Finanzmarktstabilsierungsgesetzes.

sowie Gewinnausschüttungen und Auszahlungen variabler Vergütungsbestandteile untersagen.[483]

Sämtliche der vorgenannten Maßnahmen konnten dem Grundsatz der systematischen Exklusivität der Finanzmarktstabilsierungsgesetze entsprechend[484] zwar nur für einen begrenzten Zeitraum ergriffen werden.[485] Im Unterschied zu dem eigentlichen Zweck der (übrigen) Instrumente der Finanzmarktstabilisierungsgesetze, mit deren Hilfe die im Zuge der Finanzkrise der letzten Jahre verloren gegangene Stabilität der Finanzmärkte durch eine vorübergehende Unterstützung einzelner Institute möglichst kurzfristig wiederhergestellt werden sollte, sollte aber der vorgenannte Maßnahmenkatalog gerade präventiv einer (drohenden) Destabilisierung des Finanzsystems vorbeugen.[486] Diesem Unterschied entsprechend wurden die einzelnen Befugnisse auch nicht in das Finanzmarktstabilisierungsfondsgesetz aufgenommen, sondern in das Kreditwesengesetz eingefügt und (infolgedessen) auch nicht dem Finanzmarktstabilisierungsfonds, sondern der Bundesanstalt für Finanzdienstleistungsaufsicht übertragen. Abgesehen von ihrer zeitlichen Befristung hätten sie daher als eine Art Blaupause jedenfalls für einen Teilbereich des Maßnahmenkataloges dienen können, auf den die Bundesanstalt zurückgreifen können sollte, wenn der Ausschuss für Finanzstabilität zukünftig entweder Warnungen oder Empfehlungen des Europäischen Ausschusses für Systemrisken weiterleitet oder selbst die Bundesanstalt unmittelbar vor Systemrisiken warnt bzw. ihr Maßnahmen zu deren Abwendung empfiehlt.[487] So konnte die Bundesanstalt bereits auf die eigentlich befristeten Befugnisse zur Abwendung der Systemrisiken nach dem Zweiten Finanzmarktstabilisierungsgesetz insbesondere dann zurückgreifen, wenn dies im Rahmen einer auf europäischer

483 § 10 Abs. 1b S. 12 KWG i.d.F. des Zweiten Finanzmarktstabilsierungsgesetzes.

484 Siehe dazu obige Ausführungen unter A.V.

485 Nach § 10 Abs. 1b S. 2 KWG i.d.F. des Zweiten Finanzmarktstabilsierungsgesetzes vom 24. Februar 2012 nur bis zum 31. Dezember 2012. Anders als die übrigen Instrumente der Finanzmarktstabilisierung werden die Maßnahmen durch das Dritte Finanzmarktstabilisierungsgesetz vom 24. November 2012 nicht noch einmal verlängert.

486 So die Begründung der *Fraktionen der CDU/CSU und FDP* zu dem Entwurf eines Zweiten Gesetzes zur Umsetzung eines Maßnahmenpakets zur Stabilisierung des Finanzmarktes (Zweites Finanzmarktstabilisierungsgesetz – 2. FMStG) vom 17. Januar 2012, BT-Drs. 17/8343, S. 2.

487 Vgl. dazu § 2 Abs. 2 Nr. 5 i.V.m. § 3 Abs. 1 und 2 des Entwurfs des Finanzstabilitätsgesetzes, Art. 1 des Entwurfs eines Gesetzes zur Stärkung der deutschen Finanzaufsicht, BT-Drs. 17/10040, S. 7. – Zum Ausschus für Finanzstabilität siehe insbesondere die nachfolgenden Ausführungen in Teil 3 unter B.III.

Ebene insbesondere im Europäischen Ausschuss für Systemrisiken abgestimmten Vorgehensweise erfolgte.[488] Sowohl die Festlegung der Höhe und Zusammensetzung der zusätzlichen Eigenmittel als auch des maßgeblichen Zeitpunktes für die Einhaltung der Anforderungen erfolgte unter Berücksichtigung der Standards, auf deren Anwendung sich die zuständigen europäischen Stellen im Rahmen eines abgestimmten Vorgehens auf Unionsebene verständigt hatten.

Nachdem mittlerweile die europäischen Vorschläge für das Verfahren der Entdeckung systemischer Risiken und entsprechender Warnungen und Abhilfeempfehlungen ein wenig konkretisiert worden sind, hat auch bereits die Bundesregierung wiederum im Vorgriff auf einen verbindlichen Gesetzgebungsakt auf europäischer Ebene ihre Vorstellungen von einer entsprechenden Umsetzung in einen Gesetzesentwurf einfließen lassen. Danach soll die Bundesanstalt nach Aufforderung des Ausschusses für Finanzstabilität – und nach Abstimmung mit der Europäischen Kommission, dem Rat, dem Europäischen Ausschuss für Systemrisiken und der Europäischen Bankenaufsichtsbehörde – im Wege der Allgemeinverfügung gegenüber allen oder einer Gruppe der der Aufsicht der Bundesanstalt unterliegenden Institute und Unternehmen für die Dauer von bis zu zwei Jahren erhöhte Eigenmittel- und Großkreditanforderungen, Offenlegungspflichten, Kapitalerhaltungspuffer und Liquiditätsanforderungen verlangen können, um die festgestellten Veränderungen in der Intensität des makroprudenziellen oder des systemischen Risikos zu vermindern.[489]

(2) Solvenzmissstand im Versicherungswesen

Auch im Versicherungsaufsichtsrecht ist der Aufsichtsbehörde für den Fall, dass die anrechnungsfähigen Eigenmittel eines Versicherungsunternehmens die Mindestanforderungen zu unterschreiten drohen, ein im Verhältnis zur gefährdeten Solvabilitätsgröße (Solvabilitätsspanne, Garantiefonds oder Mindestgarantiefonds) abgestuftes Steuerungsinstrumentarium an die Hand gegeben, um die versicherungsbetrieblichen Finanzverhältnisse im Interesse einer ausreichenden Wahrung der Versichertenbelange (wieder) in Übereinstimmung mit den Aufsichtsmaßstäben zu bringen.

---

488 § 10 Abs. 1b S. 5 KWG i.d.F. des Zweiten Finanzmarktstabilsierungsgesetzes. Zu den Aufgaben des Europäischen Ausschusses für Systemrisiken siehe insbesondere nachfolgende Ausführungen in Teil 4 unter C.II.3.

489 Vgl. § 48t KWG in der Fassung des CRD IV-Umsetzungsgesetzes.

(a) Kooperative Maßnahmen zur Sicherstellung der finanziellen Unternehmenssolidität

Weist ein Versicherungsunternehmen zwar noch Eigenmittel oberhalb des Garantiefonds aus,[490] drohen diese jedoch die Solvabilitätsspanne i.S.d. § 53c Abs. 1 S. 1 VAG zu unterschreiten,[491] verlangt die Behörde von dem Unternehmen, ihr einen Plan zur Wiederherstellung gesunder, das heißt aufsichtsmaßstabskonformer Finanzverhältnisse zur Genehmigung vorzulegen.[492] Nur unter der außergewöhnlichen Bedingung, dass eine erhebliche Diskrepanz zwischen Soll- und Istsolvabilität zu befürchten ist, kann die Aufsichtsbehörde zudem die freie Verfügung über Gegenstände des Versicherungsvermögens einschränken oder untersagen, um den Zweck der Primärmaßnahme zu unterstützen.[493] Unterschreiten die Eigenmittel sogar den Sollbetrag des Garantiefonds (ein Drittel der Solvabilitätsspanne, § 53 Abs. 1 S. 2 VAG), hat das Versicherungsunternehmen der Aufsichtsbehörde einen möglichst zeitnah durchzuführenden Plan über die kurzfristige Beschaffung der erforderlichen Eigenmittel zur Genehmigung vorzulegen.[494] Außerdem kann die Aufsichtsbehörde auch unabhängig von weiteren

490 Argumentum e contrario § 81b Abs. 2 S. 1 VAG. Siehe dazu *Kollhosser*, in: Prölss, Kommentar zum VAG, § 81b Rn. 3.

491 Ein Unterschreiten der Solvabilitätsspanne droht dann, wenn die Solvabilitätsspanne bei ungehindertem Ablauf des objektiv zu erwartenden Geschehens mit hinreichender Wahrscheinlichkeit unterschritten wird. Vgl. *VG Frankfurt*, Beschluss vom 21. Juni 2005 – 1 G 1525/05, VersR 2007, 189 ff.

492 Zum Solvabilitätsplan vgl. § 81b Abs. 1 S. 1 VAG. Entgegen des insoweit missverständlichen Gesetzeswortlautes steht der Aufsichtsbehörde, falls diese die Voraussetzungen des § 81b Abs. 1 S. 1 VAG bejaht, kein Ermessen zu. Vgl. dazu *Kollhosser*, in: Prölss, Kommentar zum VAG, § 81b Rn. 3, *Bähr*, in: Fahr/Kaulbach/Bähr/Pohlmann, Kommentar zum VAG, § 81b Rn. 6, *Kaulbach*, Die laufende Rechts- und Finanzaufsicht nach § 81 VAG, in: Bähr (Hrsg.), Hdb Versicherungsaufsichtsrecht, § 8 Rn. 84. Anders *Müller*, in: Goldberg/Müller, Kommentar zum VAG, § 81b Rn. 3.

493 § 81b Abs. 1 S. 2 VAG. Kritisch gegenüber der praktischen Handhabung und Wirkung dieser Maßnahme *Kaulbach*, Die laufende Rechts- und Finanzaufsicht nach § 81 VAG, in: Bähr (Hrsg.), Hdb Versicherungsaufsichtsrecht, § 8 Rn. 90.

494 Zum Finanzierungsplan vgl. § 81b Abs. 2 S. 1 VAG. Danach kann die Aufsichtsbehörde von Lebensversicherungsunternehmen einen Finanzierungsplan auch fordern, wenn dessen Eigenmittel zwar die Sollgröße der Solvabilitätsspanne erreichen, das Unternehmen „aber für die Bildung des Garantiefonds nicht über die erforderlichen in der Bilanz ausgewiesenen Eigenmittel verfügt“ (Begründung der *Bundesregierung* zum Entwurf eines vierzehnten Gesetzes zur Änderung des Versicherungsaufsichtsgesetzes, BT-Drs. 9/1493, S. 27).

Bedingungen die freie Vermögensverfügung des Unternehmens einschränken oder untersagen.[495] Sowohl die Vorlage eines Finanzierungsplans als auch die Verfügungsbeschränkung kann die Aufsichtsbehörde ebenfalls anordnen, wenn die versicherungstechnischen Rückstellungen unzureichend in der Bilanz ausgewiesen oder korrekt gebildete Rückstellungen unzureichend bedeckt worden sind, das heißt gegen Vorschriften über die Anlage des gebundenen Vermögens verstoßen worden ist.[496]

Weder der Inhalt des Solvabilitäts- noch des Finanzierungsplans kann den Versicherungsunternehmen aufsichtsbehördlich vorgeschrieben werden.[497] Genehmigungsfähig sind „nach vernünftiger kaufmännischer Beurteilung" jedoch nur solche unternehmerischen Maßnahmen, die den finanziellen Verhältnissen der Versicherung – abhängig von der Solvabilitätslage – kurz- oder auch längerfristig Stabilität verleihen.[498] Anders verhält es sich hingegen bezüglich des so genannten „finanziellen Sanierungsplans", der von einem Versicherungsunternehmen zur Verbesserung seiner finanziellen Verhältnisse bereits aufzustellen und der Aufsichtsbehörde vorzulegen ist, falls – im Vorfeld einer (konkreten) Gefahr – lediglich Tatsachen die Annahme rechtfertigen, dass die Erfüllbarkeit der Verpflichtungen aus den Versicherungen gefährdet ist.[499] Für einen solchen Plan macht § 81b Abs. 2a S. 3 VAG zwingende Mindestvorgaben, nach denen das betreffende Versicherungsunternehmen genaue Angaben oder überschlagsmäßige Schätzungen zu Betriebskosten, Erträgen und Aufwendungen, Bilanzprognosen, Finanzmittel und Rückversicherungspolitik für die nächsten drei Geschäftsjahre zu machen hat.[500] Die Vorgaben stimmen nahezu wörtlich mit denen überein, die

495 § 81b Abs. 2 S. 2 VAG.

496 § 81b Abs. 4 i.V.m. Abs. 2 S. 2 VAG. – Die Anforderungen an die Belegenheit der Bedeckungswerte sind mit der Neufassung der Anlageverordnung weggefallen. Siehe dazu bereits obige Ausführungen unter B.II.1.a)bb)(2) sowie zur entsprechenden Änderung des § 81b Abs. 4 VAG die Begründung der *Bundesregierung* zu dem Entwurf eines Gesetzes zur Stärkung der Finanzmarkt- und Versicherungsaufsicht, BT-Drs. 16/12783, S. 20.

497 *Kollhosser*, in: Prölss, Kommentar zum VAG, § 81b Rn. 3, 7; *Mösbauer*, Unternehmensaufsicht im Bereich der Versicherungswirtschaft, BB 1987, 1688 (1693).

498 *Bähr*, in: Fahr/Kaulbach/Bähr/Pohlmann, Kommentar zum VAG, § 81b Rn. 7 und 21. – Zu den in Betracht kommenden Maßnahmen eines Solvabilitäts- oder Finanzierungsplans siehe auch *Kollhosser*, in: Prölss, Kommentar zum VAG, § 81b Rn. 3, 7, *Müller*, in: Goldberg/Müller, Kommentar zum VAG, § 81b Rn. 4.

499 Vgl. § 81b Abs. 2a S. 1 VAG.

500 Siehe dazu auch *Kaulbach*, Die laufende Rechts- und Versicherungsaufsicht nach § 81 VAG, in: Bähr (Hrsg.), Hdb Versicherungsaufsichtsrecht, § 8 Rn. 93.

die europarechtliche Richtlinie zu Solvabilität II für die vorzulegenden Sanierungs- bzw. Finanzierungspläne in den Fällen der Nichtbedeckung der Solvenz- bzw. Mindestkapitalanforderungen macht.[501] Die den Versicherungsunternehmen im Unterschied zu den (Kredit-)Instituten nicht erst infolge der krisenbedingten Änderungen des aufsichtsrechtlichen Regelwerkes eingeräumte Eigenständigkeit im Rahmen der (kooperativen) Durchsetzung der solvabilitätsaufsichtlichen Maßstäbe wird damit zwar eingeschränkt. Sie wird aber mit Blick auf das europarechtlich vorgesehenem Aufsichtsinstrumentarium[502] grundsätzlich erhalten bleiben. Aufsichtskonzeptionelle Änderungen werden sich weitestgehend auf den Bereich der solvenzaufsichtlichen Maßstabssetzung respektive -konkretisierung beschränken.[503]

(b) Einseitige Maßnahmen der Aufsichtsbehörde

Für den Fall, dass die dauernde Erfüllbarkeit der Verpflichtungen gefährdet ist oder der begründete Verdacht besteht, dass eine wirksame Aufsicht über das Versicherungsunternehmen nicht möglich ist, kann die Bundesanstalt seit der Ergänzung ihres aufsichtsrechtlichen Instrumentariums durch das Gesetz zur Stärkung der Finanzmarkt- und Versicherungsaufsicht[504] auch Zahlungen an konzernangehörige Unternehmen untersagen oder beschränken, wenn die Geschäfte für das Institut nachteilig sind.[505] Damit soll – wie nach der nahezu gleichlautenden Vorschrift des Kreditwesengesetzes[506] – auch versicherungsaufsichtsrechtlich gerade in Krisenzeiten ein interessenwidriger Kapitalabzug durch konzerinterne Gläubiger (im Ausland) verhindert werden können.[507]

Ergibt die Prüfung des finanziellen Sanierungsplanes, dass die Rechte der Versicherungsnehmer gefährdet sind, weil sich die finanzielle Lage des Unternehmens verschlechtert, kann die Aufsichtsbehörde zur Sicherstellung der Solvabilitätsanforderungen in naher Zukunft von dem Institut zudem verlangen, einen höheren

---

501 Siehe Art. 142 Abs. 1 der Richtlinie 2009/138/EG zu Solvabilität II, aber auch bereits Art. 38 Gesamtrichtlinie Schadensversicherung 2002/83/EG. Siehe auch § 127 Abs. 1 und 2 VAG-E.

502 Vgl. § 81b Abs. 1 und 2 VAG sowie Art. 138 und 139 der Richtlinie 2009/138/EG zu Solvabilität II. Siehe auch §§ 125 und 126 VAG-E.

503 Dazu siehe oben unter B.II.1.a)aa)(2).

504 Art. 1 des Gesetzes zur Stärkung der Finanzmarkt- und Versicherungsaufsicht vom 29. Juli 2009, BGBl. I, S. 2305.

505 § 81b Abs. 5 S. 1 VAG n.F.

506 Vgl. § 46 Abs. 1 S. 3 KWG n.F.

507 So genanntes „Ring Fencing“.

Betrag an Eigenmitteln bereitzustellen, als nach der gemäß § 53c Abs. 2 erlassenen Kapitalausstattungsverordnung gefordert wird.[508] Zur Wahrung der Belange der Versicherten kann die Aufsichtsbehörde auch verlangen, alle für die Eigenmittel in Frage kommenden Bestandteile, die dem finanziellen Sanierungsplan zugrunde gelegt worden sind, abzuwerten, wenn sich insbesondere deren Marktwert seit Ende des letzten Geschäftsjahrs erheblich geändert hat.[509]

Erreicht ein Versicherungsunternehmen das Stadium der Zahlungsunfähigkeit oder Überschuldung,[510] kann die Aufsichtsbehörde schließlich das zur Vermeidung des Insolvenzverfahrens Erforderliche, wie beispielsweise ein Zahlungsverbot, anordnen oder auch die Versicherungsleistungen herabsetzen, soweit dies zum Besten der Versicherten(gesamtheit)[511] geboten erscheint.[512] Ziel dieser sowohl mittelbar auf die Umsetzung durch die Unternehmen gerichteten[513] als auch unmittelbar rechtsgestaltenden[514] Maßnahmen kann es dabei auch sein, eine „geordnete,

508 § 81b Abs. 2a S. 5 VAG. Kritisch gegenüber diesem Instrument *Kaulbach*, Die laufende Rechts- und Finanzaufsicht nach § 81 VAG, in: Bähr (Hrsg.), Hdb Versicherungsaufsichtsrecht, § 8 Rn. 94 f.

509 § 81b Abs. 2b VAG. Zur Verknüpfung mit dem finanziellen Sanierungsplan, die sich nicht aus dem Wortlaut der Vorschrift ergibt, siehe *Kaulbach*, Die laufende Rechts- und Finanzaufsicht nach § 81 VAG, in: Bähr (Hrsg.), Hdb Versicherungsaufsichtsrecht, § 8 Rn. 96.

510 So genannte „Insolvenzreife“ i.S.d. § 88 Abs. 2 VAG). Vgl. dazu *Kollhosser*, in: Prölss, Kommentar zum VAG, § 88 Rn. 5.

511 So *Kollhosser*, in: Prölss, Kommentar zum VAG, § 89 Rn. 4, *Müller*, in: Goldberg/Müller, Kommentar zum VAG, § 89 Rn. 4.

512 Vgl. § 89 Abs. 1 S. 1 VAG. Dies wird zumindest in der Lebens- und Krankenversicherung zumeinst der Fall sein, da ein Versicherungswechsel in diesen Sparten zumeist mit erheblichen Nachteilen für den Versicherungsnehmer verbunden ist. Siehe nur *Kollhosser*, in: Prölss, Kommentar zum VAG, § 89 Rn. 3. *Bähr/Bähr*, Krise und Insolvenz eines Versicherungsunternehmens, in: Bähr (Hrsg.), Hdb Versicherungsaufsichtsrecht, § 16 Rn. 18, sprechen insoweit davon, dass § 89 VAG der Aufsichtsbehörde „die bedeutsamsten Instrumente zur Vermeidung eines Insolvenzverfahrens […] an die Hand“ geben.

513 Als Beispiele nennt § 89 Abs. 1 VAG die Änderung der Geschäftsgrundlagen oder sonst die Beseitigung der Mängel. Darüber hinaus können sämtliche Zahlungen verboten werden, um der Aufsichtsbehörde Zeit zur Bestandsaufnahme und zur Erforderlichkeitsprüfung weiterführender Maßnahmen zu geben.

514 Unmittelbar rechtsgestaltend wirkt beispielsweise die Herabsetzung der Verpflichtungen aus der Lebensversicherung nach § 89 Abs. 2 VAG.

allmählich fortschreitende (stille) Liquidation herbeizuführen“,[515] falls die Sanierungsmaßnahmen nicht zur Sicherung bzw. Wiederherstellung der finanziellen Stabilität des Versicherungsunternehmens führen (werden). Parallel zu den Bestimmungen der Bankenaufsicht ist auch versicherungs(aufsichts)rechtlich allein die Bundesanstalt berechtigt, den Antrag auf Eröffnung des Insolvenzverfahrens zu stellen.[516] Auch hier geht also die Sanierung der Liquidation vor, soweit dies im Interesse der Versicherten(gesamtheit)[517] geboten scheint.[518]

(c) Gesetzliches Sicherungsystem

Erst wenn sämtliche Maßnahmen zur Wahrung der Belange der Versicherten erfolglos ausgeschöpft sind,[519] ordnet die Aufsichtsbehörde die Übertragung des gesamten Bestandes an Versicherungsverträgen mit den zur Bedeckung der Verbindlichkeiten aus diesen Verträgen erforderlichen Vermögensgegenständen auf einen Sicherungsfonds an, wenn das betroffene Versicherungsunternehmen auf Dauer nicht mehr imstande ist, seine Verpflichtungen zu erfüllen.[520] Auch Versicherungsunternehmen, die zum Geschäftsbetrieb der Lebens- oder substitutiven Krankenversicherung zugelassen worden sind,[521] müssen seit dem sechsten Änderungsgesetz des Versicherungsaufsichtsgesetzes[522], das (insoweit) auf das Sicherungssystem im

---

515 So *Kollhosser*, in: Prölss, Kommentar zum VAG, § 89 Rn. 4, *Müller*, in: Goldberg/ Müller, Kommentar zum VAG, § 89 Rn. 6.

516 § 88 Abs. 1 VAG.

517 So *Kollhosser*, in: Prölss, Kommentar zum VAG, § 89 Rn. 4, *Müller*, in: Goldberg/ Müller, Kommentar zum VAG, § 89 Rn. 4.

518 *Präve*, Sicherungsfonds, VersR 2005, 1123 (1123). Zum übergeordneten Ziel der Finanzaufsicht, Insolvenzen im Versicherungswesen zu vermeiden, siehe auch *Bähr/ Bähr*, Krise und Insolvenz eines Versicherungsunternehmens, in: Bähr (Hrsg.), Hdb Versicherungsaufsichtsrecht, § 16 Rn. 5.

519 Insbesondere nach § 89 VAG.

520 Vgl. § 125 Abs. 2 VAG.

521 Der Ausfall von Schadens- und Unfallversicherungsleistungen begründet keinen vergleichbaren Schutzbedarf der Versicherungsnehmer, so dass eine Pflichtmitgliedschaft dieser Versicherungssparten in einer Sicherungseinrichtung als unverhältnismäßig, zumindest aber rechtspolitisch als nicht erforderlich erachtet werden kann. Vgl. dazu *Fricke*, VAG-Novelle 2004, VersR 2005, 161 (161 Fn. 7 m.w.Nachw.) sowie andeutungsweise die Begründung der *Bundesregierung* zu einem Gesetzesentwurf zur Änderung des Versicherungsaufsichtsgesetzes und anderer Gesetze vom 24. Juni 2004, BT-Drs. 15/3418, S. 25.

522 Sechstes Gesetz zur Änderung des Versicherungsaufsichtsgesetzes und anderer Gesetze vom 15. Dezember 2004, BGBl. I, S. 3416.

Kredit- und Wertpapiergewerbe Bezug nahm, anders als dieses allerdings nicht auf europarechtlichen Vorgaben basierte,[523] nunmehr einem Sicherungsfonds der jeweiligen Versicherungssparte angehören,[524] der für die Weiterführung der übertragenen Verträge zu (weitestgehend) unveränderten Konditionen zu sorgen hat.[525] Mit der Anordnung der Bestandsübertragung gehen nicht nur alle Rechte und Pflichten aus den Versicherungsverhältnissen auf den Sicherungsfonds über,[526] konsequenterweise erlischt auch die Erlaubnis zum Geschäftsbetrieb des zur Übertragung verpflichteten Versicherungsunternehmens,[527] da durch den Sicherungsfonds ausschließlich die Interessen der Versicherungsnehmer, nicht hingegen diejenigen der Versicherungsunternehmen geschützt werden sollen.[528]

bb) Missstände der unternehmensinternen Organisationsstrukturen

Im Verhältnis zu den quantitativen Mindestanforderungen einer angemessenen Eigenmittelausstattung und ausreichenden Zahlungsbereitschaft haben im Rahmen des wechselseitigen Prozesses der Maßstabskonkretisierung zunehmend

---

523 Kritisch gegenüber der „voreiligen" Regelung auf nationaler Ebene, zumal eine Arbeitsgruppe der *Kommission* seit längerem die Erforderlichkeit einheitlicher Mindeststandards für Sicherungseinrichtungen prüft, *Präve*, Aufsichtsrecht im Dilemma, VW 2004, 1800 f. Bis zu einer Harmonisierung auf gemeinschaftsrechtlicher Ebene besteht die Pflichtmitgliedschaft in einem Sicherungsfonds i.S.d. § 124 Abs. 1 VAG ausschließlich gegenüber Unternehmen mit Sitz in Deutschland oder einem Nicht-EU/EWR-Staat.

524 § 124 Abs. 1 VAG. Die gesetzliche Vorgabe getrennter Sicherungseinrichtungen in §§ 126 Abs. 1 S. 1 und 127 Abs. 1 S. 1 VAG entspricht insofern dem allgemeinen Grundsatz der Spartentrennung in § 8 Abs. 1a VAG. – Mit den Aufgaben und Befugnissen der bei der Kreditanstalt für Wiederaufbau als nicht rechtsfähige Sondervermögen eingerichteten Sicherungsfonds wurden die zuvor freiwillig von den Versicherungsunternehmen gegründeten *Protektor AG* und *Medikator AG* getrennt für die Bereiche der Lebens- und substitutiven Krankenversicherung beliehen und ihrerseits nach § 128 VAG der (Missstands-)Aufsicht durch die Bundesanstalt unterstellt.

525 Vgl. § 126 Abs. 2 VAG. Zu dem System der versicherungsaufsichtrechlichen Sicherungseinrichtungen insgesamt siehe *Bürkle*, Sicherungsvermögen und Sicherungsfonds, ZfV 2006, 19 (22 ff.), *Eilert*, Sicherungsfonds, VW 2005, 115 ff., *Fricke*, VAG-Novelle 2004, VersR 2005, 161 ff., *Präve*, Sicherungsfonds, VersR 2005, 1023 ff.

526 § 125 Abs. 3 VAG.

527 Vgl. § 125 Abs. 7 VAG.

528 *Eilert*, Sicherungsfonds, VW 2005, 115 (116), mit Verweis auf die *Regierungsbegründung* zum Entwurf eines Gesetzes zur Änderung des Versicherungsaufsichtsgesetzes und anderer Gesetze vom 24. Juni 2004, BT-Drs. 15/3418, S. 17, 25 ff.

qualitative Anforderungen an unternehmensintern einzurichtende Organisationsstrukturen an aufsichtssystematischer Bedeutung gewonnen wie auch infolge der krisenbedingten Änderungen behalten. Innerhalb dessen dienen instituts- bzw. konzerndimensionale Risikomanagement- und Kontrollverfahren idealerweise sowohl der betriebsinternen Risikosteuerung als auch der aufsichtlichen Risikobegrenzung. Um dem (mit der Umsetzung von Basel und Solvabilität II vermittelten) Anspruch einer zunehmend qualitativen Aufsicht über Banken und Versicherungen zumindest im Ansatz auch praktisch gerecht zu werden, muss die reaktive Solvenzaufsicht nicht nur Missstände quantitativer, sondern auch qualitativer Art erfassen und erforderlichenfalls korrigieren können.

Dementsprechend hat der bankenaufsichtsrechtliche Gesetzgeber der Aufsichtsbehörde – parallel zur Ausweitung der besonderen organisatorischen Anforderungen in § 25a KWG – die (reaktive) Befugnis eingeräumt, organisatorischen Mängeln eines Instituts auch bereits vor oder gemeinsam mit einer Anordnung nach § 25a Abs. 1 S. 8 KWG entgegenzuwirken.[529] Dazu kann die Bundesanstalt verschiedentlich die Geschäftstätigkeit begrenzen oder auch gezielte Maßnahmen der Risikoreduzierung verlangen. An deren Stelle bzw. damit einhergehend kann die Aufsichtsbehörde auch einen Kapitalaufschlag fordern, der über die grundsätzlich[530] wie auch nach besonderer Anordnung[531] erforderliche Eigenmittelausstattung hinausgeht.[532] Anders als noch vor der Finanzkrise soll die Möglichkeit, die Eigenkapitalkennziffer heraufzusetzen, keine Maßnahme ultimae rationis mehr sein, sondern auch schon früher Anwendung finden können. Der Kapitalaufschlag soll durch den mit einer solchen Maßnahme verbundenen Kostendruck zu einer

529 Nach § 45b Abs. 3 KWG in der bis zum 31. Juli 2007 geltenden Fassung konnte eine entsprechende Anordnung vor oder zeitgleich mit der Aufforderung nach § 25a Abs. 1 S. 5 KWG a.F. erst im Falle einer konkreten Gefahr für die ordnungsgemäße Geschäftsführung erfolgen. Da im Falle eines organisatorischen Mangels i.S.d. § 25a KWG stets auch eine konkrete Gefahr für die ordnungsgemäße Geschäftsführung vorlag, setzte § 45b Abs. 3 KWG a.F. ausweislich seiner Gesetzesbegründung (vgl. die Begründung der *Bundesregierung* zum Entwurf eines Gesetzes zur Umsetzung der neu gefassten Bankenrichtlinie und der neu gefassten Kapitaladäquanzrichtlinie, BT-Drs. 16/1335, S. 67) einen besonders gravierenden Verstoß gegen die Organisationspflichten voraus. – Vgl. *Schulte-Mattler*, KWG – die Basis der Bankenaufsicht, Die Bank 6/2007, 60 (66), sowie zum aktuellen Verhältnis von § 45b KWG zu § 25a Abs. 1 S. 8 KWG siehe dazu *Lindemann*, in: Boos/Fischer/Schulte-Mattler (Hrsg.), KWG, § 45b, Rn. 6 ff.

530 Siehe § 10 Abs. 1 S. 1 und 9 KWG i.V.m. der Solvabilitätsverordnung.

531 Siehe § 10 Abs. 1b KWG.

532 § 45b Abs. 1 S. 2 KWG.

schnelleren Verbesserung des Risikomanagements und damit zu einem Abbau der Risikopositionen beitragen.[533]

Auch das Versicherungsaufsichtsrecht stellt qualitative Anforderungen an unternehmensintern einzurichtende Risikomanagement- und Kontrollverfahren und beschränkt sich dabei nicht einmal mehr auf den Bereich der Kapitalanlage. Allerdings stellt es noch keinen konsistenten Zusammenhang zwischen versicherungsendogener (Anlage-)Risikosteuerung und aufsichtsexogener Risikobegrenzung her.[534] Eine Korrektur etwaiger Missstände innerhalb der organisatorischen Unternehmensstrukturen kann versicherungsaufsichtlich nach (noch) geltender Rechtslage vorerst allein auf die speziellen Ermächtigungsgrundlagen zur Abberufung des Geschäftsleiters[535] bzw. sogar zum Widerruf der Geschäftserlaubnis[536] oder aber auf die aufsichtsrechtliche Generalklausel gestützt werden.[537] Mit Umsetzung der Richtlinienvorgaben zu Solvabilität II wird der Aufsichtsbehörde allerdings auch eine spezielle Befugnis einzuräumen sein, auf deren Grundlage ein Kapitalaufschlag für Versicherungsunternehmen vorgesehen werden kann. Voraussetzung wird sein, dass die Behörde im Rahmen des wechselseitigen Überwachungsprozesses zu dem Schluss gelangt, dass die intern verwendeten Partial- oder Vollmodelle zur Berechnung der Solvenzkapitalanforderungen oder auch die eingerichteten Governancesysteme schwerwiegende Mängel aufweisen, die eine angemessene Bewertung und Handhabung der eingegangenen bzw. einzugehenden Risiken des Versicherungsbetriebs unmöglich machen.[538] Die Aufsichtsbehörde wird zudem dafür Sorge tragen, dass die mit einem Kapitalaufschlag belegten Versicherungsunternehmen alle Anstrengungen unternehmen werden, um die gerügten Mängel zu beseitigen.[539]

---

533 Vgl. die Begründung der *Bundesregierung* zu dem Entwurf eines Gesetzes zur Stärkung der Finanzmarkt- und Versicherungsaufsicht, BT-Drs. 16/12783, S. 17.

534 Siehe dazu oben B.II.1.a)bb)(2).

535 Vgl. § 87 Abs. 6 Nr. 2 i.V.m. §§ 8 Abs. 1 Nr. 1, 7a Abs. 1 VAG. Zur Geschäftsleiterkontrolle im Rahmen der laufenden Versicherungsaufsicht siehe ausführlich *Bähr*, Überwachung von Geschäftsleitern durch die Aufsichtsbehörde, in: Bähr (Hrsg.), Hdb Versicherungsaufsichtsrecht, § 12 Rn. 31 ff.

536 Vgl. § 87 Abs. 1 Nr. 2 VAG.

537 Zu dem verhältnismäßigen Rückgriff auf die aufsichtsrechtliche Generalklausel des § 81 Abs. 1 S. 2 VAG siehe sogleich unter B.II.2.b).

538 Vgl. Art. 37 Abs.1 S. 2 lit. b) und c) der Richtlinie 2009/138/EG. Siehe auch § 295 VAG-E.

539 Art. 37 Abs. 3 der Richtlinie 2009/138/EG.

b) *Aufsichtsrechtliche Generalklauseln*

Im Rahmen der Ausübungsaufsicht wird das Instrumentarium der reaktiven Solvenzaufsicht schließlich durch allgemeine Befugnisnormen abgerundet, die der Aufsichtsbehörde jegliche Anordnung geeigneter und erforderlicher Maßnahmen ermöglichen, um (finanz-)aufsichtliche Missstände in einem Kredit-, Versicherungs- oder anderen Finanzdienstleistungsinstitut zu verhindern oder zu beseitigen.[540] Da jedoch die speziellen Ermächtigungsgrundlagen bereits ein solch engmaschiges Netz der konkreten Abwehr finanzaufsichtlicher Missstände geknüpft haben, bleibt den nur subsidiär anwendbaren Generalklauseln zumindest im Rahmen der institutsbezogenen Finanzaufsicht kaum mehr ein relevanter Anwendungsbereich.[541] In der aufsichtsbehördlichen (Anwendungs-)Praxis allerdings wird ein Rückgriff auf die Generalklauseln insbesondere dann in Betracht gezogen, wenn der Grundsatz der Verhältnismäßigkeit mildere statt der speziell vorgesehenen Maßnahmen der besonderen Missstandsaufsicht gebietet, deren spezielle Tatbestandsvoraussetzungen gleichwohl den typusbildenden Inhalt der generalklauselförmigen Aufsichtsinstrumente bestimmen.[542]

---

540 Vgl. § 6 Abs. 3 S. 1 KWG und § 81 Abs. 2 S. 1 VAG.

541 Vgl. zu den sektorspezifischen Generalklauseln die Ausführungen von *Schäfer*, in: Boss/Fischer/Schulte-Mattler (Hrsg.), Kommentar zum KWG, § 6 Rn. 57 ff., *Reischauer/Kleinhans*, Kommentar zum KWG, § 6 Rn. 8, *Bähr*, in: Fahr/Kaulbach/Bähr/Pohlmann, Kommentar zum VAG, § 81 Rn. 24, 42, *Kaulbach*, Generalklausel des § 81 VAG, in: Müller/Golz/Walshausen-Richter/Trommeshauser (Hrsg.), 100 Jahre materielle Versicherungsaufsicht, 169 (174, 177) *Kollhosser*, in: Prölss, Kommentar zum VAG, § 81 Rn. 26, 36.

542 So zumindest für die bankaufsichtsrechtliche Generalklausel des § 6 Abs. 3 S. 1 KWG *Schäfer* und *Fischer*, in: Boos/Fischer/Schulte-Mattler (Hrsg.), Kommentar zum KWG, § 6 Rn. 61 und § 36 Rn. 4 f., sowie *Reischauer/Kleinhans*, Kommentar zum KWG, § 6 Rn. 8. – Als Beispiel mag die formlose Missbilligung anstelle einer der Abberufung vorausgehenden Verwarnung des Geschäftsleiters einer Bank bzw. eines Versicherungsunternehmens dienen. Vgl. dazu *BVerwG*, Beschluss vom 6. November 2006 – 6 B 82/06, WM 2007, 1655 (1656), das allerdings im Ergebnis offen gelassen hat, ob die ungeschriebene Missbilligung als Minusmaßnahme auf die spezielle Befugnisnorm des § 36 Abs. 2 KWG oder aber auf die Generalklausel des § 6 Abs. 3 bzw. sogar Abs. 2 KWG zu stützen ist. Jedenfalls aber gebiete der Verhältnismäßigkeitsgrundsatz diese mildere Maßnahme. Ebenso bereits die Vorinstanz des *VGH Kassel*, Urteil vom 31. Mai 2006 – 6 UE 3256/05, WM 2007, 392 ff. Anders beurteilte hingegen das *BVerwG*, Urteil vom 6.12.1999 – 1 A 5/98, NVersZ 2000, 420 (421), die Möglichkeit, nach § 81 Abs. 2 S. 1 VAG anstelle einer Abberufung einen der kreditwesengsetzlichen Verwarnung gleichkommenden Verweis zu erteilen,

III. Die Beendigungsaufsicht

In Fällen besonders schwerwiegender Missstände, die nicht durch andere Maßnahmen der Ausübungsaufsicht abzuwenden sind, kann die Bundesanstalt als ultima ratio sogar die Erlaubnis zum Geschäftsbetrieb eines Kredit-, Versicherungs- bzw. anderen Finanzdienstleistungsinstituts (ganz oder teilweise) aufheben.[543] Da jedoch in vielen Fällen, wie beispielsweise der mangelnden Zuverlässigkeit oder fehlenden fachlichen Eignung der Geschäftleiter,[544] bereits das abgestufte Instrumentarium der besonderen oder auch (nur) allgemeinen Missstandsaufsicht eine

---

der vom Versicherungsaufsichtsgesetz nicht vorgesehen war. Bei dem sanktionierenden Verweis handelte es sich im Verhältnis zur missstandsabwehrenden Abberufung nicht um ein Minus sondern um ein Aliud und folglich nicht um ein zulässiges bzw. sogar aus Gründen der Verhältnismäßigkeit gebotenes Instrument. Auch *Kaulbach*, Die laufende Rechts- und Finanzaufsicht nach § 81 VAG, in: Bähr (Hrsg.), Hdb Versicherungsaufsichtsrecht, § 8 Rn. 42, erachtet die Vorschriften der besonderen Missstandsabwehr als abschließend und verneint einen Rückgriff auf § 81 Abs. 2 S. 1 VAG. Die Möglichkeit der Verwarnung sieht er allerdings eingebettet in den Tatbestand des § 87 Abs. 6 Nr. 2 VAG, der letzten Endes die Aufsichtsbehörde zur Abberufung des Geschäftsleiters befugt. Zur Verwarnung als Instrument der Geschäftsleiterkontrolle im Rahmen der laufenden Versicherungsaufsicht siehe auch *Bähr*, Überwachung von Geschäftsleitern durch die Aufsichtsbehörde, in: Bähr (Hrsg.), Hdb Versicherungsaufsichtsrecht, § 12 Rn. 59 ff.

543 Vgl. § 35 Abs. 2 KWG bzw. § 87 VAG bzw. Art. 144 Abs. 1 UA 1 lit. c) der Richtlinie 2009/138/EG zu Solvabilität II. Der Aufsicht im Zeitpunkt der Betriebsaufnahme entsprechend kann die Aufsichtsbehörde die Erlaubnis zum Betrieb von Bank- und Versicherungsgeschäften konsequenterweise widerrufen, wenn die Voraussetzungen ihrer Erlaubniserteilung nicht (mehr) vorliegen (§ 35 Abs. 2 Nr. 3 KWG, § 87 Abs. 1 Nr. 1 VAG bzw. Art. 144 Abs. 1 UA 1 lit. b) der Richtlinie 2009/138/EG). Auch ein nachhaltiger oder schwerwiegender Verstoß gegen (andere) aufsichtsrechtliche Bestimmungen kann dazu führen, dass die Betriebserlaubnis zu widerrufen ist (§ 35 Abs. 2 Nr. 6 KWG, § 87 Abs. 1 Nr. 2 VAG bzw. Art. 144 Abs. 1 UA 1 lit. c) der Richtlinie 2009/138/EG). Jedenfalls aber setzt ein Widerruf wegen des mit diesem zumeist verbundenen Nachteils für die Bankgläubiger bzw. Versicherungskunden eine außerordentlich „schwere Funktionsstörung" voraus. Vgl. insoweit *Bähr*, in: Fahr/Kaulbach/Bähr/Pohlmann, Kommentar zum VAG, § 87 Rn. 1. Ähnlich *Fischer*, in: Boos/Fischer/Schulte-Mattler (Hrsg.), Kommentar zum KWG, § 35 Rn. 12, sowie im Übrigen auch *Albert*, in: Reischauer/Kleinhans, Kommentar zum KWG, § 35 Rn. 1 ff., *Kollhosser*, in: Prölss, Kommentar zum VAG, § 87 Rn. 1 ff.

544 § 35 Abs. 2 Nr. 3 i.V.m. § 33 Abs. 1 Nr. 2 und 4 KWG; § 87 Abs. 1 Nr. 1 i.V.m. §§ 8 Abs. 1 S. 1 Nr. 1, 7a Abs. 1 S. 1 VAG.

ausreichende Korrektur der Funktionsstörung ermöglicht,[545] ist der Widerruf der Erlaubnis zum Geschäftsbetrieb auch praktisch auf seltene Ausnahmefälle beschränkt.[546] Dies gilt umso mehr, als Institute bzw. Institutsteile von erheblicher Systemrelevanz selbst bzw. gerade im Falle einer erheblichen Funktionsstörung mit Hilfe staatlicher Stabilisierungsmaßnahmen vor einer Insolvabilität bzw. Illiquidität und damit auch vor einer Insolvenz bewahrt werden sollen, um das Finanzsystem insgesamt nicht zusammenbrechen zu lassen.[547]

Wird die Erlaubnis (ausnahmsweise) dennoch widerrufen, sehen sowohl das Kreditwesen- als auch das Versicherungsaufsichtsgesetz eine das Auslaufen des Geschäftsbetriebs begleitende, das heißt nachsorgende Beendigungsaufsicht vor.[548] Auch in dieser Phase der Unternehmensabwicklung, in der (neue) Bank- bzw. Versicherungsgeschäfte grundsätzlich nicht mehr in einem gewerbsmäßigen oder erlaubnispflichtigen Umfang betrieben werden dürfen,[549] sind die Interessen der Bankgläubiger sowie die Belange der Versicherten weiterhin gefährdet.[550] Aus diesem Grund kann die Bundesanstalt versicherungsaufsichtsrechtlich alle erforderlichen Anordnungen treffen, während sie nach den Vorschriften des Kreditwesengesetzes grundsätzlich auf allgemeine Abwicklungsanweisungen beschränkt ist,[551] daneben aber auch Anordnungen der allgemeinen oder besonderen Missstandsaufsicht treffen kann.[552]

545 Bspw. durch die Abberufung des verantwortlichen Geschäftleiters nach § 36 Abs. 1 S. 1 KWG bzw. § 87 Abs. 6 Nr. 1 VAG.

546 *Bähr*, in: Fahr/Kaulbach/Bähr/Pohlmann, § 87 Rn. 1, ähnlich *Fischer*, in: Boos/Fischer/Schulte-Mattler (Hrsg.), Kommentar zum KWG, § 35 Rn. 41.

547 Zum Steuerinstrumentarium im Falle der Systemgefährdung siehe obige Ausführungen unter B.II.2.a)aa)(1)(d).

548 Vgl. § 38 KWG und §§ 86, 87 Abs. 3 und 4 VAG.

549 *Fischer*, in: Boos/Fischer/Schulte-Mattler (Hrsg.), Kommentar zum KWG, § 38 Rn. 5; *Kollhosser*, in: Prölss, Kommentar zum VAG, § 87 Rn. 17.

550 *Kollhosser*, in: Prölss, Kommentar zum VAG, § 86 Rn. 1, ähnlich *Fischer*, in: Boos/Fischer/Schulte-Mattler (Hrsg.), Kommentar zum KWG, § 38 Rn. 2.

551 § 87 Abs. 4 S. 1 VAG; § 38 Abs. 2 S. 1 KWG.

552 *Kollhosser*, in: Prölss, Kommentar zum VAG, § 87 Rn. 19; *Fischer*, in: Boos/Fischer/Schulte-Mattler (Hrsg.), Kommentar zum KWG, § 38 Rn. 21.

Dritter Teil.
Das Steuerungsmodell der integrierten Finanzdienstleistungsaufsicht

Zweifelsohne vernachlässigt die vorstehende Systematisierung des finanzaufsichtlichen „Normenpluralismus“[1] zum Teil die spezifischen Eigenheiten (Differenzen) der sektoralen Aufsichtsvorschriften. Zudem bewegt sich die integrierte Finanzdienstleistungsaufsicht – wie zuletzt in den Zeiten der Finanzkrise eindrucksvoll gesehen – „nicht in einem luftleeren Raum, in dem sich eine optimale Aufsichtsstruktur ein für allemal fixieren ließe“.[2] In Anbetracht der bevorstehenden Neuerungen der Finanzaufsicht scheint es jedoch unerlässlich, zunächst einmal übergreifende Strukturen eines möglichst ebenso systematisch-rationalen wie methodisch-praktikablen Modells der aktuellen Aufsicht über Banken und Versicherungen erkennbar zu machen, um auch deren Fortentwickung ein konsistentes Dogmengerüst an die Seite zu stellen. Diese Zielsetzung macht es aber geradezu unumgänglich, sektorübergreifend systemstiftende Modellkomponenten der integrierten Finanzdienstleistungsaufsicht festzulegen, um überhaupt vergleichbare „Regelungsmuster“[3] in den aufsichtsrechtlichen Normenkomplexen freilegen zu können.[4] Auch deren bereichsübergreifender Analyse kann es nachfolgend nicht um die Beantwortung aller bereichsspezifischen Fragen gehen, sondern vor allem darum, anhand der vergleichbaren Regelungsmuster eine sektorübergreifende Grundstruktur (Identität) des Steuerungsmodells der integrierten Finanzdienstleistungsaufsicht herauszuarbeiten.[5]

---

1 *Mösbauer*, Staatsaufsicht über die Wirtschaft, S. 20. Extreme Unübersichtlichkeit der Rechtsgrundlagen im Kapitalmarktaufsichtsrecht konstatieren auch *Ruthig/Storr*, Öffentliches Wirtschaftsrecht, Rn. 372.

2 So bereits der ehemalige Präsident der BaFin *Sanio* in seiner Rede anlässlich der Eröffnung der BaFin, NVersZ 2002, 350 (350).

3 Vgl. dazu *Schmidt-Aßmann*, Das allgemeine Verwaltungsrecht als Ordnungsidee, S. 138 f.

4 *Horn*, Regulierung im Ordnungswerk des Wirtschaftsverwaltungsrechts, in: Gornig/Kramer/Volkmann (Hrsg.), Staat – Wirtschaft – Gemeinde, Festschr. für Frotscher, 379 (396).

5 Vgl. zu dem Anliegen einer übergreifenden Regelung des sektorspezifischen Regulierungsverwaltungsrechts *Masing*, Das Recht der Regulierungsverwaltung – Gutachten,

A. Materiellrechtliches Steuerungsmodell der integrierten Finanzdienstleistungsaufsicht

Nimmt man dieser Maßgabe folgend die im zweiten Teil dieser Arbeit in Struktur gebrachten Maßstäbe und Instrumente der (Finanz-)Aufsicht über Kreditinstitute, Versicherungsunternehmen und andere Finanzdienstleistungsinstitute aus erhöhter Perspektive in den Blick der sektorübergreifenden Strukturanalyse, lässt sich das materiellrechtliche Steuerungsmodell der integrierten Finanzdienstleistungsaufsicht im Sinne eines ersten, nur grobkörnigen Grundrisses wie folgt skizzieren: Die finanzaufsichtlichen Vorschriften und Maßnahmen verfolgen – auch infolge der Umsetzung von Solvabilität II und Basel III[6] – übereinstimmend den Ansatz, auf der Grundlage risikoadäquater Organisationsstrukturen einer risikobewussten Geschäftsführung eine solide Kapitalausstattung und -anlage der beaufsichtigten Institute sicherzustellen, um so einen funktionellen Rahmen zu gewährleisten, in dem die Institute ihre Verpflichtungen möglichst jederzeit und dauerhaft erfüllen werden.[7]

---

in: Ständige Deputation des Deutschen Juristentages (Hrsg.), Verhandlungen des 66. Deutschen Juristentages, Bd. I, D 1 (11).

6 Vgl. jeweils zum aktuellen Stand von Solvabilität II den Entwurf eines Zehnten Gesetzes zur Änderung des Versicherungsaufsichtsgesetzes vom 17. Februar 2012, BR-Drs. 90/12, zur Umsetzung der Richtlinie 2009/138/EG sowie zu Basel III die Vorschläge der *Europäischen Kommission* für eine Verordnung des Europäischen Parlaments und des Rates über die aufsichtsrechtlichen Anforderungen an Kreditinstitute und Wertpapierfirmen vom 20. Juli 2011, KOM(2011) 452, und für eine Richtlinie des des Europäischen Parlaments und des Rates über den Zugang zur Tätigkeit von Kreditinstituten und die Beaufsichtigung von Kreditinstituten und Wertpapierfirmen und zur Änderung der Richtlinie 2002/87/EG des Europäischen Parlaments und des Rates über die zusätzliche Beaufsichtigung der Kreditinstitute, Versicherungsunternehmen und Wertpapierfirmen eines Finanzkonglomerats vom 20. Juli 2011, KOM(2011), 453. Siehe nun auch die verabschiedete Verordnung (EU) Nr. 575/2013 des Europäischen Parlaments und des Rates vom 26. Juni 2013 über Aufsichtsanforderungen an Kreditinstitute und Wertpapierfirmen und zur Änderung der Verordnung (EU) Nr. 646/2012, ABl. EU Nr. L176 vom 27.6.2013, S. 1 ff, sowie die verabschiedete Richtlinie 2013/36/EU des Europäischen Parlaments und des Rates vom 26. Juni 2013 über den Zugang zur Tätigkeit von Kreditinstituten und die Beaufsichtigung von Kreditinstituten und Wertpapierfirmen, zur Änderung der Richtlinie 2002/87/EG und zur Aufhebung der Richtlinien 2006/48/EG und 2006/49/EG, ABl. EU Nr. L176 vom 27.6.2013, S. 338 ff.

7 Zur Abschichtung des finanzaufsichtsrechtlichen Normenpluralismus zunächst einmal anhand der sektorspezifischen Aufgabenbestimmung im Kreditwesen- und Versicherungsaufsichtsgesetz siehe bereits obige Ausführungen in Teil 2 unter A.III.

I. Das instrumentelle Gepräge der integrierten Finanzdienstleistungsaufsicht

Als typusbildende Modellannahme vermag das vorstehend (nur mit groben Strichen) nachgezeichnete Steuerungsmodell wesensgemäß allein eine sektorübergreifende Grundstruktur innerhalb der vielfältigen Einzelregelungen aufzuzeigen,[8] anhand derer nachfolgend die „substantielle[n] Gemeinsamkeit[en] des Aufgabenprofils" der integrierten Finanzdienstleistungsaufsicht über Banken und Versicherungen identifiziert werden sollen.[9]

1. Qualitativ-individuelle Risikobegrenzung in wechselseitiger Ergänzung zur quantitativ-generellen Risikoabdeckung

Eine dieser wesentlichen Gemeinsamkeiten zeigt sich ohne Zweifel darin, dass die sektorspezifischen Risiken banken- wie auch versicherungsaufsichtsrechtlich nicht (mehr) nur durch quantitativ-generelle Mindestanforderungen an eine angemessene Eigenmittelausstattung (Solvabilität)[10] und ausreichende Zahlungsbereitschaft (Liquidität)[11] abgedeckt, sondern (zunehmend) auch durch qualitativ-individuelle

---

Dezidiert zur komplexen Zielsetzung der integrierten Finanzdienstleistungsaufsicht siehe unten II.

8 *Pieper*, Aufsicht, S. 210 ff. Zu der Eigenschaft einer Modellannahme, Ergänzungen in sich aufzunehmen, siehe *Schmidt-Aßmann*, Verwaltungsorganisationsrecht als Steuerungsressource, in: Schmidt-Aßmann/Hoffmann-Riem (Hrsg.), Verwaltungsorganisationsrecht als Steuerungsressource, 9 (18).

9 *Horn*, Regulierung im Ordnungswerk des Wirtschaftsverwaltungsrechts, in Gornig/Kramer/Volkmann (Hrsg.), Festschr. für Frotscher, 379 (396), in Bezug auf das Aufgabenprofil der Regulierung. – Zu den Voraussetzungen der Systematisierung vgl. auch *Canaris*, Systemdenken und Systembegriff in der Jurisprudenz, S. 11 ff. und S. 61 ff.

10 Vgl. § 10 Abs. 1 S. 1 KWG bzw. Art. 87 des Verordnungsvorschlags der *Europäischen Kommission* über aufsichtsrechtliche Anforderungen an Kreditinstitute und Wertpapierfirmen, KOM(2011) 452 endgültig, und § 53c Abs. 1 S. 1 VAG, sowie obige Ausführungen unter Teil 2: B.II.1.a)aa)(1) und (2).

11 Vgl. § 11 Abs. 1 S. 1 KWG bzw. Art. 401 Abs. 1 des Verordnungsvorschlags der *Europäischen Kommission* über aufsichtsrechtliche Anforderungen an Kreditinstitute und Wertpapierfirmen, KOM(2011) 452, und § 54 Abs. 1 VAG, sowie obige Ausführungen in Teil 2: unter: B.II.1.a)bb)(1) und (2).

Vorgaben für eine risikobewusste Unternehmensführung (Risikomanagement)[12] begrenzt werden (sollen).

a) Risikosensitiver prospektiver Ansatz der Finanzaufsicht

Schon im Vorgriff auf die Neuausrichtung der Finanzaufsicht durch Basel und Solvency II[13] sind Kreditinstitute und Versicherungsunternehmen auf nationaler Ebene dazu verpflichtet worden, im Rahmen einer ordnungsgemäßen Geschäftsorganisation auch institutsinterne Systeme der Risikoidentifizierung, -analyse, -bewertung, und -steuerung einzurichten.[14] Mit der Umsetzung der jeweiligen Eigenkapitalvorschriften des Baseler Ausschusses für Bankenaufsicht bzw. der Europäischen Union können die beaufsichtigten Institute nunmehr die ohnehin vorzuhaltenden Risikomanagementsysteme auch der Berechnung der quantitativen Solvenzanforderungen zugrunde legen.[15] Dem Ziel, die Aufsicht über die finanzielle Institutssolidität möglichst auf die unternehmensindividuelle und nicht nur an eine branchengenerelle Risikolage abzustimmen, entspricht das aufsichtliche Konzept, einzelne Maßstabsvariablen der angemessenen Eigenmittelausstattung und ausreichenden Zahlungsbereitschaft möglichst mithilfe der institutseigenen Berechnungsmethoden zu konkretisieren. Dadurch soll die Finanzaufsicht insgesamt auf einen risikosensitiven und prospektiven Ansatz gegründet werden.[16]

---

12 Vgl. § 25a Abs. 1 KWG bzw. Art. 88 ff. der Richtlinie 2013/36/EU über die Beaufsichtigung von Kreditinstituten und Wertpapierfirmen, und § 64a Abs. 1 VAG, sowie obige Ausführungen in Teil 2: unter: B.II.1.a)bb)(1) und (2).

13 Vgl. die Richtlinie 2009/138/EG zu Solvabilität II sowie den dazu von der *Kommission*, KOM(2008) 119 endgültig/2, 2007/0143 (COD), ergangenen Vorschlag.

14 Vgl. § 25a Abs. 1 KWG und § 64 Abs. 1 VAG.

15 Vgl. § 10 Abs. 1 S. 2 KWG sowie Art. 102 [(Kredit-)Ausfallrisiko], Art. 301 [operationelles Risiko], Art. 351 [Markt(Preis-)Risiko] des Verordnungsvorschlags der *Europäischen Kommission* über aufsichtsrechtliche Anforderungen an Kreditinstitute und Wertpapierfirmen, KOM(2011) 452. Versicherungsaufsichtsrechtlich siehe Art. 100 Abs. 2 der Richtlinie 2009/138/EG zu Solvabilität II sowie § 87 Abs. 1 S. 1 des VAG-E. – Zur Möglichkeit der Risikogewichtung anhand interner Berechnungsmodelle siehe ausführlich oben unter Teil 2: B.II.1.a)aa)(1) und (2).

16 Vgl. jeweils die Begründung der *Bundesregierung* zu dem Entwurf eines Gesetzes zur Umsetzung der neu gefassten Bankenrichtlinie und der neu gefassten Kapitaladäquanzrichtlinie vom 26. April 2006, BT-Drs. 16/1335, S. 36 im Allgemeinen und S. 48 zu § 10 Abs. 1 S. 2 KWG im Besonderen, sowie zu dem Entwurf eines Zehnten Gesetzes zur Änderung des Versicherungsaufsichtsgesetzes vom 17. Februar 2012, S. 256 f. im Allgemeinen und S. 289 zu § 80 VAG-E im Besonderen.

b) *Ergänzung durch risikounabhängige Höchstverschuldens- bzw. modifiziert bilanzielle Eigenkapitalquoten*

Mit diesem Ansatz scheint die von der Europäischen Kommission in Umsetzung von Basel III vorgesehene „risikounabhängige Höchstverschuldungsquote" ebenso wie die vergleichbare, national bereits eingeführte „modifizierte bilanzielle Eigenkapitalquote" in einem gewissen Spannungsverhältnis zu stehen.[17] Beide Kennziffern geben – vereinfacht ausgedrückt – das Gesamtverhältnis von Eigenkapital und Verbindlichkeiten wieder, ohne auch nur eines von beidem nach Qualität oder Risikogehalt zu gewichten. Sie dienen jeweils als zusätzliche Informationsquelle, die die Aufsichtsbehörde ihrer laufenden Überprüfung der aufsichtsrechtlichen Anforderungen an ein solides Risikomanagement und eine solide Risikoabdeckung der Institute zugrunde zu legen hat.[18] Die Meldung einer der risikounabhängigen Kennziffern[19] gibt der Aufsichtsbehörde möglicherweise einen (weiteren) Anlass zu (weiteren) Auskunftsverlangen bzw. (Sonder-)Prüfungen. Sofern diese materielle Solvabilitäts- bzw. Liquiditätsdefizite aufdecken, werden die Institute dem grundlegenden Aufsichtsansatz entsprechend zunächst dazu angehalten, selbst Konzepte zu entwickeln und Maßnahmen zu ergreifen, mit denen sie ihren Geschäftsbetrieb auf der Grundlage ihrer eigenen Unternehmens- und Risikomanagmentsysteme selbstständig (wieder) in Übereinstimmung mit den Aufsichtsmaßstäben einer hinreichenden Solvabilität und Liquidität bringen werden.[20] Demnach werden die risikounabhängigen Kennziffern den risikosensitiven Ansatz des finanzaufsichtlichen Steuerungsmodells also lediglich ergänzen, nicht aber in seinem Wesenskern verändern.[21]

---

17 Vgl. dazu Teil 2: B.II.1.a)aa)(1).

18 Vgl. Art. 430 Abs. 1 S. 2 der Verordnung (EU) 575/2013 über die Aufsichtsanforderungen an Kreditinstitute und Wertpapierfirmen i.V.m. Art. 97 Abs. 3 der Richtlinie 2013/36/EU über die Beaufsichtigung von Kreditinstituten und Wertpapierfirmen.

19 Vgl. § 24 Abs. 1a Nr. 5, Abs. 1 Nr. 16 KWG und Art. 417 Abs. 1 S. 1 des Verordnungsvorschlags der *Europäischen Kommission* über aufsichtsrechtliche Anforderungen an Kreditinstitute und Wertpapierfirmen, KOM(2011) 452.

20 Vgl. § 45 Abs. 1 S. 1 KWG n.F. bzw. § 2 Abs. 1 S. 2 KedReorG, §§ 45 Abs. 1 S. 3, Abs. 2, 46 KWG und §§ 48a ff. KWG einerseits sowie § 81b Abs. 1, 2 und 2a VAG und § 89 VAG bzw. Art. 142 Abs. 1 der Richtlinie 2009/138/EG zu Solvabilität II. Ausführlich dazu auch obige Ausführungen in Teil 2 unter B.II.2.a)aa)(1)(a) und (2)(a).

21 Vgl. zu den Auswirkungen der „modifiziert bilanziellen Eigenkapitalquote" die Begründung der *Bundesregierung* zum Entwurf eines Gesetzes zur Stärkung der Finanzmarkt- und Versicherungsaufsicht, BT-Drs. 16/12783, S. 15.

c) *Ergänzung der mikroprudentiellen Finanz- durch die makroprudentielle Systemaufsicht*

Ähnliches gilt mit Blick auf die in Folge der Finanzkrise der letzten Jahre vermehrt an Bedeutung gewinnende Aufsicht über das Finanzsystem als Ganzes. Sofern die makroprudentielle Systemaufsicht systemische Risiken entdeckt und entsprechende Warnungen ausspricht oder sogar geeignete Abwehrmaßnahmen empfiehlt, wird die mikroprudentielle Institutsaufsicht über Banken- und Versicherungen um Maßstäbe von makroprudentieller Systemrelevanz ergänzt, die es mit den Instrumenten der besonderen Misstandsaufsicht auch konkret durchzusetzen gilt. Insoweit wird die Systemaufsicht zu einem Element des ursprünglich rein institutsbezogenen Steuerungsmodells der integrierten Finanzdienstleistungsaufsicht. Sie führt dabei allerdings zu einer nicht unerheblichen Erweiterung. Indem eine konkrete Korrekturmaßnahme an ein Unternehmen der Finanzwirtschaft gerichtet werden kann, dessen Geschäftsbetrieb das die Aufsichtsmaßnahme letztlich auslösende Systemrisiko nicht einmal ausgelöst hat, löst sich das Aufsichtsrecht hier von seinem bisherigen Fokus auf den Störer bzw. Verursacher.

Abgesehen davon, dass die Systemaufsicht erst im Ausnahmezustand eines Systemrisikos relevant wird und auch dann auf die institutsorientierten Instrumente der besonderen Missstandsaufsicht zugreift, sehen sich die beaufsichtigten Unternehmen im Übrigen weiterhin mit der auf die einzelinstitutionelle Risikolage abstellenden Finanzaufsicht konfrontiert. Trotz einer insgesamt zunehmenden Bedeutung der makroprudentiellen Systemaufsicht liefert damit die vermehrt qualitativ-individuellee Risikobegrenzung der mikroprudentiellen Finanzaufsicht die typusprägenden Merkmale des Aufsichtsrechtsverhältnisses zwischen Behörde und Unternehmen und bildet damit den Wesenskern der Aufsicht über Banken und Versicherungen.[22] Als solche markieren sie den Ausgangspunkt der Modellierung eines sektorübergreifenden Steuerungskonzeptes der integrierten Finanzdienstleistungsaufsicht, das sich dann aber zugleich offenhält für die Erfordernisse der makroprudentiellen Aufsicht über das Finanzsystem als Ganzes.

2. Kooperative Erfüllung der finanzaufsichtlichen Steuerungsaufgabe

Die steuerungskonzeptionelle Anknüpfung der Finanzaufsicht an unternehmenseigene Systeme und Verfahren der Risikogewichtung und -begrenzung ist dabei nicht zuletzt die Konsequenz der allgemein zu verzeichnenden Defizite, die

---

22 Zur Typisierung als dogmatische Methode, bereichsübergreifende Merkmale der (Aufgaben-)Identität herauszustellen, siehe auch *Pieper*, Aufsicht, S. 210 ff.

eindimensional-hoheitliche Steuerungsprogramme gegenüber einer zunehmend komplexer werdenden Gesellschaft aufweisen. Gerade die stetig steigende Komplexität und Dynamik finanzwirtschaftlicher Vorgänge, die auch noch zumeist „in dem von außen nur schwer einsehbaren Unternehmensinneren“ ablaufen,[23] hat zur Folge, dass den verschiedenen Hoheitsträgern auf nationaler wie europäischer Ebene immer häufiger die maßgeblichen Informationen über den aktuellen Stand der bank- bzw. versicherungsspezifischen Risiken wie auch (erst recht) über deren zukünftige Entwicklungsmöglichkeiten fehlen. Um so schwerer fällt es ihnen in vielen Bereichen, den finanzwirtschaftlichen Risiken allein mithilfe der hergebrachten Instrumente eindimensional-imperativer Steuerung verhältnismäßig effizient bzw. effektiv zu begegnen.[24]

a) Indienstnahme unternehmerischer (Selbst-)Steuerungspotentiale

Daher dient der finanzaufsichtsrechtliche Rückgriff auf unternehmenseigene Steuerungsmodelle der Risikogewichtung und -begrenzung dazu, die tatsächliche Risikolage des jeweiligen Instituts präziser beurteilen, deren Folgewirkungen genauer prognostizieren und infolgedessen die aufsichtsrechtlichen Solvenzkapitalanforderungen verhältnismäßiger bestimmen und wirkungsvoller durchsetzen

---

23 Vgl. in Bezug auf den Bereich des Versicherungswesens und der Wertpapierdienstleistungen *Eifert*, Beteiligung Privater an der Rechtsverwirklichung, Die Verwaltung 39 (2006), 309, (312 f.), sowie sektorübergreifend unter Einbeziehung auch des Bankenwesens *Röhl*, Finanzmarktaufsicht, in: Fehling/Ruffert (Hrsg.), Regulierungsrecht, § 18 Rn. 45.

24 Siehe zu diesen Feststellungen im Allgemeinen *Grimm*, Regulierte Selbstregulierung, Die Verwaltung 2001 (Beiheft 4), 9 (15 ff.), *Ladeur*, Regulierung von Selbstregulierung, Die Verwaltung 2001 (Beiheft 4), 59 (64), *Junker*, Gewährleistungsaufsicht über Wertpapierunternehmen, S. 28, *Trute*, Selbstregulierung und staatliche Steuerung, DVBl. 1996, 950 (950). *Schmidt-Preuß*, Gesellschaftliche Selbstregulierung und staatliche Steuerung, VVDStRL 56 (1997), 160 (162) stellt zutreffend klar, dass der klassische Gestaltungsmodus imperativer Zweckerreichung natürlich auf allen Ebenen hoheitlicher Tätigkeit (Gesetz, Verordnung oder Einzelakt) weiter zu finden ist. – Paradigmatisch der Sammelband von *Grimm* (Hrsg.), Wachsende Staatsaufgaben – sinkende Steuerungsfähigkeit des Rechts. Allgemein zur rechtssoziologischen Theorie autopoietischer Systeme infolge zunehmender Ausdifferenzierung der Gesellschaft in komplexe und selbstorganisierte Subsysteme mit je eigenen Funktionsprinzipien und Eigenrationalitäten vgl. insbes. *Teubner*, Recht als autopoietisches System, S. 21 ff., sowie zusammenfassend *Dreier*, Hierarchische Verwaltung, S. 5 ff.

zu können.[25] Das Eigeninteresse der Institute an dem aufsichtsrechtlich erwünschten Verhalten einer risikobewussten Geschäftsführung, die Geschäfts- und Betriebsrisiken möglichst frühzeitig erkennt, auf der Grundlage sektorspezifischen Fachwissens bewertet und gleichsam aufsichtskongruent begrenzt, wird zum einen dadurch geweckt, dass ein wirksames Risikomanagementsystem aufsichtskonzeptionell stets zu verhältnismäßigeren und damit regelmäßig zu geringeren Solvenzanforderungen führt, denen das Institut unterliegt.[26] Das jeweilige Unternehmen kann den Einrichtungsaufwand eines ordnungsgemäßen Risikomess- und -steuerungsverfahrens, durch das die sektorspezifischen Risiken prospektiv begrenzt werden sollen, mit dem Ertrag geringerer Solvenzanforderungen saldieren, mit deren Hilfe das jeweils verbleibende (Rest-)Risiko verhältnismäßig zu bedecken ist. Sollte die Aufsichtsbehörde (dennoch) bei einer der Banken oder Versicherungen ein Defizit der Risikobegrenzung oder -abdeckung feststellen, bietet zum anderen die Befürchtung weit einschneidenderer Korrekturmaßnahmen (nicht selten in Form erhöhter Kapitalanforderungen) den betroffenen Instituten ebenfalls genügend Anreiz, zuvor möglichst selbst Maßnahmen zu ergreifen und Strategien zu entwickeln, um ihr System eines konsistenten Unternehmens- und Risikomanagments zu verbessern und auf dieser Grundlage eigenständig die Mindestanforderungen an die Kapitalausstattung und -anlage (wieder) zu erfüllen.

b) (Rück-)Anbindung an hoheitliche (Fremd-)Steuerungsvorgaben

Soweit die Finanzaufsicht auf das Selbststeuerungspotential der betroffenen Institute zurückgreift, beschränkt sie sich indes nicht allein auf die Aktivierung des institutionellen Interesses an der Einrichtung eines eigenen Risikomanagementsystems. Die jeweiligen Modelle der institutsinternen Risikomessung und

25 So genannte „instrumentelle Ökonomisierung“. Zu dem vielgestaltigen Begriff und den verschiedenen Dimensionen der materiellen, verfahrensmäßigen, institutionellen, organisatorischen und methodischen Ökonomisierung des Verwaltungsrechts siehe *Schneider*, Ökonomisierung von Verwaltungsrecht, Die Verwaltung 34 (2001), 317 (320 ff.). Etwas anderes, nämlich die betriebswirtschaftliche Kostenrechnung, umschreibt hingegen der Begriff der Verwaltungsökonomie (vgl. dazu *Knöll/Grunert*, Verwaltungsökonomie, S. 17 ff.). Allgemein zu dem Verhältnis von Ökonomie und Öffentlichem Recht vgl. auch die vielschichtigen und zum Teil konträren Beiträge in dem Sammelband von *Engel/Morlok* (Hrsg.), Öffentliches Recht als Gegenstand ökonomischer Forschung, sowie dessen Rezession von *Lepsius*, Ökonomik als neue Referenzwissenschaft für die Staatsrechtslehre, Die Verwaltung 32 (1999), 429 ff.

26 Zur finanzaufsichtsrechtlichen Anreizregulierung siehe ausführlich obige Ausführungen in TEIL 2 unter B.II.1.b)aa)(1) und (2).

-begrenzung werden – jedenfalls mit Umsetzung der europarechtlichen Vorgaben zu Basel und Solvency II – auch einem aufsichtsbehördlichen Genehmigungsvorbehalt und -verfahren unterstellt.[27] Erst wenn sie als integraler Bestandteil eines konsistenten Unternehmens- und Risikomanagementsystems aufsichtsbehördlich anerkannt werden, dürfen sie danach über den unternehmensinternen Bereich der Risikosteuerung hinaus auch den aufsichtsrechtlichen Anforderungen an eine angemessene Solvabilität und ausreichende Liquidität der Institute zugrunde gelegt werden.[28] Ähnliches gilt für die institutseigenen Pläne, Konzepte und Maßnahmen zur Wiederherstellung der organisatorischen bzw. finanziellen Solidität im Falle (behördlicherseits) bereits festgestellter Mängel. Auch diese Maßnahmen(-pakete) haben die Institute der Aufsichtsbehörde zur Überprüfung ihrer jeweiligen Erfolgsaussichten vorzulegen. Selbst im Rahmen der stabilitätsorientierten Systemaufsicht haben die Institute – jedenfalls nach Maßgabe der als Blaupause dienenden Vorschriften des Zweiten Finanzmarktstabilisierungsgesetzes – der Bundesanstalt einen Plan vorzulegen, in dem sie Maßnahmen und Zeitpunkt darzulegen haben, mit denen bzw. zu dem sie die zuvor erhöhten Eigenmittelanforderungen zu erreichen gedenken.[29] Nur sofern jeweils das Prüfungsergebnis positiv

---

27 Vgl. für den Bereich der Aufsicht über Kredit- und Finanzdienstleistungsinstitute: § 10 Abs. 1 S. 2 und S. 9 KWG i.V.m. § 58 Abs. 1 S. 1 [(Kredit-)Ausfallrisiko], § 278 Abs. 1 [operationelles Risiko] bzw. § 313 Abs. 1 S. 1 [(Markt-)Preisrisiko] SolvV bzw. § 11 Abs. 1 S. 2 KWG i.V.m. § 10 Abs. 1 S. 1 LiqV [Liquiditätsrisiko], sowie zukünftig Vgl. Art. 144 Abs. 1 UA 1 lit. b) [Kreditausfallrisiko], Art. 286 Abs. 3 [Gegenparteiausfallrisiko], Art. 312 Abs. 2 UA 1 i.V.m. Art. 321 [operationelles Risiko], Art. 368 Abs. 1 lit. a) [Marktrisiko] der Verordnung (EU) 575/2013 über die Aufsichtsanforderungen an Kreditinstitute und Wertpapierfirmen. Für den Bereich der Versicherungsaufsicht: Art. 112 Abs. 1 [Gesamtrisiko] des Richtlinienentwurfs zu Solvabilität II. Eine Ausnahme bilden insoweit erneut die versicherungsaufsichtsrechtlichen Vorschriften über die institutsinterne Kontrolle und Steuerung der Anlagerisiken [vgl. § 6 AnlV i.V.m. dem Rundschrieben 4/2011 (VA)], die keinen direkten Einfluss auf die Kapitalanlageanforderungen des § 54 VAG haben.

28 Sofern also Kredit-, Versicherungs- oder andere Finanzdienstleistungsinstitute interne Modelle zur Gewichtung unternehmensindividueller Risiken verwenden (dürfen), sind diese auch in ein aufsichtsrechtliches Zulassungsregime eingebunden. Dies übersieht *Fehling*, Instrumente und Verfahren, in: Fehling/Ruffert, Regulierungsrecht, § 20 Rn. 97.

29 Vgl. dazu § 10 Abs. 1b S. 2 bis 13 KWG i.d.F. des Zweiten Finanzmarktstabilisierungsgesetzes vom 24. Februar 2012 sowie obige Ausführungen in Teil 2 unter B.II.2.a)aa)(1)(d)(bb).

ausfällt, sieht die Aufsichtsbehörde von weitergehenden Maßnahmen insbesondere der einseitig-hoheitlichen Maßstabsdurchsetzung ab.[30]

Die finanzaufsichtsrechtlichen Genehmigungsvoraussetzungen sollen dabei die steuerungskonzeptionelle Verwertbarkeit der institutsinternen Informationen und Modelle der Risikogewichtung und -begrenzung im Sinne einer Richtigkeitsgewähr sicherstellen. Darüber hinaus sollen sie die aufsichtsbehördliche Prognose ermöglichen, ob und inwieweit die (finanz-)aufsichtsrechtlichen Maßstäbe der finanziellen Solidität unter Zuhilfenahme der institutsinternen Risikomess-, -kontroll- und -steuerungssysteme mit an Sicherheit grenzender Wahrscheinlichkeit[31] auch wirklich effizienter bestimmt und effektiver durchgesetzt bzw. wiederhergestellt werden können als ausschließlich unter Einsatz der hergebrachten Steuerungsinstrumente eindimensional-hoheitlicher Wirtschaftsaufsicht.[32] Tatsächlich lassen erfahrungsgemäß nicht nur die hoheitlichen, sondern auch die gesellschaftseigenen Steuerungskräfte infolge der wissenschaftlich-technischen Entwicklung der (globalisierten) Gesellschaft fortschrittskongruent nach. Speziell die finanzwirtschaftlichen Eigenrationalitäten halten – wie zuletzt in Zeiten der Finanzkrise noch einmal eindrucksvoll gesehen – keine hinreichenden Kapazitäten (mehr) bereit, das wirtschaftsfreiheitlich primär an der individuellen Gewinnerzielung ausgerichtete Risikomanagement eines Instituts allein nach den Spielregeln der freiheitlichen Wettbewerbs- und Marktordnung auch an den aufsichtsrechtlichen Maßstäben einer angemessenen Solvabilität und ausreichenden Liquidität auszurichten.[33]

---

30 Vgl. für den Bereich der banken- und versicherungsaufsichtsrechtlichen Finanzaufsicht: §§ 45 ff. KWG und §§ 2 ff. KredReorgG bzw. §§ 81b und 89 VAG. Für den Bereich der Systemaufsicht siehe: § 10 Abs. 1b S. 11 i.V.m. § 45c Abs. 1 und 2 Nr. 7a. KWG i.d.F. des Zweiten Finanzmarktstabilsierungsgesetzes.

31 So soll nach Umsetzung der neuen Solvenzkapitalanforderungen im Versicherungsaufsichtsrecht (Solvabilität II) die jährliche Insolvenzwahrscheinlichkeit eines Versicherungsunternehmens auf 0,5 Prozent begrenzt werden können. Vgl. Art. 101 Abs. 3 UA 2 der Richtlinie 2009/138/EG.

32 Zur Qualitätssicherung als Schwerpunktaufgabe prozedualer Aufsicht siehe auch *Pitschas*, Struktur- und Funktionswandel der Aufsicht, DÖV 1998, 907 (911).

33 Die gemeinwohlkonforme bzw. sogar -fördernde Ausübung der grundrechtlichen Freiheiten ist nur eine so genannte „Verfassungserwartung", jedoch keine unmittelbare Verfassungsverpflichtung gegenüber dem Grundrechtsberechtigten. Vgl. dazu *Isensee*, Grundrechtsvoraussetzungen und Verfassungserwartungen, in: Isensee/Kirchhof (Hrsg.) HStR IX (2011), § 190 Rn. 204 ff. Zum Verhältnis von „Gemeinwohlverantwortung bzw. -verträglichkeit" und grundrechtlichem Schutzbereich siehe auch *Höfling*, Finanzmarktregulierung – Gutachten, in: Ständige Deputation des Deutschen

Damit wird die Konfliktlage deutlich, in der sich der Staat wie auch die Europäische Union im Gegenüber zu einer zunehmend ausdifferenzierten Finanzwirtschaft befindet: Die gestiegene Komplexität des gesellschaftlichen Systems bedingt einerseits die Zunahme der von Verfassungs wegen kompetenziell grundsätzlich dem Staat, subsidiär dem supranationalen Hoheitsträger obliegenden Aufsichtsaufgaben,[34] andererseits aber auch zugleich das Problem ihrer Erfüllung.[35] Der zunehmend „geforderte" Hoheitsträger ist gleichermaßen „überfordert".[36] Ohne diesen misslichen Befund der hoheitlich-imperativen Steuerungskapazität (rechtssoziologisch) tiefgründiger zu sondieren, ist das grundlegende Problem bereits herausgestellt: die veränderte Rolle der hoheitlichen Funktionsträger in einem Umfeld gesellschaftlicher bzw. finanzwirtschaftlicher „Differenzierung und Eigendynamik".[37] Soweit der Hoheitsträger in dieser Rolle auf die unternehmerischen Selbststeuerungspotentiale zurückgreift bzw. zurückgreifen muss und sich dadurch der eigenen Aufgabenerledigung der Finanzaufsicht entledigt, obliegt ihm jedenfalls nach Maßgabe des Grundgesetzes unweigerlich die sozialstaatliche bzw. republikanische Verpflichtung, die solidarische Gemeinwohldienlichkeit, das heißt die finanzaufsicht(srecht)liche Adäquanz, der unmittelbar privat(wirtschaftlich)en Aufgabenerfüllung der (Selbst-)Steuerung zu gewährleisten.[38]

Juristentages (Hrsg.), Verhandlungen des 68. Deutschen Juristentages, Bd. I, F 1 (16), m.w.Nachw. insbes. in Fn. 49.

34 So schon allgemein zu dem Aufgabenbestand des „modernen" Sozialstaats *Badura*, Daseinsvorsorge als Verwaltungszweck, DÖV 1966, 624 (625), und *Horn*, Staat und Gesellschaft, Die Verwaltung 26 (1993), 545 (558), sowie insbesondere im Zusammenhang mit der Aufsicht über Wertpapierdienstleistungsunternehmen *Junker*, Gewährleistungsaufsicht über Wertpapierunternehmen, S. 27.

35 Zu den „materiellen Steuerungsschwierigkeiten des Gesetzgebers" in Anbetracht der „Eigengesetzlichkeiten des Finanzmarktes" siehe auch *Callies*, Finanzkrisen als Herausforderung der Rechtsetzung, VVDStRL 71 (2012), 113 (136 ff.).

36 *Voßkuhle*, Kompensationsprinzip, S. 4, mit Verweis auf *Schmidt*, Der geforderte Staat, NJW 1980, 160 (163), sowie *Ellwein/Hesse*, Der überforderte Staat.

37 *Schmidt-Preuß*, Gesellschaftliche Selbstregulierung und staatliche Steuerung, VVDStRL 56 (1997), 160 (170).

38 Allgemein zur Aufgabe des republikanischen Sozialstaats des Grundgesetzes, die Wirklichkeitsbedingungen der individuellen Wirtschaftsfreiheit mit der sozialen Gemeinwohlverträglichkeit in Ausgleich zu bringen, siehe allgemein nur *Horn*, Staat und Gesellschaft, Die Verwaltung 26 (1993), 545 (558), und *Badura*, Daseinsvorsorge als Verwaltungszweck, DÖV 1966, 624 (625). Konkret in Bezug auf die Aufgabe der Wirtschaftsaufsicht siehe obige Ausführungen in Teil 1 unter B.III. *Pitschas*, Struktur- und Funktionswandel der Aufsicht, DÖV 1998, 907 (912), spricht insoweit

Die entsprechende (Rück-)Anbindung der unternehmerischen (Selbst-)Steuerungspotentiale an hoheitliche (Fremd-)Steuerungsvorgaben qualitativer Managementanforderungen und behördlicher Genehmigungsverfahren dient darüber hinaus auch dazu, die mit der gesellschaftlichen Teilhabe an der Maßstabssetzung und -durchsetzung verbundenen Defizite an demokratischer Legitimation und rechtsstaatlicher Transparenz auszugleichen.[39] Denn ohne die Kanalisierung und Kontrolle der über die Anreizwirkung zumeist geringerer Solvenzanforderungen aktivierten Steuerungskräfte der Institute[40] begäbe sich der jeweilige Hoheitsträger gegenüber den zu beaufsichtigenden Banken und Versicherungen in eine bedingungslose Abhängigkeit von deren „interessenbestimmte[r] Vorauswahl" des für die Erledigung der Aufsichtsaufgabe erforderlichen Steuerungswissens bzw. der entsprechenden Steuerungsinstrumente.[41] Insoweit formuliert das aufsichtsrechtliche Erfordernis, die institutseigenen Modelle der Risikogewichtung und -begrenzung in ein konzerndimensionales System der konsistenten Risiko- und

---

allgemein von dem „distanzierten Wohlfahrtsstaat". – Zum Unterschied zwischen Aufgabenerledigung und Aufgabenverantwortung als Grundlage der Staatsaufgabenlehre siehe *Steiner*, Öffentliche Verwaltung, S. 53 m.w.Nachw. in Fn. 202.

39 Kritisch gegenüber der so genannten „Partizipationskategorie" der regulierten Selbstregulierung *Grimm*, Regulierte Selbstregulierung, Die Verwaltung 2001 (Beiheft 4), 9 (18), *Trute*, Selbstregulierung und staatliche Steuerung, DVBl. 1996, 950 (955 ff.). – Zu dem steuerungssystematischen Erfordernis einer gegenüber gesellschaftlichen Einflüssen autonomen administrativen Letztentscheidungskompetenz infolge demokratisch-rechtsstaatlicher Verwaltungskompetenz siehe auch *Schmidt-Preuß*, Gesellschaftliche Selbstregulierung und staatliche Steuerung, VVDStRL 56 (1997), 160 (181 ff.), sowie *Pieper*, Aufsicht, S. 196. – Zur Vermittlungsfunktion des Verwaltungsverfahrens siehe bereits *Schmitt Glaeser*, Partizipation an Verwaltungsentscheidungen, VVDStRL 31 (1973), 179 (193 ff.).

40 *Junker*, Gewährleistungsaufsicht über Wertpapierunternehmen, S. 36; *Stober*, Wirtschaftsaufsicht und Bankenaufsicht, in: Pitschas (Hrsg.) Integrierte Finanzdienstleistungsaufsicht, 21 (58). Kritisch gegenüber dieser Handlungsvariante der „Influenzierung" insbesondere in Anbetracht der möglicherweise sehr viel weiter gehenden faktischen Bindung des Staates *Ladeur*, Regulierte Selbstregulierung, Die Verwaltung 2001 (Beiheft 4), 59 (60 f.) [Hervorhebung i.O.] ähnlich *Schmidt-Aßmann*, Regulierte Selbstregulierung, Die Verwaltung 2001 (Beiheft 4), 253 (263 f.), der aufgrund dessen den „Erhalt der Flexibilität gegenüber einmal getroffenen gemeinsamen Arrangements" fordert.

41 Vgl. allgemein *Schmidt-Aßmann*, Regulierte Selbstregulierung, Die Verwaltung 2001 (Beiheft 4), 253 (263).

Unternehmenssteuerung einzubinden,[42] die (unternehmens-)organisatorische und verfahrensmäßige Bedingung für die Teilhabe des jeweiligen Instituts an der Bestimmung und auch Durchsetzung der aufsichtsrechtlichen Maßstäbe einer angemessenen Eigenmittelausstattung (Solvabilität) bzw. ausreichenden Zahlungsbereitschaft (Liquidität). Zudem bildet es die entsprechende Grundlage, auf der die Institute idealerweise selbst ihren Geschäftsbetrieb mit den Maßstäben einer hinreichenden Solvabilitäts- und Liquiditätsausstattung möglichst in Einklang halten bzw. notfalls bringen sollen.

Erst unter der Voraussetzung, dass die Institute die rechtlichen Organisationsvorgaben erfüllen und das behördliche Genehmigungsverfahren positiv durchlaufen, wird daher deren (grundrechts-)freiheitliche „Verfolgung eigennütziger Ziele [als] Leitmotiv privaten Handelns"[43] zur gemeinnützigen Ressource hoheitlicher Steuerung und als solche gezielt in den Dienst der finanzaufsichtlichen Aufgabenwahrnehmung gestellt.[44] Die (Rück-)Anbindung der über verschiedene Anreize aktivierten (Selbst-)Steuerungskräfte der Banken und Versicherungen an hoheitliche (Fremd-)Steuerungsvorgaben lässt die institutionelle Selbststeuerung damit letztlich zu einem freiheitlichen Selbstvollzug hoheitlicher Steuerungsvorgaben werden.[45]

---

42 Vgl. zu den Zulassungsvoraussetzungen der Einbindung institutsinterner Risikomess- und -gewichtungsverfahren in ein institutsdimensionales System konsistenter Risiko- und Unternehmenssteuerung zum einen § 10 Abs. 1 S. 9 KWG i.V.m. § 106 S. 2 Nr. 2 [(Kredit-)Ausfallrisiko], § 281 Abs. 1 [operationelles Risiko] und § 313 Abs. 3 S. 1 i.V.m.§ 317 Abs. 1 S. 1 [(Markt-)Preisrisiko] SolvV sowie § 11 Abs. 1 S. 2 KWG i.V.m. § 10 Abs. 3 Nr. 4 LiqV [Liquiditätsrisiko], und zum anderen Art. 109 Abs. 3 und 5 i.V.m. Art. 117 Abs. 1 des Richtlinienentwurfs zu Solvabilität II. Siehe auch bereits obige Ausführungen in Teil 2 unter B.II.1.a)aa)(1) und (2) sowie B.II.1.a)bb) (1) und (2).

43 *Schmidt-Preuß*, Gesellschaftliche Selbstregulierung und staatliche Steuerung, VVDStRL 56 (1997), 160 (166).

44 *Junker*, Gewährleistungsaufsicht über Wertpapierunternehmen, S. 49; *Schmidt-Preuß*, Gesellschaftliche Selbstregulierung und staatliche Steuerung, VVDStRL 56 (1997), 160 (166). Siehe auch *Röhl*, Finanzmarktaufsicht, in: Fehling/Ruffert (Hrsg.), Regulierungsrecht, § 18 Rn. 65. Zu dem übergeordneten Zusammenhang zwischen der Implementierung von Selbststeuerungsmechanismen, der Indienstnahme Privater zur Erfüllung der öffentlichen Aufsichtsaufgabe und den Instrumenten der Generierung aufsichtsrelevanten Wissens vgl. auch *Fehling*, Instrumente und Verfahren, in: Fehling/Ruffert (Hrsg.), Regulierungsrecht, § 20 Rn. 115.

45 In dieser Ausprägung weist die Finanzaufsicht über Banken und Versicherungen eine gewisse Ähnlichkeit zur nationalen Kategorie der Staatsaufsicht über

c) Wechselseitiger Steuerungsprozess der regulierten (Selbst-)Regulierung

Die finanzaufsichtsrechtliche Indienstnahme und (Rück-)Anbindung der institutseigenen Selbststeuerungskräfte überführen das Verhältnis von hoheitlicher Gemeinwohlverpflichtung und freiheitlicher Gemeinwohlförderung[46] sektorübergreifend in ein Ordnungskonzept wechselseitiger, über den gesamten Zeitraum der Geschäftstätigkeit fortdauernder Interaktionsprozesse zwischen umfassenden Informations- und Organisations- bzw. Managementpflichten der Unternehmen sowie korrelierender Auskunfts- und Prüfungs- und Berichtigungsbefugnisse der Aufsichtsbehörde.[47] In dem Umfang, in dem die hoheitliche Finanzaufsicht in diesem Verfahren der mehrstufigen Gemeinwohlorientierung und -verwirklichung[48] um die Informationsressource des institutsspezifischen Steuerungswissens (Effizienz) und um die Organisations- bzw. Managementwirkung der institutsspezifischen Steuerungsmaßnahmen (Effektivität) erweitert wird, wird auch die (Ressourcen- und Wirkungs-)Verantwortung von dem jeweiligen Hoheitsträger auf das einzelne Institut übertragen, die öffentliche (Steuerungs-)Aufgabe der Finanzaufsicht[49] insoweit möglichst selbst zu

---

Selbstverwaltungsträger bei der Wahrnehmung von Auftragsangelegenheiten auf. Zu diesem Gedankengang vgl. ausführlich *Junker*, Gewährleistungsaufsicht über Wertpapierunternehmen, S. 41 ff., sowie in gebotener Kürze *Schmidt-Aßmann*, Regulierte Selbstregulierung, Die Verwaltung 2001 (Beiheft 4), 253 (261), *Schmidt-Preuß*, Gesellschaftliche Selbstregulierung und staatliche Steuerung, VVDStRL 56 (1997), 160 (163), m.w.Nachw.

46 Zu dem Bedarf einer konstruktiven Unterscheidung zwischen Staat und Gesellschaft innerhalb des Steuerungskonzeptes der regulierten Selbstregulierung siehe auch *Di Fabio*, Gesellschaftliche Regulierung und staatliche Steuerung, VVDStRL 56 (1997), 235 (274).

47 So genannter „supervisory evaluation and review process". Vgl. insbesondere § 25a Abs. 1 S. 1 und 3 KWG sowie das Rundschreiben 10/2012 (MaRisk BA), und § 26a Abs. 1 S. 1 KWG sowie §§ 319 ff. SolvV bzw. §§ 64a und 55c VAG sowie die Rundschreiben 15/2005 (VA) bzw. 3/2009 (MaRisk VA) und Art. 41 ff., 35 Abs. 1 der Richtlinie 2009/138/EG zu Solvency II sowie obige Ausführungen in Teil 2 unter B.II.1.b).

48 Ähnlich *Junker*, Gewährleistungsaufsicht über Wertpapierunternehmen, S. 36, mit Verweis auf *Schmidt-Aßmann*, Regulierte Selbstregulierung, Die Verwaltung 2001 (Beiheft 4), 253 (255).

49 Nur in Bezug auf die Sachaufgabe, nicht aber in Bezug auf die Aufsichts- bzw. Überwachungsaufgabe, bietet sich die Unterscheidung zwischen notwendiger und freiwilliger Staatsaufgabe als Teilmengen der öffentlichen Aufgaben an. Zu den Sachaufgaben, die ohnehin nur vereinzelt von Verfassungs wegen originär dem Staat obliegen,

erfüllen.[50] Ihrem jeweiligen Anteil an der Aufgabenerfüllung entsprechend ist der unternehmensintern verantwortlichen Institutsleitung[51] insbesondere bei der Ausgestaltung und Koordinierung eines effektiven wie effizienten Risikomanagements ein hinreichendes Maß an Entscheidungsfreiheit einzuräumen.[52]

---

werden neben dem Umweltschutz i.S.d. Art. 20a GG insbesondere die Polizei, die Justiz, die Auswärtigen Angelegenheiten und das Militär gezählt. Vgl. insoweit *Edelbluth*, Gewährleistungsaufsicht, S. 42, m.w.Nachw. in Fn. 111. Von diesen notwendigen Staatsaufgaben sind die freiwilligen Staatsaufgaben zu unterscheiden, die der Staat im Rahmen der Vorgaben des Grundgesetzes für sich in Anspruch nehmen, derer er sich aber auch wieder – zumindest in einem gewissen Umfang – entledigen kann. Zum Unterschied zwischen staatlicher, öffentlicher und gesellschaftlicher Aufgabe siehe statt vieler *Isensee*, Staatsaufgaben, in: Isensee/Kirchhof (Hrsg.), HStR IV (2006), § 73 Rn. 12 ff. m.w.Nachw. – Aus der Kategorie der öffentlichen Aufgabe ist die Lehre vom so genannten „Dritten Sektor" entwickelt worden. Vgl. dazu *Schuppert*, Anatomie und Analyse des dritten Sektors, Die Verwaltung 28 (1995), 137 ff., *dens.*, Verwaltungswissenschaft, S. 354 ff., sowie kritisch in Bezug auf den dogmatischen Ertrag *Kahl*, Staatsaufsicht, S. 371, mit Verweis auf *Schmidt-Aßmann*, in: Schmidt-Aßmann/Hoffmann-Riem (Hrsg.), Verwaltungsorganisationsrecht als Steuerungsressource, 9 (46).

50 So genannte „institutionelle Ökonomisierung bzw. Privatisierung". – Zum Begriff der Verantwortung in diesem Zusammenhang *Schmidt-Aßmann*, Das allgemeine Verwaltungsrecht als Ordnungsidee, S. 170 ff., *Voßkuhle*, Beteiligung Privater an öffentlichen Aufgaben, VVDStRL 63 (2003), 266 (270 Fn. 9), sowie *Klement*, Verantwortung – Funktion und Legitimation eines Begriffs im Öffentlichen Recht, S. 55 ff., 193 ff. Kritisch gegenüber der Leistungsfähigkeit des Verantwortungsbegriffs *Schmidt*, Reform von Verwaltung und Verwaltungsrecht, VerwArch 91 (2000), 149 (157 f.). Zur originären Verwaltungs- im Unterschied zur delegierten Gesellschaftsverantwortung siehe *Pitschas*, Verwaltungsverantwortung und Verwaltungsverfahren, S. 10 f., *Junker*, Gewährleistungsaufsicht über Wertpapierunternehmen, S. 39. Zu den Modalitäten der Verwaltungsverantwortung vgl. *Schmidt-Aßmann*, Verwaltungsverantwortung, VVDStRL 34 (1976), 221 (231 ff.), sowie *Schuppert*, Verwaltungswissenschaft, S. 400 ff., *Bauer*, Privatisierung von Verwaltungsaufgaben, VVDStRL 54 (1995), 243 (277 ff.).

51 Vgl. explizit das bundesanstaltliche Rundschreiben 10/2012 (BA) – MaRisk BA, AT 3 Rz. 1, sowie dessen versicherungsaufsichtliches Pendant Rundschreiben 3/2009 (VA) – MaRisk VA, Ziff. 6, jeweils abrufbar unter: www.bafin.de »» Veröffentlichungen »» Rundschreiben »» Bankenaufsicht bzw. Versicherungsaufsicht.

52 Zur aufsichtsrechtlichen Verantwortung bzw. Herausforderung der Geschäftsleitung die qualitativen Risikomanagementstandards innerhalb des Unternehmens durchzusetzen, siehe *Bähr*, Überwachung von Geschäftsleitern durch die Aufsichtsbehörde, in: Bähr (Hrsg.), Hdb Versicherungsaufsichtsrecht, § 12 Rn. 44 ff., *Bürkle*, Die rechtliche Dimension von Solvency II, VersR 2007, 1595 (1600), und *Dreher*, Risikomanagement nach § 64a VAG und Solvency II, VersR 2008, 998 (999).

Weicht das beaufsichtigte Verhalten der Institute (trotz unternehmenseigener Risikogewichtung und -begrenzung) von den (zuvor arbeitsteilig) konkretisierten Maßstäben der angemessenen Eigenmittelausstattung und ausreichenden Zahlungsbereitschaft ab, gilt daher grundsätzlich auch auf der Ebene der Maßstabsdurchsetzung der Vorrang einer eigeninitiativen bzw. kooperativen vor einer hoheitlich vorgegebenen bzw. imperativen Wiederherstellung der finanziellen Institutssolidität.[53] Maßgeblich ist insoweit der Grad des aufsichtsbehördlich identifizierten Misstandes. Im Falle nur geringer Abweichungen der institutseigenen von der aufsichtsrechtlich hinreichenden Risikobegrenzung und -bedeckung wird den Instituten ein weiter Spielraum für geschäftspolitische und organisatorische Veränderungen gewährt. Mit zunehmendem Gefahren- bzw. Missstandsgrad und steigender Schutzgutbedeutung wird dieser entsprechend eingeengt. Die institutsintern ergriffenen Maßnahmen werden nicht mehr allein an den Kriterien vernünftiger kaufmännischer Regeln, sondern an konkreten Vorgaben der Bankenaufsicht gemessen. Dieser Abstufung entsprechend werden auch im Bereich der stabilitätsorientierten Systemaufsicht im Falle der Entdeckung eines Risikos für die Stabilität des gesamten Finanzsystems an die institutseigenen Pläne zur Erreichung der erhöhten Eigenkapitalanforderungen besonders strenge Anforderungen zu stellen sein.[54] Sofern die institutsinternen Maßnahmen schließlich (dennoch) keinen hinreichenden Erfolg versprechen, bleibt sowohl im Rahmen der Finanz- als auch der Systemaufsicht nur noch die einseitig-hoheitliche Korrektur des objektiven Missstands.[55]

---

53 Vgl. § 45 Abs. 1 S. 1 KWG n.F. bzw. § 2 Abs. 1 S. 2 KedReorG, §§ 45 Abs. 1 S. 3, Abs. 2, 46 KWG bzw. §§ 48a ff. KWG einerseits sowie § 81b Abs. 1, 2 und 2a VAG bzw. § 89 VAG und Art. 142 Abs. 1 der Richtlinie 2009/138/EG zu Solvabilität II andererseits. Vgl. auch obige Ausführunge in Teil 2 unter B.II.2.a)aa)(1) und (2).

54 Siehe dazu das abgestufte Instrumentarium des § 10 Abs. 1b S. 2 bis 13 KWG i.d.F. des Zweiten Finanzmarktstabilisierungsgesetzes vom 24. Februar 2012 sowie obige Ausführungen in Teil 2 unter B.II.2.a)aa)(1)(d)(bb).

55 Zu dem wechselseitigen Steuerungsprozess siehe ausführlich obige Ausführungen in Teil 2 unter B.II.1.b), sowie in Bezug auf die Finanzmarktaufsicht *Röhl*, Finanzmarktaufsicht, in: Fehling/Ruffert, (Hrsg.), Regulierungsrecht, § 18 Rn. 32, 90, und speziell für den Bereich der Versicherungssaufsicht *Fehling*, Versicherungsaufsicht, in: Bergeest/Labes (Hrsg.), Liber amicorum f. Winter, 171 (184), sowie allgemein zu dem Erfordernis einer fortlaufenden Begleitkontrolle und Zugriffsbefugnis des Staates im Rahmen der privatwirtschaftlichen Aufgabenerfüllung *Schmidt-Preuß*, Gesellschaftliche Selbstregulierung und staatliche Steuerung, VVDStRL 56 (1997), 160 (189). Dazu auch *Ladeur*, Regulierung von Selbstregulierung, Die Verwaltung 2001 (Beiheft 4), 59 (61), *Pitschas*, Struktur- und Funktionswandel der Aufsicht, DÖV 1998, 907 (912),

Gerade mit dem im Verhältnis zur kooperativen Wahrnehmung der Steuerungsaufgabe subsidiär vorzuhaltenden Instrumentarium einseitig-hoheitlicher Auskunft, Prüfung und Berichtigung nimmt der Staat seine verfahrens- bzw. ergebnisbezogene „Gewährleistungs- bzw. Regulierungsverantwortung"[56] wahr, die ihm im Verhältnis zur privat(wirtschaftlich)en Erfüllung der finanzaufsichtlichen (Selbst-)Steuerung anstelle der eigenen verwaltungsbezogenen „Erfüllungs- bzw. Vollzugsverantwortung" verblieben ist. Die (heuristische) Abschichtung von der Erfüllungs- zur Gewährleistungsverantwortung ist mittlerweile zu einem Deklinationsmuster moderner Staatlichkeit bzw. dessen gewandelter Aufgabenwahrmehmung ausgeformt.[57] Zwar lassen sich die jeweiligen Verantwortungsstufen nicht streng von einander trennen. Innerhalb des arbeitsteiligen Zusammenwirkens[58] von Staat und Gesellschaft ermöglichen sie aber zumindest eine grobe Zuordnung der Aufgabenwahrnehmung im Sinne einer „Verantwortungsteilung".[59]

Trute, Selbstregulierung und staatliche Steuerung, DVBl. 1996, 950 (954). – Neben einem erhöhten Bedarf an Sach- und Personalmitteln steigen in diesem Zusammenhang sicherlich auch die Anforderungen an die Managementfähigkeiten der Verwaltung, die zumindest denen der beaufsichtigten Unternehmen Stand halten sollte. So auch *Wandt*, Solvency II, VW 2007, 473 (475), in Bezug auf die aufsichtlichen Anforderungen infolge der Umsetzung der Richtlinienvorgaben zu Solvabilität II.

56 Gebräuchlicher anstelle der sog. „Regulierungsverantwortung" ist der Begriff der sog. „Gewährleistungsverantwortung". Vgl. nur *Hoffmann-Riem*, Verwaltungsrechtsentwicklung, DÖV 1997, 433 (441 f.) sowie *Schuppert*, Staatsaufsicht im Wandel, DÖV 1998, 831 (834 f.), jeweils m.w.Nachw.

57 *Horn*, Regulierung im Ordnungswerk des Wirtschaftsverwaltungsrechts, in: Gornig/Kramer/Volkmann (Hrsg.), Staat – Wirtschaft – Gemeinde, Festschr. für Frotscher, 379 (385 f.), mit Verweis auf *Voßkuhle*, Beteiligung Privater an der Wahrnehmung öffentlicher Aufgaben, VVDStRL 62 (2003), 266 (282 ff.), sowie *Schmidt-Aßmann*, Das allgemeine Verwaltungsrecht als Ordnungsidee, S. 170 ff.

58 Zum so genannten „Kooperationsprinzip" als übergreifende Kategorie des funktionalen Zusammenwirkens von Staat und Gesellschaft bei der Erfüllung öffentlicher Aufgaben vgl. *Eifert*, Regulierungsstrategien, in: Hoffmann-Riem/Schmidt-Aßmann/Voßkuhle (Hrsg.), Grundlagen des Verwaltungsrechts, Bd. I, § 19 Rn. 53, m.w.Nachw.

59 Insbesondere können mit ihrer Hilfe Art und Umfang der staatlichen Verpflichtung für das Erreichen bestimmter Ziele gekennzeichnet und bestimmt werden. Vgl. *Pieper*, Aufsicht, S. 197. Auch *Berringer*, Regulierung, S. 68 f., stuft die Gewährleistungsaufsicht als „das erfolgreichste Schlagwort der jüngeren Staatsaufgabenlehre" ein, kritisiert aber zu Recht die übliche Begriffsverwendung als Verbotskriterium einer eigenständigen Aufgabenwahrnehmung des Staates. In umgekehrter Richtung möchte *Berringer*, a.a.O., die Gewährleistungsverantwortung vielmehr als Mindestmaßstab staatlicher Aufgabenerfüllung verstanden wissen. Ähnlich

Dabei gelten die subsidiär-imperativen Steuerungsinstrumente als „Funktionsbedingung[en] der Gewährleistungsstaatlichkeit".[60] Sie stellen letzt(verbind)lich die (Rück-)Anbindung der kooperativen Aufgabenerfüllung an das (Verwaltungs-) Recht und mithin auch dessen Steuerungsfähigkeit sicher.[61] Dabei müssen sowohl das Ausmaß der unternehmensinternen (Selbst-)Steuerungsvorgaben als auch die Intensität der aufsichtsbehördlichen (Fremd-)Steuerungsmaßnahmen in einem angemessenen Verhältnis zu dem von dem Unternehmen eingegangenen Geschäfts- bzw. Betriebsrisiko stehen.[62]

Ein solches Steuerungskonzept, das auf die gesellschaftlichen Veränderungen durch eine gezielte Erweiterung hoheitlicher Steuerungseffizienz bzw. -effektivität im Wege der Indienstnahme gesellschaftlicher Selbststeuerungskräfte zu reagieren sucht,[63] wird verwaltungs(rechts)wissenschaftlich eingefangen und

---

Schmidt-Preuß, Gesellschaftliche Selbstregulierung und staatliche Steuerung, VVDStRL 56 (1997), 160 (165). – Zum Begriff der „Verantwortungsteilung" als Schlüsselbegriff moderner Staatlichkeit siehe den gleichnamigen Beitrag von *Hoffmann-Riem*, Verantwortungsteilung als Schlüsselbegriff moderner Staatlichkeit, in: Kirchhof/Lehner/Raupach/Rodi (Hrsg.), Staaten und Steuern, Festschr. für Vogel, 47 ff., sowie *Trute*, Verantwortungsteilung als Schlüsselbegriff, in: Schuppert (Hrsg.), Jenseits von Privatisierung und „schlankem Staat", 13 ff. Ausführlich dazu auch *Klement*, Verantwortung, S. 55 ff., 197 ff., sowie *Pieper*, Aufsicht, S. 195 ff, 199 ff. Zur begrifflich präziseren Aussagekraft des „Systems gestufter Verantwortlichkeit" gegenüber dem „Gedanken der Verantwortungsteilung" siehe *Berringer*, Regulierung, S. 66 f. Kritisch gegenüber der Kategorie der Verantwortung *Möllers*, Verwaltungswissenschaft, VerwArch 93 (2002), 22 (43). Zur Kategorie der „Bürgerverantwortung" siehe *Merten* und *Depenheuer*, Bürgerverantwortung im demokratischen Verfassungsstaat, VVDStRL 55 (1996), 7 (13 ff.) bzw. 90 (94 ff.).

60 So ausdrücklich *Höfling*, Finanzmarktregulierung – Gutachten, in: Ständige Deputation des Deutschen Juristentages (Hrsg.), Verhandlungen des 68. Deutschen Juristentages, Bd. I, F 1 (52).

61 So auch *Schmidt-Aßmann*, Das allgemeine Verwaltungsrecht als Ordnungsidee, S. 176, mit Verweis auf *Di Fabio*, Gesellschaftliche Selbstregulierung und staatliche Steuerung, VVDStRL 56 (1997), 235 (242). – Allein zur Steuerungsfähigkeit des Rechts allgemein vgl. *Schmidt-Aßmann*, Funktion des Allgemeinen Verwaltungsrechts, Die Verwaltung 37 (1994), 137 (151 ff.).

62 So genannter „Grundsatz der doppelten Proportionalität".

63 Zum rechtsstaatlichen Gebot der Effektivität als (im Verhältnis zu anderen Grundbedingungen von Verfassungsrang sekundärer) Maßgröße der Zielerreichung siehe *Schmidt-Aßmann*, Verwaltungsorganisationsrecht als Steuerungsressource, in: Schmidt-Aßmann/Hoffmann-Riem (Hrsg.), Verwaltungsorganisationsrecht als Steuerungswissenschaft, 9 (40 f.), sowie *BVerwG*, Urteil vom 19. Mai 1963 – 3 C 13.82,

angeleitet durch die systemtheoretische Kategorie der so genannten „regulierten Selbstregulierung".[64] Als „Schlüsselbegriff" der Steuerungsdebatte der letzten Jahrzehnte identifiziert sie einen besonderen Wirkungszusammenhang zwischen hoheitlichem und privatem Beitrag zur kooperativen Wahrnehmung öffentlicher (Steuerungs-)Aufgaben wie der Finanzaufsicht und beschreibt mithin ein verändertes Ordnungsverhältnis zwischen Staat und Gesellschaft,[65] das seinerseits einen Perspektiven- oder Paradigmenwechsel hoheitlicher Aufsicht über die Wirtschaft nach sich zieht.[66] Deren Schwerpunkt verschiebt sich allgemein weiter hin zu einer „[hoheitlichen] Kontrolle der [wirtschaftlichen] (Selbst-)Kontrolle", finanzaufsichtsrechlich: zu einer überwiegend qualitativen Managementkontrolle.

3. Gestuftes Steuerungsreglement

Der jeweilige Anteil des privaten bzw. hoheitlichen Beitrags an der kooperativen Erfüllung der öffentlichen Kontroll- bzw. Steuerungsaufgabe ist abhängig von der konkreten Ausgestaltung des aufsichtsrechtlichen Steuerungsreglements,

---

BVerwGE 67, 206 (209 f.), zur „Verwaltungseffizienz" bzw. *BVerfG*, Beschluss vom 19. April 1977 – 1 BvL 17/75, BVerfGE 44, 283 (288). – Zur Effizienz als Kriterium möglichster Ressourcenschonung vgl. zudem *Schmidt-Aßmann*, Das allgemeine Verwaltungsrecht als Ordnungsidee, S. 317 f.

64 Kritisch gegenüber den Risiken der regulierten Selbstregulierung als „Königsweg aus der Krise einer Konzeption staatlicher Steuerung" *Ladeur*, Regulierung von Selbstregulierung, Die Verwaltung 2001 (Beiheft 4), 59 ff., sowie im Überblick gegenüber den Erwartungen an das Steuerungskonzept *Thoma*, Regulierte Selbstregulierung, S. 70 ff. [Erwartungen] und 75 ff. [Risiken] – Vgl. zur Verwaltungsrechtswissenschaft als Steuerungswissenschaft ausführlich *Schuppert*, Verwaltungsrechtswissenschaft als Steuerungswissenschaft, in: Hoffmann-Riem/Schmidt-Aßmann/Schuppert (Hrsg.), Reform des Allgemeinen Verwaltungsrechts, S. 65 ff., *Schmidt-Aßmann*, Das allgemeine Verwaltungsrecht als Ordnungsidee, S. 18 ff. sowie *Voßkuhle*, Neue Verwaltungsrechtswissenschaft, in: Hoffmann-Riem/Schmidt-Aßmann/Voßkuhle (Hrsg.), Grundlagen des Verwaltungsrechts, Bd. I, § 1 Rn. 16 ff.

65 Zu der Eigenschaft des Begriffs der regulierten Selbstregulierung als „Schlüssel-, Verbund- oder Vermittlungsbegriff" einer analytisch-dogmatischen Durchdringung und inhaltlichen Ausgestaltung neuer Regelungsstrukturen *Voßkuhle*, Regulierte Selbstregulierung, Die Verwaltung 2001 (Beiheft 4), 197 ff., *Schmidt-Aßmann*, Regulierte Selbstregulierung, Die Verwaltung 2001 (Beiheft 4), 253 (254 ff.), *Thoma*, Regulierte Selbstregulierung, S. 30 ff.

66 Systematisch dazu mit umfass. Nachw. *Voßkuhle*, Beteiligung Privater an öffentlichen Aufgaben, VVDStRL 62 (2003), 266 (282 ff.), *Schmidt-Aßmann*, Das allgemeine Verwaltungsrecht als Ordnungsidee, S. 170 ff.

insbesondere der sachgerechten Balance zwischen allgemein prinzipienorientierten und konkret regelbasierten Aufsichtsvorschriften. Dabei gilt ganz grundsätzlich: Je prinzipienorientierter die Steuerungsnorm gefasst, das heißt, darauf beschränkt wird, den Unternehmen lediglich allgemeine Grundsätze eines aufsichtsadäquaten Risikosteuerungs- und -kontrollverfahrens vorzugeben, die in einem gewissen Rahmen inhaltlicher wie auch zeitlicher Flexibilität von den Unternehmen konkretisiert und von der Aufsichtsbehörde überwacht werden (können),[67] desto weitreichender ist denknotwendig der Ausgestaltungsspielraum der institutsinternen Risiko- und Unternehmenssteuerung.[68] Demgegenüber streiten die demokratie- und rechtsstaatlichen Anforderungen des Grundgesetzes wie auch des europäischen Vertragsrechts an eine hinreichende Legitimation und Verlässlichkeit hoheitlichen Handelns für eine möglichst hohe Regelungsdichte zuvorderst auf der Ebene des nationalen Parlamentsgesetzes bzw. dessen europarechtlichen Substituts eines unmittelbar verbindlichen Rechtssetzungaktes unter Beteiligung des Europäischen Parlaments.[69] Die sachgerechte Ausgestaltung eines einerseits ausfüllungsbedürftigen, aber auch -fähigen Steuerungsrahmens, der andererseits gleichwohl die wesentlichen Verfahrens- wie auch Zielvorgaben selbst bestimmt,

67 *Bürkle*, Die rechtliche Dimension von Solvency II, VersR 2007, 1595 (1596); *Wandt*, Solvency II, VW 2007, 473 (475).

68 Zur Steuerungsüberlegenheit prinzipienbasierter Vorgaben einer qualitativen Versicherungsaufsicht siehe auch *Dreher*, Risikomanagement nach § 64a VAG und Solvency II, VersR 2008, 998 (1000).

69 Gemeinsam mit dem *Europäischen Parlament* als einzig unmittelbar legitimiertes Organ der Europäischen Union (Art. 14 Abs. 3 EUV) ist der *Rat*, zusammengesetzt aus je einem Vertreter jedes Mitgliedstaats auf Ministerebene (Art. 16 Abs. 2 EUV), das Hauptrechtssetzungsorgan auf europäischer Ebene. Dementsprechend werden gemäß Art. 114 Abs. 1 S. 2 AEUV die Maßnahmen zur Angleichung der Rechts- und Verwaltungsvorschriften der Mitgliedstaaten, welche die Errichtung und das Funktionieren des Binnenmarkts zum Gegenstand haben, regelmäßig – wie auch die Rechtssetzungsakte zur Umsetzung von Solvabilität II und Basel III – auf Vorschlag der *Europäischen Kommission* von dem *Europäischen Parlament* und dem *Rat* im Wege des „ordentlichen Gesetzgebungsverahren“ der Mitentscheidung nach Art. 289 Abs. 1 i.V.m. Art. 294 AEUV getroffen. Nach dem europarechtlich ursprünglich ungeschriebenen, vom EuGH entwickelten „Wesentlichkeitsvorbehalt“, der mittlerweile in Art. 290 Abs. 1 AEUV seine positivrechtliche Normierung gefunden hat, müssen die wesentlichen Hauptbestandteile eines Rechtsaktes von den Legislativorganen Parlament und Rat geregelt werden. Vgl. dazu auch *EuGH*, Rs. 25/70, Köster, Slg. 1970, 1161, Rn. 6, sowie *Ruffert*, in: Callies/Ruffert (Hrsg.), Kommentar zum AEUV, Art. 290 Rn. 9 f. Wesentlichkeit im Sinne des Europarechts ist jedoch keine rechtsstaatlich-grundrechtliche, sondern eine demokratisch-politische.

stellt die „Gesetzgebungskunst“ – in Anbetracht der Komplexität der zur regelnden Materie und der damit verbundenen Abhängigkeit einer sensitiv-individuellen Risikoerfassung von der Qualität der institutsinternen Risiko- und Unternehmenssteuerung – vor besonders hohe Herausforderungen.[70]

a) Parlamentsgesetzliche Zielvorgabe

Insbesondere die Dynamik der tatsächlichen Veränderungen zumal in der Finanzwirtschaft steht einer konkreten, auf Rechtssicherheit und Rechtsbeständigkeit ausgerichteten Regelsetzung auf der Ebene des nationalen Parlamentsgesetzes oder des diesem entsprechenden (Basis-)Rechtssetzungsaktes der Europäischen Union vielfach entgegen.[71] So beschränkt sich auch der Gesetzgeber jedenfalls auf nationaler Ebene (noch) weitestgehend darauf, in den sektorspezifischen Kernvorschriften der Finanzaufsicht über Kredit- bzw. Finanzdienstleistungsinstitute sowie Versicherungsunternehmen lediglich die allgemeinen Zielvorgaben einer angemessenen Eigenmittelausstattung[72], einer ausreichenden Zahlungsbereitschaft[73] und einer ordnungsgemäßen Geschäftsorganisation[74] zu formulieren.

---

70 Speziell für den Bereich der Versicherungsaufsicht infolge der Umsetzung des Richtlinienentwurfs zu Solvabilität II *Wandt*, Solvency II, VW 2007, 473 (475), sowie allgemein in Bezug auf das Phänomen „offener Gesetzgebung“ *Ossenbühl*, Der verfassungsrechtliche Rahmen offener Gesetzgebung, DVBl. 1999, 1 f. – Außen vor bleiben an dieser Stelle die Herausforderungen für eine „Wiederherstellung der demokratischen Verantwortung des Gesetzgebers“ im Zusammenhang mit der maßgeblichen Standardsetzung auf der Ebene des Baseler Ausschusses für Bankenaufsicht. Dazu *Callies*, Finanzkrisen als Herausforderung der Rechtsetzung, VVDStRL 71 (2012), 113 (133).

71 Vgl. allgemein zum Problem verbindlicher Regeln trotz der Zersplitterung des gesellschaftlichen Wissens *Ladeur*, Regulierung von Selbstregulierung, Die Verwaltung 2001 (Beiheft 4), 59 (62 f.), *Trute*, Selbstregulierung und staatliche Steuerung, DVBl. 1996, 950 (950). – Des Weiteren schränken selbstverständlich auch die nur begrenzten Sachmittel- und Personalressourcen auf Seiten der Behörde die Steuerungsfähigkeit des Staates ein. Allgemein zu den Gründen des staatlichen Rückzugs aus der klassischen Ordnungsverwaltung *Thoma*, Regulierte Selbstregulierung, S. 66 ff.

72 Vgl. § 10 Abs. 1 S. 1 KWG. § 53c Abs. 1 S. 1 VAG fordert – genauer gesagt – „freie unbelastete Eigenmittel mindestens in Höhe der Solvabilitätsspanne“. – Dazu siehe bereits obige Ausführungen unter Teil 2: B.II.1.a)aa)(1) und (2).

73 Vgl. § 11 Abs. 1 S. 1 KWG. § 54 Abs. 1 VAG stellt – dem vergleichbar – besondere Grundsätze der Anlage des gebundenen Vermögens auf, um die „jederzeitige Liquidität des Versicherungsunternehmens“ sicherzustellen. – Siehe dazu bereits oben unter Teil 2: B.II.1.a)bb)(1) und (2).

74 Vgl. § 25a Abs. 1 S. 1 KWG sowie § 64a Abs. 1 S. 1 VAG.

Darüber hinaus definiert er die jeweils anzuerkennenden Eigenmittelbestandteile[75] sowie die allgemeinen Grundsätze der versicherungsaufsichtsrechtlich zulässigen Vermögensanlage[76]. Überdies stellt er die grundlegenden Parameter einer ordnungsgemäßen Geschäftsorganisation – insbesondere eines angemessenen Risikomanagements – auf.[77]

b) Gubernativnormierende Detaillierung

Weitergehende Vorgaben hingegen finden sich (noch) auf der untergesetzlichen Rechtssetzungsebene der Solvabilitäts- und Liquiditätsverordnung einerseits sowie der Kapitalausstattungs- und Anlageverordnung andererseits.[78] In diesen werden insbesondere die verschiedenen Berechnungsmöglichkeiten der hinreichenden Solvabilität und jederzeitigen Liquidität aufgezeigt, die jeweiligen Risikoparameter vorgegeben sowie zum Teil deren aufsichtssystematische Verknüpfung mit den formalgesetzlich nur allgemein gehaltenen Anforderungen an eine ordnungsgemäße Geschäftsorganisation insbesondere in Form eines angemessenen Risikomanagementsystems hergestellt. Bankenaufsichtsrechtlich werden sich Teile dieser Vorgaben zwar mit Inkrafttreten der Verordnung über die aufsichtsrechtlichen Anforderungen an Kreditinstitute und Wertpapierfirmen[79] bereits auf der Ebene des unmittelbar verbindlichen Basisrechtsaktes wiederfinden. Gleichwohl sieht auch die Verordnung an verschiedenen Stellen die Möglichkeit vor bzw. die Notwendigkeit gegeben, die in der Verordnung bereits festgelegten Kriterien durch technische Regulierungs- und Durchführungsstandards der Europäischen Kommission als Hauptverwaltungsorgan der Europäischen Union[80] weitergehend zu ergänzen bzw. zu präzisieren.[81]

---

75 Vgl. § 10 Abs. 2 bis 11 KWG sowie § 53c Abs. 3 bis 3e VAG.

76 Vgl. § 54 Abs. 1 und 2 VAG.

77 Vgl. § 25a Abs. 1 S. 3 KWG und § 64a Abs. 1 S. 4 VAG.

78 Siehe §§ 10 Abs. 1 S. 9 bzw. § 11 Abs. 1 S. 2 KWG sowie § 53 Abs. 1 S. 2 bzw. § 54 Abs. 3 VAG.

79 Vgl. insoweit den Vorschlag der *Europäischen Kommission*, KOM(2011) 452 endgültig.

80 *Sydow*, Verwaltungskooperation in der Europäischen Union, S. 61. Ihre Exekutiv- und Verwaltungsfunktionen (Art. 17 Abs. 1 S. 5 EUV) werden in Art. 298 Abs. 1 AEUV zusätzlich gewährleistet.

81 Vgl. die Begründung der *Europäischen Kommission* zu ihrem Vorschlag für eine Verordnung über die aufsichtsrechtlichen Anforderungen an Kreditinstitute und Wertpapierfirmen, KOM(2011) 452 endgültig, S. 10 f.

Sowohl mit dem Erlass einer Rechtsverordnung auf nationaler Ebene als auch einer Regulierungs- bzw. Durchführungsvorschrift auf europäischer Ebene trifft die Verwaltung selbst eine – dem (parlamentarischen) Basisrechtsakt insoweit vergleichbare – abstrakt-generelle Regelung, die der nachfolgenden Einzelaktmaßnahme weitere Maßstäbe setzt bzw. diese zumindest konkretisiert.[82] Obwohl jeweils zeitgleich erlassen, stellt die Solvabilitätsverordnung insoweit (jedenfalls noch) detailreiche Anforderungen an die Verwendung institutsinterner Modelle der Risikomessung und -steuerung,[83] während die Liquiditätsverordnung nur die grundlegenden Voraussetzungen der Zulassungsfähigkeit unternehmenseigener Risikomess- und -steuerungsverfahren normiert.[84] Nähme man es mit dem nicht erst in der Richtlinie 2009/138/EG zu Solvabilität II, sondern bereits – im Vorgriff darauf – in § 64a VAG angelegten, prinzipienorientierten Steuerungsansatz (zumindest) im Versicherungsaufsichtsrecht auch praktisch ernst, dürften die in der Richtlinie[85] sowie deren parlamentsgesetzlicher Umsetzung bzw. Vorgreiflichkeit[86] lediglich aufgeführten Funktionsgrundsätze des versicherungsaufsichtlichen Governance- bzw. Risikomanagementsystems[87] auf den nachgeordneten Normebenen der innerstaatlichen Umsetzung eher eine der Liquditäts- denn der Solvabilitätsverordnung vergleichbare Konkretisierung erfahren.[88]

c) Adminstrativinterpretierende Normkonkretisierung

Allerdings sehen bereits die Richtlinienvorgaben weitergehende Durchführungsvorschriften auf europäischer Ebene vor,[89] die zur Konkretisierung der versicherungsaufsichtsrechtlichen Governancefunktionen von der Europäischen

---

82 Zur behördlichen Handlungsform der Rechtsverordnung vgl. allgemein nur *Ossenbühl*, Rechtsverordnung, in: Isensee/Kirchhof (Hrsg.), HStR V (2007), § 103. Zur „delegierten Rechtssetzung“ nach Art. 290 AEUV bzw. zu den „Durchführungsrechtsakten des Unionsrechts“ nach Art. 291 AEUV siehe nachfolgende Ausführungen in Teil 4 unter C.I., sowie *Ruffert*, in: Calliess/Ruffert (Hrsg.), Kommentar zum EUV/AEUV, Art. 290 und 291, Rn. 1 ff.

83 Vgl. die risikospezifischen Vorschriften der §§ 55 ff. [(Kredit-)Ausfallrisiko], §§ 278 ff. [operationelles Risiko] und §§ 313 ff. [Markt(preis)risko] SolvV.

84 Vgl. § 10 Abs. 3 LiqV.

85 Vgl. Art. 41 ff. der Richtlinie 2009/138/EG.

86 Vgl. § 64a Abs. 1 S. 4 VAG.

87 Vgl. dazu ausführlich obige Ausführungen in Teil 2 unter B.II.1.b)aa)(2).

88 Ähnlich *Wandt*, Solvency II, VW 2007, 473 (375), sowie auf diesen Bezug nehmend *Dreher*, Risikomanagement nach § 64a VAG und Solvency II, VersR 2008, 998 (1000).

89 Vgl. Art. 50 Abs. 1 der Richtlinie 2009/138/EG zu Solvabilität II.

Kommission im (vereinfachten) Wege des so genannten „Lamfalussy-Verfahrens“[90] erlassen werden dürfen bzw. sollen.[91] Dementsprechend war von Anfang an auch im Rahmen der versicherungsaufsichtsrechtlichen Solvenzaufsicht eine dem Detaillierungsgrad der kredit- bzw. finanzdienstleistungsinstitutsaufsichtrechtlichen Solvabilitätsregelungen vergleichbar detaillierte Umsetzung der europarechtlichen Governance- wie auch der nationalen Risikomanagementvorgaben zu erwarten;[92] zumal das Versicherungsaufsichtsrecht seit jeher – sogar auch im Verhältnis zur Aufsicht über Kredit- und Finanzdienstleistungsinstitute – durch eine besonders hohe Regelungsdichte gekennzeichnet ist.[93] Infolgedessen, dass der nationale Gesetzgeber noch im Vorgriff auf die europarechtlich verbindliche Umsetzung des Richtlinienentwurfs zu Solvabilität II[94] bereits einen wesentlichen Teil des qualitativ-prinzipiellen Steuerungsansatzes in das nationale

---

90 Zurückgehend auf den Vorsitzenden des von dem Rat der europäischen Wirtschafts- und Finanzminister (ECOFIN) 17. Juli 2000 beauftragten Ausschusses der Weisen Baron *Alexandre Lamfalussy*. Dessen Mandat zur Überprüfung des Rechtsrahmens für die europäischen Wertpapiermärkte beinhaltete insbesondere eine Überprüfung des Rechtssetzungsverfahrens.

91 Vgl. Art. 50 Abs. 3 der Richtlinie 2009/138/EG zu Solvabilität II. – Zum Regelungskonzept des Lamfalussy-Verfahrens, das zunächst für den Wertpapiersektor entwickelt wurde, vgl. allgemein *Möllers*, Lamfalussy-Verfahren und Europäisches Wirtschaftsrecht, ZEuP 2008, 480 ff., sowie *Schmoltke*, Der Lamfalussy-Prozess im Europäischen Kapitalmarktrecht, NZG 2005, 912 ff., sowie speziell in Bezug auf dessen Erweiterung auf das Versicherungsaufsichtsrecht *Bürkle*, Die rechtliche Dimension von Solvency II, VersR 2007, 1595 (1596 f.), *v. Fürstenwerth/Gause*, Erweiterung des Lamfalussy-Verfahrens auf den Versicherungssektor, in: Wandt/Reiff/Looschelders/Bayer (Hrsg.), Kontinuität und Wandel des Versicherungsrechts, Festschr. für Lorenz, 253 (255 ff.), sowie *Wandt*, Solvency II, VW 2007, 473 (473 f.), *Wandt/Sehrbrock*, Solvency II – Rechtsrahmen und Rechtsetzung, in: Dreher/Wandt (Hrsg.), Solvency II in der Rechtsanwendung, 1 (5 ff.).

92 Zu der erwarteten Abkehr von den prinzipienbasierten Regelungen auf der Ebene der Richtlinie 2009/138/EG zu Solvabilität II hin zu regelbasierten Vorschriften auf den nachfolgenden Ebenen (Levels) der europäischen Durchführungsmaßnahmen siehe auch *Dreher/Lange*, Vollharmonisierung der Versicherungsaufsicht durch Solvency II, VersR 2011, 825 (829).

93 Zur Regelungsdichte im Versicherungsaufsichtsrecht siehe nur *Schmidt/Präve*, in: Prölss, Kommentar zum VAG, Vorb. Rn. 25.

94 Vgl. den von der *Kommission*, KOM(2008) 119 endgültig/2, 2007/0143 (COD), neu gefassten Vorschlag für eine Richtlinie des Europäischen Parlaments und des Rates betreffend die Aufnahme und Ausübung der Versicherungs- und Rückversicherungstätigkeit – Solvabilität II (Neufassung).

Versicherungsaufsichtsrecht aufgenommen hatte,[95] hat auch die Bundesanstalt für Finanzdienstleistungsaufsicht längst den verbliebenen Ausgestaltungsrahmen des unternehmensinternen Governance- bzw. Risikomanagementsystems in einem aufsichtsbehördlichen Rundschreiben – den bankenaufsichtlichen Mindestanforderungen an das Risikomanagement der Kredit- und Finanzdienstleistungsinstitute[96] vergleichbar – abermals konkretisiert.[97]

Innerhalb der hergebrachten Handlungsformen der Verwaltung werden die Rundschreiben der Bundesanstalt teilweise den norminterpretierenden bzw. -konkretisierenden Verwaltungsvorschriften und als solche dem Bereich der informalen Verwaltungshandlungen zugeordnet.[98] Die Zulässigkeit der Verwaltungsvorschriften im klassischen Sinn steht – beschränkt auf die verwaltungsinterne Gesetzesanwendungsstandardisierung[99] – mangels unmittelbarer Rechtsverbindlichkeit im Außenverhältnis grundsätzlich außer Frage.[100] Anders als diese weisen die Rundschreiben der Bundesanstalt über die Mindestanforderungen an das Risikomanagement aber nicht die Normanwendung hierarchisch untergeordneter, dezentral organisierter Behörden an. Sie „programmieren" vielmehr das zukünftige Aufsichtsverhalten der verfassenden Behörde selbst.[101] Zwar kommt ihnen auch

95 Siehe bereits im Vorgriff auf eine endgültige Vorgabe auf Unionsebene die Begründung des *Bundesregierung* zum Entwurf eines Neunten Gesetzes zur Änderung des Versicherungsaufsichtsgesetzes, BT-Drs. 16/6518, S. 10.

96 Rundschreiben 10/2012 (BA) – MaRisk BA, abrufbar unter: www.bafin.de »» Veröffentlichungssuche »» Rundschreiben »» Bankenaufsicht.

97 Vgl. Rundschreiben 3/2009 (VA) – Aufsichtsrechtliche Mindestanforderungen an das Risikomanagement (MaRisk VA), abrufbar unter: www.bafin.de »» Veröffentlichungssuche »» Rundschreiben »» Versicherungsaufsicht (Stand: Dezember 2013). Nach dessen Ziff. 3.1 bleiben von diesem Rundschreiben die speziellen Regelungen zur Aufbau- und Ablauforganisation insbesondere im Bereich der Kapitalanlagen des Rundschreibens 15/2005 (VA), abrufbar unter: www.bafin.de »» Aufsichtspraxis »» Rundschreiben »» Versicherungsaufsicht (Stand: Dezember 2013), unberührt.

98 So bspw. *BGH*, Urteil vom 8. Mai 2001 – XI ZR 192/00, BGHZ 147, 343 (350), sowie *Krämer*, Risikomanagement, in: Bähr (Hrsg.), Hdb Versicherungsaufsichtsrecht, § 10 Rn. 9, und *Pieper*, Aufsicht, S. 435 ff., 437.

99 Vgl. dazu *Di Fabio*, Verwaltungsvorschriften, DVBl. 1992, 1338 (1340), sowie *Ossenbühl*, Der verfassungsrechtliche Rahmen offener Gesetzgebung, DVBl. 1999, 1 (2).

100 Allgemein in Bezug auf informales Verwaltungshandeln *Bauer*, Informelles Verwaltungshandeln, VerwArch 78 (1987), 241 (260 ff.), sowie w.Nachw. bei *Pieper*, Aufsicht, S. 438 in Fn. 2666.

101 *Röhl*, Finanzmarktaufsicht, in: Fehling/Ruffert (Hrsg.), Regulierungsrecht, § 18 Rn. 123, spricht insoweit von der „Eigenprogrammierung". Siehe auch *Michael*,

insoweit weder gegenüber den Aufsichtsunterworfenen noch gegenüber den Gerichten eine wie auch immer geartete, unmittelbare Rechtsverbindlichkeit zu. Die Rundschreiben geben lediglich die Rechtsauffassung der Bundesanstalt kund.[102] Allerdings trägt auch dies dazu bei, dass die Aufsichtstätigkeit der Bundesanstalt über die ministerielle Verordnungsgebung hinaus in einem Detaillierungsgrad angeleitet wird, der eine einzelfallspezifische (Aus-)Gestaltungsmöglichkeit und -flexibilität im Rahmen der konkreten Normanwendung erheblich begrenzt. Über den Grundsatz der Selbstbindung der Verwaltung, sofern sie ihrem Gesetzesvollzugsakt den Anwendungsstandard des Rundschreibens zugrunde legt, zum anderen durch das anzuwendende Parlamentsgesetz selbst, soweit dieses der Behörde einen so genannten „Konkretisierungsspielraum" einräumt,[103] kommt auch den genannten Rundschreiben in Verbindung mit dem Grundsatz des Vertrauensschutzes eine neben der ihnen ohnehin eigenen, unmittelbar bzw. qualifiziert faktischen, auch eine zumindest mittelbar rechtliche Außenwirkung zu.[104]

Da sich auch die bankenaufsichtsrechtlichen Governancevorgaben infolge der krisenbedingten Neuerungen auf europäischer Ebene – anders als die Mindestanforderungen an die institutionelle Eigenkapital- und Liquiditätsaustattung – nach derzeitigem Stand nicht aus einer unmittelbar geltenden Verordnung, sondern aus einer in nationales Recht umzusetzenden Richtlinie ergeben werden,[105] werden

---

Rechts- und Außenwirkung der MaRisk VA, VersR 2010, 141 (143). – Zu dem Ordnungsmodell der sektorübergreifenden Bundesanstalt siehe die nachfolgenden Ausführungen unter B.I.2.

102 Vgl. *VGH Kassel*, Urteil vom 31. Mai 2006 – 6 UE 3256/05, WM 2007, 392 (393).

103 In Bezug auf die „normkonkretisierenden Verwaltungsvorschrift" vgl. auch *Di Fabio*, Verwaltungsvorschriften, DVBl. 1992, 1338 (1344 f.), sowie *Ossenbühl*, Der verfassungsrechtliche Rahmen offener Gesetzgebung, DVBl. 1999, 1 (5).

104 Vgl. nur *Langen*, in: Schwennicke/Auerbach (Hrsg.), Kommentar zum KWG, § 25a Rn. 8, sowie *Schäfer*, in: Boos/Fischer/Schulte-Mattler (Hrsg.), Kommentar zum KWG, § 6 Rn. 18, einerseits und *Krämer*, Risikomanagement, in: Bähr (Hrsg.), Hdb Versicherungsaufsichtsrecht, § 10 Rn. 9, andererseits. *Pieper*, Aufsicht, S. 437, spricht insofern von einem „Spannungsverhältnis zwischen der rechtlich gewollten Unverbindlichkeit [...] und [...der...] faktischen Bindungswirkung". *Michael*, Rechts- und Außenwirkung der MaRisk VA, VersR 2010, 141 (143), spricht sogar von einem „eklatanten Widerspruch [...der...] Leugnung einer rechtlichen Bindungswirkung [...] aus juristischen Gründen [...] zu der tatsächlichen Steuerungswirkung" der Mindestanforderungen.

105 Konkrete Vorgaben für den organisatorischen Rahmen der risikoorientierten Unternehmenssteuerung werden sich im Rahmen des europäischen Maßnahmenpaketes zur Umsetzung von Basel III nahezu ausschließlich aus der konsolidierten Richtlinie

wohl auch zukünftig die maßgebenden finanzaufsichtlichen Detailregelungen in Bezug auf das unternehmensinterne Risikomanagement- und -kontrollverfahren auf nationaler Ebene in einer gubernativen Rechtsverordnung bzw. einem exekutiven Rundschreiben zu finden sein.[106] Damit wird nicht nur weiterhin die prinzipienorientierte Gesetzgebung im Bereich der Finanzaufsicht in weiten Teilen bereits durch eine regelbasierte Normsetzung auf der Ebene der Verwaltung ausgefüllt und dadurch der Raum, innerhalb dessen die Effizienz- und Effektivitätsvorteile der institutseigenen Risiko- und Unternehmenssteuerung zur freien Entfaltung gelangen können, weiter eingeengt.[107] Insbesondere werden insoweit auch wesentliche Fragen der finanzaufsichtlichen Managementanforderungen und mithin des zunehmenden Schwerpunktes der Finanzaufsicht außerhalb der formalisierten Handlungsvarianten des Verwaltungsrechts geregelt.[108]

Letzteres gilt umso mehr, als die Einhaltung der aufsichtsrechtlich vorgeprägten und aufsichtsbehördlich konkretisierten Maßstäbe im Einzelfall nicht selten Gegenstand informeller Absprachen zwischen Aufsichtsbehörde und betroffenem Institut ist.[109] Trotz des informellen und mithin unverbindlichen Charakters kommt auch diesen Absprachen ebenso wie den Mindestanforderungen an das Risikomanagement eine nicht unerhebliche faktische Bindungswirkung zu. Dies gilt nicht nur im Verhältnis zu dem jeweiligen Institut, das die rechtsförmliche Durchsetzung

2013/36/EU über die Beaufsichtigung von Kreditinstituten und Wertpapierfirmen ergeben. Vgl. insoweit die Art. 73 ff. der Richtlinie 2013/36/EU über die Beaufsichtigung von Kreditinstituten und Wertpapierfirmen.

106 Vgl. das Rundschreiben 10/2012 (MaRisk BA) sowie die Rundschreiben 15/2005 (VA) bzw. 3/2009 (MaRisk VA).

107 Kritisch mit Blick auf die Balance zwischen prinzipienorientierter Aufsichtsgesetzgebung und regelbasierter Subordination im Bereich der Versicherungsaufsicht *Bürkle*, Die rechtliche Dimension von Solvency II, VersR 2007, 1595 (1599), *Dreher*, Risikomanagement nach § 64a VAG und Solvency II, VersR 2008, 998 (1000), *Wandt*, Solvency II, VW 2007, 473 (474).

108 Siehe speziell *Röhl*, Finanzmarktaufsicht, in: Fehling/Ruffert (Hrsg.), Regulierungsrecht, § 18 Rn. 129, sowie allgemein zu dem Verhältnis von Handlungsformenlehre und informalem Verwaltungshandeln *Bauer*, Informelles Verwaltungshandeln, VerwArch 78 (1987), 241 (258 ff.).

109 Insbesondere die Praxis der Versicherungsaufsicht war lange Zeit geprägt von einem „kontunierlichen Konsens und Kompromiss“ zwischen Aufsichtsbehörde und Unternehmen. Dies führte zu einem über die Mindeststandards der zwingenden Vorschriften des VAG hinausgehenden Ordnungsniveau des so genannten „Überredungsdirigimus“. Vgl. dazu *Kaulbach/Pohlmann*, in: Fahr/Kaulbach/Bähr/Pohlmann, Kommentar zum VAG, Vor § 1 Rn. 10.

der finanzaufsichtlichen Maßstäbe für den Fall erwartet bzw. befürchtet, dass es von der durch das Rundschreiben standardisierten Rechtsauffassung der Behörde oder der mit ihr getroffenen, informellen Vereinbarung abweicht.[110] Auch die Behörde selbst bindet sich durch die Vereinbarung dem einzelnen Institut gegenüber konkret noch einmal mehr als allgemein ohnehin bereits durch die Rundschreibenpraxis. Beides ist ein wesentlicher Grund dafür, dass es zwischen Aufsichtsbehörde und beaufsichtigtem Institut nur verhältnismäßig selten zu Rechtsstreitigkeiten über konkrete Aufsichtsmaßnahmen kommt, mit denen die unabhängige (Verwaltungs-)Gerichtsbarkeit befasst wird.[111] All dies wirft jedenfalls nach den Vorgaben des Grundgesetzes nicht nur im Verhältnis zwischen Legislative und Exekutive,[112] sondern auch im Verhältnis zwischen Exekutive und Judikative und damit im Verhältnis der hoheitlichen Funktionsträger im gewaltengegliederten Staat insgesamt die Frage nach einer (verfassungskonformen) Rechtfertigung auf.[113]

d) Offene Korrekturbefugnis

Der Rechtfertigungsbedarf erhöht sich noch einmal dadurch, dass die Tatbestandsvoraussetzungen der Missstandsaufsicht, mit deren Hilfe die aufsichtsrechtlichen (General-)Maßstäbe der angemessenen Solvabilität und ausreichenden Liquidität auch zukünftig behördlicherseits grundsätzlich auf nationaler Ebene letztverbindlich durchgesetzt werden (sollen),[114] zumindest in

---

110 Insbesondere darauf stellt *Fehling*, Instrumente und Verfahren, in: Fehling/Ruffert (Hrsg.), Regulierungsrecht, § 20 Rn. 111 f. ab. Für die MaRisk VA ähnlich *Michael*, Rechts- und Außenwirkung der MaRisk VA, VersR 2010, 141 (143). Voraussetzung ist natürlich jeweils, dass sich der rechtsförmliche Hoheitsakt auf einen Verstoß gegen eine unmittelbar rechtsverbindliche Vorgabe stützen kann.

111 Die Rechtsformen des Verwaltungsrechts, die im Rahmen informalen Verwaltungshandelns nicht zur Anwendung gelangen, sind Ausdruck der rechtsstaatlichen Gewährleistung verwaltungsbehördlicher Rechtssicherheit und gerichtlichen Rechtsschutzes. Ihnen kommt insofern eine freiheitsschützende Funktion zu. Vgl. *Pieper*, Aufsicht, S. 439.

112 Zu dem in diesem Zusammenhang verwendeten Begriff der „umgekehrten Wesentlichkeitstheorie" vgl. *Ossenbühl*, Der verfassungsrechtliche Rahmen offener Gesetzgebung, DVBl. 1999, 1 (3).

113 *Horn*, Regulierung im Ordnungswerk des Wirtschaftsverwaltungsrechts, in Gornig/Kramer/Volkmann (Hrsg.), Festschr. für Frotscher, 379 (391), speziell in Bezug auf den Bereich der Netzwirtschaftsregulierung. Vgl. allgemein dazu auch *dens.*, Die grundrechtsunmittelbare Verwaltung, S. 43 ff., und S. 89 ff.

114 Vgl. §§ 45 ff. und § 6 Abs. 3 S. 1 KWG sowie §§ 81b, 88, 89 und § 81 Abs. 2 VAG bzw. obige Ausführungen in TEIL 2 unter B.II.2.a) und b). – Zu dem Grundsatz der

Teilen mittelbar an die auf Verwaltungsebene detaillierten bzw. sogar konkretisierten (Spezial-)Maßstäbe anknüpfen und die Exekutive insoweit selbst – obgleich indirekt – über die Voraussetzungen ihrer parlamentgesetzlichen Ermächtigungsgrundlage bestimmt.[115] Indem sich jedenfalls der nationale Gesetzgeber in Anbetracht der Vielgestaltigkeit der Wirklichkeit und der Vielzahl denkbarer Steuerungsmöglichkeiten im Kernbereich der Finanzaufsicht weitestgehend darauf beschränkt, anstatt (unmittelbar) konditionaler Rechtssätze lediglich noch die (mittelbar) zu erreichenden Ziele einer angemessenen Eigenmittelausstattung[116], ausreichenden Zahlungsbereitschaft[117] und adäquaten Geschäftsorganisation zu formulieren,[118] hat er sich gegen das Aufsichtssystem der formellen Legalitätskontrolle[119] und damit zugleich gegen das hergebrachte System der grundgesetzlichen Gewaltengliederung entschieden.

---

mitgliedstaatlichen Vollzugskompetenz der nationalen Aufsichtsbehörden und der Ausnahme der unmittelbaren Vollzugsbefugnis der Europäischen Aufsichtsbehörden siehe die Ausführungen in Teil 4 unter A., C.II.2. und III.2.

115 Kritisch gegenüber der Möglichkeit selbstgesetzter Aufsichtsmaßstäbe auch *Schäfer*, in: Boos/Fischer/Schulte-Mattler (Hrsg.), Kommentar zum KWG, § 6 Rn. 47 f., 15 ff., *Kollhosser*, in: Prölss (Hrsg.), Kommentar zum VAG, § 81 Rn. 20 ff.

116 Vgl. § 10 Abs. 1 S. 1 KWG. § 53c Abs. 1 S. 1 VAG fordert – genauer gesagt – „freie unbelastete Eigenmittel mindestens in Höhe der Solvabilitätsspanne". – Siehe dazu bereits obige Ausführungen unter Teil 2: B.II.1.a)aa)(1) und (2).

117 Vgl. § 11 Abs. 1 S. 1 KWG. § 54 Abs. 1 VAG stellt – dem vergleichbar – besondere Grundsätze der Anlage des gebundenen Vermögens auf, um die „jederzeitige Liquidität des Versicherungsunternehmens" sicherzustellen. – Siehe dazu bereits oben unter Teil 2: B.II.1.a)bb)(1) und (2).

118 Zur Entwicklung vom Konditional- über das Final- zum Aufgabenprogramm vgl. *Hoffmann-Riem*, Verwaltungsrechtsentwicklung, DÖV 1997, 433 (434), *dens.*, Eigenständigkeit der Verwaltung, in: Hoffmann-Riem/Schmidt-Aßmann/Voßkuhle (Hrsg.), Grundlagen des Verwaltungsrechts, Bd. I, § 10 Rn. 93 ff.

119 Gemeint ist damit in dem vorliegenden Zusammenhang eine Kontrolle der Einhaltung allein parlamentsgesetzlicher Vorgaben. Demgegenüber wird der Begriff der „Legalitätskontrolle" üblicherweise wie bspw. bei *Bähr*, in: Fahr/Kaulbach/Bähr/Pohlmann, Kommentar zum VAG, § 81 Rn. 5, sowie *Winter*, Paradigmenverschiebung bei der Missstandsaufsicht nach § 81 VAG, VersR 2005, 145 (153), zur Umschreibung der Aufsicht über die Einhaltung des rechtsverbindlichen Rechts sämtlicher Rechtssetzungsebenen, und zwar in Abgrenzung zur „materiellen Aufsicht", nach der behördliche Eingriffe vericherungsaufsichtsrechtlich zum Schutz der Belange der Versicherten auch jenseits jeglicher weiterer Konkretisierung ergriffen werden können sollen. Nach *Bürkle*, Aufsichtsrechtliche Eingriffsbefugnisse nach Solvency II, in: Dreher/Wandt (Hrsg.), Solvency II in der Rechtsanwendung, 191 (202 ff.), erfodert jedenfalls

Danach hat das Parlamentsgesetz als notwendiger Dreh- und Angelpunkt staatlicher Steuerung der privaten Wirtschaft innerhalb des wirtschaftsaufsichtlichen Spannungsverhältnisses (grundrechts-)freiheitlicher Eigenverantwortung des Einzelnen und (befugnis-)begrenzter Gemeinwohlverantwortung des Staates grundsätzlich nicht nur die (allgemeinen) Ziele, sondern auch die (konkreten) Maßstäbe der Wirtschaftsaufsicht zu formulieren, während die Verwaltung als parlamentarisch rückangebundene Staatsgewalt prinzipiell mit der Maßstabsdurchsetzung betraut ist.[120] Da der Grundsatz der Gesetzmäßigkeit die Exekutive nicht nur an die Regeln des Gesetzgebers bindet, sondern auch der Jurisdiktionsgewalt der Verwaltungsgerichtsbarkeit unterwirft, der im gewaltengegliederten Rechtsstaat die Aufgabe zukommt, die Einhaltung der Gesetze durch die Verwaltung zu überprüfen,[121] wirkt die gesetzliche Ausformung des Aufsichtskonzepts nicht nur auf das Kräfteverhältnis zwischen (vorgebender) Legislative und (ausführender) Exekutive, sondern auch zwischen (ausführender) Exekutive und (kontrollierender) Judikative ein.

Schon mit der Wahl zwischen unbestimmtem Rechtsbegriff und behördlichem Ermessen trifft der Gesetzgeber ganz allgemein eine Entscheidung über die Reichweite der Gesetzesbindung einschließlich der (verwaltungs-)gerichtlichen Überprüfung behördlicher Rechtsnormanwendung im Einzelfall.[122] Dabei unterliegen die behördliche Auslegung und Anwendung unbestimmter Rechtsbegriffe auf der

---

die Umsetzung der europarechtlichen Richtlinienvorgaben von Solvency II in nationales Recht eine Abkehr von der materiellen Aufsicht hin zu der Legalitätskontrolle in dem letztgenannten Sinne.

120 Zur rechtsstaatlichen Notwendigkeit einer Steuerung durch Recht vgl. *Reimer*, Das Parlamentsgesetz als Steuerungsmittel und Kontrollmaßstab, in: Hoffmann-Riem/Schmidt-Aßmann/Voßkuhle (Hrsg.), Grundlagen des Verwaltungsrechts, Bd. I, § 9, *Schmidt-Aßmann*, Rechtsstaat, in: Isensee/Kirchhof (Hrsg.), HStR II (2004), § 26 Rn. 21 ff., *dens.*, Zur Funktion des Allgemeinen Verwaltungsrechts, Die Verwaltung 27 (1994), 137, (152), *dens.*, Das allgemeine Verwaltungsrecht als Ordnungsidee, S. 19 ff., *Schuppert,* Gesetz als zentrales Steuerungsinstrument, in: Schuppert (Hrsg.), Das Gesetz als zentrales Steuerungsinstrument des Rechtsstaates, 105 ff., jeweils m.w.Nachw.

121 Vgl. nur *Maurer*, Allgemeines Verwaltungsrecht, § 6 Rn. 1, sowie *Schmidt-Aßmann*, Rechtsstaat, in: Isensee/Kirchhof (Hrsg.), HdStR II (2004), § 26 Rn. 59.

122 Zu den Folgen der Unterscheidung zwischen der Verwendung unbestimmter Rechtsbegriffe auf Tatbestands- und der Einräumung behördlichen Ermessens auf der Rechtsfolgensebene für die Kompetenzverteilung zwischen Legislative, Exekutive und Judikative siehe auch *Berringer*, Regulierung, S. 219. Ähnlich *Hoffmann-Riem*, Eigenständigkeit der Verwaltung, in: Hoffmann-Riem/Schmidt-Aßmann/Voßkuhle

Tatbestandsebene einer Ermächtigungsgrundlage als reine Rechtsfragen grundsätzlich der vollumfänglichen Kontrolle der Verwaltungsgerichte. Nur in restriktiven Ausnahmefällen, in denen eine nachträgliche Überprüfung der Rechtsfrage unmöglich ist, wird der konkret entscheidenden Behörde ein der gerichtlichen Kontrolle entzogener Beurteilungsspielraum eingeräumt.[123] Soweit der finanzaufsichtsrechtliche Gesetzgeber dem Normanwender die Normkonkretisierung nicht nur bzw. erst im Rahmen ihrer Anwendung auf den Einzelfall, sondern in Form der detaillierenden Verordnungsgebung bzw. interpretierenden Rundschreibenpraxis auch bzw. zuvor in Bezug auf eine Vielzahl vergleichbarer Sachverhalte überlässt, liegt die Frage nach einem der Einschätzungsprärogative des parlamentarischen Gesetzes vergleichbaren Gestaltungsspielraum auch der normkonkretisierenden Behörde nicht fern.[124]

4. Verfassungskonforme Kompensation der Kompetenzverschiebung

Soweit der finanzaufsichtsrechtliche Gesetzgeber seine Steuerungsfunktion national wie auch auf europäischer Ebene aber eben nicht nur innerhalb der grundgesetzlichen und europarechtlichen Gewalten- bzw. Funktionengliederung an die Verwaltung abgegeben, sondern darüber hinaus auch an einen Teil der Gesellschaft weiter- bzw. wieder zurückgegeben hat, hat das Parlamentsgesetz sowohl gegenüber der Verwaltung als auch gegenüber der Gesellschaft an unmittelbarer Direktionskraft verloren. Damit scheint die aufsichtskonzeptionelle Kombination von horizontaler Delegation der Finanzaufsicht an die Verwaltung und ihrer kooperativen Wahrnehmung gemeinsam mit den zu beaufsichtigenden Instituten deren jeweils bereits für sich zu verzeichnenden Demokratie- und Rechtsstaatsdefizite auf den ersten Blick eher zu potenzieren denn zu relativieren. Jedenfalls muss die jeweils mit der verminderten Steuerungskraft des Parlamentsgeetzes verbundene Einbuße an Legitimität, Transparenz, Verlässlich- und Überprüfbarkeit der Finanzaufsicht anderweitig aufgefangen und kompensiert werden.

(Hrsg.), Grundlagen des Verwaltungsrechts, Bd. I, § 10 Rn. 93, der jedoch die praktischen Auswirkungen dieser Unterscheidung als gering einstuft.

123 Vgl. zum Verhältnis unbestimmter Rechtsbegriff und Beurteilungsspielraum statt vieler *Maurer*, Allgemeines Verwaltungsrecht, § 7 Rn. 26 ff. m.w.Nachw.

124 So auch *Schneider*, Rechtsschutz im Regulierungsverwaltungsrecht, in: Fehling/Ruffert (Hrsg.), Regulierungsrecht, § 22 Rn. 22.

a) *Flexibilität und Gerechtigkeit durch horizontale Delegation*

Zu berücksichtigen ist in diesem Zusammhang sicherlich der Zweck, den der Gesetzgeber bereits mit dem ordnungsrechtlichen Regelungsansatz der horizontalen Delegation der Steuerungsaufgabe auf die Ebene der Verwaltung verfolgt. „Dezentrale Konfliktlösungsmöglichkeiten in die Rechtsordnung zu integrieren", um die wirtschaftsaufsichtsrechtlichen Vorschriften an die Realität der aktuellen Gegebenheiten und zukünftigen Entwicklungen anpassungsfähig zu halten, ist nicht nur einem tatsächlichen Bedürfnis geschuldet. Die Rechtsordnung hinreichend flexibel zu gestalten, entspricht auch dem rechtstaatlichen Postulat materieller Gerechtigkeit.[125] Als ein das Spannungsverhältnis zu dem Prinzip möglichster Normbestimmtheit ausgleichendes bzw. auflösendes Steuerungsinstrument gilt auf nationaler Ebene gerade die so genannte „offene Gesetzgebung".[126] Mit dieser gewährt der Gesetzgeber der Verwaltung ganz allgemein einen behördlichen Gestaltungsspielraum, den diese je nach parlamentsgesetzlicher Ermächtigungsgrundlage in Form einer Einzelaktmaßnahme oder auch einer untergesetzlichen Normsetzung auszufüllen befugt ist.[127] Ebenso wie die Grenze der Offenheit der Gesetzgebung nur mit Rücksicht auf den jeweiligen Einzelfall gezogen werden kann,[128] lässt sich insoweit auch das korrelierende Erfordernis ihrer Kompensation nicht absolut bestimmen.[129] In Anlehnung an den Wesentlichkeitsgrundsatz gilt jedoch wohl allgemein: Je weiter der Rahmen

---

125 *Voßkuhle*, Kompensationsprinzip, S. 77. – Zum Begriff des situativen Rechts *Brohm*, Situative Gesetzesanpassung, NVwZ 1988, 794 ff.

126 Ausführlich zu den so genannten „offenen (Kompetenz-)Normen" als mögliches Regulativ im Wirtschaftsverwaltungsrecht vgl. *Braun*, Offene Kompetenznormen, VerwArch 76 (1985), S. 24 ff. und 158 ff., sowie *Ossenbühl*, Der verfassungsrechtliche Rahmen offener Gesetzgebung, DVBl. 1999, 1 ff.

127 So auch *Braun*, Offene Kompetenznormen, VerwArch 76 (1985), S. 24 (36). Anders *Berringer*, Regulierung, S. 217 ff., der den Begriff der offenen Kompetenznorm auf Einzelaktermächtigungen beschränkt, die Verordnungsermächtigung aber in demselben Zusammenhang diskutiert.

128 *Schmidt*, Öffentliches Wirtschaftsrecht, S. 341; *Berringer*, Regulierung, S. 222, mit Verweis auf *BVerfG*, Beschluss vom 8. Januar 1981 – 2 BvL 3/77, BVerfGE 56, 1 (13), und *Badura*, Gestaltungsfreiheit und Beurteilungsspielraum, in: Püttner (Hrsg. u.a.), Festschr. für Bachof, 169 (176 ff.).

129 Kritisch gegenüber der prozeduralen Kompensationsfunktion insgesamt *BVerfG*, Beschluss vom 3. März 2004 – 1 BvF 3/92, BVerfGE 110, 33 (67 f.).

des behördlichen Gestaltungsspielraums gesetzlich gezogen ist, desto höher sind die Anforderungen an dessen Kompensation.[130]

Gerade in Form der untergesetzlichen Normsetzung wird der Verwaltung aber nicht nur die Freiheit eingeräumt, zumindest mittelbar selbst die Voraussetzungen ihrer Befugnisnorm zu bestimmen bzw. zu konkretisieren. Ihr wird auch die Möglichkeit genommen, die offene Befugnisnorm ausschließlich einzelfallbezogen auszulegen und ihr (Entschließungs- und Auswahl-)Ermessen allein situativ ausüben zu können. Während Rechtsverordnungen gegenüber der konkret handelnden Behörde grundsätzlich dieselbe Bindungswirkung entfalten wie förmliche Gesetze, standardisieren die Rundschreiben die sachgerechte und gleichmäßige Anwendung der offenen Gesetzesvorschriften den allgemeinen Verwaltungsvorschriften vergleichbar grundsätzlich nur verwaltungsintern.[131] Gleichwohl entfalten auch die aufsichtsbehördlichen Rundschreiben zumindest mittelbar außenrechtliche Geltungswirkung. Soweit also zwischen allgemeiner Tatbestandsfassung des finanzaufsichtsrechtlichen Gesetzgebers und konkreter Tatbestandsanwendung der konkret handelnden Aufsichtsbehörde weitere Detaillierungs- bzw. Konkretisierungsebenen der ministerial detaillierenden Rechtsverordnung und der administrativ konkretisierenden Rundschreiben eingezogen werden, stellt auch die Orientierung der konkreten Entscheidung an den solchermaßen typisierten Anwendungsfall ein Stück Rechtssicherheit wieder her.[132] Da die Aufsichtsbehörde in atypischen Einzelfällen zumindest von dem selbst verfassten Rundschreiben wie auch von einer normkonkretisierenden Verwaltungsvorschrift abweichen darf, bleibt ihre Flexibilität jedenfalls auf den letzten Stufen der (Fein-)Steuerung erhalten.[133]

---

130 Vgl. *Braun*, Offene Kompetenznormen, VerwArch 76 (1985), 24 (59), sowie auf diesen Bezug nehmend *Berringer*, Regulierung, S. 224.

131 Zu den Verwaltungsvorschriften vgl. D*i Fabio*, Verwaltungsvorschriften, DVBl. 1992, 1338 (1340), sowie *Ossenbühl*, Der verfassungsrechtliche Rahmen offener Gesetzgebung, DVBl. 1999, 1 (2, 4 f.).

132 Zu dieser rechtsstaatlichen Funktion in Bezug auf die Verwaltungsvorschrift *Di Fabio*, Verwaltungsvorschriften, DVBl. 1992, 1338 (1345 f.), sowie in Bezug auf die untechnische Praxis behördlicher Bekanntmachungen von Anwendungs-, Verwaltungs- oder Auslegungsgrundsätzen *Hecker*, Marktoptimierende Wirtschaftsaufsicht, S. 124 f.

133 Zur generalisierten Ermessensausübung und Anwendung unbestimmter Rechtsbegriffe vgl. nur *Maurer*, Allgemeines Verwaltungsrecht, § 7 Rn. 14.

b) *Richtigkeit und Akzeptanz durch vertikale Kooperation*

Neben dem mit der horizontalen Delegation verfolgten Zweck, die formelle Flexibilität und materielle Gerechtigkeit des Steuerungskonzepts der integrierten Finanzdienstleistungsaufsicht zu erhöhen, führt die kooperative Teilhabe der Finanzdienstleistungsinstitute an der adminstrativen Normkonkretisierung wie auch -anwendung darüber hinaus zu einer besonderen Akzeptanz der (delegierten) Finanzaufsicht bei denselben.[134] So wecken nicht nur die (gesellschafts-)ökonomisch geprägten (Selbst-)Steuerungsanreize geringerer Mindestsolvenzanforderungen ein wirtschaftliches Eigeninteresse der Norm- und Maßnahmenadressaten an dem (parlaments-)gesetzlich (vor-)formulierten Aufsichtsziel. Die beaufsichtigten Unternehmen werden neben anderen Interessenvertretern auch an den Verfahren der exekutivinterpretierenden Normkonkretisierung sowohl auf europäischer als auch auf nationaler Ebene rechtlich bzw. tatsächlich beteiligt.[135]

---

134 Zur Akzeptanz als wesentlichem Element einer demokratischen Verwaltung vgl. *Würtenberger*, Die Akzeptanz von Verwaltungsentscheidungen, S. 56 ff., wenn auch in anderem Zusammenhang.

135 Zur Konsultation der Interessenvertreter im Verfahren zum Erlass der technischen Regulierungs- und Durchführungsstandards auf europäischer Konkretisierungsebene siehe Art. 10 Abs. 1 UA 3 S. 2 und Art. 15 Abs. 1 UA 3 S. 2 i.V.m. Art. 37 der Verordnung (EU) 1093/2010 bzw. 1094/2010 jeweils des Europäischen Parlaments und des Rates vom 24. November 2010 zur Errichtung einer Europäischen Aufsichtsbehörde (Europäische Bankenaufsichtsbehörde), zur Änderung des Beschlusses Nr. 716/2009/EG und zur Aufhebung des Beschlusses Nr. 2009/78/EG der Kommission, ABl. EU v. 15.12.2010, L 331/12, einerseits bzw. zur Errichtung einer Europäischen Aufsichtsbehörde (Europäische Aufsichtsbehörde für das Versicherungswesen und die betriebliche Altersversorgung), zur Änderung des Beschlusses Nr. 716/2009/EG und zur Aufhebung des Beschlusses 2009/79/EG der Kommission, ABl. EU v. 15.12.2010, L 331/48, andererseits. – Entsprechende Verfahrensgarantien der Partizipation sind zwar hinsichtlich der aufsichtsbehördlichen Rundschrieben der MaRisk BA und VA gesetzlich nicht vorgesehen, allerdings tatsächlich durchgeführt worden. Vgl. bspw. die Konsultation 5/2010 zur Überarbeitung MaRisk BA, abrufbar unter www.bafin.de »» Veröffentlichungen »» Konsultation 5/2010 »» Überarbeitung der MaRisk: Übersendung eines ersten Entwurfs (Stand: Dezember 2013), bzw. die Konsultation 8/2008 zum Entwurf eines Rundschreibens Aufsichtsrechtliche Mindestanforderungen an das Risikomanagement (MaRisk VA), abrufbar unter www.bafin.de »» Unternehmen »» Versicherer & Pensionsfonds »» Risikomanagement »» Konsultation 8/2008 – Entwurf eines Rundschreibens Aufsichtsrechtliche Mindestanforderungen an das Risikomanagement (MaRisk VA), (Stand: Dezember 2013). Zu dem Bereich der aufsichtsbehördlichen Mindestanforderungen an das Risikomanagement der

Die über die vertikale Kooperation vermittelte Akzeptanz der behördlichen Normkonkretisierung und -anwendung bedeutet freilich keine (teil-)demokratische Legitimation. Jedenfalls das Grundgesetz kennt keine demokratische Legitimationsform der Selbstverwaltung allein aufgrund eines besonderen Sachbezugs eines bestimmten Personenkreises,[136] der diesen von anderen abgrenzt.[137] Originärer Ausgangs- bzw. Bezugspunkt einer jeden demokratischen Legitimation des Grundgesetzes ist das gebietsbezogene Gesamt- bzw. Teilvolk.[138] Gleichwohl führt das Grundgesetz selbst alternative Organisationsformen zur bundeseigenen Verwaltung zumal in Form der Anstalt öffentlichen Rechts auf,[139] deren demokratische Legitimation sich gerade nicht unmittelbar auf ein gebietsbezogenes (Teil-) Volk gründen lässt. Damit erkennt es zumindest die Vereinbarkeit einer solchen Organisationsform der funktionalen Selbstverwaltung mit den Vorgaben einer hinreichend demokratischen Legitimation an.[140] Die sachbezogene Kooperation in Form der gesellschaftlichen bzw. institutionellen Partizipation an der (administrativen) Konkretisierung der (gesetzlichen) Aufsichtsmaßstäbe kann daher die gebietsbezogene Legitimation zwar nicht ersetzen, in jedem Fall aber ergänzen und damit das mit der horizontalen Delegation verbundene Legitimationsdefizit zumindest ausgleichen.[141] Auch wenn der funktionalen Selbstverwaltung (mithin)

Versicherungsunternehmen siehe auch *Michael*, Rechts- und Außenwirkung der MaRisk VA, VersR 2010, 141 (145 und 147 f.).

136 So genannte funktionale Selbstverwaltung. Zu deren heterogenen Erscheinungsformen und verfassungsrechtlichen Dimensionen vgl. *Schuppert*, Selbstverwaltung als Beteiligung Privater an der Staatsverwaltung?, in: von Mutius (Hrsg.), Selbstverwaltung im Staat der Industriegesellschaft, Festschr. für von Unruh, 183 (203 ff.), *dens.*, Verselbständigte Verwaltungseinheiten, S. 5, 65 ff., *Kluth*, Funktionale Selbstverwaltung, S. 30 ff., und 245 ff., *Emde*, Die demokratische Legitimation der funktionalen Selbstverwaltung, S. 5 ff., 363 ff., *Böckenförde*, Demokratie als Verfassungsprinzip, in: Isensee/Kirchhof (Hrsg.), HStR II (2004), § 24 Rn. 33 f.

137 Vgl. dazu und zum Folgenden *Schmitt Glaeser*, Partizipation an Verwaltungsentscheidungen, VVDStRL 31 (1973), 179 (215 ff.).

138 Vgl. Art. 20 Abs. 2, 28 Abs. 1 GG.

139 Vgl. insbes. Art. 86 und Art. 87 Abs. 3 GG.

140 *BVerfG*, Beschluss vom 5. Dezember 2002 – 2 BvL 5/98, 2 BvL 6/98, BVerfGE 107, 59 (88 ff.), mit Verweis auf *Jestaedt*, in: Umbach/Clemens, Kommentar zum GG, Band II, Art. 87 Rn. 93, 104.

141 Angedeutet auch bei *Schmidt-Aßmann*, Verwaltungsorganisationsrecht als Steuerungsressource, in: Schmidt-Aßmann/Hoffmann-Riem (Hrsg.), Verwaltungsorganisationsrecht als Steuerungsressource, 9 (57). Zu weit gehend daher wohl die These *Langes*, Die öffentlichrechtliche Anstalt, VVDStRL 44 (1986), 169, (195), dass die

keine unmittelbar demokratische Legitimation zukommt, ist ihr zumindest eine gewisse demokratische Dimension insoweit nicht abzusprechen,[142] als sie das demokratische Prinzip des Grundgesetzes ergänzt bzw. verstärkt.[143]

Darüber hinaus ist die gesellschaftliche Teilhabe an der verwaltungsbehördlichen Entscheidungsfindung auch ein wesentliches Element eines rechtsstaatlich geprägten Verwaltungsverfahrens; zumal in solchen Bereichen wie der Finanzaufsicht, in denen dem Staat bzw. dem eigentlichen Hoheitsträger infolge der Komplexität und Ausdifferenzierung der gesellschaftlichen Verhältnisse vermehrt die steuerungsnotwendigen Daten fehlen.[144] Über die In-dienstnahme des institutsinternen Steuerungswissens wird in Bezug auf die finanzaufsichtsbehördliche Letztentscheidung ein Stück Richtigkeit und Gerechtigkeit wiederhergestellt, das andernfalls infolge der zunehmenden Dynamik der sich stets verändernden Marktgegebenheiten verloren zu gehen droht.

Da gesellschaftliche Partizipation insoweit interessenpluralistisch auch ein Ausdruck sozialer Gerechtigkeit ist,[145] vermögen insgesamt verschiedenste Verfassungserwägungen der demokratischen Rechts- und Sozialstaatlichkeit das sowohl mit der horizontalen Delegation als auch mit der vertikalen Kooperation

Kooperation von Staat und Gesellschaft im Rahmen der Entscheidungsfindung „dem demokratischen Grundgedanken umso näher [kommt], je mehr sie exekutivische Entscheidungen, die realer demokratischer Kontrolle entzogen sind, durch eine Willensbildung aller Entscheidungsbetroffener ersetzt.“

142 In diesem Zusammenhang ist auch die Zusammensetzung des aufsichtsbehördlichen Verwaltungsrates, dem so genannten „Anstaltsparlament“, aus dem Vorsitzenden und seinem Stellvertreter, zwei weiteren Vertretern, die jeweils vom Bundesministerium der Finanzen entsandt werden, jeweils einem Vertreter des Bundeswirtschafts- bzw. -justizministeriums sowie fünf Vertretern des Deutschen Bundestages, denen insgesamt zehn Vertreter der Kreditinstitute, Versicherungsunternehmen und Kapitalanlagegesellschaften (im vereinfacht repräsentativen Verhältnis fünf, vier und eins) gegenüber stehen, zu sehen. – Vgl. zu dem organisationsrechtlichen Forum der Kooperation zwischen Staat und Gesellschaft unten B.I.1.c).

143 *BVerfG*, Beschluss vom 5. Dezember 2002 – 2 BvL 5/98, 2 BvL 6/98, BVerfGE 107, 59 (92). Kritisch gegenüber der Legitimationswirkung der sog. funktionalen Selbstverwaltung u.a. *Böckenförde*, Demokratie als Verfassungsprinzip, in: Isensee/Kirchhof (Hrsg.), HStR II (2004), § 24 Rn. 33 f.

144 *Schmitt Glaeser*, Partizipation an Verwaltungsentscheidungen, VVDStRL 31 (1973), 179 (243 ff., 247).

145 *Schmitt Glaeser*, Partizipation an Verwaltungsentscheidungen, VVDStRL 31 (1973), 179 (253).

verbundene Legitimationsdefizit zum Zweck der Rationalitätssteigerung staatlicher Entscheidungen auszugleichen.[146]

c) Rationalität der integrierten Finanzdienstleistungsaufsicht

Dabei lässt sich auch die Rationalität der Wahrnehmung öffentlicher Aufgaben selbst auf die verfassungsrechtlichen Vorgaben der Demokratie sowie der Rechts- und Sozialstaatlichkeit gründen.[147] Sie wird insoweit nicht nur durch die horizontale Delegation der finanzaufsichtlichen Maßstabskonkretisierung an die Verwaltung angesichts deren unbestritten größerer Sachnähe gesteigert.[148] Auch die vertikale Kooperation in Form der gezielten Indienstnahme unternehmensendogener Selbststeuerungspotentiale erweitert sowohl die hoheitliche Steuerungsressource um das institutsspezifische Steuerungswissen (Effizienz) als auch die hoheitliche Steuerungswirkung um die institutsspezifischen Steuerungsmaßnahmen (Effektivität).[149] Die finanzaufsichtliche Rechtssetzung und -durchsetzung stellt sich

---

146 Zur Konvergenz von horizontaler Delegation und vertikaler Kooperation vgl. auch *Voßkuhle*, Kompensationsprinzip, S. 77. Zum Unterschied zur Verrechnung von Vor- und Nachteilen, die zwingende Standards überschreiten darf, sofern das Gesamtziel nicht aus dem Blick gerät, ebd. S. 78. Zu dem Aspekt der Legitimation durch Partizipation siehe. auch bereits *Schmitt Glaeser*, Partizipation an Verwaltungsentscheidungen, VVDStRL 31 (1973), 179 (214 ff.).

147 *BVerfG*, Urteil vom 31. Oktober 1990 – 2 BvF 3/89, BVerfGE 83, 60 (72); *BVerfG*, Beschluss vom 24. Mai 1995 – 2 BvF 1/92, BVerfGE 93, 37 (67); *BVerfG*, Beschluss vom 5. Dezember 2002 – 2 BvL 5/98, 2BvL 6/98, BVerfGE 107, 59 (87). Zum rechtsstaatlichen wie auch demokratischen Gebot der Effektivität bzw. Rationalität als (im Verhältnis zu anderen Grundbedingungen von Verfassungsrang sekundärer) Maßgröße der Zielerreichung siehe *Schmidt-Aßmann*, Verwaltungsorganisationsrecht als Steuerungsressource, in: Schmidt-Aßmann/Hoffmann-Riem (Hrsg.), Verwaltungsorganisationsrecht als Steuerungswissenschaft, 9 (40 f.), sowie *Groß*, Das Kollegialprinzip in der Verwaltungsorganisation, S. 24, jeweils m.w.Nachw.

148 Vgl. in diesem Zusammenhang *BVerfG*, Beschluss vom 5. Dezember 2002 – 2 BvL 5/98, 2 BvL 6/98, BVerfGE 107, 59 (92), mit Verweis auf *Unruh*, Demokratie in der funktionalen Selbstverwaltung VerwArch. 92 (2001), 531 (536 f., 554).

149 Das auch als „ökonomisches Prinzip" bezeichnete Rationalitätsprinzip stellt in seiner einzelwirtschaftlichen Variante als reines Formalprinzip darauf ab, entweder ein vorgegebenes Ziel mit dem geringstmöglichen Mitteleinsatz (effiziente Zielerreichung bzw. Kosten- oder Minimaleffizienz) oder mit gegebenen Mitteln den größtmöglichen Nutzen zu erreichen (effizienter Mitteleinsatz bzw. Nutzen- oder Maximaleffizienz). – Zum Unterschied zwischen Effizienz als entsprechendem Grundsatz der Ressourcenschonung und Effektivität als ökonomischem Maßstab der Zielerreichung vgl. *Gröpl*, Ökonomisierung von Verwaltung und Verwaltungsrecht, VerwArch 93 (2002), 459

infolgedessen insgesamt als ein vermehrt arbeitsteiliger Prozess verschiedener Funktionsträger dar, innerhalb dessen dem (parlamentarischen) Gesetzgeber als „zentralem Steuerungsmedium“ des demokratischen und sozialen Rechtsstaates[150] die Aufgabe gestellt bleibt, seiner „vor- und nachwirkenden Legitimationsverantwortung“ entsprechend angemessene Vor- und Nachkehrungen zur Absicherung eines ausreichenden Legitimationsniveaus zu treffen.[151] Dazu gehören zum einen die parlamentarischen bzw. parlamentsgesetzlich abgeleiteten Ermächtigungs- bzw. Verpflichtungsgrundlagen, auf die sich die Befugnisse der Verwaltung wie auch die Beteiligung der Institute zurückführen lassen.[152] Dazu gehören zum

(463 f.), sowie *Schmidt-Aßmann*, Das allgemeine Verwaltungsrecht als Ordnungsidee, S. 316 ff.

150 Zu dem Recht als zentralem Steuerungsmedium des Verfassungsstaates siehe *Schmidt-Aßmann*, Rechtsstaat, in: Isensee/Kirchhof (Hrsg.), HStR II (2004), § 26 Rn. 21. ff.

151 Zur so genannten „Kontextsteuerung“ vgl. auch *Pitschas*, Struktur und Funktionswandel der Aufsicht, DÖV 1998, 907 (911), sowie *Schmidt-Preuß*, Gesellschaftliche Selbstregulierung und staatliche Steuerung, VVDStRL 56 (1997), 160 (185 ff.). Zur „legitimierenden Qualitätssicherung mittels prozeduraler Richtigkeitsgewähr“ in komplexen Regelungsstrukturen vgl. *Eifert*, Regulierungsstrategien, in: Hoffmann-Riem/Schmidt-Aßmann/Voßkuhle (Hrsg.), Grundlagen des Verwaltungsrechts, Bd. I, § 19 Rn. 67 f., und *Trute*, Selbstregulierung und staatliche Steuerung, DVBl. 1996, 950 (956, 960 ff.). Zu den verschiedenen Formen der Verwaltungslegitimation (institutionell, funktionell, sachlich-inhaltlich und personell) siehe *Schmidt-Aßmann*, Verwaltungslegitimation als Rechtsbegriff, AöR 116 (1991), 329 (355 ff.), sowie *Böckenförde*, Demokratie als Verfassungsprinzip, in: Isensee/Kirchhof (Hrsg.), HStR II (2004), § 24 Rn. 14 ff.

152 Vgl. insoweit die Ermächtigungsgrundlagen der Behörde zum Erlass der Solvabilitäts- und Liquiditätsverordnung in § 10 Abs. 1 S. 9 und § 11 Abs. 1 S. 2 KWG bzw. zum Erlass der Kapitalausstattungs- und Anlageverordnung in § § 53c Abs. 2 und § 54 Abs. 3 VAG. – Mit Blick auf die bankenaufsichtsrechtlichen Solvabilitätsanforderungen ergibt sich die Ermächtigung der Institute zur Nutzung interner Risikomessverfahren, um die Angemessenheit der Eigenmittelausstattung zu beurteilen, noch aus § 10 Abs. 1 S. 2 KWG. Zur zukünftigen Rechtslage siehe Art. 107 Abs. 1 [Kreditausfallrisiko], 283 Abs. 1 [Gegenparteiausfallrisiko], 312 Abs. 2 [operationelles Risiko] und 363 Abs. 1 [Marktrisiko] der Verordnung (EU) 575/2013 über die Aufsichtsanforderungen an Kreditinstitute und Wertpapierfirmen. Die Verpflichtung zur Etablierung einer ordnungsgemäßen Geschäftsorganisation, um die Einhaltung der vom Institut zu beachtenden gesetzlichen Bestimmungen und der betriebswirtschaftlichen Notwendigkeiten zu gewährleisten, ergibt sich aktuell wie auch zukünftig insbes. aus § 25a Abs. 1 S. 1 KWG. Anders verhält es sich mit den Vorgaben einer hinreichenden Liquidität. Insoweit ergibt sich die Möglichkeit der Institute zur

anderen grundsätzlich auch prozedurale Vorgaben, deren Konkretisierungen die betroffenen Interessen angemessen ausgleichen, die möglichen Optionsspielräume eingrenzen und gleichzeitig die bezweckte Entscheidungsflexibilität bewahren.[153] In Bezug auf die vertikale Kooperation ist es insoweit die „spezifische Leistung des prozeduralen Rechts", die gesellschaftliche Partizipation, das heißt insbesondere ihre individuell rationale „Eigeninitiative, Lernfähigkeit, Kreativität und Innovationskraft", in den Prozessen der finanzaufsichtsrechtlichen Maßstabskonkretisierung und -durchsetzung sozial optimal zu koordinieren.[154] Umgekehrt fördert

---

Nutzung eigener Risikomessverfahren bis zur weitergehenden Harmonisierung auf europäischer Ebene allein nationalrechtlich und dort erst auf Verordnungsebene aus § 10 LiqV. Auch diese Regelung gründet sich jedoch ihrerseits – zumindest noch – auf die parlamentsgesetzliche Vorschrift des § 11 Abs. 1 S. 2 KWG. – Versicherungsaufsichtsrechtlich ergibt sich die Möglichkeit der Vewendung institutseigener Risikogewichtungsmodelle solvabilitätsrechtlich bislang erst aus Art. 112 Abs. 1 [Gesamtrisiko] der europrechtlichen Richtlinie 2009/138/EG Solvabilität II. ist aber bereits in § 102 Abs. 1 des Entwurfs eines Umsetzungsgesetzes (VAG-E) vorgesehen. Die Verpflichtung zur ordnungsgemäßen Geschäftsorganisation, um die Einhaltung der von ihnen zu beachtenden Gesetze und Verordnungen sowie der aufsichtsbehördlichen Anforderungen zu gewährleisten, ergibt sich demgegenüber bereits vor Umsetzung der europarechtlichen Richtlinienvorgaben aus der parlamentsgesetzlichen Vorschrift des § 64a Abs. 1 S. 1 VAG. In Bezug auf die versicherungsaufsichtsrechtlichen Vorgaben einer hinreichenden Liquidität kann eigentlich schon nicht von der Möglichkeit zur Nutzung interner Kapitalanlagegrundsätze und entsprechender Kontrollverfahren auf der Grundlage einer strategischen und taktischen Anlagepolitik die Rede sein, als vielmehr von einer grundsätzlichen Pflicht. Diese ergibt sich ihrerseits nicht unmittelbar aus der parlamentsgesetzlichen Vorgabe des § 54 VAG, sondern aus der auf deren Grundlage erlassenen Vorschrift des § 1 Abs. 2 S. 2 AnlV.

153 Vgl. zu diesem Prozess aus regulierungsrechtlicher Perspektive *Eifert*, Regulierungsstrategien, in: Hoffmann-Riem/Schmidt-Aßmann/Voßkuhle (Hrsg.), Grundlagen des Verwaltungsrechts, Bd. I, § 19 Rn. 35, 45 m.w.Nachw., sowie zu der „Richtigkeitsgewähr prozeduraler Vorkehrungen" *Hoffmann-Riem*, Eigenständigkeit der Verwaltung, in: Hoffmann-Riem/Schmidt-Aßmann/Voßkuhle (Hrsg.), Grundlagen des Verwaltungsrechts, Bd. I, § 10 Rn. 100.

154 Die Kompensationsleistung des prozeduralen Rechts muss dabei über den Ansatz des Verfahrens als Normverwirklichungsmodus [darauf beschränkt noch *Wahl*, Verwaltungsverfahren zwischen Verwaltungseffizienz und Rechtsschutzauftrag, VVDStRL 41 (1983), 151 (153)] hinausreichen und die inhaltliche Komponente des Verfahrens als Normsetzungsmodus mit einbeziehen, sofern das unternehmensinterne Selbststeuerungspotential nach dem (finanz-)aufsichtsrechtlichen Leitgedanken der Risikoorientierung möglichst nicht nur in den Dienst der (effektiven) Maßstabserfüllung gestellt, sondern auch bzw. zuvor im Rahmen der (effizienten) Maßstabssetzung bzw.

die mit dem wechselseitigen Steuerungsprozess der kooperativen Finanzaufsicht einhergehende Bindung der Verwaltung an die Beteiligung der Unternehmen eine transparente Entscheidungsfindung und konsequente Entscheidungsumsetzung.[155] Neben den prozeduralen Vorkehrungen für das Verfahren der kooperativen Maßstabskonkretisierung und -durchsetzung vermag in dem finanzaufsichtlichen Geflecht der gewaltengegliederten Funktionen(auf)teilung zudem eine möglichst präzise Zielsetzung des gesetzlichen Steuerungsprogramms nicht nur die behördliche bzw. gesellschaftliche Anwendung, sondern auch deren gerichtliche Kontrolle zumindest in Grundzügen anzuleiten und im Ansatz zu erleichtern.[156]

-konkretisierung in Ansatz gebracht werden soll. – Zu der konzeptionellen Zielrichtung der Prozeduralisuerung, auch Norminhalte im Verfahren zu gewinnen, siehe *Voßkuhle*, Kompensationsprinzip, S. 63 ff. m.w.Nachw. in Fn. 53. Kritisch gegenüber der prozeduralen Überformung des materiellen Rechts *Schmidt-Preuß*, Gesellschaftliche Selbstregulierung und staatliche Steuerung, VVDStRL 56 (1997), 160 (174). – Zu der durch das Recht zu überwindenden „Divergenz zwischen individuell rationaler und sozial optimaler Investitionsstrategie" siehe *Callies*, Finanzkrisen als Herausforderung der Rechtsetzung, VVDStRL 71 (2012), 113 (120), unter Veweis auf *Becker*, Staatlich-private Rechtssetzung in globalisierten Finanzmärkten, ZfG 2009, 123 (126).

155 Zur „prozeduralen Sicherung der Entscheidungsrichtigkeit" infolge der zunehmenden Anerkennung der eigenständigen Stellung und Rolle der Verwaltung vgl. allgemein *Hoffmann-Riem*, Eigenständigkeit der Verwaltung, in: Hoffmann-Riem/Schmidt-Aßmann/Voßkuhle (Hrsg.), Grundlagen des Verwaltungsrechts, Bd. I, § 10 Rn. 100 ff., und zur Bindung der Rechtsetzungsbefugnis der Verwaltung an die Öffentlichkeitsbeteiligung als Instrument der Informationssammlung und Legitimationsquelle *Eifert*, Regulierungsstrategien, in: Hoffmann-Riem/Schmidt-Aßmann/Voßkuhle (Hrsg.), Grundlagen des Verwaltungsrechts, Bd. I, § 19 Rn. 35, 45 m.w.Nachw.

156 Dies ergibt sich für den Fall der gubernativen Verordnungsermächtigung ausdrücklich bereits aus dem grundgesetzlichen Prinzip der Spezialermächtigung des Art. 80 Abs. 1 S. 2 GG. Danach muss der Gesetzgeber in dem Ermächtigungsgesetz selbst Inhalt, Zweck und Ausmaß der erteilten Ermächtigung soweit wie möglich selbst festlegen und darf dem Verordnungsgeber zumindest nicht die wesentlichen Entscheidungen des Gemeinwesens überlassen. Die Grenzen des dennoch auch dem Verordnungsgeber verbleibenden Gestaltungsspielraums ergeben sich auf diese Weise nicht allein aus einer Gesamtschau der rechtsstaatlich-demokratischen Vorgaben des Grundgesetzes, sondern auch bereits aus den einfachgesetzlichen Zweck- und Inhaltsvorgaben des Ermächtigungsgesetzes. Siehe dazu *Detterbeck*, Allgemeines Verwaltungsrecht, Rn. 835 ff., sowie *Maurer*, Allgemeines Verwaltungsrecht, § 13 Rn. 15. – Zur Gestaltungsfreiheit des Verordnungsgebers vgl. ausführlich *Ossenbühl*, Rechtsverordnung, in: Isensee/Kirchhof (Hrsg.), HStR V (2007), § 103 Rn. 40 ff., *v. Danwitz*,

Insoweit ist auch das grundgesetzliche System der Gewaltengliederung und -verschränkung ein dynamisches,[157] innerhalb dessen selbst nur „final programmierte Ermächtigungsgrundlagen" der Aufsichstbehörde kein Mandat zur letztverbindlichen Festlegung der Aufsichtsmaßstäbe und damit des eigenen Aufgabenbereichs erteilen. Da sowohl der Maßsstabssetzung als auch der Maßstabsdurchsetzung bzw. -verwirklichung die Ausrichtung auf ein bestimmtes Ziel gemeinsam ist,[158] wird auch die behördliche Anwendung finaler Programmnormen gerichtlich neben der sonstigen Gesetz- und Verfassungsmäßigkeit zumindest auf ihre Geeignetheit hin überprüft, das maßgebliche bzw. maßstabsvorgegebene Ziel zu erreichen.[159] Zumindest sofern sich die Aufsichtsbehörde im Rahmen des ihr auf der Rechtsfolgenseite der Missstandsaufsicht – neben der Befugnis zur Normkonkretisierung auf Tatbestandsebene – eröffneten Ermessens dazu entscheidet, die ihrerseits (sachgemäß) konkretisierten Vorgaben der Ermächtigungsnorm (vernünftigerweise) auf den konkreten Einzelfall anzuwenden,[160] obliegt die letztverbindliche Auslegung der gesetzlichen Zielsetzung der unabhängigen Gerichtsbarkeit.[161] Die gerichtliche Ermessensprüfung geht dabei zumindest der

---

Gestaltungsfreiheit des Verordnungsgebers, S. 161 ff., *Zuleeg*, Ermessensfreiheit des Verordnungsgebers, DVBl. 1970, 157 ff.

157 *Pitschas*, Verwaltungsverantwortung und Verwaltungsverfahren, S. 11.

158 Siehe dazu obige Ausführungen in Teil 1 unter D.I. und E.

159 *Berringer*, Regulierung, S. 221.

160 Während der Gesetzgeber durch die Verwendung eines unbestimmten Rechtsbegriffes auf der Tatbestandsebene die der Normanwendung zugrunde zu legenden Maßstäbe jedenfalls noch im Ansatz selbst vorgibt, scheint ihm im Fall der Ermessenseröffnung auf der Rechtsfolgenseite die Prognose einer angemessenen Reaktion auf zukünftige, tatbestandliche Situationen unmöglich. – Zu dem rechtsnormsystematischen Unterschied beider Formen des exekutivischen Anwendungsspielraumes vgl. statt vieler *Jestaedt*, Maßstäbe des Verwaltungshandelns, in: Erichsen/Ehlers (Hrsg.), Allgemeines Verwaltungsrecht, § 11 Rn. 10, und insbes. 27 ff. Uu den Auswirkungen behördlicher Gestaltungsspielräume auf das funktionengegliederte Kräftefeld von Legislative, Exekutive und Judikative im Allgemeinen und zur Eigenständigkeit der Verwaltung gegenüber Kontrollinstanzen im Besonderen *Hoffmann-Riem*, Eigenständigkeit der Verwaltung, in: Hoffmann-Riem/Schmidt-Aßmann/Voßkuhle (Hrsg.), Grundlagen des Verwaltungsrechts, Bd. I, § 10 Rn. 81 ff.

161 Gelangt die Aufschtsbehörde im Rahmen ihres Entschließungsermessens hingegen zu der Erkenntnis, von der ihr eingeräumten Korrekturbefugnis keinen Gebrauch zu machen, gelangt auch die dieser Entscheidung zugrunde liegende Auslegung bzw. Konkretisierung der gesetzgeberischen Zielvorgaben nicht zur Überprüfung duch die unabhängige Verwaltungsgerichtsbarkeit. Denn wie die Aufgabe der Finanzaufsicht insgesamt (vgl. § 4 Abs. 4 FinDAG), erfolgt auch die Wahrnehmung der

Rechtsfrage nach, ob die Behörde das Ermessen in einer dem Zweck bzw. der Zielsetzung der Ermächtigung entsprechenden Weise ausgeübt und die gesetzlichen Grenzen des Ermessens eingehalten hat.[162]

II. Die Zielsetzungen der integrierten Finanzdienstleistungsaufsicht

Damit gewinnt die Frage nach der maßgeblichen bzw. maßstabsvorgebenden Zielsetzung der Aufsicht über Kredit-, Versicherungs- und andere Finanzdienstleistungsinstitute eine besondere, zumal verfassungsrechtliche Bedeutung.[163] Da die integrierte Finanzdienstleistungsaufsicht – wie die Wirtschaftsaufsicht bzw. das Recht allgemein – ohnehin nicht Zweck ihrer selbst, sondern Folge bestimmter Zielsetzungen ist,[164] bestimmen neben den instrumentellen Verwirklichungsmodalitäten auch bzw. insbesondere die der Aufsicht insoweit voraus liegenden

---

Missstandsaufsicht allein im öffentlichen Interesse. Eine Reduzierung des Entschließungsermessens auf Null, das heißt eine Pflicht der Aufsichtsbehörde zum Einschreiten im Rahmen der Missstandsaufsicht, kann von dritter Seite nicht auf dem Klagewege geltend gemacht werden. Kritisch gegenüber dieser „Kompetenzkompetenz" der Aufsichtsbehörde *Bürkle*, Aufsichtsrechtliche Eingriffsbefugnisse nach Solvency II, in: Dreher/Wandt (Hrsg.), Solvency II in der Rechtsanwendung, 191 (199).

162 Vgl. § 114 S. 1 VwGO und § 40 VwVfG. Die in Betracht kommenden rechtlichen Ermessensfehler werden in Rechtsprechung und Literatur z.T. unterschiedlich bezeichnet und eingeteilt. In der Sache besteht jedoch weitestgehend Einigkeit. Vgl. statt vieler einmal mehr *Maurer*, Allgemeines Verwaltungsrecht, § 7 Rn. 19 ff. Guter Überblick auch bei *Detterbeck*, Allgemeines Verwaltungsrecht, Rn. 324 ff.

163 Ganz ähnlich *Hecker*, Marktoptimierende Wirtschaftsaufsicht, S. 28 f. Angedeutet auch bei *BVerfG*, Beschluss vom 12. November 1997 – 1 BvR 479/92, BVerfGE 96, 375 (394 f.).

164 So allgemein in Bezug auf das Recht *Larenz/Canaris*, Methodenlehre der Rechtswissenschaft, S. 153 ff., 332 f.; *Röhl*, Allgemeine Rechtslehre, S. 260, 633 ff.; in Bezug auf die Wirtschaftsaufsicht im Allgemeinen sowie die Bankenaufsicht im Speziellen *Stober*, Wirtschaftsaufsicht und Bankenaufsicht, in: Pitschas (Hrsg.), Integrierte Finanzdienstleistungaufsicht, 21 (26). – Zum Unterschied zwischen Ziel des Normgebers sowie des Normanwenders und Zweck der Norm selbst vgl. *Ehlers*, Ziele der Wirtschaftsaufsicht, S. 8 f.; sowie auf diesen Bezug nehmend m. w. Nachw. *Pieper*, Aufsicht, S. 154 Fn. 1007. Zum Unterschied zwischen Zweck und Funktion siehe *Stein*, Wirtschaftsaufsicht, S. 1 f.

Zielsetzungen das Wesen des (finanzdienstleistungs-)aufsichtsrechtlichen Steuerungsmodells.[165]

Ganz im Einklang mit der seit geraumer Zeit zu verzeichenden Regelungstechnik beispielsweise in den aktuellen Referenzgebieten des sich herausbildenden Regulierungsrechts wird zukünftig auch dem Versicherungsaufsichtsgesetz mit Inkrafttreten des Gesetzes zur Umsetzung der Richtlinie 2009/139/EG zu Solvabilität II eine konkrete Zielvorgabe vorangestellt. Danach soll die (neue) Versicherungsaufsicht dem Schutz der Versicherten insbesondere vor den Solvenzrisiken der Versicherungsunternehmen und vor Missständen dienen.[166] Auch die Richtlinienvorgaben zu Solvabilität II selbst geben als Hauptziel der Beaufsichtigung den Schutz der Versicherungsnehmer und der Begünstigten der Versicherungsleistungen vor.[167] Genannt werden daneben aber auch die Gewährleistung der Stabilität der Finanzsysteme sowie fairer und stabiler Märkte.[168] In die gleiche Richtung weisen künftig die unmittelbar geltenden Vorgaben der europäischen Verordnung über die aufsichtsrechtlichen Anforderungen an Kreditinstitute und Wertpapierfirmen. Diese sollen nicht nur eng auf die Funktionsweise der Bank- und Finanzdienstmärkte abgestimmt werden und die Finanzstabilität der Akteure auf den Märkten sichern, sondern auch einen hohen Grad an Anleger- und Einlegerschutz gewährleisten.[169]

Schon in der Begründung zum Entwurf des Gesetzes über die integrierte Finanzdienstleistungsaufsicht als institutioneller Organisationsgrundlage der nationalen Allfinanzaufsicht hieß es, dass „mit der Errichtung einer Bundesanstalt für

---

165 So auch allgemein *Pieper*, Aufsicht, S. 154, in Bezug auf die Regulierung als Erscheinungsform der Wirtschaftsaufsicht *Berringer*, Regulierung, S. 119, sowie *Britz*, Organisation und Organisationsrecht, in: Fehling/Ruffert (Hrsg.), Regulierungsrecht, § 21 Rn. 4, und *Kühling*, Sektorspezifische Regulierung in den Netzwirtschaften, S. 381. Angedeutet auch bei *Masing*, Das Recht der Regulierungsverwaltung – Gutachten, in: Ständige Deputation des Deutschen Juristentages (Hrsg.), Verhandlungen des 66. Deutschen Juristentages, Bd. I, D 1 (193). Ganz ähnlich *Hecker*, Marktoptimierende Wirtschaftsaufsicht, S. 28 f., und *BVerfG*, Beschluss vom 12. November 1997 – 1 BvR 479/92, BVerfGE 96, 375, (394 f.). – Um Ziel, Zweck und Funktion der Wirtschaftsaufsicht theoretisch umfassend beschreiben zu können, hielt auch schon *Stein*, Wirtschaftsaufsicht, S. 14, eine Kombination aus materiellen und formellen Kriterien für erforderlich.

166 Vgl. § 1 Abs. 1 VAG-E.

167 Vgl. Art. 27 der Richtlinie 2009/138/EG sowie Erwägungsgründe 14 bis 17.

168 Art. 28 der Richtlinie 2009/138/EG sowie Erwägungsgrund 16.

169 Siehe Erwägungsgrund 7 der Verordnung (EU) 575/2013 über die Aufsichtsanforderungen an Kreditinstitute und Wertpapierfirmen.

Finanzdienstleistungsaufsicht […] die Aufsichtsziele Solvenzaufsicht, Marktaufsicht und Kundenschutz in einem integrierten Aufsichtskonzept vereint werden.“[170] Nimmt man insoweit die wertpapierhandelsgesetzliche Marktaufsicht wegen der systematischen Eigenart ihres Bezugspunktes konsequenterweise nicht nur aus der Strukturanalyse allgemein, sondern auch konkret aus der Zielbestimmung der Finanzaufsicht über Kredit-, Finanzdienstleistungs- sowie Versicherungsunternehmen heraus, bleibt allein der Kundenschutz als eigenständige Zielumschreibung der bundesanstaltlichen Aufsichtstätigkeit. Die ebenfalls genannte Solvenzaufsicht ist keine der Aufsicht über Banken und Versicherungen voraus liegende Zielkategorie, sondern lediglich eine begriffliche Umschreibung derselben bzw. des Kernbereichs der laufenden Aufsicht über den jeweiligen Geschäftsbetrieb. Die Bundesanstalt selbst sieht die Gewährleistung eines funktionsfähigen, stabilen und integren Finanzsystems als maßgebliche Zielsetzung ihrer Aufsichtstätigkeit, damit Bankkunden, Versicherte und Anleger dem Finanzsystem vertrauen können.[171]

1. Kundenschutz

Beleuchtet man die Ziele des System- und Kundenschutzes im Lichte der analysierten Vorschriften der Finanzaufsicht näher, tritt maßstabs- und sektorübergreifend der Zweck hervor, mittels einer angemessenen Eigenmittelausstattung (Solvabilität) sowie ausreichenden Zahlungsbereitschaft (Liquidität) der Institute die Erfüllbarkeit ihrer Verpflichtungen dauerhaft bzw. jederzeit zu gewährleisten.[172]

a) Versicherten- bzw. Einlegerschutz

Versicherungsaufsichtsrechtlich handelt es sich dabei um die finanzaufsichtliche Konkretisierung der allgemeinen Zielsetzung, die Belange der Versicherten ausreichend zu wahren.[173] Gestützt auf diese generalklauselartige Vorgabe bestimmte

170 Vgl. Begründung der *Bundesregierung* zu dem Entwurf eines Gesetzes über die integrierte Finanzdienstleistungsaufsicht, BT-Drs., 14/7033, S. 33.

171 Vgl. zu den Zielen der Aufsicht *BaFin*, Aufgaben, abrufbar unter www.bafin.de »» Die BaFin »» Aufgaben (Stand: Dezember 2013). Ähnlich, wenn auch beschränkt auf den Bereich der Bankenaufsicht, *Deutsche Bundesbank*, Bankenaufsicht – Motive und Ziele, abrufbar unter: www.bundesbank.de »» Sachgebiete »» Bankenaufsicht »» Motive un Ziele (Stand: Dezember 2013).

172 Vgl. § 10 Abs. 1 S. 1 KWG bzw. § 53c Abs. 1 S. 1 VAG sowie § 11 Abs. 1 S. 1 KWG bzw. § 54 Abs. 1 VAG.

173 Vgl. § 81 Abs. 1 S. 2 VAG. Zu dem Verhältnis gegenüber § 81 Abs. 1 S. 5 VAG siehe nur *Kollhosser*, in: Prölss, Kommentar zum VAG, § 81 Rn. 35, sowie *Bähr*, in:

bereits die so genannte „Schutztheorie“ noch weit vor der europarechtlich vorgegebenen Unterscheidung zwischen besonderer Finanz- und allgemeiner Rechtsaufsicht (im Übrigen)[174] die Funktion der Versicherungsaufsicht dahingehend, sowohl die Belange der Versicherten zu schützen als auch die dauernde Erfüllbarkeit der Versicherungsverträge zu gewährleisten,[175] um das Vertrauen in das Versicherungswesen insgesamt zu stärken. Schon nach den gesetzgeberischen Motiven zum Erlass des Gesetzes über die privaten Versicherungsunternehmen von 1901[176] sollten die Versicherungsunternehmen ihre „Ueberlegenheit über die Geschäftsunkunde der Versicherten“ nicht ausbeuten dürfen.[177] Da der einzelne Versicherungskunde zumeist nicht imstande sei, die Vertrauenswürdigkeit eines Versicherungsunternehmens umfassend zu beurteilen, habe die Aufsicht angesichts der mit der Eigengesetzlichkeit der „Versicherungsware“ verbundenen Vertrauensempfindlichkeit der Versicherungsbranche die Versicherten in besonderem Maße zu schützen.

Angesichts der an Komplexität und Dynamik zunehmenden Gesellschaft ist dem zumindest im Ansatz insoweit zuzustimmen, als Versicherungs- wie auch Bankkunden im Verhältnis zu dem jeweiligen Institut in besonderem Maße schutzbedürftig sind. Beide haben heute wie damals zumeist weder einen hinreichenden Einblick in den Geschäftsbetrieb, noch (infolgedessen) einen adäquaten Überblick über die Solvabilität sowie Seriosität eines Kredit- bzw. Versicherungsinstituts.[178]

Fahr/Kaulbach/Bähr/Pohlmann, Kommentar zum VAG, § 81 Rn. 31. Kritisch gegenüber dem Versuch der Verknüpfung beider Zielkategorien *Starke*, Entwicklungslinien der materiellen Staatsaufsicht, in: Rohrbeck (Hrsg.), Fünfzig Jahre materielle Versicherungsaufsicht, Bd. III, 11 (60). – Zur Unterscheidung gegenüber der (Rechts-) Aufsicht im Übrigen und zur Eingrenzung des Untersuchungsgegenstandes auf die Finanzaufsicht siehe bereits oben Teil 2: A.III.

174 Zur versicherungsaufsichtsrechtlichen Unterscheidung und Abgrenzung der Finanzaufsicht von der (Rechts-)Aufsicht im Übrigen vgl. oben Teil 2: A.III. sowie ausführlich *Büchner*, Abgrenzung der Finanzaufsicht von der sonstigen Rechtsaufsicht, S. 33 ff.

175 Vgl. zur Schutztheorie insbesondere *Starke*, Entwicklungslinien der materiellen Staatsaufsicht, in: Rohrbeck (Hrsg.), Fünfzig Jahre materielle Versicherungsaufsicht, Bd. III, 11 (59 ff.). Siehe auch *Stein*, Wirtschaftsaufsicht, S. 9 ff., sowie *Bähr*, Generalklausel- und Aufsichtssystem des VAG im Strukturwandel, S. 67 ff.

176 Gesetz vom 12. Mai 1901, RGBl. S. 139.

177 Motive zum Versicherungsaufsichtsgesetz, Nachdruck 1963, S. 24.

178 Vgl. mit Blick auf den Bankkunden *Reischauser/Kleinhans* (Hrsg.) Kommentar zum KWG, Einleitung S. 1.

b) Verbraucherschutz

Zudem sind die Kriterien des Versicherten-, aber auch des Einlegerschutzes durch den innerhalb der rechtspolitischen Diskussion über die staatliche bzw. hoheitliche Aufgabenwahrnehmung insgesamt an Bedeutung gewinnenden Aspekt des Verbraucherschutzes angereichert worden.[179] Infolge einer Gleichsetzung von Versicherten- und Verbraucherschutz verstand sich bereits das ehemalige Bundesaufsichtsamt für das Versicherungswesen als „Einrichtung zum Schutz der Versicherten als Verbraucher", deren alleiniges Ziel es gewesen sein soll, die Versicherten zu schützen.[180] Aber auch die aus den separierten Aufsichtsämtern für das Versicherungswesen, das Kreditwesen und den Wertpapierhandel hervorgegangene, sektorübergreifende Aufsichtsbehörde der Bundesanstalt für Finanzdienstleistungsaufsicht (BaFin) hat binnenstrukturell von Beginn an ein (Querschnitts-) Referat Q21 unterhalten, das unter anderem mit der Beantwortung von Grundsatzfragen zum Verbraucherschutz aus allen Bereichen der Versicherungs-, Banken- und Wertpapierhandelsaufsicht betraut ist.[181] Darüber hinaus hat sich das Postulat des Verbraucherschutzes, das zunächst nur bereichsspezifisch in vereinzelten Vorschriften zum Ausdruck kam, entlang europarechtlicher Vorgaben[182] unlängst zu einem übergeordneten Rechtsprinzip ausgeformt,[183] das seinerseits die ohnehin

---

179 Für den Bereich der Versicherungsaufsicht: *Schmidt/Präve*, in: Prölss, Kommentar zum VAG, Vorbem. Rn. 56, *Bähr*, Generalklausel- und Aufsichtssystem des VAG im Strukturwandel, S. 69 ff., *Winter*, Ziele der Versicherungsaufsicht, ZVersWiss 2005 105 (119 ff.), *dens.*, Versicherungsaufsichtsrecht, S. 63 ff. Für den Bereich der Aufsicht nach dem Kreditwesengesetz: *Fischer*, in: Boos/Fischer/Schulte-Mattler (Hrsg.), Kommentar zum KWG, Einf. Rn. 124 ff., *Stober*, Wirtschaftsaufsicht und Bankenaufsicht, in: Pitschas (Hrsg.), Integrierte Finanzdienstleistungsaufsicht, 21 (29 ff.).

180 Vgl. nur die Auffassung des ehemaligen Präsidenten des BAV *Angerer*, Grundlinien der Versicherungsaufsicht, S. 12, 16, und *Hohlfeld*, Verbraucherschutz im Versicherungsgeschäft, VW 1991, 1494 ff.

181 Vgl. auch das aktuelle Organigramm der *BaFin*, abrufbar unter: www.bafin.de »» BaFin »» Organisation »» Organigramm bzw. Organisationsstatut (Stand: Dezember 2013).

182 Vgl. nicht zuletzt die europarechtliche Direktive zur Förderung des Verbraucherschutzes in Art. 12, Art. 114 Abs. 3 sowie insbesondere Art. 169 AEUV, der sogar als eigenständiger Titel XV mit „Verbraucherschutz" überschrieben ist. Zu den rechtspolitischen Plänen der Realisierung eines Binnenmarktes für Verbraucher siehe auch schon das Grünbuch der Kommission zum Verbraucherschutz in der Europäischen Union vom 2. Oktober 2001, KOM(2001) 531 endgültig.

183 *Mösbauer*, Staatsaufsicht über die Wirtschaft, S. 368; *Stober*, Allgemeines Wirtschaftsverwaltungsrecht, § 29 II 2.

fortschreitende Implementierung des Verbraucherschutzes in einer Vielzahl von Rechtsgebieten und Rechtsvorschriften auch des Wirtschaftsaufsichtsrechts weiter vorangetrieben hat.[184] Dementsprechend sieht auch der Entwurf eines Gesetzes zur Stärkung der Finanzaufsicht eine stärkere Berücksichtigung des Verbraucherschutzes bei der Finanzaufsicht vor.[185] Dazu wird bei der Bundesanstalt zum einen ein Verbraucherbeirat gebildet, der sie bei Verbraucherfragen beraten soll.[186] Zum anderen ist ein formalisiertes Beschwerdeverfahren für Verbraucher und andere Kunden von beaufsichtigten Instituten und Unternehmen sowie Verbraucherschutzorganisationen vorgesehen.[187]

c) Mittelbarer Individualschutz

Ungeachtet dieser (Rechts-)Entwicklung bleibt Ausgangs- und Bezugspunkt jedweder Zielbestimmung eines Gesetzes der konkrete Wortlaut seiner wesentlichen Vorschriften.[188] Auch im Horizont der Verfassungsgrundsätze der normativen Ermächtigungslehre, des Gesetzesvorbehaltes sowie der hinreichenden Bestimmtheit sind für die genaue Erfassung der Steuerungsaufgabe der integrierten Finanzdienstleistungsaufsicht die bereits benannten Zielvorgaben nur insoweit von Bedeutung, als sie sich auch in den gesetzessystematisch nachfolgenden und diese kompetenziell konturierenden Handlungsermächtigungen wiederfinden lassen.[189]

---

184 Zum Verbraucherschutz im Versicherungsaufsichtsgesetz vgl. die Ausführungen von *Hohlfeld*, Verbraucherschutz im Versicherungsgeschäft,VW 1991, 1494 ff., *Dreher*, Versicherung als Rechtsprodukt, S. 213 ff. Zum Verbraucherschutz im Kreditwesengesetz vgl. *Fischer*, in: Boos/Fischer/Schulte-Mattler (Hrsg.), Kommentar zum KWG, Einf. Rn. 124 ff., *Stober*, Wirtschaftsaufsicht und Bankenaufsicht, in: Pitschas (Hrsg.), Integrierte Finanzdienstleistungsaufsicht, 21 (29 ff.). Zum Verbraucherschutz im Wirtschaftsaufsichts- und Wirtschaftsverwaltungsrecht allgemein vgl. *Stober*, Allgemeines Wirtschaftsverwaltungsrecht, § 29 II 2.

185 So ausdrücklich die Begründung der *Bundesregierung* zum Entwurf eines Gesetzes zur Stärkung der Finanzaufsicht, BT-Drs. 17/10040, S. 13.

186 Vgl. § 8a des Entwurfs zur Änderung des FinDAG, Art. 2 des Gesetzesentwurfs zur Stärkung der Finanzaufsicht.

187 Vgl. § 4b des Entwurfs zur Änderung des FinDAG, Art. 2 des Gesetzesentwurfs zur Stärkung der Finanzaufsicht.

188 Ähnlich auch *Hecker*, Marktoptimierende Wirtschaftsaufsicht, S. 30.

189 So in Bezug auf die Verwaltungsaufgabe der Regulierung *Horn*, Regulierung im Ordnungswerk des Verwaltungsrechts, in: Gornig/Kramer/Volkmann (Hrsg.), Staat – Wirtschaft – Gemeinde, Festschr. für Frotscher, 379 (382), *v. Danwitz*, Regulierung, DÖV 2004, 977 (982), *Ruffert*, Regulierung im System des Verwaltungsrechts, AöR 124 (1999), 237 (243).

Allein die grammatikalische Auslegung der versicherungsaufsichtsrechtlichen Vorschriften relativiert aber bereits den Ansatz der (Verbraucher-)Schutztheorie. Ebenso wie die Richtlinienvorgabe zu Solvablitität II als Hauptziel den Schutz „der Versicherungsnehmer und der Begünstigten von Versicherungsleistungen" vorgibt, verwendet auch das Versicherungsaufsichtsgesetz (auch im Rahmen der neuen Zweckbestimmung) die Pluralform der „Belange der Versicherten". Gemeint ist damit jeweils nicht der Schutz jedes einzelnen Versicherungsnehmers, sondern der kollektiven Versichertengesamtheit.[190] Deren Schutz erstreckt sich – wenn überhaupt – nur „reflexartig" auf den einzelnen Versicherungsnehmer.[191] Erfüllt ein einzelner Versicherungsnehmer gleichsam repräsentativ die tatbestandlichen Voraussetzungen des „typischen Durchschnittsinteresses" der Versichertengesamtheit, wird dem einzelnen Versicherten zwar teilweise ein subjektiv-öffentliches Recht auf Tätigwerden der Aufsichtsbehörde zugesprochen,[192] die konkrete

190 *Ehlers*, Ziele der Wirtschaftsaufsicht, S. 53; *Bähr*, Generalklausel- und Aufsichtssystem des VAG im Strukturwandel, S. 73; *Barbey*, Versicherungsaufsicht, VersR 1985, 101 (108); *Kollhosser*, in: Prölss, Kommentar zum VAG, § 81 Rn. 54; *Scholz*, Strukturfragen der Versicherungsaufsicht, ZVersWiss 1984, 1 (14). Vgl. dazu auch aus der Rechtsprechung *BVerwG*, Urteil vom 16. Juli 1968 – I A 5.67, BVerwGE 30, 135 (137), *BVerwG*, Urteil vom 25. November 1986 – 1 A 20.82, BVerwGE 75, 147 (151), *BVerwG*, Beschluss vom 14. Dezember 1995 – 1 A 4/95, VersR 1996, 1133, *VG Frankfurt*, Urteil vom 19.5.2004 – 1 E 1184/04 (1), VersR 2004, 1397 (1398), sowie *VG Frankfurt*, Urteil vom 28.3.2011 – 9 K 566/10, Rz. 23, zitiert nach juris (Stand: Dezember 2013).

191 *VG Frankfurt*, Urteil vom 19.5.2004, 1 E 1184/04 (1), VersR 2004, 1397 (1398); *VG Frankfurt*, Urteil vom 28.3.2011 – 9 K 566/10, Rz. 23, zitiert nach juris (Stand: Dezember 2013); *Bähr*, Generalklausel- und Aufsichtssystem des VAG im Strukturwandel, S. 73; *Grote*, Anm. zu EuGH, Rs C-222/02, Peter Paul, VersR 2005, 103 (104); *Kaulbach*, Die laufende Rechts- und Fachaufsicht nach § 81 VAG, in: Bähr (Hrsg.), Hdb Versicherungsaufsichtsrecht, § 8 Rn. 1. Anders *Mösbauer*, Staatsaufsicht über die Wirtschaft, S. 363 ff., nach dessen Auffassung „die Belange der Versicherten die Belange jedes einzelnen Versicherten umfassen [..., der ...] durch und über [die Gesamtheit der Versicherten] schutzberechtigt" und damit amtshaftungsberechtigt ist.

192 So zumindest *Scholz*, Strukturfragen der Versicherungsaufsicht, ZVersWiss 1984, 1 (14). Diesem folgend *Pieper*, Aufsicht, S. 170, sowie *Winter*, Versicherungsaufsichtsrecht, S. 74, *ders.* Zielsetzungen der Versicherungsaufsicht, ZVersWiss 2005, 105 (133). Anders die Rechtsprechung, vgl. *BVerwG*, Urteil vom 16. Juli 1968 – I A 5.67, BVerwGE 30, 135 (136 f.), *BVerwG*, Urteil vom 25. November 1986 – 1 A 20.82, BVerwGE 75, 147 (151), *BVerwG*, Beschluss vom 14. Dezember 1995 – 1 A 4/95, VersR 1996, 1133, *VG Frankfurt/M.*, Urteil vom 19. April 2004 – 1 E 1184/04, VersR

Wahrnehmung der Aufsichtsaufgabe erfolgt hingegen ausschließlich im öffentlichen Interesse.[193]

Diese Beobachtungen lassen sich auch auf den ohnehin eher gesamtwirtschaftlich ausgericheteten Bereich der Aufsicht über Kredit- und andere Finanzdienstlesitungsinstitute übertragen. Auch deren gesetzlicher Schutzgutkatalog umfasst die (Vermögens-)Interessen der Institutskunden nicht in ihrer Individualität, sondern ausschließlich in ihrer Kollektivität.[194] Damit ist der Verbraucherschutz auch bankenaufsichtsrechtlich allenfalls ein objektiv-gemeinschaftlicher. Da in den Schutz der Belange der Versicherten- bzw. Einlegergesamtheit auch die Interessen gewerblicher Versicherungskunden und Einleger einbezogen werden, muss sich dieser aber nicht einmal auf den einzelnen Verbraucher ertrecken.[195] Dementsprechend geht die Bundesanstalt den Beschwerden jedes einzelnen Bank-, Finanzdienstleistungsinstituts- oder Versicherungskunden (freilich unabhängig von dessen Verbrauchereigenschaft) zwar insofern nach, als diese einen aufsichtlichen Missstand (der finanziellen sowie organisatorischen Solidität eines Instituts) indizieren und das Individualinteresse des jeweiligen Beschwerdeführers

---

2004, 1397 f. Vgl. dazu auch ausführlich *Bähr*, Generalklausel- und Aufsichtssystem des VAG im Strukturwandel, S. 312 ff.

193 Zur insoweit unstreitigen Regelungswirkung des § 81 Abs. 1 S. 3 VAG vgl. *Bähr*, in: Fahr/Kaulbach/Bähr/Pohlmann, Kommentar zum VAG, § 81 Rn. 15, *Barbey*, Versicherungsaufsicht, VersR 1985, 101 (107), *Kollhosser*, in: Prölss, Kommentar zum VAG, § 81 Rn. 54, *Winter*, Versicherungsaufsichtsrecht, S. 69, 74. – Zur Frage der Europa- und Verfassungsrechtskonformität des (gesetzlichen) Amtshaftungsausschlusses nach dem wortgleichen § 4 Abs. 4 FinDAG („Die Bundesanstalt nimmt ihre Befugnisse und Aufgaben nur im öffentlichen Interesse wahr.“) bzw. § 81 Abs. 1 S. 3 VAG vgl. aus der Rspr. *EuGH*, Rs C-222/02, Peter Paul, VersR 2005, 101 ff., *BGH*, NJW 2005, 742, jeweils ergangen zur gleich lautenden Vorschrift des § 6 KWG a.F.

194 Siehe nur die aktuelle Kernvorschrift des § 10 Abs. 1 S. 1 KWG: „im Interesse der Erfüllung ihrer Verpflichtungen gegenüber ihren Gläubigern“. Ebenso bereits *BVerfG*, Urteil vom 24. Juli 1962 – 2 BvF 4, 5/61, 2/62, BVerfGE 14, 197 (216 f.): „zur Sicherung der Institutsgläubiger“. Ebenso *Hammen*, KWG-rechtliche und EG-rechtliche Aspekte des Kreditgeschäfts, WM 1998, 741 (745), sowie *Artopoeus*, Unternehmerische Freiheit, ZfgK 1994, 1085 (1090). Angedeutet auch bei *Schäfer*, in: Boos/Fischer/Schulte-Mattler (Hrsg.), Kommentar zum KWG, § 6 Rn. 2.

195 *Bähr*, Generalklausel- und Aufsichtssystem des VAG im Strukturwandel, S. 72; *Pieper*, Aufsicht, S. 170; *Starke*, Entwicklungslinien der materiellen Staatsaufsicht, in: Rohrbeck (Hrsg.), Fünfzig Jahre materielle Versicherungsaufsicht, Bd. III, 11 (61 f.); *Winter*, Versicherungsaufsichtsrecht, S. 63; *ders.*, Zielsetzungen der Versicherungsaufsicht, ZVersWiss 2005, 105 (119).

mithin das typische Generalinteresse der Versicherten- bzw. Einlegergesamtheit repräsentiert.[196]

Das individuelle Verhältnis aber der einzelnen Versicherungs- und Bankkunden zu den jeweiligen Instituten, innerhalb dessen sowohl die Gestaltung des Leistungsinhalts im Zeitpunkt des Vertragsschlusses als auch die Bestimmung des Leistungsumfangs im Zeitpunkt der Vertragserfüllung grundsätzlich allein der Privatautonomie der vertragsschließenden Parteien obliegt, findet im Fall der strukturellen Unterlegenheit des einzelnen Versicherten bzw. Einlegers seinen „interessensmäßigen Ausgleich vorrangig in den zivilrechtlichen Vorschriften".[197] Dem öffentlichen Recht und damit auch dem Recht der Aufsicht über Kredit-, Versicherungs- und andere Finanzdienstleistungsinstitute kommt dabei nur eine subsidiäre Reservefunktion der Konfliktschlichtung zu, die sich erst aktualisiert, soweit die zivilrechtlichen Schutzvorkehrungen keinen hinreichenden Ausgleich der betroffenen (Verfassungs-)Rechtsgüter gewährleisten.[198]

Dies gilt im Verhältnis von Versicherungs-, Kredit- und anderen Finanzdienstleistungsinstituten zu ihren Kunden insbesondere in dem Zeitraum zwischen Vertragsabschluss und Vertragserfüllung. Mit Vertragsabschluss ist der Vertragspartner einer Bank, einer Versicherung oder eines anderen Finanzdienstleistungsinstituts zumeist unmittelbar verpflichtet, seiner Einlagen-, Prämien- oder sonstigen Zahlungspflicht nachzukommen. Im Gegenzug erhält der Kunde „keinen realen Gegenwert", sondern nur einen zukünftig erst fälligen, „gegebenenfalls

---

196 Vgl. nur *BaFin*, Jahresbericht 2002, S. 27, sowie *Fischer*, in: Boos/Fischer/Schulte-Mattler (Hrsg.), Kommentar zum KWG, Einf. Rn. 127, *Pieper*, Aufsicht, S. 170, *Scholz*, Strukturfragen der Versicherungsaufsicht, ZVersWiss 1984, 1 (14 f.).

197 *Bähr*, Generalklausel- und Aufsichtssystem des VAG im Strukturwandel, S. 73, 269 ff., insbes. 294 ff., ebenso *Kaulbach*, Die laufende Rechts- und Finanzaufsicht nach § 81 VAG, in: Bähr (Hrsg.), Hdb Versicherungsaufsichtsrecht, § 8 Rn. 1, *Kollhosser*, in: Prölss, Kommentar zum VAG, § 81 Rn. 54, *Mösbauer*, Staatsaufsicht über die Wirtschaft, S. 367 f., *Winter*, Versicherungsaufsichtsrecht, S. 57 ff., bzw. *ders.*, Zielsetzung der Versicherungsaufsicht, ZVersWiss 2005, 105 (116, 127). Aus der Rspr. vgl. VG Frankfurt a.M., VersR 2004, 1397, VG Frankfurt a.M., NJW 2011, 2747. Ähnlich für den Bereich der Aufsicht nach dem Kreditwesengesetz *Fülbier*, in: Boss/Fischer/Schulte-Mattler (Hrsg.), Kommentar zum KWG, § 6 Rn. 40 f., *Reischauer/Kleinhans* (Hrsg.), Kommentar zum KWG, § 6 Rn. 2. – Zur staatlichen Schutzpflicht im Falle einer gestörten Vertragsparität *BVerfG*, Beschluss vom 7. Februar 1990 – 1 BvR 26/84, BVerfGE 81, 242 (254 ff., 260); *BVerfG*, Urteil vom 26. Juli 2005 – 1 BvR 782/94, VersR 2005, 1109 (1117); *BVerfG*, Urteil vom 26. Juli 2005 – 1 BvR 80/95, VersR 2005, 1127 (1130 f.), sowie obige Ausführungen in Teil 1 C.1.

198 *Winter*, Versicherungsaufsichtsrecht, S. 69.

verbrieften Anspruch".[199] Dessen Erfüllung hängt weitestgehend von der Seriosität und Solidität des jeweiligen Instituts im Umgang mit den ihm anvertrauten Vermögenswerten ab. Da dem Kunden insoweit zumeist jegliche Erkenntnis- wie auch Kontrollmöglichkeiten fehlen, um die jederzeitige Erfüllung der Institutsverpflichtungen ihnen gegenüber in ausreichendem Maße sicherzustellen, schließen die finanzaufsichtsrechtlichen Vorschriften diese Lücke im zivilrechtlichen Ausgleichsmechanismus. Wie die Vorschriften des bürgerlichen und öffentlichen Rechts im Allgemeinen stehen auch das Bank- bzw. Versicherungsvertrags- und das Aufsichtsrecht nicht in einem Verhältnis des gegenseitigen Ausschlusses einander gegenüber, sondern der beidseitigen Ergänzung zueinander. Dennoch lassen sich Vertrags- und Aufsichtsverhältnis insoweit voneinander unterscheiden, als sich die wesentlichen Vorschriften der hoheitlichen Finanzaufsicht innerhalb des „multipolaren Rechtsverhältnisses"[200] zwischen Aufsichtsinstanz, Unternehmen und Kunden gerade nicht auf das einzelne Vertragsverhältnis zwischen Institut und Kunde, sondern nur auf das an einer Vielzahl von Vertragsverhältnissen beteiligte Kredit- bzw. Finanzdienstleistungsinstitut und Versicherungsunternehmen beziehen.[201] Das Aufsichtsrechtsverhältnis zwischen Behörde und Unternehmen wird formell mit dessen Antrag auf Zulassung zum Geschäftsbetrieb bzw. materiell durch die Erfüllung der tatbestandlichen Voraussetzungen eines gewerbsmäßig betriebenen Bankgeschäfts bzw. einer entsprechend erbrachten Finanzdienstleistung[202] sowie des unternehmerisch betriebenen Versicherungsgeschäfts[203] begründet.[204] Insbesondere die Anforderungen im Stadium der Aufnahmeaufsicht haben die Institute grundsätzlich zu erfüllen, bevor sie das erste Vertragsverhältnis mit einem Kunden eingehen. Bereits daran zeigt sich ganz deutlich, dass das

199 *Röhl*, Finanzmarktaufsicht, in: Fehling/Ruffert (Hrsg.), Regulierungsrecht, § 18 Rn. 10.

200 Zur „multipolaren Konfliktlage" in dem Dreiecksverhältnis Aufsichtsbehörde, beaufsichtigtes Versicherungsunternehmen und Versicherungsnehmer siehe *Bähr*, Generalklausel- und Aufsichtssystem des VAG im Strukturwandel, S. 47 ff., sowie allgemein *Schmidt-Preuß*, Kollidierende Privatinteressen im Verwaltungsrecht, S. 9 ff., 30 ff., 194 ff.

201 Zum Institut als Bezugspunkt der integrierten Finanzdienstleistungsaufsicht über Banken und Versicherungen siehe bereits obige Ausführungen int Teil 2: unter A.I. und IV.

202 Vgl. § 1 Abs. 1 und 1a KWG.

203 Vgl. § 1 Abs. 1 VAG.

204 Siehe dazu bereits die Ausführungen in Teil 2 unter B.I. Zur Rechtsverhältnisdogmatik des Aufsichtsverhältnisses allgemein vgl. die Ausführungen *Gröschners*, Das Überwachungsrechtsverhältnis, S. 142 ff.

(Verwaltungs-)Rechtsverhältnis zwischen Aufsichtsbehörde und beaufsichtigtem Unternehmen[205] (daher) gerade nicht (zumindest nicht unmittelbar) zugunsten der Kunden besteht.[206]

2. Systemschutz

Andererseits propagieren die finanzaufsichtsrechtlich maßgeblichen Vorgaben einer angemessenen Eigenmittelausstattung und ausreichenden Zahlungsbereitschaft[207] nicht jedweden Schutz der einzelnen Institute ausschließlich um ihrer selbst willen. Die Gewährleistung der Solvabilität und Liquidität eines Instituts dient vielmehr weiter dazu, die von der finanziellen Schieflage eines einzelnen Instituts aufgrund dessen volkswirtschaftlicher Schlüsselstellung als so genannter „Finanzintermediär"[208] ausgehenden Ansteckungsgefahren nicht nur für die Finanz-, sondern auch für die Volkswirtschaft insgesamt einzudämmen.[209] In einer auf Geld als Zahlungsmittel angewiesenen Volkswirtschaft treten Finanzintermediäre zumal in Form der Einlagenkreditinstitute als indirekte Vermittler von Geld zwischen Kapitalüberschuss und Kapitalbedarf auf, um durch Kapitalakkumulation, Risikosteuerung und Fristentransformation eine wirtschaftlich bestmögliche Kapitalallokation zu erreichen.[210] Aber auch Versicherungsunternehmen sammeln

205 So auch *Bähr*, Generalklausel- und Aufsichtssystem des VAG im Strukturwandel, S. 72 f.

206 Kritisch dazu *Mösbauer*, Staatsaufsicht über die Wirtschaft, S. 364 f.

207 Zur finanzaufsichtlichen Schwerpunktsetzung der (integrierten) Finanzdienstleistungsaufsicht siehe oben Teil 2: A.III.

208 Banken und Versicherungen gehören zu den so genannten Finanzintermediären im engeren Sinn, die Kapital von Kapitalgebern entgegennehmen und an Kapitalnehmer weitergeben. Unter Finanzintermediären im weiteren Sinn versteht man solche Institute, die den Handel zwischen Kapitalgebern und -nehmern ermöglichen bzw. erleichtern.

209 *Röhl*, Finanzmarktaufsicht, in: Fehling/Ruffert (Hrsg.), Regulierungsrecht, § 18 Rn. 11, 14.

210 Zu dieser (Schlüssel-)Funktion des Kreditgewerbes in der modernen Volkswirtschaft vgl. nur *Fischer*, Grundlagen, in: Schimansky/Bunte/Lwowski (Hrsg.), Bankrechts-Handbuch, § 125 Rn. 15. *Callies*, Finanzkrisen als Herausforderung der Rechtsetzung, VVDStRL 71 (2012), 113 (119), spricht insoweit von der „Schmierfunktion" des Finanzmarktes „für das Räderwerk der Wirtschaft". – Zur Daseinsvorsorgefunktion der Banken und Versicherungen siehe unten die Ausführungen unter III.3.b).

fremdes Kapital in der gesamten Versichertengemeinschaft, um dieses im einzelnen Versicherungsfall gezielt auszahlen zu können.[211]

Gerät eine Bank, eine Versicherung oder auch ein anderes Finanzdienstleistungsinstitut infolge einer unzureichenden (finanziellen) Absicherung der jeweils mit ihrem konkreten Geschäftsbetrieb verbundenen Risiken in eine finanzielle Schieflage, beschränkt sich diese – wie in Zeiten der Finanzkrise eindrucksvoll gesehen – zumeist nicht auf das einzelne, die Gefahr verursachende Unternehmen. Sie erstreckt sich nicht selten auf den gesamten Sektor bzw. sogar auch weitere Teile der (Real-)Wirtschaft.[212] Zum einen investieren einzelne Institute zum Teil in vergleichbare Produkte und unterliegen infolgedessen auch vergleichbaren Risiken, die sich im konkreten Aus- bzw. Verlustfall zur gleichen Zeit realisieren. Der damit verbundene, zumeist kurzfristige Kapitalabzug auch nur einzelner betroffener Institute führt zu einem Vertrauensverlust aller sich im Normalfall untereinander Geld leihenden Institute[213] und zieht daher auch „gesunde“ Unternehmen

---

211 Zum makroökonomischen Bedeutungsgehalt des Versicherungswesens vgl. auch *Steinmüller*, Bedeutung, Volkswirtschaftliche der Versicherung, in: Farny/Helten/Koch/Schmidt (Hrsg.), HdV, 49 (51), sowie kritisch *Sinn*, Volkswirtschaftliche Bedeutung des Versicherungswesens, ZVersWiss 1988, 1 (3 ff.).

212 Die Gefahr einer Finanzmarktkrise, deren Schockwellen – ausgelöst durch einen Missstand in einem kleineren Segment eines nationalen Teilmarktes – in einem System globaler Vernetzung auch Institute anderer Märkte in den Sog hineinziehen, zeigte sich zunächst an den Ausfällen von *IKB* und *Sachsen LB*, hernach von *Hypo Real Estate* und *Commerzbank*, deren Auslöser hohe Ausfallquoten im Bereich gering besicherter Kredite (Subprime-Kredite) im US-amerikanischen Immobilienmarkt waren, sowie zuletzt in dem besorgniserregenden Nachfragerückgang in der Automobilindustrie. Zu den Ursachen und Lehren dieser Finanzmarktkrise siehe bereits *Franke/Krahnen*, Finanzmarktkrise: Ursachen und Lehren, FAZ vom 24.11.2007, S. 13, *Sachverständigenrat zur Begutachtung der gesamtwirtschaftlichen Entwicklung,* Die Finanzkrise meistern – Wachstumskräfte stärken, Jahresgutachten 2008/09, S. 117 ff., sowie *Müller-Graff*, Finanzmarktkrise und Wirtschaftsordnungsrecht, EWS 201 (202 ff.).

213 Aus diesem Grund „pumpen“ die Zentralbanken in Krisenzeiten Liquidität in den „austrocknenden“ Geldmarkt. In ihrer Funktion als „Kreditgeber der letzten Instanz“ (lender of last resort) gewähren die Zentralbanken liquiditätssuchenden Instituten neue kurzfristige Geldkredite oder aber längere Laufzeiten für alte Geldleihgeschäfte. Kritisch zur Doppelrolle der Zentralbanken als „Pfandleiher und als Einlagenbank der Geschäftsbanken“ auf dem Höhepunkt der Finanzkrise *Welter*, Zentralbanken werden ungewollt zum Marktmacher, FAZ v. 4.10.2008, S. 12. Da jedoch die zins- und geldpolitischen Maßnahmen der Notenbanken nicht ausreichten, sah auch das von der *Bundesregierung* „geschnürte“, vom *Bundestag* „beschlossene“ und vom *Bundesrat*

in die (Liquiditäts-)Krise hinein. Hinzu kommt, dass auch die Institutskunden, sobald der Beginn einer solchen Krise publik wird, innerhalb kürzester Zeit versuchen, wesentliche Teile ihrer Vermögenswerte in Sicherheit zu bringen und damit der Liquidität auch eigentlich solventer Institute zu entziehen.[214] Mit dem Ziel, die Ansteckung und damit den Zusammenbruch des gesamten Finanzsektors oder sogar auch weiterer Teile der (Real-)Wirtschaft zu verhindern, steht hinter der integrierten Finanzdienstleistungsaufsicht auch das öffentliche Interesse an einer insgesamt gedeihlichen und soliden Entwicklung eines funktionsfähigen Banken- wie auch Versicherungswesens.[215]

a) Versicherungsaufsichtsrechtlicher Strukturschutz

Ausgehend von dem besonderen Versicherungsprodukt, dem (monetären) Leistungsversprechen des Versicherungsunternehmens im aleatorischen Versicherungsfall,[216] forderte bereits die so genannte „Strukturtheorie" Mitte des letzten Jahrhunderts, die besondere Struktur der gesamten Versicherungswirtschaft einer besonderen Aufsicht zu unterstellen.[217] Die abstrakte, nur schwer (be-)greifbare Ware des Versicherungsgewerbes ermögliche den Versicherungsunternehmen, ihr Angebot nahezu unbegrenzt zu erweitern und so das Verhältnis zur Nachfrage zu

---

„genehmigte" Rettungspaket als erste Stufe die vertrauensbildende Möglichkeit einer staatlichen Garantieerklärung für Bankkredite vor. Zu den Instrumenten des Finanzmarktstabilisierungsgesetzes sowie dessen Ergänzungsgesetze in Zeiten einer Systemkrise siehe oben in Teil 2 unter A.V.

214 Zu dem so genannten „Run-Effekt" im Kredit- und Versicherungswesen siehe nur *Fischer*, in: Boos/Fischer/Schulte-Mattler, KWG, Einf, Rn. 121, sowie *Angerer*, Grundlinien der Versicherungsaufsicht, S. 16, *Starke*, Entwicklungslinien der materiellen Staatsaufsicht, in: Rohrbeck (Hrsg.), Fünfzig Jahre materielle Versicherungsaufsicht, Bd. III, 11 (66).

215 So bereits für das Versicherungswesen die Motive zum Versicherungsaufsichtsgesetz, Nachdruck 1963, S. 24.

216 Zur produktbezogenen Versicherungsbetriebslehre auf der Basis des Versicherungsschutzkonzepts vgl. *Farny*, Versicherungsbetriebslehre, S. 7 ff.

217 Vgl. zur Strukturtheorie insbesondere *Starke*, Entwicklungslinien der materiellen Staatsaufsicht, in: Rohrbeck (Hrsg.), Fünfzig Jahre materielle Versicherungsaufsicht, Bd. III, 11 (65 ff.). Siehe auch *Stein*, Wirtschaftsaufsicht, S. 9 ff., sowie *Bähr*, Generalklausel- und Aufsichtssystem des VAG im Strukturwandel, S. 67 ff. – Zu den strukturellen Besonderheiten von Versicherungen und Banken vgl. zusammenfassend *Schierenbeck/Hölscher*, BankAssurance, S. 16 ff.

stören.[218] Gleichzeitig erfordere sie aufgrund ihrer Komplexität sowie der Dauer ihrer Absatzbeziehung zwischen Vertragsabschluss und -erfüllung eine hinreichende Seriosität und Solidität des Versicherungsunternehmens, die der gestörte Automatismus der Versicherungswirtschaft mangels adäquater Einsichts-, Kontroll- und Korrekturmöglichkeiten der Versicherungskunden gerade nicht aus sich heraus zu gewährleisten vermöge. Demnach obliege der Versicherungsaufsicht die Funktion, die Störung des Wirtschaftsautomatismus zu beheben, um einen natürlichen – besser: geordneten – Wirtschaftsablauf zu ermöglichen und zu erhalten.[219] Die Aufsicht sei deshalb als „strukturelles Korrelat" der gesamten privaten Versicherungswirtschaft zu begreifen,[220] deren grundrechtlich geschützte Selbstverantwortung und Eigeninitiative – auch im Verhältnis der einzelnen (Markt-) Teilnehmer untereinander[221] – weitestgehend unberührt bleiben bzw. bestmöglich gefördert werden sollen.[222] Ganz in diesem Sinne wird der Versicherungsaufsicht die Aufgabe zugeschrieben, die Wirtschaftsfunktion der Versicherung als objektive Institution zu schützen.[223]

b) Kreditwesengesetzlicher Funktions- bzw. Systemschutz

Wenn auch aus der Eigengesetzlichkeit des Versicherungswesens gewonnen, formuliert die Strukturtheorie in Form der Funktionssicherung des natürlichen bzw.

---

218 *Starke*, Entwicklungslinien der materiellen Staatsaufsicht, in: Rohrbeck (Hrsg.), Fünfzig Jahre materielle Versicherungsaufsicht, Bd. III, 11 (65).

219 *Starke*, Entwicklungslinien der materiellen Staatsaufsicht, in: Rohrbeck (Hrsg.), Fünfzig Jahre materielle Versicherungsaufsicht, Bd. III, 11 (67).

220 Schon die amtliche Begründung zum VAG hat seinerzeit vom „öffentlichen Interesse an einer gedeihlichen und soliden Entwicklung des Versicherungswesens", von der dem Staate obliegenden „Pflicht besonderer Fürsorge", von der „Gefahr schwerster Schädigung des Volkswohls" und dem Erfordernis des besonderen „Vertrauens der Bevölkerung" auf die private Versicherungswirtschaft und deren Sicherung durch eine funktionierende Versicherungsaufsicht aufmerksam gemacht. Vgl. insoweit *Scholz*, Strukturfragen der Versicherungsaufsicht, ZVersWiss 1984, 1 (11), mit Verweis auf Prölss/Schmidt/Frey, VAG, Vorbem. 33.

221 Zum Grundrechtsschutz der Versicherungsnehmer wie auch der Versicherungsunternehmen gegenüber dem Staat wie auch untereinander siehe bereits oben Teil 1 B.1. und C.1, sowie *Winter*, Versicherungsaufsichtsrecht, S. 76 ff., *dens.*, Zielsetzungen der Versicherungsaufsicht, ZVerWiss 2005, 105 (112 ff., 134 ff.).

222 *Starke*, Entwicklungslinien der materiellen Staatsaufsicht, in: Rohrbeck (Hrsg.), Fünfzig Jahre materielle Versicherungsaufsicht, Bd. III, 11 (68).

223 *Kaulbach/Pohlmann*, in: Fahr/Kaulbach/Bähr/Pohlmann, Kommentar zum VAG, Vor § 1 Rn. 5, mit m.w.Nachw.

geordneten Wirtschaftsautomatismus ein generalisierendes, von dem gesetzlichen Tatbestand des Versicherungsaufsichtsgesetzes ausgehendes, jedoch zugleich abgehobenes Aufsichtsprinzip, das auch der Finanzdienstleistungsaufsicht, wenn nicht sogar der staatlichen Wirtschaftsaufsicht insgesamt, als sektorübergreifende Zielsetzung zugrunde bzw. voraus gelegt werden könnte.[224] Der Einfluss der Strukturtheorie auf den Erlass des Gesetzes über das Kreditwesen von 1961[225] zeigte sich in der amtlichen Begründung zu § 6 Abs. 2 KWG in seiner heute noch gültigen Fassung.[226] Danach ist es die Zielsetzung des Aufsicht nach dem Kreditwesengesetz, zumal die Funktionsfähigkeit des Kreditapparates zu wahren wie auch die Gläubiger(gesamtheit) der Kreditinstitute nach Möglichkeit vor Verlusten zu schützen.[227]

Der Funktionsschutz wird als Zielsetzung der Finanzaufsicht infolge der gesetzgeberischen Reaktionen auf die Auswirkungen der Finanzkrise der letzten Jahre nicht zuletzt im Zusammenhang mit der makroprudentiellen Aufsicht über die Stabilität des Finanzsystems insgesamt noch einmal an Bedeutung gewinnen. So haben die Institute (zukünftig) nicht mehr allein die Risiken, denen sie als Institut ausgesetzt sind, sondern auch diejenigen, die von ihnen für das gesamte Finanz-

---

224 Die Kritik, die der Theorie aufgrund ihres geringen Bezugs zu den Vorschriften des VAG vor 1994 entgegengebracht wurde [vgl. zusammenfassend *Bähr*, Generalklausel- und Aufsichtssystem des VAG im Strukturwandel, S. 76 m.w.Nachw. in Fn. 406], kann an dieser Stelle nicht verfangen. Die maßgebliche bzw. maßstabsvorgebende Zielsetzung der Aufsicht über Kredit-, Versicherungs- und andere Finanzdienstleistungsinstitute muss sich zwar auf den Wortlaut ihrer instrumentellen Verwirklichungsmodalitäten gründen lassen, zugleich aber auch in einer gewissen Weise von diesen abstrahiert werden können. Nur so lassen sich übergeordnete Zusammenhänge der Finanzdienstleistungsaufsicht herausarbeiten, die wiederum der Auslegung auch der konkreten Aufsichtsinstrumente zugrunde gelegt werden können.

225 Gesetz über das Kreditwesen vom 10. Juli 1961, BGBl. I, S. 881 (weitere Nachweise bei *Stein*, Wirtschaftsaufsicht, S. 12 Fn. 45).

226 Gesetz über das Kreditwesen in der Fassung der Bekanntmachung vom 9. September 1998, BGBl. I, S. 2776, zuletzt geändert durch Art. 2 des Gesetzes vom 9. Dezember 2010, BGBl. I, S. 1900.

227 Vgl. Begründung der *Bundesregierung* zu einem Entwurf eines Gesetzes über das Kreditwesen, BT-Drs. III/1114, S. 20 sowie zum Gesetz zur Umsetzung von EG-Richtlinien zur Harmonisierung bank- und wertpapieraufsichtsrechtlicher Vorschriften, BT-Drs. 13/7142, S. 74. Vgl. auch *Stein*, Wirtschaftsaufsicht, S. 12 Fn. 47, der darin „ein deutliches Bekenntnis zur Strukturtheorie“ sieht, sowie allgemein zu den gesamtwirtschaftlichen Zielen der Bankenaufsicht *Fischer*, Grundlagen, in: Schimansky/Bunte/Lwowski (Hrsg.), Bankrechts-Handbuch, § 125 Rn. 19.

bzw. Wirtschaftssystem ausgehen, in ihre Regelungen, Strategien, Verfahren und Mechanismen zur Bestimmung und Bewahrung der eigenen Risikotragfähigkeit mit einzubeziehen. Auch die zu den grundsätzlichen Eigenkapitalanforderungen hinzutretenden Kapitalpuffer dienen der Stabilisierung der Institute in Zeiten systemischer Krisen.[228] Folgerichtig werden die von einem Institut ausgehenden Systemrisiken zunehmend nicht nur von den Instituten im Rahmen ihrer internen Berechnungsmodelle für eine hinreichende Eigenkapitalbildung, sondern auch von den das Finanzsystem insgesamt beobachtenden Aufsichtsbehörden im Rahmen ihrer Aufsichtstätigkeit zu berücksichtigen sein.[229]

Bereits im Vorgriff auf die unionsrechtlichen Harmonisierungsvorgaben sind auf nationaler Ebene durch das Restrukturierungsgesetz gegenüber Kreditinstituten mit Systemrelevanz[230] Instrumente zur Abwehr von Gefahren für die Stabilität des Finanzsystems in die Missstandsaufsicht nach dem Kreditwesengesetz eingefügt worden.[231] Diese sind infolge des Zweiten Finanzmarktstabilisierungsgesetzes noch einmal um weitere Befugnisse zur Abwehr systemischer Risiken für die Finanzmarktstabilität ergänzt worden, die abgesehen von ihrem zeitlich begrenzten Anwendungsbereich als Blaupause für das zukünftig im Rahmen der makroprudentiellen Systemaufsicht vorzuhaltende Instrumentarium dienen können, um die Risikowarnungen und Abwendungsempfehlungen des Europäischen Ausschusses für Systemrisiken oder des nationalen Ausschusses für Finanzstabilität konkret umsetzen zu können; dies sogar gegenüber einem Institut, dessen Geschäftsbetrieb nicht einmal das abzuwendende Systemrisiko verursacht haben

---

228 Vgl. dazu *Baseler Ausschusses für Bankenaufsicht*, Basel III: Internationale Rahmenvereinbarung über Messung, Standards und Überwachung in Bezug auf das Liquiditätsrisiko (Basel III, Teil 2), Dezember 2010, Rz. 136 ff., abrufbar unter www.bis.org, Rz. 122 ff., Art. 128 ff. der Richtlinie 2013/36/EU über die Beaufsichtigung von Kreditinstituten und Wertpapierfirmen, die Begründung der *Europäischen Kommission* zu ihrem Vorschlag für eine konsolidierte Richtlinie über die Beaufsichtigung von Kreditinstituten und Wertpapierfirmen [KOM(2011) 453 endgültig, S. 14], sowie obige Ausführungen in Teil 2 unter B.II.1.a)aa)(1).

229 Vgl. Art. 97 Abs. 1 der Richtlinie 2013/36/EU über die Beaufsichtigung von Kreditinstituten und Wertpapierfirmen.

230 Zum Typus des „systemrelevanten Eigentums“ bzw. der „Systemrelevanz“ als Eingriffstitel siehe *Höfling*, Finanzmarktregulierung – Gutachten, in: Ständige Deputation des Deutschen Juristentages (Hrsg.), Verhandlungen des 68. Deutschen Juristentages, Bd. I, F 1 (57 ff.).

231 Siehe die §§ 48a ff. KWG sowie obige Ausführungen in Teil 2 unter B.II.2.a)aa)(1)(d).

muss.[232] Die damit verbundene Abkehr von dem gefahrenabwehrrechtlichen Paradigma eines grundsätzlich erforderlichen Verantwortungszusammenhangs zwischen Gefahrenlage und (möglichem) Störer rechtfertigt sich nicht zuletzt damit, dass der Erhalt eines funktionierenden Kredit- und Versicherungswesens als „das höchste volkswirtschaftliche Schutzgut“[233] gilt.

c) Mittel-Zweck-Relation zwischen System- und Kundenschutz

Der (zunehmend) im Vordergrund stehende Systemschutz und der (stärker) zu berücksichtigende Kundenschutz stehen – auch zukünftig – weder beziehungslos neben- noch in einem (notwendigen) Zielkonflikt zueinander.[234] Sowohl versicherungsaufsichtsrechtlich als auch nach dem Kreditwesengesetz ist die Funktionsfähigkeit des Wirtschaftsautomatismus kein ausschließlicher Selbstzweck. So zielt das Versicherungsaufsichtsrecht infolge der europarechtlichen Deregulierung und Betonung der Finanzaufsicht seit der Dritten Richtliniengeneration[235] auf ein funktionsfähiges Versicherungswesen, um die Belange der Versichertengesamtheit auf der gesicherten Grundlage einer finanziellen Solidität der Versicherungsunternehmen zu schützen.[236] Auch die bankenrechtliche Finanzaufsicht ergänzt den primär zivilrechtlichen Ausgleich der strukturellen Unterlegenheit der Institutskunden,[237] indem deren subjektive Stellung bereits durch umfassende aufsichtsrechtlich

---

232 Vgl. § 10 Abs. 1b S. 2 bis 13 KWG i.d.F. des Zweiten Finanzmarktstabilisierungsgesetzes vom 24. Februar 2012, sowie obige Ausführungen in Teil 2 unter B.II.2.a.aa)(1)(d)(bb).

233 Vgl. Begründung der *Bundesregierung* zu ihrem Entwurf eines Gesetzes über die aufsichtsrechtlichen Anforderungen an die Vergütungssysteme von Instituten und Versicherungsunternehmen vom 31. März 2010, BT-Drs. 17/1291, S. 10.

234 Beides bedeutete eine eher geringere denn höhere Steuerungskapazität. Auf den Zielkonflikt beschränkend *Döhler*, Die unabhängige Regulierungsbehörde, Die Verwaltung 34 (2001), 59 (83).

235 Dritte Richtlinie Schaden [Richtlinie 92/49/EWG des Rates vom 10. November 1992 zur Koordinierung der Rechts- und Verwaltungsvorschriften der Direktversicherung (mit Ausnahme der Lebensversicherung) sowie zur Änderung der Richtlinien 73/239/EWG und 88/357/EWG, ABl. EG Nr. L 228 vom 11. August 1992, S. 1 ff.], Art. 10 Gesamtrichtlinie Lebensversicherung 2002/83/EG [Richtlinie 2002/83/EG des Europäischen Parlaments und des Rates vom 5. November 2002 über Lebensversicherungen, ABl. EG L 345 vom 19. Dezember 2002, S. 1 ff.].

236 Vgl. auch *Winter*, Zielsetzungen der Versicherungsaufsicht, ZVerWiss 2005, 105 (122, 144), dens., Versicherungsaufsichtsrecht, S. 65, 84.

237 Für den Bereich der Versicherungsaufsicht *Winter*, Versicherungsaufsichtsrecht, S. 78 ff.

überprüfbare Informationspflichten der Institute gestärkt wird,[238] die zudem ein Mindestmaß an objektiver Finanzsolidität auf- bzw. nachzuweisen haben. Deren aufsichtsrechtliche Sicherstellung erfolgt auch bankenaufsichtsrechtlich in der Erwartung, dass möglichst bereits ein marktmäßiger Ordnungsrahmen hinreichend solvabler und liquider Finanzdienstleistungsunternehmen – ergänzt um die Sicherstellung eines stabilen Finanzsystems als Ganzes – die dauerhafte bzw. jederzeitige Erfüllbarkeit der (vertraglichen) Verpflichtungen gegenüber den jeweiligen Kunden gewährleisten wird.[239]

Auch die (zukünftigen) Vorgaben der europäischen Maßnahmenpakete zur Umsetzung von Solvabilität II[240] einerseits und Basel III[241] zielen – den

238 Zu der aufsichtsrechtlichen Ergänzungsfunktion der Veröffentlichungspflichten wesentlicher Unternehmensdaten gegenüber den übrigen Marktteilnehmern wie Wettbewerbern, aber auch bzw. insbesondere Kunden siehe obige Ausführungen in Teil 2 unter B.II.1.c). In diesen Kontext sind auch die Produktinformationspflichten des § 10a VAG einzuordnen, deren Zweck darin besteht, dem Versicherungsnehmer als Verbraucher eine ausreichende Informationsgrundlage sowohl vor Abschluss als auch während der Laufzeit des Vertrages zu verschaffen und den Fortfall der aufsichtsbehördlichen Vorabkontrolle der Allgemeinen Versicherungsbedingungen und Tarife zu kompensieren. Vgl. dazu *Bähr*, Generalklausel- und Aufsichtssystem des VAG im Strukturwandel, S. 71, *Präve*, in: Prölss, Kommentar zum VAG, § 10a, Rn. 1.

239 *BVerfG*, Urteil vom 26. Juli 2005 – 1 BvR 80/95, VersR 2005, 1127 (1133), *Winter*, Versicherungsaufsichtsrecht, S. 84, *ders.*, Zielsetzungen der Versicherungsaufsicht, ZVerWiss 2005, 105 (144). Angedeutet bei *Schmidt/Präve*, in: Prölss, Kommentar zum VAG, Vorm. Rn. 58, offen gelassen von *Kaulbach/Pohlmann*, in: Fahr/Kaulbach/Bähr/Pohlmann, Kommentar zum VAG, Vor § 1 Rn. 5, angedeutet auch bei *Neus*, in: Luz/Neus/Scharpf/Schneider/Weber (Hrsg.), Kommentar zum KWG, Einf. Rn. 36, *Nirk*, Kreditwesengesetz, S. 11, und *Waschbusch*, Bankenaufsicht, S. 167. Allein auf die Gleichrangigkeit beider Zielsetzungen stellen hingegen *Pieper*, Aufsicht, S. 161 f., und *Schenke/Ruthig*, Bankaufsichtspflichten, NJW 1994, 2324 (2325), ab.

240 Vgl. die Richtlinie 2009/138/EG sowie den Vorschlag für eine Richtlinie des Europäischen Parlaments und des Rates betreffend die Aufnahme und Ausübung der Versicherungs- und Rückversicherungstätigkeit – Solvabilität II, KOM(2007) 361 endgültig.

241 Vgl. dazu jeweils die Vorschläge der *Europäischen Kommission* für eine Verordnung über die aufsichtsrechtlichen Anforderungen an Kreditinstitute und Wertpapierfirmen, KOM(2011) 452 endgültig, und für eine Richtlinie über den Zugang zur Tätigkeit von Kreditinstituten und die Beaufsichtigung von Kreditinstituten und Wertpapierfirmen, KOM(2011) 453 endgültig, und nunmehr auch die verabschiedete Verordnung (EU) Nr. 575/2013 des Europäischen Parlaments und des Rates vom 26. Juni 2013 über Aufsichtsanforderungen an Kreditinstitute und Wertpapierfirmen und zur Änderung der Verordnung (EU) Nr. 646/2012, ABl. EU Nr. L176 vom 27.6.2013, S. 1 ff, sowie

europarechtlichen Binnenmarkt- und Wettbewerbsprinzipien entsprechend[242] – letztlich auf die finanzielle Solidität der Kreditinstitute und Versicherungsunternehmen als Grundlage bzw. Mittel eines möglichst liberalen Einleger-, Versicherten- bzw. Verbraucherschutzes.[243] In diese Aufsichtskonzeption fügen sich nach Auffassung der Bundesregierung auch die in ihrem Entwurf eines Gesetzes zur Stärkung der Finanzaufsicht vorgesehenen Maßnahmen zur stärkeren Berücksichtigung des Verbraucherschutzes ein.[244] Denn auch dadurch sollen die Aufsichtsziele, „die auf die Sicherstellung der Solvenz der beaufsichtigten Institute und auf die Funktionsfähigkeit der Finanzmärkte gerichtet sind",[245] nicht in Abrede gestellt, sondern instrumentalisiert werden.

III. Die integrierte Finanzdienstleistungsaufsicht im Koordinatensystem der staatlichen Aufsicht über die Wirtschaft

Die finanzaufsichtliche Kombination aus System- und Individualrechtsschutz in dem Verhältnis von Mittel und Zweck bedingt eine nicht unerhebliche Komplexität der finanzaufsichtsrechtlichen Zielsetzung, die zweifelsohne das Wesen der integrierten Finanzdienstleistungsaufsicht widerspiegelt und insofern mit deren Verwirklichungsweisen korreliert. Mit zunehmender Komplexität verliert die parlamentsgesetzliche Zielsetzung allerdings auch ihre Wirkkraft, den behördlichen bzw. gesellschaftlichen Beitrag zur kooperativen Erfüllung der Finanzaufsicht wie auch deren gerichtliche Kontrolle möglichst präzise anzuleiten. Auch eine gerichtliche Kontrolle selbst nur der Geeignetheit einer behördlichen

die verabschiedete Richtlinie 2013/36/EU des Europäischen Parlaments und des Rates vom 26. Juni 2013 über den Zugang zur Tätigkeit von Kreditinstituten und die Beaufsichtigung von Kreditinstituten und Wertpapierfirmen, zur Änderung der Richtlinie 2002/87/EG und zur Aufhebung der Richtlinien 2006/48/EG und 2006/49/EG, ABl. EU Nr. L176 vom 27.6.2013, S. 338 ff.

242 Zur europarechtlichen Wirtschaftsverfassung siehe obige Ausführungen in Teil 1 unter B.I. und II.

243 Zum solvabilitätsrechtlichen Kern der jeweiligen Maßnahmenpakate auf europäischer Ebene siehe bereits obige Ausführungen in Teil 2 unter B.II.1.a)aa)(1) und (2).

244 So ausdrücklich die Begründung der *Bundesregierung* zum Entwurf eines Gesetzes zur Stärkung der Finanzaufsicht, BT-Drs. 17/10040, S. 13.

245 So ausdrücklich die Begründung der *Bundesregierung* zum Entwurf eines Gesetzes zur Stärkung der Finanzaufsicht, BT-Drs. 17/10040, S. 12.

Aufsichtsmaßnahme, die komplexe Zielsetzung des Finanzaufsichtsrechts zu erreichen, scheint infolgedessen kaum noch möglich.[246] Zwar bleibt auch die behördliche Anwendung rechtlicher Maßstäbe nach der Vorgabe einer vielschichtigen Zielsetzung auf einen komplexen Wirklichkeitssachverhalt formal eine Rechtsentscheidung.[247] Als eigentliche Rechtsfrage wird gerichtlich allerdings zumeist allein noch die Einhaltung der kompensierenden Verfahrens- und Rationalitätsanforderungen an die Entscheidungsfindung, nicht mehr hingegen die Rechtmäßigkeit der Entscheidung selbst zu überprüfen sein.[248]

---

246 So in Bezug auf die Regulierung *Lepsius*, Verfassungsrechtlicher Rahmen der Regulierung, in: Fehling/Ruffert (Hrsg.), Regulierungsrecht, § 4 Rn. 79 f.

247 Anders die rein seinswissenschaftliche Begriffsbestimmung der Wirtschaftsaufsicht nach *Stein*, Wirtschaftsaufsicht, S. 5 ff., 52 f., 73 ff., 81, 88 ff., und 96 f., nach dessen Ansatz insbesondere Aufsichtsvorschriften, die reine Zielvorgaben formulierten, nach denen sich die wirtschaftliche Tätigkeit zu richten habe, die Wirtschaftsaufsicht von der Durchsetzung rechtlicher Maßstäbe befreiten, da allein der Rückgriff auf außerrechtliche Maßstäbe der Wirklichkeit eine Überprüfung der wirtschaftlichen Unternehmung anhand des gesetzlich lediglich allgemein vorgegebenen Ziels ermögliche. Auch die Begründung der verfassungsrechtlichen Zulässigkeit einer folglich maßstabsfreien Aufsicht, die auf eine unmittelbare Verpflichtung der grundrechtlichen Unternehmerfreiheit auf die volkswirtschaftliche Funktion der Bedarfsdeckung und damit eine sozialstaatliche Inhaltsbestimmung der Wirtschaftsfreiheit abhebt, kann nicht überzeugen. – So wie hier *Gröschner*, Das Überwachungsrechtsverhältnis, S. 55 f., 58 f. und 64 f. Ähnlich *Pieper*, Aufsicht, S. 146, *Bähr*, Generalklausel- und Aufsichtssystem des VAG im Strukturwandel, S. 79. – Allgemein zur Rechtsverhältnisdogmatik siehe die Ausführungen *Gröschners*, Das Überwachungsrechtsverhältnis, S. 142 ff.

248 Zur gerichtlichen Überprüfbarkeit verfahrensrechtlicher Vorgaben der behördlichen Gestaltungsfreiheit siehe auch *Hoffmann-Riem*, Eigenständigkeit der Verwaltung, in: Hoffmann-Riem/Schmidt-Aßmann/Voßkuhle (Hrsg.), Grundlagen des Verwaltungsrechts, Bd. I, § 10 Rn. 100 und 102 ff. – Zur gerichtlichen Überprüfung der „Rationalität der Entscheidungsfindung“ *Lepsius*, Verfassungsrechtlicher Rahmen der Regulierung, in: Fehling/Ruffert (Hrsg.), Regulierungsrecht, § 4 Rn. 79 f. – An den behördlicherseits eingeschlagenen Weg der Entscheidungsfindung legen die Gerichte bereits als grobes Kontrollraster in zunehmendem Maße – der gesetzlichen Kompetenzöffnung gegenüber der Exekutive entsprechend – die planungsrechtlich bekannten Abwägungskriterien (Ausfall, Defizit, Fehleinschätzung und Disproportionalität) an. Siehe bereits für den Bereich der Regulierung *BVerwG*, Urteil vom 28.11.2007 – 6 C 42/06, BVerwGE 130, 39 (46 f.), *BVerwG*, Urteil vom 2.4.2008 – 6 C 15/07, BVerwGE 131, 41, sowie *BVerfG*, Beschluss vom 27.5.2008 – 1 BvR 478/08, MMR 2008, 590, *VG Köln*, Urteil vom 13.2.2003 – 1 K 8003/98, MMR 2003, 814 (818). Kritisch demgegenüber *Kersten*, Wettbewerb als Verwaltungsaufgabe, VVDStRL 69

Damit verbindet sich zugleich das rechtsdogmatische Bedürfnis, die Komplexität der Steuerungsaufgabe der Finanzaufsicht gleichsam auf einer Zwischenstufe zwischen übergeordneter Zielsetzung und konkreter Maßnahme im Sinne eines „querschnittstypischen Bewirkungsmodus" einzufangen, zumindest aber mittels einer methodisch-systematischen Ein- bzw. Abgrenzung – der Unterscheidung zwischen maßstabsgebundener Wirtschaftsaufsicht und maßstabsgebender Wirtschaftslenkung vergleichbar – im Verhältnis zu anderen Modellen staatlicher Wirtschaftssteuerung zu profilieren.[249] Über die Positionierung der integrierten Finanzdienstleistungsaufsicht auf der „mittleren Ebene" des Koordinatensystems der staatlichen Wirtschaftsaufsicht, das im historischen Ausgangs- und aktuellen Referenzpunkt durch das Gewerbepolizeirecht einerseits und das Regulierungsverwaltungsrecht andererseits markiert wird, lässt sich eine weitere Konturierung des Aufgabenbildes der Finanzaufsicht in ihrer aktuellen Ausprägung erreichen, das in der Folge auch den analytischen Blick auf dessen mögliche Neujustierung schärft.[250]

1. Gewerbepolizeilicher Ursprung der Finanzaufsicht

In dem schon frühen Bestreben, die Versicherungsaufsicht funktional gegenüber anderen Erscheinungsformen staatlicher Wirtschaftssteuerung abzugrenzen, wurden deren Bewirkungsmodalitäten nach der so genannten „Gefahrentheorie" – dem gewerbepolizeilichen Ursprung der Wirtschaftsaufsicht entsprechend – auf

(2010), 288 (324 ff., insbes. 326 ff.). Siehe auch allgemein *Hoffmann-Riem*, Eigenständigkeit der Verwaltung, in: Hoffmann-Riem/Schmidt-Aßmann/Voßkuhle (Hrsg.), Grundlagen des Verwaltungsrechts, Bd. I, § 10 Rn. 96 ff. – Zur Diskussion um das zunehmende Erfordernis behördlicher Abwägungsentscheidungen siehe die Beiträge von *Würtenberger* und *Riedel*, Rechtliche Optimierungsgebote oder Rahmensetzung für das Verwaltungshandeln, VVDStRL 58 (1999), 139 ff. und 180 ff.

249 Siehe zur formal-begrifflichen Abschichtung sowie dem rechtsdogmatischen Bedürfnis nach methodisch-systematischer Klarheit über die Bestimmungsgrößen obige Ausführungen in TEIL 1 unter D. und E. – Zur analytisch methodischen Anerkennung einer „mittleren Ebene" in der Neuen Verwaltungsrechtswissenschaft als dogmatischer Zwischenstufe und Verklammerung verschiedener Bereiche des Besonderen Verwaltungsrechts *Ruffert*, Begriff, in: Fehling/Ruffert (Hrsg.), Regulierungsrecht, § 7 Rn. 45 m.w.Nachw.

250 Vgl. zu dem Erkenntnisgewinn einer Querschnittsanalyse in Bezug auf die rechtpolitische Entdeckung neuer Steuerungsmodalitäten auch *Fehling*, Instrumente und Verfahren, in: Fehling/Ruffert (Hrsg.), Regulierungsrecht, § 20 Rn. 161.

die Kategorie der Gefahrenabwehr bezogen.[251] Die versicherungsaufsichtsrechtlichen Instrumente sollten allein dem Schutz gegen eingetretene Schäden bzw. konkrete Gefahren dienen, das heißt erst bei Sachlagen ergriffen werden können, die bei ungehindertem Geschehensablauf in absehbarer Zeit mit hinreichender Wahrscheinlichkeit zum Eintritt eines Schadens führen.[252] Maßnahmen zur vorbeugenden Abwehr nur möglicherweise zukünftig entstehender Gefahren sollten indes weder von der besonderen Versicherungsaufsicht noch von der Wirtschaftsaufsicht im Allgemeinen umfasst sein.

a) Gefahrenabwehr, Gefahrenvorsorge und Risikovorsorge

Die vorbeugende Gefahrenabwehr aus dem wirtschaftsaufsichtlichen Maßnahmenkatalog auszunehmen, entsprach schon damals weder den Wirklichkeitsbedingungen der allgemeinen Wirtschafts- noch der besonderen Versicherungsaufsicht.[253] In Anbetracht der allgemein zunehmenden Komplexität der zu beaufsichtigenden Unternehmungen wegen deren fortschreitenden Entwicklungsstandes wie auch der damit teilweise einhergehend erhöhten Vertrauensempfindlichkeit der „produzierten" Wirtschaftsgüter konnte in immer weniger Bereichen der Wirtschaft der Eintritt konkreter Gefahren abgewartet werden. Gerade die Aufsicht über Banken und Versicherungen verlangt es in Anbetracht ihrer Funktion als „Finanzintermediäre" seit jeher, vorbeugende, funktions- und damit vertrauens(be)wahrende Maßnahmen ergreifen zu können. Vor allem die Möglichkeit eines so genannten „Ansteckungseffekts" einer finanziellen Schieflage infolge eines damit verbundenen Vertrauensverlustes in die Funktionsbedingungen einer Volkswirtschaft

251 Einzelheiten und Nachweise zur Gefahrentheorie bei *Starke*, Entwicklungslinien der materiellen Staatsaufsicht, in: Rohrbeck (Hrsg.), Fünfzig Jahre materielle Versicherungsaufsicht, Bd. III, 11 (58 f.).

252 Den Bezugspunkt dieses Ansatzes und die Schwelle der wirtschaftsaufsichtlichen Befugnisse markierte demnach der Gefahrenbegriff in seiner klassisch-liberalen Ausprägung zur Zeit der Aufklärung als Ergebnis einer Entwicklung von der zuvor auch die Wohlfahrtspflege umfassenden Polizeiaufgabe hin zur Beschränkung auf den Sicherheitszweck der Gefahrenabwehr. Vgl. zu dieser im allgemeinen Polizei- und Ordnungsrecht ebenso wie im Wirtschaftsverwaltungsrecht geltenden Definition des Gefahrbegriffs *Schenke*, Polizei- und Ordnungsrecht, Rn. 69 ff., sowie *Stober*, Allgemeines Wirtschaftsverwaltungsrecht, § 29 I 5 a.

253 Zur Kritik an der „realitätsfremden" Gefahrentheorie siehe nur *Starke*, Entwicklungslinien der materiellen Staatsaufsicht, in: Rohrbeck (Hrsg.), Fünfzig Jahre materielle Versicherungsaufsicht, Bd. III, 11 (58), *Angerer*, Grundlinien der Versicherungsaufsicht, S. 15, und *Stein*, Wirtschaftsaufsicht, S. 10.

lässt den Bedarf an Aufsichtsinstrumenten im Vorfeld einer Gefahr offenkundig erscheinen.[254]

Dementsprechend konnte die Bundesanstalt bereits seit Inkrafttreten des Kreditwesen- und Versicherungsaufsichtsgesetzes Maßnahmen der Missstandsaufsicht schon dann ergreifen, wenn die beaufsichtigten Institute gegen die finanzaufsichtsrechtlichen Vorgaben einer angemessenen Eigenmittelausstattung und ausreichenden Zahlungsbereitschaft verstoßen, das heißt, eine Gefahr für die finanzielle Institutssolidität verursacht hatten.[255] Infolge der Erfahrungen aus der Finanzkrise der letzten Jahre ist die aufsichtsintrumentelle Eingriffsschwelle der Misstandsaufsicht auch des Kreditwesengesetzes[256] sogar von dem konkreten Verstoß gegen die finanzaufsichtsrechtlichen Vorgaben der hinreichenden Solvabilität und Liquidität durch das Gesetz zur Stärkung der Finanzmarkt- und Versicherungsaufsicht[257] auf den begründeten Verdacht einer Gefahr herabgesetzt worden, dass ein Institut die (Mindest-)Solvenzanforderungen dauerhaft nicht mehr erfüllen könnte.[258]

---

254 Zur volkswirtschaftlichen Funktion von Banken und Versicherungen als so genannte „Finanzintermediäre" sowie der damit verbundenen Gefahr der gegenseitigen Ansteckung vgl. bereits die einleitenden Ausführungen unter II.2.

255 Vgl. dazu obige Ausführungen in Teil 2 unter B.II.2.a.aa)(1)(a) und (2)(a). – Den ehemaligen Grundsätzen I und II der Bundesanstalt für Finanzdienstleistungsrecht (vormals Bundesaufsichtsamt für das Kreditwesen) über die Eigenmittel und Liquidität der Kreditinstitute wurde noch die Qualität normkonkretisierender bzw. -komplettierender Verwaltungsvorschriften beigemessen [siehe die Begründung der *Bundesregierung* zum Entwurf eines Gesetzes zur weiteren Fortentwicklung des Finanzplatzes Deutschland (Viertes Finanzmarktförderungsgesetz), BT-Drs. 14/8017, S. 62 ff.] Ein Verstoß gegen die Grundsätze hatte lediglich die Indizwirkung einer abstrakten Gefährdung der bankenaufsichtsrechtlichen Solvabilitäts- bzw. Liquiditätsanforderungen [siehe nur *Lindemann*, in: Boos/Fischer/Schulte-Mattler (Hrsg.), Kommentar zum KWG (2004), § 45 Rn. 7 bzw. 11]. Zwar weisen die Vorgaben der Solvabilitäts- bzw. Liquiditätsverordnung des Bundesministeriums für Finanzen eine andere Rechtsqualität auf und entfalten – damit einhergehend – eine andere, nämlich externe Bindungswirkung. Dessen ungeachtet soll nach *Lehnhoff*, in: Reischauer/Kleinhans, Kommentar zum KWG, § 46 Rn. 2, und *Nirk*, Kreditwesengesetz, S. 51, auch ein Verstoß gegen die Rechtsverordnungsvorgaben nur zu einer nur abstakten Gefährdung des Schutzgutes der finanziellen Solidität führen.

256 Zur Missstandsaufsicht auch nach dem Versicherungsaufsichtsgesetz siehe die Ausführungen in Teil 2: unter B.II.2.a)aa)(2).

257 Art. 1 des Gesetzes zur Stärkung der Finanzmarkt- und Versicherungsaufsicht vom 29. Juli 2009, BGBl. I, S. 2305.

258 Vgl. § 45 Abs. 1 S. 1 KWG n.F. sowie dazu obige Ausführungen in Teil 2: unter B.II.2.a)aa)(1)(a).

In Abhängigkeit von der Bedeutung des bedrohten Rechts- bzw. Schutzgutes einerseits und von dem Risikopotential der wirtschaftlichen Betätigung andererseits steigt aber auch ganz allgemein das rechtstatsächliche Bedürfnis, die Anforderungen an die Eintrittswahrscheinlichkeit des schädigenden Ereignisses auf die Eingriffsschwellen des Gefahrenverdachts (Gefahrenvorsorge) oder der bloßen Risikobesorgnis (Risikovorsorge) herabzusenken.[259] In vielen Fällen vermag eine auf die Abwehr konkreter Gefahren im Sinne des traditionellen, liberalistisch geprägten Gewerbepolizeirechts begrenzte Wirtschaftsaufsicht die ihr anvertrauten (Rechts-)Güter nicht (mehr) ausreichend effektiv zu schützen.[260] Indem beispielsweise nicht mehr allein das Inverkehrbringen des Endproduktes, sondern bereits dessen Herstellung, Verpackung oder Lagerung bzw. der gesamte damit im Zusammenhang stehende Geschäftsbetrieb als gefährlich eingestuft und damit einer Überwachung bzw. Aufsicht unterzogen werden kann, ist das Gewerbepolizeirecht im Laufe der Zeit auch immer näher an die potentielle Gefahrenquelle herangerückt.[261] Darüber hinaus kann nicht außer Betracht gelassen werden, dass sich mittlerweile sogar das Konzept der Gefahrenabwehr im allgemeinen Polizei- und Ordnungsrecht gewandelt hat. Dem Gewerbepolizeirecht vergleichbar wird nicht nur die Schwelle der polizeilichen Befugniseröffnung tatbestandlich nicht mehr ausschließlich durch den Begriff der konkreten, bereits eingetretenen Gefahr für ein Schutzgut bestimmt. Angesichts neuer Bedrohungsszenarien für die öffentliche Sicherheit und Ordnung wurde auch die Eingriffsschwelle polizeilicher Befugnisnormen vermehrt auf tatsächliche Anhaltspunkte für Bedrohungslagen im Gefahrenvorfeld herabgesetzt.[262]

---

259 Vgl. bspw die Vorschriften des § 7 Abs. 2 Nr. 3 AtomG, § 5 Abs. 1 Nr. 2 BImSchG, § 1 Nr. 1 Alt. 2 GenTG. Dazu auch *Horn*, Grundstrukturen der staatlichen Wirtschafts- und Finanzdienstleistungsaufsicht, in: Gornig (Hrsg.), Rechtliche Aspekte der Vermögensberatung, 65 (76 f. m.w.Nachw. in Fn. 28), sowie *Pieper*, Aufsicht, S: 176 ff. – Zu der Gegenüberstellung der Kategorien der Gefahrenabwehr, der Gefahrenvorsorge und der Risikoüberwachung vgl. auch den Überblick bei *Stober*, Allgemeines Wirtschaftsverwaltungsrecht, § 29 I 5.

260 *Starke*, Entwicklungslinien der materiellen Staatsaufsicht, in: Rohrbeck (Hrsg.), Fünfzig Jahre materielle Versicherungsaufsicht, Bd. III, 11 (58); *Bähr*, Generalklausel- und Aufsichtssystem des VAG im Strukturwandel, S. 66.

261 Vgl. das Beispiel des Wandels von der Apotheker- zur Arzneimittelaufsicht von *Gröschner*, Das Überwachungsrechtsverhältnis, S. 33.

262 Zu den (rechtsstaatlichen) Herausforderungen sog. polizeilichen Gefahrenvorfeldmaßnahmen siehe nur *Horn*, Sicherheit und Freiheit, in: Horn (Hrsg. u.a.), Recht im Pluralismus, Festschr. für Schmitt Glaeser, 435 (457 ff.).

b) Strukturunterschied zwischen (Gewerbe-)Polizeirecht und Wirtschaftsaufsicht

Nimmt man die Entwicklungslinien im allgemeinen wie besonderen (Gewerbe-) Polizeirecht zusammen, ist zwar insgesamt eine Ausweitung von Polizeiaufgabe und -instrumentarium auf den Bereich der Gefahren- bzw. Risikovorsorge zu verzeichnen. Dennoch vermögen selbst diese „neuen" (gewerbe-)polizeirechtlichen Kategorien die Bewirkungsmodi des Steuerungsmodells der integrierten Finanzdienstleistungsaufsicht noch nicht hinreichend zu profilieren.[263] Dies wird für den Bereich der Versicherungsaufsicht, dem die Gefahrentheorie ursprünglich zugrunde gelegt wurde, zum Teil bereits damit begründet, dass „der Versicherungsaufsicht ein zivilrechtlicher Grundtatbestand zugeordnet" sei.[264] Die zumeist vertragliche Beziehung zwischen dem Versicherungsunternehmen und dem jeweiligen Kunden soll aber nach dem klassisch-liberalen Verständnis des Polizeirechts, dessen grundlegendes Bauprinzip in dem eindimensionalen Verantwortungszusammenhang zwischen Gefahrenlage und (möglichem) Störer ohne notwendige Beteiligung Dritter besteht,[265] gerade keinem staatlichen Einfluss unterliegen.[266]

Dem ist in Bezug auf den Vertrag als privatautonomem Ausgleichsmechanismus individueller Freiheit, dem grundsätzlich auch eine eine individuelle Risiko- und Haftungsverantwortung entspricht, sicherlich zuzustimmen.[267] Vorliegend geht es aber allein um die Profilierung des Bewirkungsmechanismus der sektorübergreifenden Finanzaufsicht und damit nur jenes Teilbereichs auch der Versicherungsaufsicht, dem im Unterschied zur allgemeinen Rechtsaufsicht[268] unmittelbar

---

263 *Starke*, Entwicklungslinien der materiellen Staatsaufsicht, in: Rohrbeck (Hrsg.), Fünfzig Jahre materielle Versicherungsaufsicht, Bd. III, 11 (58 f.), und *Angerer*, Versicherungsaufsicht, S. 9, begründeten dies in den Jahren 1955 und 1985 allein noch mit der sachfremden Ausgrenzung der Vorbeugung aus dem polizeilichen Maßnahmenenkatalog.

264 Vgl. *Bähr*, Generalklausel- und Aufsichtssystem des VAG im Strukturwandel, S. 66.

265 Dazu dezidiert *Horn*, Sicherheit und Freiheit, in: Horn (Hrsg.), Recht im Pluralismus, Festschr. für Schmitt Glaeser, 435 (451 ff.).

266 *Pieper*, Aufsicht, S. 171 ff., 189 f.

267 Vgl. insoweit auch *Scholz*, Strukturfragen der Versicherungsaufsicht, ZVersWiss 1984, 1 (23) m.w.Nachw. in Fn. 65.

268 Vgl. *Büchner*, Abgrenzung der Finanzaufsicht von der sonstigen Rechtsaufsicht, S. 130 ff., insbes. S. 137 f. sowie die Zusammenfassung auf S. 144, m.w.Nachw. in Fn. 602/3. Angedeutet bei *Präve*, Das Dritte Durchführungsgesetz/EWG zum VAG, ZfV 1994, 199 (208). – Zur Reservefunktion des öffentlichen Aufsichtsrechts im Rahmen der Konfliktschlichtung zwischen (Versicherungs-)Unternehmen und Kunden siehe ausführlich *Bähr*, Generalklausel- und Aufsichtssystem des VAG im

gerade keine privatvertragliche Beziehung des jeweiligen Instituts zu einem seiner Kunden zugrunde liegt, sondern das öffentlichrechtliche (Verwaltungs-)Rechtsverhältnis zur Aufsichtsbehörde.[269] Regelungsgegenstand der wesentlichen, dieses Verhältnis kennzeichnenden Vorschriften[270] ist auch nicht ein einzelnes Bank- bzw. Versicherungsprodukt, das bereits aufgrund seiner theoretischen Grundlage der Finanzmathematik sowie der daraus folgenden, tatsächlichen Abstraktheit unkörperlich, kaum sichtbar und damit letztlich nur schwer (be-)greifbar ist.[271] Gegenstand der Finanzaufsicht ist vielmehr eine „Vielzahl von Geschäftsvorgängen" einschließlich deren Verhältnis zu den allgemeinen Marktmechanismen bzw. Funktionsweisen der Finanz- wie auch der Volkswirtschaft insgesamt.[272]

Insoweit beschränken sich die Regelungen und Maßnahmen der Finanzaufsicht auch nicht darauf, die beaufsichtigten Vorgänge allein reaktiv am Maßstab quantitativ-genereller Solvabilitäts- bzw. Liquiditätskennziffern zu überprüfen und im Falle der Entdeckung einzelner Gefahren oder Missstände zu korrigieren.[273] Um die Gefährlichkeit bzw. den Risikogehalt des finanzwirtschaftlichen Geschäftsbetriebs einer Bank oder Versicherung besser erkennen, darauf aufbauend die Mindestanforderungen an eine angemessene Solvabilität und ausreichende Liquidität effizienter bestimmen und erforderlichenfalls effektiver durchsetzen zu können, wird der reaktiven Missstandsaufsicht zunächst einmal ein die institutseigenen Steuerungsressourcen aktivierendes und kanalisierendes Steuerungsreglement

---

Strukturwandel, S. 50 ff., *dens.*, in: Fahr/Kaulbach/Bähr/Pohlmann, Kommentar zum VAG, § 81 Rn. 10, sowie obige Ausführungen unter II.1.c).

269 So auch *Bähr*, Generalklausel- und Aufsichtssystem des VAG im Strukturwandel, S. 72 f., sowie *Kümpel*, Bank- und Kapitalmarktrecht, Rn. 2.20 ff. – Zum Dreiecksverhältnis zwischen Aufsichtsbehörde, beaufsichtigtes Versicherungsunternehmen und Versicherungsnehmer siehe ausführlich *Bähr*, Generalklausel- und Aufsichtssystem des VAG im Strukturwandel, S. 47 ff., sowie im Überblick bereits oben unter II.1.c) und II.2.c).

270 Siehe die zielgerichtete Auswahl und zusammenfassende Systematisierung der finanzaufsichtlichen Vorschriften in Teil 2: B.

271 Gerade die Intransparenz und Unüberschaubarkeit der Verbriefung letztlich zu gering besicherter Kredite auf dem US-amerikanischen Immobilienmarkt ist wohl einer der Auslöser der aktuellen Finanzkrise gewesen.

272 *Röhl*, Finanzmarktaufsicht, in: Fehling/Ruffert (Hrsg.), Regulierungsrecht, § 18 Rn. 45, sowie *Höfling*, Finanzmarktregulierung – Gutachten, in: Ständige Deputation des Deutschen Juristentages (Hrsg.), Verhandlungen des 68. Deutschen Juristentages, Bd. I, F 1 (32).

273 Vgl. zu dem allgemeinen Wandel in der aufsichtsrechtlichen Gesetzgebung *Pieper*, Aufsicht, S. 189.

vorangestellt.[274] Infolgedessen zielt die Aufsicht über Kredit-, Versicherungs- und andere Finanzdienstleistungsinstitute nicht nur negativ auf ein Unterlassen der Aufsichtsunterworfenen, sondern auch bzw. zuvor positiv auf ein aktives Tun der beaufsichtigten Institute: die Erledigung der (öffentlichen) Steuerungsaufgabe der Finanzaufsicht[275]

Auf der Grundlage risikoadäquater Organisationsstrukturen einer risikobewussten Geschäftsführung sollen möglichst die Institute selbst das effiziente Steuerungswissen generieren und eine effektive Steuerungswirkung etablieren, um die institutionellen Voraussetzungen einer ordnungsgemäßen Durchführung der Bank-, Versicherungs- und anderen Finanzdienstleistungsgeschäfte, insbesondere die dauerhafte Erfüllbarkeit sämtlicher Verbindlichkeiten gegenüber den Bank- und Versicherungskunden zu schaffen bzw. zu erfüllen. Sowohl die Erzeugung des erforderlichen Steuerungswissens als auch die Durchsetzung der Steuerungswirkung werden begleitet von einem den gesamten Geschäftsbetrieb fortdauernden Steuerungsprozess hoheitlicher Kontrolle. Innerhalb dieses Ordnungskonzeptes der hoheitlich regulierten Selbstregulierung der Institute weisen erst die subsidiär-imperativen Korrekturbefugnisse einen der traditionellen Gewerbeüberwachung vergleichbaren Wirkungsmechanismus der polizeirechtlichen Gefahrenabwehr, Gefahrenvorsorge bzw. Risikovorsorge auf, indem sie den trotz der primär-kooperativen Risikosteuerung drohenden bzw. eintretenden Missstand letztverbindlich möglichst noch verhindern oder wenigstens doch beseitigen.

Dies gilt im Ansatz auch für den Fall, dass der eingetretene Missstand einer drohenden Gefahr für die Stabilität des Finanzsystems nicht „nur" auf eine unzureichende Solvabilität oder Liquidität bzw. eine damit verbundene Bestandsgefährdung eines einzelnen Instituts zurückzuführen ist. Im Unterschied zu dem nach hergebrachtem Verständnis vom (Gewerbe-)Polizeirecht vorausgesetzten Verantwortungszusammenhang zwischen Gefahrenlage und (möglicher) Gefahrverursachung, führt die allein stabilitätsorientierte Systemaufsicht allerdings zu einem nicht unbedeutenden Paradigmenwechsel, weil sich die konkrete Korrekturmaßnahme der Gefahrenabwehr auch an ein Unternehmen richten kann, dessen

274 *Horn*, Regulierung im Ordnungswerk des Wirtschaftsverwaltungsrechts, in: Gornig/Kramer/Volkmann (Hrsg.), Staat – Wirtschaft – Gemeinde, Festschr. für Frotscher, 379 (385 f.).

275 Vgl. in Bezug auf die Kategorie der regulierten Selbstregulierung *Junker*, Gewährleistungsaufsicht über Wertpapierunternehmen, S. 52. Allgemein zum Unterschied zwischen negativer und positiver Aufsicht vgl. *Bullinger*, Staatsaufsicht in der Wirtschaft, VVDStRL 22 (1963), 264 (289 f. Fn. 110), *Kahl*, Staatsaufsicht, S. 379 f.

Geschäftsbetrieb das die Aufsichtsmaßnahme auslösende Systemrisiko selbst gar nicht hervorgerufen hat.

Ungeachtet dessen stellt die imperative Korrektur der unternehmerischen Betriebsabläufe im Rahmen der Missstandsaufsicht auch mit Blick auf die Abwehr systemischer Gefahren – der begrifflichen Ein- und Abgrenzung der Wirtschaftsaufsicht gegenüber der Wirtschaftsüberwachung entsprechend[276] – aber nur einen begrenzten Teilbereich der integrierten Finanzdienstleistungsaufsicht dar. Nur innerhalb dessen können die hergebrachten Bewirkungsmodi des Gewerbepolizeirechts eine gewisse Verdichtung und Konturierung des Aufgabenbildes der Finanz- wie auch mit Abstrichen der Systemaufsicht erreichen.[277] Im Mittelpunkt der Finanzdienstleistungsaufsicht steht aber trotz ihrer bedeutsamen Ergänzung durch die Systemaufsicht (weiterhin) die Finanzaufsicht mitsamt ihres im Wesentlichen kooperativen Steuerungsprozesses der regulierten Selbstregulierung. Dessen Instrumentarium reicht über die (defensive) Beseitigung oder auch (offensive) Verhinderung konkreter und abstrakter Gefahren bzw. Risiken oder Missstände hinaus in den Bereich der positiven Gewährleistungsaufsicht hinein[278] und ist daher in seiner „Breiten- und Tiefenwirkung"[279] bei weitem umfassender und vielschichtiger

---

276 Zur begrifflichen Ein- und Abgrenzung der Wirtschaftsaufsicht gegenüber der Wirtschaftsüberwachung und Wirtschaftslenkung siehe ausführlich oben Teil 1: D. und E.

277 Umfassender noch der „gefahren- und missbrauchsbezogene Ansatz" von *Scholz*, Wirtschaftsaufsicht, S. 22 f., *ders.*, Strukturfragen der Versicherungsaufsicht, ZVersWiss 1984, 1 (9, 13, 21). Die treffende Bezeichnung dieses Ansatzes stammt von *Bähr*, Generalklausel- und Aufsichtssystem des VAG im Strukturwandel, S. 79. Zur nur noch eingeschränkten dogmatischen Relevanz der (gewerbe-)polizeilichen Kategorien im Rahmen der Versicherungsaufsicht vgl. ebenfalls *Bähr*, Generalklausel- und Aufsichtssystem des VAG im Strukturwandel, S. 65, sowie *Kaulbach/Pohlmann*, in: Fahr/Kaulbach/Bähr/Pohlmann, Kommentar zum VAG, Vor § 1 Rn. 8, und *Winter*, Zielsetzungen der Versicherungsaufsicht, ZVersWiss 2005, 105 (109, 111), bzw. *dens.*, Versicherungsaufsichtsrecht, S. 56.

278 *Müller*, Materielle Versicherungsaufsicht, in: Müller/Golz/Walshausen-Richter/Trommeshauser (Hrsg.), 100 Jahre materielle Versicherungsaufsicht, Bd. I, 155 (156 f.), und *Bähr*, Generalklausel- und Aufsichtssystem des VAG im Strukturwandel, S. 32 f. sprechen insoweit von einem materiellen Aufsichtsystem. Letzterer beschreibt dieses zutreffend durch ein gegenständliches, nämlich geschäftsbetrieblich „vollumfängliches" Merkmal sowie ein materielles Merkmal der „Zweckdurchsetzung". Andeutungen dieses dualistischen Begründungsansatzes finden sich auch bei *Kollhosser*, in: Prölss, Kommentar zum VAG, § 81 Rn. 7.

279 *Hecker*, Marktoptimierende Wirtschaftsaufsicht, S. 129 f.

angelegt als allein das der negativen Wirtschaftsüberwachung; nicht nur zeitlich, sondern auch (und vor allem) inhaltlich.[280]

2. Finanzaufsichtliche Sicherstellung funktionaler Zusammenhänge zwischen gemeinwohlorientierter Institutssolidität und liberalem Kundenschutz

Im Unterschied zu den allein an das Schadenskriterium gebundenen, (gewerbe-)polizeirechtlichen Kategorien der Gefahrenabwehr und Gefahren- bzw. Risikovorsorge, deren Anknüpfungspunkt einzelne Rechtsgüter oder Rechtsgutsgruppen bilden, bezieht sich die Finanzaufsicht auf Wirklichkeitssachverhalte und -zusammenhänge von erhöhter Komplexität.[281] Der im Wesentlichen hinter der Finanzaufsicht stehende Ordnungsgedanke einer aktiven sowie kooperativen Sicherstellung der gleichsam finanziellen wie organisatorischen Solidität der Banken und Versicherungen basiert auf der aufsichtskonzeptionellen Annahme, dass eine funktionsfähige Finanzwirtschaft in Form hinreichend solvabler und liquider sowie risikoadäquat organisierter Finanzdienstleistungsinstitute – innerhalb eines stabilen Finanzsystems – eine hinreichende Grundlage bildet, auf der die Hervorbringung nicht nur verlässlicher, sondern auch nachfragegerechter Finanzdienstleistungen

---

280 Siehe auch *Röhl*, Finanzmarktaufsicht, in: Fehling/Ruffert (Hrsg.), Regulierungsrecht, § 18 Rn. 86 ff., *Fehling*, Instrumente und Verfahren, in: Fehling/Ruffert (Hrsg.), Regulierungsrecht, § 20 Rn. 101, *Pieper*, Aufsicht, S. 181, 186. – Trotz dieses strukturmaterialen Unterschieds zwischen Gefahren(vorfeld)abwehr und Wirtschaftsaufsicht ist die Bezugsgröße der Gefahr als funktionales Differenzierungskriterium der unterschiedlichen Formen staatlicher Wirtschaftssteuerung bereits aufgrund des unbestritten gewerbepolizeirechtlichen Ursprungs der Wirtschaftsaufsicht im Auge zu behalten (so auch *Bähr*, Generalklausel- und Aufsichtssystem des VAG im Strukturwandel, S. 65, *Kaulbach/Pohlmann*, in: Fahr/Kaulbach/Bähr/Pohlmann, Kommentar zum VAG, Vor § 1 Rn. 8, *Winter*, Zielsetzungen der Versicherungsaufsicht, ZVersWiss 2005, 105 (109, 111), *ders.*, Versicherungsaufsichtsrecht, S. 56), sowie für den Bereich der nachgängig-defensiven Wirtschaftsüberwachung im Falle eines bereits eingetretenen finanzaufsichtlichen Missstandes in Ansatz zu bringen. Darüber hinaus weiterhin von einem gewerbepolizeilichen Charakter der Versicherungsaufsicht zu sprechen, wird hingegen der Komplexität des aufsichtssystematischen Anknüpfungspunktes auch der Versicherungsaufsicht im Unterschied zu den rechtsgutsbegrenzten Prinzipien der Gefahrenabwehr, Gefahrenvorsorge sowie Risikovorsorge wohl nicht (mehr) gerecht. So aber (noch) *Scholz*, Strukturfragen der Versicherungsaufsicht, ZVersWiss 1984, 1 (7), *Stein*, Wirtschaftsaufsicht, S. 10, *Stober*, Wirtschaftsverwaltungsrecht, § 51 I.

281 Vgl. allgemein *Pieper*, Aufsicht, S. 180.

im Übrigen allein der (kartell-)rechtlichen Wettbewerbs- und zivilrechtlichen Freiheitsordnung überlassen werden kann.[282]

Die Finanzaufsicht ist dem zivilrechtlichen Ausgleichsmechanismus insofern vorgeschaltet, als eine subjektive Unterlegenheit des Finanzdienstleistungsnehmers grundsätzlich nur noch gegenüber einem objektiv funktionsfähigen Finanzdienstleistungsgeber bestehen und in dieser Lage einem zivilrechtlichen Ausgleich zugeführt werden soll. Indem die Funktionsfähigkeit der Finanzwirtschaft als Mittel zum Zweck eines liberalen, die Selbststeuerungskräfte des Marktes erhaltenden Einleger- bzw. Versichertenschutzes eingesetzt wird, sucht die Finanzaufsicht funktionale Zusammenhänge zwischen einer möglichst gemeinwohlorientierten Institutssolidität sowie eines möglichst liberalen Kunden- bzw. Verbraucherschutzes her- bzw. sicherzustellen und solchermaßen eine soziale „Vor-Sorge" für die individuelle (Selbst-)Versorgung der Bank- und Versicherungskunden mit nachfragegerechten Finanzdienstleistungen zu treffen.[283]

3. Regulierung als übergeordnetes Steuerungskonzept privatwirtschaftlicher Daseinsvorsorgeleistung

Die hoheitliche Vorsorge für die freiheitliche (Selbst-)Versorgung der Kunden mit möglichst nachfragegerechten Finanzdienstleistungen rückt nicht nur begrifflich in die Nähe der Daseinsvorsorge.[284] Die Finanzaufsicht in Form der gemeinwohlorientierten Sicherstellung eines marktwirtschaftlichen Systems funktionsfähiger Finanzdienstleistungsinstitute zu dem Zweck eines freiheitswahrenden Kunden- bzw. Verbraucherschutzes legt auch einen konzeptionellen Gleichlauf mit dem Steuerungsmodell der Regulierung nahe.

a) *Wettbewerbsbasierte Gewährleistung privatwirtschaftlicher Grundversorgung als sektorübergreifender Anknüpfungspunkt der Regulierungsaufgabe*

Zwar ist die Diskussion über eine rechtsdogmatisch fundierte Konzeptionierung der Regulierungsaufgabe, die dem Staat in Form der Synthetisierung von funktionsfähigem Wettbewerb und flächendeckender Daseinsvorsorge zunächst aus der

282 Vgl. insoweit auch *Scholz*, Strukturfragen der Versicherungsaufsicht, ZVersWiss 1984, 1 (17), sowie *Pieper*, Aufsicht, S. 170.

283 Zum „Vor-Sorge"-Charakter der Aufsicht im Allgemeinen vgl. *Pieper*, Aufsicht, S. 192.

284 So auch *Pieper*, Aufsicht, S. 191.

Liberalisierung der Märkte und der Privatisierung[285] der ehemals staatlichen bzw. staatlich geschützten Monopolbetriebe in den Bereichen der so genannten „Netzwirtschaften" Telekommunikation, Post, Eisenbahn und Energie (Strom, Gas) erwachsen ist, noch in vollem Gange.[286] Auch die Positionierung der Regulierung als neuer Referenzpunkt im Koordinatensystem der staatlichen Wirtschaftsaufsicht ist dementsprechend noch nicht vollständig abgeschlossen. Gleichwohl lässt bereits die im ersten Teil dieser Untersuchung nur kursorisch gezeichnete Aufgabenskizze entlang der regulierungsspezifischen Ziele der Wettbewerbsöffnung bzw. -förderung sowie der daran anknüpfenden bzw. darauf aufbauenden, wettbewerbsbasierten Gewährleistung daseinsnotwendiger Grundversorgungsleistungen[287] wiederkehrende Regelungsmuster bzw. Bewirkungsmechanismen

---

285 Gemeint ist eine „echte" Privatisierung in Form der materiellen Aufgabenprivatisierung im Unterschied zum Gegenstück der sog. „unechten" Privatisierung in Form der formellen Organisationsprivatisierung. Vgl. insoweit die besondere Vorgabe des Grundgesetzes hinsichtlich der Privatisierung der Eisenbahninfrastruktur gemäß Art. 87e Abs. 3 S. 2 und 3 GG. Zur Privatisierung von Verwaltungsaufgaben vgl. statt vieler die Beiträge von *Osterloh* und *Bauer*, Privatisierung von Verwaltungsaufgaben, VVDStRL 54 (1995), 204 ff., 243 ff.

286 Vgl. zur Diskussion über die Möglichkeit und das Erfordernis einer übergreifenden Regelung des Regulierungsverwaltungsrechts den Ausgangspunkt von *Masing*, Das Recht der Regulierungsverwaltung – Gutachten, in: Ständige Deputation des Deutschen Juristentages (Hrsg.), Verhandlungen des 66. Deutschen Juristentages, Bd. I, D 1 ff., insbes. D 189 ff. Vgl. ferner die i.E. einer „übergreifenden Rahmenregelung" zustimmenden Begleitaufsätze zum 66. DJT von *Röhl*, Recht der Regulierungsverwaltung, JZ 2006, 836 (839), und *Burgi*, Recht der Regulierungsverwaltung, NJW 2006, 2439 ff. Generell kritisch zum damaligen Zeitpunkt demgegenüber *Storr*, Recht der Regulierungsverwaltung, DVBl. 2006, 1021 (1026). Zum aktuellen Stand der Diskussion über übergeordnete Ziele, Instrumente und Verfahren, Organisationsstrukturen und Rechtsschutzaspekte im Regulierungsrecht siehe die Beiträge in Teil 3 des Sammelbandes von *Fehling/Ruffert* (Hrsg.), Regulierungsrecht.

287 Entlang dieser hat sich grundsätzlich auch die Diskussion über die Konturierung und Kategorisierung eines sektorübergreifenden Regulierungsverwaltungsrechts zu orientieren. Vgl. *Fehling*, Instrumente und Verfahren, in: Fehling/Ruffert (Hrsg.), Regulierungsrecht, § 20 Rn. 159. Eine andere Einteilung der Regulierungsinstrumente nimmt *Berringer*, Regulierung, S. 121 ff., 127 ff., vor, der zwischen „Marktteilnahme- und Marktverhaltensregulierung" unterscheidet. Wie hier *Horn*, Regulierung im Ordnungswerk des (Wirtschafts-)Verwaltungsrechts, in: Gornig/Kramer/Volkmann (Hrsg.), Staat – Wirtschaft – Gemeinde, Festschr. für Frotscher, 379 (392 ff.). Ähnlich *Fehling*, Instrumente und Verfahrens, in: Fehling/Ruffert, Regulierungsrecht, § 20 Rn 5 ff. und 44 ff., sowie *Kühling*, Sektorspezifische Regulierung in den Netzwirtschaften, S. 182 ff., 353 ff., 357 ff., der jedoch sein Hauptaugenmerk auf die

eines sich sektorübergreifend herausbildenden Regulierungsverwaltungsrechts erkennen.[288] Den konzeptionellen Anknüpfungspunkt für die „Ausformung systembildender Prinzipien“ eines Steuerungsmodells der Regulierung auch über die Netzwirtschaftssektoren hinaus markiert dabei sicherlich der Bewirkungsmechanismus einer auf privatwirtschaftlichem Wettbewerb basierenden Gewährleistung

---

Wettbewerbsöffnung bzw. -förderung legt. – Die normenpluralistischen Regulierungsvorschriften enthalten zwar auch begleitende gefahrenabwehrende und nachsorgende Regulierungsbefugnisse. In liberal-rechtsstaatlicher Tradition prägen sie allerdings gerade nicht das Bild des wirtschaftsaufsichtlichen Gestaltwandels, sondern runden vielmehr das die gesellschaftliche Organisationskraft aktivierende Steuerungskonzept der wettbewerbs- und gemeinwohlorientierten Regulierung ab, indem sie die Regulierungsziele in letzter Konsequenz durchsetzen. Dementsprechend fasst *Fehling*, Instrumente und Verfahren, in: Fehling/Ruffert (Hrsg.), Regulierungsrecht, § 20 Rn. 81 ff., diese unter der Überschrift „Multifunktionale (Hilfs-)Instrumente“ zusammen. – Ähnliches gilt für die sowohl gegenüber den Marktteilnehmern als auch gegenüber der parlamentsverantwortlichen Regierung (möglichst) unabhängige Regulierungsbehörde. Eine solche bildet zwar typischer Weise die verwaltungsorganisatorische Entsprechung der besonderen Regulierungsaufgabe, ist aber kein elementarer Bestandteil des Rechtsbegriffs der Regulierung. Dementsprechend ist der Unterschied zwischen der Bundesnetzagentur für Elektrizität, Gas, Telekommunikation, Post und Eisenbahnen und den „independent regulatory agencies“ US-amerikanischer Prägung verfassungsrechtlich wohl begründet und europarechtlich zulässig, regulierungskonzeptionell aber nur von untergeordneter bzw. zweitrangiger Bedeutung. Vgl. dazu *Berringer*, Regulierung, S. 119, *Kühling*, Sektorspezifische Regulierung in den Netzwirtschaften, S. 381. Angedeutet auch bei *Masing*, Das Recht der Regulierungsverwaltung – Gutachten, in: Ständige Deputation des Deutschen Juristentages (Hrsg.), Verhandlungen des 66. Deutschen Juristentages, Bd. I, D 1 (193), der die Ausgliederung der Regulierungsverwaltung aus der unmittelbaren Ministerialverwaltung jedoch als für die Erfüllung der Regulierungsaufgabe elementar ansieht. Ähnlich *Ruffert*, Begriff, in: Fehling/Ruffert (Hrsg.), Regulierungsrecht, § 7 Rn. 52, 58, der die Zuordnung der Regulierungsverwaltung zur einer prinzipiell unabhängigen Regulierungsbehörde als verwaltungsrechtlich zentrales Merkmal einstuft (Rn. 52), dieses aber seinem Regulierungsbegriff (Rn. 58) nicht mehr zugrunde legt. – Zu der „dienenden Funktion der Organisation“ vgl. allgemein den Sammelband von *Schmidt-Aßmann/Hoffmann-Riem* (Hrsg.), Verwaltungsorganisationsrecht als Steuerungsressource, sowie konkret in Bezug auf das Steuerungsmodell der integrierten Finanzdienstleistungsaufsicht die nachfolgenden Ausführungen unter B.

288 Siehe nur *Horn*, Regulierung im Ordnungswerk des Verwaltungsrecht, in: Gornig/Kramer/Volkmann (Hrsg.), Staat – Wirtschaft – Gemeinde, Festschr. für Frotscher, 379 (379), sowie *v. Danwitz*, Regulierung, DÖV 2004, 977 (985), und *Fehling/Ruffert*, Persektiven, in: Fehling/Ruffert (Hrsg.), Regulierungsrecht, § 23.

des Verbraucherzugangs zu den Möglichkeitsbedingungen gesetzlich konkretisierter (Teil-)Leistungen der Daseinsvorsorge.[289] Im Unterschied zur netzspezifischen Wettbewerbsöffnung ist die Regulierungsaufgabe der wettbewerbsbasierten Grundversorgungsgewährleistung dem Staat bzw. Hoheitsträger dauerhaft aufgegeben. Insofern als sie als das auf den europarechtlichen bzw. grundgesetzlichen Prinzipien des Wettbewerbs- respektive Privatheitsvorranges basierende Nachfolgekonzept der überkommenen Daseinsvorsorge auftritt,[290] legt sie eine erweiterte Perspektive des regulatorischen Steuerungskonzeptes jenseits des netzwirtschaftlichen Problemhorizonts nahe.[291]

b) Finanzdienstleistungen als Grundversorgungsbedingung

Als mögliches Referenzgebiet eines allgemeinen Steuerungskonzeptes der Regulierung jenseits der netzgebundenen Wirtschaftszweige (Telekommunikation, Post, Eisenbahn und Energie) wird neben vielen anderen Bereichen nicht zuletzt auch der Finanzdienstleistungssektor genannt.[292] Zweifelsohne kommt den bank- und versicherungsgeschäftlichen Finanzdienstleistungen, insbesondere

---

289 Allgemeiner *Horn*, Regulierung im Ordnungswerk des (Wirtschafts-)Verwaltungsrechts, in: Gornig/Kramer/Volkmann (Hrsg.), Staat – Wirtschaft – Gemeinde, Festschr. für Frotscher, 379 (397 f.). Vgl. auch *Masing*, Grundstrukturen eines Regulierungsverwaltungsrechts, Die Verwaltung 36 (2003), 1 (31 f.), sowie *Röhl*, Recht der Regulierungsverwaltung, JZ 2006, 931 (933).

290 Vgl. bereits obige Ausführungen in Teil 1 unter C.III.

291 Ebenso *Masing*, Grundstrukturen eines Regulierungsverwaltungsrechts, Die Verwaltung 36 (2003), 1 (31 f.), *Horn*, Regulierung im Ordnungswerk des (Wirtschafts-) Verwaltungsrechts, in: Gornig/Kramer/Volkmann (Hrsg.), Staat – Wirtschaft – Gemeinde, Festschr. für Frotscher, 379 (397 f.), *Röhl*, Recht der Regulierungsverwaltung, JZ 2006, 931 (933). – Zur Exklusivität insbesondere des Universaldienstregimes *Fehling*, Instrumente und Verfahren, in: Fehling/Ruffert (Hrsg.), Regulierungsrecht, § 20 Rn. 1.

292 Zu den verschiedenen Bereichen bspw. der Lebensmittelwirtschaft, des Gesundheitswesens, der Wasser- und Abfallwirtschaft, der Medienwirtschaft, des Hochschulwesens, des (Luft-)Verkehrs und eben des Finanzdienstleistungswesens vgl. *Horn*, Regulierung im Ordnungswerk des (Wirtschafts-)Verwaltungsrechts, in: Gornig/Kramer/Volkmann (Hrsg.), Staat – Wirtschaft – Gemeinde, Festschr. für Frotscher, 379 (398), *Röhl*, Recht der Regulierungsverwaltung, JZ 2006, 931 (933), *Fehling*, Versicherungsaufsicht, in: Bergeest/Labe (Hrsg.), Liber amicorum f. Winter, 171 (173), sowie die Zusammenstellung der einzelnen Sektoren in Teil 2 des Sammelwerks von *Fehling/Ruffert* (Hrsg.), Regulierungsrecht, dort insbes. *Röhl*, Finanzmarktaufsicht, in: *Fehling/Ruffert* (Hrsg.), Regulierungsrecht, § 18.

der Durchführung des bargeldlosen Zahlungs- und Abrechnungsverkehrs, der Annahme fremder Gelder als Einlagen sowie der Gewährung von Gelddarlehen und Krediten,[293] ebenso wie der umfassenden Absicherung gesundheitlicher bzw. wirtschaftlicher Wechselfälle innerhalb der Gemeinschaft,[294] eine substantielle Bedeutung für die finanzielle Ausstattung und Absicherung einer modernen und ausdifferenzierten Gesellschaft zu.[295] In dieser bildet Geld als vorherrschendes Zahlungs- bzw. Tauschmittel auch für lebensnotwendige Güter und Dienstleistungen letztlich die Grundlage der Existenzsicherung und Lebensvorsorge des Einzelnen, aber auch für den Erhalt der sozialen Funktionsfähigkeit des Wirtschaftssystems insgesamt. Mithin stellt ein möglichst einfacher Zugang insbesondere zu dem sich zunehmend bargeldlos vollziehenden Zahlungsverkehr wie auch zu kleinkreditierten Zahlungsmitteln eine kaum mehr verzichtbare Voraussetzung der daseinsnotwendigen Grundversorgung dar.[296] Die Bedeutung, die einem (Giro-)

---

293 Zu den Bankgeschäften im Sinne des Kreditwesengesetzes siehe die Legaldefinition in § 1 Abs. 1 S. 2 KWG. Die Durchführung des bargeldlosen Zahlungs- und Abrechnungsverkehrs ist mit Ausnahme der Durchführung des bargeldlosen Scheckeinzugs (Scheckeinzugsgeschäft), des Wechseleinzugs (Wechseleinzugsgeschäft) und der Ausgabe von Reiseschecks (Reisescheckgeschäft) i.S.d. § 1 Abs. 1 S. 2 Nr. 9 KWG infolge der Umsetzung der Richtlinie 2007/64/EG des Europäischen Parlaments und des Rates vom 13. November 2007 über Zahlungsdienste im Binnenmarkt, zur Änderung der Richtlinien 97/7EG, 2002/65/EG, 2005/50/EG, 2006/48/EG sowie zur Aufhebung der Richtlinie 97/5/EG, ABl. EU, L 319/1, nunmehr als Zahlungsgeschäft i.S.d. § 1 Abs. 2 Nr. 1 Gesetz über die Beaufsichtigung von Zahlungsdiensten vom 25. Juni 2009 (Zahlungsdiensteaufsichtsgesetz – ZAG), BGBl. I, S. 1506, zuletzt geändert durch Art. 1 des Gesetzes vom 1. März 2011, BGBl. I, S. 288, der Aufsicht der Bundesanstalt unterstellt.

294 Weder im Versicherungsaufsichts- noch einem anderen Gesetz findet sich eine Legaldefinition der Versicherungsgeschäfte. Zur versicherungsbetrieblichen Definition siehe *Farny*, Versicherungsbetriebslehre, S. 21 ff. Zur versicherungsrechtlichen Definition siehe *Dreher*, Versicherung als Rechtsprodukt, S. 52 ff.

295 Vgl. sektorübergreifend zur notwendigen Funktion der Banken und Versicherungen als sog. „Finanzintermediäre“ *Schierenbeck/Hölscher*, BankAssurance, S. 21 ff., und *Pieper*, Aufsicht, S. 166 f. Sektorspezifisch siehe auch *Büschgen*, Bankbetriebslehre, S. 34 f., *Farny*, Versicherungsbetriebslehre, S. 95 f., *Sinn*, Volkswirtschaftliche Bedeutung des Versicherungswesens, ZVersWiss 1988, 1 ff, *Steinmüller*, Bedeutung, Volkswirtschaftliche der Versicherung, in: Farny/Helten/Koch/Schmidt (Hrsg.), HdV, 49 (51).

296 Vgl. zur Daseinsvorsorgefunktion des Geld- und Kreditwesens siehe nur *Beuthien*, Öffentliche Kreditwirtschaft, WM 2004, 1467 (1469). Diese umfasst neben dem Zugang zum (bargeldlosen) Zahlungsverkehr (Girokonto) und dem Zugang zu konkreten

Konto mit grundlegenden Zahlungsfunktionen ganz allgemein für die Teilnahme am modernen Wirtschafts- bzw. Gesellschaftsleben zukommt, hat auch die Europäische Kommission erkannt und dazu veranlasst, den Mitgliedstaaten zu empfehlen, Verbrauchern einen möglichst ungehinderten Zugang zu einem solchen „Basiskonto" zu gewährleisten.[297] Hinzu tritt die volkswirtschaftlich notwendige Versorgung insbesondere der mittelständischen Wirtschaft, aber auch der einzelnen Privatperson mit den zur Finanzierung der Erhaltung und Erneuerung ihres jeweiligen Geschäfts- bzw. Lebensstandards erforderlichen (Klein-)Krediten. Da die Geldquelle sowohl einer Privatperson als auch eines Unternehmers überwiegend durch das Arbeitseinkommen bzw. den Unternehmensgewinn gespeist, der Arbeitslohn bzw. Unternehmensumsatz durch den Einsatz der Arbeitskraft verdient bzw. erzielt wird und damit die zentrale Stütze des Lebensunterhalts wegzubrechen droht, wenn die Arbeitskraft nachlässt und infolgedessen die Geldquelle versiegt, ist die Daseinsnotwendigkeit einer adäquaten Absicherung der gesundheitlichen und wirtschaftlichen Existenzrisiken ebenso offenkundig.[298]

c) *Steuerungskonzeptionelle Separierung von finanzwirtschaftlicher Grundversorgung und funktionsfähigem Finanzdienstleistungswesen*

Dem unionsrechtlichen Wettbewerbs- bzw. grundgesetzlichen Privatheitsvorrang zum Trotz haben allerdings bisher weder der nationale noch der europäische Gesetzgeber die konkrete Erbringung einer der genannten Finanzdienstleistungen dem (regulierten) Ordnungsrahmen des marktwirtschaftlichen Wettbewerbs privater Unternehmen überlassen. Zwar erfolgt die finanzaufsichtsrechtliche Indienstnahme der ökonomischen Effizienz- und Effektivitätsvorteile der Finanzwirtschaft zu dem Zweck der nachhaltigen Gewährleistung ihrer Funktionsfähigkeit in der Annahme, mit der Grundlage eines funktionierenden Finanzdienstleistungswesens auch die Basis für die dauerhafte (Selbst-)Versorgung mit mög-

---

Zahlungsmitteln (existenzsichernde Kleinkredite) wohl auch die Möglichkeit, ein Sparbuch anzulegen bzw. einen Sparvertrag abzuschließen.

297 Siehe die Empfehlung der *Europäischen Kommission* über den Zugang zu einem Konto mit grundlegenden Zahlungsfunktionen („Basiskonto"), K(2011) 4977, insbes. Erwägungsgrund 2.

298 Zur Daseinsvorsorgefunktion des (Sozial-)Versicherungswesens *Waltermann*, Sozialrecht, Rn. 91. – Der Gesetzgeber hat diese Absicherung auf die fünf Säulen der Sozialversicherung gestellt. Vgl. dazu im Überblick *Waltermann*, Sozialrecht, Rn. 95, sowie speziell zur Krankenversicherung Rn. 131 ff., zur Pflegeversicherung Rn. 206 ff., zur Unfallversicherung Rn. 242 ff., zur Rentenversicherung Rn. 318 ff. sowie zur Arbeitslosenversicherung Rn. 381 ff.

lichst nachfragegerechten Finanzdienstleistungen zu legen.[299] Dennoch handelt es sich dabei lediglich um eine ordnungspolitische Erwartung, nicht aber – wie im Rahmen des Steuerungskonzepts der Regulierung – um einen ordnungsrechtlichen Maßstab, der an das auf wettbewerbsrechtlicher Grundlage funktionierende Finanzdienstleistungswesen angelegt und im Falle einer staatlicherseits festzustellenden Unterversorgung systemkonsistent in Form eines weitestgehend wettbewerbsneutralen Grundversorgungsregimes durchgesetzt wird.[300] Im Unterschied zum Steuerungskonzept der (Netzwirtschafts-)Regulierung, innerhalb dessen marktmäßige Wettbewerbsfreiheit und gesetzmäßige Daseinsvorsorge bis zur letzten Stufe der konkreten Leistungserbringung miteinander synthetisiert werden, beschränkt sich die Finanzdienstleistungsaufsicht darauf, unter der Voraussetzung eines privat- sowie wettbewerbsrechtlich organisierten Marktes allein die systematische Funktionsfähigkeit des Finanzdienstleistungswesens in Form solvabler und liquider Finanzdienstleistungsinstitute zu gewährleisten. Sie zielt demgegenüber (auf deren Grundlage) nicht auch noch auf die die konkrete (Grund-)Versorgung mit (daseinsnotwendigen) Finanzdienstleistungen.

Die Gewährleistung der finanzwirtschaftlichen Grundversorgung hat der nationale Gesetzgeber innerhalb der europarechtlich anerkannten Regelungskompetenz im Bereich der Dienstleistungen von allgemeinem wirtschaftlichem Interesse[301] zum Teil besonderen Regelungsregimen der öffentlichrechtlichen Geld- bzw. Kreditversorgung und Sozialversicherung[302] übertragen und (im Übrigen) den allgemeinen Regelungen des zivilrechtlichen Interessenausgleichs überlassen. Sofern

---

299 Vgl. obige Ausführungen unter II.2.c).

300 Zu dem Modellcharakter der in besonderem Maße wettbewerbsbasierten Regulierungskonzepte in Form der Universaldienstregime des Telekommunikations- und Postgesetzes vgl. bereits obige Ausführungen und weiterführende Hinweise in Teil 1 unter C.III.

301 Seit dem Vertrag von Amsterdam ist allgemein anerkannt, dass jedenfalls die öffentlichrechtlichen Kreditinstitute Dienstleistungen von allgemeinem Interesse wahrnehmen. Siehe insoweit die Erklärung zur Schlussakte, Erklärung zu öffentlich-rechtlichen Kreditinstituten in Deutschland, ABl. EG Nr. C 340 vom 10.11.1997, S. 138.

302 Vgl. die entsprechenden Vorschriften der landesrechtlichen Sparkassengesetze, wie z.B. Art. 2 Abs. 1 BaySpkG, § 2 HessSpkG, § 3 SpkG NRW, sowie der bundesrechtlichen Sozial(versicherungs)gesetze, wie § 4 Abs. 2 SGB I i.V.m.§ 1 Abs. 1 S. 1 SGB IV. Im Unterschied zu den Sozialversicherungsträgern, die nach § 1 Abs. 1 VAG explizit von der Aufsicht nach dem Versicherungsaufsichtsgesetz ausgenommen sind, bleibt die Sonderaufsicht über die Sparkassen gemäß § 52 KWG neben der Aufsicht der Bundesanstalt nach dem Kreditwesengesetz, der die Sparkassen als Kreditinstitute des § 1 Abs. 1 S. 1 KWG ebenfalls unterliegen, bestehen.

die genannten Aufgaben der daseinsnotwendigen Finanzdienstleistungserbringung überhaupt gesetzlich definiert sind, werden sie – dem hergebrachten Begriffsverständnis der Daseinsvorsorge entsprechend[303] – von öffentlichrechtlichen Anstalten[304] bzw. Körperschaften[305] im Bereich der (mittelbaren) Staatsverwaltung wahrgenommen. Ohne das System der öffentlichrechtlichen Kreditwirtschaft bzw. Sozialversicherung in seiner jeweiligen Eigen- wie auch Verbundenheit gegenüber der im Übrigen bzw. im Wesentlichen privatrechtlich organisierten Bank- und Versicherungswirtschaft detailgenau zu betrachten, scheint aus der grobkörnigen Perspektive der (finanz-)aufsichtsrechtlichen Strukturanalyse zumal im Verhältnis zum Steuerungsmodell des Regulierungsverwaltungsrechts allein von Bedeutung, dass sich der Staat weder in den Bereichen der versicherungs- noch der bankwirtschaftlichen Grundversorgung aus der eigenen Erfüllungsverantwortung für die jeweilige (Daseinsvorsorge-)Aufgabe zurückgezogen und diese dem (regulierten) Wettbewerb privatwirtschaftlicher Unternehmen übertragen hat.[306]

---

303 Zurückgehend auf *Forsthoff*, Lehrbuch des Verwaltungsrechts, Allgemeiner Teil, S. 370, umschrieb der Begriff der Daseinsvorsorge nach hergebrachtem Verständnis gerade ausschließlich die staatliche Verwaltungstätigkeit, mit deren Hilfe die Allgemeinheit oder ein nach objektiven Merkmalen bestimmter Personenkreis mit lebensnotwendigen oder zumindest -nützlichen Leistungen bzw. Gütern versorgt wurde.

304 Vgl. u.a. Art. 3 BaySpkG, § 1 Abs. 1 HessSpkG sowie § 2 SpkG NRW. Mit Ausnahme der so genannten „freien Sparkassen“, die aus historischen Gründen privatrechtlich organisiert sind (u.a. Hamburger Sparkasse und Die Sparkasse in Bremen), sind alle Institute des Sparkassensektors nach den jeweiligen Landesgesetzen als Anstalten des öffentlichen Rechts organisiert. Auch die Frankfurter Sparkasse ist mit dem Gesetz vom 14. Mai 2007, GVBl. I, S. 283, zum 1. Juli 2007 durch formwechselnde Umwandlung einer privatrechtlichen Aktiengesellschaft als Anstalt des öffentlichen Rechts errichtet worden. Vgl. dazu insgesamt *Rümker/Winterfeld*, Rechtliche Ordnung des übrigen Bankwesens, in: Schimansky/Bunte/Lwowski (Hrsg.), Bankrechts-Handbuch, § 124 Rn. 123.

305 Vgl. § 29 Abs. 1 des Vierten Buches des Sozialgesetzbuches – Gemeinsame Vorschriften für die Sozialversicherung (SGB IV), Art. 1 des Gesetzes vom 23 Dezember 1976, BGBl. I, S. 3845, in der Fassung der Bekanntmachung vom 12. November 2009, BGBl. I, S. 3710, 3973, BGBl. I 2011, S. 363, zuletzt geändert durch Art. 3 des Gesetzes vom 22. Juni 2011, BGBl. I, S. 1202.

306 Etwas unklar bleibt in diesem Zusammenhang die Vorgehensweise von *Röhl*, Finanzmarktaufsicht, in: Fehling/Ruffert (Hrsg.), Regulierungsrecht, § 18 Rn. 78 ff. Einleitend führt er zutreffend aus, dass der (landes-)gesetzliche Auftrag der Sparkassen, geld- und kreditwirtschaftliche Leistungen auch in der Fläche anzubieten, dem Universaldienstgedanken der klassischen Regulierungsagenden auf den ersten Blick ähnelt. Auch, dass sich die sparkassenrechtlichen Regelungen insbesondere über die

Die finanzwirtschaftliche Grundversorgung ist also kein im Steuerungsprogramm des Kreditwesen- und Versicherungsaufsichtsgesetzes angelegter Gewährleistungsmaßstab, den die laufende (Finanz-)Aufsicht über private Banken, Versicherungen und andere Finanzdienstleistungsinstitute innerhalb des marktwirtschaftlichen Ordnungsrahmens des allgemeinen Wettbewerbs- und Zivilrechts sicherzustellen hat.[307] Auch die gesetzgeberischen Reaktionen auf die Finanzkrise haben jedenfalls bisher die gesetzmäßige Grundversorgung nicht mit dem marktmäßigen Leistungsangebot zusammengeführt. Das Rettungsprogramm der Stabilisierungsgesetze – aufgrund seiner organisatorischen wie auch bzw. insbesondere instrumentellen Exklusivität ohnehin aus der Systematisierung und Strukturanalyse der institutsorientiert integrierten Finanzdienstleistungsaufsicht ausgeklammert – beschränkt(e) sich weitestgehend darauf, die infolge der Finanzmarktkrise verloren gegangene Stabilität des Finanzsystems kurzfristig wieder her- bzw. sicherzustellen.[308] Dabei ist die Möglichkeit der institutionellen Inanspruchnahme staatlicher Stabilisierungsmaßnahmen freilich an mehrere Bedingungen geknüpft

---

Kleinkreditvergabe und den Zugang zum bargeldlosen Zahlungsverkehr jedoch von denen des regulierungstypischen Universaldienstregimes auf den zweiten Blick in Gegenstand und Mechanismus deutlich unterscheiden, ist für sich betrachtet nicht in Abrede zu stellen. Allerdings hilft diese Feststellung bei dem Abgleich der Finanz (markt)aufsicht mit den Strukturen des Regulierungsrechts m.E. (noch) nicht weiter. Wesentlich ist doch insofern zunächst einmal, dass die finanzwirtschaftliche Grundversorgung – ungeachtet dessen, inwieweit sie in der Sache dem netzwirtschaftsrechtlichen Regelungskomplex entspricht – soweit sie gesetzlich geregelt ist, als solche zumindest nicht in den Rahmen des privatwirtschaftlichen Wettbewerbs gestellt wird. Dass die finanzwirtschaftliche Grundversorgung im Einzelnen nicht dem netzwirtschaftlichen Universaldienst entspricht, kann zumindest aus einer notwendigerweise erhöhten Perspektive eines übergeordneten Regulierungsrechts keine Rolle spielen. Dies gilt um so mehr, als es fraglich erscheint, ob es im Hinblick auf die inhaltliche Ausgestaltung bereits im Netzwirtschaftsrecht überhaupt einen typischen Universaldienst gibt.

307 Der Gesetzesantrag der *Freien Hansestadt Bremen* sah in Form eines Entwurfs zur Änderung des Gesetzes über das Kreditwesen, BR-Drs. 653/08, vor, mit § 22q KWG einen Rechtsanspruch auf Führung eines Girokontos in das Kreditwesengesetz einzuführen. Dieser Rechtsanspruch sollte sich gegen alle Kreditinstitute i.S.d. § 1 Abs. 1 Nr. 9 KWG a.F. richten. Danach bildete die Durchführung des bargeldlosen Zahlungsverkehrs und des Abrechnungsverkehrs, das heißt das Girogeschäft, eine eigenständige Kategorie des erlaubnis- und aufsichtspflichtigen Bankgeschäfts. Dieses Gesetzesvorhaben ist allerdings bis zum heutigen Tag keine Gesetzeswirklichkeit geworden.

308 Zu den Instrumenten der Finanzmarktstabilisierungsgesetzgebung vgl. auch bereits die Ausführungen in Teil 2 unter A.V.

worden, von denen mit Blick auf die finanzwirtschaftliche Grundversorgung insbesondere die Pflicht der Institute von Bedeutung ist, im Falle einer staatlichen Rekapitalisierung die zukünftige Kreditvergabe oder Kapitalanlage des Instituts möglichst an dem Kreditbedarf der inländischen Wirtschaft (insbesondere kleinerer und mittlerer Unternehmen) auszurichten.[309]

Zweifelsohne macht die Kreditversorgung der (mittelständischen) Wirtschaft – wie bereits dargelegt – einen nicht unbedeutenden Teil der finanzwirtschaftlichen Grundversorgung aus. Allerdings hat der Gesetzgeber mit der besonderen Rekapitalisierungsbedingung – wie mit dem Stabilisierungsinstrumentarium insgesamt – weniger das regulierungswesentliche Ziel verfolgt, letzt(verbind)lich den Zugang der Verbraucher bzw. der mittelständischen Unternehmer zu den gesetzlich konkretisierten (Teil-)Leistungen der Daseinsvorsorge bzw. solchen von allgemeinem wirtschaftlichem Interesse zu gewährleisten, als vielmehr den systematischen Ansatz, über die staatliche Stabilisierung der Finanzwirtschaft möglichst kurzfristig auch eine (Re-)Stabilisierung der Realwirtschaft zu erreichen. Die ausreichende Kreditvergabe insbesondere an die (mittelständische) Wirtschaft ist zudem weder durch die Stabilisierungsgesetzgebung noch über diese hinaus zu einem allgemeingültigen Maßstab eines grundsätzlich funktionierenden Finanzdienstleistungsmarktes erhoben, sondern lediglich als mögliche Bedingung einer staatlichen Rettungsmaßnahme formuliert worden, um in einem bereits gestörten Marktumfeld wenigstens auf die volkswirtschaftlich notwendige Funktionserfüllung der Kreditwirtschaft hinzuwirken.[310] Auch insoweit fehlt es an der dem regulierungsverwaltungsrechtlichen Steuerungskonzept eigenen Verbindung von grundsätzlich funktionierender Marktwirtschaft und konkret hinreichender Daseinsvorsorge.

Diese steuerungskonzeptionelle Trennung wird auch im Zuge der durch die Finanzkrise der letzten Jahre in Gang gebrachten Diskussion über die Neuausrichtung der Finanzaufsicht Bestand haben (müssen). Die ohnehin sektoral unterschiedlich intensiv ausgestaltete Versorgungsgewährleistung mit

---

309 Vgl. insoweit die allgemeinen Bedingungen des § 10 Abs. 1 FMStFG sowie die Konkretisierung der besonderen Voraussetzungen und Bedingungen der Rekapitalisierungsmaßnahmen in § 5 Abs. 2 FMStFV, insbesondere Nr. 2.

310 Aber selbst in diesem gestörten Marktumfeld hält das FMStFG bzw. die FMStFV keine effektiven Mittel bereit, um die Pflicht zur Berücksichtigung des Kreditbedarfs kleinerer und mittlerer Unternehmen staatlicherseits durchsetzen zu können. Siehe dazu *Mann/Leyendecker*, Kreditvergabepflicht durch das FMStG, BB 2009, 226 (229).

versicherungs- und bankwirtschaftlichen Finanzdienstleistungen[311] wird weiterhin innerhalb staatlicher bzw. staatlich geschützter (Privileg-)Strukturen und mithin in Ausnahme zu dem europarechtlichen Grundsatz einer möglichst im Wettbewerb zu erbringenden Grundversorgung erfolgen. Zwar ist das Wettbewerbsprinzip beispielsweise im Verhältnis der gesetzlichen Krankenversicherungen untereinander durch das Gesetz zur Stärkung des Wettbewerbs in der gesetzlichen Krankenversicherung[312] als auch im Verhältnis zur privaten Krankenversicherung durch die Einführung eines Basistarifs in der privaten Krankenversicherung[313] zwischenzeitlich erheblich gestärkt worden.[314] Auch im Bereich des Bankenwesens sind infolge einer außergerichtlichen Verständigung zwischen der Europäischen Kommission

---

311 Während nach § 4 Abs. 1 des Ersten Buches des Sozialgesetzbuches – Allgemeiner Teil (SGB I), Art. 1 des Gesetzes vom 11.Dezember 1975, BGBl. I, S. 3015, zuletzt geändert durch Art. 9 des Gesetzes vom 19. Oktober 2013, BGBl. I, S. 3836, jedem im Rahmen des Anwendungsbereichs des Sozialgesetzbuchs das Recht auf Zugang zur Sozialversicherung sowie der Anspruch auf eine ausreichende Absicherung gesundheitlicher wie auch wirtschaftlicher Existenzrisiken zukommt, wird die Frage einer Rechtspflicht der öffentlich-rechtlichen Kreditinstitute sowie eines korrelierenden Rechtsanspruchs auf Einrichtung des Zugangs zum (bargeldlosen) Zahlungsverkehr in Form eines „Girokontos für jedermann" seit Ende der 1980er Jahre kontrovers diskutiert. So sind die Sparkassen bspw. in Nordrhein-Westfalen und Hessen gemäß § 5 Abs. 2 SpkG NRW und § 2 Abs. 4 HessSpK grundsätzlich verpflichtet, natürllichen Personen aus dem Trägergebiet auf Antrag unter bestimmten Voraussetzungen ein Girokonto einzurichten und dieses für jene zu führen. Andere Landessparkassengesetze wie bspw. in Bayern (Art. 2 Abs. 1 BaySpkG) formulieren die Daseinsvorsorgeaufgaben lediglich als Förderungsauftrag der öffentlich-rechtlichen Kreditanstalt. Vgl. dazu die zusammenfassende Darstellung des Streitstandes bei *Singer*, Girogeschäft, in: Derleder/Knops/Bamberger (Hrsg.), HBkR, § 37 Rn. 9 ff., sowie *Koch*, Das Girokonto für Jedermann, WM 2006, 2242 ff.

312 GKV-Wettbewerbsstärkungsgesetz (GKV-WSG) vom 26. März 2007, BGBl. I 2007, S. 378.

313 Vgl. zur Einführung des Basistarifs in der privaten Krankenversicherung durch § 315 Abs. 1 bzw. § 257 Abs. 2a SGB V in der bis zum 31. Dezember 2008 geltenden Fassung als Beispiel einer sozialrechtlichen Regulierung des privatrechtlichen Versicherungswesens *Pitschas*, Sozialrechtliche Regulierung des privatrechtlichen Versicherungswesens, in: Kluth/Müller/Peilert (Hrsg.), Wirtschaft – Verwaltung – Recht, Feschr. f. Stober, 295 ff.

314 Versicherungsprinzip und sozialer Ausgleich gelten dabei ohnehin grundsätzlich sowohl im Sozial- als auch im Privatversicherungsrecht, von dem das Sozialversicherungsrecht grundlegende Prinzipien wie das der Gefahrengemeinschaft, deren Anspruch auf Versicherungsprämie bzw. -beitrag sowie des Mitgliedsanspruchs auf Deckung übernommen hat. Dazu nur *Waltermann*, Sozialrecht, Rn. 96 ff.

und der Bundesrepublik Deutschland[315] Wettbewerbshemmnisse insbesondere zwischen öffentlichrechtlichen Sparkassen und Banken privatrechtlicher Organisationsform teilweise abgebaut worden, indem sowohl die Gewährträgerhaftung als auch die Anstaltslast des jeweiligen Verwaltungsträgers rechtlich bzw. faktisch abgeschafft[316] worden sind.[317]

---

315 So genannte „Brüsseler Konkordanz" vom 17. Juli 2001. Vgl. dazu den Anhang zur Presseerklärung der *Europäischen Kommission* vom 1. März 2002, IP/02/343, abrufbar unter: http://europa.eu »»» Press Room »»» Press Releases (Stand: Dezember 2013).

316 Vgl. dazu bereits *Kemmler*, Keine Anstalt ohne Anstaltslast, DVBl. 2003, 100 (101 ff.).

317 Siehe dazu auch *Beuthien,* Öffentliche Kreditwirtschaft, WM 2004, 1467 (1468 ff.). Demnach sind die Sparkassen zur Aufstockung sowohl ihrer Rücklagen als auch ihrer Beiträge für die gemeinsamen Sicherungseinrichtungen verpflichtet worden. Gerade im Bereich der bankwirtschaftlichen Grundversorgung erscheint damit deren Marktausgrenzung auf den ersten Blick jedenfalls in der aktuellen Form kaum mehr gerechtfertigt, und zwar weniger aus der Perspektive der privaten Kreditinstitute. Diese hatten sich freilich nie gegen die Übertragung der Daseinsvorsorgeaufgabe, wohl aber gegen die mit der anstaltsrechtlichen Organisationsstruktur ehemals verbundene Privilegierung der Sparkassen durch die staatliche bzw. kommunale Gewährträgerhaftung und Anstaltslast gewandt, da diese zu einem strukturellen Wettbewerbsvorteil gerade in bankgeschäftlichen Bereichen außerhalb des öffentlichen Auftrags geführt hatte. Infolge der europarechtlich forcierten Entprivilegierung des öffentlichrechtlichen Sparkassenwesens stellt sich vielmehr aus der kehrseitigen Perspektive die Frage, ob die Betrauung der Sparkassen mit der bankgeschäftlichen Grundversorgung, die gerade nicht mehr allein aufgrund der Anstaltsstruktur bzw. der damit vormals verbundenen Gewährträgerhaftung und Anstaltslast mehraufwandsadäquat ausgeglichen wird, noch dem Sinn und Zweck der öffentlichrechtlichen Anstaltslösung entspricht. So haben sich die Haftungsstrukturen dahingehend verändert, dass sie der Beziehung eines privaten Anteilseigners zu einer privatrechtlich organisierten Gesellschaft entsprechen. Demnach können die Träger öffentlichrechtlicher Kreditinstitute denselben auch zukünftig Kapital zur Verfügung stellen, wenngleich in Übereinstimmung mit dem europäischen Beihilferecht ausschließlich zu marktüblichen Konditionen. Vgl. dazu *Rümker/Winterfeld*, Rechtliche Ordnung des übrigen Bankwesens, in: Schimansky/Bunte/Lwowski (Hrsg.), Bankrechts-Handbuch, § 124 Rn. 30. – Ferner lässt sich das Regionalprinzip des Sparkassenwesens, das für sich genommen zwar kein verbotenes Gebietskartell, sondern Ausfluss der kommunalen Trägerschaft der Sparkasse ist, nur noch schwerlich damit begründen, dass die Aufgabe der jeweiligen Sparkasse auf die Versorgung der Bevölkerung des Trägerschaftsgebiets beschränkt werde. Damit aber unterstünde das Sparkassenwesen nicht mehr dem Schutz der kommunalen Selbstverwaltung.

Gleichwohl wird auch eine Neuordnung des öffentlichrechtlichen Bankenwesens weder zu dessen Auflösung noch zur Übertragung bzw. Entlassung seiner Versorgungaufgabe in den regulierten Wettbewerb der privatwirtschaftlichen Einlagenkreditinstitute führen (können). Insbesondere die Finanzkrise der letzten Jahre hat noch einmal eindrucksvoll gezeigt, wie anspruchs- und voraussetzungsvoll bereits die gegenwärtige Aufgabe der Finanzdienstleistungsaufsicht ist, die grundlegende Funktionsfähigkeit des Finanzdienstleistungswesens sicherzustellen. Auch das neue Maßnahmenpaket auf europäischer Ebene zeigt,[318] dass sich das Hauptaugenmerk der Reformbemühungen – abgesehen von den im Wesentlichen organisatorischen Neuerungen im Zusammenhang mit der geplanten Errichtung einer europäischen Bankenunion[319] – jedenfalls materiellrechtlich erst einmal auf die Verbesserung des bestehenden Regelwerks richten. Für eine darüber hinausgehende Ergänzung um die Gewährleistung der Grundversorgung mit daseinsnotwendigen Finanzdienstleistungen wird sich jedenfalls aktuell schon keine politische Mehrheit finden lassen.

Aber auch steuerungskonzeptionell dürfte sich eine finanzwirtschaftliche Daseinsvorsorge in Zukunft kaum in den funktionsfähigen Wettbwerb privatwirtschaftlicher Banken und Versicherungen integrieren lassen. Einem rein „mechanischen Transfer" des telekommunikations- bzw. postgesetzlichen Universaldienstregimes steht bereits entgegen, dass die Regelungsprogramme zur Grundversorgungsgewährleistung bereits im Verhältnis der einzelnen Netzwirtschaftssektoren untereinander in Anbetracht ihrer unterschiedlichen Marktstrukturen erheblich divergieren.[320] Erst recht aber unterscheiden sich die netzspezifischen Marktstrukturen von denen im Finanzdienstleistungswesen. Gerade in den klassischen Bereichen der Netzwirtschaft deckt das Spektrum der gesetzlich definierten Universaldienstleistungen weite bzw. wesentliche Teile des gesamten Dienstleistungsangebots innerhalb des jeweiligen Netzwirtschaftssektors ab. Da sowohl das

---

318 Vgl. dazu die Verordnung (EU) Nr. 575/2013 des Europäischen Parlaments und des Rates vom 26. Juni 2013 über Aufsichtsanforderungen an Kreditinstitute und Wertpapierfirmen und zur Änderung der Verordnung (EU) Nr. 646/2012, ABl. EU Nr. L176 vom 27.6.2013, S. 1 ff, sowie die Richtlinie 2013/36/EU des Europäischen Parlaments und des Rates vom 26. Juni 2013 über den Zugang zur Tätigkeit von Kreditinstituten und die Beaufsichtigung von Kreditinstituten und Wertpapierfirmen, zur Änderung der Richtlinie 2002/87/EG und zur Aufhebung der Richtlinien 2006/48/EG und 2006/49/EG, ABl. EU Nr. L176 vom 27.6.2013, S. 338 ff.

319 Dazu siehe die nachfolgenden Ausführungen in Teil 4 insbes. unter C.III.2.

320 So auch allgemein *Fehling*, Instrumente und Verfahren, in: Fehling/Ruffert (Hrsg.), Regulierungsrecht, § 20 Rn. 161, 46.

Universaldienst- als auch das übrige, darüber hinausgehende Leistungsangebot gleichermaßen an die besondere Netzinfrastruktur gebunden sind, stellt sich die Universaldienstleistung innerhalb der netzbedingt begrenzten Marktflexibilität zumeist als eine Art Grundform auch der übrigen (Netz-)Dienstleistungen dar. Demzufolge scheint gerade in den Netzwirtschaftsbereichen die Möglichkeit gegeben bzw. die Erwartung begründet, dass die einzelnen Diensteanbieter innerhalb der jeweiligen Netzstruktur auch auf den Teilmärkten der gesetzlich definierten Universaldienstleistungen in Wettbewerb zueinander treten und damit überhaupt die Effizienz- und Effektivitätsvorteile eines wettbewerblichen Ordnungsrahmens auch zum Zwecke der gemeinwohlorientierten Grundversorgungsgewährleistung in Ansatz gebracht werden können.

Demgegenüber machen zumindest in der Kreditwirtschaft die Dienstleistungen, die insbesondere in Form der Girokontoführung als auch der Kleinkreditgewährung zu dem Bereich der (notwendigen) Daseinsvororge gerechnet werden, allenfalls einen geringen Teil- bzw. Randbereich der markt- und mithin wettbewerbsfähigen Bank- bzw. Finanzdienstleistungen aus. Nicht zuletzt wegen der fehlenden Bindung an eine besondere, nur schwer duplizierbare (Netz-)Infrastruktur, insbesondere aber aufgrund ihrer (produktimmanenten) Unkörperlichkeit weisen Finanz- anders als insbesondere Eisenbahn- und Energie-, aber auch Post- und Telekommunikationsdienstleistungen eine besondere Vielfalt, Komplexität und Entwicklungsdynamik auf. Vor dem Hintergund des zumindest in Deutschland (noch) verbreiteten Universalbanksystems, innerhalb dessen nahezu alle Finanzdienstleistungen vom Einlagen- bzw. Zahlungs- über das Kredit- bis hin zum Wertpapiergeschäft allein in der rechtlichen Einheit eines einzelnen Instituts angeboten werden (können), stehen praktisch sämtliche Gruppen von Kreditinstituten in fast allen Bereichen des Bankgeschäftes in einem Konkurrenzkampf zueinander.[321]

Aufgrund der dynamischen Variationsbreite möglicher Finanzdienstleistungen auch im Bereich des Versicherungswesens und der damit verbundenen Vielzahl sich stets neu ausbildender (Teil-)Märkte innerhalb der Finanzwirtschaft kann gerade das Wettbewerbsprinzip ein Finanzdienstleistungsinstitut – anders als ein Unternehmen in den infrastrukturbedingt engeren wie auch konstanteren Marktstrukturen der Netzwirtschaften – dazu veranlassen, sich aus Märkten (vermeintlich) geringerer Rentabilitätswahrscheinlichkeit herauszuziehen und den Schwerpunkt der Geschäftstätigkeit ohne größeren Aufwand auf ein anderes Marktsegment zu legen. Ungeachtet der retrospektiven Richtigkeit einer solchen marktstrategischen

---

321 Siehe nur *Rümker/Winterfeld*, Rechtliche Ordnung des übrigen Bankwesens, in: Schimansky/Bunte/Lwowski (Hrsg.), Bankrechts-Handbuch, § 124 Rn. 80 ff.

Entscheidung birgt sie aufsichtskonzeptionell auf jeden Fall die Gefahr, dass Finanzdienstleistungsunternehmen auch bzw. gerade auf den (Teil-)Märkten der gesetzlich zu definierenden Universaldienstleistungen in keinen hinreichenden Wettbewerb (mehr) zu einander träten.

Nach dem regulierungstypischen Bewirkungsmodus der wettbewerbsbasierten Grundversorgung soll aber möglichst auch auf den (Teil-)Märkten der gesetzlich definierten Universaldienstleistungen allein der freie Wettbewerb verschiedener Anbieter von sich heraus ein ausreichendes Angebot an Daseinsvorsorgeleistungen von bestimmter Qualität zu erschwinglichen Preisen gewährleisten. Erst wenn die Regulierungsbehörde auf dem spezifischen Markt eine Unterversorgung feststellt, wird die Freiwilligkeit der Grundversorgungsleistung schrittweise eingeengt, bis die Regulierungsbehörde nach Fristsetzung und Ausschreibung letztlich einzelne oder mehrere marktmächtige Unternehmen konkret zur Erbringung der defizitären Dienstleistung verpflichten kann.[322] Im Unterschied zu den Bereichen der Netzwirtschaft, deren Markt- und Wettbewerbsstrukturen durch die besondere Netzbindung der jeweiligen Dienstleistungen gerade eine nur sehr begrenzte Flexibilität der Dienstanbieter ermöglicht, würde der Wettbwerb in den strukturvariablen Sektoren der Finanzwirtschaft kaum eine reale Chance bieten, denn vielmehr eine konkrete Gefahr für eine flächendeckende Grundversorgung mit Finanzdienstleistungen begründen. Mangels Wettbewerbs auf den entsprechenden (Teil-) Märkten der Daseinsvorsorge könnte die Grundversorgung gar nicht erst der Freiwilligkeit der Wettbewerbsteilnehmer überlassen werden bzw. bleiben, sondern müsste einzelnen Unternehmen unmittelbar verpflichtend vorgeschrieben werden.

Damit stehen die Komplexität und Variabilität der aktuellen Marktverhältnisse in der Finanzwirtschaft einer gezielten Indienstnahme ihres wettbewerbsbasierten Ordnungsrahmens zum Zwecke der gemeinwohlorientierten Grundversorgung entgegen.[323] Wollte man die Versorgung mit Finanzdienstleistungen der Daseinsvorsorge bzw. von allgemeinem wirtschaftlichem Interesse in die Marktstrukturen des privatwirtschaftlichen Finanzdienstleistungswesens integrieren, bedürfte es zuvor einer erheblichen Eingrenzung derselben. Die Flexibilität der bestehenden Marktstrukturen ermöglicht bzw. fördert aber nicht nur die wirtschaftliche

---

322 Vgl. dazu insbes. §§ 80 f. TKG und §§ 12 ff. PostG sowie obige Ausführungen in Teil 1 unter C.III.

323 Zur Voraussetzung der Wettbewerbseignung von Gemeinwohlaufgaben siehe auch *Potacs*, Wettbewerb als Verwaltungsaufgabe, VVDStRL 69 (2010), 254 (260), m.w.Nachw.

Betätigungsfreiheit der Finanzdienstleistungsinstitute.[324] Von der dem freiheitlichen Wettbwerbsprinzip immanenten Innovationskraft profitieren idealerweise auch die Institutskunden in Form eines erweiterten, möglichst auf ihre individuellen Bedürfnisse zugeschnittenen Finanzdienstleistungsangebots.[325]

Demzufolge steht der ordnungspolitische Gesetzgeber auch im Bereich der Finanzwirtschaft vor der äußerst schwierigen Aufgabe, einerseits soweit wie möglich die freiheitlichen Marktstrukturen zu erhalten, andererseits aber auch soweit wie nötig die Grundversorgung der Bevölkerung mit den daseinsnotwendigen Finanzdienstleistungen zu gewährleisten. Angesichts der Funktion, die insbesondere Banken und Versicherungen,[326] aber auch andere Finanzdienstleistungsinstitute in einer auf dem Wirtschaftssystem einer sozialen Marktwirtschaft basierenden Gesellschaftsordnung auch ungeachtet eines besonderen Grundversorgungsauftrages wahrnehmen, kann sich der Staat – wie in Zeiten der Finanzmarktkrise eindrucksvoll erwiesen – ganz allgemein ein sozial(politisch)es Versagen des Finanzdienstleistungswesens aufgrund seiner grundgesetzlich in den Prinzipien der Sozialstaatlichkeit und der Republik verankerten (Global-)Verantwortung für die Funktionsfähigkeit „seiner" (Volks-)Wirtschaft[327] nicht leisten.[328]

---

324 Zur Funktion der Grundrechtsvoraussetzung des Marktes im Sinne eines Freiheitsschutzes durch den Staat vgl. obige Ausführungen in Teil 1 unter C.I.

325 Dementsprechend sieht auch der aktuelle Entwurf der *Bundesregierung* zu einem Gesetz zur Abschirmung von Risiken und zur Planung und Sanierung von Kreditinstituten, bisher noch nicht veröffentlicht, zwar die Möglichkeit einer organisatorischen Trennung von Investment- und Einlagenkreditgeschäft vor. Dies erfolgte jedoch insbesondere vor dem Hintergrund, dass die Einlagen keine spekulativen Geschäfte mehr finanzieren sollen. Zudem folgt aus der organisatorischen Trennung beider Geschäftsbereiche keinesfalls zwingend die Aufgabe des Investmentgeschäfts bzw. des Universalbankcharakters. So wird es selbst nach dem Gesetzesentwurf weiterhin möglich sein, die verschiedenen Geschäftsbereiche innerhalb ein- und derselben Konzernstruktur zu belassen.

326 Banken und Versicherungen gehören zu den so genannten Finanzintermediären im engeren Sinn, die Kapital von Kapitalgebern entgegennehmen und an Kapitalnehmer weitergeben. Unter Finanzintermediären im weiteren Sinn versteht man solche Institute, die den Handel zwischen Kapitalgebern und -nehmern ermöglichen bzw. erleichtern.

327 Zu Marktversagen, staatlicher Verantwortung für die Wirtschaft sowie der Ausgleichsfunktion als (Rechtfertigungs-)Gründe der Wirtschaftsaufsicht im Allgemeinen siehe obige Ausführungen in Teil 1 unter C. insbesondere III.

328 Aus diesem Grunde leistete sich der Staat ein nationales, aber europaweit abgestimmtes Rettungspaket aus Billionen-Garantien und Milliarden-Bürgschaften [vgl. Gesetz zur Umsetzung eines Maßnahmenpakets zur Stabilisierung des Finanzmarktes

Die Gewährleistung der grundlegenden Funktionsfähigkeit der Finanzwirtschaft zählt zu den „elementaren[n] Staatsaufgabe[n]".[329] Dementsprechend versucht der Gesetzgeber innerhalb der freiheitlichen Marktstrukturen wenigstens ein Mindestmaß an finanzieller und organisatorischer Unternehmenssolidität zum Zwecke eines möglichst liberalen Kundenschutzes sicherzustellen. Da es nach dem Vorgesagten steuerungskonzeptionell jedoch unmöglich erscheint, den freiheitlichen Wettbewerb der privaten Banken und Versicherungen darüber hinaus auch mit der daseinsnotwendigen Grundversorgung in ein und demselben Steuerungsmodell wirkungsvoll miteinander zu verbinden, bleibt dem Gesetzgeber auch zukünftig nichts anderes übrig, als die Funktionsfähigkeit der freiheitlichen Finanzwirtschaft und die Grundversorgung mit Finanzdienstleistungen getrennt voneinander sicherzustellen. Auch die Empfehlung der Europäischen Kommission über den Zugang zu einem Konto mit grundlegenden Zahlungsfunktionen enthält keine anderslautende Vorgabe.[330] Denn auch diese legt nicht fest, auf welchem Wege den Verbrauchern das Basiskonto auf nationaler Ebene möglichst ungehindert zur Verfügung gestellt werden soll. Vielmehr bleibt es jedem Mitgliedsstaat selbst überlassen, die (konkrete Art von) Finanz- bzw. Zahlungsdienstleistern zu bestimmen, die das Basiskonto in seinem Hoheitsgebiet anbieten sollen.[331] Eine Verknüpfung

---

(Finanzmarktstabilisierungsgesetz – FMStG, BGBl. I 2008, S. 1982 ff., sowie das Gesetz zur weiteren Stabilisierung des Finanzmarktes (Finanzmarktstabilisierungsergänzungsgesetz – FMStG), BGBl. I 2009, S. 725], um die, infolge der Subprimekrise am US-amerikanischen Immobilienmarkt ins Wanken geratene Stabilität des deutschen sowie mittelbar des europäischen Finanzmarktes wiederherzustellen. – Allgemein zu dem Unterschied zwischen sozialem (politischem) und ökonomischem (natürlichem) Marktversagen siehe dezidiert *Berringer*, Regulierung, S. 26 ff. und 37 ff.

329 *Höfling*, Finanzmarktregulierung – Gutachten, in: Ständige Deputation des Deutschen Juristentages (Hrsg.), Verhandlungen des 68. Deutschen Juristentages, Bd. I, F 1 (9).

330 Empfehlung der *Europäischen Kommission* über den Zugang zu einem Konto mit grundlegenden Zahlungsfunktionen („Basiskonto"), K(2011) 4977.

331 Vor dem Hintergrund des bipolaren Nebeneinanders von privater Bankwirtschaft und öffentlich-rechtlicher Geld- bzw. Kreditversorgung böte es sich an, die öffentlich-rechtlichen Zahlungsinstitute als Anbieter von Basiskonten zu bestellen. In Erwägung zu ziehen wäre in diesem Zusammenhang möglicherweise, die öffentliche Kreditwirtschaft insgesamt auf die Aufgabe der Grundversorgung zu verpflichten, gleichzeitig aber auch zu beschränken. Dann könnte sowohl die Gewährträgerhaftung als auch die Anstaltslast anhand der Kriterien der Altmark-Trans-Rechtssprechung des EuGH im Sinne eines adäquaten Ausgleichs für die Erfüllung der Daseinsvorsorgeaufgabe gerechtfertigt werden. Vgl. dazu *Fehling*, Verfahren und Instrumente, in: Fehling/Ruffert (Hrsg.), Regulierungsrecht, § 20 Rn. 50. Dies stünde auch im

von daseinsnotwendiger Grundversorgung und freiheitlichem Wettbewerb ist auch insoweit weder vorgesehen noch nach obigen Einsichten steuerungskonzeptionell umzusetzen.

4. Finanzaufsichtsrechtliche Vorfeldregulierung

Das Recht der integrierten Finanzdienstleistungsaufsicht lässt sich damit nicht als neues Referenzgebiet eines netzunabhängigen Regulierungsverwaltungsrechts privatwirtschaftlicher Daseinsvorsorge bzw. Dienstleistungserbringung von allgemeinem wirtschaftlichen Interesse begreifen.[332] Zwar weist die Finanzaufsicht über Banken und Versicherungen in verschiedenen Bereichen regulierungsähnliche Instrumente und Verfahren auf. So aktiviert auch die Finanzaufsicht marktwirtschaftliche Kräfte, um die Wahrnehmung einer öffentlichen Aufgabe gemeinwohlkonform zu rationalisieren.[333] Infolge der damit verbundenen Verantwortungsverlagerung sieht auch die Finanzaufsicht eine fortdauernde Markt- bzw.

Einklang mit den neben der kredit- und geldwirtschaftlichen Grundversorgung von den Sparkassen im öffentlichen Interesse der Allgemeinheit wahrzunehmenden Funktionen, wie der Unterstützung ihrer kommunalen Träger bei deren Aufgabenerfüllung im wirtschaftlichen, regionalpolitischen, sozialen und kulturellen Bereich. Ob infolgedessen auch der Wettbewerb mit den privaten Mitbewerbern gestärkt bzw. deren Marktbeherrschung in ihrem Geschäftsgebiet verhindert würde, bedürfte noch einer eingehenden Überprüfung. Zwingend notwendig erschiene diese Funktion jedoch nicht mehr. Zu dem öffentlichen Auftrag von Sparkassen in kommunaler Trägerschaft vgl. nur *Rümker/Winterfeld*, Rechtliche Ordnung des übrigen Bankwesens, in: Schimansky/Bunte/Lwowski (Hrsg.), Bankrechts-Handbuch, § 124 Rn. 26.

332 Dies gilt erst recht, wenn man das Wesensmerkmal der Regulierung nicht konstitutiv in der (dauerhaften) Grundversorgung mit den daseinsnotwendigen Dienstleistungen, sondern in der (vorübergehenden) Wettbewerbsschaffung bspw. durch Ausschreibungsverfahren und die Gewährleistung von Infrastrukturmitbenutzungsrechten erblickt, nicht aber in dem Universaldienstregime. Siehe dazu *Röhl*, Finanzmarktaufsicht, in: Fehling/Ruffert (Hrsg.), Regulierungsrecht, § 18 Rn. 40.

333 Zu dem Mittel-Zweck-Ansatz auch der Regulierung siehe nur *Horn*, Regulierung im Ordnungswerk des Verwaltungsrechts, in: Gornig/Kramer/Volkmann (Hrsg.), Staat – Wirtschaft – Gemeinde, Festschr. für Frotscher, 379 (382), *Lepsius*, Ziele der Regulierung, in: Fehling/Ruffert (Hrsg.) Regulierungsrecht, § 19 Rn. 1, 29, *Masing*, Grundstrukturen eines Regulierungsverwaltungsrechts, Die Verwaltung 26 (2003), 1 (5, 31), *Eifert*, Regulierungsstrategien, in: Hoffmann-Riem/Schmidt-Aßmann/Voßkuhle (Hrsg.), Grundlagen des Verwaltungsrechts, Bd. I, § 19 Rn. 127, sowie *Kersten*, Wettbewerb als Verwaltungsaufgabe, VVDStRL 69 (2010), 288 (318 f.). Siehe auch obige Ausführungen in Teil 1 unter C.III.

Institutsbegleitung vor.[334] Im Unterschied zur Regulierung stellt die Finanzaufsicht dadurch die Funktionsfähigkeit des Finanzdienstleistungswesens allerdings nur in ihrer Grundvoraussetzung sicher: in Form eines marktwirtschaftlichen Wettbewerbsrahmens ausreichend solvabler und liquider Banken und Versicherungen. Sie gewährleistet aber nicht darüber hinaus bzw. darauf aufbauend auch die konkrete Versorgung der Bank- oder Versicherungskunden mit Finanzdienstleistungen der Daseinsvorsorge. Ohne den Bewirkungsmechanismus eines seinerseits auf dem privatwirtschaftlichen Wettbewerb basierenden Universaldienstregimes bleibt die integrierte Finanzdienstleistungsaufsicht damit im Vergleich zur Regulierung (auch zukünftig) auf einer steuerungskonzeptionellen Vorstufe stehen, der Stufe der *Präregulierung*.

Gleichwohl hält die Finanzdienstleistungsaufsicht ihrerseits eine Fülle von Strukturparametern bereit, die je für sich bzw. in (unterschiedlicher) Kombination nicht nur verschiedene Bereiche des besonderen (Wirtschafts-)Verwaltungsrechts miteinander verklammern, sondern auch ihrerseits rechtspolitische Optionen für eine Neuausrichtung der hoheitlichen Steuerung anderer Wirtschaftszweige aufzeigen können.[335] So knüpft das finanzaufsichtsrechtliche Steuerungsreglement auf der konzeptionellen Grundlage der regulierten Selbstregulierung verschiedene Querverbindungen zwischen Ökonomisierung, Privatisierung und Prozeduralisierung der Steuerungsaufgabe, um gemeinwohlkonforme Rahmenbedingungen eines möglichst liberalen Verbraucherschutzes sicherzustellen.[336] Insbesondere die Einbindung bzw. Ausrichtung der institutseigenen Steuerungspotentiale in bzw.

---

334 *Fehling*, Instrumente und Verfahren, in: Fehling/Ruffert (Hrsg.), Regulierungsrecht, § 20 Rn. 101, *ders.*, Versicherungsaufsicht, in: Bergeest/Labes (Hrsg.), Liber amicorum f. Winter, 171 (178 f.). Weitergehend sogar *Höfling*, Finanzmarktregulierung – Gutachten, in: Ständige Deputation des Deutschen Juristentages (Hrsg.), Verhandlungen des 68. Deutschen Juristentages, Bd. I, F 1 (11). – Zu dem verwaltungsrechtlichen Spezifikum der Regulierung als Steuerungsform in Situationen der Verantwortungsverlagerung vom staatlichen auf den privaten Sektor *Ruffert*, Begriff, in: Fehling/Ruffert (Hrsg.), Regulierungsrecht, § 7 Rn. 41 f.

335 Zur Bedeutung und Anerkennung einer „mittleren Ebene" der dogmatischen Strukturierung zwischen der hochabstrakten Ebene des allgemeinem Verwaltungsrechts und der hochspeziellen Ebene des besonderen Verwaltungsrechts *Ruffert*, Begriff, in: Fehling/Ruffert (Hrsg.), Regulierungsrecht, § 7 Rn. 45, m.w.Nachw. [Hervorhebung im Original].

336 *Höfling*, Finanzmarktregulierung – Gutachten, in: Ständige Deputation des Deutschen Juristentages (Hrsg.), Verhandlungen des 68. Deutschen Juristentages, Bd. I, F 1 (52), spricht in diesem Zusammenhang zu Recht von dem Finanzaufsichtsrecht als einem „Rechtsgebiet avancierter Regelungstechniken".

auf das finanzaufsichtsrechtliche Steuerungsprogramm weist dabei eine lenkungsähnliche Dimension auf. Die Vorgabe, mit der der gesellschaftliche Bereich der Finanzwirtschaft durch die Finanzaufsicht in Übereinstimmung gebracht bzw. gehalten werden soll, wird nicht mehr allein konkret durch eine quantitative Größe vorgegeben. Dem zu beaufsichtigenden Institut wird daneben bzw. noch zuvor ganz allgemein die qualitative Pflicht auferlegt, innerhalb einer ordnungsgemäßen Unternehmensorganisation auch ein eigenes Risikomanagementsystem einzurichten. Mit dessen Hilfe soll das Institut möglichst selbst die Maßstäbe einer hinreichenden Solvabilität und Liquidität konkretisieren als auch darauf aufbauend durchsetzen. Der dem Staat bzw. Hoheitsträger insoweit verbliebenen Gewährleistungsverantwortung wird auch das finanzaufsichtsrechtliche Instrumentarium der primären Aktivierung und Kontrolle durch eine subsidiär imperative Kontrolle und Korrektur des beaufsichtigten Finanzbetriebes ergänzt, um das der Finanzaufsicht selbst insoweit noch vorausliegende Ziel, die rationale Sicherstellung einer funktionsfähigen Finanzwirtschaft zum Zwecke eines freiheitlichen Kundenschutzes, letztverbindlich zu erreichen.

Nicht zuletzt infolge dieser Zielbindung stellt sich die Finanzaufsicht aber auch weiterhin als eine von der Wirtschaftslenkung verschiedene Steuerungskategorie der Wirtschaftsaufsicht dar, sofern diese im Sinne einer „positiven Wirtschaftsaufsicht"[337] entwicklungsoffen gehalten wird.[338] Innerhalb der Variantenvielfalt

---

337 Zur Unterscheidung zwischen positiver und negativer (Wirtschafts-)Aufsicht siehe *Bullinger*, Staatsaufsicht in der Wirtschaft, VVDStRL 22 (1963), 264 (289 f. Fn. 110), *Kahl*, Staatsaufsicht, S. 379 f.

338 Ebenso *Schmidt-Preuß*, Gesellschaftliche Selbstregulierung und staatliche Steuerung, VVDStRL 56 (1997), 160 (227), und *Junker*, Gewährleistungsaufsicht über Wertpapierunternehmen, S. 55, der jedoch – anders als hier – Wirtschaftsüberwachung und Wirtschaftslenkung als verschiedene Ziele unter dem Oberbegriff der Aufsicht begreift. – Zur Annäherung von Wirtschaftsaufsicht und Wirtschaftslenkung unter dem sich wandelnden Verhältnis von öffentlichem und privatem Sektor siehe *Di Fabio*, Der offene Staat in der Wirtschaftsgesellschaft, in: Kirchhof/Lehner/Raupach/Rodi (Hrsg.), Staaten und Steuern, Festschr. für Vogel, 3 (16). – Eine Ausdifferenzierung der bewährten Aufsichtstypen, wie es insbesondere *Schuppert*, Staatsaufsicht im Wandel, DÖV 1998, 831 ff., *ders.*, Verwaltungswissenschaft, S. 900, *ders.*, Zur notwendigen Neubestimmung der Staatsaufsicht im verantwortungsteilenden Staat, in: Schuppert (Hrsg.), Jenseits von Privatisierung und „schlankem Staat", 299 (326 ff.), aber auch in Teilen *Voßkuhle*, Beteiligung Privater an öffentlichen Aufgaben, VVDStRL 62 (2003), 266 (321), fordert, scheint einer auf prägenden Grundtypen basierenden Dogmatisierung des Aufsichtsrechts hingegen eher ab- als zuträglich. So wie hier auch *Kahl*, Staatsaufsicht, S. 382 ff.

verschiedener Erscheinungsformen der hoheitlichen Wirtschaftsaufsicht lässt sich der finanzaufsichtsrechtliche Bewirkungsmechanismus daher rechtsdogmatisch abgrenzen bzw. kennzeichnen durch den Begriff der *präregulierenden Gewährleistungsaufsicht*.

Als solche markiert das Steuerungsmodell der integrierten Finanzdienstleistungsaufsicht zweifelsohne einen eigenen Referenzpunkt in dem zunehmend am Wettbewerbsprinzip ausgerichteten Koordinatensystem der staatlichen Aufsicht über die Wirtschaft, der einerseits noch eine Verbindung zu dem Ausgangspunkt des hergebrachten (Gewerbe-)Polizeirechts unterhält, andererseits sich aber von diesem gelöst hat und in die Nähe des aktuellen Referenzpunktes des Regulierungsverwaltungsrechts gerückt ist.[339] Im Sinne einer Modellannahme profiliert die Kategorie der präregulierenden Gewährleistungsaufsicht dabei zwar im Wesentlichen nur die Grundstruktur der mikroprudentiellen Finanzaufsicht und damit nur noch eines Teilbereiches der integrierten Finanzdienstleistungsaufsicht. Gleichwohl zeigt sie sich anderen Erkenntnisquellen wie insbesondere der zunehmend an Bedeutung gewinnenden makroprudentiellen Systemaufsicht gegenüber hinreichend offen.[340] Soweit die im Rahmen der makroprudentiellen Systemaufsicht entdeckten systemischen Risiken durch die mikroprudentielle Institutsaufsicht abgewendet werden, fügt sich die Systemaufsicht, obwohl nicht direkt in der Institutsaufsicht angelegt, sogar in deren Bewirkungsmechanimus der präregulierenden Gewährleistungsaufsicht ein, ohne dessen Wesenskern zu verändern.[341] Ohnehin in der gemeinsamen Zielsetzung eines funktionsfähigen und stabilen

339 Im Ergebnis ähnlich *Röhl*, Finanzmarktaufsicht, in: Fehling/Ruffert (Hrsg.), Regulierungsrecht, § 18 Rn. 43, der das „Finanzmarktrecht" jedoch auf der Grundlage eines engeren Regulierungsbegriffs nicht auf einer Vorstufe zu demselben verortet, sondern schlicht als weiteres Referenzgebiet eines marktbezogenen Verwaltungsrechts neben dem spezifischen Regulierungsrecht betrachtet. Vergleichbar *Ruffert*, Begriff, in: Fehling/Ruffert (Hrsg.), Regulierungsrecht, § 7 Rn. 66, der vor allem den Bauformen von Verfahren und Organisation Referenzqualitäten zuspricht. Für den Bereich der Bankenaufsicht zumindest auch im Ergebnis ebenso *Stober*, Wirtschaftsaufsicht und Bankenaufsicht, in: Pitschas (Hrsg.), Integrierte Finanzdienstleistungaufsicht, 21 (22).

340 Zur teilweise notwendigen Ergänzung einer strukturbildenden Modellannahme durch andere Erkenntnisquellen siehe auch *Schmidt-Aßmann*, Verwaltungsorganisationsrecht als Steuerungsressource, in: Schmidt-Aßmann/Hoffmann-Riem (Hrsg.), Verwaltungsorganisationsrecht als Steuerungsressource, 9 (18) mit Verweis auf *Mayntz*, Politische Steuerung und gesellschaftliche Steuerungsprobleme, Jhb. Staats- und Verwaltungswissenschaft, Bd. I, 1987, 89 (93 f.).

341 Vgl. dazu auch allgemein *Pieper*, Aufsicht, S. 210 ff.

Finanzsystems vereint, werden mikroprudentielle Finanzaufsicht und makroprudentielle Systemaufsicht insoweit bei allen Unterschieden im Übrigen materiellrechtlich in dem (prudentiellen) Steuerungsmodell der integrierten Finanzdienstleistungsaufsicht miteinander verbunden.

B. Organisationsrechtliches Steuerungsmodell der integrierten Finanzdienstleistungsaufsicht

Die materiellrechtlichen Normen bilden indes nur eine, wenn auch bedeutende Dimension des Steuerungsmodells der integrierten Finanzdienstleistungsaufsicht aus. Hinzu tritt sein organisationsrechtlicher Wirkungsbereich. Da öffentliche Verwaltung nicht nur Handlung, sondern zugleich auch Organisation und Organisation sowohl „Erscheinungs- [...als auch...] Verwirklichungsform" der Verwaltung ist,[342] ist auch das (verwaltungs-)organisatorische Ordnungsmodell nicht nur institutionelles Resultat, sondern auch instrumentelle Ressource des jeweiligen Steuerungskonzepts.[343]

I. Das Ordnungsmodell der sektorübergreifenden Bundesanstalt

Mit dem Gesetz über die integrierte Finanzdienstleistungsaufsicht[344] sind die ehemals sektorspezifischen Bundesaufsichtsämter für das Kreditwesen (BAKred),

---

342 *Krebs*, Verwaltungsorganisation, in: Isensee/Kirchhof (Hrsg.), HStR V (2007), § 108 Rn. 1, sowie diesen (ebenfalls) zitierend *Schmidt-Aßmann*, Verwaltungsorganisationsrecht als Steuerungsressource, in: Schmidt-Aßmann/Hoffmann-Riem (Hrsg.), Verwaltungsorganisationsrecht als Steuerungsressource, 9 (11).

343 Zur unterschiedlichen Betonung der instrumentellen (Steuerungs-) oder institutionellen (Konstitutions-)Funktion der Verwaltungsorganisation siehe *Burgi*, Verwaltungsorganisationsrecht, in: Erichsen/Ehlers (Hrsg.), Allgemeines Verwaltungsrecht, § 7 Rn. 4, 14, *Groß*, Das Kollegialprinzip in der Verwaltungsorganisation, S. 19 f., *Schmidt-Aßmann*, Das allgemeine Verwaltungsrecht als Ordnungsidee, S. 239, *Schmidt-Preuß*, Steuerung durch Organisation, DÖV 2001, 45 (45 f.). Allgemein zum Verwaltungsorganisationsrecht als Steuerungsressource vgl. die verschiedenen Beiträge in dem Sammelband von Schmidt-Aßmann/Hoffmann-Riem (Hrsg.), Verwaltungsorganisationsrecht als Steuerungsressource.

344 Gesetz über die integrierte Finanzdienstleistungsaufsicht vom 22. April 2002, BGBl. I, S. 1310 ff.

das Versicherungswesen (BAV) und den Wertpapierhandel (BAW) in die sektorübergreifende Organisationsstruktur der Bundesanstalt für Finanzdienstleistungsaufsicht (BaFin) überführt worden.[345] Wie schon vormals die Errichtung der selbstständigen Bundesoberbehörden BAKred, BAV und BAW gründete sich auch die Errichtung der bundesunmittelbaren Anstalt BaFin auf die Verwaltungsorganisationskompetenz des Bundes im sachlichen Zusammenhang mit seiner konkurrierenden Gesetzgebungskompetenz im (Teil-)Bereich des Wirtschaftsrechts.[346] Das konkrete Erfordernis einer bundeseinheitlichen Sachregelung[347] auf dem Gebiet der Finanzdienstleistungsaufsicht war und ist die Folge der gesamtwirtschaftlichen Bedeutung, die insbesondere dem Bank- und Versicherungswesen als auch dem Wertpapierhandel in einer ausdifferenzierten Gesellschaft heutiger Prägung zukommt.[348] Auf der Grundlage dieser Gesetzgebungskompetenz für Angelegenheiten der Finanzaufsicht kann der Bund daher in der Folge auch außerhalb des Anwendungsbereichs besonderer Zuweisungsnormen[349] in Ausnahme zur grundgesetzlichen Kompetenzverteilung bzw. zu dem daraus folgenden Grundsatz der

---

345 § 1 FinDAG, Art. 1 des Gesetzes über die integrierte Finanzdienstleistungsaufsicht vom 22. April 2002, BGBl. I, S. 1310 f. – Kritisch gegenüber der Namensgebung *Geschwandtner*, Staatsaufsicht über das Kreditwesen, S. 48 f., und *Hagemeister*, Die neue Bundesanstalt für Finanzdienstleistungsaufsicht, WM 2002, 1773 (1773), der jedoch gleichzeitig den Vorteil der leichten Übersetzbarkeit ins Englische („Federal Financial Services Authority") angesichts der Bedeutung internationaler Zusammenarbeit hervorhebt.

346 Vgl. Art. 87 Abs. 3 S. 1 GG i.V.m. Art. 72 Abs. 1, 74 Abs. 1 Nr. 11 GG. Zu dem Wettbewerbswesen der konkurrierenden Gesetzgebung siehe *Maunz*, in: Maunz/Dürig, Kommentar zum GG, Art. 72 Rn. 2. Zum Anwendnungsbereich des Art. 87 Abs. 3 GG allgemein *Lerche*, in: Maunz/Dürig, Kommentar zum GG, Art. 87 Rn. 166 ff. – Dass Art. 87 Abs. 3 GG nicht nur eine Organisationsnorm, sondern eine Kompetenznorm ist, die dem Bund ausdrücklich eine zusätzliche Verwaltungskompetenz eröffnet, d.h. also im Sinne von Art. 83 GG etwas „anderes zulässt", hat das *BVerfG* bereits in seinem Urteil vom 24. Juli 1962 – 2 BvF 4, 5/61, 2/62, BVerfGE 14, 197 (215), klargestellt: „Für Art. 87 Abs. 3 GG als Kompetenznorm spricht der Wortlaut: Das einleitende „Außerdem" kann nur anknüpfend verstanden werden, nämlich in bezug auf die in den beiden ersten Absätzen des Art. 87 aufgeführten Fälle bundeseigener Verwaltung."

347 Vgl. Art. 72 Abs. 2 GG.

348 Zur Bedeutung des Banken- und Versicherungswesens in einer Gesellschaft heutiger Zeit siehe obige Ausführungen unter A.III.3.b). Zu dem weitergehenden Bedürfnis nach einer wenigstens europaweit einheitlichen Regelung der Finanzaufsicht siehe die Ausführungen in Teil 4.

349 Wie bspw. Art. 88 GG.

Länderzuständigkeit[350] selbstständige Bundesoberbehörden und neue bundesunmittelbare Körperschaften und Anstalten des öffentlichen Rechtes errichten und mit der Ausführung der (Bundes-)Gesetze betrauen.[351]

1. Administrative (Ent-)Hierarchisierung und exekutive (De-)Zentralisierung

Die Integration der sektorspezifischen Bundesoberbehörden in die sektorübergreifende Bundesanstalt verfestigte allerdings nicht nur die Zentralisierung der Verwaltungsaufgabe auf der Ebene des Bundes und mithin die Ausnahme zum föderalen Grundsatz. Sie überführte die Finanzaufsicht auch von der unmittelbaren auf die mittelbare Organisationsebene der Staatsverwaltung. Anders als die noch bereichsseparaten Bundesaufsichtsämter in Form der selbstständigen Bundesoberbehörden ist die Bundesanstalt nicht nur organisatorisch selbstständig, sondern auch rechtlich eben nicht mehr Teil des originären Verwaltungsträgers Bund und damit nicht mehr in dessen unmittelbare Staatsverwaltung eingegliedert.[352] Die rechtsfähige Anstalt öffentlichen Rechts ist vielmehr selbst – wenn auch abgeleitet – Zuordnungssubjekt eigener (verwaltungs-)rechtlicher Rechte und Pflichten.[353]

---

350 Vgl. Art. 30 bzw. 83 GG: Danach ist die Ausübung staatlicher Befugnisse und die Erfüllung staatlicher Aufgaben im Allgemeinen wie die Ausführung der Bundesgesetze im Besonderen, soweit jeweils nichts anderes bestimmt ist, Sache bzw. eigene Angelegenheit der Länder.

351 Art. 87 Abs. 3 S. 1 GG. Nach *BVerfG*, Urteil vom 24. Juli 1962 – 2 BvF 4, 5/61, 2/62, BVerfGE 14, 197 (215), braucht für die Errichtung der Verwaltungseinheit auf Bundesebene „aber daneben ein Bedürfnis nach bundesgesetzlicher Regelung nicht zu bestehen." Art. 87 Abs. 3 S. 1 GG enthalte eine „ausschließliche Bundeskompetenz", deren Ausübung „nicht von Voraussetzungen abhängen [kann], die das Grundgesetz für den Fall der konkurrierenden Zuständigkeit des Bundes im Bereich der Sachregelung aufstellt."

352 Das Merkmal der Selbstständigkeit weist insoweit weder auf eine rechtliche Selbstständigkeit der Bundesoberbehörde noch auf eine damit verbundene Ausgliederung auf die Ebene der mittelbaren Staatsverwaltung hin. Sie markiert eher den Ansatzpunkt der Erforderlichkeit einer bundeseigenen Verwaltung als tatbestandliche Kompetenzeröffnung und -grenze i.S.d. Art. 87 Abs. 3 S. 1 GG. Vgl. dazu *Burgi*, in: v. Mangoldt/Klein/Starck (Hrsg.), Kommentar zum GG, Art. 87 Rn. 98.

353 Die rechtsfähige Anstalt wird daher auch als derivativer Verwaltungsträger bezeichnet. Zur rechtsfähigen Anstalt als Organisationstyp der mittelbaren Staatsverwaltung siehe statt vieler überblicksartig *Maurer*, Allgemeines Verwaltungsrecht, § 23 Rn. 46 ff., sowie die Beiträge von *Lange* und *Breuer*, Die öffentlichrechtliche Anstalt, VVDStRL 44 (1986), 167 ff. und 211 ff. Zur Unterscheidung zwischen originärem

a) Hierarchie als zentrales Bauprinzip grundgesetzlicher Verwaltungsorganisation

Gleichwohl ist die mit der rechtlichen Verselbstständigung einer Anstalt typischerweise verbundene Staatsferne – nicht nur konkret in Bezug auf die einfachgesetzliche Ausgestaltung der BaFin, sondern auch allgemein im Verhältnis zu den (übrigen) verfassungsrechtlichen (Organisations-)Vorgaben – eine nur relative.[354] So verlangt das demokratische Prinzip des Grundgesetzes ungeachtet der konkreten Ausformung der Verwaltungsorganisation ganz grundsätzlich ein parlamentarisch-demokratisches Legitimationsgefüge derselben, innerhalb dessen sich eine jede behördliche Hoheitsmaßnahme auf den Willen des Volkssouveräns zurückführen lässt.

Vermittelt über die Weisungsbefugnis des Ressortministers gegenüber den nachgeordneten Behörden[355] und über die parlamentarische Kontrolle der Regierung[356] erfolgt die Rückanbindung der administrativ hoheitlichen an die politisch

---

und derivativem Verwaltungsträger siehe ebenfalls nur *Maurer*, Allgemeines Verwaltungsrecht, § 21 Rn. 7 f.

354 Vgl. nur *Masing*, Regulierungsbehörde im Spannungsfeld von Unabhängigkeit und Verantwortung, in: Bauer/Czybilka/Kahl/Voßkuhle (Hrsg.), Wirtschaft im offenen Verfassungsstaat, Festschr. für Schmidt, 521 (524). – Zu den einfachgesetzlichen Vorschriften über die Rechtsform, die Rechts- und Fachaufsicht, den Anstaltszweck, die Organisation der Anstalt, die Kostenerstattung sowie das Personalrecht vgl. nachfolgende Ausführungen unter B.I.

355 Vgl. Art. 65 S. 2 GG. Erst über das Weisungsrecht in Form der „lückenlosen Kontrolle und Steuerung" ist der jeweilige (Ressort-)Minister in der Lage, im Rahmen der Richtlinienvorgabe des Bundeskanzlers die sachliche Verantwortung für seinen eigenen Zuständigkeitsbereich unmittelbar gegenüber dem Parlament und insofern mittelbar gegenüber der Öffentlichkeit zu übernehmen (so genannte Ministerialverantwortung i.S.d. Art. 65 S. 2 GG). So auch *Döhler*, Die unabhängige Regulierungsbehörde, Die Verwaltung 34 (2001), 59 (69, 72), *Loschelder*, Weisungshierarchie und persönliche Verantwortung, in: Isensee/Kirchhof (Hrsg.), HStR V (2007), § 107 Rn. 18 ff., 38 ff., 40, sowie *Mayen*, Verwaltung durch unabhängige Einrichtungen, DÖV 2004, 45 (47), der auf *BVerfG*, Urteil vom 27. April 1959 – 2 BvF 2/58, BVerfGE 9, 268 (281 f.), und *BVerfG*, Beschluss vom 24. Mai 1995 – 2 BvF 1/92, BVerfGE 93, 37 (67), verweist.

356 Vgl. Art. 43, 44 und 67 GG. Zu den Möglichkeiten der parlamentarischen Kontrolle vgl. ausführlich *Jestaedt*, Demokratieprinzip und Kondominialverwaltung, S. 334 ff. Zu dem Verhältnis von Regierung und Parlament im parlamentarischen Regierungssystem allgemein siehe *Klein*, Aufgaben des Bundestages, in: Isensee/Kirchhof (Hrsg.), HStR III (2005), § 50 Rn. 33 ff., *Badura*, Die parlamentarische Demokratie, in: Isensee/Kirchhof (Hrsg.), HStR II (2004), § 25 Rn. 10 ff.

verantwortliche Staatsgewalt an sich und idealerweise durch die organisationsrechtliche Eingliederung der konkret handelnden Behörde in den streng hierarchischen Aufbau der unmittelbaren Staatsverwaltung.[357] Obwohl als solches nicht explizit benannt, gilt das Prinzip der Hierarchie einschließlich der Weisungsgebundenheit nachgeordneter Verwaltungseinheiten daher als eines der zentralen Bauprinzipien der grundgesetzlichen Verwaltungsorganisation.[358]

b) Aufgabeneffektivität als maßgebliche Zielgröße der Verwaltungsorganisation

Als verfassungsrechtliches Grundmodell einer demokratisch legitimierten Verwaltungsorganisation gilt es jedoch nicht absolut.[359] Schon innerhalb der hierarchischen Organisationsstruktur wird den nachgeordneten Verwaltungseinheiten ein gewisser Freiraum belassen, um die allgemeinen Gesetzesvorgaben auf jeder Hierarchiestufe konkretisieren und schließlich einzelfallgerecht auf die Wirklichkeit anwenden zu können.[360] Ohnehin bezieht sich das formelle Organisationsmodell der hierarchischen Ministerialverwaltung ganz allgemein auf den dem Grundgesetz ursprünglich zugrunde liegenden „Regelfall der Verwaltungstätigkeit", nämlich die „Erfüllung typischer Amtsaufträge".[361] Weicht aber bereits die zu organisierende Verwaltungstätigkeit von dem grundgesetzlich vorausgesetzten Regelfall ab, kann dies auch eine Abweichung von dem verwaltungsorganisatorischen Grundmodell erforderlich machen.[362] Wie schon materiellrechtlich ist auch

---

357 *BVerfG*, Urteil vom 31. Oktober 1990 – 2 BvF 3/89, BVerfGE 83, 60 (72).

358 *Loschelder*, Weisungshierarchie und persönliche Verantwortung, in: Isensee/Kirchhof (Hrsg.), HStR V (2007), § 107 Rn. 3, 38 ff.; *Dreier*, Hierarchische Verwaltung, S. 125 ff., und S. 145; *Grzeszick*, in: Maunz/Dürig, Kommentar zum GG, Art. 20 Rn. 139. – Korrelat des Grundsatzes der Weisungsgebundenheit vollziehender Verwaltungstätigkeit ist die begrenzte Ausnahme so genannter „weisungs- bzw. ministerialferner Räume" sowie das grundsätzliche Verbot so genannter „weisungs- bzw. ministerialfreier Räume". Vgl. allgemein zu dem Problem ministerialfreier Räume bereits *Fichtmüller*, Zulässigkeit ministerialfreier Räume, AöR 91 (1966), 297 ff., sowie die Nachweise bei *Horn*, Regulierung im Ordnungswerk des Verwaltungsrechts, in: Gornig/Kramer/Volkmann (Hrsg.), Staat – Wirtschaft – Gemeinde, Festschr. für Frotscher, 379 ff. (Fn. 55).

359 *Schneider*, Das Neue Steuerungsmodell, in: Schmidt-Aßmann/Hoffmann-Riem (Hrsg.), Verwaltungsorganisationsrecht als Steuerungswissenschaft, 103 (106).

360 *Loschelder*, Weisungshierarchie und persönliche Verantwortung, in: Isensee/Kirchhof (Hrsg.), HStR V (2007), § 107 Rn. 31 ff.

361 *Grzeszick*, in: Maunz/Dürig, Kommentar zum GG, Art. 20 Rn. 141.

362 *BVerfG*, Beschluss vom 5. Dezember 2002 – 2 BvL 5/98, 2 BvL 6/98, BVerfGE 107, 59 (91).

organisationsrechtlich nicht (allein) die Form der demokratischen Legitimation hoheitlichen Handelns entscheidend, sondern (auch) deren Effektivität im Verhältnis zur behördlichen Aufgabenwahrnehmung.[363]

Die Aufgabe der Finanzaufsicht, die sektorübergreifende „Vor-Sorge" für die dauerhafte (Selbst-)Versorgung der Bank- und Versicherungskunden mit möglichst nachfragegerechten Finanzdienstleistungen durch die Gewährleistung eines Wettbewerbsrahmens der adäquaten Institutssolvabilität und -liquidität, vereint wesentliche Aspekte der Marktwirtschaftlichkeit und der Sozialstaatlichkeit in einem mehrstufigen Steuerungsprozess der kooperativen Gemeinwohlsicherung.[364] Ein solch prospektiver Gestaltungsansatz, der die Dynamik der finanzwirtschaftlichen Entwicklung nicht nur kritisch nachzuvollziehen, sondern auch möglichst vorausschauend zu kanalisieren und aufsicht(srecht)lich nutzbar zu machen sucht, weicht jedoch erheblich von der Erfüllung typischer Ordnungsaufträge ab. Die Komplexität der Steuerungsaufgabe bedingt daher nicht nur materiellrechtlich ein besonderes Steuerungsreglement, sondern erfordert auch organisationsrechtlich eine besondere Aufsichtsinstitution.

Anders als die eher „punktuellen" und zumeist „zufälligen", aber gleichzeitig routinemäßigen Aufgaben der retrospektiven Wirtschaftsüberwachung, die allenfalls „speziellen Ämtern im Rahmen umfassend zuständiger [in den unmittelbaren

363 *BVerfG*, Urteil vom 31. Oktober 1990 – 2 BvF 3/89, BVerfGE 83, 60 (72); *BVerfG*, Beschluss vom 24. Mai 1995 – 2 BvF 1/92, BVerfGE 93, 37 (67); *BVerfG*, Beschluss vom 5. Dezember 2002 – 2 BvL 5/98, 2 BvL 6/98, BVerfGE 107, 59 (87). Zum rechtsstaatlichen wie auch demokratischen Gebot der Effektivität bzw. Rationalität als (im Verhältnis zu anderen Grundbedingungen von Verfassungsrang sekundärer und mithin lediglich rechtfertigender) Maßgröße der Zielerreichung siehe allgemein *Schmidt-Aßmann*, Verwaltungsorganisationsrecht als Steuerungsressource, in: Schmidt-Aßmann/Hoffmann-Riem (Hrsg.), Verwaltungsorganisationsrecht als Steuerungswissenschaft, 9 (40 f.), sowie *Groß*, Das Kollegialprinzip in der Verwaltungsorganisation, S. 24, *Krebs*, Verwaltungsorganisation, in: Isensee/Kirchhof (Hrsg.), HStR V (2007), § 108 Rn. 90, *Schneider*, Das Neue Steuerungsmodell, in: Schmidt-Aßmann/Hoffmann-Riem (Hrsg.), Verwaltungsorganisationsrecht als Steuerungswissenschaft, 103 (113 m.w.Nachw. in Fn. 50), *Schuppert*, Verselbständigte Verwaltungseinheiten, S. 191, sowie speziell in Bezug auf die Aufgabe der Regulierung *Masing*, Das Recht der Regulierungsverwaltung – Gutachten, in: Ständige Deputation des Deutschen Juristentages (Hrsg.), Verhandlungen des 66. Deutschen Juristentages, Bd. I, D 1 (44), *Britz*, Organisation und Organisationsrecht, in: Fehling/Ruffert (Hrsg.), Regulierungsrecht, § 21 Rn. 1, 32, 53, jeweils m.w.Nachw.

364 Vgl. dazu obige Ausführungen unter A.I.2.c) und 4.c) – Zur Ausgleichsfunktion der Wirtschaftsaufsicht im Allgemeinen siehe bereits oben in Teil 1 unter B.III.

Verwaltungsaufbau eingegliederter] Behörden" übertragen werden,[365] legt die dauerhafte und möglichst systematische sowie zum Teil innovative Aufgabe der prospektiven Finanzaufsicht deren Ausgliederung aus der streng hierarchisch organisierten, auf der Einheitsvorstellung der Verwaltung basierenden Ministerialverwaltung sowie deren sachnähere Verlagerung auf eine verselbstständigte Organisationsebene der (nur) mittelbaren Staatsverwaltung nahe.[366] Gerade die langfristige Zielsetzung des Steuerungsmodells der institutsorientiert integrierten Finanzdienstleistungsaufsicht, trotz der Komplexität der Wirklichkeitssachverhalte und -zusammenhänge eine instituts- wie auch systemsolide Grundlage für ein dauerhaftes Angebot möglichst nachfragegerechter Finanzdienstleitungen zu schaffen, spricht dafür, die aufsichtsbehördliche Entscheidungsfindung aus den (tages-)politischen (Kompromiss- und Anpassungs-)Zwängen auf unmittelbarer Regierungsebene herauszulösen.[367]

c) Intermediäre Bundesanstalt als organisatorisches Kooperationsforum

Die parlamentsgesetzliche Entscheidung für oder gegen eine bestimmte Organisationsrechtsform, innerhalb derer eine bestimmte Aufgabe möglichst effektiv wahrgenommen werden soll, richtet sich aber neben der inhaltlichen Zielvorgabe auch bzw. zu einem wesentlichen Teil nach dem instrumentellen Verwirklichungsmodus der jeweiligen Aufgabenstellung. Verwaltungsverfahren als Verwirklichungsmodus und Verwaltungsorganisation als Verwirklichungsstruktur stehen in einem „Korrespondenzverhältnis" zueinander.[368] Die konkret ausgewählte Organisationsrechtsform hält idealerweise eine hinreichend legitimierte Struktur bereit, in der die der Aufgabe zugrunde liegende Zielsetzung mit Hilfe des vorgegebenen Instrumentariums möglichst effektiv erreicht wird.

Obigen Ausführungen entsprechend erhält die integrierte Finanzdienstleistungsaufsicht ihr instrumentelles Gepräge durch eine zunehmend qualitativ-individuelle Ergänzung quantitativ-genereller Mindestanforderungen an eine angemessene Eigenmittelausstattung bzw. ausreichende Zahlungsbereitschaft

---

365 Vgl. dazu auch *Pieper*, Aufsicht, S. 181 f.

366 Vgl. auch allgemein in Bezug auf die Gegenüberstellung von Routine- und Innovationsaufgaben *Schuppert*, Verselbständigte Verwaltungseinheit, S. 211 f. bzw. S. 307 ff. unter dem Stichwort der „kranken Hierarchie".

367 Angelehnt an *Masing*, Das Recht der Regulierungsverwaltung – Gutachten, in: Ständige Deputation des Deutschen Juristentages (Hrsg.), Verhandlungen des 66. Deutschen Juristentages, Bd. I, D 1 (47).

368 Vgl. auch *Krebs*, Die öffentlichrechtliche Anstalt, NVwZ 1985, 609 (615).

der Kredit-, Versicherungs- oder anderen Finanzdienstleistungsinstitute.[369] Über die aufsicht(srecht)liche Indienstnahme und Überprüfung unternehmensinterner (Selbst-)Steuerungspotentiale mündet die Finanzaufsicht letztlich in einen wechselseitigen Steuerungsprozess staatlicher Kontrolle wirtschaftlicher Selbstkontrolle.[370] Dabei bedürfen die Interaktionsprozesse gesellschaftlicher und staatlicher Steuerungsbeiträge neben der materiellrechtlichen Ordnung über ein gestuftes Steuerungsreglement auch der organisatorischen Bündelung in einer letztverantwortlich handelnden Verwaltungseinheit.[371] Ein entsprechendes „Forum" der kooperativen Erfüllung der öffentlichen Steuerungsaufgabe bietet die rechtsfähige Anstalt öffentlichen Rechts.[372] Als „eigentümlicher Organisationstyp der öffentlichen Verwaltung"[373] zeichnet sie sich grundsätzlich als rechtlich verselbstständigte Einheit aus, in der Verwaltungsbedienstete und Sachmittel organisatorisch zusammengefasst sind, um dem Anstaltszweck entsprechend eine bestimmte Verwaltungsaufgabe wahrzunehmen, mit der jedenfalls unmittelbar zumeist nur ein begrenzter Personenkreis in Berührung kommt.[374] Die Aufgabenwahrnehmung erfolgt regelmäßig in Form der Leistungserbringung im Rahmen eines bestimmten Benutzungsverhältnisses. Allerdings ist die Organisationsform der rechtsfähigen Anstalt rein typusbedingt weder auf den Bereich der Leistungsverwaltung beschränkt, noch auf ein Benutzungsverhältnis zwingend angewiesen.[375] Kennzeichnend ist vielmehr ihre rechtliche Verselbstständigung.[376]

Folge dieser Selbstständigkeit ist nicht nur eine gewisse Staatsferne, sondern auch eine besondere Sachnähe der Anstalt. Im Gefüge der hoheitlichen Funktionsträger folgen Staatsferne und Sachnähe nicht nur aus der Ausgliederung staatlicher Tätigkeit aus der unmittelbaren Behördenstruktur oder aus der Eingliederung

---

369 Vgl. dazu ausführlich obige Ausführungen unter A.I.1.

370 Vgl. dazu ausführlich obige Ausführungen unter A.I.2.c).

371 Zu dem steuerungssystematischen Erfordernis einer gegenüber gesellschaftlichen Einflüssen autonomen administrativen Letztentscheidungskompetenz infolge demokratisch-rechtsstaatlicher Legitimations- und Verantwortungsanforderungen siehe allgemein *Schmidt-Preuß*, Gesellschaftliche Selbstregulierung und staatliche Steuerung, VVDStRL 56 (1997), 160 (181 ff.).

372 Vgl. *Lange*, Die öffentlichrechtliche Anstalt, VVDStRL 44 (1986), 169 (194), sowie auf diesen Bezug nehmend *Burmeister*, Institutioneller Gesetzesvorbehalt, S. 227.

373 *Maurer*, Allgemeines Verwaltungsrecht, § 23 Rn. 46.

374 *Breuer*, Die öffentlichrechtliche Anstalt, VVDStRL 44 (1986), 211 (224 f.); *Maurer*, Allgemeines Verwaltungsrecht, § 23 Rn. 47.

375 *Berg*, Die öffentlichrechtliche Anstalt, NJW 1985, 2294 (2296); *Breuer*, Die öffentlichrechtliche Anstalt, VVDStRL 44 (1986), 211 (219).

376 *Lange*, Die öffentlichrechtliche Anstalt, VVDStRL 44 (1986), 169 (188 f.).

ursprünglich gesellschaftlicher Angelegenheiten in die staatliche Verwaltung.[377] Gerade in Bereichen, in denen die Dynamik sich stets verändernder Gegebenheiten eine entsprechende Flexibilität und Innovation nicht nur des materiellrechtlichen, sondern auch des organisationsrechtlichen Aufsichtsrahmens bedingt, treffen beide Faktoren zusammen. Die zunehmende Komplexität der zu beaufsichtigenden Abläufe speziell in den Sektoren der Finanzwirtschaft erfordert eine hinreichende Fachkunde der Aufsichtsinstanz. Dies bedingt zum einen eine erhöhte Spezialisierung und stärkere Ausdifferenzierung der Verwaltung. Komplexe Aufgaben wie die Finanzaufsicht werden zunehmend eigenständigen Verwaltungseinheiten übertragen, um diese nicht nur mit den zur effektiven Erledigung der spezifischen Aufgabe erforderlichen Sach- und Personalmitteln auszustatten, sondern auch um die zur Verfügung gestellten Kapazitäten allein auf die Erfüllung dieser einen – zumeist umfangreichen – Aufgabe konzentrieren zu können.[378]

Dennoch fehlen selbst einer solchermaßen spezialisierten Verwaltungseinheit in vielen Bereichen noch die notwendigen systeminternen Informationen über die tatsächlichen Gegebenheiten gerade in den komplexen Bereichen der Wirtschaft, um die letztverbindlichen Aufsichtsmaßnahmen auf einer gesicherten Entscheidungsgrundlage ergreifen zu können. Die effektive Wahrnehmung der Aufsichtsaufgabe ist daher nicht nur auf die Konzentration der behördlichen Sachkompetenz innerhalb einer bestimmten Verwaltungseinheit, sondern auch zum anderen auf die Einbeziehung des gesellschaftlichen Steuerungswissens in den behördlichen Entscheidungsprozess angewiesen.[379] Die rechtsfähige Anstalt wird so zu einer „intermediäre[n] Organisationseinheit zwischen staatlichem und gesellschaftlichem Bereich“,[380] deren Selbstverwaltungsstruktur sowohl das mit der rechtlichen Verselbstständigung gegenüber dem Staat verbundene Legitimationsdefizit als auch das mit der staatlichen Vereinnahmung der gesellschaftlichen

377 Vgl. dazu *Berg*, Die öffentlichrechtliche Anstalt, NJW 1985, 2294 (2297).

378 Zur Spezialisierung der rechtsfähigen Anstalt siehe auch *Lange*, Die öffentlichrechtliche Anstalt, VVDStRL 44 (1986), 169 (190 f.).

379 Allgemein in Bezug auf die organisationsrelevante Besonderheit der Hereinnahme externen Sachverstandes ebenso *Schuppert*, Verselbständigte Verwaltungseinheiten, S. 212 und S. 259 ff., sowie speziell in Bezug auf die Organisationsrechtsform der öffentlichrechtlichen Anstalt *Berg*, Die öffentlichrechtliche Anstalt, NJW 1985, 2294 (2298).

380 *Lange*, Die öffentlichrechtliche Anstalt, VVDStRL 44 (1986), 169 (194); *Berg*, Die öffentlichrechtliche Anstalt, NJW 1985, 2294 (2301); *Burmeister*, Institutioneller Gesetzesvorbehalt, S. 227.

Selbststeuerungskräfte einhergehende Grundrechtsdefizit grundsätzlich auszugleichen vermag.[381]

Anders als bei einer öffentlich-rechtlichen Körperschaft steht jedoch nicht die Gewährleistung von Mitgliedschaftsrechten in Rede, über die der begrenzte Kreis der körperschaftlich verbundenen Personen maßgeblichen Einfluss auf die Angelegenheiten ihres selbstorganisatorischen Zusammenschlusses ausübt.[382] Die Aufgabe der Finanzaufsicht betrifft nicht nur Angelegenheiten der unmittelbar von ihr betroffenen Institute bzw. Institutsgruppen, sondern verfolgt mit der sektorübergreifenden „Vor-Sorge" für die dauerhafte (Selbst-)Versorgung der Bank- und Versicherungskunden mit möglichst nachfragegerechten Finanzdienstleistungen eine gesamtwirtschaftliche bzw. gesamtgesellschaftliche Zielsetzung. Vor diesem Hintergrund wäre es mit den grundgesetzlichen Anforderungen an eine hinreichende Legitimation der Verwaltungstätigkeit nicht zu vereinbaren, wenn die wesentlichen Entscheidungen der behördlichen Aufsichtsinstanz allein durch die Gemeinschaft der von ihr beaufsichtigten Institute selbst oder aber auch nur von ihr gewählter Repräsentativorgane getroffen würden. Vielmehr müssen die letzt(verbind)lichen Entscheidungen bzw. Maßnahmen angesichts der gesamtgesellschaftlichen Dimension der Finanzaufsicht Hoheitsträgern bzw. deren Organen vorbehalten sein, deren institutionelle Legitimation sich auf das Gesamtvolk zurückführen lässt.[383]

Soweit der Gesetzgeber aber in Form der Anstalt eine Organisationsstruktur etabliert, in der verwaltungsexterner Sachverstand der sachnah Betroffenen als Mittel einer sachgerechten Informationsgewinnung aktiviert und auf das Ziel einer rationalen Aufgabenwahrnehmung ausgerichtet wird, ergänzt die funktionale Selbstverwaltung auch organisationsrechtlich das demokratische Prinzip des Grundgesetzes.[384] Auch die Rechtsformwahl der Anstalt ist eine Folge der materiellrechtlichen Defizite, die einseitig hoheitliche Steuerung gegenüber

381 *Berg*, Die öffentlichrechtliche Anstalt, NJW 1985, 2294 (2297), stellt insoweit lediglich auf den Kompensationseffekt von Selbstverwaltungsrechten in Bezug auf den mit der „Verstaatlichung" ursprünglich (rein) privater Agenden verbundenen Grundrechtsverlust ab [Hervorhebung im Original].

382 Zur Mitgliedschaft als tragendes Element der öffentlichrechtlichen Körperschaft vgl. statt vieler nur *Maurer*, Allgemeines Verwaltungsrecht, § 23 Rn. 40.

383 Vgl. umfassend zur institutionellen Legitimation *Burmeister*, Institutioneller Gesetzesvorbehalt, S. 47 ff, 70 ff., 92 ff. und 317 ff.

384 *BVerfG*, Beschluss vom 5. Dezember 2002 – 2 BvL 5/98, 2 BvL 6/98, BVerfGE 107, 59 (92). – Zur materiellrechtlichen Kompensationsleistung kooperativen Partizipation im Rahmen der funktionalen Selbstverwaltung siehe obige Ausführungen unter A.I.4.b).

gesellschaftsinternen Prozessen (sub-)systemspezifischer Komplexität aufweisen.[385] Eine materiellrechtlich nachlassende Maßstabspräzisierung des Gesetzgebers – wie im Falle finaler statt konditionaler Rechtssätze – ist daher bereits ein (wesentlicher) Indikator auch für eine organisatorische Verselbstständigung der Erfüllung der Verwaltungsaufgabe; naheliegender Weise in der Form einer Anstalt.[386] Denn neben der organisatorischen Verselbstständigung der Personal- und Sachmittel, der Einräumung einer eigenen Haushaltsführung und Dienstherreneigenschaft sind insbesondere die Einbeziehung von Vertretern gesellschaftlicher Interessen, die binnenstrukturelle Verselbstständigung der Willensbildung und die Freistellung von Einzelweisungen einschließlich der Beschränkung auf eine Rechtsaufsicht weitere anstaltstypische Merkmale.[387]

d) Organisatorischer Rahmen hinreichender Legitimation und Effektivität

Auch die Errichtung der BaFin als bundesunmittelbare, rechtsfähige Anstalt öffentlichen Rechts erfolgte zu dem Zweck, die Finanzaufsicht sektorübergreifend in eine Struktur der erhöhten Unabhängigkeit im organisatorischen und personellen[388]

385 *Lange*, Die öffentlichrechtliche Anstalt, VVDStRL 44 (1986), 169 (194). – Zur sinkenden Steuerungsfähigkeit der einseitig staatlichen Eingriffsverwaltung sowie obige Ausführungen unter A.I.2.a) und 4. m.w.Nachw.

386 *Krebs*, Die öffentlichrechtliche Anstalt, NVwZ 1985, 609 (616); *Schuppert*, Verselbständigte Verwaltungseinheiten, S. 311.

387 Zu dieser Aufzählung siehe *Krebs*, Die öffentlichrechtliche Anstalt, NVwZ 1985, 609 (616).

388 Die personalrechtliche Eigenständigkeit ist angesichts des verfassungsrechtlichen Funktionsvorbehalts für Beamte in Art. 33 Abs. 4 GG sowie des innerhalb der „Kernbeschäftigungskategorie“ [Begriff abgeleitet bei *Röhl*, Finanzmarktaufsicht, in: Fehling/Ruffert (Hrsg.), Regulierungsrecht, § 18 Rn. 96] geltenden Gleichheitsgrundsatzes bzgl. der Einordnung in verschiedene Besoldungsgruppen nur eingeschränkt praxistauglich- bzw- relevant. Siehe dazu nur *Hagemeister*, Die neue Bundesanstalt für Finanzdienstleistungsaufsicht, WM 2002, 1773 (1775), und *Schwirten*, in: Boos/Fischer/Schulte-Mattler (Hrsg.), Kommentar zum KWG (2008), § 9 FinDAG Rn. 2 f. Dem versucht der Gesetzgeber mit der Einführung von entsprechend der Besoldungsgruppe abgestuften Zulagen und Personalgewinnzuschlägen für Beamte sowie Tarifbeschäftigte zu begegnen. Siehe dazu die Begründung der *Bundesregierung* zu § 10a und 10b des Entwurfs eines Gesetzes zur Änderung des Finanzdienstleistungsaufsichtsgesetzes, Art. 2 des Entwurf eines Gesetzes zur Stärkung der deutschen Finanzaufsicht vom 19. Juni 2012, BT-Drs. 17/10040, S. 20.

sowie zudem auch budgetären[389] Bereich zu überführen.[390] Indem der parlamentarische Gesetzgeber jedoch die verselbstständigte Aufgabenwahrnehmung der Bundesanstalt nicht nur einer typischen Rechts-, sondern auch einer atypischen Fachaufsicht des Bundesfinanzministeriums unterstellt hat,[391] wie sie eigentlich nur in einer

---

389 Im Interesse einer erhöhten Flexibilität des Anstaltshaushaltes sollen die Kosten der mit den notwendigen Sach- und Personalmitteln ausgestatteten Aufsicht – einschließlich der Bankenaufsicht durch die Bundesbank – vollständig von den beaufsichtigten Unternehmen selbst in Form einer systematisch vorrangigen Gebühren- und besonderen Erstattungs- sowie nachrangigen Umlagefinanzierung getragen werden, um die Aufsichtstätigkeit im Interesse einer höchstmöglichen Effektivität und Qualität von den Sparzwängen des öffentlichen Haushalts zu lösen (vgl. § 13 Abs. 1 S. 1 i.V.m. §§ 14 ff. FinDAG). Zu den Kosten in diesem Sinne gehören – anders als nach allgemeinem Verwaltungsverständnis (Gebühren und Auslagen, § 1 Abs. 1 VwKostG) – sämtliche Ausgaben und sonstigen finanziellen Aufwendungen. Einzelheiten des Systems der Gebühren- und subsidiären Umlagefinanzierung sind in der Verordnung des Bundesministeriums der Finanzen über die Erhebung von Gebühren und die Umlegung von Kosten nach dem Finanzdienstleistungsaufsichtsgesetz (FinDAGKostV) in der Fassung der Bekanntmachung vom 29. April 2002, BGBl. I, S. 1504, zuletzt geändert durch Art. 8 des Gesetzes vom 13. August 2008, BGBl. I, S. 1690, geregelt. Nach dem Kostendeckungssystem des Finanzdienstleistungsaufsichtsgesetzes soll der Umlage – qualifiziert als Beitrag [so bspw. *Präve*, Finanzierung der Versicherungsaufsicht, VW 1995, 1004 (1005)], Sonderabgabe (mit Finanzierungsfunktion) [so bspw. *BVerwG*, Urteil vom 13. September 2006 – 6 C 10/06, NVwZ-RR 2007, 192 (195 f.), sowie *BVerfG*, Beschluss vom 16. September 2009 – 2 BvR 852/07, NVwZ 2010, 35 ff.] oder Abgabe sui generis [so bspw. *Pieper*, Aufsicht, S. 468 ff.] – grundsätzlich nur eine subsidiäre Finanzierungsfunktion für die Fälle zukommen, in denen Aufwand und Kosten der Bundesanstalt nicht bereits durch vorrangige Gebühren und besondere Erstattungen für solche Aufsichtsmaßnahmen gedeckt werden. Für die jeweiligen Gebühren hat das entsprechend in Anspruch genommene Unternehmen zumindest einen (mittelbar) zurechenbaren Anlass gegeben. Da die beaufsichtigten Unternehmen von der Beaufsichtigung zumindest reflexiv durch das Geschäftsumfeld einer erhöhten Systemstabilität und eines insofern gestärkten Kundenvertrauens profitieren, kann die besondere Nähebeziehung zwischen Aufsicht und Unternehmen, deren wirtschaftliche Tätigkeit (in ihrer Gesamtheit) den besonderen Aufsichtsbedarf erst auslöst, auch mit Blick auf die Umlage eine entsprechende Finanzierungsbeziehung rechtfertigen. Zu diesem so genannten „Veranlassungsprinzip“ siehe auch *Lindemann*, in: Boos/Fischer/Schulte-Mattler (Hrsg.), Kommentar zum KWG (2008), § 14 FinDAG Rn. 14. bzw. § 15 Rn. 13, jeweils m.w.Nachw. aus Lit. und Rspr.

390 Vgl. § 1 Abs. 1 FinDAG sowie die Begründung der *Bundesregierung* zu dem Entwurf eines Gesetzes über die integrierte Finanzdienstleistungsaufsicht, BT-Drs., 14/7033, S. 33.

391 § 2 FinDAG.

Organisationsstruktur der staatsunmittelbaren Ministerialverwaltung üblich ist, hat er eine verwaltungsorganisatorische Mischform gewählt, die von den grundgesetzlich verankerten Regeltypen der Bundesverwaltung, der bundeseigenen Verwaltung einerseits und der bundesunmittelbaren Körperschaften und Anstalten des öffentlichen Rechts andererseits,[392] abweicht.[393]

Aus der dem rechtsstaatlichen Gebot der Verantwortungsklarheit entsprechenden Unterscheidung zwischen unmittelbarer und mittelbarer Bundesverwaltung resultiert allerdings kein absoluter Typenzwang im Sinne eines Alternativ- und Exklusivitätsverhältnisses der genannten Organisationsformen und -elemente zueinander.[394] Auf das vorrangige Ziel einer wirksamen und leistungsfähigen Verwaltung verpflichtet[395] ist der Gesetzgeber zwar an den numerus-clausus grundgesetzkonformer Organisationsformen der Bundesverwaltung gebunden, kann allerdings einzelne Formenelemente der Bundesoberbehörde, Körperschaft, Anstalt oder Stiftung aufgabenadäquat[396] ausgestalten bzw. kombinieren.[397] Das jeweils gebotene Ausmaß an unmittelbarer Fremd- und mittelbarer Selbstbestimmung richtet

---

392 Vgl. Art. 86 GG.

393 Der rechtlichen Unabhängigkeit der BaFin steht darüber hinaus nicht nur die Satzungshoheit des Bundesministeriums der Finanzen entgegen (vgl. § 5 Abs. 3 FinDAG). Auch die Geschäftsordnung der Bundesanstalt steht zumindest unter dem Vorbehalt der Genehmigung des Bundesfinanzministeriums (vgl. § 6 Abs. 2 Satz 5 FinDAG). Im Unterschied zur Satzung verbleibt der BaFin im Hinblick auf die Geschäftsordnung nicht erst deren Handhabung, sondern bereits die eigentliche Initiative und Gestaltung. Demnach stellt sich das nachträgliche Genehmigungserfordernis als eine losere Rückanbindung an das politisch verantwortliche Bundesfinanzministerium dar.

394 So aber insbes. *Werheit*, Bundesanstalt für Finanzdienstleistungsaufsicht, S. 74 ff. Angedeutet auch bei *Groß*, in: Friauf/Höfling (Hrsg.), Kommentar zum GG, Art. 86 Rn. 20, der allerdings lediglich von einem ausnahmefähigen Grundsatz ausgeht. Wie hier *Burgi,* in: v. Mangoldt/Klein/Starck (Hrsg.), Kommentar zum GG, Art. 86 Rn. 22 ff., *Ibler*, in: Maunz/Dürig, Kommentar zum GG, Art. 86 Rn. 78.

395 *BVerfG*, Beschluss vom 12. Januar 1983 – 2 BvL 23/81, BVerfGE 63, 1 (34); *BVerfG*, Beschluss vom 28. Januar 1998 – 2 BvF 3/92, BVerfGE 97, 198 (217, 228); *BVerfG*, Urteil vom 31. Oktober 1990 – 2 BvF 3/89, BVerfGE 83, 60 (72 f.).

396 *BVerfG*, Urteil vom 24. Juli 1962 – 2 BvF 4, 5/61, 2/62, BVerfGE 14, 197 (211).

397 Siehe dazu *Jestaedt*, Grundbegriffe des Verwaltungsorganisationsrechts, in: Hoffmann-Riem/Schmidt-Aßmann/Voßkuhle (Hrsg.), Grundlagen des Verwaltungsrechts, § 14 Rn. 29, sowie pragmatisch *Hermes*, in: Dreier (Hrsg.), Kommentar zum GG, Art. 86 Rn. 44, m.w.Nachw. in Fn. 180 auch zur a.A. wie bspw. von *Groß*, in: Friauf/Höfling (Hrsg.), Kommentar zum GG, Art. 86 Rn. 20, und *Werheit*, Bundesanstalt für Finanzdienstleistungsaufsicht, S. 105 f.

sich dabei auch nach dem der Aufgabenwahrnehmung zugrunde liegenden materiellen Recht.[398] Insbesondere im Bereich der Eingriffsverwaltung fordern die grundgesetzlichen Vorgaben einer hinreichend demokratischen Legitimation adäquate Steuerungs- und Kontrollmöglichkeiten der parlamentarischen bzw. parlamentsverantwortlichen Staatsgewalt. Gelingt dies – wie im Bereich der Finanzaufsicht – angesichts der Komplexität der ihr zugrunde liegenden Aufgabe nicht (mehr) durch eine „Verdichtung" der materiellrechtlichen Befugnisnormen, bleiben dem parlamentarischen Gesetzgeber neben den prozeduralen allein noch organisatorische Steuerungsvarianten, die eine vor- bzw. nachwirkende Einflussnahme insbesondere der parlamentsverantwortlichen Regierung auf den Entscheidungsfindungsprozess innerhalb der verselbstständigten Organisationseinheit gewährleisten.[399] Dem dient es auch, die BaFin als wirtschaftssteuernde Anstalt nicht nur der Rechts-, sondern auch der Fachaufsicht des Bundesministeriums der Finanzen zu unterstellen;[400] zumal sie mit der Finanzaufsicht eine der zentralen Ordnungsaufgaben des Gemeinwesens wahrnimmt und das auch noch in Kooperation mit den institutseigenen (Selbst-)Steuerungskräften.[401]

---

398 *Berg*, Die öffentlichrechtliche Anstalt, NJW 1985, 2294 (2297).

399 *Krebs*, Die öffentlichrechtliche Anstalt, NVwZ 1985, 609 (615); *Schuppert*, Verselbständigte Verwaltungseinheit, S. 376 ff. – Mit dem so umschriebenen Anstaltsbegriff könnte nach *Krebs*, Die öffentlichrechtliche Anstalt, NVwZ 1985, 609 (613), eine starre dogmatische Fixierung auf die Dichotomien von Eingriffs- und Leistungsverwaltung und von „Innen" und „Außen" verhindert werden. Nach *Berg*, Die öffentlichrechtliche Anstalt, NJW 1985, 2294 (2296), hat die (bloß) rechtliche Verselbstständigung in der Form der Rechtsfähigkeit regelmäßig ohnehin nur technische Bedeutung, insbesondere im Bereich der prozessualen Rechtsdurchsetzung.

400 Zur verfassungsrechtlichen Zulässigkeit der anstaltsatypischen Fachaufsicht siehe auch bereits *BVerwG*, Beschluss vom 19. Januar 1979 – 7 B 1/79, BayVBl 1979, 313.

401 Zu dem demokratischen Legitimationserfordernis der Rückanbindung an die parlamentsverantwortliche Bundesregierung in diesem Zusammenhang siehe auch *Fricke*, Versicherungsaufsicht integriert, NVersZ 2002, 337 (339), sowie *Herdegen*, Bundesbank und Bankenaufsicht, WM 2000, 2121 (2124). – Zu dem verfassungsrechtlichen Erfordernis einer umfassenden Rechts- und Fachaufsicht des zuständigen Ministeriums über eine „wirtschaftslenkende Anstalt", die eine zentrale Ordnungsaufgabe des Gemeinwesens in technokratischer Eigenregie unter Mitwirkung privater Interessenten wahrnimmt, siehe allgemein *Breuer*, Die öffentlichrechtliche Anstalt, VVDStRL 44 (1986), 211 (240). Zu dem korrelativen Zusammenhang zwischen demokratischer Verantwortlichkeit und Weisungsabhängigkeit auf der einen und Gesetzesbindung auf der anderen Seite unter dem Gesichtspunkt der sachlich inhaltlich demokratischen Legitimation staatlichen Handelns vgl. auch *Böckenförde*, Demokratie als Verfassungsprinzip, in: Isensee/Kirchhof (Hrsg.), HStR II (2004), § 24 Rn. 22.

2. Sektorübergreifende Zusammenführung sektorspezifischer Fachkompetenz

Mit der organisationsrechtlichen Integration der zuvor getrennten Bundesaufsichtsämter für das Kreditwesen (BAKred), für das Versicherungswesen (BAV) und für den Wertpapierhandel (BAW) in der sektorübergreifenden Aufsichtsinstanz der rechtsfähigen Bundesanstalt für Finanzdienstleistungsaufsicht (BaFin)[402] ist das sektorspezifische Fachwissen auf der sachnäheren Ebene der mittelbaren Staatsverwaltung in einer institutionellen Struktur gebündelt worden, die nicht nur organisatorische, sondern auch materielle Synergieeffekte aufsichtsbehördlicher Effizienz- und Effektivitätssteigerung zu erzielen sucht.[403] Das Steuerungspotential der Verwaltungsorganisation „als komplexe[s] System[...] der Handlungskoordination" bemisst sich allerdings nicht nur nach der übergeordneten Rechtsformwahl verwaltungsrechtlicher Organisationseinheiten, sondern auch nach der binnenstrukturellen Ausgestaltung der behördeninternen Aufbauorganisation und Willensbildung.[404]

a) Professionelles Leitungskollegium des Direktoriums

Binnenstrukturell sind die sektorspezifischen Geschäftsbereiche der Banken-, Versicherungs- und Wertpapieraufsicht auf der gesamtverantwortlichen Führungsebene des kollektiven Anstaltsdirektoriums[405] mit dem sektorübergreifenden Geschäftsbereich der Querschnittsaufgaben und inneren Verwaltung zusammengeführt worden,[406] um über eine gestraffte Behördenorganisation die möglichst direkte Kommunikation sowohl der bereichsspezifischen Exekutivdirektoren

---

402 § 1 FinDAG, Art. 1 des Gesetzes über die integrierte Finanzdienstleistungsaufsicht vom 22. April 2002, BGBl. I, S. 1310 f.

403 Begründung der *Bundesregierung* zum Entwurf eines Gesetzes über die integrierte Finanzdienstleistungsaufsicht, BT-Drs. 14/7033, S. 32. – Darüber hinaus reduziert die sektorübergreifende Zuständigkeit einer Aufsichtsbehörde die Gefahr ihrer Einbindung in partikulare Branchenperspektiven mit der möglichen Folge einer Interessenidentifikation („regulatory capture").

404 *Groß*, Das Kollegialprinzip in der Verwaltungsorganisation, S. 11.

405 Zur gesamtverantwortlichen Leitungsbefugnis des Direktoriums siehe § 6 Abs. 1 S. 1 FinDAG.

406 Vgl. Siehe Art. 1 des Gesetzes zur Modernisierung der Aufsichtsstruktur der Bundesanstalt für Finanzdienstleistungsaufsicht (Aufsichtsstrukturänderungsgesetz) vom 28. März 2008, BGBl. I, S. 493 ff., sowie das Organigramm sowie das Organisationsstatut der *BaFin*, abrufbar unter: *www.bafin.de* »» BaFin »» Organisation »» Organigramm bzw. Organisationsstatut (Stand: Dezember 2013).

untereinander als auch im Verhältnis zu dem richtlinienkompetenten Anstaltspräsidenten zu gewährleisten. Der Vorteil der neueren Kollegial- gegenüber der ursprünglichen Präsidialstruktur tritt klarsichtig hervor: Die sektorübergreifende Kooperation und Koordination ermöglicht dabei nicht nur die kurzfristige Absprache sektorspezifischer Aufsichtsentscheidungen, sondern auch eine langfristige Abstimmung sektorübergreifender Steuerungsansätze und -ziele,[407] von denen ein gewisser, systemstiftender „Konsistenzdruck“[408] ausgeht, entsprechende Strukturen der konkreten Problemlösung auch in den bereichsspezifischen Referaten zu implementieren.[409]

Im Rahmen der Vorgaben des Präsidenten[410] sowie des Direktoriums[411] ist jedoch die binnenorganisatorische Eigenverantwortlichkeit der Exekutivdirektoren für ihren jeweiligen Geschäftsbereich zu berücksichtigen.[412] Denn die aufsichtsgegenständlich sowie -rechtlich innerhalb der gemeinsamen Grundstrukturen verbliebenen Unterschiede der jeweiligen Geschäftsbereiche erfordern eine dementsprechende und einzelfallgerechte Anwendung des fachspezifischen Aufsichtsregelements. Mit der organisationsrechtlichen Schnittstelle der bereichsvorstehenden und -verantwortlichen Exekutivdirektoren unterhält die

---

407 Dementsprechend unterhält die Bundesanstalt binnenorganisatorisch ein aus den sektorspezifischen Geschäftsbereichen der Banken- und Versicherungsaufsicht heraus- und auf übergeordneter Ebene zusammengezogenes Querschnittsreferat des juristischen Dienstes (Q26), dessen Aufgabenfeld die Bereiche der Banken- und Versicherungsaufsicht einschließlich der Entwicklung eines gemeinsamen Aufsichtsrechts umfasst. Vgl. dazu Organigramm der *BaFin*, abrufbar unter: *www.bafin.de* »» Die BaFin »» Organisation »» Organigramm (Stand: Dezember 2013).

408 Den Begriff des „sektorübergreifenden Konsistenzdrucks“ verwendet *Masing*, Das Recht der Regulierungsverwaltung – Gutachten, in: Ständige Deputation des Deutschen Juristentages (Hrsg.), Verhandlungen des 66. Deutschen Juristentages, Bd. I, D 1 (56), in dem ähnlichen Zusammenhang der sektorübergreifenden Netzwirtschaftsregulierung.

409 Zu den Vorteilen eines Kollegialorgans angesichts der Komplexität der Aufsichtsaufgabe der Bundesanstalt vgl. schon *Hagemeister*, Die neue Bundesanstalt für Finanzdienstleistungsaufsicht, WM 2002, 1773 (1776), sowie *Werheit*, Bundesanstalt für Finanzdienstleistungsaufsicht, S. 138.

410 Zur Richtinienkompetenz des Präsidenten bzw. der Präsidentin zur strategischen Ausrichtung der Bundesanstalt siehe § 6 Abs. S. 1 und 2 FinDAG.

411 Vgl. § 3 des Organisationsstatuts der *Bundesanstalt für Finanzdienstleistungsaufsicht* (OsBaFin), Beschluss des Direktoriums der BaFin vom 9. Juni 2008 gemäß § 6 Abs. 1 FinDAG, abrufbar unter: *www.bafin.de* »» Die BaFin »» Organisation »» Organisationsstatuts der Bundesanstalt für Finanzdienstleistungsaufsicht (OsBaFin).

412 Vgl. § 6 Abs. 3 S. 2 FinDAG.

Bundesanstalt aber zugleich eine direkte Verbindung zwischen gesamtverantwortlichem Anstaltsdirektorium und den eigenverantwortlichen Geschäftsbereichen der Banken-, Versicherungs- und Wertpapieraufsicht, über die ein wechselseitiger Austausch zwischen sektorübergreifendem Steuerungsansatz und sektorspezifischen Aufsichtsentscheidungen ermöglicht wird.

b) Interessenpluralistische Überwachungsinstanz des Verwaltungsrats

Überwacht und unterstützt wird die Geschäftsführung der Bundesanstalt durch deren Verwaltungsrat.[413] In diesem werden anstelle der aktuell zehn Vertreter der unmittelbar von der Aufsicht betroffenen Kreditinstitute, Versicherungsunternehmen und Kapitalanlagegesellschaften[414] zukünftig nur noch sechs vom Bundesfinanzministerium bestellte Persönlichkeiten mit einer ausgewiesenen Fachexpertise im Bereich der Finanzwirtschaft vertreten sein.[415] Unabhängig davon, ob diese weiterin aktiv ein Amt in Interessenverbänden der beaufsichtigten Institute bzw. in diesen selbst bekleiden oder allein aufgrund ihrer fachlichen Qualifikation in den Verwaltungsrat der Bundesanstalt entsandt werden,[416] wird mit der Integration externen Sachverstandes auch weiterhin eine dem Organ des Aufsichtsrates

413 § 7 Abs. 1 S. 2 FinDAG. Zur Erfüllung seiner Aufgaben wird der Verwaltungsrat über regelmäßig zu erstattende Berichte hinaus vom Präsidenten über die Geschäftsführung der Bundesanstalt und von den Exekutivdirektoren bzw. Exekutivdirektorinnen über deren Geschäftsbereiche unterrichtet. Ihm steht insoweit gegenüber dem Präsidenten und den Exekutivdirektoren bzw. Exekutivdirektorinnen ein Recht auf Auskunftserteilung und Anhörung zu (vgl. § 4 Abs. 2 S. 1 und 2 der Satzung der Bundesanstalt für Finanzdienstleistungsaufsicht) – Obwohl nach dem Vorbild des Aufsichtsrates einer Aktiengesellschaft gebildet, ist der bundesanstaltliche Verwaltungsrat weder zur Bestellung respektive Abberufung des Vorstandes befugt, noch steht ihm das Recht zu dessen Nominierung zu. Weitere Unterschiede zwischen beiden Gremien zeigen sich zudem in den Regelungen über die Vergütung und Stellvertretung der Verwaltungs- bzw. Aufsichtsratsmitglieder. Vgl. dazu *Schwirten*, in: Boos/Fischer/Schulte-Mattler (Hrsg.), Kommentar zum KWG (2008), § 7 FinDAG Rn. 2.

414 Vgl. § 7 Abs. 3 S. 1 Nr. 2 lit. e), f) und g) FinDAG und die näheren Bestimmungen in § 3 ff. der Satzung der Bundesanstalt für Finanzdienstleistungsaufsicht.

415 Vgl. § 7 Abs. 3 S. 1 Nr. 2 lit. f) des Entwurfs eines Gesetzes zur Änderung des Finanzdienstleistungsaufsichtsgesetzes, Art. 2 des Entwurf eines Gesetzes zur Stärkung der deutschen Finanzaufsicht vom 17. Juni 2012, BT-Drs. 17/10040, S. 9.

416 Vgl. die Begründung der *Bundesregierung* zu dem Entwurf eines Gesetzes zur Stärkung der deutschen Finanzaufsicht vom 17. Juni 2012, BT-Drs. 17/10040, S. 19.

entsprechende pluralistische Interessenvertretung gewährleistet.[417] Die Einbeziehung privater Interessenvertreter gilt nicht nur als „demokratische Institution", mithilfe derer „die Stimme der Privaten als Träger [...] wirtschaftlicher Interessen in die Verwaltung" getragen wird.[418] Sie ist auch ein (weiterer) Indikator für die Selbstständigkeit des Organisationstyps der Anstalt.[419] Gleichwohl vereinigt das Bundesministerium der Finanzen zusammen mit den Vertretern des Bundesjustiz- und -wirtschaftsministeriums sowie des Bundestages im Verwaltungsrat die Stimmenmehrheit auf sich.[420] Dadurch erhält es eine weitere Möglichkeit der Einwirkung auf die Tätigkeit der Bundesanstalt, die über die ohnehin bestehende, in parlamentarischer Verantwortung auszuübende Rechts- und Fachaufsicht hinausgeht.[421]

---

417 Allgemein zum Verwaltungsrat als Form der Integration externen Sachverstandes in die Verwaltungsorganisation *Schuppert*, Verselbständigte Verwaltungseinheiten, S. 278 ff.

418 *Dagtoglou*, Der Private in der Verwaltung, S. 158.

419 *Schuppert*, Verselbständigte Verwaltungseinheiten, S. 279; *Krebs*, Die öffentlichrechtliche Anstalt, NVwZ 1985, 609 (616).

420 Nach § 7 Abs. 3 S. 1 FinDAG besteht der Verwaltungsrat zuvorderst aus dem Vorsitzenden und seinem Stellvertreter sowie zwei weiteren Vertretern, die jeweils vom Bundesministerium der Finanzen entsandt werden. Hinzu kommen jeweils ein Vertreter des Bundeswirtschafts- und -justizministeriums sowie fünf Vertreter des Deutschen Bundestages (insgesamt elf Mitglieder des Verwaltungsrates). Diesen stehen insgesamt zehn Vertreter der Kreditinstitute, Versicherungsunternehmen und Kapitalanlagegesellschaften (im Verhältnis fünf, vier und eins) gegenüber. Die Deutsche Bundesbank kann nach § 7 Abs. 3 S. 2 FinDAG lediglich mit einem Vertreter ohne Stimmrecht an den Sitzungen des Verwaltungsrates teilnehmen. Gemäß § 7 Abs. 4 FinDAG werden die Beschlüsse des Verwaltungsrats mit einfacher Mehrheit gefasst (Satz 1). Bei Stimmengleichheit entscheidet die Stimme des Vorsitzenden (Satz 2), eines Vertreters des Bundesfinanzministeriums. Dieser Proporz wird sich mit Verabschiedung und Inkrafttreten des Gesetzes zur Stärkung der deutschen Finanzaufsicht weiter „zugunsten" der Ministerien bzw. des Parlaments verschieben. Nach dem Gesetzesentwurf sollen dem Verwaltungsrat zum einen nicht mehr zehn Vertreter der beaufsichtigten Institute angehören, sondern nur noch sechs Persönlichkeiten mit einer entsprechenden Sachkenntnis. Diese werden zudem vom Bundesfinanzministerium bestimmt. Dieses wird zwar neben dem Vorsitzenden und dessen Stellvertreter nicht mehr zwei, sondern nur noch einen weiteren Vertreter entsenden. Der freigewordene Platz wird aber von einem Vertreter des Bundesministeriums für Ernährung, Landwirtschaft und Verbraucherschutz eingenommen. Damit bleibt es bei den ingesamt elf Vertretern des Bundesfinanz-, des Bundesjustiz-, Bundeswirtschafts- und des Bundesverbraucherschutzministeriums sowie des Bundestages.

421 Insbesondere über die budgetrechtliche Befugnis der Haushaltsfeststellung vermag der Verwaltungsrat einen bedeutenden Einfluss auf die Funktion der Anstalt auszuüben.

c) Sachverständige Beratung der (Fach-)Beiräte

Die organisatorische Einbeziehung von externem Sachverstand erfolgt darüber hinaus zum einen durch die Etablierung des aus Mitgliedern der Finanzwissenschaft, der Kredit- und Versicherungswirtschaft, der Deutschen Bundesbank und der Verbraucherschutzvereinigungen gebildeten Fachbeirates als ständigem Beratungsgremium der Bundesanstalt.[422] Der speziellen Beratung in Angelegenheiten der Aufsicht über Versicherungsunternehmen und den Wertpapierhandel dienen darüber hinaus weiterhin der Versicherungs- und der Wertpapierbeirat.[423] Um die Bundesanstalt noch stärker bei Fragen des Verbraucherschutzes im Zusammenhang mit der Finanzaufsicht zu beraten, wird bei ihr zudem ein Verbraucherbeirat gebildet.[424] Im Verbraucherbeirat sollen nebem dem Bundesministerium für Ernährung, Landwirtschaft und Verbraucherschutz insbesondere auch Wissenschaft, Verbraucher- und Anlegerschutzorganisationen sowie Mitarbeiter außergerichtlicher Streitschlichtungssysteme angemessen vertreten sein.[425]

3. Ministerielle (An-)Leitung kooperativer Selbstverwaltung

Im Ergebnis begrenzt damit weniger die mit der Organisationsrechtsform der selbstständigen Bundesanstalt verbundene Dezentralisierung als vielmehr die mit der internen Behördenstruktur bezweckte Konzentration der spezifischen Fach- und Entscheidungskompetenz die Kontroll- und Leitungsbefugnisse des

Kritisch insoweit *Schwirten*, in: Boos/Fischer/Schulte-Mattler (Hrsg.), Kommentar zum KWG (2008), § 7 FinDAG Rn. 7 ff., sowie insgesamt gegenüber der Institution des Verwaltungsrats *Hagemeister*, Die neue Bundesanstalt für Finanzdienstleistungsaufsicht, WM 2002, 1773 (1777 f.). Generell sehr positiv bewertet hingegen *Fricke*, Versicherungsaufsicht integriert, NVersZ 2002, 337 (340 f.), die Ausgestaltung des Organs Verwaltungsrat.

422 Vgl. § 8 FinDAG, die nähere Bestimmung in § 8 der Satzung der Bundesanstalt für Finanzdienstleistungsaufsicht. Allgemein zum Beirat als Form der Integration externen Sachverstandes in die Verwaltungsorganisation *Schuppert*, Verselbständigte Verwaltungseinheiten, S. 269 ff.

423 Siehe § 92 VAG bzw. § 5 Abs. 2 WpHG.

424 So ausdrücklich die Begründung der *Bundesregierung* zum Entwurf eines Gesetzes zur Stärkung der Finanzaufsicht, BT-Drs. 17/10040, S. 13.

425 Vgl. 8a Abs. 2 S. 2 des Entwurfs eines Gesetzes zur Änderung des Finanzdienstleistungsaufsichtsgesetzes, Art. 2 des Entwurfs eines Gesetzes zur Stärkung der Finanzaufsicht, BT-Drs. 17/10040, S. 10.

Bundesfinanzministeriums auf unmittelbarer Ministerialebene.[426] Hinzu tritt die Einbindung gesellschaftlicher Kraft- und Kompetenzressourcen.[427] Aus beidem folgt grundsätzlich eine höheres Maß an „Selbstständigkeit, Selbstverantwortung und ‚Selbstverwaltung'" der Bundesanstalt;[428] und zwar ungeachtet dessen, dass die Verselbstständigung der Verwaltungseinheit letztlich weniger eine rechtliche, als vielmehr eine tatsächliche ist.[429] Gleichwohl nimmt das Bundesfinanzministerium infolge der auch nur tatsächlichen Verselbstständigung sein fachaufsichtliches Weisungsrecht zumeist nicht konkret einzelfall-, sondern abstrakt regelfallbezogen wahr.[430] Es beschränkt sich auf die Festlegung inhaltlicher sowie organisatorischer Rahmenbedingungen der konkreten Aufsichtstätigkeit.[431] Allerdings leitet das Bundesministerium die administrative Finanzaufsicht der Bundesanstalt (jedenfalls noch) auf dem Wege der Verordnungsgebung[432] bereits in einem solch bedeutenden Maße an, dass auch die Bundesregierung als Aufsichtsbehörde „im

---

426 Ebenso *Röhl*, Finanzmarktaufsicht, in Fehling/Ruffert (Hrsg.), Regulierungsrecht, § 18 Rn. 93, 95. Vgl. zu diesem Phänomen allgemein *Dagtoglou*, Kollegialorgane und Kollegialakte der Verwaltung, *Groß*, Das Kollegialprinzip in der Verwaltungsorganisation, wie auch *Schuppert*, Verselbstständigte Verwaltungseinheit, S. 249.

427 Ebenfalls eher dem Grundsatz nach *Dagtoglou*, Der Private in der Verwaltung, S. 128, *Schuppert*, Verselbstständigte Verwaltungseinheit, S. 249.

428 Zur Dezentralisierung der Verwaltungsverantwortung vgl. *Pitschas*, Struktur- und Funktionswandel der Aufsicht, DÖV 1998, 907 (912) [Hervorhebung im Original].

429 Nach *Schuppert*, Verselbstständigte Verwaltungseinheit, S. 249, kommt es für den verwaltungswissenschaftlichen Begriff der „verselbstständigten Verwaltungseinheit" auch nicht auf das Merkmal der Rechtsfähigkeit, sondern das Ausmaß der tatsächlichen Verselbstständigung gegenüber der ministeriellen Hierarchie an.

430 Zu dem Umfang der Rechts- und Fachaufsicht siehe auch Ziffer IV. der Grundsätze für die Ausübung der Rechts- und Fachaufsicht des *Bundesministeriums der Finanzen* über die *Bundesanstalt für Finanzdienstleistungsaufsicht* vom 17. Januar 2005, abrufbar unter www.bafin.de »» Veröffentlichungen (Stand: Dezember 2013). Vgl. auch die Begründung des *Bundesregierung* für den Entwurf eines Gesetzes zur Modernisierung der Aufsichtsstruktur der Bundesanstalt für Finanzdienstleistungsaufsicht (Aufsichtsstrukturmodernisierungsgesetz), BR-Drs 671/07, S. 5.

431 Im Unterschied zur Fachaufsicht des Bundesministeriums für Wirtschaft und Technologie über die Bundesnetzagentur [vgl. insoweit § 117 S. 1 TKG, § 44 S. 2 PostG i.V.m. TKG, § 61 EnWG, § 4 Abs. 3 BEEVG] sind die Weisungen des Bundesfinanzministeriums gegenüber der Bundesanstalt nicht zu veröffentlichen. Zu der disziplinierenden Wirkung dieses Transparenzgebots vgl. auch *Kühling*, Sektorspezifische Regulierung in den Netzwirtschaften, S. 383.

432 Vgl. etwa SolvV und KapAusstV bzgl. der angemessenen Eigenkapitalausstattung (Solvabilität) sowie LiqV und AnlV bzgl. der ausreichenden Zahlungsbereitschaft

weiteren Sinne“ gelten und das Verhältnis von Ministerium zu Bundesanstalt als „ministerielle (An-)Leitung kooperativer Selbstverwaltung“ beschrieben werden kann.[433]

II. Die Zusammenarbeit mit der Deutschen Bundesbank

Im spezifischen Sektor der Bankenaufsicht hat sicherlich auch die Deutsche Bundesbank als Aufsichtsbehörde im weiteren Sinne zu gelten. Nach der (noch) gültigen Aufgabenverteilung verharrt zwar ihre Tätigkeit im Rahmen der laufenden Institutsaufsicht auf der Stufe der beobachtenden Kenntniserlangung, während die korrigierende Erkenntnisverwertung (noch) ausschließlich der Bundesanstalt obliegt.[434] Gleichwohl verlassen auch die hergebrachten Maßnahmen der laufenden Überwachung[435] wie insbesondere die Informationsgewinnung bei den Instututen vor Ort das interne Verhältnis der Aufgabenverteilung zwischen Bundesbank und Bundesanstalt und entfalten eine Regelungswirkung auch im Außenverhältnis zu den beaufsichtigten Unternehmen.[436] Wirkt damit aber schon die Aufgabenwahrnehmung durch die Bundesbank (bzw. deren Hauptverwaltungen respektive Filialen) nach der Aufgabenverteilung in ihrer noch gültigen Fassung nicht (mehr) ausschließlich in einem „vorhoheitlichen“ Bereich, wirft bereits das aktuelle

---

(Liquidität), zu dem entsprechend gestuften Steuerungsreglement siehe obige Ausführungen A.I.3.c).

433 Zur Bundesregierung als Regulierungsbehörde „im weiteren Sinne“ siehe auch *Horn*, Regulierung im Ordnungswerk des Wirtschaftsverwaltungsrechts, in Gornig/Kramer/Volkmann (Hrsg.), Festschr. für Frotscher, 379 (391), mit Verweis auf *Pielow*, Netzregulierung, DÖV 2005, 1017 (1020) [Hervorhebung im Original].

434 Vgl. § 7 Abs. 1 S. 2 KWG einerseits und § 7 Abs. 2 S. 4 KWG andererseits. Zu diesem gestuften Aufgabenverständnis der Bankenaufsicht siehe auch *Stern*, Bankenaufsichtssystem, in: Osterloh/Schmidt/Weber (Hrsg.), Staat, Wirtschaft, Finanzverfassung, Festschr. für Selmer, 519 (535).

435 Vgl. § 7 Abs. 1 S. 3 KWG.

436 So auch *Hahn/Häde*, in: Bonner Kommentar zum Grundgesetz, Art. 88 Rn. 161, *Lindemann*, in: Boos/Fischer/Schulte-Mattler (Hrsg.), Kommentar zum KWG, § 44c Rn. 10. Anders hingegen *Stern*, Bankenaufsichtssystem, in: Osterloh/Schmidt/Weber (Hrsg.), Staat, Wirtschaft, Finanzverfassung, Festschr. für Selmer, 519 (535), der allein den Maßnahmen der Bundesanstalt auf der zweiten Stufe der bankenaufsichtsrechtlichen Aufgabenwahrnehmung eine Regelungswirkung im Außenverhältnis und mithin Verwaltungsaktqualität zuspricht.

Modell einer „Bankenaufsicht zur gesamten Hand“[437] von Bundesanstalt und Bundesbank die Frage nach seiner verfassungsrechtlichen Zulässigkeit auf.[438]

Neue Aktualität hat diese Fragestellung vor dem Hintergrund der Diskussion über die Neuausrichtung der Finanzaufsicht infolge der internationalen Finanzmarktkrise erfahren. Unbestritten war nicht nur ein Markt-, sondern auch ein Staatsversagen insbesondere in Form eines Aufsichtsversagens (mit-)ursächlich für die Verwerfungen auf den Finanzmärkten der letzten Jahre.[439] Keinesfalls gesichert scheint allerdings die konkrete Ursächlichkeit der organisatorischen Ausgestaltung der Finanzdienstleistungs- bzw. Bankenaufsicht (gewesen) zu sein.[440] Dennoch wurde in unmittelbarer (Über-)Reaktion auf die Krise jedenfalls auf

---

437 *Stern*, Bankenaufsichtssystem, in: Osterloh/Schmidt/Weber (Hrsg.), Staat, Wirtschaft, Finanzverfassung, Festschr. für Selmer, 519 (530).

438 *Häde*, Bankenaufsicht und Grundgesetz, JZ 2001, 105 (109, 111 f.), *ders.*, Organisation der Bankenaufsicht, in: Kluth/Müller/Peilert (Hrsg.), Wirtschaft – Verwaltung – Recht, Festschr. für Stober, 467 (477 f.), *Becker*, Reform der Finanzmarktaufsicht, DÖV 2010, 909 (912 f.), *Herdegen*, Bundesbank und Bankenaufsicht, WM 2000, 2121 (2123 f.).

439 *Hopt*, Auf dem Weg zu einer neuen europäischen und internationalen Finanzmarktarchitektur, NZG 2009, 1401 (1402); *Siekmann*, Neuordnung der Finanzmarktaufsicht, Die Verwaltung 43 (2010), 95 (99); *Wieland*, Die Krise der Finanzdienstleistungsaufsicht, Die Verwaltung 43 (2010), 83 (83); *Sachverständigenrat zur Begutachtung der gesamtwirtschaftlichen Entwicklung,* Die Finanzkrise meistern – Wachstumskräfte stärken, Jahresgutachten 2008/09, S. 164 ff. – Zu den zahlreichen Faktoren der Finanz- und Wirtschaftskrise siehe auch *Heun*, Der Staat und die Finanzkrise, JZ 2010, 53 (54 ff., insbes. 58).

440 So auch *Heun*, Der Staat und die Finanzkrise, JZ 2010, 53 (62). – Im Gegenteil: Beschlussempfehlung und Bericht des Untersuchungsausschusses zur Frage der (politischen) (Mit-)Verantwortlichkeit des *Bundesministeriums der Finanzen* (einschließlich des *Sonderfonds Finanzmarktstabilisierung* und der *Bundesanstalt für Finanzdienstleistungsaufsicht*) und der *Deutschen Bundesbank* für die Schieflage der *Hypo Real Estate Holding AG* (HRE) legen es nahe, dass die Zusammenarbeit zwischen Bundesanstalt und Bundesbank gut funktioniert hat und daher gerade nicht für die Schwierigkeiten der Bank ursächlich war. Zu Beschlussempfehlung und Bericht des *2. Untersuchungsausschusses nach Artikel 44 des Grundgesetzes*, BT-Drs. 16/14000, S. 100 f., vgl. auch *Becker*, Reform der Finanzmarktaufsicht, DÖV 2010, 909 (912). Nach *Hopt*, Auf dem Weg zu einer neuen europäischen und internationalen Finanzmarktarchitektur, NZG 2009, 1401 (1402), fehlen aus rechts- bzw. wirtschaftspolitischer Sicht hinreichend „gesicherte[...] Erkenntnisse zum Vorrang eines der drei Grundmodelle [...]: also 1. Konzentration der Finanzaufsicht bei der Zentralbank, nicht bei einer eigenen Aufsichtsbehörde; 2. duales Modell mit Zentralbank und einer eigenen, mit der Bankaufsicht betrauten Aufsichtsbehörde wie derzeit und 3.

nationaler Ebene die vermeintlich defizitäre Zusammenarbeit zwischen Bundesanstalt und Bundesbank als einer ihrer wesentlichen Faktoren ausgemacht.[441] Auch die Parteien der Regierungskoalition der 17. Legislaturperiode des Deutschen Bundestages hatten sich in ihrem Koalitionsvertrag 2009 längst darauf geeinigt, die nationale Bankenaufsicht anlässlich der Finanzmarktkrise organisatorisch bei der Deutschen Bundesbank zusammenzuführen; wenngleich dadurch weder die bisherigen Standorte der Bundesanstalt in Frage gestellt, noch die Unabhängigkeit der Bundesbank angetastet werden sollen.[442]

Eine neue Dimension hat die Diskussion um die organisatorische Zusammenführung der Bankenaufsicht durch die Verständigung der europäischen Ressort- bzw. Staats- und Regierungschefs erhalten, die Bankenaufsicht bis zum Jahr 2014 auf europäischer Ebene bei der Europäischen Zentralbank (EZB) und damit mittelbar auch bei den nationalen Zentralbanken zu bündeln.[443] Schon in Zeiten der geld- und währungspolitischen Funktions- und Aufgabenverlagerung auf das Europäische System der Zentralbanken (ESZB) sprach sich die Deutsche Bundesbank mit einigem Nachdruck dafür aus, die damals freigewordenen Kapazitäten durch eine vollständige Eingliederung der Bankenaufsicht in die Struktur der Bundesbank zu nutzen, um ihre Funktionsabgaben an die Europäischen Zentralbank zu kompensieren.[444] Damals wie heute bemisst sich der politische Gestaltungsspielraum – ungeachtet der

---

integriertes Dreisäulenmodell mit einer einzigen Aufsichtsbehörde oder Auffächerung in zwei oder drei sektorale Aufsichtsbehörden".

441 Vgl. dazu *Afhüppe/Benders*, Steinbrück baut Finanzaufsicht um, Handelsblatt v. 13. November 2008, S. 1.

442 Vgl. den Koalitionsvertrag zwischen *CDU, CSU* und *FDP*, Wachstum. Bildung. Zusammenhalt, S. 54, abrufbar auf der jeweiligen Internetseite einer der drei Koalitionsparteien (Stand: Dezember 2013)

443 Dazu sowie insbes. zu dem der Verständigung zugrunde liegenden Vorschlag der *Europäischen Kommission* für eine Verordnung zur Übertragung besonderer Aufgaben im Zusammenhang mit der Aufsicht über Kreditinstitute auf die Europäische Zentralbank vom 12. September 2012, KOM(2012) 511 endgültig, in der Fassung vom 16. April 2013, Ratsdokument 7776/1/13 REV 1; und dem Entwurf der der *Fraktionen der CDU/CSU und FDP* zu einem Gesetz zum Vorschlag für eine Verordnung des Rates zur Übertragung besonderer Aufgaben im Zusammenhang mit der Aufsicht über Kreditsinstitute auf die Europäische Zentralbank vom 14. Mai 2013, BT-Drs. 17/13470, mit dem der Deutsche Vertreter im Rat ermächtigt werden soll, dem Verordnunsgvorschlag seine Zustimmung zu erteilen, siehe nachfolgende Ausführungen in Teil 4 unter C.III.2.

444 Vgl. *Deutsche Bundesbank*, Mitwirkung an der Bankenaufsicht, Monatsbericht September 2000, 33 (43 ff.). Ebenso im Zusammenhang mit der aktuellen Finanzkrise

Detailvarianten eines jeden (der Finanzmarktkrise vorgegangenen bzw. insbesondere nachfolgenden) Vorschlags zur verwaltungsorganisatorischen Bankenaufsichts- bzw. Zentralbankstrukturreform[445] – jeweils grundsätzlich anhand des (verfassungs-)rechtlich Zulässigen.

Nicht nur die Errichtung, sondern auch die Veränderung von Organisationseinheiten in Form neuer Aufgabenzuweisungen ist auf Bundesebene dabei vor dem Hintergrund des aus der (Verwaltungs-)Kompetenzverteilung des Grundgesetzes abzuleitenden Vorranges der Länderzuständigkeit[446] an das verfassungsrechtliche Erfordernis einer hinreichenden Kompetenzgrundlage gebunden.[447] Die Verwaltung der Bankenaufsicht auf Bundesebene ist demnach ausnahmsweise nur nach Maßgabe der abschließenden Kompetenzzuweisungen des Grundgesetzes wie in Art. 88 GG, der die Bundesbank als Währungs- und Notenbank in der Verfassung verankert, oder aber gemäß Art. 87 Abs. 3 GG nur in solchen Bereichen der Gesetzgebungszuständigkeit des Bundes zulässig, in denen die Wahrnehmung der Verwaltungsaufgabe entweder auf Bundesebene keines Behördenunterbaus bis in die Länderebene hinein bedarf oder aber dem Bund neu erwachsen ist und ein eigener Verwaltungsunterbau gerade dringend erforderlich ist.[448] Im Verhältnis zueinander geht Art. 88 GG dabei als besondere

---

Sachverständigenrat zur Begutachtung der gesamtwirtschaftlichen Entwicklung, Das Erreichte nicht verspielen, Jahresgutachten 2007/08, S. 148.

445 Neben den einerseits von der ehemaligen Landeszentralbank in Bayern und vom Bundesministerium der Finanzen in Auftrag gegebenen Gutachten von *Blumenwitz/Bausback*, Übertragung der Bankenaufsicht auf die Bundesbank, einerseits und *Heun*, Organisationsmodelle zur Umgestaltung der Bankenaufsicht, andererseits, sei an dieser Stelle nur auf die Diskussionsbeiträge von *Häde*, Bankenaufsicht und Grundgesetz, JZ 2001, 105 ff., *Herdegen*, Bundesbank und Bankenaufsicht, WM 2000, 2121 ff., sowie *Hirdina*, Funktion einer reformierten Bundesbank, BKR 2001, 135 ff. verwiesen.

446 Vgl. Art. 30 bzw. 83 GG: Soweit nichts anderes bestimmt ist, ist die Ausübung staatlicher Befugnisse und die Erfüllung staatlicher Aufgaben im Allgemeinen wie die Ausführung der Bundesgesetze im Besonderen Sache bzw. eigene Angelegenheit der Länder.

447 *Burgi*, in: v. Mangoldt/Klein/Starck (Hrsg.), Kommentar zum GG, Art. 87 Rn. 114; *Häde*, Bankenaufsicht und Grundgesetz, JZ 2001, 105 (110); *Hermes*, in: Dreier (Hrsg.), Kommentar zum GG, Art. 87 Rn. 96; *Lerche*, in: Maunz/Dürig, Kommentar zum GG, Art. 87 Rn. 175.

448 Vgl. Art. 87 Abs. 3 S. 1 und 2 GG, sowie ausführlich dazu *Lerche*, in: Maunz/Dürig, Kommentar zum GG, Art. 87 Rn. 166 ff. und 209 ff.

Kompetenznorm Art. 87 Abs. 3 GG in seinem Anwendungsbereich, der Errichtung einer Währungs- und Notenbank, vor.[449]

1. Eingliederung der Bankenaufsicht in die bestehende Bundesbankstruktur

Es stellt sich daher zunächst die Frage, ob bzw. inwieweit die Zusammenführung der Bankenaufsicht unter dem Dach der Deutschen Bundesbank auf deren originäre Errichtungsgrundlage des Art. 88 GG gestützt werden kann.

a) Zusammenhang mit der Aufgabe als Währungs- und Notenbank

Auf der Grundlage des Art. 88 GG kann der Bund die Bundesbank einschließlich ihrer Hauptverwaltungen[450] und Filialen errichten und mit Aufgaben betrauen, soweit diese noch einen funktionalen Zusammenhang zu dem Geschäftsbereich einer Währungs- und Notenbank aufweisen.[451] In ihrer grundgesetzlich zugewiesenen Funktion als Währungsbank oblag der Bundesbank ursprünglich die Aufgabe, die nationale Volkswirtschaft mit Geldmitteln zu versorgen.[452] Damit verband sich zugleich die Pflicht der Währungssicherung, das heißt der Gewährleistung der Währungsstabilität nach innen (Preisstabilität) und nach außen (Wechselkursstabilität).[453] Mit ihrer der Aufgabe einer Währungsbank eng, aber nicht notwendig verbundenen Funktion als Notenbank wurde der Bundesbank darüber hinaus die (exklusive) Befugnis zuteil, Banknoten auszugeben.[454]

---

449 Zu dem Verhältnis von Art. 88 GG zu Art. 87 GG als Verhältnis von lex specialis zu lex generalis vgl. grundlegend *BVerfG*, Urteil vom 24. Juli 1962 – 2 BvF 4, 5/61, 2/62, BVerfGE 14, 197 (215).

450 Ehemals: Landeszentralbanken.

451 Nach *BVerfG*, Urteil vom 24. Juli 1962 – 2 BvF 4, 5/61, 2/62, BVerfGE 14, 196 (215), können nur solche Aufgaben der Bundesbank im Rahmen des Art. 88 GG übertragen werden, „sofern diese noch in ihren Geschäftskreis als Währungs- und Notenbank fallen".

452 *Herdegen*, in: Maunz/Dürig, Kommentar zum GG, Art. 88 Rn. 30, mit Verweis auf *BVerwG*, Urteil vom 29. Januar 1973 – I C 38/68, BVerwGE 41, 334 (349).

453 Vgl. *BVerwG*, Urteil vom 29. Januar 1973 – I C 38/68, BVerwGE 41, 334 (349).

454 Inwieweit sich aus Art. 88 S. 1 GG ein verfassungsrechtlich abgesichertes Monopol der Bundesbank zur Ausgabe von Noten auf nationaler Ebene ableiten ließ, war bzw. ist umstritten. Nach Art. 128 Abs. 1 S. 2 AEUV können ausschließlich die Europäische Zentralbank und die nationalen Zentralbanken Banknoten ausgeben. Das schließt zumindest europarechtlich eine Banknotenausgabe durch Dritte aus.

Über die verfassungsrechtliche Öffnungsklausel des Art. 88 S. 2 GG ist die Geld- und Währungspolitik samt den Aufgaben und Befugnissen einer Währungs- und Notenbank mit dem Übergang auf die dritte Stufe der Wirtschafts- und Währungsunion vollständig auf das Europäische System der Zentralbanken (ESZB) übertragen worden.[455] Damit hat die der Bundesbank grundgesetzlich zugewiesene Aufgabe einer Währungs- und Notenbank europarechtlich eine neue Dimension erhalten, wenn nicht gar eine vollständige Substitution erfahren.[456] Als integraler Bestandteil des ESZB wirkt die Bundesbank nunmehr an dessen Aufgabenerfüllung mit. Auch die Kompetenz der Bundesbank, als vormals „letzte Quelle der Liquidität aller Banken"[457] Banknoten auszugeben, steht seitdem unter dem europarechtlichen (Genehmigungs-)Vorbehalt der Europäischen Zentralbank.[458] Insgesamt ist die Bundesbank bei der (dezentralen) Wahrnehmung der Aufgaben einer (europäischen) Währungs- und Notenbank an die Leitlinien und Weisungen der Europäischen Zentralbank[459] gebunden.[460] Darüber hinaus ist sie nicht mehr nur einfachgesetzlich, sondern auch europa- bzw. sogar verfassungsrechtlich auf das vorrangige Ziel der Preisstabilität verpflichtet.[461]

---

455 Vgl. nunmehr Art. 127 Abs. 1 S. 1 AEUV.

456 Zur „Vernetzung von europäischer und grundgesetzlicher Währungsverfassung" im Anwendungsbereich des originären Geschäftskreis des ESZB siehe *Pernice*, in: Dreier (Hrsg.), Kommentar zum GG, Art. 88 Rn. 16, sowie *Herdegen*, in: Maunz/Dürig, Kommentar zum GG, Art. 88 Rn. 3 ff.

457 So noch die Begründung der *Bundesregierung* zum Entwurf des Gesetzes über die Deutsche Bundesbank (BBankG), BT-Drs. II/2781, S. 27.

458 Art. 128 Abs. 1 S. 1 AEUV.

459 Art. 14.3 der des Vertrages über die Arbeitsweise der Europäischen Union als Protokoll Nr. 4 beigefügten Satzung des Europäischen Systems der Zentralbanken und der Europäischen Zentralbank (Satzung des ESZB und der EZB, ABl. EU vom 9.5.2008, C 115/230.

460 Zur dezentralen Wahrnehmung der geldpolitischen Aufgaben im Europäischen System der Zentralbanken, insbesondere der Zuständigkeitsverteilung zwischen europäischer und nationaler Zentralbank vgl. *Hahn/Häde*, in: Bonner Kommentar zum Grundgesetz, Art. 88 Rn. 566 ff., insbes. Rn. 575 ff., und *Starke*, Nationale Notenbank und EZB, ZfgK 1999, 914 (916 ff). In Bezug auf die Aufgabe einer Notenbank spricht *Kämmerer*, in: v. Münch/Kunig (Hrsg.), Kommentar zum GG, Art. 88 Rn. 8, von der Bundesbank als „Ausführungsorgan der EZB". Teilweise wird von der Deutschen Bundesbank als Institution und Bestandteil des ESZB als „europäische Behörde" gesprochen. Vgl. dazu *Pernice*, in: Dreier (Hrsg.), Kommentar zum GG, Art. 88 Rn. 24 m.w.Nachw. in Fn. 95.

461 Vgl. zum einen Art. 88 S. 2 GG i.V.m. Art. 127 Abs. 1 S. 1 AEUV und – im Rahmen der ihr exklusiv verbliebenen Kompetenzen – zum anderen Art. 88 S. 1 GG,

Daneben unterstützt das Europäische System der Zentralbanken aber auch die allgemeine Wirtschaftspolitik in der Europäischen Union, um zur Verwirklichung ihrer Ziele beizutragen.[462] Gerade das Ziel einer nachhaltigen Entwicklung der europäischen Wirtschaft lässt sich – was sich in Zeiten der Krise noch einmal eindrucksvoll bestätigt hat – nur mithilfe eines funktionierenden Finanzsystems erreichen, das seinerseits ebenso wie die anderweitige Aufgabe des ESZB, das reibungslose Funktionieren der Zahlungssysteme zu fördern,[463] eine effektive Bankenaufsicht voraussetzt. Dies wird teilweise als ausreichend erachtet, um zwischen der Aufgabe der Bankenaufsicht einerseits und dem Geschäftskreis des Europäischen Systems der Zentralbanken andererseits einen hinreichend funktionalen Zusammenhang herzustellen.[464] Da der Geschäftskreis des ESZB den Geschäftskreis einer Währungs- und Notenbank nach den Vorgaben des Grundgesetzes präge, seien selbst Eingriffsbefugnisse der Bankenaufsicht, die über den aktuellen Aufgabenzuschnitt der beobachtenden Kenntniserlangung hinausgehen, dem (erweitertern) Geschäftskreis der Währungs- und Notenbank nach den Vorgaben des Grundgesetzes zuzuordnen.[465]

b) Unabhängigkeit der Währungs- und Notenbank

Aber selbst wenn man unterstellt, dass die (effektive) Bankenaufsicht als Teilmenge des (erweiterten) Geschäftskreises des Europäischen Systems der Zentralbanken – entgegen Wortlaut, Systematik und Telos der europarechtlichen

---

sowie insgesamt die einfachgesetzliche Aufgabenumschreibung in § 3 S. 2 des Gesetzes über die Deutsche Bundesbank (BBankG) in der Fassung der Bekanntmachung vom 22. Oktober 1992, BGBl. I S. 1782, zuletzt geändert durch Art. 12 des Gesetzes vom 5. Februar 2009, BGBl. I, S. 160. Durch Art. 88 S. 2 GG ist das bereits den traditionellen Aufgabenkreis der Bundesbank als Währungsbank kennzeichnende Primat der Preisstabilität zu einem grundgesetzlichen Staats- [so *Badura*, Staatsziel „Europäische Integration“, in: Hengstschläger (Hrsg.), Für Staat und Recht, Festschr. für Schambeck, 887 (895, 904), *Herdegen*, in: Maunz/Dürig, Kommentar zum GG, Art. 88 Rn. 69] bzw. Integrationsziel [so *Blanke*, in: Dreier (Hrsg.), Kommentar zum GG, Art. 88 Rn. 11] heraufgestuft worden.

462 Vgl. Art. 127 Abs. 1 S. 2 AEUV.

463 Vgl. Art. 127 Abs. 2 Spiegelstrich 4 AEUV.

464 So bspw. *Hirdina*, Funktion einer reformierten Bundesbank, BKR 2001, 135 (138).

465 So *Hirdina*, Funktion einer reformierten Bundesbank, BKR 2001, 135 (138). Kritisch demgegenüber *Häde*, Bankenaufsicht und Grundgesetz, JZ 2001, 105 (108), *Herdegen*, Bundesbank und Bankenaufsicht, WM 2000, 2121 (2123), sowie *Höfling*, Finanzmarktregulierung – Gutachten, in: Ständige Deputation des Deutschen Juristentages (Hrsg.), Verhandlungen des 68. Deutschen Juristentages, Bd. I, F 1 (50).

Aufgabenbestimmungen im Bereich der Währungspolitik[466] – auch den Aufgabenbereich einer Währungs- und Notenbank im Sinne des Grundgesetzes bestimmt, bliebe es dabei, dass die Bundesbank auch diese Befugnisse einer Währungs- und Notenbank in organisatorischer Unabhängigkeit erfüllen müsste. Die Wahrnehmung bankenaufsichtsrechtlicher Eingriffsbefugnisse in einem ministerialfreien Raum stünde jedoch den grundgesetzlichen Anforderungen an eine hinreichende demokratische Legitimation der Staatsgewalt entgegen.[467] Anders als die begrenzten Befugnisse der Währungssicherung lässt sich ein hinreichendes Niveau an demokratisch-rechtsstaatlicher Legitimation der Finanzaufsicht angesichts der Komplexität der ihr zugrunde liegenden Aufgabe nicht durch eine Verdichtung der parlamentsgesetzlichen Direktiven, sondern nur über eine im Grundsatz weisungsgebundene Vor- und Nachbindung der verselbstständigten Organisationseinheit an Parlament bzw. Regierung erreichen.[468]

Das umgekehrte Erfordernis der (organisatorischen) Unabhängigkeit der Währungssicherung gerade auch von Weisungen der parlamentsverantwortlichen Bundesregierung ergibt sich selbst nach der unionsbedingten Integrationsöffnung der institutionellen Gewährleistung einer Zentralbank in Art. 88 GG[469] auf nationaler Ebene zwar ausdrücklich nur aus der einfachgesetzlichen Ausformung ihrer Aufgabenbestimmung in dem Gesetz über die Deutsche Bundesbank (BBankG).[470] Auch seit der Eingliederung der Deutschen Bundesbank in das Europäische

466 Dazu ausführlicher nachfolgende Ausführungen zur originären Rolle der Europäischen Zentralbank innerhalb der Europäischen Systems der Finanzaufsicht in Teil 4 unter C.III.1. und 2.

467 So auch *Siekmann*, Neuordnung der Finanzmarktaufsicht, Die Verwaltung 43 (2010), 95 (110), sowie *Wieland*, Die Krise der Finanzdienstleistungsaufsicht, Die Verwaltung 43 (2010), 83 (94).

468 Siehe dazu bereits obige Ausführungen unter A.I.2., 3. und 4. – Zu dem korrelativen Zusammenhang zwischen demokratischer Verantwortlichkeit und Weisungsabhängigkeit auf der einen und Gesetzesbindung auf der anderen Seite unter dem Gesichtspunkt der sachlich inhaltlich demokratischen Legitimation staatlichen Handelns vgl. auch *Böckenförde*, Demokratie als Verfassungsprinzip, in: Isensee/Kirchhof (Hrsg.), HStR II (2004), § 24 Rn. 22.

469 Vgl. Art. 1 Nr. 7 des Gesetzes zur Änderung des Grundgesetzes vom 21. Dezember 1992, BGBl. I S. 2086.

470 Vgl. § 12 S. 1 des Gesetzes über die Deutsche Bundesbank vom 22. Oktober 1992, BGBl. I S. 1782, zuletzt geändert durch Art. 12 des Gesetzes vom 5. Februar 2009, BGBl. I, S. 160. – Für eine verfassungsrechtliche Garantie der Unabhängigkeit der Bundesbank schon vor der Ergänzung des Art. 88 GG um das besondere Integrationsziel des Satzes 2 *Samm*, Die Stellung der Deutschen Bundesbank im

System der Zentralbanken fordert das Grundgesetz zumindest seinem Wortlaut nach nur die Unabhängigkeit der Europäischen Zentralbank; und zwar als verfassungsrechtliche Bedingung für die Übertragung der Währungshoheit auf die Europäische Union.[471] Allerdings wirkt sich die Unabhängigkeitsvorgabe für die Europäische Zentralbank jedenfalls seit dem Eintritt in die dritte Stufe der Europäischen Währungsunion über das Europäische System der Zentralbanken auch verfassungsrechtlich wiederum auf die Rechtsstellung der Deutschen Bundesbank aus.[472] Solange die Bundesbank integraler Bestandteil des Europäischen Systems der Zentralbanken ist, ergibt sich das Erfordernis ihrer organisationsrechtlichen Unabhängigkeit zumindest aus dessen europarechtlichen Vorgaben.[473] Solange spielt es im Ergebnis keine Rolle, ob die Unabhängigkeit der Bundesbank, deren Aufgabe der Währungssicherung bereits vor der Integration in das Europäische System der Zentralbanken in untrennbarem Zusammenhang zu der grundgesetzlichen Vorgabe der Geldwertstabilität stand, auch auf nationaler Ebene verfassungsrechtlich unmittelbar verankert war bzw. ist.[474]

Soweit zumindest der europarechtlich vorgezeichnete Aufgabenbereich der Währungs- und Notenbank reicht, muss der organisationsrechtliche Gesetzgeber auf nationaler Ebene die Unabhängigkeitsvorgabe auch in Bezug auf die Bundesbank beachten. Ihm ist es daher verfassungsrechtlich nicht nur verwehrt, die bisher der Bundesanstalt obliegenden Aufgaben der Bankenaufsicht in die bestehende Bundesbankstruktur einzugliedern, ohne die Aufgaben der Währungs- und Notenbank, die zwingend unabhängig von ministeriellen Vorgaben

---

Verfassungsgefüge, 1967, S. 185 f., *Uhlenbruck*, Die verfassungsmäßige Unabhängigkeit der Deutschen Bundesbank und ihre Grenzen, S. 50. Vgl. auch *BVerwG*, Urteil vom 29. Januar 1973 – I C 38/68, BVerwGE 41, 334 (354 ff.).

471 Vgl. Art. 88 S. 2 GG sowie nachfolgende Ausführungen in Teil 4 unter C.III.2.b).

472 *Herdegen*, in: Maunz/Dürig, Kommentar zum GG, Art. 88 Rn. 2; *Badura*, Staatsziel „Europäische Integration“, in: Hengstschläger (Hrsg.), Für Staat und Recht, Festschr. für Schambeck, S. 887 (904); *Siekmann*, in: Sachs (Hrsg.), Kommentar zum GG, Art. 88 Rn. 71; *Brosius-Gersdorf*, Deutsche Bundesbank und Demokratieprinzip, S. 383 ff.; *Geerlings*, Bundesbank im Europäischen System der Zentralbanken, DÖV 2003, 322 (323 f.); *Becker*, Reform der Finanzmarktaufsicht, DÖV 2010, 909 (910); *Höfling*, Finanzmarktregulierung – Gutachten, in: Ständige Deputation des Deutschen Juristentages (Hrsg.), Verhandlungen des 68. Deutschen Juristentages, Bd. I, F 1 (51).

473 Vgl. Art. 130, 131 AEUV.

474 So *Herdegen*, in: Maunz/Dürig, Kommentar zum GG, Art. 88 Rn. 63, mit Verweis auf *BVerfG*, Beschluss vom 3. November 1982 – 1 BvR 210/79, BVerfGE 62, 169 (183), und auf *BVerfG*, Urteil vom 12. Oktober 1993 – 2 BvR 2134/92 und 2 BvR 2159/92, BVerfGE 89, 155 (208).

erfüllt werden müssen, personell wie auch funktional von denjenigen der Bankenaufsicht zu trennen, die vor dem Hintergrund einer hinreichenden demokratischen Legitimation grundsätzlich der ministeriellen (Rück-)Anbindung unterstehen müssen.[475] Die Aufgabe der Währungsstabilisierung bedingt zudem nicht nur eine organisatorische Unabhängigkeit von den politisch verantwortlichen Instanzen insbesondere der Regierung, sondern auch von den Kreditinstituten bzw. den Kreditnehmern, die selbst als „potentielle Interessenten einer der Währungspolitik gegenläufigen Entwicklung des Geldvolumens" gelten müssen.[476] Ist jedoch gerade die Finanzaufsicht obigen Ausführungen entsprechend auch auf die organisatorische Einbeziehung des gesellschaftlichen Steuerungswissens angewiesen,[477] erscheint die bestehende Organisationsstruktur einer unabhängigen Bundesbank auch insoweit inkompatibel. Dies gilt mithin ungeachtet dessen, dass die Bundesbank ebenso wie die Bundesanstalt die Rechtsform einer bundesunmittelbaren juristischen Person öffentlichen Rechts aufweist,[478] genauer: einer Anstalt öffentlichen Rechts.[479] Die früher eigenverantwortliche und mit Übergang der währungshoheitlichen Befugnisse auf die Europäische Zentralbank abgeleitete Wahrnehmung währungspolitischer Funktionen der Währungssicherung steht damit nicht nur einem Weisungsrecht der Bundesregierung entgegen,[480] sondern auch einer organisatorischen Ausgestaltung der Anstalt als Forum der kooperativen Erfüllung der öffentlichen Steuerungsaufgabe.

---

475 So auch *Becker*, Reform der Finanzmarktaufsicht, DÖV 2010, 909 (912).

476 Siehe bereits die Begründung der *Bundesregierung* zum Entwurf eines Gesetzes über die Bundesbank, BT-Drs. II/2781, S. 24.

477 Vgl. dezidiert obige Ausführungen unter I.1.c).

478 Vgl. § 2 S. 1 BBankG.

479 Denn jedenfalls mit der Umwandlung der Landeszentralbanken in organisatorische Untergliederungen der Bundesbank ist deren mitgliedschaftliche Struktur weggefallen [vgl. dazu auch *Herdegen*, in: Maunz/Dürig, Kommentar zum GG, Art. 88 Rn. 54].

480 Nach *Herdegen*, in: Maunz/Dürig, Kommentar zum GG, Art. 88 Rn. 54, mit Verweis auf *BVerfG*, Beschluss vom 03. November 1982 – 1 BvR 210/79, BVerfGE 62, 169 (183), unterliegt die Bundesbank „kraft ihrer verfassungsrechtlichen unabhängigen Stellung keiner Aufsicht anderer Organe" und damit auch keiner Rechtsaufsicht der Bundesregierung. *Breuer,* Die öffentlich-rechtliche Anstalt, VVDStRL 44 (1986), 209 (239), hält hingegen eine Rechtsaufsicht der Bundesregierung sowohl mit der Aufgabe der Währungssicherung nach § 12 S. 2 BBankG für vereinbar, als auch in Bezug auf die Organisationsrechtsform der öffentlichrechtlichen Anstalt unabdingbar.

2. Eingliederung der Bankenaufsicht in die Struktur einer Bundesbankholding

Als weitere bzw. nach dem zuvor Gesagten einzig denkbare Variante der organisatorischen Zusammenführung von Bundesbank und Bankenaufsicht auf nationaler Ebene wird das Modell einer „Bundesbankholding" diskutiert.[481] Danach würden unter dem Dach der Bundesbank die Bankenaufsichtsabteilungen von Bundesbank und Bundesanstalt miteinander vereint, jedoch funktional und organisatorisch von dem Bereich der Währungssicherung, dem Beispiel der Finanzmarktstabilisierungsanstalt vergleichbar, getrennt. Rein formal könnte so der Geschäftsbereich der Bankenaufsicht der Rechts- und Fachaufsicht des Bundesfinanzministeriums unterstellt werden, ohne die Unabhängigkeitsgewähr einer Währungs- und Notenbank anzutasten. Mangels spezieller Kompetenzzuweisungsnormen muss sich aber eine solche Eingliederung der Bankenaufsichtsabteilungen der Bundesbank in die Struktur einer in eine Bundesanstalt öffentlichen Rechts umgewandelten Bankenaufsichtsbehörde an dem (strengen) Maßstab des Art. 87 Abs. 3 GG messen lassen.

a) Bundesverwaltung zentral zu erfüllender Aufgaben

Wie im Falle der Errichtung der Finanzmarktstabilisierungsanstalt bzw. der Bundesanstalt für Finanzdienstleistungsaufsicht könnte die organisationsrechtliche Zusammenführung der Bankenaufsichtsabteilungen von Bundesbank und Bundesanstalt nur dann auf die Kompetenzgrundlage des Art. 87 Abs. 3 S. 1 GG gestützt werden, wenn es sich bei der neu enstehenden Bankenaufsichtsbehörde um eine selbstständige Verwaltungseinheit auf Bundesebene handelte, deren Aufgaben zentral ohne Rückgriff auf einen Behördenmittel- bzw. -unterbau erledigt würden bzw. werden könnten.[482] Aus der Zusammenarbeit zwischen Bundesanstalt und Bundesbank nach der noch gültigen Aufgabenverteilung des Kreditwesengesetzes ergibt sich jedoch, dass die laufende Institutsüberwachung auf der Stufe der beobachtenden Erkenntniserlangung nicht von der Bundesbank als Zentraleinrichtung, sondern gerade im Bereich der Durchführung und Auswertung der

---

481 Dahingehend ist wohl auch der Vorschlag im Koalitionsvertrag zwischen *CDU, CSU* und *FDP*, Wachstum. Bildung. Zusammenhalt, S. 54, abrufbar auf der jeweiligen Internetseite einer der drei Koalitionsparteien (Stand: Dezember 2013) zu verstehen.

482 Die nach Art. 87 Abs. 3 S. 1 GG vorausgesetzte Gesetzgebungskompetenz des Bundes ergäbe sich vorliegend ebenso wie in Bezug auf die BaFin für die Bankenaufsicht als (Teil-)Bereich der Wirtschaft aus dem Art. 87 Abs. 3 S. 1 GG i.V.m. Art. 72 Abs. 1, 74 Abs. 1 Nr. 11 GG.

bankgeschäftlichen Prüfungen zur Beurteilung der angemessenen Solvenzausstattung und Risikosteuerungsverfahren der Institute durch ihre Hauptverwaltungen bzw. Filialen vor Ort erfolgt.[483] Die aktuell neun Hauptverwaltungen, deren jeweilige Zuständigkeit sich auf einen bestimmten, räumlich abgegrenzten Bereich bezieht,[484] und die Filialen, die bereichspezifisch den jeweiligen Hauptverwaltungen unterstehen,[485] gelten als Bundesbehörden.[486] Da der Präsident einer Hauptverwaltung als deren Behördenleiter seinerseits dem Vorstand der Bundesbank untersteht[487] und dieser wiederum als oberste Bundesbehörde gilt,[488] bilden Hauptverwaltungen und Filialen insgesamt den Behördenunterbau der Bundesbank.[489]

Dessen Einbindung in die laufende Institutsüberwachung der Bankenaufsicht nach der noch gültigen Aufgabenverteilung im Verhältnis zur Bundesanstalt spricht für das Erfordernis einer dezentralen Wahrnehmung der Bankenaufsichtsaufgabe. Dass die aufsichtsrechtlichen Maßnahmen der Bundes(„mittel“)behörden Hauptverwaltungen und Filialen rechtliche Wirkung im Außenverhältnis entfalten, scheint kompetenziell zumindest solange gerechtfertigt, wie die Aufgabenwahrnehmung wenigstens einen mittelbaren Bezug zur Aufgabe der Bundesbank als Währungs- und Notenbank i.S.d. Art. 88 GG aufweist.[490] Verfassungsrechtlich

---

483 Unter Bezugnahme auf die Vielzahl der in Deutschland niedergelassenen Institute bzw. eingerichteten Zweigstellen *Häde*, Organisation der Bankenaufsicht, in: Kluth/Müller/Peilert (Hrsg.), Wirtschaft – Verwaltung – Recht, Festschr. für Stober, 467 (473).

484 Gemäß § 8 Abs. 1 BBankG unterhält die Bundesbank je eine Hauptverwaltung für den Bereich (1.) des Landes Baden-Württemberg, (2.) des Freistaates Bayern, (3.) der Länder Berlin und Brandenburg, (4.) der Freien Hansestadt Bremen und der Länder Niedersachsen und Sachen-Anhalt, (5.) der Freien und Hansestadt Hamburg und der Länder Mecklenburg-Vorpommern und Schleswig-Holstein, (6.) des Landes Hessen, (7.) des Landes Nordrhein-Westfalen, (8.) der Länder Rheinland-Pfalz und Saarland und (9.) der Freistaaten Sachsen und Thüringen.

485 § 10 BBankG.

486 § 29 S. 2 BBankG: Die Hauptverwaltungen und Filialen haben die Stellung von Bundesbehörden.

487 § 8 Abs. 2 S. 1 BBankG.

488 Vgl. § 29 S. 1 BBankG: Der Vorstand mit der Zentrale am Sitz der Bank hat die Stellung einer obersten Bundesbehörde.

489 Zur Einordnung der Hauptverwaltungen (vormals Landeszentralbanken) und Filialen (vormals Hauptstellen) als Behördenunterbau der Bundesbank vgl. auch *Häde*, Bankenaufsicht und Grundgesetz, JZ 2001, 105 (107) m.w.Nachw. Angedeutet auch in *BVerfG*, Urteil vom 24. Juli 1962 – 2 BvF 4, 5/61, 1, 2/62, BVerfGE 14, 197 (215).

490 Siehe dazu einerseits obige Ausführungen unter 1.a) sowie andererseits nachfolgende Ausführungen unter 3.

unbedenklich wäre demnach die organisatorische Zusammenführung von Bundesbank und Bundesanstalt jedenfalls dann, wenn beide Organisationseinheiten ihre jeweilige Rechtsform und gemeinsame Aufgabenverteilung im Bereich der Bankenaufsicht beibehielten und die bestehende Struktur lediglich unter das gemeinsame Dach einer Bundesbankholding gestellt würde.[491] Mangels Zuständigkeitsveränderungen oder gar Kompetenzerweiterungen einer selbstständigen Verwaltungseinheit auf Bundesebene mit eigenem Behördenunterbau griffe ein solches Reformmodell nicht weiter in die Länderzuständigkeit ein als die (isolierte) Errichtung von Bundesbank und Bundesanstalt auf der Grundlage von Art. 88 und 87 Abs. 3 S. 1 GG.[492] Die Reformqualität und die Effektivitätssteigerung eines solchen Organisationsmodells wäre allerdings in Frage bzw. Abrede zu stellen.[493]

Entsprechende Synergieeffekte wären wohl nur zu erzielen, wenn die Bankenaufsichtsabteilungen von Bundesbank und Bundesanstalt organisatorisch und instrumentell zusammengeführt würden. Da aber auch in einem solchen Fall die Überprüfung der Institute vor Ort gerade im Hinblick auf die zunehmend qualitative Ausrichtung der Aufsicht ohne Alternative bleibt, erscheint die Verfassungsmäßigkeit auch dieser Organisationsvariante äußerst zweifelhaft.[494] So könnten die Verwaltungseinheiten innerhalb der Gesamtabteilung Bankenaufsicht, deren Aufgabenzuschnitt zumindest im Rahmen der beobachtenden Erkenntniserlangung dem der Hauptverwaltungen und Filialen der Bundesbank vergleichbar regional sein würde, nur schwerlich als „dislozierte Außenstellen“[495] einer mit der Erfüllung einer zentralen Aufgabe betrauten Bundesanstalt gelten.[496] Auch das

491 Vgl. zu diesem Vorschlag *Heun*, Organisationsmodelle zur Umgestaltung der Bankenaufsicht, S. 28.

492 Vgl. dazu auch *Häde*, Bankenaufsicht und Bundesbank, JZ 2001, 105 (112).

493 So auch *Becker*, Reform der Finanzmarktaufsicht, DÖV 2010, 909 (915), sowie *Heun*, Der Staat und die Finanzkrise, JZ 2010, 53 (62), und *Höfling*, Finanzmarktregulierung – Gutachten, in: Ständige Deputation des Deutschen Juristentages (Hrsg.), Verhandlungen des 68. Deutschen Juristentages, Bd. I, F 1 (52).

494 So auch *Häde*, Bankenaufsicht und Grundgesetz, JZ 2001, 105 (111), sowie *Lindemann*, in: Boos/Fischer/Schulte-Mattler (Hrsg.), Kommentar zum KWG, § 44c Rn. 7 ff. Anders hingegen *Herdegen*, Bundesbank und Bankenaufsicht, WM 2000, 2121 (2122), sowie *Stern*, Bankenaufsichtsystem, in: Osterloh/Schmidt/Weber (Hrsg.), Staat, Wirtschaft, Finanzverfassung, Festschr. für Selmer, 519 (532 ff.).

495 *Lerche*, in: Maunz/Dürig, Kommentar zum GG, Art. 87 Rn. 186.

496 Ebenso *Häde*, Bankenaufsicht und Grundgesetz, JZ 2001, 105 (113). Skeptisch ebenfalls *Heun*, Ordnungsmodelle zur Umgestaltung der Bankenaufsicht, S. 37 f. Anders zumindest andeutungsweise *Herdegen*, Bundesbank und Bankenaufsicht, WM 2000, 2121 (2122, 2124), der einer Qualifizierung der Bundesbankhauptverwaltungen

Zentralitätskriterium der einer selbstständigen Verwaltungseinheit auf Bundesebene nach Art. 87 Abs. 3 S. 1 GG zu übertragenden Aufgabenwahrnehmung ist ein Element der den Vorgaben der grundgesetzlichen Kompetenzverteilung entsprechend errichteten „Schutzzone" föderaler Verwaltungsstrukturen. In diese aber darf eine „Bundesverwaltung regionalen Zuschnitts" nur in den engen Grenzen des Art. 87 Abs. 3 S. 2 GG auf verfassungsrechtlich zulässige Art und Weise eindringen.[497] Eine zu weit gehende Einrichtung von Außenstellen würde diese wohlbehüteten Grenzen umgehen.[498]

b) Bundesverwaltung dezentral zu erfüllender Aufgaben

Unter Rückgriff auf die Unterscheidung der Verwaltungstypen in Art. 86 GG eröffnet Art. 87 Abs. 3 S. 2 GG die Möglichkeit der fakultativen Errichtung von Mittel- und Unterbehörden dem Wortlaut nach unmittelbar nur im Bereich der bundeseigenen Verwaltung (unmittelbaren Bundesverwaltung bzw. Bundesverwaltung im engeren Sinne). Der Regel entsprechend, dass Ausnahmevorschriften grundsätzlich eng auszulegen sind, könnte eine fakultative Errichtung von Mittel- und Unterbehörden im Bereich der mittelbaren Bundesverwaltung (Bundesverwaltung im weiteren Sinne) und mithin die Errichtung einer neuen Bundesanstalt für Bankenaufsicht mit eigenem Behördenunterbau schon per se verfassungsrechtlich unzulässig sein.[499] Aber selbst wenn man den Anwendungsbereich des Art. 87 Abs. 3 S. 2 GG trotz dessen Ausnahmecharakters weiter fassen und als grundsätzliche Kompetenzeröffnung wie auch -begrenzung der Bundesverwaltung begreifen wollte, müsste auch die Errichtung von Mittel- und Unterbehörden im Bereich der mittelbaren Bundesverwaltung dessen strengen Anforderungen genügen.[500] Ungeachtet der Detailvarianten eines jeden organisationsrechtlichen Reformvorschlags der Aufgabenverteilung zwischen Bundesanstalt und Bundesbank wird dem Bund die Aufgabe der Bankenaufsicht jedenfalls nicht neu erwachsen; im Raum steht

---

nicht als Verwaltungsunterbau, sondern als bloße „Außenstellen", die „vor Ort" Hilfsfunktionen im Rahmen einer zentralen Aufgabenwahrnehmung erfüllen, offen gegenübersteht.

497 Siehe nur *Lerche*, in: Maunz/Dürig, Kommentar zum GG, Art. 87 Rn. 206.

498 Kritisch gegenüber der Umgehung des Zentralitätskriteriums in Art. 87 Abs. 3 S. 1 GG durch die großzügige Einrichtung von Außenstellen ebenfalls *Becker*, Reform der Finanzmarktaufsicht, DÖV 2010, 909 (914).

499 So *Burgi*, in: v. Mangoldt/Klein/Starck (Hrsg.), Kommentar zum GG, Art. 87 Rn. 114, *Pieroth*, in: Jarass/Pieroth (Hrsg.), Kommentar zum GG, Art. 87 Rn. 14.

500 So ist wohl *Lerche*, in: Maunz/Dürig, Kommentar zum GG, Art. 87 Rn. 211, zu verstehen.

vielmehr lediglich die neue Verteilung einer grundsätzlich alten Aufgabe.[501] Damit aber scheidet Art. 87 Abs. 3 S. 2 GG als Grundlage der Errichtung einer neuen Bankenaufsichtsbehörde bzw. der Zuweisung neuer Aufgaben an bestehende Verwaltungseinheiten jeweils mit eigenem Behördenmittel- bzw. -unterbau aus.

3. Bankenaufsicht zur gesamten Hand von Bundesanstalt und Bundesbank

Folglich lässt sich die Zusammenführung der Bankenaufsichtsabteilungen von Bundesanstalt und Bundesbank weder innerhalb der bestehenden Struktur der Bundesbank noch innerhalb einer neuen Bankenaufsichtsbehörde mit den verfassungsrechtlichen Organisationsvorgaben des Grundgesetzes vereinbaren.[502] Letzteres gilt unabhängig davon, ob die neue Bankenaufsichtsbehörde unter das Dach einer Bundesbankholding gestellt würde oder nicht. Sofern von Seiten der aktuellen Regierungskoalition mit Blick auf die angestrebte Zusammenführung der Bankenaufsicht auf europäischer Ebene überhaupt noch auf nationaler Ebene eine (verfassungs-)wirkliche Reform der organisationsrechtlichen Rahmenbedingungen der Bankenaufsicht angestrebt wird, bedürfte es in jedem Fall einer vorangehenden Verfassungsänderung.[503]

---

501 So schon *BVerfG*, Urteil vom 24. Juli 1962 – 2 BvF 4, 5/61, 2/62, BVerfGE 14, 197 (215). Im Ergebnis ebenso, allerdings mit Verweis auf die z.T. unterschiedliche, vorliegend aber nicht virulente Auslegung des Tatbestandsmerkmals „neu" *Häde*, Bankenaufsicht und Grundgesetz, JZ 2001, 105 (111 f.), sowie ohne Zweifel *Herdegen*, Bundesbank und Bankenaufsicht, WM 2000, 2121 (2122), bzw. *Höfling*, Finanzmarktregulierung – Gutachten, in: Ständige Deputation des Deutschen Juristentages (Hrsg.), Verhandlungen des 68. Deutschen Juristentages, Bd. I, F 1 (50). – Dass dem Tatbestandsmerkmal „neu" neben dem „dringenden Bedarf" bundeseigener Mittel- und Unterbehörden kein eigenständiger Regelungsgehalt zukommen kann, mag im Einzelfall sein [so bspw. *Lerche*, in: Maunz/Dürig, Kommentar zum GG, Art. 87 Rn. 213]. Ein solcher Einzelfall ist aber gerade nicht die neue Verteilung einer alten Aufgabe.

502 Ebenso *Becker*, Reform der Finanzmarktaufsicht, DÖV 2010, 909 (916), sowie *Häde*, Bankenaufsicht aus einer Hand?, ZfgK 2009, 64 (65).

503 So auch *Häde*, Organisation der Bankenaufsicht, in: Kluth/Müller/Peilert (Hrsg.), Wirtschaft – Verwaltung – Recht, Festschr. für Stober, 467 (476), sowie *Höfling*, Finanzmarktregulierung – Gutachten, in: Ständige Deputation des Deutschen Juristentages (Hrsg.), Verhandlungen des 68. Deutschen Juristentages, Bd. I, F 1 (50). Etwas anderes gilt allein für den Fall, dass Bundesbank und Bundesanstalt im Bereich der Bankenaufsicht unter dem Dach einer Bundesbankholding zusammengeführt würden, ohne dass sich etwas an ihrer jeweiligen Organisationsrechtsform bzw. an ihrem

Aber selbst dann bliebe zu berücksichtigen, dass eine Herauslösung der Bankenaufsichtabteilungen aus der Organisationsstruktur der Bundesbank als Währungs- und Notenbank dem europarechtlich auf der Mitverantwortung der Europäischen Zentralbanken für die Stabilität des Finanzsystems beruhenden Systemverständnis einer Beteiligung der nationalen Zentralbanken an der unionsweit durch die Europäische Zentralbank koordinierten Bankenaufsicht zuwiderliefe,[504] obgleich die Bankenaufsicht keinen genuinen Aufgabenbereich der Währungs- und Preisstabilitätsgewährleistung i.S.d. Art. 88 GG darstellt[505]. Gerade vor dem Hintergrund der Etablierung einer europäischen Struktur der Systemaufsicht erweist sich damit die kooperative Wahrnehmung der Bankenaufsicht zur gesamten Hand von Bundesanstalt und Bundesbank als erheblicher Vorteil, da sich diese ohne Weiteres in das Verbundsystem von Instituts- und Systemaufsicht auf europäischer Ebene einzupassen scheint.[506] Schon zwischen der der Bundesbank im bisherigen Rahmen des Europäischen Systems der Zentralbanken verbliebenen, weisungsgebundenen Ausführung der geld- und währungspolitischen Aufgaben und ihren bankaufsichtlichen Sachverhaltsermittlungs- und Informationsgewinnungsbefugnissen ergibt sich ein hinreichender funktionaler Zusammenhang.[507] Mit der

---

jeweiligen, aufeinander abgestimmten Aufgabenzuschnitt ändern würde. Auch unter dem Dach der Bundesbankholding bliebe es in diesem Fall bei der abstimmungsbedürftigen Bankenaufsicht durch Bundesbank und Bundesanstalt.

504 Vgl. dazu *Gramlich*, Bankenaufsichtsstruktur in Deutschland, in: Pitschas (Hrsg.), Integrierte Finanzdienstleistungsaufsicht, 313 (343 f., 348 ff.) m.w.Nachw. Angedeutet auch bei *Geerlings*, Bundesbank im Europäischen System der Zentralbanken, DÖV 2003, 322 (328).

505 *Heun*, Organisationsmodelle zur Umgestaltung der Bankenaufsicht, S. 35.

506 Zu der integrierten Finanzdienstleistungsaufsicht im europäischen Verwaltungsverbund vgl. eingehender die Ausführungen in Teil 4.

507 Zu nennen sind bspw. auch die Synergieeffekte im Zusammenhang mit Frühwarnhinweisen durch die monatliche Bilanzstatistik der Kreditinstitute für geldpolitische Kenngrößen, die Einbeziehung der Notenbank als „lender of last ressort" in das bankenaufsichtliche Kriseninstrumentarium sowie die Relevanz der Bilanzstatistik für die Bonitätsbeurteilung im Refinanzierungsgeschäft. Vgl. *Deutsche Bundesbank*, Mitwirkung an der Bankenaufsicht, Monatsbericht September 2000, 33 (36), *Geerlings*, Bundesbank im Europäischen System der Zentralbanken, DÖV 2003, 322 (327 f.), sowie *Hirdina*, Funktion einer reformierten Bundesbank, BKR 2001, 135 (138). Ähnlich, wenn auch unter Rückgriff auf das vorverfassungsgemäße Bild der Deutschen Währungs- und Notenbank seit 1931, bereits *BVerfG*, Urteil vom 24. Juli 1962 – 2 BvF 4, 5/61, 2/62, BVerfGE 14, 197 (216 ff.). Mit Blick auf die Eingriffsbefugnisse der Bundesbank insbesondere gemäß §§ 44, 44b und 44c KWG zweifelnd

Auswertung der von den Instituten eingereichten Unterlagen, Prüfungsberichten, Jahresabschlussunterlagen, der bankgeschäftlichen Prüfungen zur Beurteilung der angemessenen Eigenkapitalausstattung und Risikosteuerungsverfahren der Institute sowie der Bewertung von Prüfungsfeststellungen soll die Bundesbank in den aufsichtlichen Prozess „der Evaluierung bankinterner Verfahren sowie der Beurteilung der Gesamtrisikolage der Institute im Rahmen des Supervisory Review Process" von Basel II einbezogen werden.[508] Im Rahmen der mikroprudentiollen Aufsicht kommt der Bundesbank damit eine Art Filterfunktion zu.[509] Die gefilterten Informationen über die finanzielle Solidität der (Kredit-)Institute[510] bilden aber nicht nur eine wesentliche Erkenntnisquelle der Aufgabe der Währungsstabilisierung auf der Ebene des Europäischen Systems der Zentralbanken, sondern auch der makroprudentiellen Aufsicht über das gesamte Finanzsystem. Zudem ermöglichen sie es der Bundesanstalt, im Rahmen ihrer Aufsichtstätigkeit auf die gesicherten Erkenntnisse der Bundesbank zurückgreifen und damit eine ineffiziente Doppelarbeit vermeiden zu können.[511]

Zwar hat auch im Bereich der Bankenaufsicht zur gesamten Hand von Bundesanstalt und Bundesbank das organisationsrechtlich austarierte Modell einer fachlich absolut spezialisierten, rechtlich – über die demokratisch notwendige Anbindung an die parlamentsverantwortlichen Entscheidungsträger – aber nur relativ

---

hingegen *Hahn/Häde*, in: Bonner Kommentar zum Grundgesetz, Art. 88 Rn. 161, sowie *Herdegen*, Bundesbank und Bankenaufsicht, WM 2000, 2121 (2124).

508 Vgl. die Begründung der *Bundesregierung* zum Entwurf eines Gesetzes über die integrierte Finanzdienstleistungsaufsicht, BT-Drs. 14/7033, S. 40.

509 Vgl. schon die Regierungsbegründung zum Entwurf eines Gesetzes über das Kreditwesen, BT-Drs. III/1114, S. 23. Selbst nach dem Eigenverständnis der *Deutschen Bundesbank*, Mitwirkung der Bundesbank an der Bankenaufsicht, Monatsbericht September 2000, 33 (37), entlastet ihre Filterfunktion das Bundesaufsichtsamt (nunmehr die Bundesanstalt) im Bereich der materiellen Bankenaufsicht. Ebenso *Geerlings*, Bundesbank im Europäischen System der Zentralbanken, DÖV 2003, 322 (327), *Becker*, in: Reischauer/Kleinhans, Kommentar zum KWG, § 7 Rn. 7, *Stern*, Bankenaufsichtssystem, in: Osterloh/Schmidt/Weber (Hrsg.), Staat, Wirtschaft, Finanzverfassung, Festschr. für Selmer, 519 (535), *Waschbusch*, Bankenaufsicht, S. 110.

510 So genannte „mikroprudentielle Aufsicht".

511 So zumindest die Begründung der *Bundesregierung* zu dem Entwurf eines Gesetzes über die integrierte Finanzdienstleistungsaufsicht, BT-Drs. 14/7033, S. 39. Andere wie *Artopoeus*, Bankenaufsicht, in: Pitschas (Hrsg.), Integrierte Finanzdienstleistungsaufsicht, 265 (280), kritisieren demgegenüber die mit der geteilten Verantwortung einhergehende Doppelarbeit, Reibungsverluste und Verzögerungen im Rahmen der (laufenden) Aufsicht.

verselbstständigten Finanzdienstleistungsaufsicht als wesentliches Bauelement des aktuellen Steuerungskonzeptes der integrierten Finanzdienstleistungsaufsicht zu gelten. Gleichwohl wird die Kooperation mit der Bundesbank vor dem Hintergrund des Bedeutungszuwachses einer europaweiten Systemaufsicht ihrerseits an steuerungskonzeptioneller Relevanz gewinnen. Beides spricht bereits dafür, das bestehende Organisationskonstrukt der integrierten Finanzdienstleistungsaufsicht in der aktuellen Diskussion um die organisationsrechtliche Neuausrichtung der Finanzaufsicht nicht ohne hinreichenden Grund zu verwerfen.

Insbesondere aber fügt sich die Kooperation zwischen Bundesanstalt und Bundesbank nach der noch geltenden Aufgabenverteilung auch in die grundgesetzlichen Organisationsvorgaben ein. Mit der BaFin ist eine bundesunmittelbare Anstalt i.S.d. Art. 87 Abs. 3 S. 1 GG errichtet worden, „die ihre Aufgaben [...] in Zusammenarbeit mit einer bereits bestehenden anderen [...] Anstalt des öffentlichen Rechts, oder in Anlehnung an eine solche, auf der Ebene der Gleichordnung“ erfüllt.[512] Da die je eigene Organisationsrechtsform im Zusammenhang mit dem jeweiligen Aufgabenzuschnitt den verfassungsrechtlichen Anforderungen der grundgesetzlichen Kompetenzverteilung entspricht, besteht auch im Falle der Kooperation keine Gefahr einer relevanten Verdrängung der Länderverwaltungskompetenz. Demgegenüber wäre eine Eingliederung der Bankenaufsicht in die bestehende Organisationsstruktur der Bundesbank – jedenfalls ohne eine entsprechende Verfassungsänderung – ebenso verfassungswidrig wie die Zusammenführung der gesamten Bankenaufsicht in einer neuen Anstalt mit Behördenunterbau.

III. Die Verzahnung von makroprudentieller Überwachung der Bundesbank und mikroprudentieller Aufsicht der Bundesanstalt im Ausschuss für Finanzstabilität

Der Kooperation von Bundesbank und Bundesanstalt entsprechend werden deren makroprudentiolle Überwachung und mikroprudentielle Aufsicht im Ausschuss für Finanzstabilität institutionell miteinander verbunden.[513] Neben jeweils drei

512 *BVerfG*, Urteil vom 24. Juli 1962 – 2 BvF 4, 5/61, 2/62, BVerfGE 14, 197 (211).

513 So auch die Begründung der *Bundesregierung* zu ihrem Entwurf eines Gesetzes zur Überwachung der Finanzstabilität (Finanzstabilitätsgesetz – FinStabG), Art. 1 des Entwurfs eines Gesetzes zur Stärkung der deutschen Finanzaufsicht vom 19. Juni 2012, BT-Drs. 17/10040, S. 15.

Vertretern von Bundesbank und Bundesanstalt entsendet auch das Bundesministerium der Finanzen drei Vertreter in den Ausschuss; einen als Vorsitzenden und einen anderen als dessen Stellvertreter.[514] Beratendes Mitglied ohne Stimmrecht ist zudem der Vorsitzende des Leitungsausschusses der Bundesanstalt für Finanzmarktstabilisierung.[515] Dadurch soll die Expertise aller für die Finanz- und Systemaufsicht auf nationaler Ebene verantwortlichen Hoheitsträger in dem Ausschuss für Finanzstabilität gebündelt werden.[516]

Zu den Aufgaben des Ausschusses, der zur Stärkung der Zusammenarbeit im Bereich der Finanzstabilität beim Bundesfinanzministerium gebildet wird,[517] zählen insbesondere die Erörterung der für die Finanzstabilität maßgeblichen Sachverhalte, die Beratung über den Umgang mit Warnungen und Empfehlungen des Europäischen Ausschusses für Systemrisiken sowie die Abgabe eigener Warnungen vor Gefahren für die Finanzstabilität und Empfehlungen geeigneter Maßnahmen zu deren Abwendung.[518] Die eigenen Warnungen und Empfehlungen können dabei auf entsprechenden Vorschlägen der Bundesbank beruhen.[519] Deren wesentlicher Beitrag zur Wahrung der Stabilität des Finanzsystems im Inland besteht darin, mithilfe ihrer besonderen Expertise die für die Finanzstabilität maßgeblichen Sachverhalte zu analysieren und mögliche Gefahren zu identifizieren.[520] Bundesbank und Bundesanstalt haben sämtliche Informationen wie Beobachtungen, Feststellungen und Einschätzungen auszutauschen, die jeweils zur Erfüllung der mikroprudentiellen Finanzaufsicht der Bundesanstalt oder der makroprudentiellen Systemüberwachung der Bundesbank erforderlich sein können.[521] Der Ausschuss für Finanzstabilität dient daher als eine Art institutionelle Schnittstelle zwischen institutsorientierter Finanzaufsicht und systembezogener Stabilitätsaufsicht: zum

---

514 § 2 Abs. 3 S. 1 FinStabG.

515 § 2 Abs. 3 S. 2 FinStabG.

516 So die Begründung der *Bundesregierung* zu ihrem Entwurf eines Gesetzes zur Überwachung der Finanzstabilität (Finanzstabilitätsgesetz – FinStabG), Art. 1 des Entwurfs eines Gesetzes zur Stärkung der deutschen Finanzaufsicht vom 19. Juni 2012, BT-Drs. 17/10040, S. 15.

517 Vgl. § 2 Abs. 1 FinStabG.

518 Vgl. dazu § 3 Abs. 1 und 2 FinStabG sowie obige Ausführungen in Teil 2 zum einen im Überblick unter A.II. und zum anderen im Ansatz unter B.II.2.a)aa)(1)(d)(bb).

519 § 1 Abs. 1 Nr. 3 FinStabG.

520 Vgl. § 1 Abs. 1 Nr. 1 FinStabG sowie die Begründung der *Bundesregierung* zu ihrem Entwurf eines Gesetzes zur Überwachung der Finanzstabilität (Finanzstabilitätsgesetz – FinStabG), Art. 1 des Entwurfs eines Gesetzes zur Stärkung der deutschen Finanzaufsicht vom 19. Juni 2012, BT-Drs. 17/10040, S. 14.

521 § 4 Abs. 1 FinStabG.

einen in dem Verhältnis der national beteiligten Organisationseinheiten untereinander, zum anderen aber auch in deren Verhältnis zu den (entsprechenden) Institutionen auf europäischer Ebene.[522]

C. Integrierte Finanzdienstleistungsaufsicht im Gestaltwandel der Wirtschaftsaufsicht

Zumindest im Rahmen der mikroprudentiellen Institutsaufsicht folgt die organisatorische Auslagerung der Finanzaufsicht auf nationaler Ebene in eine absolut spezialisierte, aber nur relativ verselbstständigte Verwaltungseinheit für sich genommen einem ähnlichen Muster wie der Staatlichkeitswandel vom unmittelbaren Leistungs- zum mittelbaren Gewährleistungsstaat.[523] Innerhalb dessen überführen die verschiedenen Formen der Selbstverwaltung die Wahrnehmung der öffentlichen Aufgaben in eine sachnahe Struktur der Kooperation zwischen staatlicher Fachbürokratie und gesellschaftlicher Flexibilität.[524] Sowohl im Verhältnis von Staat und Gesellschaft (vertikale Kompetenzverschiebung) als auch im Verhältnis von unmittelbarer parlamentsnaher und mittelbarer parlamentsferner Verwaltung (horizontale Kompetenzverschiebung) ist eine systematische Entwicklung hin zur Enthierarchisierung und Ausdifferenzierung zu verzeichnen, die materiell und organisatorisch zu einem tief greifenden Strukturwandel der Aufsicht bereits geführt hat bzw. noch weiter führen wird.[525]

Dabei führt das Erfordernis der verfassungsrechtlichen Konformität einer einfachgesetzlichen Variante der Wirtschaftsaufsicht nicht zwangsläufig allein zu deren Anpassung an die hergebrachten Strukturen des Verfassungsrechts. Die mit der Finanzaufsicht sowie ihrer rechtlichen Erfassung verbundenen Herausforderungen

522 Nach der Begründung der *Bundesregierung* zu ihrem Entwurf eines Gesetzes zur Überwachung der Finanzstabilität (Finanzstabilitätsgesetz – FinStabG), Art. 1 des Entwurfs eines Gesetzes zur Stärkung der deutschen Finanzaufsicht vom 19. Juni 2012, BT-Drs. 17/10040, S. 15, handelt es sich insoweit um eine institutionelle Verknüpfung von makroprudentieller Überwachung und mikroprudentieller Aufsicht.

523 So auch *Masing*, Das Recht der Regulierungsverwaltung – Gutachten, in: Ständige Deputation des Deutschen Juristentages (Hrsg.), Verhandlungen des 66. Deutschen Juristentages, Bd. I, D 1 (45).

524 *Berg*, Die öffentlichrechtliche Anstalt, NJW 1985, 2294 (2299), mit Verweis auf *Peters*, Die Verwaltung als eigenständige Staatsgewalt, S. 30.

525 Ebenso bereits *Pitschas*, Struktur- und Funktionswandel der Aufsicht, DÖV 1998, 907 (915).

können auch ihrerseits eine Überprüfung des wirtschafts(verfassungs)rechtlichen Dogmengerüsts bedingen und gegebenenfalls zu dessen Anpassung bzw. Umformung beitragen.[526] So ist nicht nur die grundgesetzlich konstitutive Gegenüberstellung von rechtlich geschützter Freiheit des Einzelnen und rechtlich verliehener Kompetenz staatlicher bzw. hoheitlicher Gewalt, sondern auch das demokratisch rechtsstaatliche Organisationsprinzip einer parlamentsunmittelbaren, strikt hierarchischen Verwaltung bereits „als normativer Referenzpunkt“ in der Diskussion um das richtige (Aus-)Maß der Aufsicht bzw. Steuerung „in seiner Bedeutung relativiert worden“.[527] Die verfassungsrechtlichen und politischen „Konfliktlinien [...verlaufen...] nicht mehr allein zwischen staatlichem Interventionismus einerseits und unternehmerischer Marktfreiheit andererseits“ bzw. zwischen apodiktischer Hierarchie und potentieller Autonomie.[528] Auch eine strikte Zweiteilung bzw. Gegensätzlichkeit von öffentlichem Recht und Privatrecht gilt als überholt.[529] Die Diskussion über die (verbliebene) Steuerungswirkung des Rechts orientiert sich vielmehr insgesamt sowohl materiell als auch organisatorisch zunehmend an dem Kriterium der funktionalen Rationalität, das sich seinerseits aus den grundgesetzlichen Vorgaben der Demokratie sowie der Rechts- und Sozialstaatlichkeit ableiten lässt und somit bereits auf Verfassungsebene zu einer Relativierung der Bereichsscheidung bzw. zu einer Mehrdimensionalisierung von materieller Freiheit und organisatorischer Einheit führt.[530]

---

526 *Fehling*, Instrumente und Verfahren, in: Fehling/Ruffert (Hrsg.), Regulierungsrecht, § 20 Rn. 139.

527 So auch *Döhler*, Die unabhängige Regulierungsbehörde, Die Verwaltung 34 (2001), 59 (63).

528 Beschränkt auf den Bereich des materiellen Regulierungsrechts *Horn*, Regulierung im Ordnungswerk des Wirtschaftsverwaltungsrechts, in Gornig/Kramer/Volkmann (Hrsg.), Festschr. für Frotscher, 379 (384). Ebenso *Lepsuis*, Verfassungsrechtlicher Rahmen der Regulierung, in: Fehling/Ruffert (Hrsg.), Regulierungsrecht, § 4 Rn. 5, *ders.*, Ziele der Regulierung, in: Fehling/Ruffert (Hrsg.), Regulierungsrecht, § 19 Rn. 34. Allgemein in Bezug auf das Verhältnis von Hohiet und Wettbewerb *Grzezick*, Hoheitskonzept – Wettbewerbskonzept, in: Isensee/Kirchhof (Hrsg.), HStR IV (2006), § 78 Rn. 17 ff.

529 *Lepsius*, Verfassungsrechtlicher Rahmen der Regulierung, in: Fehling/Ruffert (Hrsg.), Regulierungsrecht, § 4 Rn. 5.

530 Vgl. auch *BVerfG,* Beschluss vom 12. November 1958 – 2 BvL 4/56, BVerfGE 8, 274 (324). – Zum rechtsstaatlichen Gebot der Effektivität als (im Verhältnis zu anderen Grundbedingungen von Verfassungsrang sekundärer) Maßgröße der Zielerreichung siehe *Schmidt-Aßmann*, Verwaltungsorganisationsrecht als Steuerungsressource, in: Schmidt-Aßmann/Hoffmann-Riem (Hrsg.), Verwaltungsorganisationsrecht

Innerhalb derer stellt das Steuerungsmodell der materiellrechtlichen Regulierung gesellschaftlicher Selbstregulierung wie auch der ministeriellen (An-)Leitung behördlicher Selbstverwaltung eine rational angemessene Reaktion auf die zunehmend komplexer werdende Aufgabe der Finanzaufsicht dar.[531] Das Steuerungsmodell der integrierten Finanzdienstleistungsaufsicht bringt Ansätze der horizontalen und vertikalen Kompetenzöffnung gesamthaft zur Anschauung und bildet damit den Gestaltwandel staatlicher Wirtschaftaufsicht im Sinne eines neuen Referenzgebietes ab, dem Referenzgebiet einer *präregulierenden Gewährleistungsaufsicht*.

---

als Steuerungswissenschaft, 9 (40 f.), sowie *BVerwG*, Urteil vom 19. Mai 1963 – 3 C 13.82, BVerwGE 67, 206 (209 f.), zur „Verwaltungseffizienz", bzw. *BVerfG*, Beschluss vom 19. April 1977 – 1 BvL 17/75, BVerfGE 44, 283 (288). Zur Effizienz als Kriterium möglichster Ressourcenschonung vgl. zudem *Schmidt-Aßmann*, Das allgemeine Verwaltungsrecht als Ordnungsidee, S. 317 f. – Zu den (wirtschafts-)verfassungsrechtlichen Vorgaben des Grundgesetzes siehe obige Ausführungen in TEIL 1 unter B.I. II. und III.

531 Vgl. dazu auch *Döhler*, Die unabhängige Regulierungsbehörde, Die Verwaltung 34 (2001), 59 (63) mit Verweis auf *Dreier*, Hierarchische Verwaltung, S. 211 ff. Ähnlich *Voßkuhle*, Beteiligung Privater an der Wahrnehmung öffentlicher Aufgaben, VVDStRL 62 (2003), 266 (268). *Schmidt-Preuß*, Gesellschaftliche Selbstregulierung und staatliche Steuerung, VVDStRL 56 (1997), 160 (170 f.), deutet dementsprechend den Verzicht auf imperative Mittel zugunsten dialogischer Formen der Gemeinwohlverwirklichung positiv als Zeichen der Handlungsfähigkeit des Staates und spricht in diesem Zusammenhang sogar von einem „Postulat größtmöglicher Aktivierung selbstregulativer Eigenbeiträge". – Zu den grundsätzlichen Vor- und Nachteilen dieses Steuerungskonzeptes siehe *Eifert*, Regulierungsstrategien, in: Hoffmann-Riem/Schmidt-Aßmann/Voßkuhle (Hrsg.), Grundlagen des Verwaltungsrechts, Bd. I, § 19 Rn. 58 ff. – Nach *Schoch*, Gewährleistungsverwaltung, NVwZ 2008, 241 (242), kann der „Gewährleistungsstaat" als Ausdruck des „Europäischen Gesellschaftsmodells" begriffen werden.

Vierter Teil.
Integrierte Finanzdienstleistungsaufsicht im europäischen Verwaltungsverbund

In einer immer engmaschigeren Verflechtung von Nationalität und Supranationalität gerade im Bereich grenzüberschreitend tätiger Finanzdienstleistungsinstitute mit zum Teil weltumspannenden Filialnetzen und Finanzdienstleistungen kann eine effiziente wie auch effektive Steuerung der Wirtschaft allerdings keinesfalls mehr allein nationalstaatlich gelingen.[1] Auch die Rationalität des nationalen Steuerungsmodells der präregulierenden Gewährleistungsaufsicht kann daher letztlich nur insoweit von aufsichtsrelevanter Nachhaltigkeit sein, wie das nationale Aufsichtskonzept – den grenzüberschreitenden (Grund-)Freiheiten der Institute bzw. ihrer Finanzdienstleistungen folgend – zumindest auf europäischer Ebene[2] in eine möglichst konsistente Ordnung einer europaweiten Finanzaufsicht eingebettet ist.[3] Nicht zuletzt die krisenbedingten Verwerfungen auf dem

---

1 Siehe *Artopoeus*, Unternehmerische Freiheit, WM 1994, 1085 (1091), noch weit und *Holmquist*, Europäische Bankenaufsicht, ZfgK 2007, 371 (372), bereits kurz vor der Krise, sowie *Hopt*, Auf dem Weg zu einer neuen europäischen und internationalen Finanzmarktarchitektur, NZG 2009, 1401 (1402), nach der Krise.

2 Infolge des zwischen der EU und den damaligen EFTA-Staaten Finnland, Island, Liechtenstein, Norwegen, Österreich und Schweden geschlossenen Abkommens über den „Europäischen Wirtschaftsraum (EWR)", ABl. L 1 vom 3.1.1994, S. 3ff., dessen Dimension mit dem Beitritt Finnlands, Österreichs und Schwedens zur EU 1995 an Bedeutung verloren hat, gelten die Binnenmarktregeln nicht nur innerhalb der Europäischen Union, sondern auch innerhalb der Länder des darüber hinaus gehenden Europäischen Wirtschaftsraumes, da diese zumindest das Unionsrecht der Waren-, Personen-, Dienstleistungs- und Kapitalverkehrsfreiheiten übernommen haben.

3 Die über das Gebiet der *Europäischen Union* bzw. des *Europäischen Wirtschaftsraumes* hinausgehende Internationalisierung der Finanzdienstleistungs(absatz)märkte hat, so groß die tatsächlichen Herausforderungen der fortschreitenden Globalisierung sein mögen und sowohl unions- als auch nationalrechtlich angenommen sowie bewältigt werden müssen, zumindest zur Zeit noch keine unmittelbaren Konsequenzen für das europäische bzw. nationale Aufsichtsrecht. Wie der *Baseler Ausschuss für Bankenaufsicht* formuliert zwar auch die *International Association of Insurance Supervisors* (IAIS), in der Aufsichtsbehörden von mehr als hundert Staaten vereinigt sind, in zunehmendem Maße internationale Grundsätze und Standards einer wirksamen Aufsicht. Für sich genommen kommt diesen Grundsätzen wie auch den Leitlinien zur Koordinierung der praktischen Auslegung und Anwendung des Aufsichtsrechts keine unmittelbare

europäischen Binnenmarkt haben noch einmal deutlich gemacht, dass die Begrenzung sowohl der Betriebs- und Geschäftsrisiken der Banken und Versicherungen als auch (insbesondere) die Abwehr der Systemrisiken für das gesamte Finanzwesen eine einheitliche, effiziente und wirksame Aufsicht auch auf der Ebene der Europäischen Union erfordert.[4]

Obgleich mit der Errichtung des Europäischen Systems der Finanzaufsicht[5] bereits ein entsprechender Grundstein gelegt sein sollte,[6] ist die Diskussion über eine weitergehende Reform der Finanzdienstleistungsaufsicht im Europäischen Verwaltungsverbund nach wie vor in vollem Gange. Längst hat die Europäische Kommission dem Europäischen Parlament und dem Rat konkrete Vorschläge für einen einheitlichen Aufsichtsmechanismus[7] für Banken im Euroraum vorgelegt. Auf der Grundlage der neuen Eigenkapital- und Liquiditätsstandards nach dem Vorbild von Basel III[8] sollen die wesentlichen Aufgaben im Zusammenhang mit der Aufsicht über Kreditinstitute der Europäischen Zentralbank übertragen werden.[9] Die Hochzonung und Konzentration der Bankenaufsicht auf der Ebene

---

Bindungswirkung zu. Auch die Liberalisierungs- und Harmonisierungsbestimmungen des *General Agreement on Trade in Services* (GATS) der *World Trade Organisation* (WTO) stellen nur einen völkerrechtlichen Rahmen auf, der auf der Grundlage multilateraler Abkommen in vielen Bereichen ausfüllungsbedürftig und mithin nur mittelbar rechtsverbindlich ist. Ohnehin gehen jedoch die unions- wie auch nationalrechtlichen Liberalisierungs- und Harmonisierungsverpflichtungen bei Weitem über die Vorgaben auf völkerrechtlicher Ebene hinaus. Vgl. dazu *Hohlfeld*, Internationale Harmonisierung der Versicherungsaufsicht, in: Wandt/Reiff/Looschelders/Bayer (Hrsg.), Kontinuität und Wandel des Versicherungsrechts, Festschr. für Lorenz, S. 333 ff., *Winter*, Versicherungsaufsichtsrecht, S. 14 ff. m.w.Nachw. insbes. in Fn. 67 und 68.

4 So eine der wesentlichen Erkenntnisse der *High-Level Group on Financial Supervision in the EU* unter dem Vorsitz des früheren französischen Zentralbankchefs *Jacques de Larosière*, die infolge der Finanzkrise von der *Europäischen Kommission* beauftragt worden war, die damals bestehenden Vorschriften sowohl auf materieller als auch auf organisatorischer Ebene einer kritischen Überprüfung zu unterziehen. Vgl. zu dem Ergebnis *De-Larosière-Bericht*, Rn. 99.

5 Englisch: „European System of Financial Supervision (ESFS)".

6 Vgl. auch den Titel des Beitrags von *Baur/Boegl*, Die neue europäische Finanzmarktaufsicht – Der Grundstein ist gelegt, BKR 2011, 177.

7 Englisch: „Single Supervisory Mechanism (SSM)".

8 Vgl. den Vorschlag der *Europäischen Kommission* für eine Richtlinie des Europäischen Parlaments und des Rates über Einlagensicherungssysteme, KOM(2010)368/2.

9 Vorschlag der *Europäischen Kommission* für eine Verordnung zur Übertragung besonderer Aufgaben im Zusammenhang mit der Aufsicht über Kreditinstitute auf die Europäische Zentralbank vom 12. September 2012, KOM(2012) 511 endgültig.

der Europäischen Union gilt insoweit als weiterer Schritt hin zur Errichtung einer europäischen Bankenunion,[10] die ihrerseits als „wichtigster Baustein" für eine Stärkung der Wirtschafts- und Währungsunion angesehen wird.[11]

A. Grundsatz des dezentralen Vollzugskonzeptes des Europarechts

Ungeachtet der jeweiligen Detailvarianten ergeben sich die Möglichkeiten und Grenzen aller politischen Reformbemühungen auf europäischer Ebene aus dem supranationalen Konstrukt der Europäischen Union im Allgemeinen bzw. des europäischen Binnenraumes für Finanzdienstleistungen im Konkreten.

I. Das Prinzip der begrenzten Einzelermächtigung

Nach dem die supranationale Institution der Europäischen Union prägenden Prinzip der begrenzten Einzelermächtigung kann diese nur innerhalb der Zuständigkeiten hoheitlich tätig werden, die ihr die Mitgliedstaaten in den Verträgen zur Verwirklichung der darin niedergelegten Ziele übertragen haben.[12] Soweit der Europäischen Union keine ausschließliche Zuständigkeit eingeräumt worden ist,[13] verbleiben sowohl Regelung als auch bzw. insbesondere der Vollzug des (Wirtschafts-)Verwaltungsrechts nach dem die im Übrigen regelmäßig konkurrierenden bzw. geteilten Zuständigkeiten entflechtenden Prinzip der Subsidiarität[14] grundsätzlich in der separaten Zuständigkeit jedes einzelnen Mitgliedsstaates.[15] Dies

---

10 Mitteilung der *Europäischen Kommission* an das Europäische Parlament und den Rat vom 12. September 2012, KOM(2012) 510, S. 2.

11 Pressemitteilung der *Europäischen Kommission* vom 12. September 2012, IP/12/953.

12 Vgl. Art. 5 Abs. 1 S. 1 und Abs. 2 EUV.

13 Zu den nunmehr ausdrücklich aufgelisteten Bereichen der ausschließlichen Zuständigkeit der Europäischen Union siehe Art. 2 Abs. 1 und Art. 3 AEUV. Von besonderer Bedeutung ist in diesem Zusammenhang insbesondere die ausschließliche Zuständigkeit der Europäischen Union zur Festlegung der für das Funktionieren des Binnenmarktes erforderlichen Wettbewerbsregeln (Art. 3 Abs. 1 lit. b) AEUV) und im Bereich der Währungspolitik für die Mitgliedstaaten, deren Währung der Euro ist (Art. 3 Abs. 1 lit. c) AEUV).

14 Vgl. Art. 23 Abs. 1 S. 1 GG und Art. 5 Abs. 3 EUV.

15 Art. 291 Abs. 1 AEUV. Allgemein zum Vorrang des mitgliedsstaatlichen Vollzugs auch nach Inkrafttreten des AEUV siehe nur *Ruffert*, in: Callies/Ruffert (Hrsg.),

gilt im Ausgangspunkt auch (noch) für den Bereich der Aufsicht über Kredit-, Versicherungs- und andere Finanzdienstleistungsinstitute.[16]

II. Die binnenmarktrechtliche Pflicht zur gegenseitigen Anerkennung

Die mitgliedsstaatsspezifische Wahrnehmung der wirtschaftsverwaltungsrechtlichen (Aufsichts-)Kompetenzen darf freilich nicht dazu führen, dass ein mitgliedstaatliches Steuerungsprogramm dem europarechtlichen (Primär-)Ziel einer gemeinsamen Infrastruktur[17] des grenzenlosen Waren-[18], Personen-[19], Dienstleistungs-[20] und Kapitalverkehrs[21] entgegensteht. Mitgliedsstaatliche (Handels-) Hemmnisse sind dem grundsätzlichen Anwendungsvorrang der europäischen

---

Kommentar zum EUV/AEUV, Art. 197 AEUV Rn. 8, und *Schmidt-Aßmann*, Europäischer Verwaltungsverbund, in: Hoffmann-Riem/Schmidt-Aßmann/Voßkuhle (Hrsg.), Grundlagen des Verwaltungsrechts, § 5 Rn. 19 ff. – In Ausnahme zu dem grundsätzlich dezentralen Vollzugskonzept des Unionsrechts werden nur wenige Bereiche, wie insbesondere das Wettbewerbsrecht der Art. 101 ff. AEUV von der Europäischen Union selbst im so genannten direkten Vollzug des Europäischen Eigenverwaltungsrechts verwaltet. Im Regelfall verbleibt es hingegen beim indirekten Vollzug des Unions(-verwaltungs)rechts durch die mitgliedsstaatlichen Verwaltungsbehörden, sei es unmittelbar beispielsweise auf der Grundlage von Verordnungen oder aber insbesondere mittelbar nach Umsetzung unionsrechtlicher Richtlinienvorgaben in mitgliedsstaatliches (Verwaltungs-)Recht. Zur grundsätzlichen Gliederung des europäischen Verwaltungsrechts nach dem so genannten „Trennungsprinzip" vgl. statt vieler *Schwarze*, Europäisches Verwaltungsrecht, S. CII ff., sowie ausführlich zu den Grundformen des Europäischen Verwaltungsrechts *v. Danwitz*, Europäisches Verwaltungsrecht, S. 315 ff. [Eigenverwaltungsrecht] und 467 ff. [Gemeinschaftsverwaltungsrecht], bzw. im Überblick *Ruffert*, in: Callies/Ruffert (Hrsg.), Kommentar zum EUV/AEUV, Art. 197 AEUV Rn. 10 ff.

16 Nach Art. 4 Abs. 2 lit. a) AEUV erstreckt sich die von der Europäischen Union mit den Mitgliedsstaaten geteilte Zuständigkeit auf den Binnenmarkt. Zu diesem zählt auch das Finanzaufsichtsrecht.

17 Vgl. zu dem Ziel des Binnenmarktes als als (Wirtschafts-)Raum ohne Binnengrenzen Art, 3 Abs. 3 EUV i.V.m. Art. 26 Abs. 2 AEUV.

18 Warenverkehrsfreiheit gemäß Art. 28 ff., 34 ff. AEUV.

19 Arbeitnehmerfreizügigkeit gemäß Art. 45 ff. AEUV sowie Niederlassungsfreiheit gemäß Art. 49 ff. AEUV.

20 Dienstleistungsfreiheit gemäß Art. 56 ff. AEUV.

21 Kapitalverkehrsfreiheit gemäß Art. 63 ff. AEUV.

Binnenmarktfreiheiten entsprechend abzubauen.[22] Mitgliedsstaatliche Grundfreiheitsbeschränkungen bzw. -diskriminierungen können zwar aus Gründen des Allgemeinwohls gerechtfertigt sein. Die dabei zu wahrende Verhältnismäßigkeit verpflichtet aber einen jeden Mitgliedsstaat zumindest zur gegenseitigen Anerkennung gleichwertiger Schutzvorkehrungen wie beispielsweise Maßnahmen zur Sicherstellung eines funktionsfähigen und stabilen Finanzwesens, die in Bezug auf ein grenzüberschreitendes Institut bzw. dessen grenzüberschreitende Finanzdienstleistung[23] bereits in einem anderen Mitgliedsstaat getroffen worden sind.[24]

III. Das Prinzip der Mindestharmonisierung

Die gegenseitige Anerkennung mitgliedsstaatlicher Schutzvorkehrungen kann dabei – gerade in einem solch vertrauenssensiblen Bereich wie der Aufsicht über grenzüberschreitend tätige Banken, Versicherungen und andere Finanzdienstleistungsinstitute[25] – nur soweit reichen, wie eine unionsweite Harmonisierung zwingender Aufsichtserfordernisse die funktionale Gleichwertigkeit der mitgliedsstaatlichen Schutzvorkehrungen grenzüberschreitend sicherstellt.[26] Andersherum

---

22 Vgl. zur Entwicklung sämtlicher Grundfreiheiten des primären Unionsrechts von besonderen Diskriminierungs- zu allgemeinen Beschränkungsverboten *EuGH*, Rs. 8/74, Dassonville, Slg. 1974, 837, Rs. 33/74, Van Binsbergen, Slg. 1974, 1299, Rs. 120/78, Cassis de Dijon, Slg. 1979, 649, Rs. C-267/91 und C-268/91, Keck und Mithouard, Slg. 1993, I-6097, Rs. C-55/94, Gebhard, Slg. 1995, I-4165, Rs. C-442/02, Caixa-Bank, Slg. 2004, I-8961.

23 Zum Vorrang der Dienstleistungs- sowie ggf. der Niederlassungsfreiheit gegenüber der Kapitalverkehrsfreiheit zumindest im Bereich des grenzüberschreitenden Bankgeschäftes vgl. *EuGH*, Rs. C-452/04, Fidium Finanz AG, EuZW 2006, 689 (491).

24 Grundlegend *EuGH*, Rs. 120/78, Cassis de Dijon, Slg. 1979, 649. Vgl. dazu auch die Mitteilung der *Kommission*, Praktische Anwendung des Prinzips der gegenseitigen Anerkennung, ABl. 2003, C 265/2, sowie *v. Danwitz*, Systemgedanken eines Rechts der Verwaltungskooperation, in: Schmidt-Aßmann/Hoffmann-Riem (Hrsg.), Strukturen des Europäischen Verwaltungsrechts, 171 (179 ff.).

25 Erinnert sei ein weiteres Mal an die volkswirtschaftlich bedeutende Aufgabe als so genannte „Finanzintermediäre". Siehe dazu bereits obige Ausführungen in Teil 3 unter A.III.3.b).

26 Vgl. *EuGH*, Rs. C-222/95, Parodi, Slg. 1997, I-3899, Rn. 22 ff. – Siehe auch Erwägungsgrund 1 der Richtlinie 2010/78/EU des Europäischen Parlaments und des Rats vom 24. November 2010 zur Änderung der Richtlinien 98/26/EG, 2002/87/EG, 2003/6/EG, 2003/41/EG, 2003/71/EG, 2004/39/EG, 2004/109/EG, 2005/60/EG, 2006/48/EG, 2006/49/EG und 2009/65/EG im Hinblick auf die Befugnisse der

kann eine Harmonisierung ihrerseits den europa- wie auch nationalrechtlichen Vorgaben des Subsidiaritäts- und Verhältnismäßigkeitsprinzips entsprechend[27] grundsätzlich nur soweit gehen, wie es zur gegenseitigen Anerkennung der mitgliedsstaatlichen Aufsichtssysteme notwendig aber auch ausreichend ist.[28]

Während die europarechtlichen Richtlinien zu Basel III und Solvency II noch ausdrücklich auf dieses Prinzip der Mindestharmonisierung Bezug nehmen,[29] führt der Vorschlag für eine Verordnung über die aufsichtsrechtlichen Anforderungen an Kreditinstitute und Wertpapierfirmen ausdrücklich die Notwendigkeit

---

Europäischen Aufsichtsbehörde (Europäische Bankenaufsichtsbehörde), der Europäischen Aufsichtsbehörde (Europäische Aufsichtsbehörde für das Versicherungswesen und die betriebliche Altersversorgung) und der Europäischen Aufsichtsbehörde (Europäische Wertpapier-und Marktaufsichtsbehörde), ABl. EU vom 15.12.2010, L 331/120 (Omnibusrichtlinie I), sowie Erwägungsgrund 3 des Vorschlags der Europäischen Kommission für eine Richtlinie des Europäischen Parlaments und des Rates zur Änderung der Richtlinien 2003/71/EG und 2009/138/EG im Hinblick auf die Befugnisse der Europäischen Aufsichtsbehörde für das Versicherungswesen und die betriebliche Altersversorgung und der Europäischen Wertpapieraufsichtsbehörde vom 19. Januar 2011, KOM(2011) 8 endgültig (Omnibusrichtlinie II).

27 Rechtsakte der Unionsorgane werden kompetenziell sowohl europa- als auch nationalrechtlich an den Grundsätzen der Subsidiarität und Verhältnismäßigkeit nach Art. 5 Abs. 3 und 4 EUV einerseits und Art. 23 Abs. 1 S. 1 und 20 Abs. 3 GG andererseits überprüft.

28 Vgl. für den Bereich der Bankenaufsicht Erwägungsgrund 7 bzw. 4 der neu gefassten Banken- und Kapitaladäquanzrichtlinien 2006/48/EG und 2006/49/EG des Europäischen Parlaments und des Rates vom 14. Juni 2006 über die Aufnahme und Ausübung der Tätigkeit der Kreditinstitute bzw. über die angemessene Eigenkapitalausstattung von Wertpapierfirmen und Kreditinstituten, ABl. EU Nr. L 177 vom 30. Juni 2006, S. 1 bzw. 201. Vgl. insoweit auch Erwägungsgrund 15 der Richtlinie 2013/36/EU über die Beaufsichtigung von Kreditinstituten und Wertpapierfirmen. Für den Bereich der Versicherungsaufsicht siehe Erwägungsgrund 5 der Dritten Richtlinie Schadensversicherung 1992/49/EWG des Rates vom 18. Juni 1992 zur Koordinierung der Rechts- und Verwaltungsvorschriften der Direktversicherung (mit Ausnahme der Lebensversicherung) sowie zur Änderung der Richtlinien 73/239/EWG und 88/257/EWG (Dritte Richtlinie Schadensversicherung), ABl. EG Nr. L 228 vom 11. August 1992, S. 2, und Erwägungsgrund 7 der Gesamtrichtlinie Lebensversicherung 2002/83/EG des Europäischen Parlaments und des Rates vom 5. November 2002, ABl. EG Nr. L 345 vom 19. Dezember 2002, S. 2, bzw. zusammengefasst in Erwägungsgründen 2 und 11 der Richtlinie 2009/138/EG zu Solvabilität II.

29 Vgl. Erwägungsgrunde 2 und 11 der Richtlinie 2009/138/EG zu Solvabilität II und Erwägungsgrund 15 der Richtlinie 2013/36/EU über die Beaufsichtigung von Kreditinstituten und Wertpapierfirmen.

der Etablierung eines einheitlichen bzw. einzigen Regelwerkes[30] innerhalb des europäischen Binnenmarktes als Rechtfertigung für eine Vollharmonisierung in diesem Bereich an.[31] Aber auch schon mit der Umsetzung der vorgenannten Richtlinienvorgaben wird sich das europäische Finanzaufsichtsrecht zu einem Detaillierungsgrad verdichtet haben, der an das Ausmaß einer Vollharmonisierung heranreicht.[32] Die finanzaufsichtsrechtliche Harmonisierungstiefe zielt dabei nicht nur auf eine Vereinheitlichung der aufsichtsrechtlichen Regelungen und Instrumente, sondern auch auf eine Konvergenz der Aufsichtspraktiken in den einzelnen Mitgliedsstaaten.[33]

---

30 Englisch: „Single Rule Book".

31 Siehe die Begründung zu dem Vorschlag der *Europäischen Kommission* für eine Verordnung des Europäischen Parlaments und des Rates über die aufsichtsrechtlichen Anforderungen an Kreditinstitute und Wertpapierfirmen, KOM(2011) endgültig 452, S. 10 und 12.

32 So explizit für den Bereich der Versicherungsaufsicht *Dreher/Lange*, Vollharmonisierung der Versicherungsaufsicht durch Solvency II, VersR 2011, 825 (830), wie auch *Lüttringhaus*, Solvency II, EuZW 2011, 822, *Wandt/Sehrbrock*, Solvency II – Rechtsrahmen und Rechtsetzung, in: Dreher/Wandt (Hrsg.), Solvency II in der Rechtsanwendung, 1 (4 f.). – Zur damit verbundenen Einschränkung der im Rahmen der Mindestharmonisierung mit dem europarechtlichen Ziel eines mitgliedsstaatlichen Wettbewerbs der Aufsichtssysteme prinzipiell zu erhaltenden Eigenständigkeit der nationalen Rechtssysteme vgl. *Ohler*, Europäisches Bankenaufsichtsrecht, in: Derleder/Knops/Bamberger (Hrsg.), HBkR, § 76 Rn. 11. Zum Wettbewerb der mitgliedsstaatlichen Rechtssysteme als Ressource einer effizienten Fortentwicklung auch des Europarechts vgl. *Winter*, Versicherungsaufsichtsrecht, S. 24, sowie insbes. S. 40 f. Unter Berücksichtigung der erheblichen Unterschiede insbesondere unter den jeweiligen Banken- aber auch sektorübergreifenden Aufsichtssystemen der einzelnen Mitgliedsstaaten sowie in der Erkenntnis einer zunehmenden Bedeutung des Subsidiaritätsprinzips rückte die *Kommission* noch in ihrem Weißbuch zur Vollendung des Binnenmarktes vom 14 Juni 1985, KOM(85) 310 endgültig, Rz. 102 ff., von ihren zuvor verfolgten Zielen einer Maximalharmonisierung zumindest des Bankenaufsichtsrechts sowie der Errichtung einer zentralisierten Aufsichtsinstanz [vgl. insoweit noch *Kommission*, Der Aufbau eines Europäischen Kapitalmarktes, (Segré Bericht), Brüssel 1966, S. 15 (zitiert nach: *Boos/Stein*, Finanzmarktintegration und Aufsichtskonvergenz in der EU, ZfgK 2006, 325 (325 Fn. 5)] vorerst ab.

33 So ausdrücklich Erwägungsgrund 40 der Richtlinie 2009/138/EG zu Solvabilität II, sowie Erwägungsgründe 6 und 28 der Richtlinie 2013/36/EU über die Beaufsichtigung von Kreditinstituten und Wertpapierfirmen bzw. Erwägungsgrund 124 der Verordnung (EU) 575/2013 über die Aufsichtsanforderungen an Kreditinstitute und Wertpapierfirmen.

IV. Das Prinzip der Herkunftslandkontrolle

Stellt man an die Pläne der Europäischen Kommission, die wesentlichen Befugnisse der Bankenaufsicht der Europäischen Zentralbank zu übertragen, zunächst einmal noch hinten an,[34] folgt in dem Umfang der unionsrechtlichen (Mindest- bzw. Maximal-)Harmonisierung innerhalb des grundsätzlich dezentralen Vollzugskonzeptes des Europarechts auf das binnenmarktrechtliche Anerkennungsprinzip einer sitzlandbehördlichen Erlaubnis eigentlich systemkonsequent die Einführung der so genannten „Herkunftslandkontrolle" nach.[35] Auf der Grundlage europarechtlicher (Harmonisierungs-)Vorgaben erstreckt sich nicht nur der Geltungsanspruch einer durch die Herkunfts- bzw. Sitzlandbehörde erteilten Erlaubnis im Falle der grenzüberschreitenden Ausübung des Niederlassungs- oder Dienstleistungsgeschäfts auf das gesamte Gebiet der Europäischen Union bzw. des Europäischen Wirtschaftsraumes, ohne dass es eines administrativen Aktes der besonderen Annerkennung auf Seiten des jeweiligen Tätigkeitslandes bedürfte.[36] Auch die sich anschließende Finanzaufsicht über die grenzüberschreitende Ausübung und Beendigung der Geschäftstätigkeit eines Kredit-, Versicherungs- oder anderen Finanzdienstleistungsinstituts wird grundsätzlich allein durch den Mitgliedsstaat ausgeübt, in dem das ansässige Institut zum (europaweiten Binnen-)Markt zugelassen worden ist.

B. Horizontale Kooperation der mitgliedsstaatlichen Aufsichtsbehörden

Solange die unionsweite Finanzaufsicht noch auf dem dezentralen Vollzugskonzept des Europarechts basiert, stößt die dem systemkonsequenten Prinzip der

---

34 Vgl. dazu ausführlicher nachfolgend die Ausführungen unter C.III.2.

35 *Winkelmüller*, Verwaltungskooperation bei der Wirtschaftaufsicht im EG-Binnenmarkt, S. 21, *Zens*, Die Zusammenarbeit der Versicherungsaufsichtsbehörden in der Europäischen Gemeinschaft, S. 78. Ähnlich *Groß*, Administrative Föderalisierung der EG, JZ 1994, 596 (597).

36 Vgl. § 24a KWG und §§ 6 Abs. 1 S. 2, 13a ff. VAG sowie deren gemeinschaftsrechtliche Richtlinienvorgaben in Art. 16 S. 1 Bankenrichtlinie 2006/48/EG bzw. Art. 6 Abs. 3 Richtlinie 2004/39/EG (MIFID) und Art. 7 Abs. 1 S. 1 Erste Richtlinie Schadensversicherung i.d.F. von Art. 7 Dritte Richtlinie Schadensversicherung sowie Art. 5 Abs. 1 S. 1 Gesamtrichtlinie Lebensversicherung bzw. konsolidiert in Art. 15 Abs. 1 S. 1 des Richtlinienvorschlags zu Solvency II. Über die §§ 110a VAG und 53b KWG finden die Betriebszulassungen der jeweiligen Institutionen anderer Vertragsstaaten Anerkennung.

Herkunftslandkontrolle zugrunde liegende Idee einer einzigen (nationalen) Aufsicht über die europaweite Tätigkeit eines Kredit-, Versicherungs- oder anderen Finanzdienstleistungsinstituts notwendigerweise an die territorialen Grenzen der nationalstaatlichen Hoheitsgewalt. Die Souveränitätsgrenzen nationaler Gebietshoheit einerseits zu überwinden und die Souveränitätsgrenzen europarechtlicher Supranationalität andererseits zu bewahren, ist folglich die originäre Aufgabe des zwischen unionalem und nationalem Recht austarierten Rahmens einer europaweiten Finanzaufsicht.[37] Notwendige Grundlage derselben ist sicherlich eine horizontale Kooperation zwischen den mitgliedsstaatlichen Aufsichtsbehörden, die an dem grenzüberschreitenden Sachverhalt beteiligt sind.[38] Dieses Zusammenwirken variiert je nach Stadium der Aufnahme (I.), Ausübung (II.) und Beendigung (III.) des grenzüberschreitenden Niederlassungs- oder Dienstleistungsgeschäftes in Abhängigkeit von dem damit jeweils verbundenen Ausmaß bzw. Erfordernis grenzüberschreitender Hoheitsgewalt.

I. Die Aufnahmeaufsicht über die Anmeldung des grenzüberschreitenden Niederlassungs- bzw. Dienstleistungsgeschäfts

Weder ein Kredit- bzw. Finanzdienstleistungsinstitut[39] noch ein Versicherungsunternehmen mit Sitz in einem anderen Staat des Europäischen Wirtschaftsraumes bedarf einer (weiteren) Erlaubnis der tätigkeitsstaatlichen Aufsichtsbehörde, um in diesem Mitgliedstaat über eine Zweigniederlassung oder im Wege des grenzüberschreitenden Dienstleistungsverkehrs (europa-)rechtlich näher konkretisierte Bank-, Versicherungs- oder andere Finanzdienstleistungsgeschäfte erbringen

---

37 So schon *Zens*, Zusammenarbeit der Versicherungsaufsichtsbehörden in der Europäischen Gemeinschaft, S. 79.

38 Siehe in diesem Zusammenhang auch allgemein *Schmidt-Aßmann*, Der Europäische Verwaltungsverbund, in: Schmidt-Aßmann/Schöndorf-Haubold (Hrsg.), Der Europäische Verwaltungsverbund, 1 (2).

39 Zur unterschiedlichen Verwendung der Begrifflichkeiten des Kredit- bzw. Finanzdienstleistungsinstituts im nationalen bzw. europarechtlichen Aufsichtsrecht siehe *Schäfer*, in: Boos/Fischer/Schulte-Mattler (Hrsg.), Kommentar zum KWG, § 1 Rn. 10, *Kolassa*, Bankenbegriff und Marktzugang, in: Schimansky/Bunte/Lwowski (Hrsg.), Bankrechts-Handbuch, § 136 Rn. 1 ff. Da die begriffliche Differenzierung in der vorliegenden Analyse keine Rolle spielt, wird aus Gründen der Übersichtlichkeit auch im Folgenden an nationalrechtlichen Begrifflichkeiten festgehalten.

zu dürfen; vorausgesetzt, das jeweilige Unternehmen ist von den zuständigen Stellen des Herkunftsstaates bereits zugelassen worden, die grenzüberschreitenden Geschäfte sind durch die Zulassung gedeckt und das Unternehmen wird den Vorgaben der europarechtlichen Richtlinien und (zukünftigen) Verordnungen entsprechend fortlaufend beaufsichtigt.[40] Um den Grundsatz einer gegenseitig anzuerkennenden Heimatlandkontrolle im Stadium der Aufnahme des grenzüberschreitenden Niederlassungs- oder Dienstleistungsgeschäfts sowohl rechtlich etablieren als auch tatsächlich praktizieren zu können, sind die objektiven und subjektiven Zulassungsvoraussetzzungen, wie insbesondere die finanzielle Ausstattung und organisatorische Struktur der Institute sowie die persönliche Eignung und Zuverlässigkeit der Geschäftsleiter und Inhaber bedeutender Beteiligungen europarechtlich in Form eines einheitlichen und standardisierten Zulassungsverfahrens harmonisiert worden.[41]

---

40 Vgl. die kreditwesengesetzliche Regelung des Zugangs ausländischer, im Europäischen Wirtschaftsraum ansässiger und zugelassener Institute zum deutschen Markt in § 53b Abs. 1 S. 1 KWG bzw. dessen versicherungsaufsichtsgesetzliche Parallelvorschrift des § 110a Abs. 1 VAG.

41 Die Ersten Richtlinien beschränkten sich sowohl im Bereich der Banken- als auch der Versicherungsaufsicht noch darauf, die Aufnahme- und Ausübungsbedingungen für die jeweiligen grenzüberschreitenden Niederlassungen im Sinne der Inländergleichbehandlung zu koordinieren [Vgl. Erste Richtlinie 77/780/EWG vom 12. Dezember 1977 zur Koordinierung der Rechts- und Verwaltungsvorschriften betreffend die Aufnahme und Ausübung der Tätigkeit der Kreditinstitute, ABl. EG vom 17.12.1977 Nr. L 322, S. 20 ff., Erste Richtlinie 73/239/EWG vom 24. Juli 1973 zur Koordinierung der Rechts- und Verwaltungsvorschriften betreffend die Aufnahme und Ausübung der Tätigkeit der Direktversicherung (mit Ausnahme der Lebensversicherung), ABl. EG vom 16.8.1973 Nr. L 228, S. 3 ff., Erste Richtlinie 79/267/EWG vom 5. März 1979 zur Koordinierung der Rechts- und Verwaltungsvorschriften betreffend die Aufnahme und Ausübung der Direktversicherung (Lebensversicherung), ABl. EG vom 13.3.1979 Nr. L 63, S. 1]. Die sekundärrechtliche Konkretisierung der Dienstleistungsfreiheit erfolgte bankenaufsichtsrechtlich erst mit der Zweiten Richtlinie [Richtlinie 89/646/EWG des Rates zur Koordinierung der Rechts- und Verwaltungsvorschriften über die Aufnahme und Ausübung der Tätigkeit der Kreditinstitute und zur Änderung der Richtlinie 77/780/EWG vom 15. Dezember 1989, ABl. EG vom 30. Dezember 1989 Nr. L 386, S. 1 ff.] und versicherungsaufsichtsrechtlich umfassend sogar erst mit den Dritten Richtlinien [Richtlinie 1992/49/EWG des Rates vom 18. Juni 1992 zur Koordinierung der Rechts- und Verwaltungsvorschriften der Direktversicherung (mit Ausnahme der Lebensversicherung) sowie zur Änderung der Richtlinien 73/239/EWG und 88/257/EWG (Dritte Richtlinie Schadensversicherung), ABl. EG Nr. L 228 vom 11. August 1992, S. 2, Richtlinie 92/96/EWG des Rates vom

1. Grenzüberschreitende Wirkung mitgliedsstaatlicher Binnenmarktzulassung

Die europarechtliche (Mindest-)Harmonisierung der Entscheidungsmaßstäbe und -strukturen[42] ist bereits ein wesentlicher Bestandteil des Mechanismus, der die grenzüberschreitende Wirkung einer durch die Herkunftslandbehörde erteilten Erlaubnis[43] als Hoheitsakt dieses Mitgliedsstaates auf dem Gebiet eines (jeden) anderen Mitgliedsstaates der Europäischen Union bzw. des Europäischen Wirtschaftsraumes auch sachlich legitimiert.[44] Den europarechtlich zugrundeliegenden Prinzipien der (Mindest- bzw. Voll-)Harmonisierung, gegenseitigen Anerkennung

---

10. November 1992 zur Koordinierung der Rechts- und Verwaltungsvorschriften für die Direktversicherung (Lebensversicherung) sowie zur Änderung der Richtlinien 79/267/EWG und 90/619/EWG (Dritte Richtlinie Lebensversicherung), ABl. EG vom 9.12.1992, Nr. L 360, S. 1 ff.]. Vgl. dazu ausführlich *Schnyder*, Europäisches Banken- und Versicherungsrecht, § 4 Rn. 85 ff. und 90 ff.

42 Art. 6 ff. Bankenrichtlinie 2006/48/EG bzw. Art. 8 ff. der Richtlinie 2013/36/EU über die Beaufsichtigung von Kreditinstituten und Wertpapierfirmen und Art. 6 ff. Erste Richtlinie 73/239/EWG i.d.F. der Art. 4 ff. Dritte Richtlinie Schadensversicherung 92/49/EWG sowie Art. 4 ff. Gesamtrichtlinie Lebensversicherung 2002/83/EG bzw. konsolidiert in Art. 14 ff. Richtlinie 2009/138/EG zu Solvabilität II.

43 Zum so genannten „Single-Licence-Prinzip" des Europäischen Passes siehe § 24a KWG und §§ 6 Abs. 1 S. 2, 13a ff. VAG, sowie deren europarechtliche Richtlinienvorgaben in Art. 23 Bankenrichtlinie 2006/48/EG bzw. Art. 33 der Richtlinie 2013/36/EU über die Beaufsichtigung von Kreditinstituten und Wertpapierfirmen und Art. 7 Abs. 1 S. 1 Erste Richtlinie 73/239/EWG i.d.F. von Art. 5 Dritte Richtlinie Schadensversicherung 92/49/EWG sowie Art. 5 Abs. 1 S. 1 Gesamtrichtlinie Lebensversicherung 2002/83/EG bzw. konsolidiert in Art. 15 Abs. 1 S. 1 der Richtlinie 2009/138/EG zu Solvabilität II. – Eine gewisse Durchbrechung erfährt das Prinzip der europaweiten Zulassung durch die Pflicht der Banken und Versicherungen, die Aufnahme ihrer Tätigkeit in einem anderen Staat der EU bzw. des EWR im Wege der Niederlassungs- bzw. Dienstleistungsfreiheit anzuzeigen [§§ 13b Abs. 1 S. 1, 13c Abs.1 S. 1 VAG, § 24a Abs. 1 S. 1, Abs. 2 S. 1 KWG]. Über die §§ 110a VAG und 53b KWG finden die Betriebszulassungen der jeweiligen Institutionen anderer Vertragsstaaten Anerkennung.

44 Zur bedeutenden Legitimationswirkung von transnationalem Verwaltungshandeln durch Einhaltung von europarechtlich vorgegebenen Verfahrensstrukturen siehe auch *Schmidt-Aßmann*, Deutsches und Europäisches Verwaltungsrecht, DVBl. 1993, 924 (935 f.), *Sydow*, Verwaltungskooperation in der Europäischen Union, S. 242 ff., und *v. Danwitz*, Europäisches Verwaltungsrecht, S. 637, jeweils m.w.Nachw. Zum „überwirkenden Geltungsanspruch" transnationaler Verwaltungsakte als Phänomen der Europäisierung des Verwaltungsrechts allgemein siehe *Becker*, Der transnationale

und Herkunftslandkontrolle mitgliedsstaatlicher Aufsichtsvorschriften folgend erstreckt sich der Geltungsanspruch einer solchen, durch die Sitzlandbehörde erteilten Erlaubnis im Falle des grenzüberschreitenden Betriebs des Niederlassungs- oder Dienstleistungsgeschäfts ohne einen administrativen Akt der besonderen Anerkennung auf das Hoheitsgebiet jedes anderen Tätigkeitslandes, soweit dieses der Europäischen Union bzw. dem Europäischen Wirtschaftsraum zugehört.

Zwar eröffnet auch das Grundgesetz in den Art. 23 und 24 die Möglichkeit, zur Überwindung der verfassungsrechtlichen Grenzen ausschließlicher Gebietshoheit der Bundesrepublik Hoheitsrechte institutionell auf über- bzw. zwischenstaatliche Einrichtungen wie die Europäische Union zu übertragen.[45] Vom Wortlaut beider Vorschriften ist allerdings die Übertragung von Hoheitsrechten auf andere Staaten (der gleichen Ebene) gerade nicht erfasst. Anders als diese erfolgt die Hoheitsrechtsübertragung auf zwischenstaatliche Einrichtungen nicht im Wege eines ein-, sondern eines wechselseitigen Souveränitätsverzichts der beteiligten Mitgliedsstaaten, deren Organe darüber hinaus an dem Willensbildungsprozess der Einrichtung sowie der darauf basierenden Ausübung der übertragenen Hoheitsgewalt wiederum gleichberechtigt beteiligt sind.[46]

Obschon die dem europaweiten Zulassungsregime zugrunde liegenden Richtlinienvorgaben, die die Verwaltungs- bzw. Entscheidungskompetenzen auf die zuständigen Stellen des Herkunftsmitgliedsstaates konzentrieren, Ergebnis dieser verfassungsgemäßen Hoheitsübertragung sind, können sie nicht als Legitimationsmittler für ein grenzüberschreitendes Verwaltungshandeln mitgliedsstaatlicher Behörden dienen.[47] Im Unterschied zum Erlass ist der Vollzug des Europarechts grundsätzlich nicht von der mitgliedsstaatlichen Einzelaktermächtigung der Unionsorgane umfasst, so dass auch der Vollzug der finanzaufsichtsrechtlichen Richtlinien- wie auch Verordnungsvorgaben trotz ihrer europarechtlichen

---

Verwaltungsakt, DVBl. 2001, 855 ff., *Ruffert*, Der transnationale Verwaltungsakt, Die Verwaltung 34 (2001), 453 ff.

45 Zum Verfahren der Übertragung von Hoheitsrechten auf über- bzw. zwischenstaatliche Einrichtungen insbesondere nach Art. 23 GG aber auch nach Art. 24 GG siehe statt vieler *Schweitzer*, Staatsrecht III, Rn. 54 ff.

46 Dennoch spricht sich bspw. *Ruffert*, Der transnationale Verwaltungsakt, Die Verwaltung 34 (2001), 453 (481), für eine Einbeziehung institutionalisierter Kooperationsformen im Vorfeld der Supranationalität bzw. deren Verdichtung zu internationalen Organisationen in den Begriff der zwischenstaatlichen Einrichtung i.S.d. Art. 24 Abs. 1 GG aus. – Zum diesem Konstrukt der Supranationalität vgl. ausführlich *Streinz*, Europarecht, Rn. 126 ff.

47 So wohl aber *Schlag*, Grenzüberschreitende Verwaltungsbefugnisse, S. 178 ff, 185.

Direktionskraft jedenfalls grundsätzlich in die eigenständige Verwaltungshoheit der Mitgliedsstaaten fällt.[48] Demnach ist die europarechtliche, über die Verfahrensharmonisierung hinaus gehende transnationale Geltungsanordnung nationaler Verwaltungsentscheidungen[49] zumeist von rein deklaratorischer Wirkung;[50] konstitutiv und damit das völker- wie auch verfassungsrechtliche Territorialprinzip des staatlichen Souveränitätsvorbehalts[51] überwindend wirkt grundsätzlich erst die parlamentsgesetzliche Anerkennungsklausel in den betroffenen Mitgliedsstaaten.[52] Da sowohl das Kreditwesen- als auch das Versicherungsaufsichtsgesetz die Erlaubnis mitgliedsstaatlicher Herkunftslandsbehörden den unionsrechtlichen Vorgaben entsprechend anerkennt,[53] erfahren diese in jedem Fall eine der von der Bundesanstalt erteilten Betriebserlaubnis gesetzlich gleichgestellte Legitimation.

2. Anmeldungs- bzw. Notifizierungsverfahren

Obwohl die Erlaubnis der mitgliedsstaatlichen Herkunftslandbehörde zum Geschäftsbetrieb mithin grundsätzlich ohne ein weiteres Verfahren bzw. einen entsprechenden Einzelakt der Anerkennung des jeweiligen Tätigkeitslandes

---

48 Zum grundsätzlich dezentralen Vollzugskonzept des Unionsrechts siehe bereits obige Ausführungen zur Einleitung von A.

49 Den Begriff des „transnationalen Verwaltungsaktes" hat *Schmidt-Aßmann*, Deutsches und Europäisches Verwaltungsrecht, DVBl. 1993, 924 (935 f.), geprägt. Siehe dazu aber auch *Becker*, Der transnationale Verwaltungsakt, DVBl. 2001, 855 ff., sowie im Kontext der Handlungsformenlehre *Ruffert*, Der transnationale Verwaltungsakt, Die Verwaltung 34 (2001), 453 ff.

50 Ein Unterschied wird zum Teil zwischen unmittelbar geltenden Verordnungen und (nur) mittelbar geltenden Richtlinien gemacht. So bspw. *Engel*, Die Verwaltung 25 (1992), 437 (453, 470 ff.).

51 Vgl. dazu statt vieler *Ohler*, Grenzüberschreitende Verwaltungszusammenarbeit, DVBl. 2002, 880 (882 ff.).

52 *Becker*, Der transnationale Verwaltungsakt, DVBl. 2001, 855 (862). Anders *Ruffert*, Der transnationale Verwaltungsakt, Die Verwaltung 34 (2001), 453 (479), sowie ausführlich zur normativen Grundlagen der transnationalen Wirkung nationaler Verwaltungsakte *Sydow*, Verwaltungskooperation in der Europäischen Union, S. 143 ff.

53 Vgl. §§ 53b KWG und 110a VAG sowie deren europarechtliche Richtlinienvorgaben in Art. 23 Bankenrichtlinie 2006/48/EG bzw. Art. 17 und 33 der Richtlinie 2013/36/EU über die Beaufsichtigung von Kreditinstituten und Wertpapierfirmen und Art. 7 Abs. 1 S. 1 Erste Richtlinie 73/239/EWG i.d.F. des Art. 5 Dritte Richtlinie Schadensversicherung 92/49/EWG und Art. 5 Abs. 1 Gesamtrichtlinie Lebensversicherung 2002/83/EG bzw. konsolidiert in Art. 15 Abs. 1 S. 1 Richtlinie 2009/138/EG zu Solvabilität II.

unionsweite Wirkung entfaltet, wird das Prinzip der europaweiten Zulassung insoweit durchbrochen, als ein jedes Kredit-, Versicherungs- und Finanzdienstleistungsinstitut von der erteilten (Binnenmarkt-)Zulassung grenzüberschreitend erst Gebrauch machen darf, sobald ein entsprechendes Anmeldungs- bzw. Notfizierungsverfahren durchgeführt worden ist.[54] Zu dessen Beginn hat ein jedes Institut der Herkunftslandbehörde grundsätzlich neben dem Mitgliedsstaat, in dem die Zweigniederlassung errichtet bzw. die Dienstleistung erbracht werden soll,[55] weitere Angaben über dessen Organisationsstruktur und Finanzlage sowie im Fall des grenzüberschreitenden Niederlassungsgeschäfts auch über die Personal- und Kontaktdaten der Zweigniederlassung zu machen.[56] Ergeben sich auf der Grundlage der von dem Institut mit der Anzeige eingereichten Unterlagen keine Bedenken gegenüber deren aufsichtsrechtlicher Angemessenheit,[57] übermittelt die Herkunftslandsbehörde die notifizierten Informationen den zuständigen Stellen

54 Zu der Ausnahme des „notifizierungsfreien" Korrespondenzdienstleistungsverkehrs sowie der damit verbundenen Problematik den Ort festzulegen, an dem die so genannte charakteristische Leistung erbracht wird, vgl. nur *Vahldiek*, in: Boos/Fischer/Schulte-Mattler (Hrsg.), Kommentar zum KWG, § 53b Rn. 41 ff., *Pohlmann*, in: Fahr/Kaulbach/Bähr/Pohlmann, Kommentar zum VAG, § 110a Rn. 7 f.

55 Vgl. § 24a Abs. 1 S. 2 Nr. 1, Abs. 3 S. 2 KWG bzw. §§ 13b Abs. 1 S. 1, 13c Abs. 1 S. 1 VAG.

56 Zu den spezifischen Angaben, die ein Kredit- bzw. Finanzdienstleistungsinstitut oder ein Versicherungsunternehmen bei Absicht der Aufnahme eines grenzüberschreitenden Dienstleistungsgeschäfts sowie darüber hinausgehend bei Absicht der Aufnahme des entsprechenden Niederlassungsgeschäfts zu machen hat, vgl. Art. 25 ff. Bankenrichtlinie 2006/48/EG bzw. Art. 35 und 39 der Richtlinie 2013/36/EU über die Beaufsichtigung von Kreditinstituten und Wertpapierfirmen einerseits und Art. 10 und 14 Erste Richtlinie i.d.F. der Art. 32 und 34 Dritte Richtlinie Schadensversicherung und Art. 40 ff. der Gesamtrichtlinie Leben sowie deren Zusammenfassung in Art. 145 und147 Richtlinie 2009/138/EG zu Solvabilität II andererseits. Innerstaatliche Umsetzung haben diese europarechtlichen Vorgaben in § 24a Abs. 1 S. 2 Nr. 2, 3 und 4, Abs. 3 S. 2 KWG und §§ § 13b Abs. 1 S. 2 Nr. 2, 3 und 4, 13c VAG gefunden.

57 Da eine Prüfung der Anmeldeunterlagen durch die Herkunftslandbehörde nach Vorgabe materieller Kriterien erfolgt, ist das Verfahren vor Aufnahme des Niederlassungs- oder Dienstleistungsgeschäfts mehr als ein bloßes „deklaratorisches Informationsverfahren". Vgl. dazu noch *Fahr*, in: Fahr/Kaulbach/Bähr, Kommentar zum VAG, § 110a Rn. 1 und 3 f., sowie wenn auch noch auf dem Rechtsstand der so genannten Dritten Richtliniengeneration *Zens*, Zusammenarbeit der Versicherungsaufsichtsbehörden in der EG, S. 90 m.w.Nachw.

des Aufnahmemitgliedsstaates.[58] Aufgrund der europarechtlichen Harmonisierung eines weitestgehend einheitlichen und damit standardisierten Zulassungsverfahrens besteht für die Tätigkeitslandbehörde keine Möglichkeit zum devolvierenden Einspruch gegen die herkunftslandbehördliche Binnenmarktzulassung, der eine verbindliche, an die Mitgliedsstaaten gerichtete Entscheidung auf Unionsebene zur Folge hätte. Die Überprüfung der (europaweiten) Zulassungskriterien obliegt damit im Endeffekt (noch) ausschließlich der jeweiligen Herkunftslandsbehörde.[59] Gleichwohl ist die konkrete Aufnahme des grenzüberschreitenden Niederlassungs- oder Dienstleistungsgeschäfts grundsätzlich erst im Anschluss an die Benachrichtigung der Tätigkeitslandbehörde zulässig.[60]

Da die Tätigkeitslandbehörde sogar häufig erst durch das Anmeldeverfahren die gesicherte Kenntnis von der Absicht einer grenzüberschreitenden Niederlassung oder Dienstleistung erlangt, bildet die (einseitige) Informationsübermittlung von der Herkunfts- an die Tätigkeitslandbehörde auch den Schwerpunkt der horizontalen Kooperation zwischen den mitgliedsstaatlichen Aufsichtsbehörden im Stadium der Aufnahme der grenzüberschreitenden Finanzgeschäfte.[61] Im Rahmen des die Schutzinteressen des Aufnahmestaates wahrenden

---

58 Im Fall des grenzüberschreitenden Niederlassungsgeschäfts beträgt die Prüfungsfrist bankaufsichtsrechtlich zwei, versicherungsaufsichtsrechtlich drei Monate (vgl. § 24a Abs. 2 S. 1 KWG bzw. § 13b Abs. 2 S. 1 VAG). Im Fall des grenzüberschreitenden Dienstleistungsgeschäfts beträgt die Prüfungsfrist hingegen einheitlich nur einen Monat (vgl. § 24a Abs. 3 S. 3 KWG bzw. § 13c Abs. 2 S. 1 VAG). Auch diese Differenzierung entspricht den europarechtlichen Richtlinienvorgaben.

59 Bei erheblichen Zweifeln an der Einhaltung der europarechtlichen Zulassungskriterien bleibt dem Aufnahmemitgliedsstaat allein der Weg des Vertragsverletzungsverfahrens gemäß Art. 259 AEUV.

60 Vgl. § 24a Abs. 2 S. 4 und Abs. 3 S. 4 KWG bzw. §§ 13b Abs. 3, 13c Abs. 3 VAG sowie die entsprechenden Vorschriften zur Reglung des Zugangs EWR-ausländischer Institute im grenzüberschreitenden Niederlassungs- bzw. Dienstleistungsverkehr § 53b Abs. 2 S. 2 KWG bzw. § 110a Abs. 2 S. 2 und Abs. 2a VAG.

61 *Zens*, Zusammenarbeit der Versicherungsaufsichtsbehörden in der EG, S. 267 f. – Davon unabhängig haben die zuständigen Behörden vor der Zulassung eines Kreditinstitutes einander zu konsultieren, wenn dieses eine Tochtergesellschaft eines in einem anderen Mitgliedsstaat zugelassenen Kreditinstituts bzw. Wertpapierunternehmens, eine Tochtergesellschaft der Muttergesellschaft eines in einem anderen Mitgliedsstaat zugelassenen Kreditinstituts bzw. Wertpapierunternehmens oder von den gleichen natürlichen oder juristischen Personen kontrolliert wird wie ein in einem anderen Mitgliedsstaat zugelassenes Kreditinstitut bzw. Wertpapierunternehmen. Vgl. Art. 16 der Richtlinie 2013/36/EU über die Beaufsichtigung von Kreditinstituten und Wertpapierfirmen.

Anmeldungs- bzw. Notifizierungsverfahrens kann die Tätigkeitslandbehörde aber auch ihrerseits der Herkunftslandsbehörde bereits die Bedingungen nennen, die für die Ausübung des Niederlassungs- oder auch des Dienstleistungsgeschäfts auf dem Gebiet des Tätigkeitslandes aus Gründen des Allgemeininteresses und damit in Ausnahme zum finanzaufsichtlichen Herkunftslandprinzip zu beachten sein werden.[62]

II. Die Ausübungsaufsicht über den Betrieb des grenzüberschreitenden Niederlassungs- bzw. Dienstleistungsgeschäfts

Insoweit markiert der wechselseitige Informationsaustausch zwischen Herkunfts- und Tätigkeitslandbehörde im Zeitpunkt der Aufnahme zugleich den Ausgangpunkt der nachfolgenden Aufsichtskooperation im Verlauf der Ausübung des grenzüberschreitenden Niederlassungs- bzw. Dienstleistungsgeschäfts.[63] Institute, deren herkunftsstaatliche Aufnahme- und auch Ausübungsbeaufsichtigung den europarechtlichen (Mindest-)Voraussetzungen

62 Während versicherungsaufsichtsrechtlich ausdrücklich in Art. 10 Abs. 4 Erste Richtlinie 73/239/EWG i.d.F. des Art. 32 Dritte Richtlinie Schadensversicherung 92/49/EWG und Art. 40 Abs. 4 Gesamtrichtlinie Lebensversicherung 2002/83/EG bzw. konsolidiert in Art. 146 Abs. 3 Richtlinie 2009/138/EG zu Solvabilität II die Möglichkeit sowie in deren Umsetzung in § 110a Abs. 2 S. 2 i.V.m. § 111a Abs. 1 S. 1 VAG die Pflicht der Aufnahmebehörde vorgesehen ist, die Herkunftslandbehörde innerhalb einer Frist von zwei Monaten über die Bedingungen zu informieren, die für die Ausübung der Tätigkeit im Mitgliedsstaat der Zweigniederlassung aus Gründen des Allgemeininteresses gelten werden, statuieren bankenaufsichtsrechtlich sowohl Art. 26 Abs. 1 Bankenrichtlinie 2006/48/EG bzw. Art. 36 Abs. 1 der Richtlinie 2013/36/EU über die Beaufsichtigung von Kreditinstituten und Wertpapierfirmen, als auch dessen Umsetzung in § 53 Abs. 2 S. 1 und Abs. 2a KWG lediglich eine entsprechende Informationspflicht der grenzüberschreitend tätigen Institute. Da jedoch die Geltung der im Allgemeininteresse erlassenen Tätigkeitslandvorschriften auch ungeachtet der jeweiligen Harmonisierungsvorgaben europarechtlich als Ausnahme zum Herkunftslandprinzip anerkannt ist, rechtfertigt ein entsprechendes Informationsbedürfnis der Herkunftslandbehörde auch kredit- bzw. finanzdienstleistungsinstitutsaufsichtsrechtlich einen direkte Mitteilung der Tätigkeitslandbehörde.

63 *Zens*, Zusammenarbeit der Versicherungsaufsichtsbehörden in der EG, S. 267 m.w.Nachw.

der gegenseitigen Anerkennung genügen,[64] werden finanzaufsichtsrechtlich auch in ihrer grenzüberschreitenden Geschäftstätigkeit weitestgehend von der jeweils zuständigen Behörde nach den entsprechenden Vorschriften des jeweiligen Herkunftsmitgliedsstaates beaufsichtigt[65] und kehrseitig – zur Vermeidung einer ineffektiven Doppelaufsicht – von der Aufsicht der zuständigen Behörde nach den geltenden Vorschriften des Tätigkeitslandes, wie insbesondere den Eigenkapitalanforderungen,[66] den versicherungsaufsichtsrechtlichen Anlagegrundsätzen[67] sowie den bereichsübergreifenden Organisationspflichten[68] freigestellt.[69] Um die exklusive Aufgabe der grenzüberschreitenden Finanzaufsicht auch tatsächlich erfüllen zu können, ist jedoch eine weitergehende Zusammenarbeit der nationalen Aufsichtsbehörden auch im Stadium der grenzüberschreitenden Ausübung des Niederlassungs- bzw. Dienstleistungsgeschäfts vorgesehen, die sowohl die jedenfalls erforderliche Beobachtung (1.) als auch die gegebenenfalls notwendige Berichtigung (2.) des grenzüberschreitend ausgeübten Geschäftsbetriebs umfasst.

---

64 Vgl. § 53b Abs. 1 S. 1 und 2 KWG und § 110a Abs. 1 VAG.

65 Art. 40 Abs. 1 Bankenrichtlinie 2006/48/EG bzw. Art. 49 Abs. 1 der Richtlinie 2013/36/EU über die Beaufsichtigung von Kreditinstituten und Wertpapierfirmen und Art. 13 Abs. 1 und 2 Erste Richtlinie i.d.F. des Art. 9 Dritte Richtlinie Schadensversicherung bzw. Art. 10 Abs.1 und 2 Gesamtrichtlinie Lebensversicherung sowie deren konsolidierende Überführung in Art. 30 Abs. 1 und 2 Richtlinie 2009/138/EG zu Solvabilität II.

66 § 10 KWG i.V.m der Solvabilitätsverordnung und § 53c VAG i.V.m. der Kapitalausstattungsverordnung.

67 § 54 VAG i.V.m. der Anlageverordnung. Von den (mindest-)harmonisierenden Richtlinien- bzw. Verordnungsvorgaben bisher ausgenommen, erstreckt sich die europaweite Finanzaufsicht der mitgliedsstaatlichen Herkunftslandbehörde allerdings (noch) nicht auf den kredit- bzw. finanzdienstleistungsinstitutsaufsichtsrechtlichen Bereich der ausreichenden Institutsliquidität. Deren (Gewährleistungs-)Aufsicht verbleibt bis zu einer schnellstmöglichen (Mindest-)Harmonisierung auf Unionsebene grundsätzlich in der Zuständigkeit des jeweiligen Aufnahmemitgliedsstaates, verbunden allerdings mit der besonderen Pflicht zur Zusammenarbeit mit der zuständigen Behörde des Herkunftsmitgliedsstaates sowie dem Erfordernis einer „vollständigen Koordinierung" der Aufsicht. Vgl. Art. 41 Abs. 1 Bankenrichtlinie 2006/48/EG bzw. Erwägungsgrund 76 und Art. 156 Abs. 1 der Richtlinie 2013/36/EU über die Beaufsichtigung von Kreditinstituten und Wertpapierfirmen.

68 § 25a KWG iV.m. den MaRisk BA und § 64a VAG i.V.m. MaRisk VA.

69 Vgl. dazu ausführlich *Vahldiek*, in: Boos/Fischer/Schulte-Mattler (Hrsg.), Kommentar zum KWG, § 53b Rn. 27 ff. und insbes. zu den anwendbaren Vorschriften des Tätigkeitslandes Rn. 87 ff.

1. Laufende Aufsicht

Da die für die Durchführung der Finanzaufsicht benötigten Kerndaten im Wesentlichen direkt vom Unternehmenssitz und nicht aus dem Tätigkeitsland des Zweigniederlassungs- oder Dienstleistungsgeschäfts angefordert werden (können bzw. müssen), stehen der Herkunftslandbehörde auf der Grundlage der sitzlandgesetzlichen Berichtspflichten und Auskunftsrechte ohnehin bereits die aufsichtserforderlichen Informationen auch über das jeweilige Auslandsgeschäft zur Verfügung.[70] Daneben hat dennoch auch die Tätigkeitsland- die Herkunftslandbehörde darüber zu informieren, wenn sie Grund zu der Annahme hat, dass die finanzielle Solidität des Unternehmens durch seine grenzüberschreitende Tätigkeit beeinträchtigt werden könnte.[71] Ohnehin sind die zuständigen Aufsichtsbehörden der betreffenden Mitgliedsstaaten im Allgemeinen dazu verpflichtet, einander im Rahmen der kooperativen Aufsicht über grenzüberschreitend tätige Finanzdienstleistungsinstitute sämtliche Informationen mitzuteilen, die für die Aufsicht über die Institute geeignet sind.[72]

Allerdings verlässt und beschränkt sich die Herkunftslandbehörde nicht auf die Prüfungen der ihr unmittelbar zur Verfügung stehenden bzw. gestellten

---

70 Vgl. Art. 145 ff. Bankenrichtlinie 2006/48/EG bzw. Art. 418 ff. des Vorschlags der *Europäischen Kommission* für eine Verordnung über die aufsichtsrechtlichen Vorschriften für Kreditinstitute und Wertpapierfirmen [KOM(2011) 452], Art. 19 Abs. 2 S. 1 Erste Richtlinie 73/239/EWG i.d.F. des Art. 11 Dritte Richtlinie Schadensversicherung 92/49/EWG, Art. 13 Abs. 2 S. 1 Gesamtrichtlinie Lebensversicherung 2002/83/EG sowie deren Konsolidierung in Art. 34 Abs. 3 S. 1 Richtlinie 2009/138/EG zu Solvabilität II. – Zu den institutionellen Berichtspflichten und behördlichen Auskunftsrechten im Rahmen des herkunftsstaatlichen Aufsichtsrechtsverhältnisses siehe auch bereits obige Ausführungen in TEIL 2 unter B.II.1.b)aa) und bb).

71 Obwohl auf Unionsebene versicherungsaufsichtsrechtlich aktuell allein in Art. 10 Abs. 1 S. 2 Gesamtrichtlinie Lebensversicherung 2002/83/EG vorgesehen, ist diese Warnpflicht in § 111b Abs. 3 VAG ohne Differenzierung zwischen Lebens- und Nichtlebensversicherung umgesetzt worden. Vgl. allerdings ebenso Art. 30 Abs. 3 S. 1 Richtlinie 2009/138/EG zu Solvabilität II. Bankenaufsichtsrechtlich sieht hingegen Art. 42 Bankenrichtlinie 2006/48/EG ebenso wie Art. 50 der Richtlinie 2013/36/EU über die Beaufsichtigung von Kreditinstituten und Wertpapierfirmen, eine Pflicht zur gegenseitigen Information nur in Verbindung mit der allgemeinen Kooperationspflicht vor, die innerstaatlich in § 8 Abs. 3 KWG umgesetzt worden ist.

72 Insbesondere in Bezug auf Liquidität, Solvenz, Einlagensicherheit und Begrenzung von Großkrediten sowie hinsichtlich Organisation von Verwaltung, Rechnungslegung und interne Kontrolle. Vgl. nur Art. 50 der Richtlinie 2013/36/EU über die Beaufsichtigung von Kreditinstituten und Wertpapierfirmen.

Geschäftsunterlagen, sondern verifiziert und ergänzt diese durch eigene Kontrollen in den Geschäftsräumen der Kredit-, Versicherungs- und anderen Finanzdienstleistungsinstitute.[73] Dabei ist die Herkunftslandbehörde befugt, entsprechende Prüfungen nicht nur am Unternehmenssitz bzw. anderen, in ihrem Hoheitsgebiet belegenen Filialen, sondern auch grenzüberschreitend und damit in Überwindung des völkerrechtlichen Territorialprinzips in den Zweigniederlassungen der von ihr zugelassenen Kredit- bzw. Finanzdienstleistungsinstitute und Versicherungsunternehmen durchzuführen.[74] Erforderlich, aber nach den jeweiligen Ermächtigungsgrundlagen auch ausreichend, ist zuvor allein die einseitige Unterrichtung der zuständigen Behörde des Aufnahmemitgliedsstaates.

Obgleich der Aufnahmestaat nach dem völker- wie auch verfassungsrechtlich aus der staatlichen Souveränität abzuleitenden Territorialprinzip[75] innerhalb der Grenzen seines Staatsgebiets grundsätzlich ausschließlich selbst befugt ist, Recht zu setzen und durchzusetzen, wird diese exklusive Zuständigkeit im Bereich der Finanzaufsicht also insoweit zurückgenommen, als unionsrechtlich vorrangig den Behörden des Herkunftsmitgliedsstaates die Zuständigkeit zugewiesen worden ist, auch auf dem Gebiet des Aufnahmestaates hoheitliche (Prüfungs-)Maßnahmen gegenüber den Instituten grenzüberschreitender Zweigniederlassungen zu

73 Zur Bedeutung der so genannten „Vor-Ort-Kontrollen" der §§ 44 KWG und 83 VAG siehe bereits obige Ausführungen in Teil 2 unter B.II.2.b)bb).

74 Aus Sicht des Aufnahme- als auch Herkunftsmitgliedsstaates Art. 43 Abs. 1 Bankenrichtlinie 2006/48/EG bzw. Art. 52 Abs. 1 der Richtlinie 2013/36/EU über die Beaufsichtigung von Kreditinstituten und Wertpapierfirmen, Art. 14 und 19 Abs. 3 UA 1 Erste Richtlinie 73/230/EWG i.d.F. des Art. 10 bzw. 11 Dritte Richtlinie Schadensversicherung 92/49/EWG, Art. 11 und 13 Abs. 3 UA 1 Gesamtrichtlinie Lebensversicherung 2002/83/EG bzw. deren Konsolidierung in Art. 33 Abs. 1 Richtlinie 2009/138/EG zu Solvabilität II. – Im Bereich des grenzüberschreitenden Dienstleistungsverkehrs bleibt es mangels physisch greifbarer Sachmittel, deren Einsatz zum Betrieb einer Zweigstelle im Aufnahmeland auf eine gewisse Dauer angelegt ist [zur Definition der nach der Niederlassungsfreiheit erforderlichen Zweigstelle im Unterschied zur bloß grenzüberschreitenden Dienstleistung siehe nur *EuGH*, Rs. C-55/94, Gebhard, Slg. 1995, I-4165], bei der allgemeinen Pflicht zur Zusammenarbeit der nationalen Aufsichtsbehörden. Vgl. § 8 Abs. 3 KWG sowie deren europarechtliche Richtlinienvorgabe in Art. 42 Bankenrichtlinie 2006/48/EG. Versicherungsaufsichtsrechtlich enthält lediglich das Protokoll der Versicherungsaufsichtsbehörden vom 30. Oktober 1997 in Absatz 5.3.1 eine Generalklausel für den gegenseitigen Informationsaustausch.

75 Vgl. dazu statt vieler *Ohler*, Grenzüberschreitende Verwaltungszusammenarbeit, DVBl. 2002, 880 (882 ff.).

ergreifen.[76] Sachlich findet diese Zuständigkeitserstreckung ihre Rechtfertigung darin, dass gerade die materiellen wie auch prozeduralen Anforderungen an die finanzielle Institutssolidität selbst gegenüber den grenzüberschreitenden Zweigniederlassungen (im Falle eines durch die Prüfungen festgestellten Missstandes) am wirkungsvollsten in dem Herkunftsland des institutionellen Hauptverwaltungssitzes durchzusetzen sind, in bzw. an dem die maßgeblichen strategischen Entscheidungen des Instituts getroffen werden.[77]

Grundgesetzlich zulässig ist die Einschränkung der eigenen Gebietshoheit[78] zugunsten anderer (Mitglieds-)Staaten nach obigen Ausführungen zur wirkungsbezogenen Transnationalität auch im Rahmen der behördenbezogenen Transnationalität[79] letztlich aber nur, soweit jeweils ausdrücklich der Vollzug fremden (wenngleich harmonisierten) Rechts durch die Behörde eines anderen (Mitglieds-)Staates konzessioniert oder kehrseitig die Anwendbarkeit des eigenen Rechts suspendiert wird.[80] Im Unterschied zur Übertragung eigener Hoheitsrechte wird die Ausübung fremder Hoheitsgewalt dabei lediglich in dem Maße geduldet, in dem die eigene Gebietshoheit eingeschränkt wird, während die eigene Souveränität und mit ihr eine subsidiäre Auffangzuständigkeit fortbesteht.[81] Dementsprechend erlauben auch die Vorschriften des Kreditwesen- und Versicherungsaufsichtsgesetzes nicht nur die grenzüberschreitende Vor-Ort-Prüfung durch die Herkunftslandbehörde,[82] sondern begründen auch eine kooperative bzw. subsidiäre Residual- respektive Ersatzzuständigkeit der Bundesanstalt in ihrer Rolle als zuständige Behörde des Aufnahmestaates. Zwar hat die Bundesanstalt die auf der Grundlage europarechtlicher Richtlinienvorgaben ausdrücklich verbliebene Zuständigkeit der (Rechts-)Aufsicht im Übrigen[83] in einem abgestuften Kooperationsverfahren gemeinsam mit der grundsätzlich

---

76 § 53b Abs. 6 KWG und § 110a Abs. 3 S. 2 VAG.

77 Vgl. *EuGH*, Rs. C-384/93, Alpine Investments, Slg. 1995, I-1141 Rn. 48.

78 Zum Unterschied zur Souveränität vgl. *Ohler*, Grenzüberschreitende Verwaltungszusammenarbeit, DVBl. 2002, 880 (887 m.w.Nachw. in Fn. 91).

79 Zur typologischen Unterscheidung in wirkungs-, adressaten- und behördenbezogene Transnationalität vgl. nur *Ruffert*, Der transnationale Verwaltungsakt, Die Verwaltung 34 (2001), 453 (457 ff.).

80 *Ohler*, Grenzüberschreitende Verwaltungszusammenarbeit, DVBl. 2002, 880 (888).

81 *Randelzhofer*, in: Maunz/Dürig, Kommentar zum GG, Art. 24 Abs. 2 Rn. 31.

82 §§ 53b Abs. 6 KWG und § 110a Abs. 3 S. 2 VAG.

83 Zur insbesondere versicherungsaufsichtsrechtlich bedingten Abgrenzung der Finanz- von der (Rechts-)Aufsicht im Übrigen siehe bereits obige Ausführungen in Teil 2 A.III.

auch in diesem Falle primär zuständigen Herkunftslandbehörde auszuüben.[84] Jedoch kann sie selbst als Behörde des Aufnahmemitgliedsstaates Aufsichtsmaßnahmen auch in ausschließlicher Zuständigkeit ergreifen, sofern dies aus Gründen des Allgemeininteresses geboten ist.[85]

Vor allem aber bleibt es den Aufsichtsbehörden der Mitgliedsstaaten, in denen eine Zweigniederlassung eines Auslandsunternehmens belegen ist, unbenommen, sich an der Durchführung einer herkunftslandbehördlichen Vor-Ort-Prüfung zu beteiligen.[86] Eine solche Beteiligung der Tätigkeitslandbehörde ist nicht nur als

---

84 Vgl. § 53b Abs. 3 i.V.m. Abs. 4 KWG und § 110a Abs. 3 S. 1 2. HS, 4 i.V.m. § 111b Abs. 1 VAG sowie deren europarechtliche Grundlagen in Art. 30 Bankenrichtlinie 2006/48/EG bzw. Art. 41 der Richtlinie 2013/36/EU über die Beaufsichtigung von Kreditinstituten und Wertpapierfirmen und Art. 40 Abs. 3 Dritte Richtlinie Schadensversicherung 92/49/EWG, Art. 46 Abs. 2 Gesamtrichtlinie Lebensversicherung 2002/83/EG bzw. deren Konsolidierung in Art. 155 Richtlinie 2009/138/EG zu Solvabilität II.

85 Allerdings hat der *EuGH* in einer Reihe von Entscheidungen der mitgliedsstaatlichen Berufung auf ein Allgemeininteresse enge Grenzen gesetzt, die von der *Europäischen Kommission*, Mitteilung zu Auslegungsfragen über den freien Dienstleistungsverkehr und das Allgemeininteresse in der Zweiten Bankenrichtlinie, ABl. EG Nr. C 209 v. 10.7.1997, S. 16 in sechs Kriterien zusammengefasst worden sind, die kumulativ vorliegen müssen: 1. Vordringliche Gründe des aufnahmestaatlichen Allgemeininteresses, 2. keine vorhergehende Richtlinienharmonisierung des Regelungsbereichs, 3. keine (binnenmarktfeindliche) Diskriminierung, 4. keine Überschneidung mit bereits geltenden Vorschriften des Herkunftsstaates, 5. Notwendigkeit (Erforderlichkeit im Allgemeininteresse) und 6. Verhältnismäßigkeit. Siehe auch die Mitteilung der *Europäischen Kommision* zu Auslegungsfragen über den freien Dienstleistungsverkehr und Allgemeininteresse im Versicherungswesen, ABl. EG Nr. C 43 vom 16.2.2000, S. 5 ff. – Zu der insoweit etwas undifferenzierten Bestimmung des Restgeltungskataloges in § 53b Abs. 3 und 4 KWG, die auch Vorschriften des Allgemeininteresses dem kooperativen Aufsichtsverfahren von Aufnahme- und Herkunftslandbehörde unterstellen vgl. *Vahldiek*, in: Boos/Fischer/Schulte-Mattler (Hrsg.), Kommentar zum KWG, § 53b Rn. 93 ff. sowie die tabellarische Differenzierung der Rn. 160 ff. Zum Erfordernis der europarechtskonformen Auslegung des Kooperationsverfahrens in § 111b Abs. 1 VAG siehe *Pohlmann*, in: Fahr/Kaulbach/Bähr/Pohlmann, Kommentar zum VAG, § 111b Rn. 2 f.

86 So zumindest ausdrücklich Art. 14 S. 2 Erste Richtlinie 73/230/EWG i.d.F. des Art. 10 Dritte Richtlinie Schadensversicherung 92/49/EWG und Art. 11 S. 2 Gesamtrichtlinie Lebensversicherung 2002/83/EG sowie deren Konsolidierung in Art. 33 S. 2 Richtlinie 2009/138/EG zu Solvablität II. Insgesamt kritisch gegenüber der grenzüberschreitenden Vor-Ort-Kontrolle *Fahr*, Umsetzung der Versicherungsrichtlinien der Dritten Generation, VersR 1992, 1033 (1035).

Ausgleich für den teilweisen Verzicht auf die Ausübung ihrer Gebietshoheit eingeräumt,[87] sondern darüber hinaus als Ergänzung zur Duldung fremder Hoheitsgewalt unerlässlich, falls eine herkunftslandbehördliche Vor-Ort-Prüfung gegenüber einer sich widersetzenden Zweigniederlassung mit den imperativen Mitteln staatlichen Zwangs durchgesetzt werden soll. In diesem Fall obliegt der Herkunftslandbehörde zwar noch die Entscheidung über die Anwendung der in Betracht kommenden Zwangsmaßnahme, ihr fehlt indes die Befugnis zu deren grenzüberschreitender Durchführung auf dem Gebiet des Aufnahmemitgliedsstaates.[88] Aus Gründen eines effizienten Sachmittel- und vor allem Personaleinsatzes wird die Tätigkeitslandbehörde in vielen Fällen ohnehin ersucht, im Wege der Amtshilfe die gesamte Prüfung der Zweigniederlassung zu übernehmen.[89]

Zwar leitet sich die Befugnis einer solchen amtshilfeweisen Vor-Ort-Kontrolle von der finanzaufsichtsrechtlichen Kompetenz der um Amtshilfe ersuchenden Aufsichtsbehörde des Herkunftsmitgliedsstaates ab.[90] Da jedoch das Amtshilfeersuchen selbst keine hoheitliche Maßnahme darstellt, übt allein die ersuchte Aufsichtsbehörde des Aufnahmemitgliedsstaates hoheitliche Gewalt aus. Um die finanzaufsichtliche Prüfung als eigenen Hoheitsakt durchführen zu können, bedarf

87 Zur Möglichkeit der Handlungszurechnung ausländischer Hoheitsträger ausführlich *Gramm*, Verfassungsrechtliche Grenzen, DVBl. 1999, 1237 (1241 f.), sowie auch *Baldus*, Übertragung von Hoheitsrechten, Die Verwaltung 32 (1999), 481 (491).

88 Der Herkunftslandbehörde selbst verbleibt allein die wenig effiziente Möglichkeit, über den Sitz des Instituts auch mittelbar auf die grenzüberschreitende Zweigniederlassung Zwang auszuüben. Zur Amtshilfe zum grenzüberschreitenden Erlass von Zwangsmaßnahmen siehe auch *Zens*, Zusammenarbeit der Versicherungsaufsichtsbehörden in der EG, S. 318 ff. mit Verweis auf *Groß*, Administrative Föderalisierung der EG, JZ 1994, 596 (604), sowie *Schlag*, Grenzüberschreitende Verwaltungsbefugnisse, S. 61.

89 Zu denken ist in diesem Zusammenhang insbesondere an den zumeist nur geringen Nutzen einer im Verhältnis sehr aufwändigen, grenzüberschreitenden Zweigstellenprüfung durch die Herkunftslandbehörde, zumal deren Sachmittel- und vor allem Personalausstattung kaum für eine regelmäßige Prüfung sämtlicher Institute an deren Hauptsitz ausreicht. Vgl. dazu auch *Zens*, Zusammenarbeit der Versicherungsaufsichtsbehörden in der EG, S. 321 f.

90 Aus diesem Grund bestehen gegen die finanzaufsichtliche Kompetenzausweitung der Tätigkeitslandbehörde keine durchgreifenden Bedenken des europarechtlichen Herkunftslandsprinzips, selbst wenn die mindestharmonisierenden Richtlinienvorgaben keine entsprechenden Regelungen vorsehen.

die Tätigkeitslandbehörde daher einer entsprechenden Ermächtigungsgrundlage.[91] Souveränitätskonflikte zwischen Herkunfts- und Aufnahmemitgliedsstaat werden somit weitestgehend vermieden.

2. Spezielle und generelle Missstandsaufsicht

Neben informierender Beobachtung und prüfender Kontrolle komplettiert die korrigierende Berichtigung als Wesensmerkmal der (Wirtschafts-)Aufsicht im Allgemeinen auch das Instrumentarium der grenzüberschreitenden Finanzaufsicht im Besonderen.[92] Das Prinzip der unionsweiten Heimatlandaufsicht konsequent fortgeführt, müsste eigentlich auch die grenzüberschreitende Missstandsaufsicht der zuständigen Behörde des Herkunftsmitgliedsstaates obliegen.

Innerhalb der eigenen Staatsgrenzen kann sich die Aufsichtsbehörde auf sämtliche Befugnisnormen stützen, die das Finanzaufsichtsrecht zum Teil in Umsetzung europarechtlicher Richtlinienvorgaben im Herkunftsstaat vorhält.[93] Da sich eine

---

91 Vgl. § 111c Abs. 2a VAG, der ausdrücklich auf § 83 VAG und damit die Möglichkeit der Vor-Ort-Kontrolle Bezug nimmt, und § 53b Abs. 3 S. 1 KWG, der jedoch einen nur „schwer zu verstehenden Hinweis" auf eine entsprechende Anwendung des § 44 Abs. 1 und 6 KWG enthält [vgl. dazu *Vahldiek*, in: Boos/Fischer/Schulte-Mattler (Hrsg.), Kommentar zum KWG, § 53b Rn. 173.] Aber auch auf Unionsebene verweist Art. 43 Abs. 2 Bankenrichtlinie 2006/48/EG die Herkunftslandsbehörde etwas ungenau auf eines der in Art. 141 derselben Richtlinie vorgesehenen Verfahren, die allerdings den genau entgegengesetzten Fall des (Amtshilfe-)Ersuchens der originär zuständigen Tätigkeits- gegenüber der Sitzlandbehörde betreffen. Versicherungsaufsichtsrechtlich verpflichtet wenigstens allgemein Art. 10 EG, wenn nicht sogar die europarechtlichen Harmonisierungsvorgaben in Art. 14 Erste Richtlinie 73/239/EWG i.d.F. des Art. 10 Dritte Richtlinie Schadensversicherung 92/49/EWG und Art. 11 S. 1 Gesamtrichtlinie Lebensversicherung 2002/83/EG bzw. in deren Konsolidierung in Art. 33 Richtlinie 2009/138/EG zu Solvabilität II dazu, die Richtlinienvorgaben des herkunftslandbehördlichen Prüfungsrechts effektiv umzusetzen [vgl. dazu auch *Zens*, Zusammenarbeit der Versicherungsaufsichtsbehörden in der EG, S. 318 ff., 324].

92 Vgl. zur Berichtigungsfunktion als kennzeichnendem Merkmal der Wirtschaftsaufsicht schon die begriffliche Näherung in Teil 1 unter A.III.

93 Erinnert sei an dieser Stelle insbesondere an die europarechtlichen Richtlinienvorgaben der Art. 20 Erste Richtlinie 73/239/EWG i.d.F. Art. 13 Dritte Richtlinie Schadensversicherung 92/49/EWG und Art. 37 Gesamt-richtlinie Lebensversicherung 2002/83/EG bzw. deren Konsolidierung in Art. 136 ff. des neu gefassten Richtlinienvorschlags zu Solvency II, die in § 81b VAG umgesetzt worden sind. Dazu wie auch zu den kreditwesengesetzlichen Vorschriften der speziellen Missstandsaufsicht der §§ 45 ff. KWG siehe bereits obige Ausführungen in Teil 2 unter B.II.2.a)aa)(1).

Vielzahl der Aufsichtsmaßnahmen zur Wiederherstellung der finanziellen Institutssolidität ohnehin auf die institutsinterne Betriebsstruktur bzw. die an dieser beteiligten Personen bezieht,[94] sind die entsprechenden Aufsichtsmaßnahmen auch zweifellos am effektivsten unmittelbar am Hauptverwaltungssitz des Instituts um- bzw. nötigenfalls durchzusetzen.[95] Bedürfen demgegenüber andere Aufsichtsmaßnahmen der (unterstützenden) Um- bzw. Durchsetzung in einem anderen Mitgliedsstaat, sind die Herkunftslandbehörden aber auf die Amtshilfe der dort zuständigen Behörden angewiesen.[96] Nicht einmal die entsprechenden Richtlinienvorgaben sehen auf der Stufe der Beseitigung finanzaufsichtlicher Missstände – im Unterschied zur vorgängigen Stufe ihrer Feststellung – eine Ausnahme von dem völkerrechtlichen Territorialprinzip vor. Sie verpflichten die Behörden des jeweiligen Tätigkeitsmitgliedsstaates, auf Antrag der Herkunftslandbehörde die erforderlichen (Unterstützungs-)Maßnahmen amtshilfeweise vorzunehmen.[97]

Anders verhält es sich hingegen im Anwendungsbereich der europarechtlichen Richtlinienvorgaben über die Sanierung und Liquidation von Kreditinstituten und Versicherungsunternehmen.[98] Soweit bestehende Rechtspositionen Dritter in den Mitgliedsstaaten der Zweigniederlassungen beeinträchtigt werden (können), sind

---

94 Versicherungsaufsichtsrechtlich betrifft dies insbesondere die Pflicht, der Behörde gemäß § 81b VAG in Abhängigkeit von der unterdeckten Solvabilitätsgröße bzw. der Gefährdung der Verpflichtungserfüllung aus den Versicherungen einen Solvabilitätsplan, Finanzierungsplan oder finanziellen Sanierungsplan vorzulegen.

95 Siehe bereits obigen Hinweis auf die Rechtsprechung des *EuGH*, Rs. C-384/93, Alpine Investments, Slg. 1995, I-1141 Rn.48.

96 Beispielsweise erfordert eine effektive versicherungsaufsichtsrechtliche Untersagung der freien Verfügung über die Vermögensgegenstände des Unternehmens nach § 81b Abs. 1 S. 2, Abs. 2 S. 2 VAG die Zusammenarbeit mit den Behörden der Länder, in denen die Vermögenswerte belegen sind.

97 Vgl. Art. 141 Bankenrichtlinie 2006/48/EG sowie Art. 20 Abs. 5 Erste Richtlinie 73/239/EWG i.d.F. des Art. 13 Dritte Richtlinie Schadensversicherung 92/49/EWG, Art. 37 Abs. 5 Gesamtrichtlinie Lebensversicherung 2002/83/EG und deren Konsolidierung in Art. 138 Abs. 5 S. 3, 139 Abs. 3 S. 3 und 140 Richtlinie 2009/138/EG zu Solvabilität II.

98 Vgl. die Richtlinien 2001/24/EG des Europäischen Parlaments und des Rates vom 4. April 2001 über die Sanierung und Liquidation von Kreditinstituten, ABl. EG, Nr. L 125 vom 5.5.2001, S. 15, sowie Art. 267 ff. der Richtlinie 2009/138/EG zu Solvabilität II, mit der die Richtlinie 2001/17/EG des Europäischen Parlaments und des Rates vom 19. März 2001 über die Sanierung und Liquidation von Versicherungsunternehmen, ABl. EG, Nr. 110 vom 20.4.2001, S. 28 abgelöst und aufgehoben worden ist.

wiederum allein die zuständigen Behörden des Herkunftsmitgliedsstaates befugt, über die Eröffnung und Durchführung eines Sanierungs- wie auch Insolvenzverfahrens zu befinden,[99] um die drittbetroffenen (Vermögens-)Interessen in einem einzigen Verfahren gegenüber ein und derselben Behörde zu bündeln.[100] Die zuständige Behörde des Aufnahmestaates ist lediglich möglichst vor, jedenfalls aber unmittelbar nach Erlass der beabsichtigten Sanierungs- oder Liquidierungsmaßnahme über dieselbe zu unterrichten.[101]

III. Die Beendigungsaufsicht

Während die Ausübungsaufsicht über das grenzüberschreitende Niederlassungs- und Dienstleistungsgeschäft in dem Zeitpunkt endet, in dem das jeweilige Bank-, Versicherungs- bzw. Finanzdienstleistungsgeschäft eingestellt wird, gebieten die (möglicherweise) betroffenen Gläubigerinteressen auch bzw. gerade in der Nachphase eine weiterzuführende Aufsicht über die Abwicklung des grenzüberschreitenden Geschäftsbetriebs.[102] Um die zwingenden Folgen der Betriebseinstellung grenzüberschreitend abstimmen zu können,[103] sind die zuständigen Stellen der

---

99 Zu dem so genannten „Einheitsgrundsatz" siehe § 46e Abs.1 KWG sowie Art. 3 Abs. 1 und Art. 9 Abs. 1 der Richtlinie 2001/24/EG bzw. § 88 Abs. 1a VAG sowie Art. 269 Abs. 1 und Art. 173 Abs. 1 der Richtlinie 2009/138/EG zu Solvabilität II.

100 So genannter „Grundsatz der Universalität". Vgl. auch *Kolassa*, Kreditinstitut in der Krise, in: Schimansky/Bunte/Lwowski (Hrsg.), Bankrechts-Handbuch, § 138 Rn. 9. – Dementsprechend erfolgt auch die obligatorische Information der bekannten Gläubiger durch die Herkunftslandbehörde [vgl. Art. 15 Abs. 1 bzw. Art. 14 Abs. 1 der Sanierungs- und Liquidierungsrichtlinien 2001/17/EG bzw. 2001/24/EG].

101 § 46d Abs. 1 S. 1 und 2 KWG, § 89b Abs. 1 S. 1 und 2, 2. HS VAG.

102 Vgl. bankenaufsichtsrechtlich insbesondere Art. 35 Bankenrichtlinie 2006/48/EG bzw. Art. 45 der Richtlinie 2013/36/EU über die Beaufsichtigung von Kreditinstituten und Wertpapierfirmen sowie versicherungsaufsichtsrechtlich die Vorgaben in Art. 22 Abs. 1 UA 1 Erste Richtlinie 73/239/EWG i.d.F. des Art. 14 Dritte Richtlinie Schadensversicherung 92/49/EWG sowie Art. 39 Abs.1 UA 2 Gesamtrichtlinie Lebensversicherung 2002/83/EG bzw. deren Konsolidierung in Art. 144 Abs. 2 Richtlinie 2009/138/EG zu Solvabilität II.

103 Die Einstellung des grenzüberschreitenden Geschäftsbetriebs kann aber auch lediglich auf einer unternehmerischen Entscheidung beruhen, das Geschäft ausschließlich in anderen Tätigkeitsländern sowie insbesondere im Herkunftsland fortführen zu wollen. Für diesen Fall sehen allerdings die Richtlinien, die kehrseitig auch an die Anmeldung des Niederlassungs- bzw. Dienstleistungsgeschäfts keine Betriebspflicht geknüpft haben, keine besonderen Regeln der kooperativen Beendigungsaufsicht vor.

(anderen) Staaten des Europäischen Wirtschaftsraumes, in denen das Institut (immer noch) eine Zweigniederlassung unterhält oder eine Dienstleistung erbringt, über den Entzug bzw. das Erlöschen der Erlaubnis zu unterrichten.[104] Erst nach der Unterrichtung durch die Herkunftslandbehörde kann auch die jeweilige Tätigkeitslandbehörde die erforderlichen Maßnahmen ergreifen, um die betreffenden Unternehmen auf ihrem Staatsgebiet an dem Abschluss neuer Kredit-, Versicherungs- oder anderer Finanzdienstleistungsgeschäfte zu hindern.[105] Im Übrigen trifft die zuständige Aufsichtsbehörde des Herkunftsstaates im Benehmen mit den Tätigkeitslandbehörden sämtliche Maßnahmen, die geeignet sind, die Interessen der Institutsgläubiger zu wahren.[106]

C. Vertikale Koordinierung auf der Ebene der Europäischen Union

Im Interesse einer einheitlichen Anwendung, Ausführung und auch Fortentwicklung der europarechtlichen Steuerungsvorgaben folgt indessen aus dem hierarchischen Implementationsansatz des Europarechts in jedem Fall ein über die zumeist nur bilaterale Kooperation der mitgliedsstaatlichen Aufsichtsbehörden hinausgehender Koordinierungsbedarf auf der übergeordneten Ebene der gesamten Europäischen Union.

---

104 Im Unterschied zur unionsrechtlichen Richtlinienvorgabe zumindest der Art. 22 Abs. 1 UA 1 S. 2 Erste Richtlinie 73/239/EWG i.d.F. des Art. 14 Dritte Richtlinie Schadensversicherung 92/49/EWG sowie Art. 39 Abs.1 UA 2 S. 2 Gesamtrichtlinie Lebensversicherung 2002/83/EG bzw. deren Konsolidierung in Art. 144 Abs. 2 Richtlinie 2009/138/EG zu Solvabilität II beschränken sowohl § 35 Abs. 4 KWG als auch § 111b Abs. 5 VAG die Unterrichtungspflicht auf den Fall des behördlichen Erlaubnisentzugs.

105 Vgl. § 35 Abs. 4 KWG und § 111b Abs. 5 VAG.

106 Während dies versicherungsaufsichtsrechtlich ausdrücklich in Art. 22 Abs. 1 UA 1 S. 3 Erste Richtlinie 73/239/EWG i.d.F. des Art. 14 Dritte Richtlinie Schadensversicherung 92/49/EWG sowie Art. 39 Abs.1 UA 2 S. 3 Gesamtrichtlinie Lebensversicherung 2002/83/EG bzw. deren Konsolidierung in Art. 144 Abs. 2 UA 2 Richtlinie 2009/138/EG zu Solvabilität II vorgesehen und in § 87 Abs. 4 VAG umgesetzt worden ist, kann sich die Bundesanstalt bankaufsichtsrechtlich trotz europarechtlicher Vorgabe in Art. 35 2. HS Bankenrichtlinie 2006/48/EG bzw. Art. 45 der Richtlinie 2013/36/EU über die Beaufsichtigung von Kreditinstituten und Wertpapierfirmen (bisher) lediglich auf die Generalklausel des § 6 Abs. 3 KWG stützen.

I. Die Europäische Kommission als Motor und Wächter der Union

Auf dieser Ebene kommt der Europäischen Kommission nicht nur als „Motor der Europäischen Union“ das (Initiativ-)Recht zur Einleitung des jeweiligen Rechtssetzungsverfahrens zur Harmonisierung der mitgliedsstaatlichen Rechtsordnungen, sondern als „Hüterin des Unionsrechts“ auch die Aufgabe zu, die mitgliedsstaatliche Einhaltung der europarechtlichen Vorgaben zu überwachen und für deren einheitliche Ausführung zu sorgen.[107] Gleichsam zwischen den Ebenen der Rechtssetzung und -durchsetzung ist der Kommission darüber hinaus längst die Befugnis eingeräumt worden, im Rahmen der Vorgaben der sekundärrechtlichen Basisrechtsakte konkretisierende Durchführungsbestimmungen zu erlassen.[108] Nach dem Vertrag von Lissabon kann ihr zudem noch die Befugnis

---

107 Das Initiativrecht ergibt sich zumeist aus den konkreten Kompetenznormen, im Übrigen aus Art. 17 Abs. 2 S. 1 EUV und wird zudem in Art. 289 Abs. 1 S. 1 AEUV vorausgesetzt. Die Aufgabe der Überwachung der Anwendung des Unionsrechts obliegt ihr gemäß Art. 17 Abs. 1 S. 3 EUV unter Kontrolle des *Gerichtshofs der Europäischen Union*, das heißt erforderlichenfalls im Wege des Vertragsverletzungsverfahrens nach Art. 158 AEUV. Auf dem Initiativrecht basieren auch die Vorschläge der Europäischen Kommission für eine konsolidierte Richtlinie über die Beaufsichtigung von Kreditinstituten und Wertpapierfirmen, KOM(2011) 453, sowie für eine für eine Verordnung über die aufsichtsrechtlichen Anforderungen an Kreditinstitute und Wertpapierfirmen, KOM(2011) 452. Zu diesen Aufgaben der *Europäischen Kommission* siehe nur *Streinz*, Europarecht, Rn. 335 ff.

108 Vgl. zur früheren Rechtslage Art. 202, 3. Spiegelstrich EG a.F. sowie Beschluss des *Rates* vom 28. Juni 1999 zur Festlegung der Modalitäten für die Ausübung der der Kommission übertragenen Durchführungsbefugnisse (1999/468/EG), ABl. EG L 184 v. 17.7.1999, S. 23, geändert durch den Beschluss des Rates 2006/512/EG vom 17. Juli 2006 zur Änderung des Beschlusses 1999/468/EG zur Festlegung der Modalitäten für die Ausübung der der Kommission übertragenen Durchführungsbefugnisse, ABl. EG Nr. L 200 v. 22.7.2006, S. 13. Gemäß Art. 291 AEUV obliegt es nunmehr grundsätzlich den Mitgliedsstaaten, alle zur Durchführung der verbindlichen Rechtsakte der Union erforderlichen Maßnahmen nach innerstaatlichem Recht zu ergreifen (Abs. 1). Nur wenn es einheitlicher Bedingungen für die Durchführung der verbindlichen Rechtsakte der Union bedarf, werden die Durchführungsbefugnisse mit diesen Rechtsakten der Kommission übertragen (Abs. 2). Zu diesem Zweck legen das Europäische Parlament und der Rat gemäß dem ordentlichen Gesetzgebungsverfahren durch Verordnungen im Voraus allgemeine Regeln und Grundsätze fest, nach denen die Mitgliedsstaaten die Wahrnehmung der Durchführungsbefugnisse durch die Kommission kontrollieren (Abs. 3). Siehe dazu die VO (EU) Nr. 182/2011 des

übertragen werden, Rechtsakte ohne Gesetzescharakter mit allgemeiner Geltung zur Ergänzung oder Änderung bestimmter nicht wesentlicher Vorschriften der Basisrechtsakte zu erlassen.[109]

Die jeweiligen Rechtssetzungs- und -durchsetzungsaufgaben der Kommission wurden ursprünglich einzelnen Stufen des zunächst allein im Bereich der Wertpapieraufsicht vorgesehenen so genannten „Lamfalussy-Verfahrens"[110] zugeordnet. Mit dem Ziel, das komplexe Rechtssetzungsverfahren auf europäischer Ebene zu beschleunigen, ohne jedoch die Qualität der sich daraus ergebenden Rechtsakte zu gefährden, wurde jedoch dieses mehrstufige Rechtssetzungs- respektive -durchsetzungssystem[111] sodann auch im europäischen Banken- und Versicherungsaufsichtsrecht eingeführt.[112] Auf Vorschlag der Kommission sollen danach prinzipiell nur die Grundzüge des aufsichtsrechtlichen Regelwerkes von Rat und Parlament in so genannten Basisrechtsakten festgelegt werden. Im Bedarfsfall europaweit einheitlicher Anwendungs- und Ausführungsbedingungen[113] ist der Kommission die Befugnis übertragen worden, je nach Inhalt und Umfang der Rechtssetzungs- bzw.

Europäischen Parlaments und des Rates vom 16. Februar 2011 zur Festlegung der allgemeinen Regeln und Grundsätze, nach denen die Mitgliedsstaaten die Wahrnehmung der Durchführungsbefugnisse durch die Kommission kontrollieren, ABl. EU L 55 v. 28.2.2011, S. 13.

109 Zur Befugnis der „delegierten Rechtssetzung" siehe Art. 290 AEUV.

110 Zurückgehend auf den Vorsitzenden des von dem Rat der europäischen Wirtschafts- und Finanzminister (ECOFIN) 17. Juli 2000 beauftragten Ausschusses der Weisen *Baron Alexandre Lamfalussy.*

111 Von den vier Stufen des Lamfalussy-Verfahrens dienen nur die ersten zwei der Rechtssetzung, während die letzten beiden der Überwachung bzw. Rechtsdurchsetzung dienen.

112 Vgl. die Richtlinie 2005/1/EG des Europäischen Parlaments und des Rates vom 9. März 2005 zur Änderung der Richtlinien 73/239/EWG, 85/611/EWG, 91/675/EWG, 92/49/EWG und 93/6/EWG des Rates sowie der Richtlinien 91/19/EG, 98/78/EG, 2000/12/EG, 2001/34/EG, 2002/83/EG und 2002/87/EG des Europäischen Parlaments und des Rates zur Schaffung einer neuen Ausschussstruktur im Finanzdienstleistungsbereich (Ausschussstrukturrichtlinie), ABl. EU vom 24.3.2005 Nr. L 79, S. 9 ff.

113 Zu dieser neuen Ausnahme des Art. 291 Abs. 2 AEUV von der seit dem Vertrag von Lissabon geltenden Regel des Art. 291 Abs. 1 AEUV, nach der die Durchführungsbefugnis grundsätzlich – dem Subsidiaritätsprinzip entsprechend – den Mitgliedsstaaten zukommt siehe auch *Ruffert*, in: Callies/Ruffert (Hrsg.), Kommentar zum EUV/AEUV, Art. 291 AEUV Rn. 2.

-konkretisierungsdelegation im Basisrechtsakt konkrete Durchführungs- oder aber Ergänzungs- respektive Änderungsbestimmungen zu erlassen.[114]

II. Die Europäischen Agenturen, Ausschüsse und Behörden

Auf den Stufen der konsistenten Um- bzw. kohärenten Durchsetzung der Basisrechtsakte erhielt die Kommission bereits vor der Finanzkrise Unterstützung durch verschiedene, von ihr unabhängige Gremien.

1. Die ehemaligen Ausschüsse der mitgliedsstaatlichen Aufsichtsbehörden

In politischen Fragen des Banken- wie auch des Versicherungswesens wurde die Kommission auf der (zweiten) Ebene der konkretisierenden Durchführungsbestimmungen auf ihr Ersuchen hin durch den Europäischen Bankenausschuss[115] bzw. durch den Europäischen Ausschuss für das Versicherungswesen und die betriebliche Altersvorsorge[116] beraten.[117] Bei der Ausarbeitung der Durchführungsbestimmungen konnte die Kommission darüber hinaus auch auf die Unterstützung

---

114 Zum Regelungskonzept des Lamfalussy-Verfahrens vgl. allgemein *Schmoltke*, Der Lamfalussy-Prozess im Europäischen Kapitalmarktrecht, NZG 2005, 912 ff., sowie speziell in Bezug auf dessen Erweiterung auf das Versicherungsaufsichtsrecht *Bürkle*, Die rechtliche Dimension von Solvency II, VersR 2007, 1595 (1596 f.), *v. Fürstenwerth/Gause*, Erweiterung des Lamfalussy-Verfahrens auf den Versicherungssektor, in: Wandt/Reiff/Looschelders/Bayer (Hrsg.), Kontinuität und Wandel des Versicherungsrechts, Festschr. für Lorenz, 253 (255 ff.), sowie *Wandt*, Solvency II, VW 2007, 473 (473 f.).

115 Englisch: „European Banking Committee (EBC)".

116 Englisch: „European Insurance and Occupational Pensions Committee (EIOPC)".

117 Vgl. Art. 151 Abs. 1 Bankenrichtlinie 2006/48/EG und Art. 1 Abs. 1 Richtlinie 91/675/EWG des Rates vom 19. Dezember 1991 über die Einrichtung eines Versicherungsausschusses, ABl. EG vom 31.12.1991 Nr. L 374, S. 32 f., i.d.F. des Art. 5 Ausschussstrukturrichtlinie 2005/1/EG bzw. Art. 304 Abs. 1 des neu gefassten Richtlinienvorschlags zu Solvabilität II, sowie jeweils Art. 2 der Beschlüsse der *Kommission* vom 5. November 2003 zur Einsetzung des Europäischen Ausschusses für das Versicherungswesen und die betriebliche Altersvorsorge (2004/9/EG) und zur Einsetzung des Europäischen Bankenausschusses (2004/10/EG), ABl. EU v. 7.1.2004, L 3, S. 34 f. und 36 f.

durch den Ausschuss der europäischen Bankaufsichtsbehörden[118] und den Ausschuss der europäischen Aufsichtsbehörden für das Versicherungswesen und die betriebliche Altersvorsorge[119] zurückgreifen.[120] Die auch eigeninitiative Beratungstätigkeit der Ausschüsse basierte insbesondere auf den Erkenntnissen, die sie im Rahmen ihrer Überprüfung der mitgliedsstaatlichen Aufsichtspraktiken sowie der sich daran anschließenden Bewertung ihrer Konvergenz gewonnen hatten.[121] Um die konsistente Umsetzung der europarechtlichen (Richtlinien-)Vorgaben und deren kohärente Anwendung in der konvergenten Aufsichtspraxis der mitgliedsstaatlich zuständigen Stellen nicht erst reaktiv kontrollieren, sondern auch schon proaktiv beeinflussen zu können, gaben die Ausschüsse auf der dritten Ebene unverbindliche Leitlinien, Empfehlungen und Standards zur einheitlichen Finanzaufsicht heraus.[122]

2. Die Europäischen Aufsichtsbehörden

Infolge der Erfahrungen aus der Finanzkrise der letzten Jahre[123] sind aus den europäischen, so genannten „Level-3-Ausschüssen" der nationalen Aufsichtsbehörden originär europäische Aufsichtsbehörden geworden: die Europäische Bankenaufsichtsbehörde und die Europäische Aufsichtsbehörde für das Versicherungswesen und die betriebliche Altersversorgung.[124] Die Europäischen Aufsichtsbehörden

118 Englisch: „Committee of European Banking Supervisors (CEBS)".

119 Englisch: „Committee of European Insurance and Occupational Pensions Supervisors (CEIOPS)".

120 Siehe jeweils Art. 2 Abs. 1 der (neuen) Beschlüsse der *Kommission* vom 23.1.2009 zur Einsetzung des Ausschusses der europäischen Bankaufsichtsbehörden, K(2009) 177 endgültig, und des Ausschusses der europäischen Aufsichtsbehörden für das Versicherungswesen und die betriebliche Altersvorsorge, K(2009) 178 endgültig.

121 Art. 4 Abs. 2 der jeweiligen Kommissionsbeschlüsse K(2009) 177 und 178 endgültig.

122 Vgl. jeweils Art. 3 der Kommissionsbeschlüsse K(2009) 177 und 178 endgültig.

123 Zu den infolge der Finanzkrise zu Tage getretenen strukturellen Problemen der Bankenaufsicht auf europäischer Ebene siehe nur den Überblick bei *Kohtamäki*, Reform der Bankenaufsicht in der Europäischen Union, S. 91 ff.

124 Englisch: „European Banking Authority (EBA)" bzw. „European Insurance and Occupational Pensions Authority (EIOPA)", jeweils errichtet durch Art. 1 Abs. 1 der Verordnung (EU) 1093/2010 bzw. 1094/2010 jeweils des Europäischen Parlaments und des Rates vom 24. November 2010 zur Errichtung einer Europäischen Aufsichtsbehörde (Europäische Bankenaufsichtsbehörde), zur Änderung des Beschlusses Nr. 716/2009/EG und zur Aufhebung des Beschlusses Nr. 2009/78/EG der Kommission, ABl. EU v. 15.12.2010, L 331/12, einerseits bzw. zur Errichtung einer

sind dabei nicht nur organisatorisch jeweils mit einer eigenen Rechtspersönlichkeit, sondern auch bzw. insbesondere instrumentell mit verbindlichen Entscheidungsbefugnissen gegenüber den nationalen Behörden, in Einzelfällen sogar gegenüber den jeweiligen Marktteilnehmern ausgestattet worden.[125] Stimmberechtigte Mitglieder des jeweils wesentlichen Beschlussorgans, des Rates der Aufseher, sind die Präsidenten der nationalen Aufsichtsbehörden. Nicht stimmberechtigte Mitglieder sind unter anderen jeweils ein Vertreter der anderen Europäischen Aufsichtsbehörden, ein Vertreter der Europäischen Zentralbank und ein Vertreter des Europäischen Ausschusses für Systemrisiken.[126] Wie die Mitglieder aller (anderen) Organe der Europäischen Aufsichtsbehörden sind auch diese funktional sowohl gegenüber anderen Organen und Einrichtungen der Europäischen Union als auch (jedenfalls formal) gegenüber mitgliedsstaatlichen Regierungen und anderen öffentlichen wie privaten Stellen unabhängig.[127]

Die Behörden haben sektorübergreifend die Aufgabe, einen Beitrag zur Festlegung qualitativ hochwertiger gemeinsamer Regulierungs- und Aufsichtsstandards sowie -praktiken zu leisten, indem sie insbesondere Entwürfe für die technischen Regulierungs- und Durchführungsstandards der Kommission ausarbeiten, Stellungnahmen abgeben sowie Leitlinien und Empfehlungen erlassen.[128] Sie tragen darüber hinaus zur kohärenten, effizienten wie auch wirksamen Anwendung der verbindlichen Rechtsakte der Union bei,[129] indem sie eine gemeinsame Aufsichtskultur schaffen, bei Meinungsverschiedenheiten zwischen den nationalen

---

Europäischen Aufsichtsbehörde (Europäische Aufsichtsbehörde für das Versicherungswesen und die betriebliche Altersversorgung), zur Änderung des Beschlusses Nr. 716/2009/EG und zur Aufhebung des Beschlusses 2009/79/EG der Kommission, ABl. EU v. 15.12.2010, L 331/48, andererseits.

125 Zurückgehend auf *de Larosière-Bericht*, Empfehlung 13, S. 41. – Zu dem organisatorischen Rahmen wie auch den Aufgaben und Befugnissen der Europäischen (Banken-) Aufsichtsbehörde siehe ausführlich auch *Kohtamäki*, Reform der Bankenaufsicht in der Europäischen Union, S. 153 ff. und 173 ff.

126 Art. 43 der Verordnungen (EU) 1093/2010 und 1094/2010. Daneben bestehen die Europäischen Aufsichtsbehörden gemäß Art. 6 der Verordnungen (EU) 1093/2010 und 1094/2010 je aus einem Verwaltungsrat, einem Vorsitzenden, einem Exekutivdirektor und einem Beschwerdeausschuss.

127 Siehe dazu Art. 42, 46, 49, 52, 59 der Verordnungen (EU) 1093/2010 und 1094/2010, sowie *Lehmann/Manger-Nestler*, Das neue Europäische Finanzaufsichtssystem, ZBB 2011, 2 (8), und *Kämmerer*, Das neue Europäische Finanzaufsichtssystem, NVwZ 2011, 1281 (1283).

128 Art. 8 Abs. 1 lit. a) der Verordnungen (EU) 1093/2010 und 1094/2010.

129 Siehe Art. 8 Abs. 1 lit. b) der Verordnungen (EU) 1093/2010 und 1094/2010.

Behörden vermitteln und Rechtsverletzungen derselben abhelfen.[130] Sie etablieren auf europäischer Ebene eine Struktur des erleichterten Informationsaustausches sowie der umfassenden Informationszentralisierung.[131] Mit dem Ziel, die Praktiken der nationalen Aufsichtsbehörden europaweit einander immer weiter anzugleichen, unternehmen sie zudem vergleichende Analysen der jeweiligen Aufsichtstätigkeiten.[132] Falls die Funktionsfähigkeit und die Integrität der Finanzmärkte oder die Stabilität des Finanzsystems in der Union gefährdet sind, können die Europäischen Aufsichtsbehörden sogar die nationalen Behörden bzw. ultima ratio auch unmittelbar die betreffenden Finanzinstitute dazu verpflichten, die zur Erfüllung der europarechtlichen (Mindest-)Vorgaben erforderlichen Maßnahmen zu ergreifen.[133]

Da gerade die letztgenannten Befugnisse in nicht unerheblichem Maße die Souveränität der einzelnen Mitgliedsstaaten berühren, obliegt es dem (Minister-)Rat, deren tatbestandliche Voraussetzung, den Krisenfall,[134] letztverbindlich festzustellen.[135] Daneben dürfen die Europäischen Aufsichtsbehörden nur in den eng begrenzten (Ausnahme-)Fällen, in denen sie eine Meinungsverschiedenheit zwischen den an der Aufsicht über grenzüberschreitend tätige Finanzinstitute

130 Vgl. Art. 29, 19 f. bzw. 31 und 17 der Verordnungen (EU) 1093/2010 und 1094/2010. Die Vermittlungsbefugnisse der Europäischen Aufsichtsbehörden sind in einem so genannten „Streitfall" zwischen den an der Aufsicht über grenzüberschreitend tätige Finanzinstitute beteiligten Aufsichtsbehörden des Herkunfts- und Tätigkeitslandes „in Abhängigkeit von Komplexität und Dringlichkeit des Streitfalls eher [beratender] oder eher verbindlicher Natur". Dazu *Lehmann/Manger-Nestler*, Das neue Europäische Finanzaufsichtssystem, ZBB 2011, 2 (15 f.).

131 Vgl. Art. 8 Abs. 2 lit h) bzw. j) und Art. 35 der Verordnungen (EU) 1093/2010 und 1094/2010.

132 So genannte „Peer Reviews" i.S.d. Art. 8 Abs. 1 lit. e) der Verordnungen (EU) 1093/2010 und 1094/2010.

133 Siehe insbes. Art. 18 Abs. 3 und 4 der Verordnungen (EU) 1093/2010 und 1094/2010. Unter den genannten Voraussetzungen können die Europäischen Aufsichtsbehörden nach Art. 9 Abs. 5 der Verordnungen (EU) 1093/2010 und 1094/2010 auch bestimmte Finanztätigkeiten vorübergehend verbieten oder beschränken.

134 Art. 18 Abs. 1 der Verordnungen (EU) 1093/2010 und 1094/2010 definiert den Krisenfall als ungünstige Entwicklung, die das ordnungsgemäße Funktionieren und die Integrität von Finanzmärkten oder die Stabilität des Finanzsystems in der Union als Ganzes oder in Teilen ernsthaft gefährden könnte.

135 Art. 18 Abs. 2 der Verordnungen (EU) 1093/2010 und 1094/2010. Demgegenüber wies noch der Verordnungsentwurf [KOM(2009) 501 endgültig] die Feststellungsbefugnis der Europäischen Kommission zu.

beteiligten, nationalen Aufsichtsbehörden[136] nicht schlichten konnten oder eine der national zuständigen Aufsichtsbehörden Unionsrecht verletzt hat, verbindliche Beschlüsse erlassen, um die nationalen Aufsichtsbehörden bzw. sogar unmittelbar die jeweiligen Finanzinstitute zur Einhaltung des verbindlichen Unionsrechts zu verpflichten.[137] Zu den erforderlichenfalls auch unmittelbar gegenüber den Finanzinstituten durchzusetzenden (Mindest-)Vorgaben des europäischen Finanzaufsichtsrechts zählen unter anderem die technischen Regulierungs- und Durchführungsstandards der Europäischen Kommission.

Vor allem aber durch die Befugnis, der Kommission Entwürfe zu den genannten Standards vorzulegen, haben die Europäischen Aufsichtsbehörden maßgeblichen Einfluss auf die kohärente Harmonisierung des europäischen Aufsichtsrechts.[138] Anders als im Rahmen des bisherigen Komitologieverfahrens kann die Europäische Kommission von den ihr vorgelegten Entwürfen zu den technischen Regulierungs- und Durchführungsstandards nunmehr nur noch abweichen, wenn sie dies zuvor mit den Europäischen Aufsichtsbehörden zumindest abgestimmt hat.[139] Jenseits der durch die entsprechenden Standards harmonisierten Bereiche der Finanzaufsicht sind es die von den Europäischen Aufsichtsbehörden erlassenen Leitlinien und Empfehlungen, die unionsweit eine einheitliche, effiziente und

---

136 So genannter „Streitfall“. Siehe dazu *Lehmann/Manger-Nestler*, Das neue Europäische Finanzaufsichtssystem, ZBB 2011, 2 (15 f.).

137 Vgl. zu den Verfahren ausführlich Art. 17 und 19 der Verordnungen (EU) 1093/2010 und 1094/2010 sowie *Kämmerer*, Das neue Europäische Finanzaufsichtssystem, NVwZ 2011, 1281 (1284 ff.) und *Lehmann/Manger-Nestler*, Das neue Europäische Finanzaufsichtssystem, ZBB 2011, 2 (14 f.). *Kämmerer*, Das neue Europäische Finanzaufsichtssystem, NVwZ 2011, 1281 (1285), qualifiziert die Exklusion der nationalen Behörden als „Selbsteintritt à l’européenne“.

138 Im Sinne eines so genannten „single rule book“. Siehe auch *Baur/Boegl*, Die neue Europäische Finanzmarktaufsicht, BKR 2011, 177 (182), sowie ausführlich *Lehmann/Manger-Nestler*, Das neue Europäische Finanzaufsichtssystem, ZBB 2011, 2 (10 ff.).

139 Zu dem Verfahren der Abstimmung siehe jeweils Art. 10 Abs. 1 UA 5 und 7 sowie Art. 15 Abs. 1 UA 5 und 8 der Verordnungen (EU) 1093/2010 und 1094/2010. – Je nach dem, ob es sich lediglich um technische Durchführungsstandards handelt, die nur allgemein gehaltene Vorschriften des Basisrechtsaktes mit einheitlich zu regelnden Details ausfüllen (können), oder um technische Regulierungsstandards, die nicht wesentliche Vorschriften des Basisrechtsakts ergänzen bzw. sogar ändern (können), sieht das „reformierte Komitologieverfahren“ [diesen Begriff verwenden *Baur/Boegl*, Die neue Europäische Finanzmarktaufsicht, BKR 2011, 177 (182)] mit Blick auf letztere noch eine kontrollierende Beteiligungsmöglichkeit von Rat und Parlament vor. Siehe Art. 12 ff. der Verordnungen (EU) 1093/2010 und 1094/2010.

wirksame Finanzaufsicht sicherzustellen suchen.[140] Die adressierten Behörden und Finanzinstitute haben grundsätzlich alle erforderlichen Anstrengungen zu unternehmen, um den Leitlinien und Empfehlungen nachzukommen.[141] Für den Fall der Nichtbefolgung haben sie den Europäischen Aufsichtsbehörden deren Gründe mitzuteilen.[142] Mit Ausnahme des faktischen Drucks, der durch eine mögliche Veröffentlichung der Nichtbefolgung jedenfalls auf die nationalen Aufsichtsbehörden ausgeübt wird, kommt den Leitlinien und Empfehlungen allerdings keinerlei Bindungswirkung zu. Allein in dem besonderen Fall der Verletzung von Unionsrecht kann die Europäische Kommission auf der Grundlage einer Empfehlung der Europäischen Aufsichtsbehörde, der die nationale Aufsichtsbehörde nicht nachgekommen ist, eine förmliche Stellungnahme abgeben, in der sie die nationale Aufsichtsbehörde (noch einmal) auffordert, die notwendigen Maßnahmen zur Einhaltung des Unionsrechts zu ergreifen.[143] Reagiert die nationale Aufsichtsbehörde auch auf diese Stellungnahme nicht (hinreichend), kann wiederum die Europäische Aufsichtsbehörde unmittelbar gegenüber dem betreffenden Finanzinstitut einen verbindlichen Beschluss erlassen, um wenigstens dieses zur Vornahme der notwendigen (Abhilfe-)Maßnahmen zu veranlassen.[144] Voraussetzung ist allerdings insoweit, dass dies erforderlich ist, um neutrale Wettbewerbsbedingungen aufrecht zu erhalten bzw. die Funktionsfähigkeit und Integrität des Finanzsystems zu gewährleisten.

3. Der Europäische Ausschuss für Systemrisiken

Die mikroprudentielle Aufsicht der Europäischen Aufsichtsbehörden über die finanzielle Solidität der einzelnen Finanzinstitute[145] wird infolge einer der wesentlichen Erkenntnisse, die aus der Finanzkrise der letzten Jahre gewonnen worden

---

140 Art. 16 Abs. 1 der Verordnungen (EU) 1093/2010 und 1094/2010.

141 Art. 16 Abs. 3 UA 1 der Verordnungen (EU) 1093/2010 und 1094/2010.

142 So genannter „act/comply or explain-Mechanismus“. Vgl. dazu Art. 16 Abs. 3 UA 2 der Verordnungen (EU) 1093/2010 und 1094/2010, sowie *Lehmann/Manger-Nestler*, Das neue Europäische Finanzaufsichtssystem, ZBB 2011, 2 (12).

143 Art. 17 Abs. 4 der Verordnungen (EU) 1093/2010 und 1094/2010.

144 Art. 17 Abs. 6 der Verordnungen (EU) 1093/2010 und 1094/2010.

145 Nimmt man noch die Tätigkeit der Europäischen Wertpapier- und Marktaufsichtsbehörde, errichtet durch Art. 1 Abs. 1 der Verordnung (EU) 1095/2010 des Europäischen Parlaments und des Rates vom 24. November 2010, ABl. EU v. 15.12.2010, L 331/84, hinzu, umfasst die mikroprudentielle Aufsicht auch die wertpapierhandelsrechtliche Marktaufsicht.

sind, durch die makroprudentielle Aufsicht des Europäischen Ausschusses für Systemrisiken[146] über das unionsweite Finanzsystem ergänzt.[147] Mit dem Ziel, die zuvor nur unzureichend ins Blickfeld der Aufsicht gerückten Systemrisiken[148] für die Finanzstabilität in der Union abzuwenden bzw. einzudämmen,[149] erhebt der Ausschuss alle erforderlichen Informationen, wertet diese aus, analysiert mögliche systemische Risiken, gibt gegebenenfalls frühzeitige Risikowarnungen heraus und erteilt entsprechende Empfehlungen für Abhilfemaßnahmen.[150] Die Warnungen und Empfehlungen können allgemeiner und spezieller Art sein; sie werden unverbindlich an die gesamte Union, einen oder mehrere Mitgliedsstaaten sowie eine oder mehrere europäische bzw. nationale Aufsichtsbehörden gerichtet.[151] Die Adressaten einer Empfehlung haben dem Ausschuss und dem Rat mitzuteilen, welche Maßnahmen sie zur Umsetzung der Empfehlungen ergriffen haben. Soweit sie der Empfehlung nicht nachkommen, müssen sie dies grundsätzlich nur in angemessener Weise rechtfertigen.[152] Darüber hinaus haben sie weder mit einer verbindlichen Reaktion des Ausschusses noch mit einer sonstigen unmittelbaren Sanktion zu rechnen.[153]

---

146 Englisch: „European Systemic Risk Board (ESRB)“, errichtet durch Art. 1 Abs. 1 der Verordnung (EU) Nr. 1092/2010 des Europäischen Parlaments und des Rates vom 24. November 2010 über die Finanzaufsicht in der Europäischen Union auf Makroebene und zur Errichtung eines Europäischen Ausschusses für Systemrisiken, ABl. EU v.15.12.2010, L 331/1.

147 Die Institutionalisierung beruhte auch auf einer der wesentlichen Empfehlungen des *de Larosière-Berichts*, Empfehlung 16, S. 52. – Zu organisatorischer Struktur, Zielen und Aufgaben sowie Instrumenten des Europäischen Ausschusses für Systemrisiken siehe auch *Kaufhold*, Systemaufsicht, Die Verwaltung 46 (2013), 21 (29 ff.); *Kohtamäki*, Reform der Bankenaufsicht in der Europäischen Union, S. 121 ff.

148 Als Systemrisiken werden gemäß Art. 2 lit. c) S. 1 der Verordnung (EU) Nr. 1092/2010 Risiken einer Beeinträchtigung des Finanzsystems definiert, die das Potential schwerwiegender negativer Folgen für den Binnenmarkt und die Realwirtschaft beinhalten.

149 Art. 3 Abs. 1 der Verordnung (EU) Nr. 1092/2010.

150 Art. 3 Abs. 2 lit. a) bis d) sowie Art. 15 und 16 der Verordnung (EU) Nr. 1092/2010. *Kämmerer*, Das neue Europäische Finanzaufsichtssystem, NVwZ 2011, 1281, spricht insoweit von einem „seismographischen“ Frühwarnsystem auf der Makroebene.

151 Art. 16 Abs. 2 der Verordnung (EU) Nr. 1092/2010.

152 So genannter „act/comply or explain-Mechanismus“.

153 Gemäß Art. 17 Abs. 2 der Verordnung (EU) 1092/2010 bleibt dem Ausschuss, dessen Empfehlung weder umgesetzt, noch die Nichtumsetzung angemessen begründet wird, allein eine vertrauliche Mitteilung an die zuständige Europäische Aufsichtsbehörde oder an den Rat.

Im Unterschied zu den Europäischen Aufsichtsbehörden ist der Ausschuss – seiner Bezeichnung entsprechend – lediglich ein spezielles Gremium ohne eigene Rechtspersönlichkeit, das bei der Europäischen Zentralbank angesiedelt ist. Die zur Erfüllung seiner Aufgaben erforderlichen Beschlüsse, die keinerlei rechtliche Bindungswirkung entfalten, fasst das Organ des Verwaltungsrats.[154] Stimmberechtigte Mitglieder desselben sind unter anderen der Präsident und der Vizepräsident der Europäischen Zentralbank, die Präsidenten der nationalen Zentralbanken, ein Mitglied der Kommission und die Vorsitzenden der Europäischen Aufsichtsbehörden; Mitglied ohne Stimmrecht ist unter anderen je ein hochrangiger Vertreter der nationalen Aufsichtsbehörden.[155] Der Präsident der Europäischen Zentralbank ist für die Anlaufphase von fünf Jahren seit Errichtung des Ausschuss zu dessen Vorsitzenden bestellt worden.[156] Gerade die Zusammensetzung des Verwaltungsrates mit institutionenübergreifenden Experten höchsten Ranges soll nach Auffassung der Kommission dafür sorgen, dass sich politische Entscheidungsträger und exekutive Aufsichtsbehörden allein der „moralischen Autorität" des Europäischen Ausschusses für Systemrisiken beugen.[157] Infolge der „gegenseitige[n] Zugehörigkeit zu Gremien der jeweils anderen Institutionen des Europäischen Systems der

---

154 Art. 4 Abs. 2 der Verordnung (EU) Nr. 1092/2010. Daneben hat der Ausschuss einen Lenkungsausschuss, ein Sekretariat, einen Beratenden Wissenschaftlichen Ausschuss und einen Beratenden Fachausschuss (Abs. 1). Der Lenkungsausschuss unterstützt den Entscheidungsprozess des ESRB, indem er die Sitzungen des Verwaltungsrats vorbereitet, die zu erörternden Unterlagen prüft und die Fortschritte der laufenden Arbeiten des ESRB überwacht (Abs. 3). Das Sekretariat ist für die laufende Arbeit des ESRB zuständig. Es leistet dem ESRB hochwertige analytische, statistische, administrative und logistische Unterstützung (Abs. 4). Der Beratende Wissenschaftliche Ausschuss und der Beratende Fachausschuss stehen dem Ausschuss in den für seine Arbeit maßgeblichen Fragen beratend und unterstützend zur Seite (Abs. 5).

155 Art. 6 Abs. 1 und 2 der Verordnung (EU) Nr. 1092/2010. Stimmberechtigt sind danach zudem der Vorsitzende und die beiden stellvertretenden Vorsitzenden des Beratenden Wissenschaftlichen Ausschusses sowie der Vorsitzende des Beratenden Fachausschusses. Weiteres Mitglied ohne Stimmrecht ist der Vorsitzende des Wirtschafts- und Finanzausschusses.

156 Art. 5 Abs. 1 S. 1 der Verordnung (EU) Nr. 1092/2010.

157 So die Begründung der *Europäischen Kommission* zu ihrem Vorschlag für eine Verordnung des Europäischen Parlaments und des Rates über die gemeinschaftliche Finanzaufsicht auf Makroebene und zur Einsetzung eines Ausschusses für Systemrisiken vom 23. September 2009, KOM(2009) 499 endgültig, S. 5. Die „Reputation des Entscheidungsgremiums" bezeichnet auch *Kaufhold*, Systemaufsicht, Die Verwaltung 46 (2013), 21 (35), als „notwendige Voraussetzung" für die Wirkung der rechtlich unverbindlichen Warnungen und Empfehlungen.

Finanzaufsicht" wird organisatorisch eine institutionelle Vernetzung geschaffen, die die materiellrechtlich vorgesehene Verklammerung von mikro- und makroprudentieller Aufsicht erheblich erleichtert.[158] Genau darin wird eine der entscheidenden Funktionen des Europäischen Ausschusses für Systemrisiken – dem nationalen Ausschuss für Finanzstabilität vergleichbar – erblickt.[159]

III. Die Europäische Zentralbank

Innerhalb des Europäischen Ausschusses für Systemrisiken kommt auch der Europäischen Zentralbank aufgrund ihrer ausgewiesenen Expertise in Fragen der Makroaufsicht bereits aktuell eine bedeutende Funktion in dem Europäischen System der Finanzaufsicht zu.[160]

1. Die Rolle als beratende Sachverständige

Mit dem Sekretariat stellt sie das Organ, dem die laufende Arbeit des Ausschusses obliegt. Als solches erhebt und verarbeitet sie alle für die Erfüllung der Makroaufsicht erforderlichen Informationen und schafft damit erst die analytischen, statistischen, logistischen und adminstrativen Voraussetzungen, auf denen der Ausschuss seine Risikoanalysen und Risikowarnungen oder Empfehlungen geeigneter Abhilfemaßnahmen herausgeben kann.[161] Mit der Einbeziehung in die laufende Arbeit des Europäischen Ausschusses für Systemrisiken ist der Europäischen Zentralbank eine besondere Aufgabe im Zusammenhang mit der Aufsicht über Kreditinstitute

---

158 *Baur/Boegl*, Die neue Europäische Finanzmarktaufsicht, BKR 2011, 177 (182).

159 *Lehmann/Manger-Nestler*, Das neue Europäische Finanzaufsichtssystem, ZBB 2011, 2 (23). Kritisch gegenüber der Effektivität der Einrichtung des Ausschusses vor dem Hintergrund seiner komplexen und unübersichtlichen Struktur wie auch der nur begrenzten Befugnisse *Höfling*, Finanzmarktregulierung – Gutachten, in: Ständige Deputation des Deutschen Juristentages (Hrsg.), Verhandlungen des 68. Deutschen Juristentages, Bd. I, F 1 (45), mit Verweis auf *Hopt*, Auf dem Weg zu einer neuen europäischen und internationalen Finanzmarktarchitektur, NZG 2009, 1401 (1405).

160 Siehe Erwägungsgrund 7 der Verordnung (EU) Nr. 1096/2010 des Rates vom 17. November 2010 zur Betrauung der Europäischen Zentralbank mit besonderen Aufgaben bezüglich der Arbeitsweise des Europäischen Ausschusses für Systemrisiken, ABl. EU v. 15.12.2010, L 331/161.

161 Vgl. Art. 2 der Verordnung (EU) Nr. 1096/2010 i.V.m. Art. 4 Abs. 4 S. 1 der Verordnung (EU) Nr. 1092/2010 mit Verweis auf die Rechtsgrundlage des Art. 5 der Satzung des ESZB und der EZB.

und sonstige Finanzinstitute übertragen worden.[162] Die Verortung der entsprechenden Übertragungskompetenz innerhalb des primärrechtlichen Funktionskreises der Währungspolitik spricht dafür, dass auch die Kompetenzübertragung in diesem besonderen Bereich der Bankenaufsicht in einem untrennbaren Zusammenhang mit der vorrangigen Aufgabe der Europäischen Zentralbank steht, innerhalb des Europäischen Systems der Zentralbanken insbesondere die Preisstabilität zu gewährleisten.[163]

Wie bereits in Bezug auf die Aufgabenverteilung zwischen Bundesbank und Bundesanstalt auf nationaler Ebene angedeutet, bilden die Aufgaben der makroprudentiellen Systemaufsicht und der stabilitätsorientierten Geldpolitik mit Blick auf die Erhebung und Auswertung der jeweils relevanten Daten „weitreichende Schnittmengen" aus.[164] Eine nachhaltige Entwicklung der europäischen Wirtschaft ist nur mithilfe eines funktionierenden Finanzsystems zu erreichen, das sowohl eine stabile Währung als auch eine stabile Finanzwirtschaft voraussetzt.[165] Idealerweise ergänzen sich daher die Sicherstellung einer hinreichenden Preisstabilität einerseits und die Gewährleistung einer ausreichenden Funktionsfähigkeit des Finanzwesens andererseits, so dass auch eine gewisse Interoperabilität beider Aufgabenbereiche – wie über die institutionelle Verknüpfung im Sekretariat des Europäischen Ausschusses für Systemrisiken – naheliegt.[166]

---

162 Vgl. die Einleitung zu der Verordnung (EU) Nr. 1096/2010 des Europäischen Rates vom 17. November 2010 zur Betrauung der Europäischen Zentralbank mit besonderen Aufgaben bezüglich der Arbeitsweise des Europäischen Ausschusses für Systemrisiken, ABl. EU vom 15.12.2010, L331/162. – Die Befugnis zur Kompetenzübertragung bzw. -erweiterung der EZB im Bereich der Finanzaufsicht ergibt sich aus Art. 127 Abs. 6 AEUV und Art. 25.2 Satzung des ESZB und der EZB. Sie ist auf „besondere" Aufgaben beschränkt.

163 Vgl. Art. 127 Abs. 1 AEUV.

164 So auch bereits *BVerfG*, Urteil vom 24. Juli 1962 – 2 BvF 4, 5/61, 2/62, BVerGE 14, 197 (218), sowie L*ehmann/Manger-Nestler*, Das neue Europäische Finanzaufsichtssystem, ZBB 2011, 2 (23), und *Höfling*, Finanzmarktregulierung – Gutachten, in: Ständige Deputation des Deutschen Juristentages (Hrsg.), Verhandlungen des 68. Deutschen Juristentages, Bd. I, F 1 (21 und 48 f.). – Vgl. dazu auch bereits obige Ausführungen in Teil 3 unter B.II.3.

165 Insoweit ist *Hirdina*, Funktion einer reformierten Bundesbank, BKR 2001, 135 (138), sicherlich zuzustimmen.

166 Zur institutionellen Verknüpfung der europäischen Systeme der Finanzaufsicht und der Zentralbanken einschließlich ihrer Aufgaben der Gewährleistung der Währungs- und Finanzmarktstabilität in der Arbeit des Sekretariats des ESRB

Gleichwohl bleibt zu berücksichtigen, dass sich zwischen beiden Funktionsbereichen auch ein nicht unerheblicher Zielkonflikt ergeben kann – gerade im Stadium der Datenverarbeitung bzw. -verwertung.[167] So können selbst geldpolitische Standardmaßnahmen wie die Veränderung der (Leit-)Zinssätze nachteilige Auswirkungen auf die aufsichtsrechtlichen Anforderungen an eine hinreichende Solvenz der Kreditinstitute haben, die ihrerseits wiederum Risiken für das Finanzsystem insgesamt verursachen können.[168] Da ein solcher Zielkonflikt von der Europäischen Zentralbank mit Blick auf ihre genuine Aufgabenstellung im Zweifel zugunsten der Sicherstellung der Geldwertstabilität aufzulösen wäre,[169] darf ihre Rolle auch im Bereich der besonderen Bankenaufsicht grundsätzlich nicht über die eines „beratenden Sachverständigen" hinausgehen.[170]

Insoweit scheint bereits die aktuelle Einbindung der Europäischen Zentralbank in die Tätigkeit des Europäischen Ausschusses für Systemrisiken sehr weitreichend. Zum einen obliegt ihr als Sekretariat die laufende Arbeit im Ausschuss.[171] Zum anderen sind Präsident und Vizepräsident der EZB auch stimmberechtigte Mitglieder des Verwaltungsrats, der im Unterschied zum Verwaltungsrat der Europäischen Aufsichtsbehörde originäre Ausführungsaufgaben wahrnimmt. Bei Abstimmungen, für die eine einfache Mehrheit ausreicht, gibt die Stimme des

---

siehe auch *Lehmann/Manger-Nestler*, Das neue Europäische Finanzaufsichtssystem, ZBB 2011, 2 (23).

167 Dazu auch *Häde*, Organisation der Bankenaufsicht, in: Kluth/Müller/Peilert (Hrsg.), Wirtschaft – Verwaltung – Recht, Festschr. für Stober, 467 (470), sowie *Höfling*, Finanzmarktregulierung – Gutachten, in: Ständige Deputation des Deutschen Juristentages (Hrsg.), Verhandlungen des 68. Deutschen Juristentages, Bd. I, F 1 (49).

168 Vgl. dazu bspw. *Brandi/Gieseler*, Einheitliche Bankenaufsicht in der Eurozone, BB 2012, 2646 (2649), mit Verweis auf *Europäische Kommission*, Commission proposes a package for banking supervision in the Eurozone – frequently asked questions, Memo vom 12. September 2012, 12/662/EN.

169 *Herdegen*, Europäische Bankenunion, WM 2012, 1889 (1894).

170 So auch *Mayer*, Die gegenwärtige und zukünftige Rolle der Europäischen Zentralbank, ZBB 2011, 25 (32), sowie *Herdegen*, Europäische Bankenunion, WM 2012, 1889 (1895). Vgl. auch Art. 25 Abs. 1 des Protokolls über die Satzung des Europäischen Systems der Zentralbanken und der Europäischen Zentralbank, ABl. EU vom 9.5.2008, C 115/230, bzw. Art. 127 Abs. 5 AEUV. Danach hat die Europäische Zentralbank zur Wahrung der Stabilität des Finanzsystems anderen Behörden Unterstützung zu leisten.

171 Art. 2 S. 1 der Verordnung (EU) Nr. 1096/2010 i.V.m. Art. 4 Abs. 4 S. 1 der Verordnung (EU) Nr. 1092/2010.

EZB-Präsidenten sogar den Ausschlag.[172] Da Warnungen vor Systemrisiken wie auch Maßnahmenempfehlungen zu deren Abwendung aber nur mit einer Zweidrittelmehrheit beschlossen werden können[173] und keine Rechtsverbindlichkeit aufweisen, übt die Europäische Zentralbank zwar aktuell bereits einen nicht unbedeutenden, in letzter Konsequenz aber noch allein beratenden Einfluss auf die europäische Bankenaufsicht aus.

2. Die Rolle als europäische Bankenaufsichtsbehörde

Dies wird sich infolge der Verordnung zur Übertragung besonderer Aufgaben im Zusammenhang mit der Aufsicht über Kreditinstitute auf die Europäische Zentralbank ändern.[174] Die Finanzkrise der letzten Jahre hat nach Auffassung der Kommission gezeigt, dass selbst eine Konvergenz der nationalen Aufsichtspraktiken (im Bereich der Bankenaufsicht) nicht mehr ausreiche, um mit der voranschreitenden Integration der Finanzmärkte bzw. der daraus resultierenden Risiken grenzüberschreitender Ausstrahlungseffekte Schritt zu halten. Notwendig sei vielmehr ein integriertes System mit einer einheitlichen europäischen Aufsichtsinstanz im Sinne einer so genannten „Bankenunion".[175] Nach dem ersten Verordnungsvorschlag sollten der EZB noch nahezu alle wesentlichen Kontroll- und Eingriffsbefugnisse der mikroprudentiellen Finanzaufsicht über die in der Eurozone niedergelassenen Kreditinstitute übertragen werden.[176]

---

172 Art. 10 Abs. 2 S. 2 der Verordnung (EU) Nr. 1092/2010.

173 Art. 10 Abs. 3 der Verordnung (EU) Nr. 1092/2010.

174 Vgl. den Vorschlag der *Europäischen Kommission* für eine Verordnung zur Übertragung besonderer Aufgaben im Zusammenhang mit der Aufsicht über Kreditinstitute auf die Europäische Zentralbank vom 12. September 2012, KOM(2012) 511 endgültig, in der Fassung vom 16. April 2013, Ratsdokument 7776/1/13 REV 1; sowie den Entwurf der der *Fraktionen der CDU/CSU und FDP* zu einem Gesetz zum Vorschlag für eine Verordnung des Rates zur Übertragung besonderer Aufgaben im Zusammenhang mit der Aufsicht über Kreditsinstitute auf die Europäische Zentralbank vom 14. Mai 2013, BT-Drs. 17/13470, mit dem der Deutsche Vertreter im Rat ermächtigt werden soll, dem Vorerdnunsgvorschlag seine Zustimmung zu erteilen.

175 Mitteilung der *Europäischen Kommission* an das Europäische Parlament und den Rat vom 12. September 2012, KOM(2012) 510, S. 2 f.

176 Vgl. Art. 4 Abs. 1 und Art. 8 Abs. 1 des Verordnungsvorschlags vom 12. September 2012, KOM(2012) 511. Neben den Zuständigkeiten für die Zulassung der Kreditinstitute, für die Inhaberkontrolle bei Erwerb und Veräußerung einer Institutsbeteiligung zählen dazu insbesondere auch die Befugnisse zur laufenden Aufsicht über die aufsichtsrechtlichen Anforderungen einer angemessenen Eigenmittelausstattung

a) *Zusammenhang mit der Aufgabe als Währungs- und Notenbank*

Dabei stützte sich die Europäische Kommission im Wesentlichen auf dieselbe Ermächtigungsgrundlage, auf deren Grundlage die Europäische Zentralbank bereits in die Arbeitsweise des Europäischen Ausschusses für Systemrisiken einbezogen worden ist.[177] Nach dem Wortlaut dieser Ermächtigungsgrundlage dürfen der Europäischen Zentralbank im Zusammenhang mit der Aufsicht über Kreditinstitute und sonstige Finanzinstitute allerdings nur besondere Aufgaben wie beispielsweise im Rahmen der makroprudentiellen Systemaufsicht, nicht hingegen (all-)umfassende Befugnisse der mikroprudentiellen Finanzaufsicht übertragen werden.[178] Die ausdrückliche Aufnahme einer nur begrenzten Übertragungskompetenz in den Funktionsbereich der Währungspolitik spricht bereits dafür, dass der eigentliche Geschäftskreis des Europäischen Systems der Zentralbanken den Aufgabenbereich der Bankenaufsicht an sich gerade nicht umfasst.[179] Auf dem Gebiet der Aufsicht über Kreditinstitute und die Stabilität des Finanzsystems leistet die Europäische Zentralbank grundsätzlich nur anderen Behörden (auf nationaler wie europäischer Ebene) Unterstützung.[180] Aufgrund des besonderen Bezugs der begrenzten Übertragungskompetenz im Bereich der

---

(Solvabilität), einer ausreichenden Zahlungsbereitschaft (Liquidität) und einer adäquaten Geschäftsorganisation (Governance). Die Europäische Zentralbank wird in Abstimmung mit den Abwicklungsbehörden frühzeitig intervenieren, wenn eine Bank gegen aufsichtsrechtliche Eigenkapitalvorschriften verstößt oder zu verstoßen droht. Den nationalen Aufsichtsbehörden sollen lediglich die Aufgaben verbleiben, die nicht ausdrücklich der Europäischen Zentralbank zugewiesen werden. Vgl. Art. 4 Abs. 4 des Verordnungsvorschlags vom 12. September 2012, KOM(2012) 511. Dazu zählen insbesondere der (ohnehin im Verhältnis zur Finanzaufsicht nur subsidiäre) Verbraucherschutz, die Bekämpfung der Geldwäsche und die Beaufsichtigung von Kreditinstituten aus Drittländern, die in Mitgliedstaaten Zweigstellen errichten oder grenzüberschreitend Dienstleistungen erbringen.

177 Vgl. den Vorschlag der *Europäischen Kommission* für eine Verordnung zur Übertragung besonderer Aufgaben im Zusammenhang mit der Aufsicht über Kreditinstitute auf die Europäische Zentralbank vom 12. September 2012, KOM(2012) 511 endgültig, S. 10.

178 So auch *Herdegen*, Europäische Bankenunion, WM 2012, 1889 (1892), mit Verweis auf *Häde*, in: Callies/Ruffert (Hrsg.), Kommentar zum EUV/AEUV, Art. 127 AEUV Rn. 56 ff., sowie *Kempen*, in: Streinz (Hrsg.), Kommentar zum EUV/AEUV, Art. 127 AEUV Rn. 25.

179 So aber bspw. *Hirdina*, Funktion einer reformierten Bundesbank, BKR 2001, 135 (138). Vgl. dazu ausführlicher obige Ausführungen in Teil 3 unter B.II.1.a).

180 Art. 127 Abs. 5 AEUV.

Bankenaufsicht zur eigentlichen Aufgabe der Geldwertstabilisierung scheint auch ein Rückgriff auf andere Ermächtigungsgrundlagen außerhalb des Vertragsabschnitts über die Währungspolitik ausgeschlossen, um den Geschäftskreis der Europäischen Zentralbank um weitergehende Befugnisse der Bankenaufsicht zu erweitern.[181] Die Aufgabenbestimmung und -erweiterung des Europäischen Systems der Zentralbanken innerhalb des Regelungsbereichs der Währungspolitik kann daher nur abschließend verstanden werden.

Infolgedessen müssten die wesentlichen Befugnisse der Bankenaufsicht, die der Europäischen Zentralbank übertragen werden sollen, selbst ungeachtet des Wortlauts der beschränkten Übertragungskompetenz innerhalb der abschließenden Aufgabenbestimmung des ESZB zumindest mit deren vorrangiger Zielvorgabe, der Preisstabilisierung, vereinbar sein.[182] Im Unterschied zur Wahrnehmung der Aufgabe, die der Europäischen Zentralbank im Rahmen der makroprudentiellen Aufsicht über das gesamte Finanzsystem zugedacht ist, würde sie im Rahmen der mikroprudentiellen Finanzaufsicht gegenüber den einzelnen Kreditinstituten auch konkret verpflichtende Regelungen treffen (müssen). Auch dabei im Falle eines möglichen Zielkonfliktes mit ihrer primären Aufgabenstellung einer Währungs- und Notenbank der Sicherstellung der Preiswertstabilität den Vorrang einzuräumen, erscheint aus bankenaufsichtsrechtlicher Perspektive nicht haltbar.

b) Unabhängigkeit der Währungs- und Notenbank

Hinzu kommt, dass die Sicherstellung der Preisstabilität als originäre Aufgabe bzw. Befugnis einer Währungs- und Notenbank ihrerseits in absoluter Unabhängigkeit von Weisungen anderer Organe, Einrichtungen oder sonstiger Stellen der Europäischen Union, mitgliedstaatlicher Regierungen oder anderer Stellen erfüllt werden muss,[183] während insbesondere die Legitimationsanforderungen des Demokratieprinzips, auf das sich auch die Europäische Union gründet, für eine hinreichende Rückanbindung der Bankenaufsicht an die politisch verantwortlichen Institutionen auf europäischer Ebene streiten. Zwar lässt das notwendige Ausmaß der Rückanbindung mit Blick auf eine möglichst effiziente wie auch effektive Rationalität der Aufgabenwahrnehmung eine gewisse Flexibilität

181 So auch Herdegen, Europäische Bankenunion, WM 2012, 1889 (1892).

182 Die Unvereinbarkeit müsste allerdings der EZB-Rat mit Zweidrittelmehrheit der abgegebenen Stimmen gemäß Art. 14.4 Satzung des ESZB und der EZB konstitutiv feststellen.

183 Vgl. Art. 130 AEUV.

zu.[184] Doch wird auch diese im Falle einer absoluten Unabhängigkeit überdehnt. Grundlegende Aufgaben der Bankenaufsicht dürfen daher auch europarechtlich nicht in die bestehende Organisationsstruktur der Europäischen Zentralbank überführt werden, ohne die Aufgaben der Währungs- und Notenbank, die zwingend in absoluter Unabhängigkeit erfüllt werden müssen, personell wie auch funktional hinreichend von denjenigen der Bankenaufsicht zu trennen, die jedenfalls eine gewisse (Rück-)Anbindung an politische verantwortliche Institutionen erfordern.[185]

Dem genügt der Verordnungsvorschlag der Europäischen Kommission auch in seiner neuen Kompromissfassung nicht.[186] Danach soll die Europäische Zentralbank zwar dem Europäischen Parlament und dem Rat gegenüber Rechenschaft über ihre Maßnahmen der Bankenaufsicht ablegen.[187] Grundsätzlich soll sie aber auch die Aufgabe der Bankenaufsicht unabhängig wahrnehmen können.[188] Ungeachtet dessen, dass der Verordnungsvorschlag weder das Ausmaß der Unabhängigkeit, noch den Umfang der Rechenschaftspflicht der Bankenaufsicht konkret bestimmt, lässt er darüber hinaus weiterhin, wenn auch abgeschwächt, eine personelle Durchmischung der maßgeblichen Organe der EZB als europäische Bankenaufsichtsbehörde (Aufsichtsgremium) und als europäische Währungs- und Notenbank (Rat bzw. Direktorium) zu bzw. schreibt eine solche sogar vor.[189] Insoweit erscheint die Vorgabe, dass die Europäische Zentralbank die ihr übertragenen Aufgaben der Bankenaufsicht funktional getrennt

184 Vgl. dazu ausführlich obige Ausführungen in Teil 3 unter B.I.1.b).

185 So auch *Frenzel*, Unabhängigkeit im demokratischen Rechtsstaat, DÖV 2010, 925 (929 f.). Großzügiger insoweit zumindest in Bezug auf die organisatorische Unabhängigkeit der Europäischen Aufsichtsbehörden *Kämmerer*, Das neue Europäische Finanzaufsichtssystem, NVwZ 2011, 1281 (1283 f.).

186 Ebenso noch zum ersten Verordnungsvorschlag *Herdegen*, Europäische Bankenunion, WM 2012, 1889 (1894).

187 Vgl. Art. 17 des Verordnungsvorschlags der *Europäischen Kommission* vom 12. September 2012, KOM(2012) 511 endgültig, in der Fassung vom 16. April 2013, Ratsdokument 7776/1/13 REV 1.

188 Vgl. Art. 16 Abs. 1 des Verordnungsvorschlags der *Europäischen Kommission* vom 12. September 2012, KOM(2012) 511 endgültig, in der Fassung vom 16. April 2013, Ratsdokument 7776/1/13 REV 1.

189 Vgl. Art. 19 des Verordnungsvorschlags der *Europäischen Kommission* vom 12. September 2012, KOM(2012) 511 endgültig, in der ursprünglichen Fassung einerseits und in der Fassung des Kompromissvorschlgas vom 16. April 2013, Ratsdokument 7776/1/13 REV 1, andererseits.

von ihren originären Aufgaben im Bereich der Geldpolitik wahrnehmen soll,[190] nicht vielmehr als eine organisationsrechtliche Leerformel.

Darüber hinaus gilt es – wie bereits im Zusammenhang mit der Diskussion über die Eingliederung der Bankenaufsicht in die Struktur der Bundesbank auf nationaler Ebene – auch mit Blick auf die Europäische Zentralbank festzuhalten, dass die Aufgabe der Währungsstabilisierung im Unterschied zur Bankenaufsicht nicht nur eine weitergehende, organisatorische Unabhängigkeit von den politisch verantwortlichen Instanzen bedingt, sondern auch von den Kreditinstituten bzw. den Kreditnehmern selbst.[191] Gerade die Finanzaufsicht ist aber obigen Ausführungen entsprechend auf eine materielle wie auch organisatorische Einbeziehung des gesellschaftlichen Steuerungswissens angewiesen.[192] Auch insoweit scheint die Organisationsstruktur einer unabhängigen Zentralbank für die Wahrnehmung einer allumfassenden Bankenaufsicht steuerungskonzeptionell ungeeignet zu sein.

Darüber hinaus würde es zu einem „Systembruch“ innerhalb des Europäischen Systems der Finanzaufsicht führen, wenn die Europäische Zentralbank als eines der Hauptorgane der Europäischen Union[193] in ihrer zukünftigen Funktion als (vermeintlich) zentrale europäische Bankenaufsichtsbehörde dem Verordnungsvorschlag nach an die Leitlinien und Weisungen der Europäischen Bankenaufsichtsbehörde, einer vertragsfremden, lediglich auf Sekundärrecht gründenden Einrichtung gebunden wäre, die ihrerseits der Europäischen Kommission untergeordnet ist.[194] Dies führte nicht nur zu einer Verschiebung des institutionellen Gleichgewichtes unter den Organen der Europäischen Union, sondern widerspräche auch dem eigenen Selbstverständnis der Europäischen Zentralbank.[195]

---

190 Vgl. Art. 18 Abs. 2 S. 1 des Verordnungsvorschlags der *Europäischen Kommission* vom 12. September 2012, KOM(2012) 511 endgültig.

191 Siehe dazu bereits obige Ausführungen in Teil 3 unter B.II.1.b) sowie die Begründung der *Bundesregierung* zum Entwurf eines Gesetzes über die Bundesbank, BT-Drs. II/2781, S. 24.

192 Vgl. dezidiert obige Ausführungen in Teil 3 unter B.I.1.c).

193 Vgl. Art. 13 Abs. 1 UA 2 und Abs. 3 EUV.

194 *Herdegen*, Europäische Bankenunion, WM 2012, 1889 (1893, 1896).

195 *Herdegen*, Europäische Bankenunion, WM 2012, 1889 (1893, 1896 f.).

IV. Die Funktionsaufteilung innerhalb des Europäischen Systems der Finanzaufsicht

Daher scheint es innerhalb der institutionellen Funktionenverteilung des bereits etablierten Systems der europäischen Finanzaufsicht näher zu liegen, im Bereich der mikroprudentiellen Finanzaufsicht die Position der Europäischen Bankenaufsichtsbehörde zu stärken[196] und im Bereich der makroprudentiellen Systemaufsicht den Europäischen Ausschusses für Systemrisiken organisatorisch mit Rechtspersönlichkeit und instrumentell mit Rechtsverbindlichkeit auszustatten. Letzteres hätte zwangsläufig zur Konsequenz, den Einfluss der Europäischen Zentralbank innerhalb des Ausschusses für Systemrisiken weiter als bisher zu beschränken.

1. Bewahrung der Effektivität einer sachnahen Aufsichtsstruktur

Die Europäische Bankenaufsichtsbehörde kann bereits nach aktueller Rechtslage – wie dargelegt – verbindliche Beschlüsse an die mitgliedsstaatlichen Aufsichtsbehörden oder unmittelbar an die Finanzinstitute richten; sogar bis hin zu einer Verfügung, die Geschäftstätigkeit einzustellen.[197] Gleichwohl handelt es sich dabei bislang jeweils lediglich um subsidiäre Eingriffsbefugnisse, deren tatbestandliche Voraussetzungen mit Ausnahme eines Krisenfalls erst dann vorliegen, wenn die primär zuständige Behörde des jeweiligen Mitgliedsstaates entweder den verbindlichen Vorgaben des Europarechts – trotz mehrfacher Aufforderung durch Europäische Aufsichtsbehörde und Kommission – nicht nachgekommen ist oder aber im Rahmen der Aufsicht über ein grenzüberschreitend tätiges Finanzinstitut – trotz Schlichtungsvorgaben der Europäischen Aufsichtsbehörde – mit der beteiligten Behörde des jeweils anderen Mitgliedsstaates keine europarechtskonforme Übereinkunft erzielt hat.[198] Die der Europäischen Bankenaufsichtsbehörde primär zugewiesene Aufgabe beschränkt sich daher bislang im Wesentlichen auf

196 So auch *Herdegen*, Europäische Bankenunion, WM 2012, 1889 (1897), „zumindest für eine Übergangszeit".

197 Art. 17 Abs. 6, 18 Abs. 4 und 19 Abs. 4 der Verordnungen (EU) 1093/2010 und 1094/2010. – Kritisch gegenüber der verfassungsrechtlich hinreichend demokratischen Legitimation der mit der Errichtung der Europäischen Aufsichtsbehörden verbundenen Übertragung von Hoheitsrechten auf die Europäische Union *Häde*, Die europäischen Finanzaufsichtsbehörden, EuZW 2011, 662 (664 f.).

198 Vgl. Art. 17 und 19 der Verordnungen (EU) 1093/2010 und 1094/2010.

eine kohärente Harmonisierung des europäischen Aufsichtsrechts wie auch eine konvergente Koordinierung der mitgliedstaatlichen Aufsichtspraxis.[199]

Soweit die Europäische Kommission nun der Auffassung ist, dass die Finanzkrise der letzten Jahre gezeigt habe, dass eine Koordinierung der nationalen Aufsichtsbehörden zwar unabdingbar, nicht aber ausreichend sei,[200] ist dem sicherlich insoweit zuzustimmen, als die dezentrale Verwaltungsstruktur des Europäischen Systems der Finanzaufsicht systemimmanent gewisse Rationalitätsdefizite mit sich bringt.[201] Ob sich diese Defizite indes durch eine Übertragung sämtlicher Aufsichtsbefugnisse auch der mikroprudentiellen Finanzaufsicht auf eine zentrale Aufsichtsinstanz der Europäischen Union kompensieren lassen,[202] erscheint zumindest zweifelhaft. In Anbetracht der Komplexität und Vielgestaltigkeit der aufsichtskonzeptionell zu bewältigenden Wirklichkeit ist das Steuerungsmodell der integrierten Finanzdienstleistungsaufsicht gerade im Bereich der institutsbezogenen (mikroprudentiellen) Finanzaufsicht sowohl materiell- als auch organisationsrechtlich denknotwenig auf eine sachnahe Struktur der Kooperation zwischen Aufsichtsbehörde und beaufsichtigten Unternehmen angewiesen.[203] Vor diesem Hintergrund erweist sich gerade die Überführung der Finanzaufsicht in die kooperative Organisationsform einer intermediären Bundesanstalt auf nationaler Ebene als funktional angemessene Reaktion auf die zunehmend schwieriger werdende Aufgabe der hoheitlich-imperativen Finanzaufsicht.[204] Die damit verbundene Steigerung von Steuerungseffizienz und -effektivität drohte im Falle einer vollständigen Hochzonung auch der institutsbezogenen Finanzaufsicht auf die supranationale und damit überregionale Ebene der Europäischen Union wieder verloren zu gehen – und zwar ganz unabhängig davon, ob die wesentlichen

---

199 Vgl. Art. 8 abs. 1 lit. a) und b) der Verordnungen (EU) 1093/2010 und 1094/2010, sowie *Kohtamäki*, Reform der Bankenaufsicht in der Europäischen Union, S. 173 f.

200 Mitteilung der *Europäischen Kommission* an das Europäische Parlament und den Rat vom 12. September 2012, KOM(2012) 510, S. 2.

201 Vgl. dazu allgemein *Britz*, Europäischer Verwaltungsverbund, EuR 2006, 46 (50 f.).

202 So die Mitteilung der *Europäischen Kommission* an das Europäische Parlament und den Rat vom 12. September 2012, KOM(2012) 510, S. 2.

203 Vgl. dazu ausführlich obige Ausführungen in Teil 3 unter A.I.2., B.I.1.c) und C. Ähnlich auch noch die Begründung der *Europäischen Kommission* zu ihrem Vorschlag für eine Verordnung des Europäischen Parlaments und des Rates zur Einrichtung einer Europäischen Bankaufsichtsbehörde vom 23. September 2009, KOM(2009) 501 endgültig.

204 Vgl. dazu obige Ausführungen in Teil 3 unter B.I.1. und C.

Aufsichtsbefugnisse der Europäischen Zentralbank oder der Europäischen Bankenaufsichtsbehörde übertragen werden.

Das erkannte im Ansatz auch bereits der ursprüngliche Kommissionsvorschlag. Denn auch danach sollten die nationalen Aufsichtsbehörden in den einheitlichen europäischen Aufsichtsmechanismus, der seinerseits auf den Vorschlägen der Europäischen Kommission zur Umsetzung den neuen Eigenkapital- und Liquiditätsstandards von Basel III[205] beruhen soll,[206] eingebunden werden.[207] Selbst nach Auffassung der Europäischen Kommission verfügten letztlich „die nationalen Aufsichtsbehörden angesichts ihrer Kenntnis der nationalen, regionalen und lokalen Bankenmärkte, ihrer umfangreichen Ressourcen und auch unter Standort- und sprachlichen Gesichtspunkten in vielen Fällen über die besten Voraussetzungen", um eine wirkungsvolle Aufsicht, die alle Banken in den teilnehmenden Mitgliedstaaten umfasst, auch tatsächlich durchzuführen.[208] Aus diesem Grunde sollten die nationalen Aufsichtsbehörden auch nach dem Kommissionsvorschlag sowohl

---

205 Vgl. insoweit bereits die Vorschläge der *Europäischen Kommission* für eine Richtlinie des Europäischen Parlaments und des Rates über den Zugang zur Tätigkeit von Kreditinstituten und die Beaufsichtigung von Kreditinstituten und Wertpapierfirmen und zur Änderung der Richtlinie 2002/87/EG des Europäischen Parlaments und des Rates über die zusätzliche Beaufsichtigung der Kreditinstitute, Versicherungsunternehmen und Wertpapierfirmen eines Finanzkonglomerats vom 20. Juli 2011, KOM(2011) 453 endgültig, sowie für eine Verordnung des Europäischen Parlaments und des Europäischen Rates über die aufsichtsrechtlichen Vorschriften für Kreditinstitute und Wertpapierfirmen vom 20. Juli 2011, KOM(2011) 452 endgültig. Siehe nun auch die verabschiedete Verordnung (EU) Nr. 575/2013 des Europäischen Parlaments und des Rates vom 26. Juni 2013 über Aufsichtsanforderungen an Kreditinstitute und Wertpapierfirmen und zur Änderung der Verordnung (EU) Nr. 646/2012, ABl. EU Nr. L176 vom 27.6.2013, S. 1 ff, sowie die verabschiedete Richtlinie 2013/36/EU des Europäischen Parlaments und des Rates vom 26. Juni 2013 über den Zugang zur Tätigkeit von Kreditinstituten und die Beaufsichtigung von Kreditinstituten und Wertpapierfirmen, zur Änderung der Richtlinie 2002/87/EG und zur Aufhebung der Richtlinien 2006/48/EG und 2006/49/EG, ABl. EU Nr. L176 vom 27.6.2013, S. 338 ff.

206 Nach der Mitteilung der *Europäischen Kommission* an das Europäische Parlament und den Rat vom 12. September 2012, KOM(2012) 510, S. 5, bedürften diese allenfalls einer „gewissen Feinjustierung".

207 Vgl. Erwägungsgrund 28 zum Vorschlag der *Europäischen Kommission* für eine Verordnung zur Übertragung besonderer Aufgaben im Zusammenhang mit der Aufsicht über Kreditinstitute auf die Europäische Zentralbank vom 12. September 2012, KOM(2012) 511 endgültig.

208 So (ausdrücklich) die Begründung der *Europäischen Kommission* zu ihrem Vorschlag für eine Verordnung zur Übertragung besonderer Aufgaben im Zusammenhang mit

bei der Vorbereitung als auch bei der Umsetzung aller in Betracht kommenden Aufsichtsmaßnahmen als eine Art Vorprüfungs- bzw. Ausführungsorgan agieren. Die letztverbindliche Entscheidung sowohl über die Vereinbarkeit des überprüften Vorgangs mit dem europäischen Recht als auch über den Erlass der jeweils beantragten bzw. erforderlichen Aufsichtsmaßnahme sollte nach dem Kommissionsvorschlag indes der europäischen Aufsichtsinstanz obliegen.[209]

Eine solch umfassende Entscheidungskompetenz auf europäischer Ebene stünde jedoch in einem Widerspruch zu dem grundsätzlich dezentralen Vollzugskonzept des Unionsrechts im Bereich der Finanzaufsicht. Die ausnahmslose Anwendung eines solchen zweistufigen Vor- und Hauptprüfungsverfahrens auf sämtliche Maßnahmen der Finanzaufsicht über alle in der Eurozone zugelassenen Banken, wie in dem ursprünglichen Verordnungsvorschlag vorgesehen, führte zu einer Ausdehnung der europäischen Bankenaufsicht, deren Erforderlichkeit nicht zuletzt im Verhältnis zu den unterschiedlichen Risiken, die von den einzelnen Kredit- oder anderen Finanzinstituten für die Funktionsfähigkeit des grenzüberschreitenden Binnenmarktes für Finanzdienstleistungen ausgehen, in Frage zu stellen wäre.

2. Hochzonung der Bankenaufsicht nur bei Angelegenheiten von besonderem gemeinsamen Interesse

Auch aus Gründen einer möglichst weitgehenden Fokussierung bzw. Begrenzung der jeweiligen Steuerungsressourcen der nationalen und supranationalen Ebene auf die jeweils wesentlichen Aufsichtsaufgaben dürfte daher die zweite Stufe der bankenaufsichtsrechtlichen Hauptprüfung einer zentralen Aufsichtsinstanz auf der Ebene der Europäischen Union nur für den Fall übertragen werden, dass es sich tatsächlich um eine „Angelegenheit von besonderem gemeinsamen Interesse“[210] handelt.[211] Insoweit begründete die Europäische Kommission das entsprechende

---

der Aufsicht über Kreditinstitute auf die Europäische Zentralbank vom 12. September 2012, KOM(2012) 511 endgültig, S. 5.

209 So in Bezug auf Rolle der nationalen Aufsichtsbehörden innerhalb des einheitlichen Aufsichtsmechanismus im Verhältnis zur Europäischen Zentralbank die Begründung der *Europäischen Kommission* zu ihrem Vorschlag für eine Verordnung zur Übertragung besonderer Aufgaben im Zusammenhang mit der Aufsicht über Kreditinstitute auf die Europäische Zentralbank vom 12. September 2012, KOM(2012) 511 endgültig, S. 5 f.

210 Begriff von *Kämmerer*, Das neue Europäische Finanzaufsichtssystem, NVwZ 2011, 1281 (1287).

211 Auch die Staats- und Regierungschefs der Mitgliedsstaaten der Europäischen Union haben sich insoweit auf der Grundlage des Kommissionsvorschlags nur auf die

Erfordernis einer einheitlichen europäischen Aufsicht in weiten Teilen mit den erheblichen Bedrohungen, denen die Finanzstabilität in der gesamten Wirtschafts- und Währungsunion ausgesetzt ist.[212] Da die Finanzstabilität aber originärer Gegenstand der makroprudentiellen Systemaufsicht und nur mittelbar der mikroprudentiellen Finanzaufsicht ist, sollte aus Gründen aufsichtssystematischer Konsistenz auch mit Blick auf die erforderliche Hochzonung der aufsichtsrechtlichen Befugnisse zwischen beiden Aufsichtsbereichen unterschieden werden.[213]

Daher erscheint es naheliegend, die in besonderem Maße auf eine sachnahe Aufsichtsstruktur angewiesene mikroprudentielle Finanzaufsicht über die angemessene Eigenmittelausstattung und ausreichende Zahlungsbereitschaft der Banken und anderen Finanzinstitute – im Rahmen weitgehender Harmonisierungs- und Koordinierungsvorgaben auf europäischer Ebene – weiterhin primär den nationalen Aufsichtsbehörden zu überlassen, diese aber gleichzeitig zu verpflichten, der europäischen Aufsichtsinstanz umgehend alle wesentlichen Informationen sowohl über die aufsichtsrelevanten Unternehmensdaten als auch die ergriffenen Aufsichtsmaßnahmen weiterzuleiten. Auf der Grundlage dieser Informationen könnte die Europäische Bankenaufsichtsbehörde in einem zweiten Schritt auf der Grundlage der ihr bereits zukommenden Befugnisse überprüfen, ob die nationale Aufsichtsbehörde die zwingenden Vorgaben des europaweit harmonisierten Aufsichtsrechts hinreichend beachtet hat. Sollte dies nicht der Fall sein, sprechen mit Blick auf die steuerungskonzeptionelle Rationalität zweifelsohne gute Gründe dafür, das bereits etablierte Verfahren, an dessen Ende die Europäische Bankenaufsichtsbehörde selbst gegenüber den mitgliedsstaatlichen Aufsichtsbehörden oder sogar unmittelbar gegenüber den Finanzinstituten verbindliche Vorgaben machen

---

Errichtung einer europäischen Bankenaufsicht über besonders große, grenzüberschreitend tätige und damit systemrelevante Banken einigen können. Danach gilt ein Kreditinstitut als besonders groß bzw. systemrelevant, wenn seine Bilanzsumme mehr als 30 Milliarden Euro beträgt oder mehr als 20 Prozent der Wirtschaftskraft ihres Heimatlandes ausmacht. Vgl. dazu nunmehr Art. 5 des Kommissionsvorschlags in der Kompromissfassung vom 16. April 2013, Ratsdokument 7776/13/1 REV 1.

212 Vgl. nur die Mitteilung der *Europäischen Kommission* an das Europäische Parlament und den Rat vom 12. September 2012, KOM(2012) 510, S. 2.

213 Zur Bedeutung der Unterscheidung zwischen mikroprudentieller Finanzaufsicht und makroprudentieller Systemaufsicht im Zusammenhang mit der Reform der Bankenaufsicht in der Europäischen Union siehe auch *Kohtamäki*, Reform der Bankenaufsicht in der Europäischen Union, S. 13.

kann, in wesentlichen Teilen zu beschleunigen.[214] Gleichwohl gilt es auch insoweit zu berücksichtigen, dass bereits aktuell die Europäische Bankenaufsichtsbehörde über ihr weitreichendes Initiativrecht zur Verabschiedung technischer Regulierungs- und Durchführungsstandards durch die Europäische Kommission eine auch vorgängige Disziplinierung der mitgliedstaatlichen Finanzaufsicht in die Wege leiten kann, ohne einen Krisenfall oder Rechtsbruch abwarten zu müssen.[215]

Die Informationen über die aufsichtsrelevanten Daten der beaufsichtigten Unternehmen einschließlich der ergriffenen Aufsichtsmaßnahmen können zudem auf europäischer Ebene in einen umfassenden Datenpool aufgenommen werden, auf dessen Grundlage das Gesamtrisiko für das Finanzsystem europaweit sicherlich besser beurteilt werden kann als allein auf nationaler Ebene. Aus diesem Grund scheint es gerechtfertigt, die bereits bestehende Vorrangstellung des Europäischen Ausschusses für Systemrisiken gegenüber der Europäischen Zentralbank im Bereich der makroprudentiellen Systemaufsicht[216] weiter auszubauen, indem dessen Beschlüssen materiellrechtliche Rechtsverbindlichkeit und dem Ausschuss selbst organisationsrechtliche Selbstständigkeit zuerkannt wird. In diesem Fall müsste die Mitwirkung der Europäischen Zentralbank innerhalb des Ausschusses für Systemrisiken aufgrund der bereits benannten Zielkonflikte mit ihrer vorrangigen Aufgabe der Gewährleistung der Preisstabilität begrenzt werden. Nur so bliebe die Europäische Zentralbank auch im Bereich der makroprudentiellen Aufsicht über die Stabilität des Finanzsystems auf die mit ihrer originären Aufgabe der Währungs- und Notenbank zu vereinbarende Rolle des beratenden Sachverständigen begrenzt.

D. Europäischer Verwaltungsverbund der Finanzaufsichtsbehörden

Trotz der Erweiterung der Überprüfungs- und Interventionsbefugnisse sowohl der Europäischen Bankenaufsichtsbehörde als auch des Europäischen Ausschusses

---

214 Die Schwerfälligkeit der Entscheidungsverfahren war wie so häufig der Preis dafür, sich überhaupt auf ein einheitliches System der Finanzaufsicht auf europäischer Ebene geeinigt haben zu können. Vgl. dazu auch *Kämmerer*, Das neue Europäische Finanzaufsichtssystem, NVwZ 2011, 1281 (1281, 1287).

215 Dessen Bedeutung hebt auch *Kämmerer*, Das neue Europäische Finanzaufsichtssystem, NVwZ 2011, 1981 (1986 f.), noch einmal hervor.

216 Zu dem Verhältnis von ESRB und EZB im Bereich der makroprudentiellen Systemaufsicht siehe auch *Hartig*, Befugnisse von EZB und ESRB auf dem Gebiet der Finanzsystemstabilität, EuZW 2012, 775 (777 f.).

für Systemrisiken fügt sich der vorstehend in diesem Rahmen lediglich in groben Zügen zu skizzierende (Alternativ-)Vorschlag einer auf Angelegenheiten von besonderem gemeinsamen Interesse begrenzten Hochzonung der Bankenaufsicht – anders als der Verordnungsvorschlag der Europäischen Kommission – nicht nur in das bestehende System der Europäischen Finanzaufsicht ein. Insbesondere wahrt er mit Blick auf das Erfordernis einer sachnahen und dennoch parlamentsverantwortlichen Aufsichtsstruktur die steuerungskonzeptionellen Unterschiede sowohl zwischen mikroprudentieller Finanzaufsicht und makroprudentieller Systemaufsicht als auch diejenigen zwischen Finanz- und Systemaufsicht einerseits und der Aufgabe einer stabilitätsorientierten Geldwertsicherung andererseits.

Nicht ohne Grund ist bereits die bestehende Struktur des (neuen) Europäischen Systems der Finanzaufsicht in seinem aktuell noch gültigen Aufgabenzuschnitt als „Grundstein einer neuen europäischen Finanzmarktarchitektur" oder sogar darüber hinaus als mögliches „Zukunftsmodell für eine europäisierte Verwaltungsarchitektur" qualifiziert worden.[217] Bereits die Möglichkeit, dass verschiedene Europäische Aufsichtsbehörden mit je eigener Rechtspersönlichkeit und nicht die Europäische Kommission als eigentliches Hauptverwaltungsorgan der Europäischen Union[218] Verwaltungs(vollzugs)befugnisse an sich ziehen können, die bisher den Behörden der Mitgliedsstaaten vorbehalten waren,[219] hat die Kompetenzverteilung nicht nur im Verhältnis von nationaler und supranationaler Verwaltungsebene, sondern im Verhältnis der europäischen Organe untereinander verändert.[220] Insbesondere aber haben die Errichtung der Europäischen

217 Siehe nur *Baur/Boegl*, Die neue Europäische Finanzmarktaufsicht – Der Grundstein ist gelegt, BKR 2011, 177, *Lehmann/Manger-Nestler*, Die Vorschläge zur neuen Architektur der europäischen Finanzaufsicht, EuZW 2010, 87, *Möllers*, Auf dem Weg zu einer neuen europäischen Finanzmarktaufsichtsarchitektur, NZG 2010, 285, sowie *Kämmerer*, Das neue Europäische Finanzaufsichtssystem, NVwZ 2011, 1281 (1286 f.).

218 So *Sydow*, Verwaltungskooperation in der Europäischen Union, S. 61. Ihre Exekutiv- und Verwaltungsfunktionen (Art. 17 Abs. 1 S. 5 EUV) werden in Art. 298 Abs. 1 AEUV zusätzlich gewährleistet.

219 *Häde*, Die europäischen Finanzaufsichtsbehörden, EuZW 2011, 662 (664 f.).

220 Während das Tätigkeitsfeld der Kommission im Bereich der europarechtlichen Gesetzgebung auf der (Zwischen-)Stufe der die Basisrechtsakte konkretisierenden Durchführungs- bzw. Ergänzungs- und Änderungsbestimmungen noch einmal erweitert worden ist, sind die unionseigenen Verwaltungsfunktionen institutionell in einem zunehmend dezentralen Behördensystem weiter ausdifferenziert worden. Gewisse Parallelen zur horizontalen Kompetenzverschiebung innerhalb der nationalen Gewaltengliederung sind erkennbar.

Bankenaufsichtsbehörde und die Etablierung eines Europäischen Systems der Finanzaufsicht bereits zu einer verbesserten Zusammenarbeit der nationalen Aufsichtsbehörden wie auch zur Ausarbeitung eines einheitlichen Regelwerks des Finanzaufsichtsrechts in der Europäischen Union beigetragen.[221]

Um die verbliebenen Rationalitätsdefizite des im Wesentlichen horizontalen Kooperationsverbunds der nationalen Aufsichtsbehörden, die sich systembedingt aus der dezentralen Verwaltungsstruktur des europäischen Binnenmarktes ergeben, zu kompensieren, liegt es dann aber – im Vergleich zur Übertragung wesentlicher Befugnisse der Bankenaufsicht auf die Europäische Zentralbank – näher, innerhalb der bestehenden, bislang bereits bewährten Funktionenverteilung des Europäischen Systems für Finanzaufsicht der Europäischen Aufsichtsbehörde und dem Europäischen Ausschuss für Systemrisiken weitere Vollzugskompetenzen in Angelegenheiten von besonderem gemeinsamen Interesse auf europäischer Ebene einzuräumen. Im Bereich der mikroprudentiellen Finanzaufsicht werden horizontale Kooperation und vertikale Koordination bzw. Exekution organisatorisch in den Europäischen Aufsichtsbehörden zu einer effektiveren Wirkungseinheit zusammengeführt als in der Organisationsstruktur der Europäischen Zentralbank.[222] Auch die notwendiger Weise erhöhte Perspektive der makroprudentiellen Systemaufsicht spricht dafür, die Vorrangstellung des Europäischen Ausschusses für Systemrisiken auszuweiten, nicht aber den Geschäftskreis der Europäischen Zentralbank.

Insgesamt blieben damit auch die Kategorien des mitgliedsstaatlichen Vollzugs des Unionsverwaltungsrechts und des unionseigenen Vollzugs des Eigenverwaltungsrechts in dem konzeptionellen Rahmen des „Europäischen Verwaltungsverbunds […] hierarchische[r], kooperative[r] und netzwerkartige[r] Strukturen"

---

221 So auch ausdrücklich die Begründung der *Europäischen Kommission* zu ihrem Verordnung zur Übertragung besonderer Aufgaben im Zusammenhang mit der Aufsicht über Kreditinstitute auf die Europäische Zentralbank vom 12. September 2012, KOM(2012) 511 endgültig, S. 2.

222 Ähnlich auch schon in Bezug auf die so genannten „Level-3-Ausschüsse" *Boos/Stein*, Finanzmarktintegration und Aufsichtskonvergenz in der EU, ZfgK 2006, 325 (328). Allgemein zur Verschränkung der Organisationsprinzipien der Kooperation und Hierarchie in der Ordnungsidee des Verbundmodells vgl. *Schmidt-Aßmann*, Der Europäischer Verwaltungsverbund und die Rolle des Europäischen Verwaltungsrechts, in: Schmidt-Aßmann/Schöndorf-Haubold (Hrsg.), Der Europäische Verwaltungsverbund, 1 (7), sowie *dens.*, Europäischen Verwaltungsrecht, in: Schmidt-Aßmann/Hoffmann-Riem (Hrsg.), Strukturen des Europäischen Verwaltungsrechts, 9 (19).

miteinander verbunden.[223] Über die Kompetenzverflechtung der mitgliedsstaatlichen und europäischen Aufsichtsbehörden[224] wäre die Rationalität des Steuerungsmodells der integrierten Finanzdienstleistungsaufsicht mit seinen Bewirkungsmodi der präregulierenden Gewährleistungsaufsicht einerseits und der ministeriellen Verwaltung kooperativer Selbstverwaltung andererseits in eine konsistente Ordnung der Finanzaufsicht auf europäischer Ebene einbettet, ohne deren steuerungskonzeptionelle Effizienz- und Effektivitätsvorteile zu relativieren.[225]

---

223 Vgl. dazu auch *Ruffert*, in: Callies/Ruffert (Hrsg.), Kommentar zum EUV/AEUV, Art. 298 AEUV Rn. 1, sowie Art. 197 AEUV Rn. 12 und 20, jeweils m.w.Nachw. *Kohtamäki*, Reform der Bankenaufsicht in der Europäischen Union, S. 4, spricht insoweit von einem „Konzept des Europäischen Systems der Finanzaufsicht als Netzverbund europäischer und nationaler Finanzaufsichtsbehörden".

224 Siehe dazu bereits obige Ausführungen und vor allem Nachweise unter B. – Im Verhältnis der europäischen zu den nationalen Aufsichtsbehörden werden die materiellen Kompetenzzuweisungen nunmehr durch die so genannten „Omnibusrichtlinien I und II" ergänzt bzw. geändert. Die Omnibusrichtlinie I 2010/78/EU des Europäischen Parlaments und des Rates vom 24. November 2010 zur Änderung der Richtlinien 98/26/EG, 2002/87/EG, 2003/6/EG, 2003/41/EG, 2003/71/EG, 2004/39/EG, 2004/109/EG, 2005/60/EG, 2006/48/EG, 2006/49/EG und 2009/65/EG im Hinblick auf die Befugnisse der Europäischen Aufsichtsbehörde (Europäische Bankenaufsichtsbehörde), der Europäischen Aufsichtsbehörde (Europäische Aufsichtsbehörde für das Versicherungswesen und die betriebliche Altersversorgung) und der Europäischen Aufsichtsbehörde (Europäische Wertpapier-und Marktaufsichtsbehörde), ABl. EU vom 15.12.2010, L 331/120, ist nicht nur bereits auf europäischer Ebene erlassen, sondern mit dem Gesetz zur Umsetzung der Richtlinie 2010/78/EU vom 24. November 2010 im Hinblick auf die Errichtung des Europäischen Finanzaufsichtssystems, BGBl. 2011-I, S. 2427 in nationales Recht umgesetzt worden. Demgegenüber ist das Gesetzgebungsverfahren mit Blick auf die Omnibusrichtlinie II selbst auf europäischer Ebene bisher noch nicht über den Vorschlag der Europäischen Kommission für eine Richtlinie des Europäischen Parlaments und des Rates zur Änderung der Richtlinien 2003/71/EG und 2009/138/EG im Hinblick auf die Befugnisse der Europäischen Aufsichtsbehörde für das Versicherungswesen und die betriebliche Altersversorgung und der Europäischen Wertpapieraufsichtsbehörde vom 19. Januar 2011, KOM/2011/0008 endgültig, hinausgekommen. Soweit die Omnibusrichtlinien auch die Bereiche festlegen, die es zukünftig durch technische Standards zu konkretisieren gilt, werden die jeweiligen Vorschriften für den Bereich der Bankenaufsicht durch die Umsetzung der Vorgaben von Basel III ein weiteres Mal geändert werden.

225 Nicht beleuchtet kann an dieser Stelle die Frage nach dem Erfordernis eines „belastbaren Verwaltungsverfahrensrechts" in dem Kompetenzgeflecht des europäischen Verwaltungsverbundes der Finanzaufsicht. Vgl. dazu den Problemaufriss von *Geber*, Bankenaufsicht ohne Verwaltungsverfahren?, EuZW 2013, 298 ff.

Schlussbetrachtung

Mit dem Begriff der präregulierenden Gewährleistungsaufsicht lässt sich der Referenzpunkt kennzeichnen, der die Position der integrierten Finanzdienstleistungsaufsicht in dem Koordinatensystem der hoheitlichen Aufsicht über die Privatwirtschaft bestimmt, wie es im *ersten Teil* der Untersuchung über die „Grundlegenden Strukturparameter der Wirtschaftsaufsicht" skizzenhaft nachgezeichnet worden ist. Inhaltlich profiliert der Begriff die im *dritten Teil* analysierten Zielsetzungen und Bewirkungsmodi des „Steuerungsmodells der integrierten Finanzdienstleistungsaufsicht". Er zeigt damit den konzeptionellen Systemzusammenhang auf, den es – trotz des krisenbedingt nochmals erhöhten Reformdrucks – auch im Zuge der aktuellen Neujustierung des finanzaufsichtsrechtlichen Ordnungsrahmens im Auge zu behalten gilt, um nicht nur kurzfristig die Verwerfungen auf den Finanzmärkten zu beseitigen, sondern auch langfristig die nationale wie auch supranationale Finanzaufsicht auf ein konsistentes und tragfähiges Steuerungskonzept zu gründen.

A. Zusammenfassung

Die im *zweiten Teil* der Arbeit in den Blick genommenen und in eine Struktur gebrachten „Maßstäbe und Instrumente" der integrierten Finanzdienstleistungsaufsicht verfolgen – in ihrer aktuellen Ausprägung wie auch infolge der Umsetzung von Solvency II und Basel III – grundsätzlich übereinstimmend das Ziel, auf der Grundlage risikoadäquater Organisationsstrukturen einer risikobewussten Geschäftsführung eine solide Kapitalausstattung und -anlage der beaufsichtigten Institute sicherzustellen, um so einen funktionellen Rahmen zu gewährleisten, in dem die Institute ihre Verpflichtungen möglichst jederzeit und dauerhaft erfüllen werden. Die steuerungskonzeptionelle Umsetzung dieser Vorgabe erfolgt dabei in der Erwartung, dass ein grundsätzlich marktgemäßer Ordnungsrahmen hinreichend solvabler und liquider Finanzdienstleistungsunternehmen die dauerhafte bzw. jederzeitige Erfüllbarkeit der (vertraglichen) Verpflichtungen gegenüber den jeweiligen Institutskunden gewährleisten wird. Die Aufsicht über die finanzielle Solidität der Banken und Versicherungen ergänzt mithin den primär zivilrechtlichen

Ausgleich zwischen dem jeweiligen Institut und seinem Kunden zum Zweck eines möglichst liberalen Einleger- und Versicherten- bzw. Verbraucherschutzes.

Im Unterschied zu dem Steuerungskonzept der (Netzwirtschafts-)Regulierung soll die integrierte Finanzdienstleistungsaufsicht unter der Voraussetzung des privat- sowie wettbewerbsrechtlich organisierten Marktes allerdings nur die Funktionsfähigkeit des Finanzdienstleistungswesens in Form solvabler und liquider Finanzdienstleistungsinstitute sicherstellen, nicht jedoch – darüber hinausgehend bzw. darauf aufbauend – auch die konkrete (Grund-)Versorgung mit (daseinsnotwendigen) Finanzdienstleistungen. Damit fehlt der Finanzaufsicht letztlich gerade der Bewirkungsgrad einer auf dem Ordnungssystem des privatwirtschaftlichen Wettbewerbs basierenden staatlichen Daseinsvorsorge, der in Form eines Universaldienstleistungsregimes den konzeptionellen Anknüpfungspunkt eines übergreifenden Steuerungsmodells der Regulierung, das heißt auch jenseits des engeren netzwirtschaftlichen Problemhorizonts, markiert. Dadurch bleibt die integrierte Finanzdienstleistungsaufsicht im Verhältnis zur Regulierung auf einer aufsichtskonzeptionellen Vorstufe stehen, der Stufe der *Präregulierung*.

Gleichwohl weisen deren typusbildende Merkmale verschiedentlich die regulierungsähnlichen Instrumente und Verfahren einer fortdauernden Institutsbegleitung auf. Mit der Umsetzung der europarechtlich mediatisierten Vorgaben von Basel II und Solvency II werden die quantitativ-generellen Mindestanforderungen an die kredit-, finanzdienstleistungs- und versicherungsinstitutionell angemessene Eigenmittelausstattung (Solvabilität) bzw. ausreichende Zahlungsbereitschaft (Liquidität) vermehrt durch qualitativ-individuelle Maßstabsvariablen ergänzt. Diese sollen unter dem Anreiz letztlich geringerer Solvenzanforderungen möglichst mithilfe institutseigener Berechnungsmethoden auf der Grundlage eines organisatorischen Gesamtkonzepts risikoorientierter Unternehmenssteuerung konkretisiert werden. Auch die in dem Maßnahmenpaket zur Umsetzung von bzw. im Vorgriff auf Basel III vorgesehenen Höchstverschuldens- und modifiziert bilanziellen Eigenkapitalquoten werden diesen risikosensitiven Wesenskern des finanzaufsichtlichen Steuerungsmodells nicht beseitigen, sondern lediglich ergänzen.

Die steuerungskonzeptionelle Anknüpfung der finanzaufsichtlichen Maßstabskonkretisierung an unternehmensintern bestimmte Faktoren ist nicht zuletzt die Konsequenz der ganz allgemein zu verzeichnenden Defizite, die einseitig hoheitliche Steuerungsprogramme gegenüber einer zunehmend komplexer werdenden Gesellschaft aufweisen, so auch und insbesondere im Bereich der Finanzwirtschaft. Dementsprechend mündet die Aufsicht über die finanzielle Solidität von Kredit-, Versicherungs- und anderen Finanzdienstleistungsinstituten letztlich in einen über den gesamten Zeitraum der Geschäftstätigkeit fortdauernden, interaktiven

Steuerungsprozess aus umfassenden Informations- und Organisationspflichten der Unternehmen einerseits und korrelierenden Auskunfts-, Prüfungs- und auch Korrekturbefugnissen der Aufsichtsbehörden andererseits. Im Rahmen einer solch kooperativen Erfüllung der Finanzaufsicht bleibt dem Recht als zentralem Steuerungsmedium des demokratischen Rechtsstaates die Aufgabe gestellt, den über die Anreizwirkung geringerer Mindestsolvenzanforderungen aktivierten unternehmensinternen Steuerungskräften die zu erreichenden Ziele vorzugeben, sodann die organisatorischen und prozeduralen Erreichungsstrukturen bzw. -optionen aufzuzeigen und jenseits dessen nicht mehr als die Einhaltung materieller Mindeststandards einzufordern.

Solchermaßen (re-)strukturiert lässt sich die Finanzaufsicht auch weiterhin als eine Variante der Wirtschaftsaufsicht begreifen. Die Vorgabe, mit dem der gesellschaftliche Bereich der Finanzwirtschaft in Übereinstimmung gebracht bzw. gehalten werden soll, beschränkt sich nicht mehr (nur) konkret auf eine quantitative Größe, sondern umfasst (auch) bzw. zuvor ganz allgemein eine qualitative Handlungspflicht. Durch diese wird das beaufsichtigte Unternehmen zu einem (Gemeinwohl-)Beitrag verpflichtet, der zur Sicherstellung seiner hinreichenden Solvabilität und Liquidität erforderlich ist. Die insoweit privatwirtschaftliche Erfüllung der öffentlichen Steuerungsaufgabe wird ihrerseits aufsichtsbehördlich beobachtet, kontrolliert und notfalls korrigiert. In dem Verhältnis dieses Zusammenwirkens obliegt dem hoheitlichen Funktionsträger anstelle der originären „Erfüllungs- bzw. Vollzugsverantwortung“ die allein ergebnisbezogene „Gewährleistungs- bzw. Regulierungsverantwortung“. Dementsprechend umfasst das finanzaufsichtsrechtliche Instrumentarium nicht nur Elemente der primär qualitativen Kooperation, sondern auch solche der subsidiär quantitativen Imperation, um die Rahmenbedingungen eines möglichst liberalen Verbraucherschutzes letztverbindlich sicherstellen zu können. Der Bewirkungsmechanismus der integrierten Finanzdienstleistungsaufsicht gründet sich damit auf das allgemeine Steuerungskonzept der regulierten Selbstregulierung, innerhalb dessen Faktoren der Ökonomisierung, Privatisierung, und Prozeduralisierung der Steuerungsaufgabe in Ansatz gebracht werden. Im Kontext der vielfältigen, zunehmend am Wettbewerbsprinzip ausgerichteten Erscheinungsformen der Wirtschaftsaufsicht lässt sich die integrierte Finanzdienstleistungsaufsicht demnach insgesamt kennzeichnen und abgrenzen durch den Begriff der *präregulierenden Gewährleistungsaufsicht.*

Auch die (staats-)organisatorische Auslagerung der Finanzaufsicht in eine absolut spezialisierte, aber nur relativ verselbstständigte Verwaltungseinheit der Bundesanstalt folgt einem ähnlichen Muster wie der materielle Wandel von der unmittelbaren Erfüllung zur mittelbaren Gewährleistung der öffentlichen

Aufsichtsaufgabe. Die Bundesanstalt bietet dementsprechend eine sachnahe und kooperative Organisationsstruktur zwischen staatlicher Fachbürokratie und gesellschaftlicher Flexibilität. Die institutionelle Unabhängigkeit der Bundesanstalt ist weniger die Folge einer mit der Organisationsrechtsform der selbstständigen Bundesanstalt verbundenen Dezentralisierung. Sie bildet das Unterpfand der mit der kooperativen Struktur beabsichtigten Konzentration spezifischer Fach- und Entscheidungskompetenz. Unbeschadet dessen fügt sich jedoch die Organisation der Bundesanstalt auch in die – sowohl im Verhältnis von Staat und Gesellschaft (in Form der vertikalen Kompetenzverschiebung) als auch im Verhältnis von unmittelbar parlamentsnaher und mittelbar parlamentsferner Verwaltung (in Form der horizontalen Kompetenzverschiebung) beobachtbare – allgemeine Entwicklung hin zu einer zunehmenden Enthierarchisierung und Ausdifferenzierung der hoheitlichen (Wirtschafts-)Verwaltung.

Im Zuge dieses materiell wie organisatorisch tief greifenden Strukturwandels der Aufsicht kristallisiert sich zunehmend heraus, dass die funktionale Rationalität zum maßgeblichen Kriterium der (verbliebenden) Steuerungsfähigkeit des Rechts wird. Zwar ergeben sich die (Rationalitäts-)Erfordernisse einer aufgabenadäquaten Steuerungseffizienz und -effektivität aus den grundgesetzlichen Vorgaben der Demokratie wie auch der Rechts- und Sozialstaatlichkeit. Doch führen sie damit zugleich bereits auf Verfassungsebene zu einer Relativierung der Bereichsscheidung bzw. zu einer Mehrdimensionalisierung von materieller Freiheit und organisierter Staatlichkeit. Daher gilt es zu erkennen, dass sowohl der materiellrechtliche Steuerungsansatz der hoheitlichen Regulierung gesellschaftlicher Selbstregulierung als auch das organisationsrechtliche Steuerungsmodell der ministeriellen (An-) Leitung behördlicher Selbstverwaltung eine funktional rationale Reaktion auf die von hoher Komplexität und Dynamik geprägte Steuerungsaufgabe der Finanzaufsicht darstellen.

Diese Aufgabe stellt sich in einer immer engermaschigen Verflechtung von Nationalität und Supranationalität gerade im Bereich grenzüberschreitend tätiger Finanzdienstleistungsinstitute nicht mehr allein auf der und für die nationalstaatliche Ebene. Auf die europaweit infolge der Finanzkrise der letzten Jahre sichtbar gewordenen Steuerungsdefizite reagierte der europäische Gesetzgeber zunächst mit der Installation eines neuen Europäischen Systems der Finanzaufsicht, bestehend aus dem Europäischen Ausschusses für Systemrisiken sowie den Europäischen Aufsichtsbehörden. Mit der Ergänzung des bereits zuvor etablierten, horizontalen Kooperationsverbundes der nationalen Aufsichtsbehörden um vertikale Vollzugskompetenzen der unionalen Einrichtungen sind bereits erste Rationalitätsdefizite kompensiert worden, die sich systembedingt aus der dezentralen

Verwaltungsstruktur des europäischen Binnenmarktes ergeben. Gleichwohl obliegt die eigentliche Aufgabe der laufenden Finanzaufsicht jedenfalls aktuell noch primär den national zuständigen Aufsichtsbehörden der einzelnen Mitgliedsstaaten, während die Europäischen Aufsichtsbehörden im Wesentlichen die weichen Aufgaben des Informationsaustausches und der Koordination zwischen den nationalen Behörden wahrnehmen. Insgesamt werden damit die Kategorien des dezentralen, mitgliedsstaatlichen Vollzugs des Unionsverwaltungsrechts und des zentralen, unionseigenen Vollzugs des Eigenverwaltungsrechts im Konzeptrahmen eines Europäischen Verwaltungsverbunds hierarchischer, kooperativer und netzwerkartiger Strukturen miteinander verbunden. Über die Kompetenzverflechtung der mitgliedsstaatlichen und europäischen Aufsichtsbehörden wird auch die Rationalität des Steuerungsmodells der integrierten Finanzdienstleistungsaufsicht mit seinen Bewirkungsmodi der präregulierenden Gewährleistungsaufsicht und der ministeriellen (An-)Leitung kooperativer Selbstverwaltung in die konsistente Ordnung der Finanzaufsicht auf europäischer Ebene eingebettet, ohne deren steuerungskonzeptionelle Effizienz- und Effektivitätsvorteile zu relativieren.

B. Ausblick

Eine Prognose über den Einfluss der vorstehend zusammengefassten Ergebnisse auf die rechtswissenschaftliche Diskussion über die bzw. auf die rechtstatsächlich fortgeschrittene Entwicklung der Neuausrichtung der Finanzdienstleistungsaufsicht erscheint schwierig; zumal sie die Zukunft eines Rechtsbereichs betrifft, dessen Strukturen in (Über-)Reaktion auf die weitreichenden Auswirkungen der systemischen Finanzkrise zwar zu Recht in Frage, aber sogleich auch in Abrede gestellt worden sind.

Dass die bisher bereits umgesetzten bzw. zu erwartenden Änderungen des materiellrechtlichen Ordnungsrahmens den herausgeschälten Wesenskern des finanzaufsichtlichen Steuerungsmodells allenfalls ergänzt, keinesfalls aber verändert haben, stimmt zuversichtlich, dass die präregulierende Gewährleistungsaufsicht auch weiterhin die kategorische Basis des materiellrechtlichen Steuerungsmodells der integrierten Finanzdienstleistungsaufsicht bilden wird, mögen infolge der Finanzkrise auch Lücken bzw. Schwächen einzelner Maßstäbe und Instrumente zu Tage getreten sein. Innerhalb des die Wirtschaftsaufsicht allgemein prägenden Ausgleichsverhältnisses zwischen größtmöglicher Freiheit und geringstmöglichem Risiko bleibt der hoheitliche Funktionsträger insbesondere der Finanzaufsicht auch zukünftig denknotwendig auf die Erweiterung seiner Steuerungsressource um das institutsspezifische Steuerungswissen (Effizienz) und die Erweiterung seiner Steuerungswirkung um die institutsspezifischen Steuerungsmaßnahmen (Effektivität) angewiesen, um das Rationalitätsdefizit lediglich einseitig hoheitlicher Steuerungsfähigkeit ausgleichen zu können. Ein primär kooperatives System der integrierten Finanzdienstleistungsaufsicht mit nur subsidiär hierarchischen Elementen erscheint daher ohne Alternative. Als Referenzgebiet der präregulierenden Gewährleistungsaufsicht zeigt das materiellrechtliche Steuerungsmodell der integrierten Finanzdienstleistungsaufsicht vielmehr seinerseits rechtspolitische Optionen für die Neuausrichtung der staatlichen Steuerung anderer Wirtschaftszweige von ähnlicher Komplexität und Dynamik auf.

Nicht zuletzt aus diesem Grunde ist aber daher auch organisationsrechtlich die von der Europäischen Kommission vorgeschlagene und von den europäischen Staats- und Regierungschefs im Wesentlichen befürwortete Übertragung der wesentlichen Befugnisse der Bankenaufsicht auf die Europäische Zentralbank zumal mit Blick auf den Zweck der angestrebten Rationalitätssteigerung der europäischen Bankenaufsicht zumindest in Zweifel zu ziehen. Dem mit dem Reformvorhaben verbundenen strukturtiefen Umbruch der organisatorischen Rahmenbedingungen der Finanzaufsicht stehen nicht nur verfassungs- bzw. europarechtliche Vorgaben wie die Vereinbarkeit mit der Sicherstellung der Preisstabilität als originärer Aufgabe einer Noten- und Währungsbank und damit das Erfordernis der absoluten Unabhängigkeit dieser Aufgabenwahrnehmung entgegen. Auch die Bewahrung der Effektivität einer sachnahen Aufsichtsstruktur der kooperativen Wahrnehmung der Aufsichtsaufgabe spricht gerade im Bereich der mikroprudentiellen Finanzaufsicht für eine allenfalls behutsame Hochzonung einzelner, im Wesentlichen reaktiver Durchgriffsbefugnisse in Angelegenheiten von besonderem gemeinsamen Interesse.

Die steuerungskonzeptionellen Vorteile eines globalen Rahmens für die Finanzaufsicht im Zusammenspiel mit dem lokalen Sachverstand der für die Beaufsichtigung auf Mikroebene zuständigen Behörden der Mitgliedstaaten, in denen die Institute ihren Hauptsitz haben, sind nicht nur von der Europäischen Kommission selbst noch im Zeitpunkt der Errichtung des Europäischen Systems der Finanzaufsicht besonders hervorgehoben worden. Sie überwiegen auch die von ihr nunmehr ausgemachten Rationalitätsdefizite des dezentralen Vollzugsmodells einer europäischen Finanzaufsicht weiterhin deutlich. Sofern tatsächlich infolge der Finanzkrise weitere Rationalitätsmängel zu Tage getreten sind, liegt es nahe, innerhalb der bestehenden Funktionenverteilung des Europäischen Systems für Finanzaufsicht im Bereich der mikroprudentiellen Finanzaufsicht der Europäischen Aufsichtsbehörde und im Bereich der makroprudentiellen Systemaufsicht dem Europäischen

Ausschuss für Systemrisiken weitere Vollzugskompetenzen einzuräumen. Damit würden auf der insoweit beizubehaltenden Basis des grundsätzlich dezentralen Vollzugskonzeptes des Europarechts lediglich einzelne Parameter, nicht hingegen die Grundstruktur des organisatorischen Ordnungsrahmens der integrierten Finanzdienstleistungsaufsicht verändert.

Literaturverzeichnis

Afhüppe, Sven / Benders, Rolf — Steinbrück baut Finanzaufsicht um. Ministerium erwägt Integration der BaFin in die Bundesbank – Auch USA planen Stärkung der Notenbanken, in: Handelsblatt vom 13. November 2008, S. 1.

Anderheiden, Michael — Gemeinwohl in Republik und Union, Tübingen 2006.

Angerer, August — Grundlinien der Versicherungsaufsicht, Karlsruhe 1985.

Artopoeus, Wolfgang — Die Zukunft der Bankenaufsicht, in: Pitschas (Hrsg.), Integrierte Finanzdienstleistungsaufsicht, Berlin 2002, S. 265–281.

\- — Soviel unternehmerische Freiheit wie möglich, in: Zeitschrift für das gesamte Kreditwesen 1994, S. 1085–1990.

Assmann, Heinz-Dieter / Schneider, Uwe H. (Hrsg.) — Wertpapierhandelsgesetz, Kommentar, 6. Auflage, Köln 2012,
zitiert: *Bearbeiter*, in: Assmann/Schneider (Hrsg.), Kommentar zum WpHG, § … Rn. ….

Auerbach, Dirk / Donner, Kirsten — Änderungen bei den aufsichtlichen Eingriffsinstrumenten des KWG durch das Restrukturierungsgesetz, in: Der Betrieb 2011, Beilage 4 zu Heft 13, S. 17–22.

Badura, Peter — Daseinsvorsorge als Verwaltungszweck der Leistungsverwaltung und der soziale Rechtsstaat,in: Die Öffentliche Verwaltung 1966, S. 624 ff.

- Die parlamentarische Demokratie. in: Isensee/Kirchhof (Hrsg.), Handbuch des Staatsrechts, Band II, 3. Auflage, Heidelberg 2004, § 25.

- Gestaltungsfreiheit und Beurteilungsspielraum der Verwaltung, in: Püttner (Hrsg. u.a.), Festschrift für Otto Bachof zum 70. Geburtstag, München 1984, S. 169–189.

- Staatsziel „Europäische Integration“, in: Hengstschläger (Hrsg.), Für Staat und Recht, Festschr. für Schambeck, Berlin 1994, S. 887–906.

- Wirtschaftliche Betätigung der öffentlichen Hand zur Gewährleistung der Daseinsvorsorge, in: Schwarze (Hrsg.), Daseinsvorsorge im Lichte des Wettbewerbsrechts, Baden-Baden 2001, S. 25–39.

- Wirtschaftsverfassung und Wirtschaftsverwaltung. Ein exemplarischer Leitfaden, 4. Auflage, Tübingen 2011.

Badura, Peter / Danwitz, Thomas von / Herdegen, Matthias / Sedemund, Jochim / Stern, Klaus (Hrsg.) — Beck’scher PostG-Kommentar. Postgesetz, 2. Auflage, München 2004, zitiert: *Bearbeiter*, in: Badura/v. Danwitz/ Herdegen/Sedemund/ Stern (Hrsg.), Kommentar zum PostG, § … Rn. ….

Bähr, Biner / Bähr, Gunne W. — Krise und Insolvenz eines Versicherungsunternehmens, in: Bähr (Hrsg.), Handbuch des Versicherungsaufsichtsrechts, München 2011, § 16.

Bähr, Gunne W. — Das Generalklausel- und Aufsichtssystem des VAG im Strukturwandel: eine öffentlich-rechtliche Studie zur Standortbestimmung der deutschen Versicherungsaufsicht im europäischen Binnenmarkt, Karlsruhe 2000.

- Die laufende Überwachung von Geschäftsleitern von Versicherungsunternehmen durch die Aufsichtsbehörde, in: Bähr (Hrsg.), Handbuch des Versicherungsaufsichtsrechts, München 2011, § 12.

Baldus, Manfred Übertragung von Hoheitsrechten auf ausländische Staaten im Bereich der Sicherheitsverwaltung, in: Die Verwaltung 32 (1999), S. 481–504.

Barbey, Günther Probleme einer strukturgerechten Rechtsprechung im Bereich der Versicherungsaufsicht, in: Versicherungsrecht 1985, S. 101–110.

Barbier, Hans D. Markt an Staat, in: Frankfurter Allgemeine Zeitung vom 28. März 2008, S. 13.

Bartsch, Andreas Finanzmarktkrise: Die Stunde der Rechtssetzer?, in: Zeitschrift für Rechtspolitik 2009, S. 97–101.

Bauer, Hartmut Informelles Verwaltungshandeln im öffentlichen Wirtschaftsrecht, in: Verwaltungsarchiv 78. Band (1987), S. 241–268.

- Privatisierung von Verwaltungsaufgaben, in: Veröffentlichungen der Vereinigung Deutscher Staatsrechtslehrer, Band 54 (1995), S. 243–286.

Baur, Georg / Boegl, Martin Die neue europäische Finanzmarktaufsicht – Der Grundstein ist gelegt, in: Bank- und Kapitalmarktrecht 2011, S. 177–186.

Beck, Heinz / Samm, Carl-Theodor / Kokemoor, Axel (Hrsg.) Gesetz über das Kreditwesen, Kommentar mit Materialien und ergänzenden Vorschriften, Band II, 161. Aktualisierung (Stand: Dezember 2013), Heidelberg, zitiert: *Bearbeiter*, in: Beck/Samm/Kokemoor, Kommentar zum KWG, § … Rn. ….

Becker, Florian Die Reform der Finanzmarktaufsicht, in: Die Öffentliche Verwaltung 2010, S. 909–916.

- Staatlich-private Rechtsetzung in globalisierten Finanzmärkten, in: Zeitschrift für Gesetzgebung 2009, S. 123–140.

Becker, Florian / Mock, Sebastian Kommentar zum FMStG – Finanzmarktstabilisierungsgesetz, Köln 2009, zitiert: *Becker/Mock*, Kommentar zum FMStG, § … Rn. ….

Becker, Joachim Der transnationale Verwaltungsakt – Übergreifendes europäisches Rechtsinstitut oder Anstoß zur Entwicklung mitgliedstaatlicher Verwaltungskooperationsgesetze?, in: Deutsches Verwaltungsblatt 2001, S. 855–866.

Berg, Wilfried Die öffentlichrechtliche Anstalt, in: Neue Juristische Wochenschrift 1985, S. 2294–2301.

Berkhoff, Christine / Bölscher, Jens Neue Herausforderungen an die deutsche Versicherungsaufsicht in den Zeiten von Solvency II, in: Zeitschrift für Versicherungswesen 2007, S. 284–287.

Berkenbusch, Kathrin Grenzüberschreitender Informationsaustausch im Banken-, Versicherungs- und Wertpapieraufsichtsrecht, Baden-Baden 2004.

Berringer, Christian Regulierung als Erscheinungsform der Wirtschaftsaufsicht, München 2004.

Beuthien, Volker Öffentliche Kreditwirtschaft zwischen Marktanpassung und Strukturwandel, in: Wertpapiermitteilungen 2004, S. 1467–1475.

Binder, Jens-Hinrich Krisenbewältigung im Spannungsfeld zwischen Aufsichts-, Kapitalmarkt- und Gesellschaftsrecht – Anwendungsprobleme des Finanzmarktstabilisierungsgesetzes, in: Wertpapiermitteilungen 2008, S. 2340 – 2349.

Blaurock, Uwe Daseinsvorsorge im Bereich der Bankdienstleistungen, in: Schwarze (Hrsg.), Daseinsvorsorge im Lichte des Wettbewerbrechts, Baden-Baden 2001, S. 113–136.

Blumenwitz, Dieter / Bausback, Winfried	Gutachterliche Stellungnahme zur Übertragung der Bankensaufsicht auf die Deutsche Bundesbank und ihre Landeszentralbanken, Würzburg, den 14. Oktober 2000.
Böckenförde, Ernst-Wolfgang	Demokratie als Verfassungsprinzip, in: Isensee/Kirchhof (Hrsg.), Handbuch des Staatsrechts, Band II, 3. Auflage, Heidelberg 2004, § 24.
Boos, Karl-Heinz / Fischer, Reinfrid / Schulte-Mattler, Hermann (Hrsg.)	Kreditwesengesetz. Kommentar zum KWG und Ausführungsvorschriften, 2. Auflage, München 2004, zitiert: *Bearbeiter*, in: Boos/Fischer/Schulte-Mattler (Hrsg.), Kommentar zum KWG (2004), § … Rn. ….
-	Kreditwesengesetz. Kommentar zum KWG und Ausführungsvorschriften, 3. Auflage, München 2008, zitiert: *Bearbeiter*, in: Boos/Fischer/Schulte-Mattler (Hrsg.), Kommentar zum KWG (2008), § … Rn. ….
-	Kreditwesengesetz. Kommentar zum KWG und Ausführungsvorschriften, 4. Auflage, München 2012, zitiert: *Bearbeiter*, in: Boos/Fischer/Schulte-Mattler (Hrsg.), Kommentar zum KWG, § … Rn. ….
Boos, Karl-Heinz / Stein, Björn Christian	Finanzmarktintegration und Aufsichtskonvergenz in der Europäischen Union, in: Zeitschrift für das gesamte Kreditwesen 2006, S. 325–328.
Brandi, Tim Oliver / Gieseler, Konrad	Vorschläge der EU-Kommission zur einheitlichen Bankenaufsicht in der Eurozone, in: Betriebsberater 2012, S. 2646–2650.
Breuer, Rüdiger	Die öffentlichrechtliche Anstalt, in: Veröffentlichungen der Vereinigung der Deutschen Staatsrechtslehrer, Band 44 (1986), S. 211–247.

Britz, Gabriele Organisation und Organisationsrecht, in: Fehling/Ruffert (Hrsg.), Regulierungsrecht, Tübingen 2010, § 21,

\- Vom Europäischen Verwaltungsverbund zum Regulierungsverbund? – Europäische Verwaltungsentwicklung am Beispiel der Netzzugangsregulierung bei Telekommunikation, Energie und Bahn, in: Europarecht 2006, S. 46–77.

Brohm, Winfried Situative Gesetzesanpassung durch die Verwaltung,in: Neue Zeitschrift für Verwaltungsrecht 1988, S. 794–799.

Brosius-Gersdorf, Frauke Deutsche Bundesbank und Demokratieprinzip, Berlin 1997.

Buchmüller, Patrik Basel II. Hinwendung zur prinzipienorientierten Bankenaufsicht, Baden-Baden 2008.

Büchner, Christian Die Abgrenzung der Finanzaufsicht von der sonstigen Rechtsaufsicht im deutschen Versicherungsrecht, Münster 2002.

Bullinger, Martin Regulierung als modernes Instrument zur Ordnung liberalisierter Wirtschaftszweige, in: Deutsches Verwaltungsblatt 2003, S. 1355–1361.

\- Staatsaufsicht in der Wirtschaft, in: Veröffentlichungen der Vereinigung Deutscher Staatsrechtslehrer, Band 22 (1965), S. 264–328.

Bumke, Christian Kapitalmarktregulierung – Eine Untersuchung über Konzeption und Dogmatik des Regulierungsverwaltungsrechts, in: Die Verwaltung 41 (2008), S. 227–257.

Burgi, Martin Das subjektive Recht im Energie-Regulierungsverwaltungsrecht, in: Deutsches Verwaltungsblatt 2006, S. 269–277.

- Übergreifende Regelung des Rechts der Regulierungsverwaltung – Realisierung einer Kodifikation?, in: Neue Juristische Wochenschrift 2006, S. 2439–2444.

- Verwaltungsorganisationsrecht, in: Erichsen/Ehlers (Hrsg.), Allgemeines Verwaltungsrecht, 14. Auflage, Berlin 2010, § 7.

Bürkle, Jürgen Die aufsichtsrechtlichen Eingriffsbefugnisse nach Solvency II – Legalitätskontrolle statt materieller Aufsicht, in: Dreher/Wandt (Hrsg.), Solvency II in der Rechtsanwendung, Karlsruhe 2009, S. 191–224.

- Die rechtliche Dimension von Solvency II, in: Versicherungsrecht 2007, S. 1595–1601.

- Geschäftsorganisation und Compliance von Versicherungsunternehmen, in: Bähr (Hrsg.), Handbuch des Versicherungsaufsichtsrechts, München 2011, § 9.

- Sicherungsvermögen und Sicherungsfonds: Neue aufsichtsrechtliche Instrumente in der Krise von Versicherungsunternehmen, in: Zeitschrift für Versicherungswesen 2006, S. 19–27.

Bürkle, Jürgen / Scheel, Hansjörg Der Aufsichtsrat von Versicherungsunternehmen, in: Bähr (Hrsg.), Handbuch des Versicherungsaufsichtsrechts, München 2011, § 13.

Burmeister, Günter Cornelius Herkunft, Inhalt und Stellung des institutionellen Gesetzesvorbehalts – Zugleich ein Beitrag zur Dogmatik des Verwaltungsorganisationsrechts, Berlin 1991.

Büschgen, Hans E. / Börner, Christoph J. Bankbetriebslehre, 4. Auflage, Stuttgart 2003.

Callies, Christian — Finanzkrisen als Herausforderung der Rechtsetzung, in: Veröffentlichungen der Vereinigung der Deutschen Staatsrechtslehrer, Band 71 (2012), S. 113–176.

Calliess, Christian / Ruffert, Matthias (Hrsg.) — EUV/AEUV. Das Verfassungsrecht der Europäischen Union mit Europäischer Grundrechtscharta. Kommentar, 4. Auflage, München 2011,
zitiert: *Bearbeiter*, in: Calliess/Ruffert (Hrsg.), Kommentar zum EUV/AEUV, Art. … Rn. ….

Canaris, Claus-Wilhelm — Grundrechte und Privatrecht, in: Archiv für civilistische Praxis 184. Band (1984), S. 201–246.

- — Systemdenken und Systembegriff in der Jurisprudenz. Entwickelt am Beispiel des deutschen Privatrechts, 2. Auflage, Berlin 1983.

Caspari, Karl Burkhard — Allfinanzaufsicht in Europa, Bonn 2003.

Cluse, Michael / Cremer, Andreas — Die Umsetzung von Basel II in deutsches Recht, in: Zeitschrift für das gesamte Kreditwesen 2006, S. 329–334.

Corsten, Hans / Klose, Martin — Integrative Wirkungen monetärer Dienstleistungen auf Anbieterseite, in: Corsten/Hilke (Hrsg.), Integration von Finanzdienstleistungen, BankAssurance – AssuranceBanking – Allfinanz, Wiesbaden 1999, S. 1–28.

Dagtoglou, Prodromas — Der Private in der Verwaltung als Fachmann und Interessenvertreter. Die Rechtsproblematik, Heidelberg 1964.

- — Kollegialorgane und Kollegialakte der Verwaltung, Stuttgart 1960.

Danwitz, Thomas von — Die Gestaltungsfreiheit des Verordnungsgebers – Zur Kontrolldichte verordnungsgeberischer Entscheidungen, Berlin 1989.

- — Europäisches Verwaltungsrecht, Berlin (u.a.) 2008.

- Systemgedanken eines Rechts der Verwaltungskooperation, in: Schmidt-Aßmann/Hoffmann-Riem (Hrsg.), Strukturen des Europäischen Verwaltungsrechts, Baden-Baden 1999, S. 171–190.

- Was ist eigentlich Regulierung?, in: Die Öffentliche Verwaltung 2004, 977–985.

Depenheuer, Otto Bürgerverantwortung im demokratischen Verfassungsstaat, in: Veröffentlichungen der Vereinigung Deutscher Staatsrechtslehrer, Band 55 (1996), S. 90–127.

Detterbeck, Steffen Allgemeines Verwaltungsrecht mit Verwaltungsprozessrecht, 10. Auflage, München 2012.

Deutsche Bundesbank Änderung der neu gefassten EU-Bankenrichtlinie und der EU-Kapitaladäquanzrichtlinie sowie Anpassung der Mindestanforderungen an das Risikomanagement, in: Monatsbericht September 2009, S. 67–83.

- Basel III – Leitfaden zu den neuen Eigenkapital- und Liquiditätsregeln für Banken, 2011.

- Die Mitwirkung der Deutschen Bundesbank an der Bankenaufsicht, in: Monatsbericht September 2000, S. 33–45.

- Einlagensicherung und Anlegerentschädigung in Deutschland, in: Monatsbericht Juli 2000, S. 29–45.

- Finanzkonglomerate und ihre Beaufsichtigung, in: Monatsbericht April 1994, S. 49–61.

- Neue Eigenkapitalanforderungen für Kreditinstitute (Basel II), in: Monatsbericht September 2004, S. 75–100.

- Regelwerk zur Eindämmung systemischer Risiken, in: Finanzstabilitätsbericht 2011, S. 67–85.

- Zur Steuerung von Liquiditätsrisiken in Kreditinstituten, in: Monatsbericht September 2008, S. 59–74.

Di Fabio, Udo Der offene Staat in der Wirtschaftsgesellschaft, in: Kirchhof/Lehner/Raupach/Rodi (Hrsg.), Staaten und Steuern, Festschrift für Klaus Vogel zum 70. Geburtstag, Heidelberg 2000, S. 3–19.

- Verwaltung und Verwaltungsrecht zwischen gesellschaftlicher Selbstregulierung und staatlicher Steuerung, in: Veröffentlichungen der Vereinigung Deutscher Staatsrechtslehrer, Band 56 (1997), S. 235–282.

- Verwaltungsvorschriften als ausgeübte Beurteilungsermächtigung, in: Deutsches Verwaltungsblatt 1992, S. 1338–1346.

- Wettbewerbsprinzip und Verfassung, in: Zeitschrift für Wettbewerbsrecht 2007, S. 266–276.

Döhler, Marian Das Modell der unabhängigen Regulierungsbehörde im Kontext des deutschen Regierungs- und Verwaltungssystems, in: Die Verwaltung 34 (2001), S. 59–91.

Dohms, Rüdiger Die Vorstellungen der Kommission zur Daseinsvorsorge, in: Schwarze (Hrsg.), Daseinsvorsorge im Lichte des Wettbewerbsrechts, Baden-Baden 2001, S. 41–72.

Dreher, Meinrad Das Risikomanagement nach § 64a VAG und Solvency II, in: Versicherungsrecht 2008, S. 998–1007.

- Die Versicherung als Rechtsprodukt, Tübingen 1991.

Dreher, Meinrad / Lange, Martin Die Vollharmonisierung der Versicherungsaufsicht durch Solvency II, in: Versicherungsrecht 2011, S. 825–834.

Dreher, Meinrad / Schaaf, Martin — Die Veröffentlichungspflichten von Versicherungsunternehmen gegenüber der Allgemeinheit nach Sovency II – Der Bericht über Solvabilität und Finanzlage und die Publizität nach Handels- sowie Kapitalmarktrecht, in: Dreher/Wandt (Hrsg.), Solvency II in der Rechtsanwendung, Karlsruhe 2009, S. 129–185.

Dreier, Horst — Hierarchische Verwaltung im demokratischen Staat: Genese, aktuelle Bedeutung und funktionelle Grenzen eines Bauprinzips der Exekutive, Tübingen 1991.

Dreier, Horst (Hrsg.) — Kommentar zum Grundgesetz, Band III: Artikel 83–146, 2. Auflage, Tübingen 2008, zitiert: *Bearbeiter*, in: Dreier (Hrsg.), Kommentar zum GG, Art. … Rn. ….

Edelbluth, Markus — Gewährleistungsaufsicht. Zur Verlagerung der Kontrollverantwortung in den gesellschaftlichen Bereich am Beispiel des Abfallrechts, Baden-Baden 2008.

Ehlers, Dirk — Allgemeine Lehren, in: Ehlers (Hrsg.), Europäische Grundrechte und Grundfreiheiten, 3. Auflage, Berlin 2009, § 7.

- — Allgemeine Lehren der Unionsgrundrechte in: Ehlers (Hrsg.), Europäische Grundrechte und Grundfreiheiten, 3. Auflage, Berlin 2009, § 14.

- — Das Versicherungsaufsichtsrecht, in: Achterberg/Püttner (Hrsg.), Besonderes Verwaltungsrecht, Bd. I, 1/2, Heidelberg 1990.

- — Ziele der Wirtschaftsaufsicht, 1997.

Ehlers, Dirk / Achelpöhler, Wilhelm — Die Finanzierung der Wirtschaftsaufsicht des Bundes durch Wirtschaftsunternehmen, in: Neue Zeitschrift für Verwaltungsrecht 1993, S. 1025–1031.

Eifert, Martin — Die geteilte Kontrolle – Die Beteiligung Privater an der Rechtsverwirklichung, in: Die Verwaltung 39 (2006), S. 309–334.

\- — Regulierungsstrategien, in: Hoffmann-Riem/Schmidt-Aßmann/Voßkuhle (Hrsg.), Grundlagen des Verwaltungsrechts, Bd. I, 2. Auflage 2012, München 2012, § 19.

Eilert, Hergen — VAG-Novelle regelt Sicherungsfonds, in: Versicherungswirtschaft 2005, S. 115–117.

Ellwein, Thomas / Hesse, Jens Joachim — Der überforderte Staat, Frankfurt am Main 1997.

Emde, Ernst Thomas — Die demokratische Legitimation der funktionalen Selbstverwaltung, Berlin 1991.

Engel, Christoph — Institutionen zwischen Staat und Markt, in: Die Verwaltung 34 (2001), S. 1–24.

Erne, Roland — Das Recht der Kreditgeschäfte, in: Claussen (Hrsg.), Bank- und Börsenrecht für Studium und Praxis, 4. Auflage, München 2008, § 5.

Fahr, Ulrich — Die Umsetzung der Versicherungsrichtlinien der Dritten Generation in deutsches Recht, in: Versicherungsrecht 1992, S. 1033–1047.

Fahr, Ulrich / Kaulbach, Detlef / Bähr, Gunne W. / Pohlmann, Petra — Kommentar zum Versicherungsaufsichtsgesetz – VAG – mit Finanzdienstleistungsaufsichtsgesetz (FinDAG); 5. Auflage, München 2012,
zitiert: *Bearbeiter*, in: Fahr/Kaulbach Bähr/Pohlmann, Kommentar zum VAG, § … Rn. ….

Farny, Dieter — Solvabilität und Solvabilitätspolitik der Versicherungsunternehmen, in: Zeitschrift für die gesamte Versicherungswissenschaft 1984, S. 35–67.

\- — Versicherungsbetriebslehre, 5. Auflage, Karlsruhe 2011.

Fehling, Michael — Instrumente und Verfahren, in: Fehling/Ruffert (Hrsg.), Regulierungsrecht, Tübingen 2010, § 20.

\- — Versicherungsaufsicht im Spiegel der verwaltungsrechtlichen Regulierungsdebatte, in: Bergeest/Labes (Hrsg.), Liber amicorum für Gerrit Winter, Karlsruhe 2007, S. 171–189.

Fichtmüller, Carl-Peter — Zulässigkeit ministerialfreier Räume in der Bundesverwaltung, in: Archiv des öffentlichen Rechts, 91. Band (1966), S. 297–355.

Fischer, Reinfrid — Grundlagen, in: Schimansky/Bunte/Lwowski (Hrsg.), Bankrechtshandbuch, Band II, 4. Auflage, München 2011, § 125.

Forsthoff, Ernst — Lehrbuch des Verwaltungsrechts, Band I: Allgemeiner Teil, 10. Auflage, München 1973.

Franke, Günter / Krahnen, Jan Pieter — Finanzmarktkrise: Ursachen und Lehren, in: Frankfurter Allgemeine Zeitung vom 24. November 2007, S. 13.

Frenz, Walter — Handbuch Europarecht, Band 1, Europäische Grundfreiheiten, Berlin (u.a.) 2004.

\- — Handbuch Europarecht, Band 4, Europäische Grundrechte, Berlin (u.a.) 2009.

Frenzel, Eike Michael — „Völlige Unabhängigkeit" im demokratischen Rechtsstaat, in: Die Öffentliche Verwaltung 2010, S. 925–931.

Friauf, Karl Heinrich / Höfling, Wolfram (Hrsg.) — Berliner Kommentar zum Grundgesetz, Band 4, 39. Ergänzungslieferung, Berlin 2012,
zitiert: *Bearbeiter*, in: Friauf/Höfling (Hrsg.), Kommentar zum GG, Art. … Rn. ….

Fricke, Martin — Die VAG-Novelle 2004 – Die wesentlichen Änderungen des VAG durch das Gesetz zur Änderung des Versicherungsaufsichtsgesetzes und anderer Gesetze vom 15.12.2004, in: Versicherungsrecht 2005, S. 161–171.

- Versicherungsaufsicht integriert – Versicherungsaufsicht unter dem Gesetz über die integrierte Finanzdienstleistungsaufsicht, in: Neue Versicherungszeitschrift 2002, S. 337–344.

Frotscher, Werner / Kramer, Urs Wirtschaftsverfassungs- und Wirtschaftsverwaltungsrecht. Eine systematische Einführung anhand von Grundfällen, 5. Auflage, München 2008.

Fürtsenwerth, Jörg Freiherr von / Gause, Bernhard Die Erweiterung des Lamfalussy-Verfahrens auf den Versicherungssektor, in: Wandt/Reiff/Looschleders/Bayer (Hrsg.), Kontinuität und Wandel des Versicherungsrechts, Festschrift für Egon Lorenz zum 70. Geburtstag, Karlsruhe 2004, S. 253–281.

Gaddum, Johann Wilhelm Allfinanz, in: Zeitschrift für das gesamte Kreditwesen 1989, S. 710–712.

Geber, Frederic Bankenaufsicht ohne Verwaltungsverfahrensrecht?, in: Europäische Zeitschrift für Wirtschaftsrecht 2013, S. 298–301.

Geerlings, Jörg Die neue Rolle der Bundesbank im Europäischen System der Zentralbanken – Von der Reichsbank zur Europäischen Zentralbank, in: Die Öffentliche Verwaltung 2003, S. 322–328.

Geiger, Rudolf / Khan, Daniel-Erasmus / Kotzur, Markus (Hrsg.) EUV/AEUV. Kommentar zum Vertrag über die Europäische Union und Vertrag über die Arbeitsweise der Europäischen Union, München 2010,
zitiert: *Bearbeiter*, in: Geiger/Khan/Kotzur (Hrsg.), Kommentar zum EUV und AEUV, Art. … EUV/AEUV Rn. ….

Geppert, Martin / Piepenbrock, Hermann-Josef / Schütz, Raimund / Schuster, Fabian (Hrsg.) Beck'scher TKG-Kommentar. Telekommunikationsgesetz, München 2006,
zitiert: *Bearbeiter*, in: Geppert/Piepenbrock/Schütz/Schuster (Hrsg.), Kommentar zum TKG, § … Rn. ….

Geschwandtner, Marcus Staatliche Aufsicht über das genossenschaftliche Kreditwesen, Göttingen 2005.

Geyer, Christian Routine- und Anlassprüfungen gemäß § 44 KWG, als Instrumente der Bankenaufsicht, in: Blümler (Hrsg. u.a.), § 44 KWG-Prüfungen im Kreditgeschäft. Werthaltigkeitsprüfungen und neues bankgeschäftliches Prüfungsverfahren der Bankenaufsicht und Wirtschaftsprüfer, Köln 2005, § 1.

Goldberg, Alfred / Müller Helmut Versicherungsaufsichtsgesetz: Gesetz über die Beaufsichtigung der privaten Versicherungsunternehmungen; Gesetz über die Errichtung eines Bundesaufsichtsamtes für das Versicherungswesen; Bundesaufsichtsgesetz. Kommentar, Berlin (u.a.) 1980,
zitiert: *Bearbeiter*, in: Goldberg/Müller, Kommentar zum VAG, § ... Rn. ....

Goretzky, Kai-Michael / Sijanski, Grozdana Die neue Anlageverordnung: Ein bisschen Solvency II schon 2008?, in: Versicherungswirtschaft 2007, S. 2054–2060.

Götz, Volkmar Innere Sicherheit, in: Isensee/Kirchhof (Hrsg.), Handbuch des Staatsrechts, Band IV, 3. Auflage, Heidelberg 2006, § 85.

Grabitz, Eberhard / Hilf, Meinhard / Nettesheim, Martin (Hrsg.) Das Recht der Europäischen Union, Band I, EUV/AEUV, 48. Ergänzungslieferung, Stand: Dezember 2013, München,
zitiert: *Bearbeiter*, in: Grabitz/Hilf/Nettesheim (Hrsg.), Kommentar zum EUV/AEUV, Art. ... Rn. ....

Gramlich, Ludwig Die rechtswissenschaftliche Sicht einer neuen Bankenaufsichtsstruktur in Deutschland, in: Pitschas (Hrsg.), Integrierte Finanzdienstleistungsaufsicht, Berlin 2002, S. 313–360.

\- Recht der Bankwirtschaft, in: Schmidt (Hrsg.) Öffentliches Wirtschaftsrecht. Besonderer Teil 1, Berlin (u.a.) 1995, S. 421–561.

Gramm, Christof — Verfassungsrechtliche Grenzen der Zusammenarbeit mit auswärtigen Staaten im Hoheitsbereich, in: Deutsches Verwaltungsblatt 1999, 1237–1244.

Gräwert, Alexander — Solvency II – Ausrichtung an Basel II, in: Zeitschrift für Versicherungswesen 2006, S. 326–330.

Grimm, Dieter — Regulierte Selbstregulierung in der Tradition des Verfassungsstaates, in: Die Verwaltung 2001 (Beiheft 4), S. 9–19.

\- — Wachsende Staatsaufgaben – sinkende Steuerungsfähigkeit des Rechts, Baden-Baden 1990.

Gröpl, Christoph — Die Ökonomisierung von Verwaltung und Verwaltungsrecht,in: Verwaltungsarchiv 93. Band (2002), S. 459–483.

Gröschner, Rolf — Das Überwachungsrechtsverhältnis, Wirtschaftsüberwachung in gewerbepolizeirechtlicher Tradition und wirtschaftsverwaltungsrechtlichem Wandel, Tübingen 1992.

Gröschner, Rolf — Wirtschaftsüberwachung in der gewerbepolizeilichen Tradition und wirtschaftsverwaltungsrechtlichem Wandel, in: Makswit/ Schoch (Hrsg.), Vom Gewerbepolizeirecht zum Wirtschaftsverwaltungsrecht, Berichte zur 26. Tagung der Wissenschaftlichen Mitarbeiter „Öffentliches Recht" vom 11. bis 14. März 1986 in Kiel, Berlin (u.a.) 1986, S. 177–202.

Groß, Thomas — Das Kollegialprinzip in der Verwaltungsorganisation, Tübingen 1999.

\- — Die administrative Föderalisierung der EG, in: Juristenzeitung 1994, S. 596–605.

\- — Die Kooperation zwischen europäischen Agenturen und nationalen Aufsichtsbehörden, in: Europarecht 2005, S. 54–68.

Grote, Joachim — Anmerkung zur EuGH, Urteil vom 12. Oktober 2004 (Rs C-222/02), in: Versicherungsrecht 2005, S. 103–104, zitiert: *Grote*, Anm. zu EuGH, Rs C-222/02, Peter Paul, VersR 2005, 103 (…).

Grzeszick, Bernd — Hoheitskonzept – Wettbewerbskonzept, in: Isensee/Kirchhof (Hrsg.), Handbuch des Staatsrechts, Band IV, 3. Auflage, Heidelberg 2006, § 78.

Häde, Ulrich — Bankenaufsicht aus einer Hand? – Rechtfragen einer Neuordnung, in: Zeitschrift für das gesamte Kreditwesen 2009, S. 64–65.

\- — Bankenaufsicht und Grundgesetz, in: Juristenzeitung 2001, S. 105–114.

\- — Rechtliche Vorgaben zur Organisation der Bankenaufsicht, in: Kluth/Müller/Peilert (Hrsg.), Wirtschaft – Verwaltung – Recht, Festschrift für Rolf Stober zum 65. Geburtstag, Köln (u.a.) 2008, S. 467–482.

\- — Wer kontrolliert die Kontrolleure? – Demokratische Verantwortlichkeit und rechtsstaatliche Kontrolle der europäischen Finanzaufsichtsbehörden, in: Europäische Zeitschrift für Wirtschaftsrecht 2011, S. 662–666.

Hagemeister, Hans-Otto — Die neue Bundesanstalt für Finanzdienstleistungsaufsicht, in: Wertpapiermitteilungen 2002, 1773–1780.

Hahn, Hugo J. — Allfinanz, in: Zeitschrift für das gesamte Kreditwesen 1989, S. 712–717.

Hammen, Horst — KWG-rechtliche und EG-rechtliche Aspekte des Kreditgeschäfts § 1 Abs. 1 Satz 2 Nr. 2 KWG, in: Wertpapiermitteilungen 1998, S. 741–748.

Hanusch, Horst / Kuhn, Thomas / Cantner, Thomas — Volkswirtschaftslehre 1, Grundlegende Mikro- und Makroökonomik, 5. Auflage, Berlin 2000, zitiert: *Hanusch/Kuhn/Cantner*, Volkswirtschaftslehre, S. ….

Hartig, Helge — Die Befugnisse von EZB und ESRB auf dem Gebiet der Finanzsystemstabilität, in: Europäische Zeitschrift für Wirtschaftsrecht 2012, S. 775–779.

Hartmann-Wendels, Thomas / Pfingsten, Andreas / Weber, Martin — Bankbetriebslehre, 5. Auflage, Berlin (u.a.) 2010.

Häusele, Stefan — Aufsicht über Finanzkonglomerate, in: Zeitschrift für Versicherungswissenschaft 1994, S. 563–632.

Hecker, Jan — Marktoptimierende Wirtschaftsaufsicht – Öffentlich-rechtliche Probleme staatlicher Wirtschaftsinterventionen zur Steigerung der Funktionsfähigkeit des Marktes, Tübingen 2007.

Heitmann, Phlipp A. — Kaptalanlagevorschriften, in: Bähr (Hrsg.), Handbuch des Versicherungsaufsichtsrechts, München 2011, § 17.

Heller, Hermann — Staatslehre, hrsg. von Gerhart Niemeyer, 4. Auflage, 1970.

Hellwig, Martin — Finanzmarktregulierung – Welche Regelungen empfehlen sich für den deutschen und europäischen Finanzsektor – Finanzkrise und Reformbedarf, Gutachten E für den 68. Deutschen Juristentag, in: Ständige Deputation des Deutschen Juristentages (Hrsg.), Verhandlungen des 68. Deutschen Juristentages, Band I, München 2010, S. E 1–57.

Henke, Wilhelm — System und Institute des öffentlichen Rechts der Wirtschaft, in: Deutsches Verwaltungsblatt 1983, S. 982–989.

Herdegen, Matthias — Bundesbank und Bankenaufsicht: Verfassungsrechtliche Fragen, in: Wertpapiermitteilungen 2000, S. 2121–2125.

\- — Europäische Bankenunion: Wege einer einheitlichen Bankenaufsicht, in: Wertpapiermitteilungen 2012, S. 1889–1898.

Hermes, Georg — Staatliche Infrastrukturverantwortung. Rechtliche Grundstrukturen netzgebundener Transport- und Übertragungssysteme zwischen Daseinsvorsorge und Wettbewerbsregulierung am Beispiel der leitungsgebundenen Energieversorgung in Europa, Tübingen 1998.

Hesse, Konrad — Grundzüge des Verfassungsrechts der Bundesrepublik Deutschland, Neudruck der 20. Auflage, Heidelberg 1999.

Heun, Werner — Der Staat und die Finanzkrise, in Juristische Zeitung 2010, S. 53–62.

\- — Rechtgutachten zur verfassungsrechtlichen Zulässigkeit verschiedener Organisationsmodelle zur Umgestaltung der Bankenaufsicht, im Auftrag des Bundesministeriums der Finanzen, vom 5. September 2000.

Hillgruber, Christian — Grundrechtlicher Schutzbereich, Grundrechtsausgestaltung und Grundrechtseingriff, in: Isensee/Kirchhof (Hrsg.), Handbuch des Staatsrechts, Band IX, 3. Auflage, Heidelberg 2011, § 200.

\- — Grundrechtsschutz im Vertragsrecht, in: Archiv für civilistische Praxis 191. Band (1991), 69–86.

Hirdina, Ralph — Verfassungsrechtliche Aspekte zur Funktion einer reformierten Bundesbank bei der Allfinanzaufsicht, in: Zeitschrift für Bank- und Kapitalmarktrecht 2001, S. 135–139.

Hoffmann-Riem, Wolfgang — Eigenständigkeit der Verwaltung, in: Hoffmann-Riem/Schmidt-Aßmann/Voßkuhle (Hrsg.), Grundlagen des Verwaltungsrechts, Bd. I, 2. Auflage, München 2012, § 10.

\- Tendenzen der Verwaltungsrechtsentwicklung,in: Die Öffentliche Verwaltung 1997, S. 433–442.

\- Verantwortungsteilung als Schlüsselbegriff moderner Staatlichkeit, in: Kirchhof/Lehner/Raupach/Rodi (Hrsg.), Staaten und Steuern, Festschrift für Klaus Vogel zum 70. Geburtstag, Heidelberg 2000, S. 47–64.

Höfling, Wolfram — Finanzmarktregulierung – Welche Regelungen empfehlen sich für den deutschen und europäischen Finanzsektor – Finanzkrise und Reformbedarf, Gutachten F für den 68. Deutschen Juristentag, in: Ständige Deputation des Deutschen Juristentages (Hrsg.), Verhandlungen des 68. Deutschen Juristentages, Band I, München 2010, S. F 1–64.

Hohlfeld, Knut — Die Zukunft des Verbraucherschutzes im Privatkundengeschäft der Versicherungen, in: Versicherungswirtschaft 1991, S. 1494–1502.

\- Internationale Harmonisierung der Versicherungsaufsicht, in: Wandt/Reiff/Looschelders/Bayer (Hrsg.), Kontinuität und Wandel des Versicherungsrechts, Festschrift für Egon Lorenz zum 70. Geburtstag, S. 333–353.

\- Versicherungsaufsicht – Allfinanzaufsicht. Zusammenarbeit von Versicherungs-, Bank- und Wertpapieraufsehern, in: Bork/Hoeren/Pohlmann (Hrsg.), Recht und Risiko, Festschrift für Helmut Kollhosser zum 70. Geburtstag, Bd. I, Versicherungsrecht, Karlsruhe 2004, S. 151–164.

Holmquist, Jörgen	Europäische Bankenaufsicht – die Perspektive der Europäischen Kommission, in: Zeitschrift für das gesamte Kreditwesen 2007, 271–273.
Hölscher, Reinhold	Risiken und Aufsichtsnormen in Banken und Versicherungsunternehmen: Von der Instituts- und der Gruppenaufsicht zur Aufsicht über Finanzkonglomerate, in: Corsten/Hilke (Hrsg.), Integration von Finanzdienstleistungen: BankAssurance – AssuranceBanking – Allfinanz, Wiesbaden 1999, S. 185–226.
Holznagel, Bernd / Enaux, Christoph / Nienhaus, Christian	Telekommunikationsrecht. Rahmenbedingungen – Regulierungspraxis, 2. Auflage, München 2006, zitiert: *Holznagel/Enaux/Nienhaus*, Telekommunikationsrecht, S. ….
Hopt, Klaus J.	Auf dem Weg zu einer neuen europäischen und internationalen Finanzmarktarchitektur, in: Neue Zeitschrift für Gesellschaftsrecht 2009, S. 1401–1408.
Horn, Hans-Detlef	Die grundrechtsunmittelbare Verwaltung, Tübingen 1999.
-	Die Regulierung im Ordnungswerk des Wirtschaftsverwaltungsrechts, in: Gornig/Kramer/Volkmann (Hrsg.), Staat – Wirtschaft – Gemeinde, Festschrift für Werner Frotscher zum 70. Geburtstag, Berlin 2007, S. 379–398.
-	Grundstrukturen der staatlichen Wirtschafts- und Finanzdienstleistungsaufsicht – mit Ausblicken auf die europäische Rechtsentwicklung zur Beaufsichtigung von Versicherungsvermittlern und Allfinanzstrategien, in: Gornig (Hrsg.), Rechtliche Aspekte der Vermögensberatung, Frankfurt am Main (u.a.) 2003, S. 65–116.

- Sicherheit und Freiheit durch vorbeugende Verbrechensbekämpfung – Der Rechtsstaat auf der Suche nach dem rechten Maß, in: Horn (Hrsg. u.a.), Recht im Pluralismus, Festschrift für Walter Schmitt Glaeser zum 70. Geburtstag, Berlin 2002, S. 435–463.

- Staat und Gesellschaft in der Verwaltung des Pluralismus. Zur Suche nach Organisationsprinzipien im Kampf ums Gemeinwohl, in: Die Verwaltung 26 (1993), S. 545–573.

- Zur Legitimation und Legitimität der Republik – Überlegungen im Horizont der Verfassungstheorie, in: Gröschner/Lembcke (Hrsg.), Freistaatlichkeit. Prinzipien eines europäischen Republikanismus, Tübingen 2011, S. 109–137.

Horn, Norbert Das Finanzmarktstabilisierungsgesetz und das Risikomanagement zur globalen Finanzkrise, in: Zeitschrift für Bank- und Kapitalmarktrecht 2008, S. 452–459.

- Rechtliche Aspekte der Finanzkrise, in: Kölner Schrift zum Wirtschaftsrecht 2010, S. 67–77.

Horsch, Andreas / Paul, Stephan Risikoklassen in der Finanzaufsicht?, in: Zeitschrift für das gesamte Kreditwesen 1998, 328–336.

Huber, Ernst Rudolf Wirtschaftsverwaltungsrecht, 2. Auflage, Tübingen 1953.

Huber, Peter M. Öffentliches Wirtschaftsrecht, in: Schmidt-Aßmann/Schoch (Hrsg.), Besonderes Verwaltungsrecht, 14. Auflage, Berlin 2008, Kapitel 3.

Hübner, Ulrich Versicherungsvertrag, in: Koch/Weiss (Hrsg.), Gabler Versicherungslexikon, Wiesbaden 1994, S. 955–957.

Immenga, Ulrich / Mestmäcker, Ernst-Joachim (Hrsg.) Wettbewerbsrecht, Band 2, GWB – Kommentar zum Deutschen Kartellrecht, 5. Auflage, München 2012,
zitiert: *Bearbeiter*, in: Immenga/Mestmäcker (Hrsg.), Kommentar zum GWB, § … Rn. ….

Inderst, Roman / Krahnen, Jan Pieter Rating-Agenturen: Regulierer im Dilemma, in: Frankfurter Allgemeine Zeitung vom 13. August 2008, S. 20.

Isensee, Josef Das Grundrecht als Abwehrrecht und staatliche Schutzpflicht, in: Isensee/Kirchhof (Hrsg.), Handbuch des Staatsrechts, Band V, 2. Auflage, Heidelberg 2000, § 111.

\- Das Grundrecht als Abwehrrecht und staatliche Schutzpflicht, in: Isensee/Kirchhof (Hrsg.), Handbuch des Staatsrechts, Band IX, 3. Auflage, Heidelberg 2011, § 191.

\- Gemeinwohl und Staatsaufgaben im Verfassungsstaat, in: Isensee/Kirchhof (Hrsg.), Handbuch des Staatsrechts, Band IV, 3. Auflage, Heidelberg 2006, § 71.

\- Grundrechtsvoraussetzungen und Verfassungserwartungen an die Grundrechtsausübung, in: Isensee/Kirchhof (Hrsg.), Handbuch des Staatsrechts, Band IX, 3. Auflage, Heidelberg 2011, § 190.

\- Staat und Verfassung, in: Isensee/Kirchhof (Hrsg.), Handbuch des Staatsrechts, Band II, 3. Auflage, Heidelberg 2004, § 15.

\- Staatsaufgaben, in: Isensee/Kirchhof (Hrsg.), Handbuch des Staatsrechts, Band IV, 3. Auflage, Heidelberg 2006, § 73.

\- Subsidiaritätsprinzip und Verfassungsrecht. Eine Studie über das Regulativ des Verhältnisses von Staat und Gesellschaft, 2. Auflage mit Nachtrag, Berlin 2001.

Jakob, Klaus — Das aufsichtliche Überprüfungsverfahren aus Sicht der Bankenaufsicht, in: Becker/Gruber/Wohlert (Hrsg.), Handbuch Bankaufsichtliche Entwicklungen – MaH, Grundsatz I, MaK, MaIR, Basel II, Stuttgart 2004, S. 3–18.

Jaletzke, Matthias / Veranneman, Peter — Kommentar zum Finanzmarktstabilisierungsgesetz einschließlich Finanzmarktstabilisierungsfonds-Verordnung und Kurzdarstellungen der Finanzmarktstabilisierungsgesetze in den USA, England und Frankreich, München 2009,
zitiert: *Bearbeiter*, in: Jaletzke/Veranneman (Hrsg.), Kommentar zum FMStG, §. … Rn. ….

Jarass, Hans D. — Funktionen und Dimensionen der Grundrechte, in: Merten/Papier (Hrsg.), Handbuch der Grundrechte, Band II, Heidelberg 2006, § 38.

\- — Wirtschaftsverwaltungsrecht mit Wirtschaftsverfassungsrecht, 3. Auflage, Berlin (u.a.) 1997.

Jarass, Hans D. / Pieroth, Bodo (Hrsg.) — Kommentar zum Grundgesetz für die Bundesrepublik Deutschland, 12. Auflage, München 2012,
zitiert: *Bearbeiter*, in: in: Jarass/Pieroth (Hrsg.), Kommentar zum GG, Art. … Rn. ….

Jestaedt, Matthias — Demokratieprinzip und Kondominialverwaltung. Entscheidungsteilhabe Privater an der öffentlichen Verwaltung auf dem Prüfstand des Verfassungsprinzips der Demokratie, Berlin 1993.

\- — Grundbegriffe des Verwaltungsorganisationsrechts,in: Hoffmann-Riem/Schmidt-Aßmann/Voßkuhle (Hrsg.), Grund-lagen des Verwaltungsrechts, Bd. I, 2. Auflage, München 2012, § 14.

-	Maßstäbe des Verwaltungshandelns, in: Erichsen/Ehlers (Hrsg.), Allgemeines Verwaltungsrecht, 14. Auflage, Berlin 2010, § 11.
Junker, Johannes	Gewährleistungsaufsicht über Wertpapierunternehmen. Die hoheitliche Regulierung gesellschaftlicher Selbstregulierung durch die Bundesanstalt für Finanzdienstleistungsaufsicht, Berlin 2003.
Kahl, Wolfgang	Die Staatsaufsicht: Entstehung, Wandel und Neubestimmung unter besonderer Berücksichtigung der Aufsicht über Gemeinden, Tübingen 2000.
Kaminsky, Christoph / Kuzmenkova, Natalja / Kuklok, Oliver	Risikomanagement, Stresstests in Banken, in: Die Bank 11/2007, S. 49–51.
Kämmerer, Jörn Axel	Das neue Europäische Finanzaufsichtssystem (ESFS) – Modell für eine europäisierte Verwaltungsarchitektur?, in: Neue Zeitschrift für Verwaltungsrecht 2011, S. 1281–1288.
Kaserer, Christoph	Solvency II und Basel III – Die Reform der europäischen Versicherungs- und Bankenregulierung und deren Auswirkungen auf die Unternehmensfinanzierung, München 2011.
Kaufhold, Ann-Katrin	Systemaufsicht – Der Europäische Ausschuss für Systemrisiken im Finanzsystem als Ausprägung einer neuen Aufsichtsform, in: Die Verwaltung 46 (2013), S. 21–57.
Kaulbach, Detlef	Die aufsichtsrechtliche Generalklausel des § 81 VAG, in: Müller/Golz/Walshausen-Richter/Trommeshauser (Hrsg.), 100 Jahre materielle Versicherungsaufsicht in Deutschland, Band I, Köln 2001, S. 169–178.
-	Die laufende Rechts- und Finanzaufsicht nach § 81 VAG, in: Bähr (Hrsg.), Handbuch des Versicherungsaufsichtsrechts, München 2011, § 8.

- Erlaubnisverfahren – Grundlagen, in: Bähr (Hrsg.), Handbuch des Versicherungsaufsichtsrechts, München 2011, § 2.

Kelsen, Hans Allgemeine Theorie der Normen, hrsg. von Kurt Ringhofer und Robert Walter, Wien 1979.

- Reine Rechtslehre – Mit einem Anhang: Das Problem der Gerechtigkeit, 2. Auflage, Wien 1960.

Kemmler, Iris Keine Anstalt ohne Anstaltslast, in: Deutsches Verwaltungsblatt 2003, S. 100–107.

Kersten, Jens Herstellung von Wettbewerb als Verwaltungsaufgabe, in: Veröffentlichungen der Vereinigung der Deutschen Staatsrechtslehrer, Band 69 (2010), S. 288–340.

Kirchhof, Paul Mittel staatlichen Handelns, in: Isensee/Kirchhof (Hrsg.), Handbuch des Staatsrechts, Band III, 2. Auflage, Heidelberg 1996, § 59.

Klein, Eckart Grundrechtliche Schutzpflicht des Staates, in: Neue Juristische Wochenschrift 1989, 1633–1640.

Klein, Hans Hugo Stellung und Aufgaben des Bundestages, in: Isensee/Kirchhof (Hrsg.), Handbuch des Staatsrechts, Band III, 3. Auflage, Heidelberg 2005, § 50.

Klement, Jan Hendrik Verantwortung – Funktion und Legitimation eines Begriffs im Öffentlichen Recht, Tübingen 2006.

Kloepfer, Michael Einrichtungsgarantien, in: Merten/Papier (Hrsg.), Handbuch der Grundrechte, Band II, Heidelberg 2006, § 43.

Kluth, Winfried Funktionale Selbstverwaltung. Verfassungsrechtlicher Status – verfassungsrechtlicher Schutz, Tübingen 1997.

Knauth, Klaus-Wilhelm / Schubert, Thomas	Versicherungsaufsicht vor Paradigmenwechsel. Von der Produktgenehmigung zum unternehmerischen Risikomanagement, in: Versicherungswirtschaft 2003, S. 902–907.
Knauth, Klaus-Wilhelm / Welzel, Hans-Joachim	Finanzkonglomerate im Aufsichtsvisier, in: Zeitschrift für das gesamte Kreditwesen 1993, 30–32.
Knöll, Dieter / Grunert, Gerrit	Verwaltungsökonomie: Betriebswirtschaftliche Kostenrechnung in der öffentlichen Verwaltung, Baden-Baden 1997.
Köhler, Helmut / Bornmann, Joachim	Gesetz gegen den unlauteren Wettbewerb. Preisangabenverordnung, Unterlassungsklagegesetz, Dienstleistung-Informationspflichten-Verordnung, Kommentar, 30. Auflage, München 2012, zitiert: *Bearbeiter*, in: *Köhler/Bornkamp*, Kommentar zum UWG, § … Rz. ….
Kohtamäki, Natalia	Die Reform der Bankenaufsicht in der Europäischen Union, Tübingen 2012.
Kolassa, Doris	Bankenbegriff und Marktzugang, in: Schimansky/Bunte/Lwowski (Hrsg.), Bankrechts-Handbuch, 4. Auflage, München 2011, § 136.
-	Das Kreditinstitut in der Krise, in: Schimansky/Bunte/Lwowski (Hrsg.), Bankrechts-Handbuch, 4. Auflage, München 2011, § 138.
-	Die fortlaufende Aufsicht über Kreditinstitute, in: Schimansky/Bunte/Lwowski (Hrsg.), Bankrechts-Handbuch, 4. Auflage, München 2011, § 137.
Krajewski, Markus	Rechtsbegriff Daseinsvorsorge?, in: Verwaltungsarchiv 99. Band (2008), S. 174–196.
Krämer, Gerrit Jan	Anforderungen an das Risikomanagement von Erst- und Rückversicherungsunternehmen, in: Bähr (Hrsg.), Handbuch des Versicherungsaufsichtsrechts, München 2011, § 10.

- Versicherungsgruppen- und Finanzkonglomerate-Aufsicht, in: Bähr (Hrsg.), Handbuch des Versicherungsaufsichtsrechts, München 2011, § 15.

Krebs, Walter Die öffentlichrechtliche Anstalt, in: Neue Zeitschrift für Verwaltungsrecht 1985, S. 609–616.

- Verwaltungsorganisation, in: Isensee/Kirchhof (Hrsg.), Handbuch des Staatsrechts, Band V, 3. Auflage, Heidelberg 2007, § 108.

Krüger, Ulrich Jürgen / Wehling, Axel Die Verordnung über die Anlage des gebundenen Vermögens (AnlV). Aktuelle Entwicklungen im Bereich der Kapitalanlage von Versicherungen, in: Versicherungswirtschaft 2002, S. 139–142.

Kube, Hanno Anmerkung zu BVerwG, Urteil vom 13. September 2006 – 6 C 10/06, in: Juristen Zeitung 2007, S. 471–475.

Kühling, Jürgen Sektorspezifische Regulierung in den Netzwirtschaften. Typologie, Wirtschaftsverwaltungsrecht, Wirtschaftsverfassungsrecht, München 2004.

Küting, Karlheinz / Busch, Julia Zum Wirrwarr der Überwachungsbegriffe, in: Der Betrieb 2009, S. 1361–1367.

Laars, Reinhard Versicherungsaufsichtsgesetz, Baden-Baden 2012,
zitiert: *Laars*, Kommentar zum VAG, § … Rn. ….

Ladeur, Karl-Heinz Die Regulierung von Selbstregulierung und die Herausbildung einer „Logik der Netzwerke". Rechtliche Steuerung und die beschleunigte Selbsttransformation der postmodernen Gesellschaft, in: Die Verwaltung 2001 (Beiheft 4), S. 59–77.

Lange, Klaus — Die öffentlichrechtliche Anstalt, in: Veröffentlichungen der Vereinigung der Deutschen Staatsrechtslehrer, Band 44 (1986), S. 179–210.

Langheid, Theo / Wandt, Manfred (Hrsg.) — Münchener Kommentar zum Versicherungsvertragsgesetz, Band 1, 1. Auflage, München 2010,
zitiert: *Bearbeiter*, in: Langheid/Wandt (Hrsg.), Kommentar zum VVG, Aufsichtsrecht Rn. ….

Larenz, Karl / Canaris, Claus-Wilhelm — Methodenlehre der Rechtswissenschaft, 3. Auflage, Berlin 1999.

Lehmann, Matthias / Manger-Nestler, Cornelia — Das neue Europäische Finanzaufsichtssystem, in: Zeitschrift für Bankrecht und Bankwirtschaft 2011, S. 2–24.

\- — Die Vorschläge zur neuen Architektur der europäischen Finanzaufsicht, in: Europäische Zeitschrift für Wirtschaftsrecht 2010, S. 87–92.

Leisner, Walter — Eigentum, in: Isensee/Kirchhof (Hrsg.), Handbuch des Staatsrechts, Band VIII, 3. Auflage, Heidelberg 2010, § 173.

Lellmann, Peter — Zeitplan der Umsetzung, in: Deloitte (Hrsg.), Basel II, Handbuch zur praktischen Umsetzung des neuen Bankenaufsichtsrechts, Berlin 2005, S. 45–52.

Lenz, Cristofer — Wem nützt eigentlich die Bankenaufsicht?, in: NVwZ 2010, S. 29–32.

Lepsius, Oliver — Die Ökonomik als neue Referenzwissenschaft für die Staatsrechtslehre?, in: Die Verwaltung 32 (1999), S. 429–444.

\- — Verfassungsrechtlicher Rahmen der Regulierung, in: Fehling/Ruffert (Hrsg.), Regulierungsrecht, Tübingen 2010, § 4.

- Ziele der Regulierung, in. Fehling/Ruffert (Hrsg.), Regulierungsrecht, Tübingen 2010, § 19.

Lerche, Peter Grundrechtlicher Schutzbereich, Grundrechtsprägung und Grundrechtseingriff, in: Isensee/Kirchhof (Hrsg.), Handbuch des Staatsrechts, Band V, 2. Auflage, Heidelberg 2000, § 121.

- Übermaß und Verfassungsrecht: Zur Bindung des Gesetzgebers an die Grundsätze der Verhältnismäßigkeit und der Erforderlichkeit, Köln 1961.

Lorenz, Manuel Der Regierungsentwurf eines Gesetzes zur Restrukturierung und geordneten Abwicklung von Kreditinstituten – Überblick und erste Einordnung, in: Neue Zeitschrift für Gesellschaftsrecht 2010, S. 1046–1053.

Loschelder, Wolfgang Weisungshierarchie und persönliche Verantwortung in der Exekutive, in: Isensee/Kirchhof (Hrsg.), Handbuch des Staatsrechts, Band V, 3. Auflage, Heidelberg 2007, § 107.

Lösler, Thomas Das moderne Verständnis von Compliance im Finanzmarktrecht, in: Neue Zeitschrift für Gesellschaftsrecht 2005, S. 104–108.

Loewenheim Ulrich / Meessen, Karl M. / Riesenkampff, Alexander (Hrsg.) Kartellrecht, Kommentar zum europäischen und deutschen Kartellrecht, 2. Auflage, München 2009,
zitiert: *Bearbeiter*, in: Loewenheim/Meessen/Riesenkampff (Hrsg.), Kartellrecht, Einführung Rn. ….

Lühmann, Hans Von der Staatsaufsicht zur Unionsaufsicht? – Auswirkungen des europäischen Rechts auf das deutsche System der Staatsaufsicht, in: Deutsches Verwaltungsblatt 1999, S. 752–764.

Lüttringhaus, Jan D.	Neue Governance- und Aufsichtsregeln für die europäische Versicherungswirtschaft nach Solvency II, in: Europäische Zeitschrift für Wirtschaftsrecht 2011, S. 856–860.
-	Solvency II – Grundlagen der Reform des europäischen Versicherungsaufsichtsrechts und Auswirkungen der neuen Eigenmittelvorschriften, in: Europäische Zeitschrift für Wirtschaftsrecht 2011, S. 822–828.
Luz, Günther / Neus, Werner / Scharpf, Paul / Schneider, Peter / Weber, Max (Hrsg.)	Kreditwesengesetz (KWG). Kommentar zum KWG inklusive SolV, LiqV, GroMiKV, MaRisk, 2. Auflage, Stuttgart 2011, zitiert: *Bearbeiter*, in: Luz/Neus/Scharpf/Schneider/Weber (Hrsg.), Kommentar zum KWG, § … Rn. ….
Mangoldt, Hermann von / Klein, Friedrich / Starck, Christian (Hrsg.)	Kommentar zum Grundgesetz, Band 3: Artikel 83 bis 146, 6. Auflage, München 2010, zitiert: *Bearbeiter*, in: v. Mangoldt/Klein/Starck (Hrsg.), Kommentar zum GG, Art. … Rn. ….
Mann, Marius E. / Leyendecker, Benjamin E.	Kreditvergabepflicht durch das Finanzmarktstabilisierungsgesetz in Bezug auf KMU, in: Betriebsberater 2009, S. 226–229.
Manns, Thorsten / Schulte-Mattler, Hermann	Aufsichtsfeuerwerk Basel III und CRD IV – Antwort der Bankenaufsicht auf die Finanzmarktkrise, in: Wertpapiermitteilungen 2010, S. 1577–1584.
Masing, Johannes	Die Regulierungsbehörde im Spannungsfeld von Unabhängigkeit und Verantwortung, in: Bauer/Czybilka/Kahl/Voßkuhle (Hrsg.), Wirtschaft im offenen Verfassungsstaat, Festschrift für Reiner Schmidt, München 2006, S. 521–534.

- Grundstrukturen eines Regulierungsverwaltungsrechts. Regulierung netzbezogener Märkte am Beispiel Bahn, Post, Telekommunikation und Strom, in: Die Verwaltung 36 (2003), S. 1–32.

- Soll das Recht der Regulierungsverwaltung übergreifend geregelt werden?, Gutachten D für den 66. Deutschen Juristentag, in: Ständige Deputation des Deutschen Juristentages (Hrsg.), Verhandlungen des sechsundsechzigsten Deutschen Juristentages, Band I, Stuttgart 2006, S. D 1–195.

Maunz, Theodor / Dürig, Günter Grundgesetz Kommentar, München 2011 (Stand: Mai 62. EGL),
zitiert: *Bearbeiter*, in: Maunz/Dürig, Kommentar zum GG, Art. … Rn. ….

Maurer, Hartmut Allgemeines Verwaltungsrecht, 18. Auflage, München 2011.

Mayer, Michael Die gegenwärtige und zukünftige Rolle der Europäischen Zentralbank bei der Verhütung und Bewältigung von Finanzkrisen, in: Zeitschrift für Bankrecht und Bankwirtschaft 2011, S. 25–32.

Meister, Edgar Die deutsche Liquiditätsverordnung – ein Vorbild für Europa, in: Zeitschrift für das gesamte Kreditwesen 2007, S. 39–40.

Merten, Detlef Bürgerverantwortung im demokratischen Verfassungsstaat, in: Veröffentlichungen der Vereinigung Deutscher Staatsrechtslehrer, Band 55 (1996), S. 7–47.

Michael, Lothar Rechts- und Außenwirkung sowie richterliche Kontrolle der MaRisk VA, in: Versicherungsrecht 2010, S. 141–148.

Mielk, Holger Die Neufassung des § 10 KWG durch die 7. KWG-Novelle, in: Wertpapiermitteilungen 2007, S. 52–57.

Mittler, Gernot — Stärkt die angedachte Reform der Finanzaufsicht die Effizienz?, in: Zeitschrift für das gesamte Kreditwesen 2001, S. 283–284.

Möllers, Christoph — Theorie, Praxis und Interdisziplinarität in der Verwaltungswissenschaft, in: Verwaltungsarchiv 93. Band (2002), 22–61, zitiert: *Möllers*, Verwaltungswissenschaft, VerwArch 93 (2002), 22 (…).

Möllers, Thomas M. J. — Auf dem Weg zu einer neuen europäischen Finanzmarktaufsichtsarchitektur – Ein systematischer Vergleich der Rating-VO (EG) Nr. 1060/2009 mit der geplanten ESMA-VO, in: Neue Zeitschrift für Gesellschaftsrecht 2010, S. 285–290.

\- — Europäische Methoden- und Gesetzgebungslehre im Kapitalmarktrecht – Vollharmonisierung, Generalklauseln und soft law im Rahmen des Lamfalussy-Verfahrens als Mittel zur Etablierung von Standards, in: Zeitschrift für Europäisches Privatrecht 2008, S. 480–505.

Mösbauer, Heinz — Die Unternehmensaufsicht im Bereich der Versicherungswirtschaft, in: Betriebsberater 1987, S. 1688–1694.

\- — Staatsaufsicht über die Wirtschaft, Köln (u.a.) 1990.

Möschel, Wernhard — Service public und europäischer Binnenmarkt, in: Juristenzeitung 2003, S. 1021–1027.

Möstl, Markus — Die staatliche Garantie für die öffentliche Sicherheit und Ordnung – Sicherheitsgewährleistung im Verfassungsstaat, im Bundesstaat und in der Europäischen Union, Tübingen 2002.

Müller, Helmut — Erste Überlegungen zu einer Neuordnung der europäischen Solvabilitätsanforderungen an Versicherungsunternehmen (Teil I), in: Verwaltungswirtschaft 1996, S. 358–364.

- Materielle Versicherungsaufsicht – Eine Standortbestimmung, in: Müller/Golz/Walshausen-Richter/Trommeshauser (Hrsg.), 100 Jahre materielle Versicherungsaufsicht in Deutschland 1901–2001, Band I, Bonn 2001, S. 155–167.

- Vom Sinn der Solvabilitätsvorschriften, in: Zeitschrift für Versicherungswesen 2004, 723–728 und 764–767.

Müller-Graff, Peter-Christian Finanzmarktkrise und Wirtschaftsordnungsrecht: Aufwind für den „Regulierungsstaat"?, in: Europäisches Wirtschafts- und Steuerrecht 2009, S. 201–211.

- Verfassungsordnung der EG/EU, in: Dauses (Hrsg.), Handbuch des EU-Wirtschaftsrechts, Band 1, München 2012 (Stand: Juli), A.I.

Münch, Ingo von / Kunig, Philip Kommentar zum Grundgesetz, Band 2 (Art. 20 bis 69), 6. Auflage, München 2012, zitiert: *Bearbeiter*, in: v. Münch/Kunig (Hrsg.), Kommentar zum Grundgesetz Bd. 2, Art. … Rn. ….

Neef, Andreas Kartellrecht, Heidelberg (u.a.) 2008.

Neumann, Kerstin Die Aufsicht über Finanzkonglomerate, Berlin (u.a.) 1998.

Nirk, Rudolf Das Kreditwesengesetz. Einführung und Erläuterungen für den Praktiker, 13. Auflage, Frankfurt am Main 2008.

Obermüller, Manfred Das Bankenrestrukturierungsgesetz – ein kurzer Überblick über ein langes Gesetz, in: Neue Zeitschrift für das Recht der Insolvenz und der Sanierung 2011, S. 81–90.

Ohler, Christoph Bankensanierung als staatliche Aufgabe, in: Wirtschaft und Verwaltung 2010, S. 47–60.

- Europäisches Bankaufsichtsrecht, in: Derleder/Knops/Bamberger (Hrsg.), Handbuch zum deutschen und europäischen Bankrecht, 2. Auflage, Berlin (u.a.) 2009, § 76.
- Finanzkrisen als Herausforderung der internationalen, europäischen und nationalen Rechtssetzung, in: Deutsches Verwaltungsblatt 2011, S. 1061–1068.
- Hoheitsbeschränkungen im Rahmen grenzüberschreitender Verwaltungszusammenarbeit, in: Deutsches Verwaltungsblatt 2002, S. 880–890.

Ossenbühl, Fritz Der verfassungsrechtliche Rahmen offener Gesetzgebung und konkretisierender Rechtssetzung, in: Deutsches Verwaltungsblatt 1999, S. 1–7.
- Die Freiheiten des Unternehmers nach dem Grundgesetz, in: Archiv des öffentlichen Rechts 115. Band (1990), S. 1–32.
- Gesetz und Recht – Die Rechtsquellen im demokratischen Rechtsstaat, in: Isensee/Kirchhof (Hrsg.), Handbuch des Staatsrechts, Band V, 3. Auflage, Heidelberg 2007, § 100.
- Rechtsverordnung, in: Isensee/Kirchhof (Hrsg.), Handbuch des Staatsrechts, Band V, 3. Auflage, Heidelberg 2007, § 103.
- Vorrang und Vorbehalt des Gesetzes, in: Isensee/Kirchhof (Hrsg.), Handbuch des Staatsrechts, Band V, 3. Auflage, Heidelberg 2007, § 101.

Osterloh, Lerke Privatisierung von Verwaltungsaufgaben, in: Veröffentlichungen der Vereinigung Deutscher Staatsrechtslehrer, Band 54 (1995), S. 204–242.

Pehla, Inken — Die Institutsaufsicht nach dem Einlagensicherungs- und Anlegerentschädigungsgesetz, in: Zeitschrift für das gesamte Kreditwesen 2006, S. 298–301.

Peters, Hans — Die Verwaltung als eigenständige Staatsgewalt, Krefeld 1965.

Pielow, Johann-Christian — Wie „unabhängig ist die Netzregulierung im Strom- und Gassektor? – Anmerkungen zum neuen Energiewirtschaftsgesetz, in: Die Öffentliche Verwaltung 2005, S. 1017–1025.

Pieper, Stefan Ulrich — Aufsicht. Verfassungs- und verwaltungsrechtliche Strukturanalyse, Köln 2006.

Pieroth, Bodo / Schlink, Bernhard — Grundrechte Staatsrecht II, 26. Auflage, Heidelberg 2010.

Pitschas, Rainer — Sozialrechtliche Regulierung des privatrechtlichen Versicherungswesens – Das Beispiel des "Basistarifs" in der privaten Krankenversicherung, in: Kluth/Müller/Peilert (Hrsg.), Wirtschaft – Verwaltung – Recht, Festschrift für Rolf Stober, München 2008, S. 295–310.

\- — Struktur- und Funktionswandel der Aufsicht im Neuen Verwaltungsmanagement, in: Die Öffentliche Verwaltung 1998, S. 907–915.

\- — Verwaltungsverantwortung und Verwaltungsverfahren – Strukturprobleme, Funktionsbedingungen und Entwicklungsperspektiven eines konsensualen Verwaltungsrechts, München 1990.

Platt, Ramon — Rechnungslegung und Berichtspflicht gegenüber der Aufsicht, in: Bähr (Hrsg.) Handbuch des Versicherungsaufsichtsrechts, München 2011, § 18.

Potacs, Michale — Herstellung von Wettbewerb als Verwaltungsaufgabe, in: Veröffentlichungen der Vereinigung der Deutschen Staatsrechtslehrer, Band 69 (2010), S. 254–287.

Präve, Peter Aufsicht auf neuem Fundament, in: Versicherungswirtschaft 2007, S. 1380–1385.

\- Das Dritte Durchführungsgesetz/EWG zum VAG – Ausgewählte Fragen des neuen Aufsichts- und Vertragsrechts (Teil 2), in: Zeitschrift für Versicherungswesen 1994, S. 199–209.

\- Aufsichtsrecht im Dilemma, in: Versicherungswirtschaft 2004, S. 1800–1801.

\- Der Sicherungsfonds für die Lebensversicherung, in: Versicherungsrecht 2005, S. 1023–1031.

\- Zur Finanzierung der Versicherungsaufsicht gemäß § 101 VAG, in: Versicherungswirtschaft 1995, S. 1004–1007.

Prölls, Erich R. Versicherungsaufsichtsgesetz mit Europäischem Gemeinschaftsrecht und Recht der Bundesländer, herausgegeben von Helmut Kollhosser, 12. Auflage, München 2005, zitiert: *Bearbeiter*, in: Prölss, Kommentar zum VAG, § … Rn. ….

Randelzhofer, Albrecht Staatsgewalt und Souveränität, in: Isensee/Kirchhof (Hrsg.), Handbuch des Staatsrechts, Band II, 3. Auflage, Heidelberg 2004, § 17.

Rauscher, Anton Solidarität, in: Görres-Gesellschaft (Hrsg.), Staatslexikon, Recht – Wirtschaft – Gesellschaft, Vierter Band, 7. Auflage, Freiburg (u.a.) 1995.

Reimer, Franz Das Parlamentsgesetz als Steuerungsmittel und Kontrollmaßstab, in: Hoffmann-Riem/Schmidt-Aßmann/Voßkuhle (Hrsg.), Grundlagen des Verwaltungsrechts, Bd. I, 2. Auflage, München 2012, § 9.

Reischauer, Friedrich / Kleinhans, Joachim	Kreditwesengesetz (KWG). Loseblattkommentar für die Praxis nebst sonstigen bank- und sparkassenrechtlichen Aufsichtsgesetzen sowie ergänzenden Vorschriften; Berlin 2012 (Stand: Oktober).
Reiter, Julius F. / Geerlings, Jörg	Die Reform der Bankenaufsicht – Eine Chance für den Verbraucherschutz?, in: Die Öffentliche Verwaltung 2002, S. 562–569.
Remsperger, Hermann	Erscheinungsformen, Ursachen und Implikationen von Allfinanz-Strategien, in: Die Bank 1989, S. 299–309.
Röhl, Klaus F.	Allgemeine Rechtslehre. Ein Lehrbuch, 2. Auflage; Köln 2008.
Röhl, Hans Christian	Finanzmarktaufsicht, in: Fehling/Ruffert (Hrsg.), Regulierungsrecht, Tübingen 2010, § 18.
-	Recht der Regulierungsverwaltung, in: Juristenzeitung 2006, S. 831–839.
Rosen, Rüdiger von	Allfinanzaufsicht – die reorganisierte Wacht an Rhein und Main als Garant für neues Anlegervertrauen, in: Zeitschrift für das gesamte Kreditwesen 2002, S. 634–635.
Ricke, Markus / Rudolph, Kai	Stichwort: Einlagensicherung, in: Zeitschrift für Bank- und Kapitalmarktrecht 2002, S. 899–903.
Rieck, Stephan	Ineffiziente und ungleich belastende Sonderabgaben für mittelständische Banken, in: Neue Zeitschrift für Verwaltungsrecht 2005, S. 523–426.
Riedel, Eibe	Rechtliche Optimierungsgebote oder Rahmensetzung für das Verwaltungshandeln, in: Veröffentlichungen der Vereinigung Deutscher Staatsrechtslehrer, Band 58 (1999), S. 180–220.
Ruffert, Matthias	Begriff, in: Fehling/Ruffert (Hrsg.), Regulierungsrecht, Tübingen 2010, § 7.

- Der transnationale Verwaltungsakt, in: Die Verwaltung 34 (2001), S. 453–485.

- Regulierung im System des Verwaltungsrechts, in: Archiv des öffentlichen Rechts, Band 124 (1999), S. 237–281.

- Völkerrechtliche Impulse und Rahmen des Europäischen Verfassungsrechts, in: Fehling/ Ruffert (Hrsg.), Regulierungsrecht, Tübingen 2010, § 3.

Rümker, Dietrich / Winterfeld, Jörn Rechtliche Ordnung des übrigen Bankwesens, in: Schimansky/Bunte/Lwowski (Hrsg.), Bankrechts-Handbuch, 4. Auflage, München 2011, § 124.

Rupp, Hans Heinrich Die Soziale Marktwirtschaft in ihrer Verfassungsbedeutung, in: Isensee/Kirchhof (Hrsg.), Handbuch des Staatsrechts, Band IX, Heidelberg 1997, § 203.

Ruthig, Josef / Storr, Stefan Öffentliches Wirtschaftsrecht, 2. Auflage, Heidelberg 2008.

Sachs, Michael Abwehrrechte, in: Merten/Papier (Hrsg.), Handbuch der Grundrechte, Band II, Heidelberg 2006, § 39.

Sachverständigenrat zur Begutachtung der gesamtwirtschaftlichen Entwicklung Das Erreichte nicht verspielen, Jahresgutachten 2007/08, Paderborn 2007.

- Die Finanzkrise meistern – Wachstumskräfte stärken, Jahresgutachten 2008/09, Paderborn 2008.

Säcker, Franz Jürgen Das Regulierungsrecht im Spannungsfeld von öffentlichem und privatem Recht. Zur Reform des deutschen Energie- und Telekommunikationsrechts, in: Archiv des öffentlichen Rechts, Band 130 (2005), S. 180–224.

Samm, Carl-Theodor Die Stellung der Deutschen Bundesbank im Verfassungsgefüge, Berlin 1967.

Sanio, Jochen Keine Macht ohne Kontrolle, in: Frankfurter Allgemeine Zeitung vom 2. März 2004, S. 27.

\- Rede des Präsidenten der Bundesanstalt für Finanzdienstleistungsaufsicht Jochen Sanio anlässlich der Eröffnung der Bundesanstalt für Finanzdienstleistungsaufsicht am 6.5.2002 in Bonn, in: Neue Zeitschrift für Versicherungsrecht 2002, 350–351.

Savigny, Friedrich Carl von System des heutigen Römischen Rechts, Berlin 1840.

Schenke, Wolfgang Polizei- und Ordnungsrecht, 7. Auflage, Heidelberg 2011.

Schenke, Wolfgang / Ruthig, Josef Amtshaftungsansprüche von Bankkunden bei der Verletzung staatlicher Bankenaufsichtspflichten, in: Neue Juristische Wochenschrift 1994, S. 2324–2329.

Schieber, Jörg Die Aufsicht über Finanzkonglomerate: das Aufsichtsrecht der Finanzdienstleistungsunternehmen im Spannungsverhältnis zwischen Gruppen- und Einzelinstitutsaufsicht, Berlin 1998.

Schierenbeck, Henner / Hölscher, Reinhold BankAssurance, institutionelle Grundlagen der Banken- und Versicherungsbetriebslehre, 4. Auflage, Stuttgart 1998.

Schlag, Martin Grenzüberschreitende Verwaltungsbefugnisse im EG-Binnenmarkt: eine Untersuchung zur Zulässigkeit und zu den rechtlichen Grenzen einer mitgliedstaatsübergreifenden Verwaltungstätigkeit anhand des Bankenaufsichtsrechts, 1. Auflage, Baden-Baden 1998.

Schliesky, Utz Öffentliches Wirtschaftsrecht, 3. Auflage, Heidelberg 2008.

Schmidt, Reiner Der geforderte Staat, in: Neue Juristische Wochenschrift 1980, S. 160–163.

- Die Reform von Verwaltung und Verwaltungsrecht, Reformbedarf – Reformanstöße – Reformansätze, in: Verwaltungsarchiv 91. Band (2000), S. 149–168.

- Öffentliches Wirtschaftsrecht. Allgemeiner Teil, Berlin (u.a.) 1990.

- Staatliche Verantwortung für die Wirtschaft, in: Isensee/Kirchhof (Hrsg.), Handbuch des Staatsrechts, Band IV, 3. Auflage, Heidelberg 2006, § 92.

- Wirtschaftspolitik, Wirtschaftsverwaltungsorganisation, Wirtschaftsförderung, in: Achterberg/Püttner/Würtenberger (Hrsg.), Besonderes Verwaltungsrecht, Band I, 2. Auflage, Heidelberg 2000, § 1.

Schmidt, Reimer Überlegungen zur Umsetzung der Dritten Versicherungsrichtlinien in das deutsche Recht, in: Albrecht/Lorenz (Hrsg.), Mannheimer Vorträge zur Versicherungswissenschaft, Band 54, Karlsruhe 1992.

Schmidt-Aßmann, Eberhard Das allgemeine Verwaltungsrecht als Ordnungsidee. Grundlagen und Aufgaben der verwaltungsrechtlichen Systembildung, 2. Auflage, Berlin 2004.

- Der Europäische Verwaltungsverbund und die Rolle des Europäischen Verwaltungsrechts, in: Schmidt-Aßmann/Schöndorf-Haubold (Hrsg.), Der Europäische Verwaltungsverbund, Tübingen 2005, S. 1–23.

- Der Rechtsstaat, in: Isensee/Kirchhof (Hrsg.), Handbuch des Staatsrechts, Band II, 3. Auflage, Heidelberg 2004, § 26.

- Deutsches und Europäisches Verwaltungsrecht, in: Deutsches Verwaltungsblatt 1993, S. 924–936.

- Regulierte Selbstregulierung als Element verwaltungsrechtlicher Systembildung, in: Die Verwaltung 2001 (Beiheft 4), S. 253–271.

- Strukturen des Europäischen Verwaltungsrechts, in: Eberhard Schmidt-Aßmann/Wolfgang Hoffmann-Riem (Hrsg.), Strukturen des Europäischen Verwaltungsrechts, Baden-Baden, 1999, S. 9–43.

- Verfassungsprinzipien für den Europäischen Verwaltungsverbund, in: Hoffmann-Riem/Schmidt-Aßmann/Voßkuhle (Hrsg.), Grundlagen des Verwaltungsrechts, Bd. I, 2. Auflage, München 2012, § 5.

- Verwaltungsorganisationsrecht als Steuerungsressource – Einleitende Problemskizze, in: Schmidt-Aßmann/Hoffmann-Riem (Hrsg.), Verwaltungsorganisationsrecht als Steuerungsressource, Baden-Baden 1997, S. 9–63.

- Verwaltungsverantwortung und Verwaltungsgerichtsbarkeit, in: Veröffentlichungen der Vereinigung Deutscher Staatsrechtslehrer, Band 34 (1975), S. 221–268.

- Zur Funktion des Allgemeinen Verwaltungsrechts, in: Die Verwaltung 37 (1994), S. 137–156.

Schmidt-Preuß, Matthias Kollidierende Privatinteressen im Verwaltungsrecht – Das subjektive öffentliche Recht im multipolaren Verwaltungsrechtsverhältnis, 2. Auflage, Berlin 2005.

- Soziale Marktwirtschaft und Grundgesetz vor dem Hintergrund des Staatsvertrages zur Währungs-, Wirtschafts- und Sozialunion, in: Deutsches Verwaltungsblatt 1993, S. 236–238.

- Steuerung durch Organisation, in: Die Öffentliche Verwaltung 2001, S. 45–55.

- Verwaltung und Verwaltungsrecht zwischen gesellschaftlicher Selbstregulierung und staatliche Steuerung, in: Veröffentlichungen der Vereinigung Deutscher Staatsrechtslehrer, Band 56 (1997), S. 160–227

Schmitt, Carl Verfassungslehre, 5. Auflage, Berlin 1970, zitiert: *Schmitt*, Verfassungslehre, S. ….

Schmitt Glaeser, Walter Partizipation an Verwaltungsentscheidungen, in Veröffentlichungen der Vereinigung Deutscher Staatsrechtslehrer, Band 31 (1973), S. 179–265.

Schmoltke, Klaus Ulrich Der Lamfalussy-Prozess im Europäischen Kapitalmarktrecht – eine Zwischenbilanz, in: Neue Zeitschrift für Gesellschaftsrecht 2005, S. 912–919.

Schneider, Jens-Peter Das Neue Steuerungsmodell als Innovationsimpuls für Verwaltungsorganisation und Verwaltungsrecht, in: Schmidt-Aßmann/Hoffmann-Riem (Hrsg.), Verwaltungsorganisationsrecht als Steuerungsressource, Baden-Baden 1997, S. 103–138.

- Ökonomisierung von Verwaltungsrecht und Verwaltungsrechtswissenschaft, in: Die Verwaltung 34 (2001), S. 317–345.

- Rechtsschutz im Regulierungsverwaltungsrecht, in: Fehling/Ruffert (Hrsg.), Regulierungsrecht, Tübingen 2010, § 22.

Schnyder, Anton K. Europäisches Banken- und Versicherungsrecht. Eine systematisch-vergleichende Darstellung, Heidelberg 2005.

Schoch, Friedrich Gewährleistungsverwaltung: Stärkung der Privatrechtsgesellschaft?, in: Neue Zeitschrift für Verwaltungsrecht 2008, S. 241–247.

Scholz, Rupert Verfassungsrechtliche Strukturfragen der Versicherungsaufsicht, in: Zeitschrift für Versicherungswissenschaft, 1984, S. 1–33.

- Wirtschaftsaufsicht und subjektiver Konkurrentenschutz. Insbesondere dargestellt am Beispiel der Kartellaufsicht, Berlin 1971.

Schorkopf, Frank Finanzkrisen als Herausforderung der Rechtsetzung, in: Veröffentlichungen der Vereinigung der Deutschen Staatsrechtslehrer, Band 71 (2012), S. 183–219.

Schradin, Heinrich R. Entwicklung der Versicherungsaufsicht, in: Zeitschrift für Versicherungswissenschaft, 2003, S. 611–665.

Schubert, Thomas / Grießmann, Gundula Solvency II = Basel II + X, in: Versicherungswirtschaft 2004, S. 1399–1403.

Schulte-Mattler, Hermann Neue Solvabilitätsverordnung, Externes Rating im Kreditrisiko-Standardansatz, in: Die Bank 7/2007, S. 54–60.

- Neue Solvabilitätsverordnung, IRB-Ansatz – das Einmaleins des Ratings im Kreditrisikobereich, in: Die Bank 6/2007, S. 59–62.

- Neue Solvabilitätsverordnung, Kontinuum der Messansätze für operationelle Risiken, in: Die Bank 6/2007, S. 58–61.

- Neue Solvabilitätsverordnung, KWG-die Basis der Bankenaufsicht, in: Die Bank 6/2007, S. 60–67.

Schuppert, Gunnar Folke Das Gesetz als zentrales Steuerungsinstrument des Rechtsstaates, in: Schuppert (Hrsg.), Das Gesetz als zentrales Steuerungsinstrument des Rechtsstaates, Baden-Baden 1998, S. 105–155.

- Die Erfüllung öffentlicher Aufgaben durch verselbständigte Verwaltungseinheiten – Eine verwaltungswissenschaftliche Untersuchung, Göttingen 1981.

- Die öffentliche Aufgabe als Schlüsselbegriff der Verwaltungswissenschaft, in: Verwaltungsarchiv 71. Band (1980), S. 309–344.

- Die öffentliche Verwaltung im Kooperationsspektrum staatlicher und privater Aufgabenerfüllung: Zum Denken in Verantwortungsstufen, in: Die Verwaltung 31 (1998), S. 415–447.

- Selbstverwaltung als Beteiligung Privater an der Staatsverwaltung? Elemente zu einer Theorie der Selbstverwaltung, in: von Mutius (Hrsg.), Selbstverwaltung im Staat der Industriegesellschaft, Festgabe zum 70. Geburtstag von Georg Chritoph von Unruh, Heidelberg 1983, S. 183–205.

- Staatsaufsicht im Wandel, in: Die Öffentliche Verwaltung 1998, S. 831–838.

- Verwaltungswissenschaft. Verwaltung, Verwaltungsrecht, Verwaltungslehre, Baden-Baden 2000.

- Verwaltungsrechtswissenschaft als Steuerungswissenschaft. Zur Steuerung des Verwaltungshandelns durch Verwaltungsrecht, in: Hoffmann-Riem/Schmidt-Aßmann/Schuppert (Hrsg.), Reform des Allgemeinen Verwaltungsrechts, Baden-Baden 1993, S. 65–114.

- Zur Anatomie und Analyse des dritten Sektors, in: Die Verwaltung 28 (1995), S. 137–200.

- Zur notwendigen Neubestimmung der Staatsaufsicht im verantwortungsteilenden Staat, in: Schuppert (Hrsg.), Jenseits von Privatisierung und „schlankem Staat“, Baden-Baden 1999, S. 299–329.

Schwarze, Jürgen Daseinsvorsorge im Lichte des europäischen Wettbewerbsrechts, in: Europäische Zeitschrift für Wirtschaftsrecht 2001, S. 334–339.

- Europäisches Verwaltungsrecht. Entstehung und Entwicklung im Rahmen der Europäischen Gemeinschaft, 2. Auflage, Baden-Baden 2005.

Schwebler, Robert	Vermögensanlage und Anlagevorschriften der Versicherungsunternehmen, in: Schwebler (Hrsg.), Vermögensanlagepraxis in der Versicherungswirtschaft: Kommentare, Gesetze, Rundschreiben, 2. Auflage, Karlsruhe 1991, S. 15–90.
Schweitzer, Michael	Staatsrecht III: Staatsrecht, Völkerrecht, Europarecht, 10. Auflage, Heidelberg 2010.
Schwennicke, Andreas / Auerbach, Dirk (Hrsg.)	Kreditwesengesetz (KWG). Kommentar, München 2009, zitiert: *Bearbeiter*, in: Schwennicke/Auerbach (Hrsg.), Kommentar zum KWG, § … Rn. ….
Sethe, Rolf	Einlagensicherung und Anlegerentschädigung nach europäischem und deutschem Recht, in: Zeitschrift für Bankrecht und Bankwirtschaft 1998, S. 305–329.
Siekmann, Helmut	Die Neuordnung der Finanzmarktaufsicht, in: Die Verwaltung 43 (2010), S. 95–115.
Singer, Reinhard	Girogeschäft allgemein und Kontoeröffnung, in: Derleder/Knops/Bamberger (Hrsg.), Handbuch zum deutschen und europäischen Bankrecht, 2. Auflage, Berlin (u.a.) 2009, § 37.
Sinn, Hans-Wener	Gedanken zur volkwirtschaftlichen Bedeutung des Versicherungswesens, in: Zeitschrift für die gesamte Versicherungswissenschaft 1988, S. 1–27.
Sodan, Helge	Der Vorrang der Privatheit als Prinzip der Wirtschaftsverfassung, in: Die Öffentliche Verwaltung 2000, S. 361–371.
Starke, Jürgen	Nationale Notenbank und EZB – Inhalte und Grenzen gemeinschaftlichen Handelns, in: Zeitschrift für das gesamte Kreditwesen 1999, S. 914–919.

Starke, O.-Ernst — Die Entwicklungslinien der materiellen Staatsaufsicht in der ersten Hälfte des 20. Jahrhunderts, in: Rohrbeck (Hrsg.), Fünfzig Jahre materielle Versicherungsaufsicht, Dritter Band, Berlin 1955, S. 11–144.

Stein, Ekkehart — Die Wirtschaftsaufsicht, Tübingen 1967.

Steiner, Udo — Öffentliche Verwaltung durch Private. Allgemeine Lehren, Hamburg 1975.

Steinmüller, Heinz — Bedeutung, Volkswirtschaftliche der Versicherung,in: Farny/Helten/Koch/Schmidt (Hrsg.), Handwörterbuch der Versicherung, Karlsruhe 1988, S. 49–53.

Stengel, Yvonne — Das Kreditinstitute-Reorganisationsgesetz: Rechtliche Aspekte der zukünftigen Sanierung und Reorganisation von Kreditinstituten, in: Der Betrieb 2011, Beilage 4 zu Heft 13, S. 11–16.

Stern, Klaus — Das reformierte Bankenaufsichtssystem der Bundesrepublik Deutschland, in: Osterloh/ Schmidt/Weber (Hrsg.), Staat, Wirtschaft, Finanzverfassung, Festschrift für Peter Selmer zum 70. Geburtstag, Berlin 2004, S. 519–538.

\- — Das Staatsrecht der Bundesrepublik Deutschland, Band I. Grundbegriffe und Grundlagen des Staatsrechts, Strukturprinzipien der Verfassung, 2. Auflage, München 1984.

\- — Das Staatsrecht der Bundesrepublik Deutschland, Band II. Staatsorgane, Staatsfunktionen, Finanz- und Haushalteverfassung, Notstandsverfassung, München 1980.

\- — Das Staatsrecht der Bundesrepublik Deutschland, Band III/1. Allgemeine Lehren der Grundrechte, München 1988.

Steuer, Stephan — Das Gesetz zur Umsetzung der EG-Einlagensicherungs- und Anlegerentschädigungsrichtlinie und seine Umsetzung in der Praxis, in: Wertpapiermitteilungen 1998, 2449–2455.

Stober, Rolf — Allgemeines Wirtschaftsverwaltungsrecht. Grundlagen des Wirtschaftsverfassungs- und Wirtschaftsverwaltungsrechts, des Weltwirtschafts- und Binnenmarktrechts, 17. Auflage, Stuttgart 2011.

\- — Wirtschaftsaufsicht und Bankenaufsicht, in: Pitschas (Hrsg.), Integrierte Finanzdienstleistungsaufsicht, Berlin 2002, S. 21–64.

Storr, Stefan — Soll das Recht der Regulierungsverwaltung übergreifend geregelt werden?, in: Deutsches Verwaltungsblatt 2006, S. 1017–1026.

\- — Zwischen überkommener Daseinsvorsorge und Diensten von allgemeinem wirtschaftlichem Interesse – Mitgliedstaatliche und europäische Kompetenzen im Recht der öffentlichen Dienste, in: Die Öffentliche Verwaltung 2002, S. 357–368.

Streinz, Rudolf — Europarecht, 9. Auflage, Heidelberg 2012.

\- — Grundrechte und Grundfreiheiten, in: Merten/Papier (Hrsg.), Handbuch der Grundrechte, Band VI/1, Heidelberg 2010, § 151.

Sydow, Gernot — Verwaltungskooperation in der Europäischen Union. Zur horizontalen und vertikalen Zusammenarbeit der europäischen Verwaltungen am Beispiel des Produktzulassungsrechts, Tübingen 2004.

Tettinger, Peter J. / Wank, Rolf / Ennuschat, Jörg — Gewerbeordnung. Kommentar, 8. Auflage, München 2011,
zitiert: *Bearbeiter*, in: Tettinger/Wank/Ennuschat, Kommentar zur GewO, § … Rn. ….

Teubner, Gunther — Recht als autopoietisches System, Frankfurt 1989.

Thoma, Anselm Christian — Regulierte Selbstregulierung im Ordnungsverwaltungsrecht, Berlin 2008.

Träm, Michael	Neue Entwicklungen der staatlichen Bankenaufsicht in Deutschland und den USA sowie der Einfluß von Basel II, Frankfurt am Main (u.a.) 2006.
Triepel, Heinrich	Die Reichsaufsicht, Untersuchungen zum Staatsrecht des Deutschen Reiches, Berlin 1917.
Trute, Hans-Heinrich	Die Verwaltung und das Verwaltungsrecht zwischen gesellschaftlicher Selbstregulierung und staatlicher Steuerung, in: Deutsches Verwaltungsblatt 1996, S. 950–964.
-	Verantwortungsteilung als Schlüsselbegriff eines sich verändernden Verhältnisses von öffentlichem und privatem Sektor, in: Schuppert (Hrsg.), Jenseits von Privatisierung und „schlankem Staat", Baden-Baden 1999, S. 13–45.
Uhlenbruck, Dirk	Die verfassungsmäßige Unabhängigkeit der Deutschen Bundesbank und ihre Grenzen, Köln 1967.
Unruh, Peter	Demokratie und „Mitbestimmung" in der funktioenalen Selbstverwaltung – am Beispiel der Emschergenossenschaft, in Verwaltungsarchiv 92. Band (2001), S. 531–559.
Volkmann, Uwe	Solidarität – Programm und Prinzip der Verfassung, Tübingen 1998.
Voßkuhle, Andreas	Beteiligung Privater an der Wahrnehmung öffentlicher Aufgaben und staatliche Verantwortung, in: Veröffentlichungen der Vereinigung Deutscher Staatsrechtslehrer, Band 62 (2003), S. 266–328.

- Das Kompensationsprinzip. Grundlagen einer prosektiven Ausgleichsordnung für die Folgen privater Freiheitsbetätigung – Zur Flexibilisierung des Verwaltungsrechts am Beispiel des Umwelt- und Planungsrechts, Tübingen 1999.

- Neue Verwaltungsrechtswissenschaft, in: Hoffmann-Riem/Schmidt-Aßmann/Voßkuhle (Hrsg.), Grundlagen des Verwaltungsrechts, Band I, 2. Auflage, München 2012, § 1.

- „Regulierte Selbstregulierung" – Zur Karriere eines Schlüsselbegriffs, in: Die Verwaltung 2001 (Beiheft 4), S. 197–200.

- „Schlüsselbegriffe" der Verwaltungsrechtsreform, in: Verwaltungsarchiv 92. Band (2001), S. 184–215.

Wahl, Rainer Verwaltungsverfahren zwischen Verwaltungseffizienz und Rechtsschutzauftrag, in: Veröffentlichungen der Vereinigung Deutscher Staatsrechtslehrer, Band 41 (1983), S. 151–192.

Walter, Christian Geschichte und Entwicklung der Europäischen Grundrechte und Grundfreiheiten, in: Ehlers (Hrsg.), Europäische Grundrechte und Grundfreiheiten, 3. Auflage, Berlin 2009, § 1.

Waltermann, Raimund Sozialrecht, 9. Auflage, Heidelberg 2011.

Wandt, Manfred Solvency II: Wird die Aufsicht zum „Mitunternehmer"?, in: Versicherungswirtschaft 2007, S. 473–477.

Wandt, Manfred / Sehrbrock, David Solvency II – Rechtsrahmen und Rechtsetzung, in: Dreher/Wandt (Hrsg.), Solvency II in der Rechtsanwendung, Karlsruhe 2009, S. 1–25.

Waschbusch, Gerd — Bankenaufsicht, Die Überwachung der Kreditinstitute und Finanzdienstleistungsinstitute nach dem Gesetz über das Kreditwesen, München (u.a.) 2000.

Weber, Ahrend — Das neue Einlagensicherungs- und Anlegerentschädigungsgesetz, in: Die Bank 8/98, S. 470–475.

Wehling, Axel / Winter, Margarita — Ein transparenter Markt könnte das Vertrauen in die Assekuranz stärken. Positionen der deutschen Versicherungswirtschaft zum Entwurf der Solvency II-Rahmenrichtlinie, in: Versicherungswirtschaft 2007, S. 1386–1390.

Weidenfeld, Gerd — Aufsicht über Kapitalanlagen vor dem Umbruch, in: Versicherungswirtschaft 2002, S. 1230–1235.

Welter, Patrick — Zentralbanken werden ungewollt zum Marktmacher, in: Frankfurter Allgemeine Zeitung vom 4. Oktober 2008, S. 12.

Werheit, Peter — Bundesanstalt für Finanzdienstleistungsaufsicht (BaFin) – Eine kritische Bestandsaufnahme im Lichte der Artikel 86 ff. Grundgesetz, Hamburg 2009.

Wieland, Joachim — Der Wandel von Verwaltungsaufgaben als Folge der Postprivatisierung, in: Die Verwaltung 28 (1995), S. 315–335.

\- — Die Krise der Finanzdienstleistungsaufsicht, in: Die Verwaltung 43 (2010), S. 83–94.

Winkelmüller, Michael — Verwaltungskooperation bei der Wirtschaftsaufsicht im EG-Binnenmarkt, Berlin 2002.

Winter, Gerrit — Die Paradigmenverschiebung bei der Missstandsaufsicht nach § 81 VAG, in: Versicherungsrecht 2005, S. 145–160.

\- — Versicherungsaufsichtsrecht. Kritische Betrachtungen, Karlsruhe 2007.

- Zielsetzung der Versicherungsaufsicht, in: Zeitschrift für die gesamte Versicherungswissenschaft, 2005, S. 105–156.

Würtenberger, Thomas Die Akzeptanz von Verwaltungsentscheidungen, Baden-Baden 1996.

- Rechtliche Optimierungsgebote oder Rahmensetzung für das Verwaltungshandeln, in: Veröffentlichungen der Vereinigung Deutscher Staatsrechtslehrer, Band 58 (1999), S. 139–176.

Zacher, Hans F. Grundlagen der Sozialpolitik in der Bundesrepublik Deutschland, in: Bundesminister für Arbeit und Sozialordnung/Bundesarchiv (Hrsg.), Grundlagen der Sozialpolitik, Band 1, Baden-Baden 2001, S. 333–684.

Zens, Andreas Die Zusammenarbeit der Versicherungsaufsichtsbehörden in der Europäischen Gemeinschaft, Karlsruhe 2005.

Zimmer, Daniel Finanzmarktregulierung – Welche Regelungen empfehlen sich für den deutschen und europäischen Finanzsektor?, Gutachten G für den 68. Deutschen Juristentag, in: Ständige Deputation des Deutschen Juristentages (Hrsg.), Verhandlungen des 68. Deutschen Juristentages, Band I, München 2010, S. G 1–97.

Zuleeg, Manfred Die Ermessensfreiheit des Verordnungsgebers, in: Deutsches Verwaltungsblatt 1970, S. 157–163.

Schriftenreihe der Forschungsstelle für Finanzdienstleistungsrecht der Philipps-Universität Marburg

Herausgegeben von Prof. Dr. Dr. h.c. Gilbert Gornig und Prof. Dr. Hans-Detlef Horn

Band 1 Gilbert Gornig (Hrsg.): Rechtliche Aspekte der Vermögensberatung. 2003.

Band 2 Gilbert Gornig / Dieter Meurer / Frank Reinhardt / Norbert Klatt: Der unabhängige Allfinanz-Vertrieb. Unter Berücksichtigung hierarchischer Vertriebssysteme. 2004.

Band 3 Julia Schwalm: Die Erstellung von Finanzanalysen nach § 34b WpHG. Sorgfaltspflichten und Offenlegungspflichten nach §§ 2–4 FinAnV. 2007.

Band 4 Richard Karl Friedrich Reimer: Rechtsfragen zum Finanztransfergeschäft. Der Zahlungsverkehr über Alternative Remittance-Systeme. 2007.

Band 5 Volker Lemmer: Integrierte Finanzdienstleistungsaufsicht. Eine verwaltungsrechtliche Strukturanalyse der Aufsicht über Banken und Versicherungen. 2014.

www.peterlang.com